GÖZDEN GEÇİRİLMİŞ VE GENİŞ

MEDİKAL MEDYUM

NEMESİS KİTAP / Sağlık

Yayın Numarası 717

Medikal Medyum — Anthony William
Kitabın Özgün Adı — Medical Medium (Revised Edition)
Çeviren — Tolga Toprak

Yayın Yönetmeni — Serap Çakır
Yayın Koordinatörü — Melih Günaydın
Editör — Oya Özaltın
Kapak Uygulama — Cem Özcan
Sayfa Düzeni — Hüseyin Aktürk
Sosyal Medya — Damla Tuzcu

ISBN: 978-625-6947-43-6
Baskı: Haziran 2023

NEMESİS KİTAP
Gümüşsuyu Mah. Osmanlı Sok. Osmanlı İş Merkezi 18/9
Beyoğlu/İstanbul
Tel: (0212) 222 10 66
info@nemesiskitap.com · www.nemesiskitap.com
Sertifika No: 49065

Baskı ve Cilt:
Vizyon Basımevi Kağıtçılık Matbaacılık ve Yayıncılık San. Tic. Ltd. Şti.
Beylikdüzü O.S.B. Mah. Orkide Cad. No:1/Z Beylikdüzü/İstanbul
Tel: (0212) 671 61 51 Faks: (0212) 671 61 50
Sertifika No: 52098

GÖZDEN GEÇİRİLMİŞ VE GENİŞLETİLMİŞ

MEDİKAL MEDYUM

KRONİK VE ÇÖZÜMSÜZ GÖRÜNEN HASTALIKLARIN GİZLİ NEDENLERİ İLE İYİLEŞME YÖNTEMLERİ

Çeviren: Tolga Toprak

ANTHONY WILLIAM

New York Times çoksatan yazarı
DR ALEJANDRO JUNGER'in önsözüyle

NEMESİS
KİTAP

ANTHONY WILLIAM için

"Anthony, sağlık için sıradan tavsiyeler sunmuyor. Tavsiye ettiği yiyecekler ve arınma programları basit, lezzetli ve İŞE YARIYOR! Ağrılar; yorgunluk, zihin bulanıklığı, bağırsak problemleri ve diğer birçok rahatsızlığa son vermek istiyorsanız, her şeyi bırakıp bunu ve diğer kitaplarını okuyun. Sağlığı ve umudu hayatınıza hızla geri getirecektir."

— Hilary Swank, Oscar ödüllü aktris

"Kereviz sapı suyu her şeyi temizliyor. Anthony'nin yarattığı bu akım etkileyici ve dünya çapında sayısız insana şifa oldu."

— Sylvester Stallone

"Anthony'nin gıdalar, onların salınımları ve vücuttaki etkileşimleri konusundaki bilgisi asla şaşırtmaz. Seçimlerimizdeki potansiyel uyum veya uyumsuzluğu, herkesin anlayabileceği şekilde zahmetsizce açıklar. Özel bir yeteneği var. Vücudunuza ve kendinize bir iyilik yapın."

— Pharrell Williams, 13 Grammy ödüllü sanatçı ve yapımcı

"Son altı aydır her sabah kereviz sapı suyu içiyorum ve harika hissediyorum! Enerji seviyem ve sindirim sistemimde büyük bir fark gördüm. Kereviz sapı suyumu her gün içebilmek için seyahatlerime bile meyve sıkacağımla gidiyorum!"

— Miranda Kerr, dünyaca ünlü top model, KORA Organics'in kurucusu ve CEO'su

"Anthony, kereviz sapı suyunun iyileştirici gücüyle sayısız hayatı iyileştirdi."

— Novak Djokovic, dünya tenis şampiyonu

"Yaptığı işte kesinlikle manevi bir gizem unsuru olsa da Anthony William'ın –özellikle otoimmün hastalıklarla ilgili– dikkat çektiği konular doğru ve mantıklı geliyor. En güzeli de o tavsiyelerin doğal, erişilebilir ve uygulaması kolay oluşu."

— Gwyneth Paltrow, Oscar ödüllü aktris, *New York Times*'ın çok satan, 1 numaralı yazarı, GOOP.com'un kurucusu ve CEO'su

"Anthony William, bilgi ve tecrübesini tüm dünyayla paylaşmaya kendini gerçekten adamıştır. Merhameti ve iyileştirme çabasıyla olabildiğince çok insana ulaşma arzusu, ilham verici ve yüreklendirici. Reçeteli ilaçlara saplanıp kalmış günümüz dünyasında, gerçekten işe yarayan ve sağlığa açılan yeni bir kapı."

— Liv Tyler, *9-1-1, Lone Star, Harlots, Yüzüklerin Efendisi üçlemesi* ve *Empire Records*'ın yıldızı

"Anthony, ailece çok güvendiğimiz biri. Bu dünyadaki amacı, ışığıyla birçok insana rehberlik etmek. O bizim için çok şey ifade ediyor."

— Robert De Niro ve Grace Hightower De Niro

"Bütün özel yetenekler alçakgönüllülükle gelir. Anthony alçakgönüllü. Ve tüm doğru çözümler gibi onunkiler de sezgisel, doğal ve dengeli. Bu ikisi güçlü ve etkili bir kombinasyon oluşturuyor."

— John Donovan, AT&T Communications'ın CEO'su

"Anthony'nin, tükettiğimiz yiyecekler, vücudumuzdaki etkileri ve faydaları hakkındaki bilgisi hayatımı değiştirdi!"

— Jenna Dewan, *Soundtrack, World of Dance, Step Up*'ın yıldızı

"Anthony harika biri. Uzun süreli sağlık sorunlarımı tespit edip ihtiyaçlarımı belirledi ve beni iyileştirdi."

— Rashida Jones, *Quincy*'nin Grammy ödüllü yönetmeni, *Angie Tribeca*'nın yapımcısı ve yıldızı, *Parks and Recreation* ve *The Office*'in yıldızı

"Rezonans, kendini motive etmek kadar güçlü bir şeydir. Ne mutlu bana ki Anthony William, kitapları ve KEREVİZ SAPI SUYU'nun etkisiyle bende, her ikisi de harekete geçirdi. Anthony'den, vücudumuzun sahip olduğu inanılmaz şifa ve dayanıklılık yeteneğinin desteklenmesi gerektiğini öğrendim. Sonradan sorunlara yol açan, hızlı iyileşmeler yaşıyordum. Halbuki gerçek beslenme en iyi ilaçtır ve Anthony hepimize, doğanın lütfuyla bedenimizi, zihnimizi ve ruhumuzu beslemek için ilham veriyor; bu kaynağından gelen çok güçlü bir ilaç."

— Kerri Walsh Jennings, 3 altın ve 1 bronz madalyalı olimpik voleybolcu

"Anthony, şirketimin tüm sanatçıları için bir sihirbaz ve eğer bir albüm olsaydı, *Thriller'ı* çok geride bırakırdı. Derin, dikkate değer, olağanüstü ve akıllara durgunluk veren bir yeteneği var. Kitapları kehanetlerle dolu bir aydın. Tıbbın geleceği budur."

– Craig Kallman, Atlantic Records Yönetim Kurulu Başkanı ve CEO'su

"Enerjimi yenilemek ve sağlığımı korumak adına en derin öngörü ve tarifler için sürekli Anthony William'ın kitaplarına başvuruyorum. Tarif ettiği yiyeceklerin eşsiz ve güçlü nitelikleriyle ilgileniyorum, sağlığım için her gün yemek pişirme ve yeme ritüelini nasıl geliştirebileceğimi düşünüp ilham alıyorum."

— Alexis Bledel, *The Handmaid's Tale, Gilmore Girl ve Sisterhood of the Traveling Pants s*'in Emmy ödüllü yıldızı

"Anthony'nin kitapları devrim niteliğinde olduğu kadar pratiktir. Bu, Batı tıbbının mevcut sınırlarından rahatsız olan herkes için, kesinlikle zaman ayırmaya ve dikkate almaya değer."

— James Van Der Beek, *What Could Diplo Do?*'nun yaratıcısı, yönetici yapımcısı, yıldızı; *Pose* ve *Dawson's Creek*'in yıldızı / Kimberly Van Der Beek, konuşmacı ve aktivist

"Anthony harika bir adam. Onun bilgisi büyüleyici ve bana çok yardımcı oldu. Sadece kereviz sapı suyu bile her şeyi değiştirdi!"

— Calvin Harris, yapımcı, DJ ve Grammy ödüllü sanatçı

"Ailem ve arkadaşlarım, Anthony'nin ilham verici şifa yeteneğinden faydalandılar; yenilenen fiziksel, zihinsel sağlığımızda, ifade edebileceğimden daha fazla etkisini gördük."

— Scott Bakula, *NCIS: New Orleans*'ın yapımcısı ve yıldızı; *Quantum Leap* ve *Star Trek: Enterprise*'in Altın Küre ödüllü yıldızı

"Anthony'nin kapsamlı bilgisi ve derin sezgisi, en gizemli ve kafa karıştıran sağlık sorunlarında bile beni aydınlattı. En iyi şekilde hissetmem için yolumu açtı. Onun rehberliğini vazgeçilmez buluyorum."

— Taylor Schilling, *Orange Is the New Black*'in yıldızı

"Anthony'ye ve onun beslenmeyle iyileşme bilincini dünyaya yayma konusundaki tutkusuna inanılmaz derecede minnettarız. Gerçekten özel bir yeteneği var. Tarifleri, beslenme ve yaşam tarzımız hakkındaki bakış açılarımızı yeniden şekillendirdi. Yalnızca kereviz sapı suyu bile farklı hissetmemizi sağladı ve daima sabah rutinimizin bir parçası olacak."

— Hunter Mahan, 6 kez PGA Tour kazanan golfçü

"Anthony'ye minnettarım. Günlük rutinime kereviz sapı suyunu ekledikten sonra, sağlığımda her açıdan belirgin bir iyileşme gördüm. "

— Debra Messing, *Will & Grace*'in Emmy ödüllü yıldızı

"Anthony hayatını, insanların en sağlıklı haliyle yaşaması için ihtiyaç duyulan cevapları bulmaya adadı. Ve kereviz sapı suyu başlamanın en erişilebilir yolu!"

— Courteney Cox, *Cougar Town* ve *Friends*'in yıldızı

"Anthony sadece samimi, şefkatli bir şifacı değil, tanrı vergisi yeteneğiyle aynı zamanda kendine özgü ve mantıklı. O benim hayatımda tam bir nimet oldu."

— Naomi Campbell, model, oyuncu, aktivist

"Anthony William, benzersiz yeteneğiyle dünyanın her yerinde insanların hayatlarını değiştiriyor ve kurtarıyor. Kendini adamışlığı ve çok derin, engin bilgisi; bilim ve araştırmanın henüz keşfetmediği, pek çok kişinin umutsuzca ihtiyaç duyduğu gerçekleri bilmesini engelleyen duvarları yıktı. Kendisi, kızlarıma ve bana, sağlığımızı desteklemek için gerçekten işe yarayan ipuçları verdi. Kereviz sapı suyu artık rutinimizin bir parçası!"

— Lisa Rinna, *The Real Housewives of Beverly Hills* ve *Days of Our Lives*'ın yıldızı, New York Times çok satan yazarı ve Lisa Rinna Koleksiyonu'nun tasarımcısı

"Anthony, sağlık konusunda keskin sezgileri ve bilgisi olan gerçekten cömert biri. İnsanların yaşam kalitesinde yaptığı dönüşüme bizzat şahidim."

— Carla Gugino, *Jett, The Haunting of Hill House, Watchmen, Entourage* ve *Spy Kids*'in yıldızı

"Bir süredir Anthony'yi takip ediyordum ve tariflerini uygulayan insanların hikâyelerini hep hayret verici buldum (ama şaşırmadım). İyileşme yolunda yıllarca doktordan doktora, uzmandan uzmana dolaştım. O gerçekten yetenekli; tiroidin nasıl çalıştığı ve yiyeceklerin vücudumuza etkileri konusundaki engin bilgisine güveniyorum. Hiçbir doktorun sahip olmadığı bilgiye sahip olduğuna gerçekten inandığım için sayısız arkadaşımı, ailemi ve takipçimi Anthony'ye yönlendirdim. İnanıyorum ki artık şifa için doğru yoldayım, onu tanımaktan onur duyuyorum ve işini takdir ediyorum. Her endokrinolog tiroidle ilgili kitabını okumalı!"

— Marcela Valladolid, şef, yazar, televizyon sunucusu

"Ben bir doktorun kızıyım, en küçük vakalarda bile hep Batı tıbbına güvendim. Anthony'nin görüşleri, yiyeceklerin iyileştirici etkisinin ve bütünsel bir yaklaşımın hayatınızı nasıl değiştirebileceği konusunda gözümü açtı.

— Jenny Mollen, aktris ve *New York Times*'ın çok satan *I Like You Just the Way I Am* kitabının yazarı

"Anthony William yeteneklerini insanların, hak ettikleri gerçek sağlığı elde etmek için, bir araya gelip ayağa kalkmasına yardımcı olmak amacıyla kullanan ender kişilerden biri. Heyecan verici canlı etkinliklerinden birine katıldığımda Anthony'nin başarısına bizzat tanık oldum. Tüm yüksek notaları okuyabilen bir şarkıcı gibi başarıyla yaptığı tespitlerinin ne kadar yerinde olduğunu görüyorum. Ancak yüksek notaların ötesinde Anthony'de seyirciyi büyüleyen, şefkatli ruhudur. Anthony William, arkadaşım demekten gurur duyduğum biridir ve podcastlerde sesini duyup çok satan kitaplarında yazılarını okuduğunuz kişiyle, sadece destek vermek için sevdiklerine ulaşan kişinin aynı olduğunu söyleyebilirim. Rol yapmıyor. Anthony William gerçek; Ruh aracılığıyla paylaştıkları paha biçilemez, güçlendirici, günümüzde ve çağımızda çok ihtiyaç duyulan bilgiler!"

— Debbie Gibson, Broadway yıldızı, ikonik şarkıcı-söz yazarı

"Anthony William insanlığa bir armağandır. İnanılmaz çalışmaları, geleneksel tıbbın cevapsız kaldığı noktalarda milyonlarca insanın iyileşmesine yardımcı oldu. Onun, insanlara yardım etme konusundaki tutkusu, kararlılığı emsalsiz ve *Heal*'deki güçlü mesajının küçük bir kısmını paylaşabildiğimiz için minnettarım."

— Kelly Noonan Gores, *Heal* belgeselinin yazarı, yönetmeni ve yapımcısı

"Ya biri size dokunarak sizi rahatsız eden şeyin ne olduğunu söylerse? Modern zaman simyacısı unvanını uzun zaman elinde tutabilecek Anthony William'ın, iyileştirici ellerine hoş geldiniz. Hayat kurtaran tavsiyesi, dünyama şifa veren bir kasırga gibi gelip geçti; ardında bir sevgi ve ışık yolu bıraktı. O kesinlikle dünyanın dokuzuncu harikası."

— Lisa Gregorisch-Dempsey, Üst Düzey Yönetici Yapımcı

"Los Angeles'a geldiğinde Anthony William ile çalışma zevkini yaşadım ve *Extra*'daki hikâyesini okudum. Seyirci daha fazlasını duymak isterken bitirdiği, çok büyüleyici bir röportajdı. İnsanlar onun için çıldırdı! Sıcakkanlı ve yüce gönüllü olduğu aşikârdır. Anthony hayatını, Ruh'tan aldığı bilgiyle insanlara yardım etmeye adadı ve tüm bu bilgileri, yaşamı değiştiren *Medikal Medyum* kitapları aracılığıyla paylaşıyor. Anthony William türünün tek örneği!"

— Sharon Levin, *Extra* Üst Düzey Yapımcısı

"Anthony William'ın olağanüstü bir yeteneği var! Yıllardır beni rahatsız eden sağlık sorunlarımın altında yatan nedenleri keşfettiği için ona her zaman minnettar olacağım. Onun nazik desteğiyle her gün gelişme görüyorum. Bence o muhteşem!"

— Morgan Fairchild, oyuncu, yazar, konuşmacı

"Konuşmamızın ilk üç dakikasında Anthony, sağlık sorunumu tam olarak tanımladı! Bu şifacı gerçekten ne dediğini biliyor. Anthony'nin Medikal Medyum olarak tıbbi yetenekleri benzersiz ve büyüleyici."

— Alejandro Junger, M.D., *New York Times*'ın çok satan kitapları *Clean, Clean Eats, Clean Gut* ve *Clean 7*'ın yazarı; çok ilgi gören *Clean* Programının yaratıcısı

"Anthony'nin yeteneği onu, bilimin bugün geldiği yerin ışık yılı ötesindeki bilgi için, bir kanal haline getirdi."

— Christiane Northrup, M.D., *New York Times*'ın çok satan, *Goddesses Never Age, The Wisdom of Menopause, Women's Bodies* ve *Women's Wisdom* kitaplarının yazarı

"*Medikal Medyum Tiroit Şifası*'nı okuduğumdan beri yaklaşımımı genişlettim; tiroit hastalığı tedavileri ve hastalar için muazzam bir değer olarak görüyorum. Sonuçlar tatminkâr ve memnuniyet verici."

— Prudence Hall, M.D., The Hall Center'ın kurucusu ve tıbbi direktörü

Anthony'nin duyarlı dehası aracılığıyla bilgeliğini, bize ulaşabilen şefkatli Ruhu ve medyumluğunu keşfederek çok etkilendik, bundan çok yararlandık. Kitabı, gerçekten geleceğin bilgeliğidir; şimdiden mucizevi bir şekilde, fazla zeki insanlar kâr peşinde koşarken, –eski Budist tıp metinlerinin bu çağda bizi rahatsız edeceğini öngördüğü– birçok gizemli hastalığın doğru açıklamasına sahibiz."

— Robert Thurman, Columbia Üniversitesi, Jey Tsong Khapa, Hint-Tibet Budist Araştırmaları Fahri Profesörü; Birleşik Devletler Tibet Evi Başkanı; Çok satan, *Love Your Enemies* ve *Inner Revolution*'ın yazarı; Bob Thurman Podcast'in sunucusu

"Anthony William'ın şifalı Tanrı vergisi yeteneği mucizeden başka bir şey değildir."

— David James Elliott, *Spinning Out, Trumbo, Mad Men, CSI: NY*; on yıldır *JAG*'in yıldızı

"Anthony William, Modern dünyada hepimizi etkileyen tuhaf koşullara, çok gerçek ve çok da radikal olmayan çözümler sunabilen yetenekli bir Medikal Medyumdur. Şahsen tanışma fırsatı bulduğum için çok mutluyum, sağlık önerileri ben ve tüm ailem için çok kıymetlidir."

— Annabeth Gish, *The Haunting of Hill House, The X-Files, The West Wing, Mystic Pizza*'nın yıldızı

"Anthony William kendini, birçok insanın hayatında büyük farklar yaratan bilgileriyle, insanlığa yardım etmeye adadı."

— Amanda de Cadenet, The Conversation and the Girlgaze Project'in kurucusu ve CEO'su; *It's Messy* ve *#girlgaze* kitaplarının yazarı

"Anthony William'ı seviyorum! Kızlarım Sophia ve Laura doğum günümde bana kitabını aldılar ve elimden bırakamadım. *Medikal Medyum*, optimal sağlık düzeyine ulaşma arayışımdaki tüm noktaları birleştirmeme yardımcı oldu. Anthony'nin çalışması sayesinde, çocukluk hastalığımdan kalan ve yıllar sonra sağlığımı sabote eden Epstein-Barr'ın farkına vardım. *Medikal Medyum* hayatımı değiştirdi."

— Catherine Bach, *Yalan Rüzgârı, The Dukes of Hazzard*'ın yıldızı

"Yıllar önceki travmatik bir omurilik krizinin iyileşme sürecindeydim ama hâlâ kas güçsüzlüğü, tükenmiş bir sinir sistemi ve ekstra ağırlık hissim vardı. Yakın bir arkadaşım bir akşam beni aradı ve Anthony William'ın *Medikal Medyum* kitabını okumamı şiddetle tavsiye etti. Kitaptaki bilgiler ilgimi çekti; bunları bazı fikirlerimle birleştirmeye başladım sonra aradım ve bir randevu alabilecek kadar şanslıydım. Tanısı o kadar yerindeydi ki iyileşme sürecimi hayal bile edilemeyecek bir noktaya getirdi, sağlığımı daha derin ve daha ileri bir düzeye taşıdı. Kilom sağlıklı bir şekilde düştü, bisiklete binmekten ve yogadan keyif alıyorum, spor salonuna gidiyorum, sabit bir enerjim var ve derin uyuyorum. Her sabah tariflerimi uygularken, gülümseyip 'Vay canına, Anthony William! Onarıcı hediyeniz için teşekkür ederim. . . Evet!' diyorum."

– Robert Wisdom, *Ballers, The Alienist, Rosewood, Nashville, The Wire, Ray*'in yıldızı.

"Sağlık ve zindelik alanında sürekli gürültü olan bu karmaşa dünyasında, Anthony'nin kendine özgü derinliğine güveniyorum. O'nun mucizevi, gerçek yeteneği her şeyin üzerine çıkıyor."
— Patti Stanger, Million Dollar Matchmaker'ın sunucusu

"Kendi sağlığım ve ailemin sağlığı için Anthony William'a güveniyorum. Doktorlar şaşkına dönse bile Anthony, sorunun ne olduğunu ve iyileşme yolunu her zaman bilir."
— Chelsea Field, *NCIS: New Orleans, Secrets and Lies, Without a Trace, The Last Boy Scout*'nin yıldızı

"Anthony William tıbba –bedenimize ve kendimize olan anlayışımızı derinden genişleten– yeni bir boyut getiriyor. Şefkatle ve sevgiyle sunduğu çalışmaları iyileşmede yeni bir alan açıyor."
– Marianne Williamson, *New York Times*'ın çok satan *Healing the Soul of America, The Age of Miracles* ve *A Return to Love* kitaplarının yazarı

"Anthony William cömert ve şefkatli bir rehber. Hayatını insanları şifa yolunda desteklemeye adadı."
— Gabrielle Bernstein, *New York Times*'ın çok satan *The Universe Has Your Back, Judgment Detox* ve *Miracles Now* kitaplarının yazarı

"İŞE YARAYAN bilgiler. Anthony William'ı ve onun derinliğinin dünyaya katkılarını düşündüğümde aklıma gelen bu. Yıllardır hastalık, zihin bulanıklığı ve yorgunlukla boğuşan eski bir arkadaşımla çalıştığını gördüğümden beri fikrimi hiçbir şey değiştiremez. Sayısız doktora, şifacıya gitmiş ve birçok reçete kullanmıştı. Hiçbiri işe yaramadı. Anthony onunla konuşana kadar yani... Sonuçlar şaşırtıcıydı. Kitaplarını, derslerini ve tavsiyelerini samimiyetle öneririm. Bu şifa fırsatını kaçırmayın!"
— Nick Ortner, *New York Times*'ın çok satan *The Tapping Solution for Manifesting Your Greatest Self* ve *The Tapping Solution* kitaplarının yazarı

"Ezoterik yetenek, ancak ahlaki bütünlük ve sevgiyle paylaşıldığında eksiksiz bir hediyedir. Anthony William, şifa, yetenek ve etiğin ilahi bir birleşimidir. O ödevini iyi yapan ve dünyaya hizmet eden gerçek bir şifacı."
– Danielle LaPorte, *White Hot Truth* ve *The Desire Map* kitaplarının çok satan yazarı

"Vücudu olağanüstü bir hassasiyet ve içgörüyle okuyan Anthony William, zamanımızın Edgar Cayce'sidir. Anthony, genellikle geleneksel ve alternatif sağlıkçıların kafasını en çok karıştıran hastalıkların altında yatan nedenleri tanımlar. Anthony'nin pratik ve derin tavsiyeleri onu 21. yüzyılın en güçlü, etkili şifacılarından biri yapıyor."
— Ann Louise Gittleman, 30'dan fazla kitabıyla *New York Times*'ın sağlık üzerine en çok satan yazarı; son derece popüler olan Fat Flush Detox ve Diet Plan'ın yaratıcısı

"Anthony bir kâhin ve bir sağlık bilgesidir. Yeteneği dikkat çekicidir. Onun rehberliğinde yıllardır beni rahatsız eden sağlık sorununu tespit edip çözebiliyorum."

– Kris Carr, *New York Times*'ın çok satan *Crazy Sexy Juice, Crazy Sexy Kitchen* ve *Crazy Sexy Diet* kitaplarının yazarı

"Anthony'nin ustaca verdiği, özgüven dozunu aldıktan on iki saat sonra, kulaklarımda geçen yılki ısrarlı çınlama azalmaya başladı. İlerleme konusundaki öngörüsü için şaşkın, minnettar ve çok mutluyum."

— Mike Dooley, *New York Times*'ın çok satan *Infinite Possibilities* ve *Scribe of Notes from the Universe* kitaplarının yazarı

"Anthony William ne zaman sağlığınızı iyileştirmenin doğal bir yolunu önerse, işe yarıyor. Bunu kızımla gördüm ve gelişme etkileyiciydi. Onun yaklaşımıyla doğal malzemeler kullanmak daha etkili bir iyileşme yöntemi."

— Martin D. Shafiroff, finans danışmanı, bir dönem, WealthManagement.com ile Amerika'nın 1 Numaralı Brokerı ve Barron's 1 numaralı Servet Danışmanı

"Anthony William'ın hastalıkları önleme ve hastalıklarla mücadele konusundaki paha biçilmez tavsiyesi, halihazırdakilerin yıllarca ilerisinde."

— Richard Sollazzo, M.D., New York kurul onaylı onkolog, hematolog, beslenme uzmanı ve yaşlanma karşıtı uzman ve *Balance Your Health* kitabının yazarı

"Bir Hollywood iş kadını olarak biliyorum. Anthony'nin bazı müşterileri onu keşfedene kadar 'gizemli hastalıklarına' çare bulmak için 1 milyon dolar harcıyor."

— Nanci Chambers, *JAG*'ın yıldızı; Hollywood yapımcısı ve girişimci

"Anthony'den bir sağlık raporu aldım ve bana vücudum hakkında sadece benim bildiğim doğruları söyledi. Bu kibar, tatlı, komik, kendini beğenmiş ve cömert adam –aynı zamanda "uhrevi" ve olağanüstü yetenekli, dünyaya bakışımıza meydan okuyan bir meziyete sahip– medyumluğuyla beni bile şok etti! O gerçekten bugünün Edgar Cayce'si ve bizimle olduğu için çok şanslıyız. Anthony William, bildiğimizden daha fazlası olduğumuzu kanıtlıyor."

— Colette Baron-Reid, *Uncharted*'ın en çok satan yazarı ve Messages from Spirit'in sunucusu

"Herhangi bir kuantum fizikçisi size evrende henüz çözemeyeceğimiz şeyler olduğunu söyleyebilir. Anthony'nin onlar üzerinde de bir etkisi olacağına gerçekten inanıyorum. Şifa için en etkili yöntemleri sezgileriyle bulma konusunda büyük bir yeteneği var."

– Caroline Leavitt, *New York Times*'ın Çok Satan *With or Without You, Is This Tomorrow* ve *Pictures of You* kitaplarının yazarı

Indigo, Ruby ve Great Blue için...

İÇİNDEKİLER

"Bu kitap, takip ettiğiniz gıda programı, diyet veya beslenme sisteminden bağımsız olarak, herkes için bir şeyler içerir. Olası en etkili iyileşme yöntemlerini öğrenmek isteyen herkes içindir.

Buradaki bilgiler tarafsız, bağımsızdır.
Bunlar, uygulayıcıların ve şifacıların bilinçlenmesi, daha fazla insana nasıl yardım edeceklerini öğrenmesi içindir. Sizin bilinçlenmeniz ve kendinizi nasıl iyileştireceğinizi öğrenmeniz içindir.
Gerçekleri bilmeniz içindir.

Dünya, bizler, yaşamımız ve amaçlarımızla ilgili gerçekler...
Hepsi iyileşmeye bağlıdır.
Ve iyileşmeyle ilgili gerçek artık elinizde."

— Anthony William, Medikal Medyum

ÖNSÖZ

Neyi bildiğinizi nasıl biliyorsunuz?

Bildiğiniz birçok şeyi sizi büyütenlerden, arkadaşlarınızdan, okuldan, kitaplardan ya da sokaklardan öğrendiniz. Bunlar bildiğinizi düşündüğünüz şeyler.

Ancak içinizde başka bilme modelleri de var. Örneğin; varlığınızın, var olduğunuzun bilinci. Sizin siz olduğunuz bilinci. Bu bilgi ile doğdunuz.

Anlatmanın daha da zor olduğu başka bir bilme modeli daha var, çünkü birçok insan bunun böyle olmuş olduğunu farz eder. Siz bir kardiyolog olmadığınız halde kalbiniz kanı nasıl pompalayacağını bilir. Siz bir gastroenteroloji uzmanı olmadığınız halde bağırsağınız yiyecekleri nasıl sindireceğini ve emilimi nasıl gerçekleştireceğini bilir.

Bir de bir his gibi gelen bilme vardır, tıpkı içgüdüleriniz, sezgileriniz gibi. Bu bilme gayet akıllıdır, bir çeşit sihir gibi. Bu sayede olanları görmeden ya da duymadan bilebilirsiniz -ve bu hayatınızı kurtarabilir. Bu, insanların güvenmenizi, inanmanızı tavsiye ettikleri bir bilme türüdür. İyi de nereden gelmektedir bu bilgi? Ve nasıl bazı şeyleri bilmenizi sağlar? Bu bilginin sizinle ne zaman iletişime geçeceğine kim karar verir?

Bir bilim adamı olarak, bugüne kadar sadece gözlemleyebildiğim, ölçebildiğim, sınayabildiğim ve üretebildiğim şeylere güvenmem konusunda telkin edilip durdum. Ancak kalp sahibi bir insan olarak, eşim ve çocuklarıma karşı duyduğum aşkı ölçemiyorum -mikroskop altında incelediğim bir hücreden daha gerçek ve çok daha önemli olduğu halde.

Çok eski zamanlardan beri –neredeyse mucize niteliğinde çeşitli bilme biçimlerine sahip– sıradışı yetenekleri olan birçok insan gelmiştir dünyaya. Bilgisayarların zar zor ulaşabileceği şeyleri bilen âlimler. İnsanlık âleminin her çağında müzik, sanat, spor gibi pek çok alanda yetişen dehaların sadece birkaçı anılmaktadır.

Son zamanlarda diğer tarafa göçen kişilerle iletişim kuran bireylerin farkına vardım. Bu medyumlar, insanların ancak çok sevdikleri ölmüş insanlardan geleceğine yemin edebilecekleri büyüleyici mesajlarla ülkeye baştanbaşa yayılmaktalar. Tüm zamanların en sevdiğim kitaplarından olan Brian Weiss'ın *Many Lives Many Masters* adlı kitabında Dr. Weiss hastalarını hipnotize ediyor ve geçmiş yaşamlarına, hatta yaşamlar arası uzay boşluklarına giderek ruhani ustaların yaydıkları sıradışı mesajları getiriyordu. Bu seansların bunu deneyimleyen insanlar üzerinde derin iyileştirici etkileri oluyordu.

Ayrıca, bir de şifacılar var. Kimisi ünlü bu adam ya da kadınların körleri görür, kötürümleri yürür hale getirecek yetenekleri var, hatta hastaları tamamen iyileştirdikleri de oluyor. En çok bu şifacılar etkiliyor beni. Belki de biraz imreniyorum onlara. Bir dokunuşumla hasta birisini tamamen iyileştirecek yeteneğin bana da verilmesini çok isterdim. Çocuk hastanelerinden başlayarak bir dizi iyileştirme turuna imza atardım.

Ne zaman böyle özel iyileştirici yeteneği olan birini duysam hemen onunla buluşmak isterim, onları sosyal ağıma eklerim, bu yeteneklerini kendi üzerimde deneyimler, hastalara onları tavsiye eder ve bu hüneri öğrenmeyi umarım. Anthony William ile tanışmam işte böyle oldu.

Birkaç yıl önce karın ağrısı şikâyetiyle doktora gittim, sonografi çekildi ve sonuçta karaciğerimde bir tümör olduğunu gördük. Daha sonra çektirdiğim bir MR ile bunu doğrulamış olduk ve bir de kasıklarımdaki lenf düğümlerinin şişkin olduğu çıktı ortaya; ameliyat gününü beklerken Anthony'nin numarasına ulaştım. Hızlıca randevu alındı, muayenenin ilk dakikası içinde karaciğerimden söz etti -biyopsi raporlarının sonucuna kadar doğru bildi. Daha da önemlisi bir gıda rejimi önerdi ve yiyecekler karaciğerimdeki tümörle hiç de ilgisi olmayan karın ağrılarıma bir son verdi (önceden farkına varılmamış, iyi huylu bir kist yüzündendi).

Daha sonra eşim ve çocuklarımla ilgili şikâyetler için Anthony'ye başvurduk ve her seferinde de olumlu sonuç aldık. Ayrıca meraklı ve açık görüşlü birçok hastamı ona yönlendirdim. Her birinden de harika geri dönüşler aldık. Onun bu bilgisinin nereden geldiğini yorumlamak size kalmış. Bana kalırsa sezileriyle aynı frekanstan kaynaklanıyor, sadece biraz daha güçlü. Aslına bakarsanız Anthony bunu kulağına bir şeyler fısıldayan bir ses olarak tanımlıyor.

Anthony bana bir kitap yazdığını söylediğinde heyecandan zıpladım. Sonunda anlaşılmaz bir şifa verme yeteneği olan birinden bunun nasıl çalıştığını, kişisel hikâyesini ve deneyimlerini duyabilecektim. Ve kitabı okuduğumda sevinçten havalara uçtum. İyi yazılmış, içten, ilginç, alçak gönüllü ve büyüleyici bir kitaptı. Kitabı elimden bırakamamıştım ve şimdi sizin de aynı deneyimi yaşayacağınızı düşündüğüm için çok mutluyum. Gerçek bir şifacının zihnine ve ruhuna giden bir yolculuk, uzaya yapılandan daha iyidir.

Umarım siz de bu kitaptan benim kadar zevk alırsınız.

Sevgilerimle,
Alejandro Junger, Tıp Doktoru.
New York Times satış rekorları kıran
Clean, Clean Eats ve *Clean Gut*
kitaplarının yazarı

BUGÜNÜN CEVAPLARI

Her şeyi başlatan kitabı tutuyorsunuz; daha geniş kitlelerin cevaplar almasına, iyileşmesine ve hayatlarını geri almasına yardımcı olmak adına herkese ilk kez açtığım kapının yeni, genişletilmiş, güncel baskısı.

Medikal Medyum'un bu gözden geçirilmiş ve genişletilmiş baskısına ister yeni bir okuyucu olarak ister serinin deneyimli bir takipçisi olarak geliyor olun, bu kitabın sağladığı şifanın gücüne dair bir başarı zaten var. Dünyanın dört bir yanından tıbbi araştırma ve bilimin sunduğu her şeyi deneyen insanlar bu bilgiyi bir sığınak olarak buldular. Küllerinden doğmalarını sağladığını keşfettiler.

Bu kitap çıktığından beri *Medikal Medyum* serisine her yıl, insanların yeni bir iyileşme ve uyanış düzeyine ulaşmalarına yardımcı olmak için tasarlanmış yeni kitaplar ekleme fırsatım oldu. Her kitabın yayımlanırken dünyaya gelme amacı vardır. En son kitap, *Cleanse to Heal*, 2020'nin tarihi baharında, dünyanın antiviral temizliğe büyük ölçüde ihtiyaç duyduğu bir anda yayımlandı. Ve serinin ilk kitabı olan Medikal Medyum'un bu yeni baskısı, şimdi bir nedenden dolayı elinizde.

Size hep virüslerle başa çıkmanın yollarını öğrettim. 35 yıldan uzun bir süredir insanlara virüsleri öğretiyorum. Doktorlar, sağlık uzmanları, diğer birçoklarına -virüslerin vücutta nasıl yaşadığını, kendimizi nasıl koruyabileceğimizi, semptomlarımızı ve durumlarımızı iyileştirip üstesinden gelmek için virüslerden nasıl kurtulabileceğimizi öğretiyorum. *Medikal Medyum*'un ilk baskısı çıktığında virüsler, son 70 yılda gelişen kronik hastalık salgınının sebebi olarak, henüz tıp camiasının radarına girmemişti. Yine de bu bölümlerdeki *Medikal Medyum* tariflerini uygulayarak sağlığına ve zindeliğine kavuşan sayısız okurlarla gerçeği gören doktorlar sayesinde bu bilgiler kök salmaya başladı. Bu kitabın yayınlanması, bugün yaşadığımız acıların çoğundan büyük ölçüde virüslerin sorumlu olduğu yönünde bir uyanış başlattı.

En başından beri, virüs gibi tehditlerin sizi alt edememesi için kendinizi ve ailenizi korumak, daha güçlü kılmak için ihtiyacınız olan bilgileri size verdim. Bu her zaman *Medikal Medyum* bilgilerinin temellerinden biri oldu.

İçinde bulunduğumuz an, temele geri dönmeyi gerektiriyor. Bu süreç, sizi mümkün olan en güncel ve zamansız şifa bilgilerine erişmeye çağırıyor. Her zamanki gibi, bu sadece virüslerle ilgili değil. Aynı zamanda çevremizdeki, ancak doğru bilgiye sahip olduğumuzda korunabileceğimiz, diğer tehditlerle de ilgili.

Bu sayfalarda, bu kitabın her zaman sunduğu eskimeyen *Medikal Medyum* şifa bilgilerinin yanı sıra yeni güncel bilgileri bulacaksınız. *Medikal Medyum* 'un ilk baskısını zaten okuduysanız, bu yeni baskının da baştan sona okumaya değer olduğunu bilin, böylece yeni şifa öngörülerini kaçırmazsınız. İşte birkaç önemli nokta:

- COVID'nin kronik hastalığa nasıl dönüştüğüne dair gerçekler**:** Bu bilgiyi -herkes için kritik bir okuma olmasına rağmen- Bölüm 3'te, "Epstein-Barr Virüsü, Kronik Yorgunluk Sendromu ve Fibromiyalji"de bulacaksınız.
- Kronik semptomlar için dozlarla birlikte yenilenmiş ek listeler ve koşullar. Eklerin bulunabilirliği ve kalitesi zamanla değişebileceğinden, Kısım II ve Kısım III'teki her bölümün sonundaki tarifler yenilenmiştir. Bu tarifler bu kitabın "kardeşi" *Cleanse to Heal* ile uyumludur. Ayrıca, Kısım IV'te tariflerin uygulanmasıyla ilgili rehberin yanı sıra *Medikal Medyum* Çinko Şok Tedavisi ve *Medikal Medyum* C Vitamini Şok Tedavisi yoluyla bağışıklık desteğini içeren yeni bir bölüm de bulacaksınız.
- ***Medikal Medyum*** 28 Günlük Arınma Tedavisi Tarifleri. Artık *Medikal Medyum* 28 Günlük Arınma Tedavisi bölümünde sizi desteklemek ve motive edecek takviyelerini renkli sayfalarda bulabilirsiniz. (Bu arada, diğer *Medikal Medyum* temizlikleri/arınmaları gibi antiviraldir.)
- Kapsamlı ruh iyileştirme ve yüksek manevi destek. Burada özel bir amacınız var. Büyük bir belirsizlikler ve değişim karşısında bile hepimizin bir arada olmaya, hafif bir kalbe sahip olup amacımızla bağlantı kurmanın yollarını bulmaya ihtiyacımız var. Bölüm 24, "Ruhsal Şifa Meditasyonu ve Teknikleri," Bölüm 25, "Gerçek Yardım Melekleri," ve Bölüm 26, "İnancınızı Koruyun," sizin için burada. Yataktan kalkmanızı bile gerektirmeyen bu güçlü teknikleri huzur, özünüz ve bütünlük ile bağlantı kurmanız gerektiğinde uygulayabilirsiniz.

İyileşme yolunda attığınız adımların gücünü asla unutmayın. Kendinizle ilgilenmeye çalıştığınızda, hakikat ve canlılık arayışınız başkalarını özgürleştirmeye yardımcı olur. Bu kitabın getirdiği değişiklik, demek istediğim şeyle bağlantı kurmanıza yardımcı olabilir: Bu kitap sayesinde Epstein-Barr virüsü (EBV) testi -doktorlar hastalarının gizemli belirtilerini EBV ile ilişkilendirmeye başlamasıyla- hem geleneksel hem de alternatif tıp dünyasında düzenli bir uygulama haline geliyor. Bu, bilgilerini doktorlarının ofisine getiren ve burada öğrendikleriyle ilgili yardım isteyen yüz binlerce hasta sayesinde oldu. Okuyucular bu kitabı giderek daha fazla sağlık desteğiyle tanıştırmaya devam etti; bu kitap ayrıca, kronik hastalığı ve EBV'yi ciddiye alıp daha derin nedenlerini araştırmak üzere yeni bir hareket başlattı. *Medikal Medyum*'un yayınlanmasından önce EBV, bir endişe kaynağı değildi. Tıp dünyası, virüsün neler yapabileceğini anlamadı; örneğin, tıbbi araştırma ve bilim, EBV'nin nörolojik sorunlara yol açan belirtiler gösterdiğinin farkında değildi. Şimdi EBV testi ve farkındalık, doktorun ofislerinde olağan hale geliyor. Araştırma ve bilim nihayet Epstein-Barr virüsü ile diğer birçok durum arasında bir bağlantı bulmaya başlıyor.

Bu kitap aynı zamanda tıbbi araştırmaları ve bilimi, Lyme hastalığını bakteri kategorisinden çıkarıp otoimmün kategorisine yerleştirmeye teşvik etti. Lyme'ı otoimmün olarak etiketlemek, Lyme'ın tam olarak anlaşılması anlamına gelmese de bu sınıflandırma, tıbbi araştırma ve bilimin, "Bunu düşündüğümüz kadar iyi anlamıyoruz," şeklindeki itirafını ve ilerlemeye doğru büyük bir değişimi getirdi. Bu aynı zamanda okuyucuların Bölüm 16, "Lyme Hastalığı"ndaki bilgilerle, nasıl harekete geçtiklerinin göstergesidir. Lyme hastalığının bakteriyel değil viral olduğunu *Medikal Medyum*'da okuyan, bu bilgiyi doktorlarına ulaştıran ve buradaki şifa yöntemlerini uygulayıp sonuç alan insanlar sayesinde oldu. Ayrıca, hastalara yardım etmek için çalışırken kendilerini bu materyalle eğiten doktorlara da teşekkür ederiz. Hatta birçok doktor şifa yönetmlerini kendi hayatlarında uyguladı.

Bir başka önemli değişiklik olarak: Bu kitap, toksik ağır metallerin gerçekte neler yapabileceğine -neden olabilecekleri ve katkıda bulunabilecekleri koşullara- dair yeni bir anlayış getirdi. Toksik ağır metaller ve virüsler arasındaki ilişki de, *Medikal Medyum'u* okuyan ve dünyada değişim yaratmak isteyenler sayesinde farkındalık kazanmaya başlıyor.

Bunlar, bu gerçekler giderek daha fazla insana ulaştığı için görmeye başladığımız değişikliklerden sadece birkaçı. Bugün, sağlığı en çok neyin tehdit ettiği konusundaki cevaplarla birlikte en önemli bilgileri iletmek üzere, bir haberci olarak buradayım. Bu yeni baskı ile ilerleme potansiyeli daha da büyük.

Cevapları hak ediyorsunuz. Kendinizi ve sevdiklerinizi korumak için bilgi ve çözümleri hak ediyorsunuz. Her zaman hatırlayın: iyileşmeye yönelik çalışmanızın, tahmin edebileceğinizden çok daha büyük bir anlamı var.

Şükranlarımla, Anthony William,
Medikal Medyum

"Her şeyi başlatan kitabı tutuyorsunuz; daha geniş kitlelerin cevaplar almasına, iyileşmesine ve hayatlarını geri almasına yardımcı olmak adına herkese ilk kez açtığım kapının yeni, genişletilmiş, güncel baskısı. "

— Anthony William, Medikal Medyum

GİRİŞ

Her şeyi denediniz, her yere gittiniz ve sağlığınız hâlâ istediğiniz gibi değil mi? Acınızı sizin hayal etmediğiniz, yaratmadığınız veya sebep olmadığınız konusunda güvence mi istiyorsunuz?

Kanser gibi hastalıkların artmasından korkuyor musunuz? Önlemenin yolunu mu arıyorsunuz?

Kilo vermek mi istiyorsunuz? Daha genç görünmek ve öyle hissetmek? Daha fazla enerjiye sahip olmak? Rahatsızlıkları olan bir sevdiğinize yardım etmek? Ailenizin esenliğini korumak?

Yeniden kendiniz gibi hissetmek istemez misiniz? Zihinsel berraklık ve dengeye yeniden kavuşmak? Manevi destek almak ve ruhunuzun potansiyelinden faydalanmak?

Yeniden ayağa kalkmak ve 21. Yüzyılın çelişkili sağlık bilgileriyle baş edebilmek ister misiniz?

Tüm o kafa karıştıran bilgi içinde milyonlara yardım eden gerçek cevapları içeren tek bir açık rehber mi istiyorsunuz?

O zaman bu kitap tam size göre. Bu bilgileri başka yerlerde bulamayacaksınız.

Her geçen yıl bu cevaplar daha fazla kişiye ulaşıyor. Bu bilgi dünyaya yayılıyor, bazen yanlış yorumlanıyor ve çoğu zaman *Medikal Medyum* kitap serisine veya yıllardır süren derslerime atıfta bulunulmuyor. Burada okuduklarınızın orijinal kaynak olduğunu bilin.

Bu kitap okuduğunuz diğer kitaplara benzemez. Bir sürü alıntı, durmadan araştırmalara verilen referanslar yok bu kitapta, çünkü bunlar yeni, zamanının ötesinden, kaynağından gelen bilgiler. Rakamlar verdiğimde ya da diğer istatistiksel bilgilerden söz ettiğimde -örneğin; o konuda kaç insanın şikâyeti olduğu gibi- buradaki olgusal gerçekler, Bölüm 1: Medikal Medyum'un Kökeni başlığı altında açıklayacağım Ruh'tan gelmektedir. Az sayıda örnekte olduğu gibi, Ruh'un beni belirli detaylar için dünyevi kaynaklara sevk ettiği yerlerde dipnotlar bulacaksınız. Bilim, burada yazdığım şeylerin bazılarını keşfetmiş olsa da pek çoğunu ise henüz keşfetmedi. Burada paylaştığım her şey daha büyük bir merciden geliyor, merhametin özünden, herkesin şifa bulmasını ve potansiyeline göre yaşamasını isteyen bir makamdan.

Bu kitap, Ruh'un en değerli medikal gizemlerinin birçoğunun üstündeki perdeyi kaldırıyor. Doktorların üstesinden gelmeyi başaramadıkları gizemli bir hastalık ya da kronik bir durumdan şikâyet edenler için bir cevap bu kitap.

Bununla birlikte, bu kitap sadece hastalar ve şartlardan dolayı zor hayatlar yaşayanlar için de değil. Dünyadaki herkes için.

Sağlık trendleri ve hevesleri gelir, geçer; sonra finansal ve promosyon desteğine bağlı olarak tekrar ortaya çıkar. Biri popüler olduğunda insanların bilincinde en inandırıcısı o olur. Sonra başka bir akım gelir, eskisi yok olur gider, yenisinin albenili paketi aklımızı öylesine başımızdan alır ki aslında hepsinin de içinde aynı yanlışların var olduğunu göremeyiz. Birbirini izleyen her on yılda, bir önceki dönemin medikal yanlışlarını unuturuz; böylece tarih kendini tekrarlar durur.

Sağlık endüstrisinin aynı eski teorileri yeniden paketleyip sunduğu diğer kitapların aksine, takip eden sayfalar, Ruh'un ilk kez ortaya koyduğu sağlık rehberliğini içerir. Bu kitabın ilk baskısı yıllar önce kitlelere ulaştığında, yeni bir akım yarattı; -kronik hastalıkların sebebine dair bakış açısı. *Medikal Medyum* 'un bu gözden geçirilmiş ve genişletilmiş baskısı, ilk baskı ile aynı temel üzerine inşa edilmiş olsa da yeni, güncel bilgi ve destek içeriyor. Bu nedenle, tıp çevrelerini daha fazla bilinçlendirmek ve insanlara sağlık için savaşma şansı vermek amacıyla bu yeni baskının yayımlanması kritik önem taşıyor.

HIZLANMA *(THE QUICKENING)*

Ruh şu anda yaşamakta olduğumuz dönemi *hızlanma* olarak adlandırıyor. Medeniyet daha önce hiç bu kadar hızla değişmemişti.

Teknoloji adeta hayatımızdaki her şeyi kökten değiştirdi. Nefes kesici bir merak ve olanaklar çağındayız.

Bir yandan da bir tehlike çağı bu... Bir şeyi zihinsel anlamda kavrayıp, uygulamaya başladığımızda zaten o artık eski bir bilgi oluyor. Öyle bir telaş içindeyiz ki hep bir adım önde olmamız gerektiğini düşünüyoruz. Parmaklarımızın ucunda her dakika güncellenen bilgilerle talepler, sorumluluklar artıyor ve sağlığımız açısından gizli tehlikelerle karşı karşıya kalıyoruz. Yıldırım hızında gerçekleşen gelişmeler kimi zaman üzerinde hiç düşünülmemiş hassas noktalar değerinde oluyor.

Değişiklikler insanlığı özellikle de bunu en yoğun biçimde yaşayan kadınları etkilemekte. Günümüzde kadınlar çok büyük beklentilerle karşı karşıya; vücutlarının, sınırlarını zorlarcasına çalışması bekleniyor. Bu arada kronik hastalıklar kadınlar, erkekler ve çocuklarda çok yaygın.

Bu yanlış bilgi akışını durdurmazsak, atalarımızın yaptıklarını göz ardı edip yolumuzu başka yönlere çevirirsek, bizden sonra gelecek olan kuşaklar gereksiz ıstırap yaşamak zorunda kalacak. Değişen zamana ayak uydurmak için -hayatta kalmak için- uyum sağlamayı öğrenmeliyiz. Bunun tek yolu sağlığımızı korumaktır.

Bugün kronik hastalıklarla ilgili kitap, makale, sosyal medya ve podcast'lerde popüler yaklaşım; insanlara, bağırsak sağlığı için teorik iyileştirmeler yaparken, iltihaplı gıdalar olduğu tahmin edilen yiyecekleri diyetlerinden çıkarmalarını tavsiye etmek yönünde -ve bu böyle devam ediyor. Bu bilgiler bağışıklık sistemi bozukluklarını ya da kronik durumlara aslında neyin sebep olduğunu açıklamıyor veya temel sorunlarımızdan nasıl kurtulacağımızı söylemiyor. Bu yüzden de insanlar hasta kalıyor.

Ama tıp çevrelerini şaşkınlık içinde bırakan durumlar için yapılmış muhteşem, orijinal açıklamalar ve modern çağda karşımıza çıkan zorluklarla mücadele edebilmemiz için çok güçlü metotlar var. Tıp dünyasının kronik hastalık anlayışında hareket olduğu bir yanılsamadır. Gerçek şu ki, ilerleme görünümü genellikle yanlış ipuçlarından, tahmin oyunlarından geliyor ve insanlar hâlâ acı çekiyor. Bu durgunluğun artık sizi alıkoymasına gerek yok. Modern çağda karşılaştığımız zorluklarla başa çıkmak için güçlü yöntemler var.

Bu kitap kendinizi gerçekten özgürleştirmeniz adına size rehberlik edecektir. Bu kitabı, gerçekten şifa bulasınız, kendinizi sağlık ve esenlikle ilgili akımlardan, trendlerden, yanlışlardan, kısmi doğrulardan, kafa karışıklıklarından ve kandırmacalardan uzak tutasınız diye yazdım. Merhametin ruhu, günümüz çocuklarının sağlıklı yetişkinler olmalarına yardımcı olalım diye bu bilgiyi sağladı.

Bilim karşıtı bir insan değilim. Atomlardan meydana gelip gelmediğimizi ya da dünyanın milyarlarca yıllık olup olmadığını veya bilimsel yöntemlerin değerini sorgulamıyorum. Merhametin Ruhu'nun ortaya koydukları önünde sonunda bilimsel camia tarafından dikkate *alınacaktır*.

Siz ya da bir sevdiğiniz hastalansa bile yanıtları alabilmek için 20, 30 hatta 50 yıl bekleyebilecek gibi mi hissediyorsunuz? Kızınızın ya da oğlunuzun büyürken sizinle aynı hastalıklarla uğraşmasına ve tıbbın aynı sınırlı imkânlara sahip olmasına katlanabilir misiniz?

İşte bu kitabın halka ulaşmasının zamanı -tam da bu yüzden- şimdi ve artık onu *okuyabilirsiniz*.

BU KİTABI NASIL KULLANACAKSINIZ?

Bu kitabı herhangi bir sebepten ötürü okuyor olabilirsiniz. Belki doktorun biri elinize bir teşhis tutuşturdu ve siz bunun arkasında ne olduğunu araştırmaya koyuldunuz. Belki adını koyamadığınız, cevaplarını aradığınız belirtiler görüyorsunuz kendinizde. Belki profesyonel bir hasta bakıcısınız ya da sevdiğiniz biriyle ilgileniyorsunuz ve sorumlu olduğunuz insana en iyi şekilde özen göstermek istiyorsunuz. Belki genel olarak sağlıkla, esenlikle ilgili bir insansınız ve özünüze, hayattaki amacınıza ulaşabilmenin yolunu arıyorsunuz.

Bu kitap, takip ettiğiniz gıda programı, diyet veya beslenme sisteminden bağımsız olarak, herkes için bir şeyler içerir. Olası en etkili iyileşme yöntemlerini öğrenmek isteyen herkes içindir.

Bölümleri okurken nelerle karşılaşacağınıza gelirsek: Kısım I: Her Şeyin Başlangıcı'nda; Merhametin Ruhu ile olan bağlantımı, insanların hayata dönebilmeleri ve daha fazla sağlık sorununu önleyebilmeleri için, onları hasta eden gizemli faktörlerden kurtulmalarına yardım etme çabamı öğreneceksiniz. Ayrıca gizemli hastalıktan ve neden herkesin fark ettiğinden çok daha yaygın olduğundan bahsediyorum.

Onaylama ve bilme iyileşmenin en güçlü iki aracıdır, bu sebeple iki bölüm düzinelerce hastalığın arkasında yatan gerçek hikâyeleri açıklamaya ayrılmıştır.

Kısım II: Gizli Salgın; fibromiyalji, kronik yorgunluk sendromu, multipl skleroz, romatoid artrit, tiroit bozuklukları ve daha fazlası gibi zayıflatıcı durumların gizli sebebi olarak gözden kaçan bir patojen olan Epstein-Barr virüsü hakkında. Epstein-Barr virüsü şikâyetleri ve aşamaları insandan insana, özellikle de kadınlar arasında, çok farklı şekillerde yayılıyor; o, gizemli hastalıkların gizemli hastalığı. Ayrıca burada COVID'in kronik hastalıkla nasıl ilişkilendiği hakkında kritik cevaplar bulacaksınız.

Kısım III: Diğer Gizemli Hastalıkların Arkasındaki Sırlar; yaygın olarak yanlış anlaşılan sağlık koşulları, onların çeşitli ve şaşırtıcı sebepleriyle ilgili. Bu bilgilerin hiçbiri, insanların ellerine ulaşmak için daha fazla bekleyemezdi.

Kısım II ve Kısım III'teki başlıkların her birinin sonunda hedeflenmiş sağlık önerileri ve belli hastalıklar için tavsiye edilen besin ve takviye gıdaları bulacaksınız. (Takviyeleri uygulamadan önce, Bölüm 21'i okuduğunuzdan emin olun.)

Kısım IV: Sonuçta Nasıl İyileşeceğiz? bölümünde sağlıkla ilgili gerçek sırları açığa çıkaracağım. Bunlar yapbozun bugünün tıp dünyasında eksik olan büyük parçaları. Kısım IV tedavi, korunma ve öz-farkındalıkla ilgili; odak noktanız ister bir hastalıktan kurtulmak ister sağlığınızı daha da iyileştirmek ister kendi özünüzle bağlantı kurmak olsun, hepsinin kaynağını burada bulacaksınız. Bu kaynaklar, optimal sindirim için ipuçları, şifalı bir temizlik, sağlığınızı engelleyebilecek gizli bileşenler, gezegendeki en iyileştirici gıdalara ilişkin bilgiler, detoksifikasyon seçenekleri ve benzersiz meditasyonlar aracılığıyla duygusal zorluklardan kaynaklanan yaralanmaları iyileştirme gibi ruhsal tekniklerle meleklerin desteğine başvurmayı içerir.

ŞİFA HAKKINDAKİ GERÇEK

"Quicken" kelimesi yalnızca "hızlanmak" anlamına gelmez. Ayrıca "dirilmek, hayata gelmek" gibi anlamları da barındırır. Tarihsel olarak ana rahminde, ceninin sergilediği hareketliliğin ilk işaretlerine kadar gidebilir.

Yani bu "*quicken*" sadece hızlanmak değil. Ayrıca bir yeniden doğuştur.

Yeni bir dünya oluşuyor. Ayakta kalmak istiyorsak –bu hızlı değişime eşlik eden tehlikelere yenik düşmek istemiyorsak- uyum sağlamalıyız.

Bu kitabın her kelimesi, size bu konuda yardımcı olmak için yazılmıştır.

İnsanları iyileştirmekle meşgulüm. Rahatsızlıklarından tamamen kurtulmak isteyen on binlerce insana yardım ettim, daha ileri seviye hastalıkları def ettik, hayatlarına geri döndüler, bu başarıyı daha geniş bir kitleyle paylaşmak istiyorum. Artık bu kitaplar dünyaya yayıldığından, milyonlarca insan bu bilgilerle hayatını değiştiriyor.

Bu kitapta kimi zaman "tıp çevreleri" terimini kullandığımı göreceksiniz. Bununla geleneksel ve alternatif tıp camiasını kastediyorum, bütünleyici ve fonksiyonel tıbbın daha yeni alanlarını da elbette. Hiçbirinin tarafını tutmuyorum; kimseyi de suçlamıyorum. Yaptıkları işi destekliyorum. Doktorlar, *Medikal Medyum* kitaplarındaki bilgileri tartışmak ve uygulamakla ilgili sürekli bana ulaşıyor, çünkü bunun başkalarına yardımcı olduğunu görüyorlar. Buradaki bilgiler tarafsız, bağımsızdır. Bunlar, uygulayıcıların ve şifacıların bilinçlenmesi, daha fazla insana nasıl yardım edeceklerini öğrenmesi içindir. Sizin bilinçlenmeniz ve kendinizi nasıl iyileştireceğinizi öğrenmeniz içindir. Gerçekleri bilmeniz içindir.

Hepimiz gerçekleri aramıyor muyuz? Dünyamız ve içinde yaşadığımız evren hakkındaki gerçekleri? Kendi miz hakkındaki gerçekleri? Hayat hakkındakileri? Neden burada olduğumuzu? Ve amaçlarımızı?

Hasta olduğumuzda kendimize sorular sorarız. Hayattan kopuk gibiyizdir, ne yapmak için bu dünyaya geldiğimizi bilemez bir halde oluruz. Temel doğrulardan şüphe etmeye başlarız. Mesela; vücudumuzun kendini iyileştirme yeteneğine sahip olduğu gibi, çünkü hastalığımızın ardında aslında ne olduğunu bilmiyoruzdur. Bir cevap bulabilmek için o doktordan diğerine, o camiadan öbürüne koşar dururuz. Hayatın kendisine olan inancımızı yitiririz.

İyileştiğimiz zaman, kuşkular yitip gider. Gerçek amacımıza adayacak enerjimiz olur. Kendi dönüşümümüzü izleriz ve hayattaki iyiliğe yeniden inanırız. Bu dünyadaki yolumuzla yeniden tanışırız. Kalbimizde ve ruhumuzda huzurla eve dönüş yolumuzu buluruz.

Dünya, kendimiz, yaşam, amacımız hakkındaki gerçekler... Hepsi iyileşmeye bağlıdır.

Ve şifa hakkındaki gerçek artık sizin elinizde...

"Bu yanlış bilgi akışını durdurmazsak, atalarımızın yaptıklarını göz ardı edip yolumuzu başka yönlere çevirirsek, bizden sonraki kuşaklar gereksiz ıstırap çekmek zorunda kalacak. Değişen zamana ayak uydurmak için -hayatta kalmak için- uyum sağlamayı öğrenmeliyiz. Bunun tek yolu sağlığımızı korumaktır."

— Anthony William, Medikal Medyum

KISIM I

HER ŞEYİN BAŞLANGICI

"Ben hayatımı bu işe adadım.
Bir haberci olarak buradayım. Ben buyum.
İnsanlar bana çocukken bir yeteneğim olduğunu söylerdi. Yıllar geçtikçe, Merhametin Ruhu bir şeyi çok net bir şekilde ortaya koydu: bu hediye asla benim olmadı. Bu, ihtiyacı olanlar, mücadele edenler, acı çekenler ve cevap arayanlar içindi. Bu hediye sizin içindi..."

— Anthony William, Medikal Medyum

1

MEDİKAL MEDYUM'UN KÖKENİ

Bu kitapta, başka hiçbir yerde öğrenemeyeceğiniz gerçekleri su yüzüne çıkarıyorum. Bunları doktorunuzdan duyamaz, kitaplarda okuyamaz ya da sosyal medyada bulamazsınız.

Bunlar henüz açığa çıkmamış sırlar, ilk kez ben gün yüzüne çıkarıyorum.

Medikal Medyum'un ilk baskısından bu yana, bu kitaptaki ve bu serinin geri kalanındaki orijinal ve benzersiz bilgiler sayesinde tıp çevreleri semptomlara, koşullara, hastalığa ve belirtilere bakış açısı nihayet değişmeye başladı. Buradaki bilgiler hem alternatif hem de geleneksel tıbbı başka bir yöne itti. Tıp çevrelerinin nihayet, virüslerin küresel nüfus üzerindeki yaygın etkisine uyanmaya başlaması için kapıyı açtı. Bu kitap, dünya çapında doktor muayenehanelerinde bir başvuru kılavuzu haline geldi.

Bir hekim değilim. Tıp eğitimi almadım. Ancak yine de sağlığınızla ilgili kimsenin söyleyemeyeceği şeyleri söyleyebilirim size. Doktorların yanlış teşhis koyduğu, hatalı tedavi ettiği veya belirtilerine neyin sebep olduğunu kendilerinin bile bilmediği bir hastalık ismiyle adlandırdıkları, kronik ve gizemli hastalıklarınıza tanı koyabilirim.

Çocukluğumdan beri, paylaşmayı sürdürdüğüm sezilerimle insanları iyileştiriyorum. Şimdi sırları öğrenme sırası sizde.

İşte Merhametli Ruh'un bana söyledikleri bu şekilde anlam ifade ediyor.

BEKLENMEDİK MİSAFİR

Hikâyem ben dört yaşımdayken başlıyor.

Bir pazar sabahı uyandığımda, yaşlı bir adamın konuştuğunu duydum.

Sesi tam sağ kulağımın yanından geliyordu. Ve çok netti. Şöyle dedi: "Ben Yüce Ruh'um. Benden daha büyük bir tek Tanrı vardır."

Şaşkın ve tedirgindim. Odamda biri mi vardı? Gözlerimi açtım ve çevreme bakındım, kimseyi göremedim. Belki dışarıda birileri konuşuyordur veya bir radyo açıktır, diye düşündüm.

Ayağa kalkıp pencereye gittim. Kimse yoktu –sabahın oldukça erken saatleriydi. Ne olduğuna dair hiçbir fikrim yoktu, olmasını istediğimden de emin değildim zaten.

Anne-babamla birlikte kendimi güvende hissedebilmek için aşağı kata indim. Ses hakkında hiçbir şey söylemedim.

Ancak gün içerisinde içimde bir his uyanmaya başladı -izleniyordum. Akşam olunca yemek masasında bir sandalyeye oturdum. Anne-babam, büyükanne ve büyükbabalar, diğer akrabalar hep birlikteydik.

Biz yemek yerken, aniden büyükannemin arkasında duran garip bir adam gördüm. Saçları ve sakalları griydi, üzerinde kahverengi bir giysi vardı. Akşam bizimle yemeğe katılması için davet edilmiş bir aile dostu olduğuna inanmak istedim. Masaya oturup bizimle yemek yemek yerine büyükannemin arkasında öylece ayakta duruyordu... Ve sadece bana bakıyordu.

Kimse onun varlığıyla ilgili bir tepki vermeyince, onu sadece benim gördüğümü anladım. Yok olup olmayacağını anlamak için yüzümü başka tarafa çevirdim.

Tekrar baktığımda hâlâ orada duruyor ve bana bakmaya devam ediyordu. Ağzı kıpırdamıyordu ancak sesini sağ kulağımda duyabiliyordum. Sabah uyanırken duyduğum sesin aynısıydı bu. Bu kez sakin bir tonla şöyle diyordu: "Buraya senin için geldim."

Yemeyi bıraktım.

"Ne oldu?" diye sordu annem. "Aç değil misin?"

Cevap vermedim, adama bakmaya devam ediyordum; o ise sağ kolunu kaldırmış, büyükannemin üstünden ona doğru gitmem için işaret ediyordu.

Komutuna uymak için inkâr edilemez bir güdü duyuyordum, sandalyemden kalkıp büyükanneme doğru ilerledim.

Elimi aldı ve yemek yemekte olan büyükannemin göğsüne bıraktı.

Büyükannem arkasına yaslandı. "Ne yapıyorsun?" diye sordu.

Gri adam bana bakıyordu. "'Akciğer kanseri' de," dedi adam.

Ne yapacağımı bilemiyordum, elim ayağıma dolaşmıştı.

Akciğer kanserinin ne demek olduğunu bile bilmiyordum.

Söylemeye çalıştım, ama dilim dolanmıştı.

"Tekrar et," dedi. "Akciğer."

"Akciğer," dedim.

"Kanseri."

"Kanseri," dedim.

Tüm aile bana bakıyordu o an.

Bense hâlâ gri adama odaklıydım.

"Şimdi de 'Büyükannemde akciğer kanseri var,' de."

"Büyükannemde akciğer kanseri var," dedim.

Bir çatalın masaya düştüğünü duydum.

Gri adam elimi büyükannemin göğsünden alıp nazik bir biçimde yanıma bıraktı. Sonra da daha önce orada olmayan bir merdiveni tırmanmaya başladı.

Geri dönüp bana baktı ve şöyle dedi: "Bundan sonra her zaman sesimi duyacaksın, ancak beni görmeyeceksin. Endişelenme." Tavana kadar olan basamakları tırmandı ve *yok olup* gitti.

Büyükannem bana bakıyordu. "Sen dediğini sandığım şeyi mi söyledin?"

Masada bir telaş oldu. Olanların, birçok açıdan hiçbir anlamı yoktu -örneğin; büyükannemin bir şeyi olmadığı gerçeğini biliyorduk. Hiçbir şikâyeti yoktu ya da doktora gitmemişti.

Ertesi sabah uyandım... Ve aynı sesi yine duydum: "Ben Yüce Ruh'um. Benden daha büyük bir tek Tanrı vardır."

Tıpkı bir önceki sabah gibi etrafıma bakındım, kimse yoktu.

O günden beri, aralıksız her sabah aynı şey oldu.

Bu arada büyükannem söylediklerim sonucunda sarsılmıştı.

Kendini iyi hissettiği halde genel bir kontrol için randevu almıştı.

Birkaç hafta sonra doktoruyla görüştü ve göğüs röntgeni sonucunda akciğer kanseri olduğu ortaya çıktı.

SES

Gizemli konuğum beni her sabah ziyaret ederken, ben de sesinin neye benzediğini bulmaya çalışıyordum.

Kristal berraklığındaki sesi bariton-tenor arasında bir yerlerde; daha çok kalın tarafa yakın, ancak *çok* da kalın değil. Bir derinliği ve tınısı var. Adam sağ kulağımın yakınlarında olmasına rağmen sesinde stereo-surround efekti var gibiydi.

Yaşını tahmin etmek güçtü. Kimi zaman, tıpkı yemek masasındayken gördüğüm gri adam gibi, eşine az rastlanır derecede güçlü ve sağlığı yerinde 80 yaşında biri gibi ama kimi zaman binlerce yıl yaşındaymış gibi geliyordu sesi.

Huzur veren, rahatlatıcı bir sesi olduğu söylenebilirdi. Yine de varlığına alışabilmiş değildim. Ses içsel değildi. Düşündüğüm düşünceler değildi. Kendi iç sesim değildi. Kendi düşüncelerimi duyduğum sesten ayırabilirdim. Biri yanımda duruyormuş gibi sağ kulağımın hemen üstünden, dış kaynaktan gelen bir sesti. Gitmesini isteyemezdim.

Fiziksel olarak engelleyebilirdim. Elimi kulağıma kapattığımda ses çok zayıflıyor, tekrar açtığımda ses yine eski seviyesine kavuşuyordu.

Benimle konuşmayı bırakmasını söyledim ona. İlk başlarda kibardım ama sonra değildim. Gerçi benim ne dediğimin pek önemi yok gibiydi. Canı ne zaman isterse konuşuyordu.

MERHAMETİN RUHU YÜCE RUH

Sese Yüce Ruh adını verdim, bazen kısa olsun diye Ruh dediğim de oluyor veya Yüce Ruh.

Sekiz yaşımdayken gün boyu durmadan kulağıma konuştuğunu duyuyordum, karşılaştığım herkesin sağlık durumunu bildiriyordu.

Nerede olduğumun ya da ne yaptığımın hiçbir önemi yoktu. Ağrılar, sızılar, hastalıklar ve onları çeken insanların daha iyi olmaları için neler yapabileceklerini duydum. Bunun aralıksız devam etmesi ve kişisel bilgilendirmeler işin stresli bir hal almasına sebep oluyordu.

Ruh'a bilmek istemediğim şeylerden söz etmeyi bırakmasını söyledim.

Ruh, "Bu dünyada fazla vaktimiz yok," dedi, "Vakit kaybedemeyiz." Birlikte geçirdiğimiz kısa sürede bana mümkün olduğunca çok şey öğretmeye çalıştığını, bir an bile boş geçiremeyeceğimi söyledi.

Bunu duymak beni mahvediyordu. Bir şekilde hayatın o kadar uzun olduğuna inanmıştım ki sonsuza kadar yaşıyormuşuz gibi geliyordu. Ruhun paylaştığı o gerçeğin acımasız gerçekliğiyle çocukluğumun kayıp gittiğini hissediyordum. Ruh'a bu işin çok zor olduğunu söylediğimde beni görmezden geliyordu.

Buna rağmen yine de onunla karşılıklı konuşabileceğimi gördüm. Kimi temel soruları soracak kadar büyüdüğümde, "Sen kimsin? Sen *nesin*? Nereden geldin? Niçin buradasın?" gibi sorular sordum.

Ruh yanıtladı: "Öncelikle ne olmadığımı anlatayım. "Bir melek değilim. İnsan da değilim. Asla insan olmadım. Bir 'ruh rehberi' de değilim ayrıca.

"Ben bir *kelimeyim.*"

Gözlerimi kırpıştırıyor, olan biteni anlamaya çalışıyordum. Tek sorabildiğim, "Hangi kelime?" oldu.

Ruh cevapladı: "Merhamet."

Nasıl cevap vereceğimden emin değildim. Bir cevap vermem de gerekmiyordu zaten. Ruh konuşmaya devam etti. "Gerçekten de *merhamet* kelimesinin yaşayan özüyüm. Tanrı'nın parmak ucunda oturuyorum."

"Ruh, anlamıyorum. *Sen* Tanrı mısın?"

"Hayır," diye yanıtladı ses. "Tanrı'nın parmak ucunda bir kelime oturur, bu kelime merhamettir. Ben o kelimeyim. Yaşayan bir kelime. Tanrı'ya en yakın kelime."

Başımı salladım. "Nasıl sadece bir kelime olabiliyorsun?"

"Bir kelime, enerji kaynağıdır. Bazı kelimelerin gücü büyüktür. Tanrı, tıpkı bende olduğu gibi, bazı kelimeleri ışıkla doldurur ve bize hayatın nefesini üfler. Ben bir kelimeden *fazlasıyım.*"

"Senin gibi başkaları da var mı?" diye sordum.

"Evet. İnanç. Umut. Neşe. Huzur. Ve diğerleri. Hepsi de yaşayan kelimeler ancak ben hepsinin üstündeyim, çünkü Tanrı'ya en yakın olan benim."

"Onlar da insanlarla konuşur mu?"

"Benim seninle konuştuğum gibi değil. O kelimeler kulakla duyulmazlar. Her insanın kalbinde ve ruhunda yaşarlar. Benim gibi. Neşe ve huzur gibi kelimeler insan kalbinde yalnız değildirler. Tamamlanmak için merhamete ihtiyaç duyarlar."

"Neden huzur kendi başına yeterli olamıyor?" diye sordum. Ruh hayatıma girdiğinden beri çoğu kez huzur ve sakinlik dilemiştim.

"Merhamet acının anlaşılmasıdır," diye yanıtladı Ruh. "Acı çekenler anlaşılmadıkça neşe, huzur ya da umut olmaz. Merhamet bu kelimelerin kalbidir, o olmadan diğer kelimeler boş kalırlar. Merhamet onları doğruluk, onur ve amaçla doldurur."

"*Ben* merhametim. Benden daha yukarıda oturan yalnızca Tanrı vardır."

Bunu anlayabilmek için sordum: "O zaman Tanrı nedir?"

"Tanrı bir kelimedir. Tanrı *sevgi*dir, tüm kelimelerin en üstünde yer alır. Tanrı ayrıca bir kelimeden de *fazlasıdır.* Çünkü Tanrı herkesi, her şeyi sever. Tanrı varlığın en güçlü kaynağıdır."

"İnsanlar sevebilir. Ancak kendileri dışındaki her şeyi koşulsuz sevemezler. Ama Tanrı bunu yapar."

Bu benim için fazla ileriydi. Konuşmayı kişisel bir soruyla sonlandırdım. "Başkalarıyla da konuşuyor musun?" Çünkü eğer öyleyse, diye düşünüyordum, gidip onları bulurum ve böylece yalnız hissetmem.

"Melekler ve diğer varlıklar benden rehberlik etmemi bekliyorlar. Tanrı'nın bilgeliğini ve derslerini can kulağıyla dinleyen tüm varlıklara bunu anlatmaya çalışıyorum," dedi Ruh. "Ancak dünyada, yalnız seninle doğrudan konuşuyorum."

BEN VE GÖLGEM

Tahmin edeceğiniz gibi, bu sekiz yaş için biraz fazlaydı.

Her an bir ruhun sesini berrak bir şekilde duyabilmek, onunla serbestçe konuşabilmek, bunlar medyumlar arasında bile oldukça sıradışı şeyler. Daha ilginç olanı sesin kulağımın dışından konuşuyor olması, yani düşüncelerimden bağımsız, ayrı bir şey. İşin aslı, beni her yerde takip eden ve çevremdeki herkesin sağlığıyla ilgili, duymak istemediğim şeyler söyleyip duran bir ses duyuyorum.

İyi tarafı, Merhametin Ruh'u bana, kronik hastalık için herhangi bir tıp çevresi veya sağlık kuruluşundan daha gelişmiş, zamanının çok ötesinde, son derecede gelişmiş tıbbi bilgiler sağlıyor. Ayrıca kendi sağlığım hakkında düzenli olarak bilgilendiriliyorum ki bu çok enderdir.

Merhametin Ruh'u, sağlık ve tıbbi bilgilerden çok daha fazlasını paylaşır. Bana, gezegen ve evren hakkında bilinlerin ötesinde, dünyanın nasıl çalıştığına dair -ayrıca Dünya Gezegeni'nin dışındaki yaşamla ilgili- içgörüler sağlıyor. Eski uygarlıkları ve okyanuslarımızın dibinde keşfedilmemiş olanları anlatıyor. Bana kötü tabiatlı insanlar tarafından yaratılan dünyevi aldatmacalardan ve halkın sağlığını etkileyen küresel endüstrilerin aldatmacalarından bahsediyor. Bana çevresel değişimlerden, gezegenin karşı karşıya olduğu ve gelecekte birçok insanı etkileyebilecek aksiliklerden bahsediyor.

Bunların hepsi değiştiremeyeceğim şeyler. Ruh bana, açgözlülük ve oyun yüzünden bu gezegene zarar verenlerin özgür iradesi üzerinde kontrolümüz olmadığını öğretiyor. Fark yaratabileceğim yer, insanların cevaplar bulmalarına, sağlıklı olmalarına ve hayatlarını geri almalarına yardımcı olmak; böylece daha mutlu, daha sağlıklı bir yaşam sürmeleri ve en azından kendi iç huzurlarını bulmaları.

Bu noktada, En Yüce Ruh'un merhamet kelimesinin yaşayan özü olduğunu bilsem de, Merhametin Ruhu ismine açık olmak benim için zor olabiliyordu. Ruh'un başkalarına, onların acılarına, mücadelelerine ve ihtiyaçlarına gösterdiği şefkate tanık oluyordum. Bu kadar genç yaşta böyle bir sorumluluk almak zorunda kaldığımda, bana olan şefkat nerede, merak ediyordum? Çocukluğum için Merhametin Ruhu'nun odak ve sevgi dolu doğasından biraz istiyordum; Ruh ile onarıcı zaman geçirmek istiyordum ve bu çok sınırlıydı. Yanımdaki kim varsa Ruh'un odak noktasıydı. Etrafta ne kadar çok insan varsa, benden o kadar çok isteniyordu. Ailemle yalnız kaldığımda bile, Merhametin Ruhu beni onların nesi olduğuna odaklanmaya teşvik ediyordu.

Benimle birebir ilgilendiği, rahat ve güvende hissettiğim çok az zaman oluyordu. Ruh, bana merhamet duyduğuna dair güvence veriyor olsa da sekiz yaşında bir çocuk olarak bunu tam olarak görecek veya hissedecek bir bakış açısına sahip değildim. Omuzlarımda saat başı, bazen saniye saniye hissettiğim bir ağırlık vardı. Dünyanın ıstırabını görmek ve herhangi bir zamanda kendim dışındakilere odaklanmak zorunda olmanın ne kadar çok iş gerektirdiğine bağlı olarak Ruh'tan uzaklaşıyordum. Bazı günler daha yakın olup ona Merhametin Ruhu diyordum. Diğer günler -bir sesi duymanın içsel mücadelesi ve uyanık saatlerimi çevremdeki herkese odaklanan o sesle geçirmenin sert gerçeği ağır bastığında- ona Yüce Ruh diyordum.

Ruh, özgür irademi akıllıca kullanmam için beni etkilemeye çalışıyordu. Hâlâ sekiz yaşındayken, evimin yanındaki bir dereye bir baraj inşa etmek için bir hafta harcadım. Ruh bana bunun kötü bir fikir olduğunu, komşunun çimlerini su basacağını söyledi.

"İyi olacak," dedim.

Sonra bir sağanak geldi, nehir kabardı ve komşunun bahçesini su bastı. Adam evden bana bağırırken, ben kulağımda, "Ben sana dedim, beni dinlemedin," diyen sesi duyuyordum.

Ruh, her an her hareketimi izliyor ve bana ne yapıp ne yapmayacağımı söylüyordu. Bu normal bir çocukluk yaşamayı neredeyse imkânsız kılıyordu. Barajı inşa ettiğim yıl en iyi arkadaşımın ruhsal ve fiziksel sağlığıyla ilgili en ufak detayları dahi biliyordum, hoşlandığım kızın da öyle, hatta öğretmenimin bile -erkek arkadaşıyla mutsuz bir ilişkisi vardı. Her detayını biliyordum ve bu da acı vericiydi.

O yıl Ruh bana bir sınıf arkadaşımın menenjite yakalanacağını söyledi. Çocuğu masasına çağıran ve "Menenjitiniz var mı?" diye soran öğretmene söyledim. Bu kelimeyi daha önce hiç duymadı ve ne anlama geldiğini bilmiyordu.

"Eh, şu an olmasa bile yakında bilecek," dedim.

Öğretmenim bu kadar ciddi bir suçlama karşısında telaşa kapıldı, bu yüzden ailemi aradı ve ikimizi de okul hemşiresine gönderdi. Hemşire ateşlerimizi ölçünce normale döndüler. Sınıf arkadaşımın ebeveynleri ve annem hemen geldi. Öğretmenimle birlikte büyük bir tartışmanın başladığı müdürün odasına gittik. "Menenjiti var mı?" büyükler birbirlerine sordu. "Nereden geçecek ki?"

"Hayır," diye ortayolu buldular. "Bunu nasıl olacağına dair hiçbir fikrimiz yok."

"Pekala," dedim daha önceki sözlerimi tekrarlayarak, "Olacağına inanıyorum."

Annem geçmişimi biliyor, bu yüzden bunun mümkün olduğunu kabul ediyor ve benim için ısrar ediyordu. "Olma ihtimali yüksek."

Diğer yetişkinler beni sorguladı. "Menenjit geçiren birinin yanında mıydınız?"

Onlara hayır dedim. Toplantı kısa süre sonra bitti; sınıf arkadaşım, öğretmenim ve ben sınıfa döndük.

Ertesi gün sınıf arkadaşım okula gelmedi. Öğretmene, 40 derece ateş ve menenjit sebebiyle hastanede olduğu bilgisi verilmişti.

Bunun gibi deneyimlerle, kendime odaklanmak için zaman ve enerjiden yoksun olduğum bir noktaya geliyordum. Hatta başkalarının hayatları hakkında gelen bilgi ve ayrıntılarla kendimi kaybediyordum.

Özgürlüğümün kaybolduğunu hissettiğimde, Ruh bana umut ve nezaket sözleri veriyor olsa da her zaman dürüst ve açık sözlüydü. Bana daha kötüsünü beklememi ve bunun üstesinden geleceğimizi söyledi. "En büyük zoru henüz gelmedi."

"Ne demek istiyorsun?" Sordum.

"Yüzyılda sadece bir veya iki kişiye bu hediye veriliyor," dedi. "Bu tipik bir sezgisel veya psişik yetenek değil. Çoğu kişi başaramaz. Normal bir genç gibi, normal bir insan gibi yaşayamamanın neredeyse dayanılmaz olduğunu fark edeceksin."

"Sonunda başkalarının acılarından başka bir şey görmeyeceksin. Bir şekilde bununla rahat olmanın bir yolunu bulmak zorunda kalacaksın. Aksi takdirde, hayatına son verme ihtimalin var."

BEDENLERİ OKUMAK

Ruh hem en iyi arkadaşım hem de yüküm olmuştu. Büyük güçlerin benim için seçmiş oldukları bir mesleğe beni alıştırmasına saygı duyuyordum. Yine de beni maruz bıraktığı baskı hâlâ sıradışıydı.

Bir gün evin yakınlarındaki büyük, güzel mezarlığa gitmemi söyledi. "Şu mezarın başında durmanı istiyorum," dedi "ve bu insanın niçin öldüğünü tahmin etmeni..."

Tam da sekiz yaşındaki bir çocuktan istenecek şey.

Gerçi o sıralar arkadaşların ve yabancıların sağlık bilgileriyle ilgili öyle yoğun bir bombardıman altındaydım ki, bunu da onlardan biri sandım. Ruh'un da yardımıyla benden istediği şeyi yapabildim.

Bu da yeteneğime başka bir boyut kattı: Ruh, sadece birinin sağlığıyla ilgili sözlü bilgilendirme yapmakla kalmıyor, insan bedenine bakarak fiziksel tarama yapabilmeyi de öğretiyordu bana. Yıllar boyunca, yüzlerce mezarlıkta bunu denedim.

Hatta öyle ilerledim ki, eğer biri kalp krizi, inme, kanser, karaciğer hastalığı, trafik kazası, intihar ya da cinayet sonucu ölürse bunu anında hissedebiliyorum.

Bununla birlikte, Ruh bana insanların bedenlerine derinlemesine bakabilmeyi öğretti. Bu eğitim tamamlandığında, *herhangi birini* kusursuzca tarayıp okumayı başarabileceğime söz verdi.

Ben sıkılıp, daha eğlenceli bir şeyler yapmak istediğim zaman şöyle dedi: "Bir gün gelecek, insanlar üstünde ölümle yaşam arasındaki fark kadar büyük bir anlama sahip taramalar gerçekleştireceksin. Birinin akciğerleri iflas etmek üzereyse ya da bir arter tıkanıp kalbi durdurmak üzereyse bunu ona söyleyebileceksin."

Bir keresinde karşı geldim. "Kimin umurunda? Ne fark eder ki? Neden umurumda olsun ki?"

"Umurunda *olmalı*," diye yanıtladı Ruh. "Burada, dünyada hepimizin yaptıkları önemlidir. Yaptığın iyi işler ruhun için büyük önem taşır. Bu sorumluluğu ciddiyetle almalısın."

KENDİNİ TEDAVİ

Dokuz yaşımda, diğer çocuklar bisiklete binip basketbol oynarken ben etrafımdaki insanların hastalıklarına şahit oluyordum ve Ruh onlara neyin iyi geleceğini anlatıyordu bana. Yetişkinlerin sağlıkları açısından neyi yanlış yaptıklarını, iyileşmeleri için tam olarak ne yapmaları gerektiğini ama nadiren yaptıklarını biliyordum.

Bu noktada sağlıkla ilgili bilgilerle ve eğitimle öylesine doluydum ki uygulamaya geçmemem imkânsızdı.

Kendi hastalandığımda bir fırsat doğdu. Bir akşam ailemle dışarıda yemek yerken Ruh'un olağan beslenme önerilerini ve uyarılarını görmezden gelip gıda zehirlenmesi geçirmeme sebep olan bir yemek yedim. Yemeği seçtim çünkü bu yaşta, hastalanırsam bana yardım edecek Ruhum olmasının verdiği bir güvenlik duygusuna sahiptim. Bunun akıllıca olmadığını çabucak öğrendim. Ruh bunu deneyimlememe izin verdi: Bir hayat dersi olarak, Ruhun bana yardım etmesi, kendi yanlış kararımdan dolayı rahatsızlık veya acı çekmeyeceğim anlamına gelmiyordu.

Yemekten hastalandığımda, Tamam, bu gıda zehirlenmesi diye düşündüm. Bir iki gün içinde bunun üstesinden gelecektim. Sonra devam edip her gün bir sonrakine koşacaktım. Farkına bile varmadan geçen iki hafta sonunda şiddetli karın ağrısıyla yatakta yatıyordum. Ailem bir gece gerçekten kötüleştiğimde, bir rahatlama umuduyla beni doktora ve hatta acil servise götürdü ancak ateşim düşmüyor, bağırsaklarımdaki ağrı durmuyordu. Sonunda Merhametin Ruhu hezeyanımı yarıp geçti ve bana, bu özel E. coli bakterisini vücudumdan atmak için, bir mono beslenme protokolüne ihtiyacım olacağını söyledi. Büyük büyükbabamın evine gidip asırlık ağaçtan bir kutu armut almamı istedi. Bu olgun armutlardan başka bir şey yemememi ve iyileşeceğimi söyledi.

Dediğini yaptım ve hızlıca kendime geldim.

TANRIM, ONU KOV

On yaşıma geldiğimde Ruh'u aradan çıkarmak ve doğrudan Tanrı ile konuşmak istedim. Büyüyordum. Altı yıldır bu işin içindeydim. Sonunda zamanın geldiğine karar vermiştim.

Tanrı'dan istediklerimi dua aracılığıyla söyleyemezdim, çünkü Ruh bunu duyardı.

Bu sebepten, Tanrı'ya olabildiğince yakın olmak adına en yüksek ağaçların tepelerine çıktım ve gövdelerine mesajlarımı kazımaya başladım.

İlk mesajlarımdan biri şöyleydi: "Tanrım, Ruh'u seviyorum ama onu aradan çıkarmamızın zamanı geldi."

Bunu, birkaç açık soru izliyordu:

"Tanrım, insanlar neden hasta olmak zorunda?"

"Neden herkesi *sen* iyileştirmiyorsun?"

"Neden insanlara *ben* yardım etmek zorundayım?"

Bu sorular bana gayet mantıklı geliyordu ancak hiçbir yanıt alamadım.

Bu yüzden tehlikeli olabilecek uzunlukta başka ağaçlar buldum, en üst dallarına tırmandım, cesaretimin Tanrı'nın dikkatini çekeceğini umuyordum. Bu kez mesajlarımı soru şeklinde değil, doğrudan yazıyordum:

"Tanrım lütfen beni tekrar sessizliğe kavuştur."

"Tanrım, artık Ruh'u duymak istemiyorum. Lütfen gitmesini sağla."

Tam, "Tanrım, beni özgürleştir," yazarken ayağım kaydı. Neredeyse düşüyordum. *Bu tip bir özgürlük değildi istediğim*, diye düşündüm. Dikkatlice indim, yenilmiştim.

Bu mesajların hiçbiri bir değişikliğe yol açmadı. Ruh benimle konuşmaya devam etti.

Onun otoritesini bozmaya çalıştığımı fark etmiş olsa bile, merhameti ve bağışlayıcılığından ötürü bunu söz konusu etmezdi. Çok daha önemli başka işler vardı.

İLK DANIŞAN

11 yaşında, kulağımdaki sesten aklımı uzaklaştıracak üretken ve eğlenceli bir şey yapmak istedim ve evden 10 mil uzaktaki bir golf sahasında sopaları taşıma işi buldum.

Oysa yeteneğim, öyle kolay kurtulabileceğim bir şey değildi. Sopalarını taşırken golf oyuncularıyla sağlık koşulları hakkında konuşmadan edemiyordum. Sertleşmiş eklemler, kötü durumdaki dizler, yaralı kalçalar, incinmiş bilekler, tendoinitler ve önceden başlarına gelmiş onca şey.

Şöyle diyordum: "Sopayı biraz kötü sallıyorsun ancak karpal tünelinin durumu göz önüne alındığında bu hiç de şaşırtıcı değil," veya,

"İltihaplı kalçanla başa çıkabilseydin daha iyisini yapabilirdin."

Bana şaşkınlıkla bakıyor ve soruyorlardı: "Bunu nereden biliyorsun?"

Sonra nasıl iyileşeceklerine dair tavsiyelerde bulunmamı istiyorlardı, onlara ne yemeleri gerektiğini anlatıyordum, hareketlerinde neleri değiştirmeleri gerektiğini, hangi terapileri denemeleri gerektiğini. Ruh'un tavsiyeleri genellikle baş döndürücüydü çünkü bunlar, en ufak bir şifalı yemek tavsiyesinin bile şok edici olduğu ilk günlerdi.

Yıllarca golf sopası taşıdıktan sonra bir değişiklik yapmak istedim. Eğer iyileşmeleri için insanlara ne yemeleri gerektiğini söylüyorsam, o zaman bu yiyeceklerin satıldığı bir markette çalışabilirdim. Yerel bir süpermarkette depocu olarak işe başladım.

Merhametin Ruhu'na ve bana güvenen müşterilerim istedikleri zaman uğruyorlardı, onlar gelince rafları yerleştirme işini bırakıp yardımcı oluyordum.

Patronum rafları yerleştirme işime ara verdiğim için rahatsız olmuyordu, çünkü yeni müşteriler getiriyordum.

Bununla birlikte, o da müşterimdi.

Biri neyi, nasıl bildiğimi sorduğunda, "Merhametin Ruhu," diye yanıtını veririm.

Bir süpermarkette sağlıkla ilgili tavsiyelerde bulunmak biraz tuhaftı. Ayrıca zordu da çünkü bu gıdalara erişim henüz zordu ve gıda çeşitliliği de çok azdı. Ruh, on ya da yirmi yıl içinde süpermarketlerin insanlara daha fazla seçenek sunacaklarını söylüyordu. Bu arada, insanların rahatsızlıkları için mağazada yaptığım, kereviz sapı suyu sıkmak gibi uygulamalar yaratıcı olmama da yardım ediyordu. Birine iyileşmesi için tam olarak ihtiyaç duyduğu şeyi verebilmeyi seviyorum.

DAHA FAZLA GÜÇ DAHA FAZLA SUÇ GETİRİR

14 yaşıma geldiğimde, bazen otobüste veya trende giderken, önümde oturan kişinin sağlık durumunu gözden geçiriyor, omzuna vuruyor ve ona bildiklerimi söylüyordum. Kimi zaman şükranla karşılık veriyorlardı. Kimi zaman ise özel hayatlarına müdahale etmek ya da sağlık raporlarını çalmak gibi şeylerle suçlanıyordum. Başa çıkmam gereken çok fazla güvensizlik ve düşmanlık vardı -özellikle de ergenlik dönemindeki bir erkek olarak.

Büyüdükçe, istenmeden yardımcı olmak konusunda daha dikkatli olmam gerektiğini öğrendim. Eğer birini düzenli olarak görüyorsam bildiğim şeyleri paylaşmak konusunda hâlâ bir istek duyuyordum. Bu yüzden, yaklaşılabilir olup olmadığını belirlemek için önce Merhametin Ruhu'ndan, kişinin duygusal durumunu okumasını isteme alışkanlığını geliştirdim. Bu, rahatsız edici durumların sayısını azalttı.

Eğer bir yabancıyla karşı karşıyaysam, bildiklerimi genellikle kendime saklıyordum. Gerçi bu da bir yüke dönüşebiliyordu. Yaşım ilerledikçe hareketlerimden daha fazla sorumluluk duymaya başladım. Eğer biri böbrek hastalığı ya da kanser yüzünden tehlikeli bir durumdaysa ve ben onu uyarmıyorsam, bir yanım bu insanların daha da hastalanmalarında ya da belki ölüp gitmelerinde benim de bir payım olduğunu söylüyordu. Bunu her gün yüzlerce kez yaşadığım için suçluluk ve sorumluluk duygusu ezici hale geliyordu.

KURTULMA GİRİŞİMLERİ

Yirmili yaşlarıma doğru hayat daha da zorlaştı. Mesela birçok insan rahatlamak ve bir şeylerden kaçmak için televizyon izler. Ama ben televizyon izlemeye başladığımda ekrandaki herkesin sağlık durumunu okuyordum. Onlar bunun farkında olsun ya da olmasın, ben otomatik olarak yardıma ihtiyacı olan insanların sağlık durumlarını tarıyordum. Bu sürekli olduğundan televizyon izlemek eğlenceli değil, yıpratıcı oluyordu.

Bir sinema veya tiyatroya gittiğimde daha da kötü oluyordu. Aynı sırada oturduğum insanların, ön sıradakilerin, arka sıradakilerin ve böyle giderek, gördüğüm herkesin sağlık durumunu kontrol edilemez bir biçimde okuyordum.

Bununla da kalmadım. *Perdede* gördüğüm aktörlerin de sağlıklarını okuyabiliyordum. Her aktörün, hem film çekildiği sırada hem de şu andaki sağlık durumlarını biliyordum. Bir düşünsenize, sinema daveti alıyorsunuz ve koltuklarda olsun ekranda olsun, gördüğünüz herkesin sağlık durumuyla ilgili bombardımana maruz kalıyorsunuz.

Ergenlerin son istedikleri şeyin başkalarından farklı olmak olduğunu göz önüne alırsak, bu dönem benim için bir hayli zorlu geçti. Yabancılaşma ve sorumluluk altında ezilme gibi duygularım bir takım ergen isyanlarına yol açtı. "Yeteneğimden" kurtulabilmek için çeşitli yollara başvurdum.

Ormanda çok vakit geçirmeye başladım. Ormanı rahatlatıcı buluyordum, özellikle de insanlar olmadığı için. Ruh'un yardımıyla, gün içerisinde değişik kuş türleri tanımaya başladım. Geceleri bana yıldızların isimlerini öğretiyordu -hem bilim adamlarının verdiği isimleri hem de Tanrı'nın verdiklerini. Bu tam bir kaçış sayılmazdı gerçi, çünkü Ruh etrafımda yetişen bitki ve yiyecekleri de öğretiyordu bana -kızıl yonca, sinirotu, karahindiba, dulavratotu kökü, yaban güllerinin filizleri ve taç yaprakları, yaban elmaları ve daha çeşitli meyveler; ayrıca bunların şifa için nasıl kullanılacakları da...

Ayrıca araba tamiri konusunda da merak uyandı bende. Mekanik şeyleri tamir etmeyi sevdim, çünkü bu duygusal bir uğraş gerektirmiyordu. Eski bir Chevy'yi tamir etmeyi başaramazsam, ilerlemiş hastalıklarına rağmen yardım edemediğim insanlara karşı hissettiğim utancı hissetmiyordum.

Ancak bu hobi de tasarlandığı gibi gitmedi. İnsanlar ne yaptığıma dikkat etmeye başladılar ve gelip: "Vay canına, bu müthiş! *Benim* arabamı da onarır mısın?" demeye başladılar. Hayır diyemeyen birisiyim, özellikle de Ruh, neyin yanlış olduğunu bulmak olan en zor kısmı yaptığı için. Bir gün 15 yaşımdayken, annemle benzin almak için bir yerde durduk. Arka tarafa geçtiğimde, karmaşık bir bulmacayı çözer gibi önlerindeki arabaya bakıp duran bir grup tamirci gördüm.

"Ne oluyor?" diye sordum.

Adamlardan biri, "Bu araba üzerinde haftalarca çalıştık. Kusursuzca çalışması lazım ama marş basmıyor," dedi.

Ruh anında çözümü söyledi. "Şuradaki kablolara bakın," diye bilgilerimi aktardım onlara. "Düzinelerce kablonun arasından, kopmuş olan beyaz bir tanesini bulacaksınız. Kabloyu bağlayın, araba çalışır."

"Bu çok saçma," dedi başka biri.

"Bir baksak ne zararı olur ki?" dedi ilk konuşan. Gidip baktılar ve tabii ki ortadan kopmuş beyaz bir kablo buldular. Ağızları bir karış açık bana bakıyorlardı. "Sen bu arabanın sahibi misin?" diye sordu şüpheci olanı. "Ya da sahibinin bir arkadaşı falan?"

"Hayır," diye cevapladım. "Sadece bu işlerde biraz marifetliyimdir."

Bir dakika içinde kabloyu onardılar ve araba çalıştı. Tamircilerden biri arabanın etrafında hoplayıp zıplamaya başladı. Bir başkası bunun bir "mucize" olduğunu söyledi.

Olanlar kulaktan kulağa yayıldı tabii; bizim kasaba, hatta komşu kasabalarda yer alan birçok tamirhane beni, tamir edilmesi imkânsız görülen işlere göndermeye başladılar. İşi almaya gittiğimde beni çağıran tamircilerin çoğu huylanıyordu. "15 yaşında bir çocuğun burada ne işi var?" diye soruyorlardı. İşi halledip döndüğümde fikirleri değişiyordu elbette.

Böylece sorumluluktan kaçmak yerine çok şey kazandım. İnsanları iyileştirmenin üstüne bir de "araba doktoru" oldum.

Son olarak şunu söylemeliyim ki insanların arabaları söz konusu olduğunda çok duygusallaştıklarını gördüm. Genellikle kendi sağlıklarından daha çok arabalarının iyi durumda olmasına özen gösteriyorlar. Bu noktada arabalar benim için eğlence kaynağı olmaktan çıkıyor.

Daha farklı isyan yolları denedim. Örneğin; bir rock grubuna katıldım, yüksek sesli müzik Ruh'un sesini bastırıyordu. Ruh bundan hoşlanmadı. Ben curcunamı bitirene kadar sabırla bekler, sonra da etrafımdakilerin sağlığı hakkında konuşmasına başlardı.

Yeteneğimin yok olması için ne yaptıysam işe yaramadı. Ruh ve yeteneğimle baş başa kaldığım gittikçe daha da netlik kazandı ve benim için çizilen yoldan çıkamayacağım da...

İŞE KOYULMAK

Genç bir adam olduğumda, Ruh'la yaptığın antrenmanlar sayesinde dolaylı yollardan binlerce insanı okuyup taramış ve bu yolda yüzlercesine yardımcı olmuştum.

Bir gün şunu düşündüm: *Pekâlâ, elimde olan bu. Özel bir amacım var. Sadece bunu kabullenmem gerekiyor -şimdilik.*

Ayrıca şunu da düşündüm: *Bu muhtemelen hayatımın sonuna dek sürmeyecek. Bir noktada sorumluluklarımı yerine getirmiş biri olarak artık normal bir hayat sürmeye başlayabileceğim.* Ruh bana böyle bir şey söylememişti, yola devam edebilmek için benim buna inanmam gerekiyordu.

20'li yaşlarımın başında, içimden gelerek Ruh'un bana defalarca kaderim olduğunu söylediği şeyi yapmaya başladım. Yardım için gelen hasta insanlara kapımı açtım, hastalıklarının gerçek sebeplerini buldum ve iyileşmek için ne yapmaları gerektiğini anlattım onlara.

Göğüs gerdiğim onca strese rağmen bunun tatmin edici bir iş olduğunu söylemeliyim. İnsanların iyileşip hayatlarını geri almalarını izlemek iyi hissettiriyor.

Aslında yapabildiğim şey öylesine güçlüydü ki her şeyi bilen adam olma fikrini kafama kimi zaman bilerek soktum.

Bunun iyi bir örneği, yürüyemeyen ve bacaklarını kullanamayan karısının durumunu görüşmek için komşum bana geldiğinde gerçekleşti. Onlarca doktor tarafından muayene edilmiş, hiçbiri yardımcı olamamıştı. Komşum karısına: "Bak, Anthony bu tip konularda çok şey biliyor gibi görünüyor. Bir şansımızı deneyelim," demişti.

Bana doktorların bulamadığı sorunun ne olabileceğini sorduklarında, arsenik taşıdığını bana bildiren Ruh'a sordum. Zehirlenme; beynindeki kuyularından gelen arsenik izleri. Kısa bir süre sonra, bir kuyu suyu analizi arsenik varlığını doğrular. Doktoru daha sonra kanında kabul edilemez düzeyde arsenik gösteren bir kan testi yaptı. Ruh'un tavsiyeleriyle zehirli ağır metali sisteminden nasıl çıkaracağını öğrenip bir yıl içinde tekrar yürüyebildi.

Bahçemde soğanları toplarken komşum geldi. "Sana tekrar teşekkür etmek isterim Anthony," dedi. "En iyi uzmanlara görünebilmek için tüm ülkeyi dolaştık ve hiçbiri bir şey yapamadı. Hiç mantıklı değil ama sen her nasılsa neyin yanlış gittiğini ve onun neye ihtiyacı olduğunu bildin. Bu nasıl oluyor bilmiyorum. Sen bir doktor bile değilsin."

Elimde soğanlarla ona baktım ve şöyle dedim: "Çünkü ben her zaman doğruyumdur. Her türlü problemi çözebilirim, çünkü yanlış yaptığım hiçbir şey yoktur. Şunu aklından çıkarma: Ben her zaman doğrusunu yaptım ve yapmaya da devam edeceğim."

Arkamı döndüm, birkaç adım yürüyüp "Unutma!" demek için geri döndüğüm an tırmığa bastım. Tırmığın sapı suratıma öyle kuvvetli çarptı ki yere serildim.

Ben yerde yatarken komşum kendi bahçesinden benimkine atladı, yanıma geldi. Sersem halimle onu değişmez yoldaşım sandım ve, "Ruh?" dedim.

Yüce Ruh şöyle cevapladı: "*Ben* her zaman doğruyumdur. *Sen* her zaman yanlış. Bunu unutma. Ben her zaman *doğruyumdur*. Sen ise *yanlış*."

Ne zaman kibirlensem o anı düşünürüm. Bana hep şunu hatırlatır; Ruh'un yardımıyla yaptığım şeylerin bazıları mucizevi görünebilir, ancak ben hâlâ yalnız uçarken berbat kararlar alabilen, sıradan bir insanım.

DÖNÜM NOKTASI

Genç bir yetişkin olduğumda, Ruh benim gibi Tanrı vergisi yeteneklere sahip insanların yüz yıllardır yaşadığı hayatına son verme krizimi atlattığımı düşünüyordu. Hayatımın geri kalanında insanları iyileştirmek için bana verilmiş olan yetenekleri kabul etmiş olduğumu var sayıyordu.

Bu da Yüce Ruh'un bile, söz konusu özgür irade olduğunda, bazı şeyleri öngöremediğini gösteriyor.

Bir gün, sonbaharın sonlarına doğru, hayatımı geçirmeyi planladığım kadından ve köpeğim August'tan (Augustine'in kısaltılmışı) başka kimsenin olmadığı su kenarındaydım.

August bir yıldır benimleydi ve ona çok yakındım. Ailemin köpeğinin yerini almıştı, o da 15 yıldır benimle birlikte kalmıştı. Tıpkı o köpek gibi August da benim için çok önemliydi.

Geniş, derin bir koyda oturuyorduk. Su buz gibi soğuktu ve güçlü bir akıntı vardı.

Son günümüzdü. Gönülsüzce buranın huzurlu izolasyonundan ayrılmanın hazırlıklarını yapıyorduk.

Birden, hiçbir uyarı vermeden köpeğim suya atladı. Hislerimi anladığını sanıyorum. Bu da onun kendini ifade etme biçimiydi. "Gitmek zorunda değiliz. Haydi ama, kalıp biraz daha oyun oynayalım." Ne yazık ki hem akıntı hem de soğuk su onu etkisi altına almıştı. Hızlıca bizden uzaklaşmaya başladı.

Kıyıda durup geri dönmesi için bağırmaya başladık. Köpeğimi tekrar kıyıya döndürebilmek için suya taş atmaya başladım. Bu bizim özel işaretimizdi -sığ sularda oynarken ne zaman suya taş atsam kıyıya geri gelirdi. Ancak bugün akıntı onu uzaklaştırdıkça uzaklaştırıyordu.

August yaklaşık 15 metre uzaklaşmıştı. Geri dönmek için çabaladığını ve mücadeleyi kaybettiğini görebiliyordum. Sonra soğuk onu öyle etkiledi ki ayaklarını oynatmayı kesti ve akıp gitmeye başladı.

Ayakkabılarımı ve üstümdekileri hemen çıkarıp dondurucu soğuk suya atladım.

5 metre kadar yüzmüştüm ki Ruh şunları söyledi: "Eğer devam edersen başaramayacaksın."

"Ne önemi var!" diye bağırdım. "August'u bırakmayacağım. Köpeğimi kurtarmalıyım."

Bir 5 metre daha yüzmüştüm ki soğuk iyice hissettirdi kendini. Vücudum uyuşuyordu.

Ruh, "İşte yapacağını yaptın. Şimdi geri dönemezsin, ilerleyemiyorsun da. Buraya kadar," dedi.

"Gerçekten mi? Beni normal, sakin bir hayattan mahrum bıraktın, tüm varlığımı şu şifa işine adadım ve sen karşılığında bunu mu reva görüyorsun bana? 'Buraya kadar,' deyip bizi ölüme mi terk ediyorsun?"

Dört yaşımdan beri bastırdığım bütün sinir ve stres birden su üstüne çıkmıştı. Yıllardır bana verilmiş bu özelliği "hediye" olarak kabul etmem gerektiği konusunda süregelen işkence karşısında bastırılmış hüsranıma Ruh da şahit olmuştu işte: herkesten ayrı olmak, oldukça erken yaşta herkesle ilgili çok şey bilmek, en ufak bir seçme şansı bile tanınmadan hayatım boyunca ne yapacağıma karar verilmiş olması...

Ruh'a şunları söyledim: "Çok şeye katlandım, çocukluğumu feda ettim, herkesin acısını, şikâyetini deneyimledim, binlerce yabancıyı iyileştirmenin sorumluluğunu üstlendim, her gün fiziksel ve zihinsel olarak güçsüzleştim. Ve şimdi sen bana ailemi bile kurtaramayacağımı mı söylüyorsun?"

"Hayır, lanet olsun!" diye bağırdım, soğuk su beni yutmaya çalışırken. "Eğer sonumun bu şekilde olmasını istiyorsan izin ver gitsin Ruh. Ya köpeğimi kurtarırım ya da ben de onunla birlikte sürüklenir giderim."

Çok uzun bir saniye geçti. Uyuşmuş ve tükenmiş bir halde, sonunda bazı şeylerin çok üstüne gitmiş olabileceğimi düşündüm. Birkaç saniye daha yardım gelmezse ben de köpeğimle birlikte soğuk suların derinliklerini boylayacaktım.

Hayatımın geri kalanını birlikte geçirmeyi planladığım kızı son kez görebilmek umuduyla kafamı kıyıya çevirdim.

"Yaklaşık 6 metre daha yüzmen gerekiyor," dedi Ruh.

Şok içinde bağırdım: "Nasıl?"

İlginç bir biçimde enerjimi geri kazandım. Tekrar yüzmeye koyuldum. İçimden hâlâ Ruh'a bağırıp çağırıyordum, ya köpeğimle *birlikte* kurtulacaktım ya da birlikte ölecektik.

Ruh şöyle dedi: "Seni köpeğine götüreceğim. Karşılığında senin de bir söz vermen lazım. Bu hayata bizden beklendiği şekilde devam edeceğiz. Hayatının geri kalan kısmında bu işi yapmak Tanrı tarafından senin kaderine yazılmış, bunu kabul etmelisin."

"Tamam!" diye bağırdım. "Anlaştık. August'u bulmama izin ver, bundan sonra tek kelime şikâyet etmeden dediğini yapacağım."

6 metre daha yüzdüm. Ruh, "Nefesini tut ve 2,5 metre kadar dal, sonra gözlerini aç," dedi.

Nefesimi tuttuğumda vücudumdan bir güç dalgası geçti. Aniden ayaklarımı hissetmeye başladım. Yaklaşık 2,5 metre daldım, gözlerimi açtım ve bir melekle karşı karşıya kaldım.

Daha önce hiç melekle karşılaşmamıştım. Bir kadına benziyordu ancak su altında nefes sorunu yaşamıyor gibiydi. Arkasında harika bir ışık kaynağı vardı, gözlerinden ışıklar saçıyordu, sırtında ışıktan yapılma dev kanatlar görünüyordu. Kesinlikle kutsal bir varlıktı.

Kollarında da August, huzurlu, güzel bir ışıkla çevrelenmişti. Bir an zaman durmuş gibi oldu. Su altında görüşüm gayet netti ve oksijensizlikle ilgili en ufak bir problem yaşamıyordum.

Köpeğimin boynuna sarıldım. Sonra *bir şey* beni yukarı doğru ittirdi.

İkimiz de suyun yüzüne çıkmıştık.

Kıyı hâlâ oldukça soğuktu, akıntı hâlâ vahşice bizi karadan ve hayattan uzaklaştıracak kadar kuvvetliydi. Rüzgâr hızla esiyordu. Gözlerimi tekrar açtığımda, bir anlığına Ruh'u suyun üzerinde gördüm. Dört yaşımda, bana göründüğü günden beri ilk kez görüyordum onu.

"Fazla zamanımız yok," dedi. "Melek gidiyor."

Bir kez daha tamamen yok olabileceğimi idrak ettiğimde vücudumdan bir güç dalgası daha geçti. Buz gibi suda -yaşamıyormuş gibi görünen August'a tutunarak- yüzmeye başladığımda, sanki kıyıya doğru çekiliyormuşum gibi hissettim.

Köpeğim ve ben karaya -ve rahatladığı için ağlamaya başlayan- gelecekteki eşime geri dönmüştük.

Köpeğimi ve kendimi karaya çekerken ben de acıdan ağlıyordum -hipoterminin ilk aşamalarını yaşadığım için değil, köpeğim öldü sandığım için. Tek düşünebildiğim şuydu: *Lütfen hâlâ yaşıyor olsun.*

Gözlerini açtı, nefes aldı ve yeniden hayata döndü. Güneş bulutların arkasından kendini gösterdi, bir ışık hüzmesi suyun üstünden August'a yansıdı. Işığa baktım ve şöyle dedim: "Teşekkürler Ruh."

Ve şunu fark ettim: Ruh hayatıma girdiğinden beri ilk kez ona teşekkür ediyordum. Dört yaşımdan bu yana Yüce Ruh'la giriştiğim bu çatışma artık burada bir son bulmalıydı. Elimde olanı kabul etmemin zamanı gelmişti.

Bundan önce de insanlar yoğun bir şekilde yardım almak için bana geliyorlardı.

Bu sözle birlikte, hayatımın sonuna kadar kimseyi ayırmaksızın insanlara yardım etmeye adadım kendimi. Bana verilen yeteneği problemsiz bir nimetmiş gibi görmeyecektim. Ancak şikâyet etmeye bir son verecek ve kim olduğumu kabul edecektim.

İşte o an gerçekten Medikal Medyum olduğumu kabul ettim.

İŞLEYİŞ

Çağrıma cevap verdiğimde, olabildiğince etkili bir biçimde uygulayabilmek için bir yöntem geliştirdim.

İnsanların bedenleri üzerinde bir sağlık okuması yapabilmek için onlarla aynı odada bulunmama gerek yoktu, böylece müşterilerimle telefonda konuşmaya başladım. Bu, dünyanın neresinde olurlarsa olsunlar herkese yardımcı olabilmeme olanak sağlıyordu, ayrıca bir müşteri den diğerine zaman kaybetmeden geçiş yapabiliyordum. Bu yolla on binlerce müşteriye hizmet verdim.

Sağlık okuması yaparken Ruh, hastanın içini görebilmeme imkân sunan, çok parlak bir ışık yaratıyordu. Bir Medikal Medyum olarak ihtiyacım olan şeyi elde etmem konusunda oldukça kritik bir durum olmasının yanında, parlak ışığın yoğunluğu, gerçek dünyayı görmeme engel olan, bir çeşit "kar körlüğü" yaratıyordu ve bu ertesi gün dahi devam edebiliyordu. Çalışmam bittikten sonra, görüşümün normale dönmesi zaman alıyordu.

(Ek olarak şunu söylemeliyim, çok sayıda insan ya da gürültünün olduğu bir yere giderken yanımda asistanımı da götürüyordum, çünkü gerçekleştirdiğim "otomatik" okuma nedeniyle genel olarak görüşümün kayda değer bir kısmını yitiriyordum. Örneğin, ne zaman bir yere uçmak zorunda kalsam, istemeden de olsa uçaktaki herkesi okuyordum. Uçaktan indiğimiz zaman neredeyse tamamen körleşmiş buluyordum kendimi, bu yüzden bana yardımcı olması için asistanıma ihtiyacım vardı.)

Bir hastanın durumu hakkında derinlemesine bir okuma yapmak yaklaşık üç dakikamı alıyordu. Bununla birlikte ne gördüğümü anlatmam, özellikle de yeni hastalarda, ne yapmaları gerektiğini belirtmem 10 ila 30 dakika kadar sürüyordu. Bazen bir müşteriye tam bir tanımlama yapmak ya da onu desteklemek için zaman harcamam gerekiyordu. Bu sebeple insanların yalnızca fiziksel hastalıklarından daha fazlasıyla ilgileniyordum.

Ruh ve ben o gün için insanlara yardım etmeyi bitirdiğimizde, görüşümün normale dönmesi biraz zaman alabiliyordu.

CAN, KALP VE RUH

Merhametin ruhu bir taramada bilgi verdiğinde, bir kişinin fiziksel sağlığının ötesini görürüz. Ayrıca kişinin ruhuna, kalbine ve ruhuna da şahit olurum. Bunlar, genellikle bütün olarak kabul edilen, bir kişinin varlığının tamamen farklı üç bileşenidir.

Ruhunuz hırpalanmış ve kalbiniz baygın olsa bile, iyileşme fırsatları ararken ruhunuz sizi fiziksel olarak ayakta tutabilir. Örneğin, bazen Merhametin Ruhu çok hasta birine yürümeye başlamasını, dışarı çıkıp kuşları izlemesini ve gün batımına bakmasını söylememi ister. Bu, kişinin ruhunu yeniden kazanmasına yardımcı olur ve bu, kalbi ve ruhu yeniden inşa etmenin başlangıcı olabilir.

24. Bölüm, "Ruh İyileştirme Meditasyonları ve Teknikleri"nde, ruhunuz, kalbiniz ve ruhunuz hakkında çok daha fazlasını ve ayrıca kendinizin bu parçalarını iyileştirmek ve geri almak için gerekli teknikleri bulacaksınız.

GERÇEK MEDİKAL MEDYUM

Durmadan kulağıma konuşan bir sesin dezavantajları olduğu kadar çok büyük avantajları da var tabii.

Merhamet Ruhu benden farklı ve ayrı olduğu için, belirli bir günde üzgün, hasta veya sıkılmış hissetmem önemli değil. Ruh duygularımdan etkilenmez ve kronik hastalıklar ve nasıl iyileştirileceği hakkında tıbbi araştırma ve bilimin önünde sürekli olarak güçlü, gelişmiş bilgiler sağlıyor. Çocukluğumla aynı süreç. Ne olursa olsun, Merhametin Ruhu'nun bana söyledıklerini sindirecek durumda olmasam bile (örneğin, bazı zorluklar nedeniyle sadece iki saat uyumuş olsaydım), bilgiler yine de geliyor. Karmaşık özelliklere odaklanmak ve konsantre olmak emek ister.

Sezgisel becerilerimi kullanmak zorunda değilim. Ben de bilgiyi kanalize etmiyorum. Diğer medyumlar bazen iç sesleri duyar ama benimki içsel değil. Yardım isteyeneler bana, "Daha iyi okuman için takılarımı çıkarayım mı?" diye soruyor. Folyoya sarılmış olmaları önemli değil; bilgi yine de gelir ve ilerlemek için ihtiyaç duydukları cevapları alırlar.

Merhametin Ruhu'nun ailem, sevdiklerim ve hatta kendim için fiziksel ve ruhsal bilgi edinmeme yardımcı olup olamayacağı sık sık soruluyor. Cevap, evet. Yine, Ruh benden ayrı olduğu için, tek yapmam gereken sormak ve bana bilmenin en iyi yolunu söylyip gösteriyor. Bu hediyeyi eşsiz kılan şeylerden biri de bu.

Bir gün şüpheci bir muhabir, hemen oracıkta kendisine teşhis koymamı istedi: "Neremin ağrıdığını söylemenizi istiyorum. Ayak parmağım mı? Bacağım mı? Midem mi? Kolum mu? Kalçam mı? Her yerim mi? Hadi sesin söylediklerini anlatın."

Ruh hemen gerekeni söyledi, "Ağrısı *var*. Başının sol tarafı ağrıyor. Kronik migren onu mahvediyor." Uzanıp başının sol yanına dokundum ve şöyle dedim: "Ruh bana burada ağrınız olduğunu söylüyor." Ağlamaya başladı.

İşte Ruh'un anında teşhis koyma derecesi bu.

Kızı acil ameliyata girmek üzere olan bir anneden saat 2'de bir telefon alırsam ve anne bunun doğru seçim olup olmadığını öğrenmek isterse; O an doktorun, o küçük kızın kötü bir gıda zehirlenmesi vakası olup olmadığını veya apandisitinin patlamak üzere olup olmadığını belirlemesine yardım edebilmeliyim.

Bir çocuğun ateşi grip veya menenjitten kaynaklanıyorsa, biri ateşten mustaripse veya felç geçirmek üzereyse, birinin iyileşip iyileşmediğini veya iç kanamasının olup olmadığını görmek önemlidir. Merhametin Ruhu bu bilgiyi her seferinde doktorlarına söylemem için iletir.

Padre Pio ve Edgar Cayce, 20. yüzyılın bu iki önemli mistik şifacısı, tarih boyunca, Ruh'un benden talep ettiği merhamet seviyesine ulaşabilen iki insan olmuşlardır. Şefkatli birer şifacı olarak yaptıkları işin benimkine benzer tarafları vardır. Ancak her birimizin gücü ve yetenekleri endine hastır.

Herhangi bir türden şefkatli bir şifacı olmak için, o kişinin acısını ve ıstırabını hafifletmek için her benzersiz semptoma, duruma veya duygusal yaralanmaya uyum sağlamanız gerekir. Ruh bana şefkatin iyileşmedeki en önemli unsur olduğunu söylüyor.

Merhametin Ruhu hâlâ bana başka hiçbir medyumun benim yaptığımı yapmadığını söylüyor. Yaşayan başka hiç kimse, kristal berraklığında derin, gelişmiş, hedefe yönelik tıbbi bilgiler sağlayan bir sese sahip değil. Merhametin Ruhu'nun kronik gizemli hastalık hakkındaki bilgileri, modern tarihimizde başka hiçbir şeyin olmadığı şekilde insanların hayatlarını değiştirir.

Ben hayatımı bu işe adadım. Bir haberci olarak buradayım. Ben buyum.

İnsanlar bana çocukken bir yeteneğim olduğunu söylerdi. Yıllar geçtikçe, Merhametin Ruhu bir şeyi çok net bir şekilde ortaya koydu: yetenek asla benim olmadı. İhtiyacı olanlar, mücadele edenler, acı çekenler ve cevap arayanlar için. Bu hediye sizin için.

"Neyle karşı karşı karşıya olursanız olun, yalnız değilsiniz -ve bunun bir anlamı var. Her zaman, önünüzde bir hayatın, yılların var olduğunu hatırlayın. Zaman içinde her şey değişebilir."

— Anthony William, Medikal Medyum

2

GİZEMLİ HASTALIKLAR HAKKINDAKİ GERÇEK

Sağlıkla ilgili sorularınızın cevaplarını çok uzun zamandır arıyorsanız yalnız değilsiniz.

Bir hasta bana gelmeden önce ortalama olarak 10 yıl boyunca 20 doktora gitmiş oluyor. Bu sayı bazen aynı süre zarfında 50 ya da 100'ü buluyor. Bir kadın yedi yıl içinde yaklaşık *400* doktoru ziyaret ettikten sonra bana geldi.

Bu insanların sağlık sorunlarına teşhis konuluyor -lupus, fibromiyalji, Lyme hastalığı, MS, kronik yorgunluk sendromu, migren, tiroit, romatoid artrit, kolit, hassas (huzursuz) bağırsak sendromu, çölyak hastalığı, insomnia (uykusuzluk hastalığı), depresyon ve daha birçoğu- ancak iyileşemiyorlar.

Ya da belki doktorlar, hastadaki belirtiler üzerinden bir teşhis koyamıyor ve "Her şey kafanızda, gerçek olmayan, sizin hayal ettiğiniz şeyler," gibi cümleler kuruyorlar.

Bu hastaların gerçekten uğraştıkları şey gizemli hastalık oluyor.

Gizemli hastalık tanımlanamayan bir hastalık değildir veya Midwest'te, açıklanamayan belirtiler yüzünden aniden hastaneye kaldırılan sekiz çocuğun hikâyesiyle ilgisi yoktur. Açıklanamayan belirtilerine cevap bulmak için bana gelen birçok hastam var ama her gün gördüklerimin arasında sadece bir parçayı oluşturuyorlar ve daha geniş bir küme olan gizemli hastalıkların alt kümesi.

Gizemli hastalığın tanımını "akut bir hastalık" ya da "az rastlanan türden" gibi açıklamalara indirgemenin bir yararı yok. Bu halkı kandırmak olur. Bu, insanların şöyle düşünmesine yol açar: Doktorların çaresini bulamadığı bu hastalık toplumun sadece ufacık bir kesimini etkiliyor.

Gerçek şu ki; milyonlarca insan gizemli hastalıktan mustarip. Gizemli hastalıkların belirtileri, insanların kafasını karıştırır. Bu bir gizem olabilir çünkü bu belirtilerin tümüne birden bir isim verilmiş değildir -ve bu bir çeşit dengesizlik olarak not edilip geçilir. Gizemli hastalık ayrıca (tıp dünyası henüz anlayamadığı için) asıl nedenine karşı hiçbir etkili tedavinin bulunmadığı kronik bir durum için tanımlanabilir ya da sıklıkla yanlış tanı koyulmuş bir durum olabilir.

Yalnızca yukarıda saydığım durumlardan söz etmiyoruz, ayrıca tip 2 diyabet, hipoglisemi, TME, menopoz komplikasyonları, DEHB, akne, egzama, sedef hastalığı, Bell felci, nöropati, sızıntılı bağırsak sendromu, kalp çarpıntısı, otoimmün hastalık ve diğerleri de dahil. Bunlar sadece isimlerdir; kafa karışıklığı ve acı dışında başka hiçbir anlamları yoktur. Bunları gizemli hastalık yapan da budur.

Peki ya otoimmün (doğuştan gelen bağışıklıkla ilgili) hastalıklar - vücudun kendi kendine saldırdığı şeklindeki yanlış teori? Ki doğru değil. (Sonraki bölümlerde bu konuya değinilecek.) Bu, tıp biliminin, insanların ne sebepten ötürü kronik ağrılar çektiklerini anlayamamasından başka bir şey değil. Otoimmün hastalık gizemli hastalıktır. İncelediğinizde "otoimmün"ün gerçekten "bilinmeyen neden" anlamına geldiğini görürsünüz.

Bir doktora giderseniz ve deri döküntülerinden şikâyet ederseniz, o zaman egzamanız olduğunu duyarsanız, bu sadece bir etikettir; çözüm değil. Çeşitli ilaçların yazılı olduğu reçeteler ve fizik tedavi alabilirsiniz ancak bunun *neden* olduğuna ya da nasıl iyileşeceğinize dair bir açıklama yoktur. Doktor, egzamanın vücudun kendisine saldırdığını, yani bağışıklık sisteminizin cildinizi bir istilacı sanıp onu yok etmeye çalıştığını söyleyebilir.

Bu yanlış yönlendirmedir. *Vücut kendi kendine saldırmaz.*

Egzama, yalnızca bir "gizemli hastalığın" adıdır; tıbbi araştırma ve bilimin gizemi. "Döküntülerim var" başlığı daha doğru olurdu -tıbbi araştırmaların şimdiye kadar bu hastalık hakkında ortaya çıkardığı kadarını ortaya koyuyor. Egzama'nın bir açıklaması var. Cevap Medikal Medyum kitap serisinde.

Gizemli hastalıklar zirvede. Her on yılda bir otoimmün hastalık ya da kronik gizemli hastalık şikâyeti yaşayan insan sayısı iki ya da üçe katlanıyor. Bu yüzden gizemli hastalığın tanımını genişletmenin zamanı gelmiştir, milyonlarca insanın bir cevaba ihtiyacı olduğu gerçeğini fark etmek zamanıdır.

Kitabın devamındaki bölümlerde bu gibi düzinelerce hastalığın gerçek doğasını ortaya çıkaracağım, iyileşmek ya da onlardan korunmak için ne yapmanız gerektiğini anlatacağım.

Gizem dağılıyor.

İYİLEŞMENİN ATLIKARINCASI

İnsanlar hiçbir iyileşme kaydetmeden, doktor doktor gezip şikâyetlerini anlattıklarında ben buna *iyileşmenin atlıkarıncası* diyorum. Kurtulmak için ne kadar çaba harcasanız da çemberi dolanmaya devam ediyorsunuz.

Birçok meslekte iş sade ve yalındır. Tesisatçı, tamirci, muhasebeci, avukat gibi insanların işlerinin kolay işleri olduğunu söylemek değil niyetim. Öyle değil. Onlar da bir takım kurallara bağlı çalışmaktalar. Hesapları tutturamayan muhasebeci ana defterde sorunu görecek ve günlük deftere yeni bir giriş yaparak düzeltecektir. Çalışmayan bir bulaşık makinesini tamir etmek için gelen bir tamirci önünde sonunda değişmesi gereken parçayı bulacaktır -öyle olmasa bile yeni bir makine ile mesele çözülecektir.

Tıp alanında bile bazı durumlar oldukça açık ve nettir. Birisi kayak yaparken bir kaza geçirdiğinde, kırılan bacağın sebebi gizemli kalmayacaktır -ve onun nasıl iyileşeceği de aynı şekilde gizemli olmayacaktır. Bir kemik kırığında -sebebi, etkileri ve tedavisi gayet iyi tanımlanmıştır; olay bir feribot seferine benzer. Başladığı yer ile bittiği yer birbirinden farklıdır. Belki yolculuğu zorlaştıran bir sisle karşılaşılabilir -kemik parçalara bölünmüş olabilir ya da alçıya alındıktan sonra bazı problemler yaşanabilir; ancak A ve B noktaları bellidir ve sağlık personeli hastayı bir noktadan diğerine ilerletmek konusunda eğitim almıştır.

Tıp bilimi fiziksel iyileştirme konusunda akıl almaz derecede ilerlemiş durumda. Trafik kazaları, kırılan kemikler, kalp nakli ve daha birçok konuda hayat kurtaran teknolojiler geliştirilmiş durumda. Her gün rutin işleyişi yerine getiren ve devrim niteliğinde ameliyatlara imza atan bu adanmış insanlar olmasaydı şimdi nerede olurduk?

20. yüzyılda tıp bilimi viroloji (virüs bilimi) alanında da büyük yenilikler içerisinde... Ancak hepsi örtbas edilmiş durumda. Çünkü buluşlarını bir sonraki aşamaya taşımak için gerekli olan kaynaklardan yoksunlar ve virüsler konusundaki buluşları büyük oranda göz ardı edilen bu inanılmaz doktorlar yüzüstü bırakılmış haldeler.

Pandemi onu eve getirdiği için virüs bazen acı çekme nedenidir. Bu, doktorların herhangi bir virüsü henüz tam olarak anladıkları anlamına gelmez. Viral bir enfeksiyonun belirlenmesi, sağlık üzerindeki tam etkilerini, önlenmesini veya tedavisini netleştirmez. Virüsler karmaşıktır. Toplum olarak buna her geçen gün daha fazla uyanıyoruz. Virolojinin kayıp atılımlarının trajedisi her zamankinden daha fazla yankı uyandırıyor: Geçmişteki keşifler bastırılmamış olsaydı, dünyanın bugün COVID ile nasıl başa çıkılacağına dair bilgisi olurdu.

Ayrıca dünya kronik gizemli hastalık salgınını sona erdirmek için ihtiyaç duyduğu cevaplara sahip olurdu. Gizemli hastalık konusunda, belirtilerin sebepleri genellikle açık değildir. Belli bir nedeni yoktur, insanların çektiği sorunların net bir açıklaması yoktur. Doktorların eğitimi A ve B noktalarını belirleyemez. Şüpheci bir tıp adamı, hastanın şikâyetiyle ilgili açık bir bulguyu göre meyebilir -ve hastanın durumu ortada bile olsa araştırma ya devam edebilir.

Çoğu zaman, bir cevap gibi görünen şeyi alabilirsiniz. Size Candida'nız veya sızdıran bağırsağınız olduğu, mikrobiyomunuzun veya mikrofloranızın kapalı olduğu, protein eksikliğiniz olduğu, sağlıklı yağlara ihtiyacınız olduğu ya da hormonlarınızdan kaynaklandığı, yediğiniz meyve yüzünden olduğu; bu yüzden sivilceleriniz, düşük enerjiniz, şişkinliğiniz, kurdeşenleriniz veya biraz zihin bulanıklığınız olduğu söylenebilir. Bir cevap gibi görünse de, yine de atlıkarıncanın bir parçası.

Kronik hastalıkları olan pek çok insan iyileşmez. Bazen bir atlıkarınca pek eğlenceli değildir.

Artık değişim zamanı.

Sizlere gizemli hastalıkların bir kural kitabı olmamasının kötü bir şey olmadığını anlatmak için buradayım. Hukuk işini ele alalım örneğin. Sayısız insan avukat oluyor, çünkü adalet onları çekiyor. Okula kaydını yaptırıyor ve avukat oluyorlar... Sonra müşterilerine sunabilecekleri adaletin sınırlı olduğu gerçeğiyle yüzleşiyorlar. Hepsi de insan tarafından planlanmış ve kimi zaman adaletsiz yasalarla sınırlılar. Bir kurallar kitabına sahip olmak her zaman iyi bir şey değil.

Gizemli hastalıklar için bir kurallar kitabı olmadığından iyileşmenin de sınırı yok; gelecek sayfalarda açıklayacağım sırları okursanız göreceksiniz. İyileşme ya da şifa Tanrı'nın bize sunduğu en büyük özgürlüklerden biridir. İyileşme evrenin, ışığın ya da büyük güce her ne ad veriyorsanız onun kanunudur -insanların değil- dolayısıyla gerçek adaleti bağışlar bizlere. Kanunlara bağlı kalmaksızın, gizemli hastalıklar karşısında şifa bulmak hayal dünyasının sınırlarını aşabilir.

YANITLARA BAĞIMLILIK

Tıp bir çeşit bağımlılık gibidir -bunun bir nedeni de sağlık konusunda otorite olmasıdır. Peki ne alternatif tıbbın ne de geleneksel tıbbın çare bulamadığı hastalıklar söz konusu olduğunda ne olur? İnkâr.

Bu inkâr, "Bilmiyorum," demek yerine yanlış teşhis koymak şeklinde gerçekleşebilir. Bu, iyileştirmek yerine engel olan ilaçlar veya diyetler yazmak şeklinde olabilir. Ya da bu inkâr bir çeşit başından savma (gönderme) şeklinde yaşanabilir; doktor hastalığın sebebinin psikosomatik olduğunu iddia ederek hastayı bir psikiyatra yönlendirir.

Herhangi bir bağımlılıkta olduğu gibi, tıp camiası için ilk adım bu işte bir sorun olduğunu kabul etmektir.

İster geleneksel olsun ister alternatif, eğer tıp camiası yorgunluk ve kas ağrılarıyla kadınların tadını kaçıran salgının gerçek olduğunu ve kimsenin bunun arkasındaki asıl sebebi bilemediğini kabul etmezse; araştırmacılar fibromiyalji, lupus veya endometriozis gerçek sebebini bulmak için gerekli fonu nasıl bulacaklar? Bulurlarsa, cevaplar yine de gizlenir miydi? Gerçek cevaplar rapor edilir miydi? Aynısı diğer hastalıklar için de geçerli.

Eğer hastaysanız tıp camiası çözüm bulana kadar on yıllarca beklemek ister misiniz?

Birçok anne 20 yıl önce gizemli bir hastalığa yakalandıklarını ve kendilerine tiroit, migren, hormon dengesizliği ya da MS gibi teşhisler konulduğunu söylüyor. Şimdi kızlarının da aynı yoldan gittiğini görüyorlar. Teşhis konduğu zaman, 20 yıl sonra tıp dünyasının bu gibi hastalıklara karşı hâlâ çaresiz kalacağını ve bu durumdaki hastalar için hiçbir çözüm önerisinde bulunamayacağını akıllarına bile getirmediklerini belirtiyorlar. Kronik durumlarla ilgili tıbbi gelişmelerin yerinde sayacağını tahmin edememişler. Kızlarının da kendileri gibi aynı hastalıklar karşısında çaresiz kalacaklarını hayal bile etmediklerini söylüyorlar.

Birinin çektiği ağrıların asıl sebebini bulmak ya da bunların altında yatan asıl soruna karşı tatmin edici bir tedavi yöntemi bulmak on yıllar sürmemeli. İnsanlar dertlerine çare bulmak için karanlıkta el yordamıyla ilerliyor gibi hissetmemeliler.

Artık Tıp camiası için açık ve dürüst olma zamanıdır; tıbbi modelin uyum sağlayarak ilerlemesi gerektiğini kabul etmeliler, hayat kurtarma ameliyatlarında olduğu gibi kronik hastalıklar ve diğer alanlarda da aynı hızda gelişme kaydetmeliler. Hastalıklar için onlarca yıllık saçma sapan isimlerden veya her şeyi "otoimmün" şemsiyesi altına koyma hatasından vazgeçeceksek; tıbbın, teşhis testlerinin bazen yetersiz olduğunu veya doktorların, eğitiminin bazen onları yalnızca tahminde bulunmaya sevketmesinin yanıltıcı olduğunu kabul etmesinin zamanı gelmiştir.

Tıbbın, bu kitapta keşfedeceğimiz cevapları aramasının zamanı geldi.

GİZEMLİ HASTALIK ÇEŞİTLERİ

Gizemli hastalıklar dört kategoride incelenebilir.

İlki *adlandırılamayan hastalıktır.* Bir kişi belirtileri sayarak doktor doktor gezebilir, test ardına test yaptırabilir ve hiçbir şeyin yanlış gitmediğini duyabilir. Kan tahlili, MR, ultrason ve bunlar gibi başka araştırmaların hiçbiri bir şey göstermemiştir. Hastanın şikâyetleri karşısında aldığı tek açıklama her şeyin kafasında olduğudur -kuruntulu olduğu, sinirli olduğu, depresyonda olduğu, çok çalıştığı ya da çok sıkıldığı söylenir kendisine. Akli dengesi yerinde olmayan biri için bu çıldırtıcı olabilir. Doktor hastanın acılarının gerçek olduğuna ancak hâlâ tıp bilimi tarafından açıklanamadığına inanırsa bu kez ona "bilinmeyen" kelimesinin süslü karşılığı olan *"idyopatik"*terimini kullanır.

Etkisiz tedavi gizemli hastalığın ikinci kategorisidir. Bu senaryoda ise tıp, belirtilerin adını koymuştur ancak tedavi etmek için bir yöntem geliştirmemiştir. Reçetede yazan tedavi hastanın sağlık durumunda hiçbir şeyi değiştirmez ya da onu daha kötü eder veya hasta bu hastalıkla yaşaması gerektiğine inandırılır. En iyi ihtimalle hasta belirtilerin üstesinden gelebilmek için ilaç alır -MS'te olduğu gibiancak durumunu iyileştirecek bir şey yoktur.

Üçüncü tipte, *yanlış teşhis*, hasta, hastalığının adını öğrenir ancak bu yanlış isimdir. Kimi zaman sorumlusu, tanı trendleridir. Örneğin; menopoz, perimenopoz, hatta hormonal dengesizlikle hiç ilgisi olmayan hormonlar suçlanır. Doktorlar hastalarına yardımcı olmak isterler elbette, ancak aynı belirtilere aynı teşhisi koyan diğerlerini takip ederler. Aslında alternatif doktorlar, geçen on yılın geleneksel tıbbın hormon anlayışından yola çıkarak ilerler. Bu trendlerin, akımların nasıl birbiri üzerinden geçerek birbirini lekelediğinin bir örneğidir.

Dördüncü gizemli hastalık kategorisi, *gerçek nedeni bilmemektir.* Bir teşhis konulabilir, bir tedavi planı alabilirsiniz -ve hâlâ sorunun gerçek nedenini bilmezsiniz. Otoimmün hastalıklar ve bozukluklar en iyi örnektir. Geleneksel tıp, otoimmün teoriye inanır; bu çok gerçek semptomlara ve koşullara, vücudun kendi bağışıklık sisteminin organlarına ve bezlerine saldırması neden olur. Alternatif tıp bile otoimmün teoriye inanır. Bu tıbbi modellerin her ikisi de benzer ilaçlara başvurur. Hiçbir durumda bir otoimmün tanı ve tedavi planı, soruna gerçekten neyin neden olduğuna dair bir anlayışa yol açmaz, çünkü otoimmün teori sadece bir teoridir. Tıbbi araştırma ve bilim, hâlâ otoimmünü "nedeni bilinmeyen" olarak kabul eder çünkü bağışıklık sisteminizin neden ilk etapta vücudunuza saldırdığını açıklayamaz. Bedeninizin size karşı dönebileceği fikri sadece kurumsallaşmış bir inançtır. Gerçek şu ki, vücudunuz asla size karşı dönmez. Vücudunuz asla size saldırmaz. Otoimmün hastalıkların ve bozuklukların neden oluştuğuna dair çok farklı bir cevap var. İşte bu cevap bu kitapta.

Cevap bulma yolunda, insanlar kendilerini bir noktada bu kategorilerin dördünde bulabilirler. Hasta, ilk doktorda semptomlarının psikosomatik olduğunu -yeni bir odak ve ruh hali güçlendirici olarak- egzersiz ve meditasyon yapması veya bir hobi edinmesi gerektiğini duyabilir. Bir sonraki uygulayıcı gerçek bir problem olduğunu doğrulayabilir, ona lupus gibi bir isim verebilir ve daha sonra -iyi niyetle olsa da- etkisiz bir tedavi süreci önerebilir. Yine de kendini iyi hissetmeyen hasta, üçüncü bir sağlık uzmanına başvurabilir, ancak yeni bir MS teşhisi -bu sefer yanlış- ve kendisini iyileşmenin aksi yönüne götüren "tedavilere" başvurabilir. Vazgeçmemeye kararlı olan hasta dördüncü bir doktora gidebilir. Bu doktor semptomları lupus, MS olarak adlandırsa da, bunları ME/CFS olarak etiketlemeye karar verse de, hasta ya "bilinmeyen neden" ya da hastalığın neden ortaya çıktığına dair gerçek nedeni aydınlatmayan bir teori duyacaktır.

Neden acı çektiğinizi bilmemek; teşhis edilmemiş, yanlış teşhis edilmiş, etkisiz tedavi edilmiş veya doğru teşhis edilmiş ancak sağlık sorununuzun gerçekte ne olduğuna dair doğru bir açıklama yapmadan, neredeyse tüm kronik semptom veya rahatsızlıklarla yaşamanın temel gerçeğidir. Kronik ıstırap anlaşılsaydı, gizemli hastalık salgını, nüfusu bugün olduğu gibi rahatsız etmeyecekti. Bu kitap bu yüzden var: Size ve doktorlarınıza lupus, MS ve ME/CFS'nin yanı sıra düzinelerce gizemli hastalığa yanıtlar vermek için var, böylece gizemi çözebilir ve hayatınızı geri kazanabilirsiniz.

"TREND" GELECEK DEĞİLDİR

Geleneksel ve alternatif tıptaki trendlerin çoğu işe yaradığı için popüler olmuyor. Bu eğilimlerin yayılmasını sağlayan kazanılmış çıkarlar (arkalarındaki güç ve para) nedeniyle popüler hale gelirler.

Belki belirli bir araba veya telefon veya giyim markası, kalitesi ve kullanışlılığı nedeniyle veya eğlenceli olduğu için moda haline gelir, ancak yüksek kaliteli, kullanışlı ürün hiç görülmez. Bu eğilimler hâlâ güç ve para kaynağını arkalarına alıyor. Ve böylece tıbbi trendlerle birlikte gidiyor. Teşhisler ve tedaviler, iyileştirici yararları nedeniyle ilgi çekmez. Tıbbi bir eğilimin arkasındaki teori veya düşünce süreci veya slogan -alternatif, geleneksel, işlevsel, bütünleştirici veya bütünsel- trendin arkasındaki çıkar gruplarıyla birlikte, birinin bilinci üzerinde sonuçlardan veya faydalardan çok daha fazla güce sahiptir.

Sağlık ve yaşam tarzı trendleri de bir tuzaktır. 22 yaşında oldukları ve henüz hastalanmadıkları için onları sunan insanlar canlı bir esenliğin cazibesini sağlıyorsa, takipçileri çok kolay çeker. Güçlü ve genç birinin imajı güçlüdür; yaptıkları her şeyin cevap olması gerektiğine inanmak kolaydır. Gerçekte, bu eğilimler, bir semptom veya durumla gerçekten mücadele eden biri için zaman kaybettiren tekniklerdir. İnsanları kendi bağlılıklarını ve yeteneklerini sorgulamaya yönlendirirler. Kendilerine, o egzersiz programıyla daha uzun süre kalabilirlerse -ya da o protein tozu rutini veya meyveyi ortadan kaldıran diyet- vaat edilen sonuçları elde edebileceklerini söylerler. Kayıtlara geçmesi için, bu tür bir görünürlük elde edemeyen, hasta ve acı çeken 22 yaşında bir sürü insan var. Yaşınız ne olursa olsun, sorun siz değilsiniz.

Tıp, sağlık ve yaşam trendlerinin nasıl çalıştığını anlamak için Şükran Günü haftasında akşam yemeği olarak daima hindi servis eden bir restoran düşünün. Yemek yıllar içinde öylesine sükse yaratıyor ki hakkında söylenenler yemeğin kendisinin önüne geçiyor. Kimse, restoranın aslında asla hindi pişirmediğinin -bunun yerine gizlice kaz pişirip, servis ettiklerinin- farkında değil. Yemeğin tadı birine farklı gelecek olsa, hiçbir şey söylemeyecek, kendi ağız tadının yerinde olmadığını düşünecektir. Bu klasik bir satış taktiğidir ve pek çok medikal trend de böyle işler.

Tıp, sağlık ve yaşam trendleri çıplak krala benzerler. Eksik taraflarını sahte bir güvenle, bir şeyleri inkâr etme yoluyla örtmeye çalışırlar. Bu yüzden gücünü kendisinden alır bu akımlar. Eğer bir inanç sistemi kendini yoğun ve hileli bir biçimde pazarlayan büyük bir kalabalığa sahipse, kamuoyu üzerinde bir boz ayı kadar güce de sahip olacaktır. Karbonhidrat diyetinin *Candida*'yı iyileştireceğine, Hashimoto hastalığının vücudun kendi bağışıklık sisteminin tiroitler üzerine saldırmasıyla ilgili bir durum olduğuna dair yanlış inanış ve Lyme hastalığını antibiyotiklerle geçeceğini savunan yanlış inançların arkasında da işte bu yöntem bulunur.

Kimi akımlar fena sayılmaz. Hipotiroidide neler olduğuna bir bakalım. Pek çok kadın, testler bunu gösterse de göstermese de bu durumdan yakınmakta. Duyarlı ve tamamlayıcı tıp doktorları arasında şöyle bir akım yaygın; bu kadınların belirtilerini gerçek görüyor ve bu kadınların ne hipokondriyak ne de sıkılan ev kadınları olmadıklarını onaylıyorlar. Bu gibi doktorlar genellikle şunu söylüyor: "Testlerde bir şey gözükmüyor, ancak sanırım tiroidiniz çalışmıyor." Ve hastalığa bir dizi ilaç ve diyetle müdahale ediyorlar.

Sürekli göz ardı edilen kadınlar için bu bir ilerleme. Aynı zamanda hipotiroit gizemini korumaya devam ediyor -çünkü doktorlar bu hastalığın altında yatan ana sebebi saptayabilmiş değiller. Almış oldukları ilaçlara rağmen insanların hipotiroidi iyileşmiyor. Pek çok insan alınan ilaçların tiroide bir etkisi olmadığını bilmiyor, zaten o ilaçların tiroit için yazılmadıklarını da bilmiyorlar. Bunlar hastalığı yok etmez. Tiroit bezi yetersiz kalmaya devam eder ve ilaçlar sadece belirtilere gem vurulmasına yardımcı olur.

Aynısı pek çok farklı durum için de geçerlidir. Bu bölümün başında saydığım hastalıkları ele alalım: fibromiyalji, lupus, Lyme hastalığı, MS, kronik yorgunluk sendromu, migren, kolit, romatoid artrit, irritabl bağırsak sendromu, çölyak hastalığı, uykusuzluk, anksiyete, depresyon... Tıp camiasının bu hastalıkları konuşuyor olmasının sebebi birer isim vermiş olmaları ya da bunlara dair inandırıcı teorilerin ortaya atılmış olması ya da popüler tedavi yöntemlerinin geliştirilmiş olması olabilir. Yine de iş ağrı, acı ya da gizemli hastalıklara gelince tıp dünyasının karanlık çağlarda kaldığına dikkat etmek lazım. Ayrıca yanlış teşhisin de yaygın olduğunu bilmelisiniz. Tıp dünyasında, neyin neye sebep olduğu konusunda hâlâ çok fazla karışıklık var.

Demek istediğim şu ki, trendler cevap değil.

BU KAFANIZDA KURDUĞUNUZ BİR ŞEY DEĞİL

Bu, özellikle de kadınlar arasında çok yaygın bir fenomen: Gerçek bir hastalık, cevapları barındırması gereken kurum tarafından yanlış bilgilendirmeyle, umursanmama ya da ilgisizlikle karşılaşıyor. Bu zayıf düşüren gizemli belirtilerin sebebini bulamamak ya da belirli hastalıklar için suçluyu yanlış saptamak doktorların elinde değil. Bazı durumlarda gerekli araştırmanın yapılmamasından sorumlu olan kurumun kendisi oluyor -ya da yanlış yöne giden trendler. Bazen de -on yılları bulduğu olsa da- doğru teşhis yöntemini bulmak uzun zaman alıyor.

Doktorlara çoğu zaman, açıklamaların yokluğunda, hastalara durumlarının psikosomatik olduğunu söylemenin gerçek bir yardım olduğu öğretilmiştir. Tıp dünyası, bunun hastalara bir tür uyandırma çağrısı yapacağına inanıyor, ki bu doğru olabilir –tabii hastalıklar sadece insanların kafalarındaysa. Geçen her yıl insanlar daha da çok hastalanıyor ve birçok doktor bunu fark ediyor. Semptomlarla yaşamak, özellikle üreme sistemi alanında, yeni normal haline geldi. Bu uyandırma çağrısı, birçok doktorun teşhisleri yakın geçmişteki doktorlardan çok daha kolay dağıtmasını sağlıyor. Etiket doğru olmasa bile, bu günlerde birine durumu için bir etiket vermekte daha hızlılar.

Çoğu zaman, kronik gizemli durumlar gerçek ve fiziksel kökenlere dayanıyor ama tıp camiası bunu henüz isimlendirmemiş ya da buna neyin iyi geleceğini bulamamış oluyor. Bu gizemli hastalıklarla boğuşan insanların beni bulması bazen yıllar ve on binlerce dolar harcadıktan sonra oluyor. Arkadaşları ve aileleri, artık bununla uğraşmaktan vazgeçmesi, sağlık durumunu ve elindekileri kabullenmesi için hastaya yalvarır hale geliyorlar. Yine de onları harekete geçiren bir şey var: Yaşama içgüdüsü, hayatı en dolu haliyle yaşama kararlılığı, sağlıklı olmayı hak ettiklerine dair inançları.

Şikâyetlerinin ardında yatanın ne olduğunu öğrendiklerinde nasıl güçlendiklerini ve nasıl rahatladıklarını kelimelerle anlatmak imkânsız.

Şimdi bunu öğrenme sırası sizde: Hastalığınızdan dolayı suçlanacak olan siz değilsiniz. Bu sizin dışa vurduğunuz ya da çağırdığınız bir şey değil. Bu sizin suçunuz değil. Sağlıksız olmayı gerçekten hak etmiyorsunuz. Şifa bulmak size Tanrı'nın verdiği bir hak.

Kronik bir hastalıkla uğraştıysanız -bu, yaşamakta olduğunuz ve istemediğiniz herhangi bir semptom anlamına gelir- o zaman eminim ki "Ama gayet sağlıklı görünüyorsun," "İyi görünüyorsun," "Hasta görünmüyorsun," diyerek yardımcı olduklarını düşünen insanlarla, muhatap olmuşsundur. Şüphesiz, "Nasılsın?" sorusuna dürüst bir cevap vermeyi bırakmışsınızdır çünkü, "Hala daha iyi değil misin?" sorusuna tammülünüz kalmamıştır. İyiymiş gibi davranmak, birisi belirli bir terapinin tüm sorunlarınızı çözeceği konusunda ısrar ederken dinlemekten daha az duygusal zarar verir -sanki cevaplar bulmaya dünyanın öbür ucuna kadar gitmemişsiniz gibi. Sayısız insanın, aile üyelerinin hastalıklarla mücadelelerini anlattığı gibi muhtemelen dinlediniz -sanki bu deneyimler sizinkinden daha baskınmış gibi.

Sağlık sorunları henüz hayatınızın önüne geçmemişken, hasta kişilerin nasıl sadece zihniyetlerini değiştirmeleri ve daha olumlu düşünmeleri gerektiğine dair teoriler ortaya atmak kolaydır. Birinin semptomlarının gerçek doğasını anlamadığınız zaman -ağrı ve acı, yorgunluk, şişkinlik, egzama, kaygı- bunun birinin iyileşme korkusuyla kendini geri tutması olduğunu ya da bu hastalığın getirdiği ilgiden gizlice zevk aldığını düşünmek kolaydır.

Size bunların hastalığınızın nedenleri olduğunu söyleyen hiç kimse orada değildi. Sizin yaşadıklarınızı yaşamadı. Bu fikirler, gizemli hastalıktan mustarip olanlar için işleri çok daha kötü hale getiriyor. İnsanların sorunlarından utanmalarına ve yardım istemekten kaçınmalarına neden oluyor -sahtekar, zayıf ya da şikayetçi olarak anılacakları endişesiyle acılarını gizlemek zorundaymış gibi hissediyorlar.

Şunu açıklığa kavuşturalım: Kimse hasta olmak ya da şu veya bu şekilde etiketlenmek istemez. Kimse iyileşmekten, şifa bulmaktan korkmaz.

İnsanlar hasta olmaktan korkarlar, iyi durumda olan insanlar bu yüzden bu duygusuz yorumları yaparlar. Aslında söyledikleri şey şudur: "Senin yaşadıklarını ben yaşamak zorunda kalmayacağım, değil mi?"

Hasta olanlara söylenmesi gereken ise şudur: "Seni duyuyorum, seni görüyorum ve sana inanıyorum. Yaşadıkların gerçek *ve* bunun üstesinden gelmenin bir yolu olmalı. Ben seninle birlikte sonuna kadar dayanacağım."

İyileşme aşamasında, hastalığın sebebinin ne olduğunu (ya da *ne olmadığını*) bilmek yolun yarısıdır. Sonraki aşama nasıl iyileştirileceğini bilmektir. Girişte, bu kitabın nasıl kullanılacağına dair anlattıklarımı sonraki bölümlerde rehber olarak kullanırsanız, bu kitap ikisini de bilmenize yardımcı olacaktır.

Cevaplar Merhametin Ruhu'ndadır. Gizemli hastalıkların arkasında nelerin yattığını bilmenizi istiyor. Sizin ve sevdiklerinizin iyileşmenizi, hayatınızın geri kalanına umutla bakmanızı ve hayatınızı kontrol edebilmenizi istiyor.

Ruh, derin bir şefkat duygusuyla, bu dünyadaki insanların neden şikâyetçi olduklarını anlıyor.

Tanrı, bu geniş ve ileri düzey şifa bilgilerine ulaşma yeteneğini Ruh aracılığıyla bana ihsan etti. Bu yüzden bana gelen sayısız, erkek, kadın ve çocuk kronik gizemli hastalıklarına çare buldular ve sağlıklarının kontrolünü ellerine aldılar, tam olarak iyileşip şifa buldular. Takip eden bölümlerde siz de çareleri bulacaksınız.

HASTA DOSYASI:
GERÇEK İYİLEŞME
2004

Lila*, zihinsel belirsizlik, güçsüzlük, yorgunluk, kulaklarda basınç, el ve ayaklarda uyuşma gibi rahatsızlıklar yaşamaya başladığında 34 yaşında bir emlakçıydı. Bu şikâyetler bir süre sonra işini yapmasına da engel olmaya başladı. Kimi iş arkadaşlarının onun bazı müşterilerle çuvalladığını -randevuları unutmak, kiralık ya da satılık evlerin ne zaman müşterilere gezdirileceklerini karıştırmak gibi şeyler- fark ettiklerini belirtiyordu. Lila adresleri ve isimleri çok sık karıştırıyordu, ayrıca iş günü onun için oldukça yorucu geçiyor, ertesi sabah uyanması için çalan alarmı duyamıyordu. Daireleri satarken gerginliği zirve yapıyordu, detayları karıştırıyor ve bir zamanlar en güçlü silahı olan hesap işlerinde hatalar yapıyordu.

Lila sonunda kendine ve patronuna hasta olduğunu itiraf etmek zorunda kaldı. İdari amiri ona bir doktora gitmesini önerdi. İlk randevusunda Lila belirtileri saydı ancak tahlillerin sonucunda doktor hiçbir fiziksel bulguya rastlamadıklarını belirtti ve son derece sağlıklı olduğunu ekledi. "Depresyon," dedi doktor, "muhtemelen şikâyetinizin sebebi bu."

Lila bununla yaşamaya çalıştı. Yorgunluğu, bilinç bulanıklığını ve diğer şikâyetlerini neşeli yaradılışıyla savuşturmak istedi, işine geri döndü. En ufak bir belirtide bunun, beyninin kendisine oynadığı bir oyun olduğunu düşündü. Belki de ilgi çekmeye çalışıyordu.

Ancak, yataktan kalkamadığı için, elleri araba süremeyecek kadar uyuşuk olduğundan ya da üşendiğinden dolayı duş alamadığı için utanarak birçok iş kaçırdı. Bir süre sonra işyerindekiler, Lila'nın işini yapamadığına ve bir müddet izne çıkması gerektiğine karar verdiler. Bir kez daha doktora gitti, tekrar şikâyetini anlattı. Doktor onu bir kere daha muayene etti ve yine son derece sağlıklı olduğu kanısına vardı. "Size iş göremez raporu verecek olan doktor ben değilim," dedi adam bir de.

Yıkılmış bir halde, ikinci bir seçenek düşündü Lila. Sadece yeni idari amirine karşı kendini güvenceye almak için bir dizi test yaptırdı, ilk doktorun kararına uyacaktı. Ancak o da, maluliyet maaşı alabilmesi için gerekli olan evrakı düzenleyemeyeceğini söyledi. Bu Lila'nın gizemli hastalığına bir açıklama getirmek için geleneksel ve alternatif tıp dünyasında çıktığı ve yıllar süren uzun yolculuğunun sadece başlangıcıydı. Yol boyunca kimi zaman umutlandı, ancak hastalığına bir isim ya da iyileşmenin bir yolunu bulduğunu düşündüğü her an kendini yeniden başladığı yerde -ya da daha kötü bir halde- buldu.

---

* İsim ve diğer kişisel detaylar hastaların özel hayatlarını korumak amacıyla değiştirilmiştir.

Bana gelene kadar bu hikâye böyle devam etti. Merhametin Ruhu, Lila'nın uzun zamandır beklediği ve var olduğuna inandığı iç görüyü sağladı, ondaki bu düşüşün sebebini ve nasıl iyileşeceğinin yollarını buldu. Yenilenen enerjisi özgüvenini tazeledi ve hayattan zevk almaya başladı, kendini bir kez daha işine adamaya hazırdı -yıllardır ihmal ettiği tutkusuyla birlikte.

Bu kitapta, Lila'nınki gibi birçok vaka okuyacaksınız. Bir benzerlik fark edebilir ve onunla özdeşleşebilirsiniz: Doğrulama olmadan hasta olduğunuz yıllar, doktor-alışveriş yolculuğu, izolasyon, kafa karışıklığı ve hayal kırıklığı. Birinin hastalığı için onay aldığı hikâyelerle rezonansa girebilirsiniz -ancak yanlış teşhis veya önceden belirlenmiş iyileşme yolları yanıltıcıdır, sizi hiçbir yere götürmez.

Hikâyeler burada bitmiyor. Varsayım döngüsünün içinde yitip gitmek zorunda değilsiniz. Tıpkı Lila gibi, siz de gizemi çözebilirsiniz -gerçek şifayı bulabilirsiniz.

"Gizemli hastalıklar için bir kurallar kitabı olmadığından iyileşmenin de sınırı yok; gelecek sayfalarda açıklayacağım sırları okursanız göreceksiniz. İyileşme ya da şifa Tanrı'nın bize sunduğu en büyük özgürlüklerden biridir. İyileşme evrenin, ışığın ya da büyük güce her ne ad veriyorsanız onun kanunudur -insanların değil- dolayısıyla bizlere gerçek adaleti bağışlar. Kanunlara bağlı kalmaksızın, gizemli hastalıklar karşısında şifa bulmak hayal dünyasının sınırlarını aşabilir."

— Anthony William, Medikal Medyum

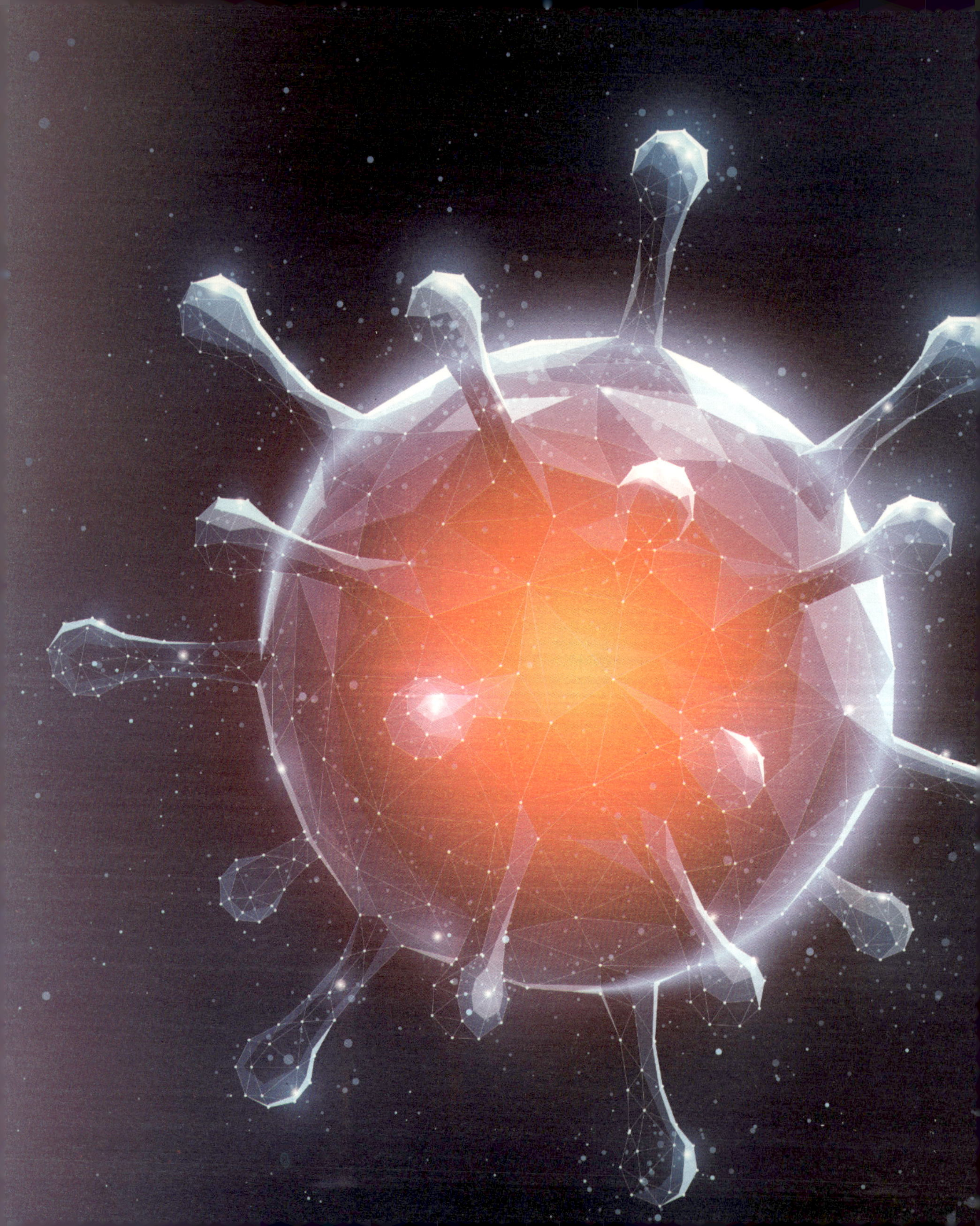

KISIM II

GİZLİ SALGIN

“Okuyucular bu kitapla giderek daha fazla sayıda sağlık hizmeti sağlayıcısını tanıştırmaya devam ediyor ve bu kitap, kronik hastalıkların daha derin nedenlerini araştırmak ve EBV'yi ciddiye almak için yeni bir hareket başlattı. Medikal Medyum ‘un yayınlanmasından önce, EBV pratikte bir endişe kaynağı değildi. Tıp toplulukları virüsün ne olduğunu anlamadı yapabilirdi - çünkü örneğin, tıbbi araştırma ve bilim, EBV'nin nörolojik sorunlara yol açan semptomlar yarattığının farkında değildi. Şimdi EBV testi ve farkındalık, doktorun ofisinde her gün hale geliyor. Araştırma ve bilim sonunda Epstein-Barr virüsü ile düzinelerce hastalık arasında bir bağlantı bulmaya başlıyor.”

— Anthony William, Medikal Medyum

3

EPSTEİN-BARR VİRÜSÜ, KRONİK YORGUNLUK SENDROMU VE FİBROMİYALJİ

Epstein-Barr virüsü (EBV) gizemli bir salgın yarattı. Dünya nüfusunun çoğunluğunun, Epstein-Barr virüsünün birçok mutasyonundan bir veya daha fazlasıyla yaşadığı bir zamandayız.

Epstein-Barr her kategorideki semptomlardan, durumlardan, sorunlardan, rahatsızlıklardan ve hastalıklardan sorumludur: Kimileri için Lyme hastalığı olarak etiketlenen veya isimsiz kalan yorgunluk ve ağrı yaratır. Kimilerinde ise EBV semptomları, doktorları hormon replasmanı gibi etkisiz tedaviler reçete etmeye yönlendirir. Ve EBV ile yaşayan pek çok insan için yanlış teşhis edilir.

EBV'nin bu yayılışının sebeplerinin arasında: onun hakkında çok az şeyin anlaşılmış olması var. Tıp camiası EBV'nin sadece bir türünün farkında, ancak aslında 60'tan fazla türü mevcut. Doktorlara meydan okuyan ve hastaları güçsüz düşüren pek çok hastalığın arkasında EBV var. Giriş bölümünde dediğim gibi EBV gizemli hastalıkların gizemli hastalığıdır.

Doktorlar, virüsün uzun vadede nelere yol açabileceğini ve nasıl sorunlar yaratacağını bilemiyorlar. Gerçek şu ki EBV, fibromiyalji, kronik yorgunluk sendromu gibi şu an için gizemli hastalık olarak adlandırılan birçok hastalığın kaynağı. Aynı virüs ayrıca tiroit, vertigo, tinnitus (kulak çınlaması) gibi tıp camiasının anladığını sandığı ama aslında anlamadığı başka büyük hastalıkların da sebebi.

Bu bölümde EBV'nin nasıl ortaya çıktığı, nasıl aktarıldığı, çeşitli evrelerde kimsenin bilmediği, anlatılmaz yıkımlara nasıl yol açabildiği ve (daha önce asla açıklanmamış olan) virüsü yok edip hastanın tekrar sağlığına kavuşmasını sağlayacak adımlar anlatılmaktadır.

EPSTEIN-BARR'IN KÖKENİ VE YAYILMASI

EBV, iki başarılı doktor tarafından 1964 yılında keşfedilmesine rağmen -bu keşiften yarım yüz yıldan da fazla bir süre önce- 1900'lerde etki etmeye başlamıştı. EBV'nin ilk türleri -ki bunlar hâlâ bizimleler- görece daha yavaştırlar, biri iyice yaşlanana kadar onu fark etmeden yaşayabilir. Hatta o zaman bile aşırı zarar vermezler. Pek çok insanda bu zararsız tür mevcuttur.

Ne yazık ki, on yıllar içinde EBV evrim geçirdi ve her kuşak virüs, bir öncekinden daha zor mücadele edilir bir hal aldı. Virüs her beş yılda bir evriliyor ve insanlar olarak nesilden nesile geçmemiz için gereken 20 ila 30 yılı geride bırakıyor.

Bu kitabın yayınlanmasına kadar, EBV'si olanlar genellikle hayatlarının geri kalanında onunla birlikte kalacaklardı. Doktorlar burada yayınlanan bilgileri kabul etmeye ve onlardan öğrenmeye başladı: EBV sayısız sorunun temel nedenidir. Geçmişte, bir hasta için EBV'nin neden olduğu en büyük sorunun, tümü geçici olan olası ateşle birlikte halsizlik ve hafif yorgunluk olduğuna inanıyorlardı. Şimdi bazı doktorlar, bu kitapta ve serinin geri kalanında yayınlanan Medikal Medyum bilgileriyle -ve ayrıca yayınlanmadan önce ders vermek için harcadığım yıllar nedeniyle- Epstein-Barr virüsünü tanıma ve ele alma konusunda emekleme aşamasındalar.

EBV kapmanın birçok yolu var. Örneğin; annenizde bu virüs varsa eğer, bir bebek olarak siz de onu taşımaya başlayabilirsiniz. Ayrıca virüslü kan yoluyla da alabilirsiniz. Hastaneler kan incelemelerinde bu virüsü aramıyorlar, dolayısıyla herhangi bir kan nakli olası riskleri de beraberinde getiriyor. Hatta dışarıda yemek yediğinizde bile bulaşabilir bu virüs! Şefler ellerindeki tabakları bir an önce hazırlamaları için o kadar yoğun bir baskı altındalar ki parmaklarını ya da ellerini kestiklerinde bunu hemen bir yara bandıyla sarıp işlerine devam ediyorlar. Kanları yediklerinize bulaşmış olabilir...Ve eğer bulaşıcı evrede EBV'ye sahiplerse, bu sizi hasta etmek için yeterli olacaktır.

Cinsel ilişki yoluyla hatta öpüşmeyle de bulaşabilir. Bir hayat arkadaşı arıyorsanız bunu aklınızda bulundurun. Yol boyunca EBV gibi birden fazla patojen çeşidini almak alışılmadık bir durum değil.

Zaten EBV'niz olsa bile, bunun yeni türlerini alabilirsiniz. Hatta halihazırda sahip olduğunuz EBV'yi iyileştirebilir ve üstesinden gelebilir, ardından başka bir EBV çeşidi alabilir, semptomlar geliştirebilir ve bunun geri gelen temel bir problem olduğunu düşünebilirsiniz. Bu sizin başınıza gelirse, bu kitaptaki bilgiler, yaşamınız boyunca erişmeniz ve geri dönmeniz için burada olmaya devam edecektir. Herkesin mikrobiyel hastalığı vardır. Öyle ya da böyle, temas kurduğunuz insanların bir ya da daha fazlasında var. Kendimizi ve ailemizi korumak için ne kadar dikkatli olursak olalım –olmalıyız– bulaşıcılık üzerinde her zaman tam kontrole sahip değiliz. Burada doğal bir yaşam tarzı var. Bu nedenle kendinizi korumanın ve ilerlemenin yolunu bulmak çok önemlidir.

Epstein-Barr virüsü her zaman bulaşıcı değildir. İkinci Aşamasında yayılma olasılığı yüksektir. Bu da şu ana kadar açıklanmayan bir şeyi daha gündeme getiriyor: EBV dört aşamadan geçiyor.

EPSTEİN-BARR BİRİNCİ EVRE

EBV kaptığınızda, virüs kan dolaşımınızda yavaşça kendini çoğaltarak ve doğrudan bir enfeksiyonu başlatmak için fırsat kollayarak dolaşır.

Örneğin; haftalarca yorulup, tam anlamıyla dinlenmek için fırsat bulamadığınızda ya da vücudunuzda çinko veya B12 vitamini eksikliği söz konusuysa ya da bir ayrılık, sevdiğiniz birini kaybetmek gibi duygusal bir travma yaşıyorsanız, virüs strese bağlı hormonal değişiklikleri algılayıp atağa geçecektir.

EBV, üreme sisteminizle ilgili doğal olarak bir bağışıklık sistemi değişiminden geçtiğinizde de sıklıkla uyanabilir. Menstrüasyon sırasında, bağışıklık sisteminin yüzde 80'i üreme sistemini korur ve bağışıklık sisteminin yüzde 20'sini vücudun geri kalanını korumak için bırakır. Yumurtlama sırasında, bağışıklık sisteminin yüzde 40'ı üreme sistemini korur ve vücudun geri kalanını korumak için yalnızca yüzde 60'ını bırakır. Ve hamilelik sırasında, bağışıklık sisteminin yüzde 50'si üreme sistemini ve bebeği, diğer yüzde 50'si vücudun geri kalanını korur. Bu geçiş zamanları, EBV'nin Birinci Aşama'da kök salması için fırsatlara yol açabilir.

Doğum sırasında, bir kadının bağışıklık sisteminin yüzde 90'ından fazlası üreme sistemine hücum eder ve bu süre zarfında vücudunun geri kalanında bağışıklık sisteminin yüzde 10'undan azını bırakır. (Doğumdan sonra, kadının bağışıklık sistemi anne sütü etrafında yoğunlaşmaya devam ettikçe ve tüm vücutta dengelenmeye başladığından, bu oran sonraki üç gün içinde değişir.) Kişi, doğumdan sonra yorgunluk, beyin sisi, ağrı, sızı ve depresyon gibi çeşitli semptomlar hissedebilir. Semptomlar aylarca devam edebilir ve genellikle "doğum sonrası depresyon" kampsamında etkilere yol açar. Kadınların artık bu tanıma aşina olması ve doğum sonrası zorlukların daha geniş ve açık bir şekilde konuşuluyor olması muazzam bir ilerleme. Ayrıca altında daha fazlasının olduğunun da farkında olmalıyız. Uyanmış EBV, doğum sonrası semptomların sık nedenidir. Doğumda bağışıklık sistemindeki kaymanın yanı sıra, yorucu adrenalin çıkışı seviyesi de var. Özellikle zor bir doğum olduysa, bu büyük adrenalin patlaması EBV için bir besin kaynağı olabilir.

EBV çok sabırlıdır. Bu Aşama Bir'in kendisini güçlendirmesi ve ideal bir fırsatı beklemesi, çeşitli faktörlere bağlı olarak haftalar, aylar, hatta on yıl veya daha uzun sürebilir. Az önce ele aldığımız tetikleyicilerden herhangi birinin, vücutta zaten yerleşik olan EBV'yi, bu bölümde daha ayrıntılı olarak okuyacağınız diğer aşamalarına geçmesine de yol açabileceğini unutmayın.

Virüs özellikle Birinci Aşama sırasında savunmasızdır. Bununla birlikte, testler yoluyla da tespit edilemez ve hiçbir belirtiye neden olmaz, dolayısıyla onunla savaşmayı bilemezsiniz, çünkü orada olduğunun farkında olmazsınız.

EPSTEİN-BARR İKİNCİ EVRE

Birinci Evre'nin sonunda virüs vücudunuzla savaşmaya hazırdır. EBV ilk kez o zaman varlığını gösterir; *mononükleoza* dönüşerek. Bu, ergenlik dönemi boyunca adını duyduğumuz, "öpücük hastalığına" sebep olduğu söylenen kötü şöhretli bir 'mono'dur. Binlerce ergen, her yıl parti yapıp ders çalıştıkları gecelerde bu virüsle temas ederler.

Tıp camiası, her mononükleoz vakasının sadece EBV İkinci Evre olduğunun farkında değil.

Bu evre, virüsün en bulaşıcı olduğu zaman dilimidir. Bu yüzden, bu dönemde monosu olan biriyle kan, salya ya da diğer vücut sıvılarınızın temas etmemesi önerilir... Ya da *sizde* mono varsa başkalarına kanınızı, salyanızı veya diğer vücut sıvılarınızı temas ettirmemeniz tavsiye edilir.

İkinci Evre'de vücudunuzun bağışıklık sistemi virüsle savaşa başlar. Virüs hücrelerini "etiketlemek" için belirleyici hücreler gönderir; başka bir deyişle, o hücrelerin üzerine, onların istilacı olduklarını belli eden hormonlar yapıştırır. Daha sonra etiketli hücreleri bulup öldürmeleri için savaşçı hücreleri gönderir. Bu, savunmanız haline gelen bağışıklık sisteminizin gücüdür.

Bu savaşın şiddeti kişiden kişiye değişir çünkü herkesin karşı karşıya olduğu şey farklıdır. Bir kişi çinko eksikliği yaşarken bir başkası ağır çinko eksikliği yaşayabilir. Bu fark önemlidir. Birisi, halihazırda karşı karşıya olduğu veya kontrol altında tuttuğu diğer patojenlerden zayıflamış bir bağışıklık sistemine sahip olabilir. (Örnekler, H. pylori, Streptococcus, Staphylococcus, zona virüsü, E. coli, HPV ve diğer birçok farklı patojeni içerir.) Birisi duygusal zorluklarla karşı karşıya olabilir, bu da savaşma ya da kaçma ve çok sayıda aşındırıcı adrenalin salınımına neden olup sinir sistemini ve bağışıklık sistemini uç noktalara taşır. Bağışıklık sistemi üzerinde çok fazla stres yaratan birinin kafein bağımlılığı, bağışıklık tepkilerini zayıflatıyor olabilir. İnsandan insana viral aktivite, diyet yiyecekleriyle ilgili de olabilir. Örneğin yumurta virüsleri besler, bu nedenle EBV için çok ateşleyicidir. Bir kişi düzenli olarak yumurta yerse ve diğeri nadiren yumurta yerse, bu her şeyi değiştirebilir.

Tüm bunlara ek olarak, birinin sahip olduğu EBV türü veya çeşidine de bağlıdır. Sadece bir veya iki hafta boyunca hafif cızırtılı bir boğaz ve yorgunlukla mono yapabilirsiniz, bu durumda gerçekte ne olduğunu anlama olasılığınız yoktur, bu nedenle büyük olasılıkla kan testi için doktora gitmezsiniz.

Sonra tekrar, yorgunluk, boğaz ağrısı, ateş, baş ağrısı, kızarıklık ve birkaç ay boyunca devam eden daha fazlasıyla sert bir şekilde vurulabilirsiniz. Bu olursa, muhtemelen kanınızı test edecek bir doktora görüneceksiniz ve Epstein-Barr virüsü bir tür mono olarak ortaya çıkacaktır. . . çoğu zaman.

Bu aşamada EBV, bir veya daha fazla ana organınız içinde (tipik olarak karaciğer, dalak ve/veya üreme organları) uzun vadeli bir yuva arar. EBV bu organlarda olmayı sever çünkü civa, dioksinler, diğer toksinler ile yumurta, süt ürünleri ve glüten gibi gıdalardan gelen kalıntılar burada birikebilir. Virüs, sonunda endometriozis, fibroidler, PCOS, yumurtalık kistleri, prostat sorunları ve/veya gizemli kısırlığa yol açabilecek bu zehirler üzerinde gelişir.

EBV hakkında bir sır daha vardır: En iyi arkadaşı *Streptokok* adında bir bakteridir. Böyle bir durumda vücudunuz sadece bir virüsle değil, aynı zamanda bağışıklık sisteminizi karıştırıp kendi belirtilerini üreten bir bakteriyle de muhataptır. Bu EBV'nin bir numaralı eşetkenidir.

EBV'nin İkinci Evresi boyunca *Streptokok* yukarılara yolculuk ederek boğaz ağrısına sebep olur ve/veya sinüsleri, burnu, ağzı doldurur. Ayrıca idrar yolunda, vajinada, böbreklerde veya mesanede enfeksiyon oluşturmak için aşağı inebilir... Bu da genellikle sistitle sonuçlanır.

EPSTEİN-BARR ÜÇÜNCÜ EVRE

Virüs bir kez karaciğer, dalak ve/veya diğer organlara girdikten sonra oraya yerleşir.

Bu noktadan sonra, doktor EBV için test yaptığında antikorlar bulur ama bunları EBV mono evresindeyken yaşanan *geçmiş* bir enfeksiyonun belirtileri olarak ele alır. Kanınızda aktif bir şekilde dolaşan EBV'ye rastlamaz. Buradaki karışıklık, tıp tarihinin en büyük hatalarından biridir -virüs burada unutulmuş, gözden kaçmış olur. Bu kitapta EBV'yi yok etmek için söylenenleri takip etmediğiniz sürece, virüs hep canlı olacak ve belirtiler üretmeye devam edip testlerde görünmeyecek. Çünkü virüs karaciğer dalak ya da diğer organlarda yaşıyor ve onu saptayabilecek bir test henüz geliştirilmedi. Üstelik, EBV'nin çok farklı ve daha yeni mutasyonları vardır, testler onları tamamen gözden kaçırabilir.

Virüs, organlarınızda fark edilmeden saklanırken vücudunuz, savaşı kazanmış olduğunu ve istilacıların yok edildiğini düşünür. Bağışıklık sisteminiz normale döner, mononükleozunuz sonlanır ve doktorunuz size artık sağlıklı olduğunuzu söyler.

Ama ne yazık ki EBV vücudunuzdaki yolculuğuna daha yeni başlamıştır.

Tipik, sıkça görülen bir çeşidine yakalanmışsanız, EBV organlarınızda siz onu fark edemeden yıllarca hatta on yıllarca uykuda kalabilir. Özellikle saldırgan bir çeşidine yakalanmışsanız, EBV organa yerleşirken bile ciddi sorunlar çıkarabilir.

Örneğin; virüs karaciğere, dalağa ve/veya üreme sisteminin derinliklerine birer girip bu organların iltihaplanmasına ya da genişlemesine yol açabilir. Ve bir kez daha, şunu unutmayın ki bu kitap basılmadan önceki dönemde doktorunuz, geçmiş EBV ile organlardaki mevcut aktivitesi arasındaki noktaları birleştirmeyi bilmiyorlardı. Şimdi bu bilgiyle, yeni semptomlar yaratan mononükleoz sonrası aktivitenin olduğunu fark etmeye başlıyorlar.

Virüs ayrıca üç çeşit zehir üretir:

- EBV, toksik atık madde veya viral yan ürün salgılar. Virüs daha fazla hücre büyüttüğü ve genişleyen ordusu zehirli yan ürünleri yemeye ve salgılamaya devam ettikçe bu durum giderek daha önemli hale geliyor. Bu atık madde genellikle Lyme titreleri (Lyme hastalığı için tarama testleri) gibi testlerde yanlış pozitifleri tetikleyebilen ve yanlış Lyme teşhisine yol açabilen spiroketler olarak tanımlanır.
- Virüsün bir hücresi öldüğünde (hücrelerin altı haftalık bir yaşam döngüsü olduğu için bu sıklıkla olur) geride kalan ceset zehirlidir ve bu nedenle vücudunuzu daha fazla zehirler. Viral yan üründe olduğu gibi, EBV'nin ordusu büyüdükçe bu sorun daha şiddetli hale gelir ve yorgunluk ve diğer semptomlar yaratır.
- EBV'nin bu iki süreçle oluşturduğu zehirler, bir nörotoksin (yani, sinir fonksiyonunu ve bağışıklık sisteminizi bozan bir zehir) ve/veya bir dermatoksin üretme yeteneğine sahiptir (yani, deriden yükselerek egzama, sedef hastalığı, lupus veya teşhis edilmemiş döküntülere neden olan bir zehir). EBV, bağışıklık sisteminizin virüse odak-

lanmasını ve ona saldırmasını önlemek için bu özel toksinleri Üçüncü Aşama sırasında stratejik dönemlerde ve Dördüncü Aşama sırasında sürekli olarak salgılayacaktır.

Organlarınızda yuvalanan, saldırgan türdeki EBV'nin sebep olduğu sorunlar arasında şunlar vardır:

- Karaciğeriniz o kadar yavaş çalışır ki, sisteminizdeki toksinleri atmak, sıcak basması, kalp çarpıntısı, deri döküntüsü ve kilo almak gibi konularda yetersiz kalır.
- Hepatit A, B ve C. (EBV aslında hepatit C'nin temel nedenidir. Ayrıca akut hepatit A ve B vakalarına da neden olabilir.)
- Karaciğerinizin yavaş performansı, midenizin mide bezlerini strese sokarak hidroklorik asidin düşmesine ve bağırsak yolunuzun toksik hale gelmesine neden olabilir. Bu da bazı yiyeceklerin tam olarak sindirilmemesine ve bunun yerine bağırsak yolunuzda çürümesine neden olup şişkinlik ve/veya kabızlığa yol açabilir. Karaciğerinizdeki baskı ayrıca safra rezervlerinin azalmasına neden olabilir, böylece yiyeceklerdeki yağlar dağılmaz veya parçalanmaz, bu da onların acılaşmasına neden olur.
- Bu, endometriozis, PCOS, miyomlar, yumurtalık kistleri veya büyümüş prostatın gelişmeye başlama aşamasıdır.
- Daha önce size hiç sorun yaratmayan gıdalara karşı hassasiyetleriniz gelişir. Bu, virüs peynir veya glüten gibi sevdiği bir gıdayı tükettiğinde, ardından "tuvalete giderek" onu vücudunuzda ortadan kaldırdığında olur ve bu da gıda kalıntısını vücudunuzun tanımadığı bir şeye dönüştürür.

Virüs, özellikle savunmasız bir durumda olduğunuzu gösteren stresle ilgili hormonları algılayanaya -örneğin, fazla çalışmak; boşanma, ayrılık veya ihanet gibi şiddetli bir duygusal darbeye katlanmak; bir araba kazası geçirmek gibi fiziksel bir sarsıntıya maruz kalmak- ya da hamilelik, doğum hatta menstrüasyon ve yumurtlama gibi zamanlarda bağışıklık sisteminin vites değiştirmesi gibi hormonal bağışıklık sistemi değişiklikleri geçirdiğinizi hissedene kadar bekler.

Virüs sayıca çoğalmak üzereyken, sevdiği çeşitli yiyecekleri aramaya devam ederken bir beslenme çılgınlığı başlar. Bu besinleri tükettikten sonra nörotoksinleri salgılamaya başlar. Bu, karaciğerinize ekstra bir yük getirir, çünkü karaciğeriniz bu ekstra viral atık maddeyi filtrelemeli ve işlemelidir.

Burada vurgulanması gereken nokta, virüsün sayıca büyüyebilmesi için büyük ihtimalle yakın zamanda -hatta aylar önce- bir viral tetikleyici ile karşılaşmış olmanızdır. Az önce ele aldığımız zorluklar gibi; yoğun stresli olaylar, zor koşullar, kalp kırıklığı ve ihanet gibi duygusal mücadeleler veya doğum gibi fiziksel tecrübeler. Veya belki de devam eden eksikliklerden ya da yiyeceklerdeki antiviralden ziyade virüs teşvik eden bazı yiyeceklerden bağışıklık sisteminizin düşmesi... Yaygın içeceklerden alınan aşırı kafein gibi kötü alışkanlıklar bile böbreküstü bezlerine ve karaciğere zarar verir. Diğer tetikleyiciler arasında küfe maruz kalma; takılabilir oda spreyleri, kokulu mumlar, kolonya veya parfüm; çim işleme kimyasalları; cıvalı amalgam diş dolgularının çıkarılması, pestisit veya herbisit maruziyeti, COVID veya grip gibi ek patojenlere maruz kalma vardır. Bu, EBV'nin bir sonraki aşamasının başlamasına izin vermek için kişinin hayatında meydana gelebilecek tetikleyicilerin kapsamlı bir listesi değil, sadece yaygın olanlardan bazıları. Bu tetikleyicilerin tümü, bağışıklık sistemini geçici olarak azaltma potansiyeline sahiptir.

LUPUS

Az önce tarif ettiğim çeşitli tetikleyicilerin neden olduğu bağışıklık sisteminin düşürülmesi, virüsün sayıca artmasını sağlayabilir, bu da virüsün daha fazla yan ürün, nörotoksin, virüs cesetleri ve dermatoksini serbest bırakmasına, dışarı atmasına neden olabilir. Bu, vücudun farklı bölgelerinde, ciltte çeşitli gizemli döküntüler ve kurdeşenler olarak ortaya çıkabilen ve hastanın doktora gitmesine neden olan alerjik bir reaksiyona yol açabilir. Çoğu zaman bu, doktorun kafasını karıştıran inflamatuar belirteçlerin veya sayıların yükselmesini gösteren kan testini gerektirecektir. Bu, özellikle yorgunluk, çeşitli vücut ağrıları, baş ağrıları ve beyin sisi gibi diğer semptomlar, ciltle ilgili semptomlarla birleştirildiğinde lupus teşhisine yol açabilir. Tıp toplulukları lupusun yalnızca; Epstein-Barr'ın yan ürünlerine, nörotoksinlere, virüs cesetlerine ve dermatoksinlere tepki veren vücut olduğunu anlamıyor. Gerçekte, lupus sadece Epstein-Barr'ın viral bir enfeksiyonudur.

HİPOTİROİDİZM VE DİĞER TİROİT BOZUKLUKLARI

Bağışıklık sisteminiz zayıflamışken, EBV yuvalandığı organları terk ederek ve farklı bir ana organ veya bez için çalışarak avantaj sağlayabilir. EBV'nin karaciğerden dışarı çıkması en yaygın olanıdır -EBV dalakta ve/veya üreme organlarında yuva yapıyor olsa bile, bağışıklık sistemi düştüğünde EBV hücrelerinin seyahat etme olasılığı en yüksek olan yer karaciğerdir. 60'tan fazla EBV çeşidinin çoğu için normal yol, doğrudan tiroide yönelmektir.

Tıbbi çevreler, EBV'nin çoğu tiroit bozukluğu ve hastalığının -özellikle Hashimoto'nun ve aynı zamanda Graves, tiroit kanseri ve diğer tiroit hastalıklarının- asıl nedeni olduğunun henüz farkında değiller. (Tiroit komplikasyonlarına bazen radyasyon neden olur; ancak vakaların yüzde 95'inden fazlasında suçlu Epstein-Barr'dır.) Yani tıp çevreleri, yıllar içinde benden bir şeyler öğrenmedikçe, bu kitabı okumadıkça veya bu kitap sonucunda yayınlanan makaleleri veya çalışmaları görmedikçe bundan habersizdiler.

Tıbbi araştırmalar tiroit bozukluklarının gerçek nedenlerini henüz ortaya çıkarmadı ve EBV'nin doğrudan onlara neden olan virüs olduğunu keşfetmeye ve kabul etmeye daha onlarca yıl var. Bir doktor size bir Hashimoto teşhisi koyarsa, bunun gerçekten nasıl olduğunu bilmediği anlamına gelir. İddia, vücudunuzun tiroidinize saldırdığı yanlış bilgisinden kaynaklanan bir görüştür. Gerçekte, tiroide saldıran vücudunuz değil, EBV'dir.

Tiroidinize girdikten sonra, EBV dokularını delmeye başlar. EBV'nin çalışma şeklinin keşfedilmemiş bir yönü de, bir beze girme aşamasındayken şekil değiştirmesi ve hücrelerinin daha oval hale gelmesi, her bir oval şekilli virüs hücresinin bir ucu sivri belli bir yönde olmasıdır. Virüs hücreleri daha sonra kelimenin tam anlamıyla tiroidin derinliklerine girmek için matkap ucu gibi döner (tıpkı böcek larvalarının ağaçlara girdiklerinde yaptıkları gibi), tiroit hücrelerini öldürür ve giderken bezi yaralar, milyonlarca kadın ve birçok erkekte gizli hipotiroidizm yaratır; hafif vakalardan daha aşırı durumlara kadar. Bağışıklık sisteminiz bu doğrudan saldırıyı fark eder ve müdahale etmeye çalışır çünkü EBV doğrudan iltihaplanmaya neden olur. Bağışıklık sisteminiz iltihaplanmaya neyin neden olduğunun farkına varır ancak bağışıklık sisteminizin virüsü zaten beze yerleştirirken etiketlemesi çok zordur. EBV'nin nörotoksinleri, dermatoksinleri, viral yan ürünleri ve zehirli cesetleri bir duman kalkanı oluşturarak bağışıklık hücrelerinin her viral hücreyi doğrudan görmesini zorlaştırır, bu da viral hücrelerin kaçma ve kendilerini bez dokusunun derinliklerine gömme şansı verir.

Yukarıdakiler sinir bozucu gelse de, sizi rahatsız etmesine izin vermeyin; Tiroidiniz ihtiyaç duyduğu şey verildiğinde kendini yenileme ve iyileştirme yeteneğine sahiptir. Ve bağışıklık sisteminizin gücünü, savunmaya geçince yapabileceklerini asla küçümsemeyin. Bu bölümün sonunda, tam da siz gerçeği öğrendiğinizde bağışıklık sisteminiz devreye girecek.

Virüs tiroide girerken hücrelere zarar verdiği ve öldürdüğü için hafif skar dokusu formları oluşturabilir. Bu, küçük büyümelerin başlangıcı olabilecek yara dokusu ceplerinin oluşmasına neden olabilir. Bu hafif büyümelerin genişlemesini ve içlerindeki EBV hücrelerinin çoğalmasını durdurmak için bağışıklık sisteminiz virüsü kalsiyumla kapatmaya çalışır. Bu, tiroidinizde nodül oluşturan süreçtir. Bağışıklık sisteminizin yara dokusu büyümeleri etrafında oluşturduğu bu kalsiyum hapishaneleri EBV'yi her zaman durdurmaz. İlk olarak, EBV hücrelerinin çoğu bu saldırıdan kurtulur ve serbest kalır. İkincisi, bağışıklık sisteminizin başarılı bir şekilde duvarlarını sildiği bir virüs hücresi tipik olarak canlı kalır ve kalsiyum hapishanesini rahat bir yuvaya dönüştürür, yine de tiroidinizdeki yiyeceklere erişmesine izin vererek enerjisini tüketir. Virüs hücreleri, sahip olduğunuz EBV mutasyonuna veya çeşitliliğine bağlı olarak, sonunda hapishanelerini kist adı verilen canlı bir tümör dönüştürebilir ve bu, tiroidinizde daha fazla baskı yaratır.

Kalsiyum açısından zengin gıdalar ve C vitamini yüksek gıdaları yeterince tüketmek, EBV'ye karşı bu saldırıda bağışıklık sisteminizi desteklemeye yardımcı olur. Süt ürünleri gibi kalsiyum açısından zengin besinler, ihtiyaç duyulan kalsiyum türü değildir. Bağışıklık sisteminiz meyvelerden, yapraklı yeşilliklerden, otlardan, yabani yiyeceklerden ve bazı sebzelerden alınan kalsiyuma dayanır. Bağışıklık sisteminiz, o an daha büyük yangınla mücadele etmek için (tiroidinizi kurtarmaya çalışırken) sürekli olarak mevcut kalsiyumu kullandığından, beslenmenizde yararlı kalsiyum kaynakları yoksa ve bunun yerine verimsiz kalsiyum tüketiyorsanız, bağışıklık sisteminiz -çaresizlikten- bir yara dokusu büyümesini engellemeye çalışırken süt, peynir, tereyağı ve yumurta gibi kaynaklardan gelen verimsiz kalsiyumu kullanmayı tercih edebilir. Bu "yanlış" kalsiyum türü ile kalsiyum hapishanesi (tiroit nodülü) işlevsel olmayacaktır; bunun yerine virüs bu büyümeyi arttıracaktır. Bu verimsiz kalsiyum kaynakları daha fazla zarara neden olur.

Tükettiğiniz meyveler, yapraklı yeşillikler, otlar, yabani yiyecekler ve bazı sebzelerden yararlı türde kalsiyum olsa bile, bol miktarda almaya dikkat etmelisiniz. Bağışıklık sisteminiz tiroidinizi korumak için sürekli olarak kalsiyum kullanıyor. Yeterince alınmadığında, bağışıklık sisteminiz karaciğerinizdeki kalsiyum depolama kutularından kalsiyum çekebilir. Bu arada, kemiklerinizin bir yerden üretken kalsiyuma ihtiyacı var. Bağışıklık sisteminiz tiroidinizdeki virüsle savaşmak için yeterli miktarda kalsiyuma sahip değilse, o zaman kemikleriniz için herhangi bir kalıntı kalmaz -bu da kemiklerinizin kendilerine dağıtılması gereken kalsiyumdan yoksun bırakıldığı anlamına gelir.

Aynı zamanda, nodüllerde hapsedilmeyen yüzlerce virüs hücresi, tiroidinizi zayıflatabilir ve hormonlarını üretmede daha az etkili hale gelebilir. Uzun süreli düşük dereceli viral enfeksiyon ve EBV'nin toksinleri (karaciğerde yaratacağı sorunlardan bahsetmiyorum bile) nedeniyle durgunlaşan bir karaciğer ile birleştiğinde, yeterli tiroit hormonlarının eksikliğini doldurduklarında, adrenal bezlerinizde ortaya çıkan baskı, kilo almaya, yorgunluğa, zihin bulanıklığına, hafıza zayıflığına, depresyona, saç dökülmesine, uykusuzluğa, zayıf tırnaklara, kas güçsüzlüğüne ve/veya düzinelerce başka belirtiye yol açar.

Özellikle nadir bazı agresif EBV çeşitleri daha da ileri gider. Vücuttaki "doğru" toksik baş belaları tarafından beslendiklerinde tiroidde kanser oluşturabilirler. Dünyada tiroit kanseri oranı hızla artıyor. Tıp çevreleri, nedenin nadir, agresif EBV formlarında bir artış olduğunu bilmiyorlar. Bu daha nadir formlar birkaç yılda bir daha yaygın hale geliyor.

Epstein-Barr virüsü stratejik bir nedenle tiroidinizi istila eder: endokrin sisteminizi rahatsız edip baskı yapmaya çalışır. Tiroidinizdeki baskı, EBV'nin tercih edilen bir gıdası olan daha fazla adrenalin üretmek için böbreküstü bezlerinize baskı uygular.

Böbreküstü bezlerinize tarafından üretilen tüm adrenalin karışımları EBV'yi kısa sürede beslemez. Olan şudur; tiroidinizin uzun vadeli durumu, böbreküstü bezlerini, uzun vadeli ekstra adrenalin salmak üzere harekete geçirebilir. Bu da böbreküstü bezlerini daha dengesiz, hassas bir duruma sokar, çünkü zaten stresli olaylardan ve günlük yaşamın duygusal değişimlerinden etkilenmektedirler. Uzun süreli gerginlik, böbreküstü bezlerinde ekstra ataklara, nöbetlere ve tutarsızlıklara yol açar. Duygusal bir rahatsızlık veya stresli bir olay, küçük bile olsa, zayıflamış böbreküstü bezlerini şok edebilir ve genellikle "savaş ya da kaç" anlarında hayatta kalmamıza yardımcı olmak için ayrılmış daha yıpratıcı bir adrenalin türünü üretmelerine neden olabilir.

Günden güne, normal ve daha yumuşak adrenalin ile daha yoğun adrenalin karışımlarının bu küçük patlamaları karışır ve yıpratıcı doğası nedeniyle, bu daha yoğun adrenalin, EBV'nin yuvalandığı vücut dokusuna daha derinden nüfuz edebilir. Zamanla, daha yumuşak olan adrenalin, dokulara bu şekilde nüfuz etmez ve tiroit gibi yuvalanma noktalarında EBV'ye ulaşması pek olası değildir. Vücuda daha kolay nüfuz edebilenler, yıpratıcı adrenalin karışımlarıdır; hatta bir tiroit nodülü hapishanesinde EBV'nin ulaşması daha kolay hale gelir. Ayrıca, EBV'nin en çok geliştiği karışımlardır.

EBV'nin güçlenmesi için gereken her zaman bu değildir. Yumurta gibi yiyecekler, EBV için bir süper besin görevi görür ve bazen yıpratıcı adrenalin türlerinden daha fazla genişlemesini ve büyümesini sağlarlar. Peynir ve glüten gibi rahat gıdalar da EBV'yi besler.

Bazen gıda ve adrenalin birlikte rol oynar. Yumurta, süt ve glüten gibi gıdaları tüketirken, duygusal koşullar ve yıpratıcı adrenalin, kalp atış hızını artırıp bu gıda kalıntılarını (ve diğer gıdalardan gelen besinleri) kan yoluyla yönlendirirse, EBV'nin kalıntıları yakalama şansı daha yüksek olur; EBV'nin beslenmesine izin verir.

Tüm bunlar EBV'yi nihai hedefine, yani sinir sisteminize getirebilir.

EPSTEİN-BARR DÖRDÜNCÜ EVRE

Epstein-Barr'ın nihai hedefi tiroidinizi terk ettikten sonra merkezi sinir sisteminize yerleşmektir.

Bağışıklık sisteminiz normalde buna izin vermez. Ancak EBV, tiroidinize girerek sizi Üçüncü Aşamada yeterince bir şekilde yıprattıysa -ki her şey bununla başlar- ve bunun üzerine aniden bazı fiziksel veya ciddi duygusal yaralanmalarla karşı karşıya kalırsanız, virüs, bağışıklık sisteminizin savunmasızlığından faydalanabilir ve kalp çarpıntısından, yer değiştiren ve hareket eden ağrı ve sancılara, karıncalanma ve uyuşmaya, sebepsiz yorgunluğa ve sinir ağrısına kadar çok sayıda garip semptoma neden olabilir.

Yaygın senaryo, kaza geçirmek, ameliyat olmak, başka bir fiziksel hasar almak, hatta doğum yapmak ve ardından beklenenden çok daha uzun süre kendini kötü hissetmek şeklindedir. Tipik bir tepki, "Kamyon çarpmış gibi," diye ifade edilir.

Kan tahlilleri, röntgen filmleri ve MR'lar hiçbir şeyi açığa çıkarmaz, dolayısıyla da doktorlar sinirlere zarar vermekte olan virüsü fark etmezler. Epstein-Barr Dördüncü Evre bu yüzden pek çok gizli hastalığın asıl sebebidir ve bu da doktorların şaşkınlık içinde kalmalarına yol açar.

Aslında olan şudur: Zarar görmüş sinirleriniz, vücudunuz onları fark etsin ve onarsın diye bir hormon salgılarlar. Dördüncü Evre'de EBV bunu algılar ve doğrudan o hasarlı sinire saldırır.

Sinir, kenarlarından minik tüycüklerin sarktığı bir ip parçasına benzer. Bir sinir zarar gördüğünde bu minik tüycükler kopar. EBV bu açıklıktan sinire yerleşmeye çalışır. Eğer başarırsa, o bölgeyi yıllarca iltihaplı halde tutabilir. Sonuç olarak ufak bir yaralanma sonunda birden büyüyen, devamlı ağrı ve acılara sebep olan bir durumla karşı karşıya kalabilirsiniz.

EBV'nin neden olduğu bu nörolojik semptomlardan herhangi birinin gelişmesi için fiziksel yara almanız gerekmez. Sinirler yine de virüs tarafından iltihaplanabilir. Virüs, kolayca bulunabilen toksinlerle (cıva, alüminyum, bakır ve diğer toksik belalar ve ayrıca yumurta, süt, peynir, tereyağı ve glüten), sinirlere tutunan nörotoksinleri serbest bırakabilir -açıkta kalan kök tüyleri, yaralı sinirler ister hatta hasar görmemiş sinirler olsun. Bu, farklı tiplerde semptomlar yaratabilir ve her EBV çeşidi farklı etki yapar. Bir EBV çeşidi, cıva gibi daha toksik bir gıdaya karşı iştahlı olabilir veya sinirler yaralanmadan ya da yıpranmadan sadece dokunarak sinirleri alevlendirebilen daha toksik bir nörotoksin üretebilir.

Bu viral enflamasyondan kaynaklanan sorunlar arasında kas ağrısı, eklem ağrısı, ağrılı hassas noktalar, sırt ağrısı, ellerde ve ayaklarda karıncalanma ve/veya uyuşma, sarsılma ve spazmlar, kulak çınlaması (kulaklarda çınlama, vızıltı, uğultu veya patlama sesleri) migren, devam eden yorgunluk, baş dönmesi, gözlerde uçuşmalar, uykusuzluk, huzursuz uyku ve gece terlemeleri. Bu sorunları olan hastalara bazen fibromiyalji, kronik yorgunluk sendromu veya romatoid artrit teşhisi konur; bunların tümü, tıp camiasının "anlamadığını" kabul ettiği ve tedavisi olmayan semptomlardır. Bu gibi durumlarda, hastalara gerçek suçluyu ele almayan uygunsuz tedaviler verilir; çünkü bu gizemli hastalıklar gerçekten Aşama Dört Epstein-Barr'dır.

Tüm zamanların en büyük yanlış adımlarından biri, kadınların Epstein-Barr semptomlarını, perimenopoz ve menopozla karıştırmaktır. Sıcak basması, gece terlemesi, kilo almak, kalp çarpıntısı, baş dönmesi, depresyon, saç dökülmesi ve kaygı gibi belirtiler hormonal değişim olarak yanlış yorumlandı ve yanlış yorumlanıyor -bu da üç feci hareketi başlatan şeydi: otoimmün teori, "hepsi kafanızın içinde" teorisi ve HRT hareketi. (Daha fazla bilgi için Bölüm 15'e bakın, "Premenstrüel Sendrom ve Menopoz")

Doktorları onlarca yıldır şaşırtan ve Dördüncü Aşama Epstein-Barr'ın sonucu olan bazı kronik hastalıklara daha yakından bakalım.

KRONİK YORGUNLUK SENDROMU MİYALJİK ENSEFALOMİYELİT/ KRONİK YORGUNLUK SENDROMU (ME/CFS) OLARAK DA BİLİNİR KRONİK YORGUNLUK İMMÜN DİSFONKSİYON SENDROMU (CFIDS), VE SİSTEMİK EKSERSİYON INTOLERANSI (SEID)

Kadınların acılarının fiziksel bir nedeni olduğunun inkârı eskilere dayanıyor. Fibromiyaljisi olanlar (aşağıya bakınız) gibi kronik yorgunluk sendromu (CFS) olan kişiler de genellikle yalancı, tembel, kuruntulu ve/veya deli olduklarını duyarlar. Çok sayıda kadını orantısız olarak etkileyen bir hastalıktır. Erkekleri de ele geçirmeye başlıyor.

Ve kronik yorgunluk sendromu yükselişte.

Üniversitedeki genç kadınların sömestr ortasında yatakta yatmaktan başka bir şey yapamayarak eve dönmeleri yaygınlaşıyor. Gençliğinizin sonlarında veya 20'li yaşların başında biri olarak CFS ile yaşayıp sıkışmış hissetmek ve potansiyelinizi gerçekleştirememek, özellikle arkadaşlarınızın ilişkilere ve işlere devam etmelerini izlerken, yıkıcı olabilir.

30'lu, 40'lı veya 50'li yaşlarında CFS yaşayanların kendi engelleri vardır: bu noktada yerleşik bir yaşam ve destek ağına sahip olmak için yeterince büyükken, aynı zamanda yerleşik sorumluluklarınız da vardır. Muhtemelen herkes için her şey olmaya çalışıyorsunuz, kaldırabileceğinizden daha fazlasıyla ilgileniyorsunuz ve bu nedenle CFS vurduğunda normal davranma baskısını hissediyorsunuzdur.

Her iki yaş grubu için izolasyon, yanlış teşhislere eşlik eden suçluluk, korku ve utanç duygularıdır. Eminim CFS'niz varsa, derin bir fiziksel ıstırap çekmişsinizdir ve birisinin, "Ama gayet sağlıklı görünüyorsun," veya "İyi görünüyorsun," hatta "Güçlü görünüyorsun," demesini sağlamışsınızdır. Kendinizi iyi hissetmediğiniz halde doktorlardan, arkadaşlardan veya aileden sizde bir sorun olmadığını duymak çok moral bozucu. Veya bir doktor, deneyimlediklerinizi tanımlayabilir, ancak yine de çevrenizdekiler bunu kavrayamadığı için, hâlâ yaşadıklarınızı anlamazlar veya unuturlar. Tek anladıkları bunun, üç aylık ömrünüz kaldığına dair yıkıcı bir kanser teşhisi olmadığıdır, bu yüzden iyi olmalısınız. İyi niyetle size, "İyi görünüyorsun," veya "Harika görünüyorsun," derler. Yolunuza çıkan semptomlarla her gün yaşamanın yıkımının farkında değillerdir.

Kronik yorgunluk sendromu gerçektir. Bu Epstein-Barr virüsüdür.

Gördüğümüz gibi, doktorlar kan testlerinde bu yüksek viral yükü görse de görmese de, merkezi sinir sistemini alevlendiren bir nörotoksin yaratarak, vücuda sistematik olarak zarar veren KYS'si olanlarda, EBV'nin viral yükü ağırdır. Bu, sonunda böbreküstü bezlerini, karaciğeri ve sindirim sistemini zayıflatabilir; enerji düşüklüğü hisi verebilir.

Nörolojik yorgunluk terimini daha önce duyduysanız, bu Medikal Medyum sayesindedir. Bu noktada, terim daha geniş bir kullanılır ve orijinal kaynağına atıfta bulunulmamıştır. Son otuz yıldır sağlık uzmanlarına merkezi sinir sistemini engelleyen, sinir sisteminin hassaslaşmasına ve nörotoksinlere karşı alerjik reaksiyon göstermesine neden olarak, "sinirlerde hafif ila şiddetli iltihaplanmaya neden olan viral nörotoksinler" hakkında bilgi vermek için kullandığım terimdir. Nörolojik yorgunluk, EBV'nin neden olduğu birçok durumun parçası olabilir. Çoğu zaman, insanlarda bu nörolojik yorgunlukla birlikte birden fazla durum veya semptom olur.

FİBROMİYALJİ

Altmış yılı aşkın bir süre Fibromiyaljinin meşru bir sorun olduğu tıbben inkar edildi. Artık, tıp çevreleri onu gerçek bir vaka olarak kabul ediyor. Fibromiyalji, otoimmün çatısı altındadır, yani bir vaka olarak kabul etseler de vücudun sinirlere saldırdığı teorisi ile "nedeni bilinmiyor" olarak listelenir.

Tıp kurumlarınca doktorlara yapılan teorik açıklamalardan biri, fibromiyaljinin aşırı aktif sinirler olduğudur. Bunun tercümesi, kimsenin bir fikri olmadığıdır. Doktorların suçu değil. Onlara fibromiyalji hastalarına neyin yardımcı olacağını veya ağrılarına gerçekten neyin sebep olduğunu söyleyen sihirli bir kitap yok. Alternatif tıp doktorları, hastalarını biraz rahatlatmak umuduyla, rasgele gıda eleme tahmin oyunları oynar ve takviyelerle deneyler yapar. Onlar da gerçek sebebin farkında değiller.

Tıbbi sistemin hastalığın gerçek kökünü keşfetmesine daha yıllar var çünkü bu viral ve tıbbi araçların şu anda tespit edemediği sinir düzeyinde gerçekleşiyor.

Fibromiyaljiden muzdarip olanlar çok gerçek ve zayıflatıcı bir durumla karşı karşıyadır. Bu rahatsızlığa neden olan Epstein-Barr virüsüdür; hem merkezi sinir sistemini hem de vücuttaki sinirleri alevlendirir, bu da vücutta yer değiştirip hareket edebilen sürekli bir ağrıya neden olur (buna hareket ağrısı diyorum). Belli bölgelerdeki rahatsızlık bir hafta sonra vücudun diğer bölgelerine kayabilir. Ya da biri, aynı bölgelerde kalan, hafiften şiddetliye uzanan ağrı dalgalanmasıyla karşı karşıya kalabilir.

Fibromiyaljinin zor kısımlarından biri, günlük kazaların ve eylemlerin üstesinden gelinemez hissettiren ağrılara yol açabilmesidir. Örneğin; bir kapı pervazına çarpmak, yürürken ayağınızı bir şeye çarpmak, çok ağır bir şey kaldırmak veya egzersizle vücudunuzu çok fazla zorlamak -bunlar ilk etapta hissedilse bile genellikle saniyeler içinde unutulabilecek acı deneyimleridir. Bir fibromiyalji hastası için, bu olayların neden olabileceği acı tamamen başka bir düzeydedir.

Dokunma duyarlılığı, şiddetli yorgunluk (yani nörolojik yorgunluk) ve bir dizi başka sorunla ilgili yaygın fibromiyalji deneyimlerinin arkasında da EBV vardır.

KULAK ÇINLAMASI

Tinnitus veya kulakta çınlama, genellikle EBV'nin, iç kulağın labirent denilen sinir kanalına girmesinden kaynaklanır. Tinnitus, kulakta uğultu, cızırtı, vızıltı veya titreşim olarak; bazıları için de aynı anda neredeyse farklı enstrümanların bir senfonisi gibi deneyimlenebilir. Bu sesler virüsün, labirenti ve vestibulokoklear siniri uyarıp titretmesinin sonucudur. Kulak çınlamasının daha hafif biçimleri, yalnızca virüsün ortadan kaldırdığı nörotoksinlerin kendisinden kaynaklanabilir; bu nörotoksinler labirentin etrafında toplanıp sinirleri uyardığında olur.

Kulak çınlaması ile, uzaktaki fanlar, klima ve makine gibi dış sesler, kulaktaki çınlamanın veya diğer seslerin neredeyse dans edip tonlarını değiştirmesine neden olur. Ayrıca günün sonunda, kötüleşme eğilimindedir. Tinnitus insanlar için çok zor olabilir, bu yüzden daha iyileşme sürecinde onunla arkadaş olmak en iyisidir. Kimileri ne kadar çok dinlenir ve uyursa, uyandıktan sonra kulak çınlamasının o kadar iyileştiğini fark eder. Çünkü ne kadar çok dinlenirseniz, iç kulağınızdaki sinir kanalının güçlenip iyileşme şansı o kadar artar. İyi uyuyamıyorsanız da bu, kulak çınlamanızı iyileştirmeye çalışamayacağınız anlamına gelmez. Uyuduğunuz her an (veya uyuyamıyorsanız, gözleriniz kapalı olarak dinlendiğiniz süre), kulak çınlaması semptomlarının kontrol altında kalmasına yardımcı olur.

VERTİGO VE MÉNİÈRE HASTALIĞI

Vertigo ve Ménière hastalığı, doktorlar tarafından sıklıkla, iç kulakta bozulan kalsiyum kristallerine veya taşlara atfedilir. Bununla birlikte, çoğu kronik vakaya aslında EBV'nin vagus sinirini iltihaplayan "nörotoksin" neden olur.

Bu, hareket halindeki bir teknede duruyormuşsunuz gibi hissetmekten sağa veya sola düşme hatta yürürken öne düşme hissine kadar birçok vertigo çeşidine yol açabilir; bu da düşmemek için çaba sarf etmenize neden olur. Vertigo çok hafif olabilir, başınızı çok hızlı çevirdikten sonra başınız döner veya etrafınızda hareket eden birini veya başka bir şeyi izlemekte güçlük çekersiniz çünkü görüş alanınızdaki herhangi bir şeyin hareketi, hafifçe midenizin bulanmasına ve hatta kısmen baş dönmesine neden olabilir. Daha ağır vertigo vakaları, yataktan çıkamamaya veya tam tersi, yatakta uzanamamaya neden olabilir çünkü hareket edildiği an baş dönmesi hissedilir. (Ben bunlara yatak dönüşleri diyorum.) Dönme bazen daireseldir bazen de gözlerinizin önünden geçen, tekrarlanan bir harekettir.

Yaşadığınız vertigo çeşitliliği, nörotoksin veya virüsün kendisinin, vagus sinirine dokunduğu yere bağlıdır. Vagus sinirinin alt kısmı fazla iltihaplanırsa, baş dönmesine mide bulantısı eşlik eder. Vagus sinirinin ortası daha fazla iltihaplanırsa, o zaman bir teknede olma hissine veya ayakta dururken, yürürken altınızda dünyanın hareket ettiği hissine daha çok kapılırsınız. Vagus sinirinin tepesi iltihaplanırsa, bu bazen çok şiddetli vertigoya yol açar; yürümeyi zorlaştıran baş dönmeleri olur.

Diğer belirtiler...

Anksiyete, baş dönmesi, göğüs ve boğazda sıkışma, boyunda rahatsızlık, göğüs ağrısı, yemek borusu spazmları, bazı gastroparezi çeşitleri, panik ataklar, astım, karın, göğüs, omuzlar ve ensede karıncalanma ve uyuşma da EBV'nin vagus sinirini iltihaplanmasından kaynaklanabilir.

Uykusuzluk, ellerde ve ayaklarda karıncalanma ve uyuşma, kaygı, serçe parmaklarda ağrı, serçe parmaklarda veya diğer parmaklarda karıncalanma, uyuşma hatta başparmağın tetiklenmesi (bazen başparmağınızda kontrol kaybı hissi) frenik sinirlerin EBV tarafından sürekli iltihaplanmasından dolayı olabilir.

Ve kalp çarpıntısı, EBV'nin zehirli virüs cesetlerinin ve karaciğerde yan ürününün birikmesinden kaynaklanabilir -bu da organın aşırı yüklenmesine neden olur- atık madde karaciğerden kaçar ve yavaş yavaş kalbin mitral kapağında birikir. Bu, ektopik kalp atışı veya gizemli kalp çarpıntısı yaratabilecek bir yapışkanlığın oluşmasına neden olur. Bazı EBV türleri, beyindeki bu nöronlardan kalbe giden sinyalleri kesintiye uğratan nörotoksinler nedeniyle, daha şiddetli kalp çarpıntılarına ve hatta gizemli AFib'e (atriyal fibrilasyon) neden olabilen, beyin iltihabını yükselten bir nörotoksin salgılayabilir. Bu, doktorları şaşırtan gizemli elektriksel kalp aktivitesi kategorisine girebilir.

EBV'niz varsa veya olduğundan şüpheleniyorsanız, virüsü Dördüncü Evre'de bulabilirsiniz. Rahat ol. Tıp camiasının bir kısmını toplamaya başladığı, Medikal Medyum kitap serisindeki bilgilerle doğru adımları atarsanız, iyileşebilir, bağışıklık sisteminizi yeniden inşa edebilir, sinir sisteminizi eski haline getirebilir, tekrar normale dönebilir ve hayatınızın kontrolünü yeniden kazanabilirsiniz.

EPSTEIN-BARR TÜRLERİ

Daha önce de belirttiğim gibi, Epstein-Barr virüsünün 60'tan fazla çeşidi var. Bu sayı çok büyük çünkü EBV 100 yılı aşkın bir süredir varlığını sürdürüyor. İçinden geçmesi gereken nesillerce insan oldu ve hatta o zaman zarfında çeşitli melezleri ve ırkları mutasyona uğratıp yükselterek endüstrilerden biraz yardım aldı. Yıllar geçtikçe, insanlar daha zehirli hale geldi; yani, dünyamızdaki zehirli belalara daha fazla maruz kalmanın yükünü vücutları üstlendi. EBV, toksik ağır metaller, pestisitler, herbisitler, fungisitler ve farmasötikler de dahil olmak üzere çok çeşitli toksinlerle beslenmeye adapte oldu. Bunları yakıt olarak kullanan EBV, yol boyunca farklı güçler ve beslenme yolu geliştiren farklı mutasyonlarla birlikte yayılıp mutasyona uğradı. Yıllarca

EBV, çeşitli bağışıklık sistemleri tarafından adapte olmaya zorlandı ve bu bağışıklık sistemlerinden bazıları çok daha güçlüydü. Bazı EBV çeşitleri de güçlendiğinden, yayılmayı başardı. EBV'nin birçok türü, grup başına kabaca 10 tiple, artan şiddette altı grup halinde organize edilebilir.

Birazdan bu EBV gruplarına ayrıntılı olarak bakacağız. İlk olarak, birçok insanın birden fazla EBV çeşidine sahip olduğunu hatırlamak önemlidir. Birisi bir gruptan bir EBV çeşidine sahip olabilir ve 10 yıl sonra başka bir gruptan başka bir EBV çeşidine maruz kalabilir. Bazı insanlar iki - üç çeşit EBV'ye sahiptir. Bunun anlamı şudur: Bir kişi, bu semptomlar aynı anda karışmış olsa da farklı dönemlerde yaşanmış olsa da, genellikle farklı EBV gruplarından semptomlar yaşayacaktır. EBV grupları hakkında okurken bunu aklınızda bulundurun.

Ayrıca her grupta farklı EBV çeşitleri olduğunu unutmayın. Bu farklı çeşitlerin vücut üzerinde biraz farklı etkileri olacak ve bir grup içinde semptomlarda farklılıklara yol açacaktır. Örneğin, bir EBV çeşidi aynı grupta diğerinden biraz daha agresif olabilir veya belirli bir toksin için diğerinden farklı bir gereksinimi olabilir. Bu da, semptomlardaki farklılıklar anlamına gelir.

Herhangi bir gruptan herhangi bir EBV çeşidi iltihabı yükseltebilir. Grup 3'ten 6'ya kadar EBV çeşitleri -doktorun aradığı buysa- birine yanlış Lyme teşhisi konmasına sebep olabilir. Bunun nedeni Grup 3'ten 6'ya kadar olan EBV çeşitlerinin Lyme hastalığı testlerinde iltihabı, yanlış pozitifleri tetikleyecek kadar yükseltebilmesidir.

Her zaman söylediğim gibi, acınızın nedenini bilmek bile güçlendirici olabilir. Bu bölümü okumak, gizemli belirtilerinizin ve durumunuzun EBV'nin çalışma şekliyle uyuştuğunu anlamak, başınıza gelenlerle ilgili korku ve endişeden kurtulmanızı sağlayabilir. Bu EBV grup açıklamaları, hayatınızı alt üst eden belirli bir EBV çeşidine veya çeşitlerine odaklanmanıza yardımcı olabilir. Hangi EBV grubu veya gruplarıyla uğraştığınızı belirleyemeseniz bile, bunun EBV olduğunun farkına varmak bile zaman içinde bir huzur duygusu kazanmanıza yardımcı olabilir. Bu bilgiyle, kontrolü ele alabilir, virüsten kurtulmaya çalışabilir, böylece neden hasta olduğunuz konusunda karanlıkta kalmak yerine iyileşebilirsiniz.

EBV Grup 1 en eski ve en hafif olanıdır. Virüsün bu versiyonunun bir aşamadan diğerine geçişi genellikle yıllar, hatta on yıllar alır. Etkileri, 70'li veya 80'li yaşlarınıza gelene kadar fark edilmeyebilir ve daha sonra sırt ağrısından biraz daha fazlasına neden olabilir. Hatta organlarınızda kalıp asla Üçüncü veya Dördüncü evreye ulaşmayabilir. Bu grup, daha yaşlı nesiller geçip popülasyondan çıktıkça her gün azalıyor. Büyük olasılıkla önümüzdeki 30 yıl içinde ortadan kalkacak ve genç insanlarda daha yeni mutasyonlar bu Grup 1 çeşitlerine rakip olduğu için soyu tükenecek.

EBV Grup 2 aşamadan aşamaya Grup 1'den biraz daha hızlı hareket eder; 50'li veya 60'lı yaşlarda belirtiler fark edebilirsiniz. Bu çeşitler kısmen tiroidde kalabilir ve sinirleri alevlendiren daha fazla nörotoksin salmaya başlayan ve nispeten hafif sinir iltihabına neden olan virüs hücrelerinin yalnızca bir kısmını gönderir. Bu da fibromiyalji, nevralji, eklem ağrısı, tendinit, karpal tünel sendromu, ağrılar ve ağrılar gibi bir dizi farklı durum ve tanının hafif ve/veya aralıklı versiyonlarına yol açabilir. Tıbbi toplulukların bildiği tek EBV çeşidi bu gruptadır.

EBV Grup 3, evreler arasında Grup 2'den daha hızlı geçiş yapacaktır, bu nedenle semptomları 40 yaş civarında fark edilebilir. Ayrıca, bu virüsler Dördüncü Evre'yi tamamlar, yani tiroidi sinirlere tutunmak için tamamen bırakırlar. Bu grubun farklı toksinlere gereksinimi vardır, bu nedenle nörotoksinleri önceki gruptan biraz farklıdır. Bu gruptaki virüsler eklem ağrısı, karıncalanma ve uyuşma, yorgunluk, kalp çarpıntısı, kulak çınlaması ve baş dönmesi gibi çeşitli hastalıklara neden olabilir. Grup 3 EBV çeşitleri de üreme sistemi koşulları oluşturabilir. Ve bir kişinin karaciğerinde yeterince yüksek düzeyde bakır varsa, bu gruptaki bazı çeşitler bu bakırı besleme, egzama ve sedef hastalığının arkasındaki dermatoksinleri oluşturma potansiyeline sahiptir. Karaciğerde yeterli miktarda alüminyum varsa, bu gruptaki çeşitler bu alüminyumdan beslenme ve vitiligodan sorumlu dermatoksinleri oluşturma yeteneğine sahiptir.

EBV Grup 4, 30 yaşlarında bile fark edilebilir sorunlar yaratacaktır. Daha agresif nörotoksinleri, fibromiyalji, kronik yorgunluk sendromu, beyin sisi, kafa karışıklığı, kaygı, karamsarlık ve Grup 1 ila 3'ün neden olduğu her şeyle ilişkili semptomlara neden olabilir. Bu grup, cilt bozukluklarının arkasındaki dermatoksinleri de serbest bırakabilir. Virüs sebebiyle iltihaplanmanın ötesinde herhangi bir travma geçirmemiş birinde bile, travma sonrası stres bozukluğu belirtileri yaratabilir.

EBV Grup 5, 20 yaşında bile gözle görülür sorunlar yaratacaktır. Bu, virüsün özellikle yıkıcı bir şeklidir, çünkü genç birinin bağımsız bir hayata başlamak üzere yola çıktığında su yüzüne çıkabilir. Grup 4'ün tüm sorunlarını yaratabilir ve süregelen korku, endişe veya diğer zorlu duygulardan kaynaklanan aşırı adrenalinin yoğun karışımlarıyla beslenebilir. Bu grubun yaratabileceği en büyük sorunlar için toksik ağır metal cıvaya ihtiyacı vardır. Bugünlerde genç insanlar, organlarında eski nesillere göre daha yüksek cıva seviyelerine sahip olma eğilimindedir; tam tersi olacağını düşünmek kolay. Bu gruptaki EBV çeşitleri de yumurtaya susamış olma eğilimindedir; cıva ve yumurta en sevdikleri iki besindir. Bu, EBV grubuyla ilişkili semptomları ve durumları tersine çevirip biraz kontrol altına almanın iki yolunun; yumurtayı beslenme programınızdan çıkarmak ve civayı çıkarmaya odaklanmak olduğu anlamına gelir. Yanlış bir şey bulamayan ve Grup 5 EBV hastalarını genç ve sağlıklı kabul eden doktorlar sık sık, "Her şey senin kafanda," diyerek vücutlarında olup bitenlerin gerçek olmadığına onları ikna etmeleri için hastaları psikologlara göndermiştir. Kronik hastalık salgınını inkar etmek her geçen yıl zorlaştığından, genç doktorlar arasında yeni bir eğilim hakim oldu: "Her şey senin kafanda," ifadesinin yerini, "Hastalığın gerçek, ama onu sen yarattın," alıyor. Şimdi bazı uygulayıcılar hastalara, "Hastalığınızı kötü düşüncelerinizle ortaya çıkardınız," veya "kötü düşünce" ya da "yeterince olumlu olmama" diyecekler veya duygusal olarak kusurlu olduğunuzu, bu yüzden hasta olduğunuzu ima edecekler. Veya hem alternatif hem de geleneksel birçok doktor semptomlarınızı ciddiye alacak ve yine sızdıran bağırsak, mikrobiyomunuz, mikrofloranızın "kapalı" olması, hormonlarınız, gıda hassasiyetleriniz veya -aşırı basitçe- "Belki sadece böbreküstü bezleriniz" ile yanlış bir yöne gidilecek. Bu doktorlar ne kadar iyi niyetli olsalar da, yıllar boyunca Medikal Medyum bilgilerini öğrenmiş doktorlar olmadıkça, asıl sorunun altta yatan düşük dereceli viral bir enfeksiyon olduğunu fark etmeyeceklerdir. Ve yine de bir hasta Lyme hastalığı eğiliminde olan bir doktora rastlarsa, hasta muhtemelen bir Lyme yanlış teşhisi ile oradan ayrılacaktır.

Grup 6'daki belirli EBV çeşitleri, küçük çocuklarda bile çok zorlayıcı olabilir. Grup 5'in yaptığı her şeye ek olarak, Grup 6 lösemi, MS, ALS, bazı viral menenjit vakaları ve şiddetli lupustan sorumlu olabilir -eğer "doğru" EBV çeşitleri cıva ve alüminyum gibi yeterince toksik ağır metallerle birleştirilirse... Aynı zamanda, bu gruptaki bazı EBV çeşitleri, yalnızca lösemi (veya diğer ciddi durumlar) gibi görünen semptomlara neden olmaktan sorumludur ve bu nedenle yanlış tanıya yol açar.

Bu, sayfadaki "ince bir farktır" ve bunu yaşayan biri için incelik dışında her şeyi hissedecektir. Aradaki fark şudur: Grup 6'daki bir EBV çeşidi, çocuklarda ve yetişkinlerde lösemi oluşturan uzun süreli viral enfeksiyona neden olabilir. Öte yandan, Grup 6'daki diğer EBV çeşitlerinden bazıları -kendisi lösemi olmaksızın lösemiye çok benzeyen semptomlara yol açan- akut viral enfeksiyonlara neden olabilir. Bu arada, tıbbi araştırmalar ve bilim, hepsinin arkasında EBV'nin olduğunun farkında değil; bu nedenle tanısal yargı bulanık olabilir. İyi niyetli doktorlar, bazen hayatı değiştiren lösemi teşhisiyle tetiği çok hızlı çekerek yanlış ateş ederler. Bir çocuğun agresif bir EBV çeşidinden (akut viral enfeksiyon) şiddetli mono vakasını yanlışlıkla lösemi (uzun süreli viral enfeksiyon) ile karıştırabilirler, hatta bunların herhangi birinin viral olduğunu fark etmezler.

Tanısal gri alan, MS ve ALS gibi nörolojik durumlar için çok benzerdir. Lupus, ALS veya MS tanısı alabileceğinizi ve Grup 6'daki gelişmiş EBV çeşitlerinden birine sahip olmadığınızı unutmayın. Daha hafif bir virüs çeşidiyle uğraşıyor olabilirsiniz; en hafif nörolojik semptomlarda bile doktor, uzmanlığına bağlı olarak bugünlerde teşhis koyabilir. Örneğin, multipl skleroz (merkezi sinir sistemindeki miyelin sinir kılıfına zarar veren hastalık) EBV'den kaynaklanırken, multipl skleroz gibi görünen semptomlar da öyledir. Miyelin kılıf hasarının oluşması için gelişmiş bir EBV çeşidi olması gerekir. Ve yine, Grup 6'dan bir EBV çeşidinin hızlanması için, aynı anda mevcut olan cıva ve alüminyum gibi daha yüksek düzeyde toksik ağır metaller olması gerekir. Daha hafif EBV çeşitlerinin (Grup 6'dan değil) neden olduğu en hafif semptom biçimine sahip insanlar vardır ve gerçek bir miyelin kılıfı hasarı olmadığında, yalnızca bazı doktorların tetiği çekmesi nedeniyle MS ile yanlış teşhis konur. Bu nedenle, hem gerçek MS vakalarına hem de MS olarak yanlış teşhis edilen kronik semptomlara EBV neden olur ve doktorlar, Medikal Medyum bilgilerine aşina olmadıkça, EBV'nin her iki durumda da gerçek neden olduğundan habersizdir.

Grup 6'daki belirli EBV çeşitleri, daha büyük miktarda daha güçlü nörotoksin ve dermatoksin türleri oluşturabilir; bu çeşitlerin neden olabileceği acıların bir kısmını hesaba katar. Bunun nedeni büyük ölçüde bu gruptaki bazı çeşitlerin cıva, alüminyum ve bakır gibi toksik ağır metallere karşı daha aç olmalarıdır. Grup 6 çeşitleri ayrıca yumurta, süt ürünleri ve glüten için daha fazla açtır. Yumurtaya olan açlıkları özellikle bağışıklık sistemini baskılar, çünkü bağışıklık sisteminiz sürekli olarak virüse karşı çalışır, sizi korumaya çalışırken rezervlerini kullanır ve EBV'yi yumurtaların yaptığı gibi besleyen her şey bu savaşları daha da zorlaştırır. Grup 6 EBV, döküntüler, uzuvlarda güçsüzlük ve şiddetli sinir ağrısı gibi çok çeşitli semptomlara yol açabilir.

GRİP VE COVİD KOMPLİKASYONLARI

Ne zaman biri grip olsa, bağışıklık sistemini düşürebileceğini ve EBV gibi virüsler için başka fırsatlara yol açabileceğini söylemişimdir. Grip bir Epstein-Barr virüs tetikleyicisidir. Bu nedenle, bazı insanlar birkaç gün sonra kötü bir gripten kurtulur ve diğerlerinin iyileşmek için birkaç aya ihtiyacı vardır. COVID, daha büyük ölçekte benzer sorunları tetikliyor.

Gribin birçok farklı türü vardır. Bazıları hafif, bazıları daha şiddetli. Aynı şiddetteki grip, önceden semptomları veya rahatsızlıkları (bunları bilseler de bilmeseler de) olan bir grup insanı vurduğunda -altta yatan sağlık sorunlarının kaynağını doğru anlamadıkça ve bunlarla başa çıkmak için doğru yolu bulmadıkça- iyileşmeleri daha zor olacaktır. tüm. Yine bunun nedeni, kötü grip vakalarının, insanın sisteminde var olan diğer virüsleri tetikleyebilmesidir. EBV ve zona, ağır bir grip tarafından tetiklenen en yaygın iki virüstür. Bir kez tetiklendiklerinde, Lyme, CFS, fibromiyalji, beyin sisi, vücutta karıncalanma ve uyuşukluk, uzuvların zayıflığı, depresyon ve anksiyete gibi viral durumlar ve semptomlar yaşanabilir.

Bazı insanlar için, EBV veya diğer virüslerden kaynaklanan bu semptomlar ve koşullar önceden mevcuttur ve grip tetikleyicisi onları ya geri getirmiş ya da daha güçlü hale getirmiştir.

Diğerleri için, EBV veya diğer virüslerden kaynaklanan bu semptomlar veya durumlar vücudun içinde gelişmiş ve henüz ortaya çıkmamıştır –ta ki grip tetikleyene kadar. Bunlar, düşük dereceli kronik viral enfeksiyonun eşiğindeki insanlardır. Bir örnek; sisteminizdeki (hiç bilmediğiniz) EBV'nin, mono fazına girmenin eşiğinde olmasıdır. EBV bağışıklık sisteminize zaten meydan okuyordur ve ardından EBV'yi başlatmak için gereken tek şey olan grip gelir. Gripten sonra, artık ilk mononükleoz nöbetinizle uğraşıyor olabilirsiniz. Gripten çok sonra, haftalarca yorgunluk, beyin sisi, vücut ağrısı veya uzuvların zayıflığı ile mücadele edebilirsiniz. Bu arada arkadaşınız da grip olmuş olabilir ve 10 gün sonra, hiçbir şey olmamış gibi hayata geri dönebilir.

Tetikleyici olarak daha da kışkırtıcı olan COVID, benzer şekilde çalışır: Birinin mücadele ettiği geçmiş semptomlar kolayca geri gelebilir veya önceden var olan virüslerden (EBV gibi) daha yeni semptomlar ortaya çıkabilir, ancak kimse vücudunda olduğunu bilmez, yüzeye çıkma fırsatı bekler. COVID aslında insanların gelecekteki semptomlarını ve hastalıklarını hızlandırıyor.

Bu büyük bir kafa karışıklığı sebebidir. Birçok insan bunun COVID yüzünden olduğunu düşünüyor; yeni keşfedilen kronik semptomlarla mücadele etmelerinin nedeninin COVID olduğuna inanıyorlar. Biri, COVID ciğerlerine zarar verdiği için, kronik hale gelen solunum sorunları geliştirirse, evet bu COVID'nin bir sonucudur. Virüs uzun süre çok yüksek ateş yarattıysa, insan COVID'den yavaş bir şekilde iyileşebilir. (Devamı birazdan geliyor.) Bu senaryolar yalnızca bazı durumları açıklar. Gerçekte, insanların COVID sonrası yaşadığı kalıcı sorunların çoğu artık COVID değil. Bunlar, tetiklenen, önceden var olan veya görünmeyen problemlerdir -kronik semptomlar ve vücutta var olan viral aktivite nedeniyle zaten geliştireceği durumlar. COVID, EBV veya vücutta bulunan diğer virüsler için tespit edilmemiş bir tetikleyici görevi gördü. Gelecekteki semptomları ve koşulları, onları geliştirmek için 20 yıldan fazla beklemek yerine, daha erken yaştaki birine getirdi.

Şimdi bunu, COVID kaynaklı bir ateşten kurtulmanın nasıl bir şey olabileceğiyle karşılaştıralım. Yüksek, sürekli bir ateş dehidrasyona, ciddi elektrolit eksikliği krizine yol açabilir ve bunun sonucunda kişinin normale dönmeden önce yaklaşık üç ila altı ay boyunca COVID sonrası beyin yorgunluğu yaşamasına neden olabilir. Ya da bu ateş, ısıya karşı oldukça hassas olan böbreküstü bezleri üzerinde büyük bir stres yaratarak onları bir ila üç aylık bir iyileşme sürecine ihtiyaç duyacak kadar zayıflatabilir. Yüksek ateşin bu etkileri pek çok farklı belirtiye yol açmaz. Birisi daha kolay yorulabilir veya daha zayıf hissedebilir ve normalden daha az güce sahip olabilir ve zamanla kendi kendine düzelecektir. Bunlar kalıcı COVID sonrası koşullar olma eğiliminde değildir.

Buna karşılık COVID, EBV gibi altta yatan bir viral durumu tetiklediğinde, semptomlar daha geniş kapsamlı ve daha uzun süreli olabilir.

Veya biri, her ikisini de aynı anda yaşayabilir - COVID'nin tetiklediği altta yatan bir viral durumun kronik semptomlarının başlaması veya alevlenmesi ile aynı zamanda yüksek, sürekli COVID ile ilişkili ateş nedeniyle yavaş bir iyileşme.

Hem grip hem de COVID başka şekillerde de kafa karışıklığı yaratabilir. Örneğin, bir kişi uzun süreli kronik semptomlarla (örneğin yorgunluk, beyin bulanıklığı, ağrılar ve sızılar, üzüntü) zaten mücadele ediyor olabilir ve bu süreçte acının bağırsak problemlerinden, fibromiyaljiden, MS, oküler migren, RA, Lyme hastalığı, anksiyete veya depresyon. Ardından, o kişi neden olduğunu anlamadan grip veya COVID'e yakalanabilir ve daha kötü hissedebilir. Daha hafif bir grip türü bile bu semptomların halihazırda olduğundan çok daha kötü hissetmesine neden olabilir. Geçici olsa da -muhtemelen o kişinin ne yaşadığına bağlı olarak sadece iki veya üç hafta daha kötü semptomlar- kişiyi yavaşlatmak için yeterli olabilir.

Gribin hafif türleri özellikle kafa karıştırıcıdır. Semptomlar hafif ekstra vücut ağrıları, hafif ateş, boğazda kaşıntı ve baş ağrısı kadar basit olabilir; bu, birinin zaten sahip olduğu semptomlarla karıştığında, durumu karıştırabilir.

İnsanlar, -gerçekte vücuttan hafif bir grip türü geçerken- önceden var olan kronik durumlarının kötüleştiğini veya yanlış bir şey yaptıklarını ya da sağlıklarının kötüleştiğini düşünebilirler. Yapması kolay bir hata. İnsanların bir şeye yakalanmış olabileceklerini fark etmeleri için genellikle mukus oluşumu ve belki de öksürüğün gelişmesi gerekir; bu, aralıklı olarak yaşamaya alıştıkları normal bir durum veya semptom değildir. Mukus ve öksürüğün hiç gelmediği hafif grip türleri vardır, bu nedenle kimse bunun grip olduğunun farkına varmaz.

Mide gribi de her zaman insanların kafasını karıştırır. Zorlanırlar, kusarlar, yemek yiyemezler ve o gün ya da birkaç gün kendilerini gerçekten kaybolmuş hissederler. Önceden var olan bir durum olup olmadığını veya gıda zehirlenmesi olup olmadığını bilmezler.

Herhangi bir gripte, biraz yorgun ve ağrılı hissettiğiniz en hafif semptomlara sahip olabilirsiniz, sonra geçer; yine de bu grip türünü bir başkasına bulaştırabilirsiniz ve o kişiye biraz daha sert vurulabilir, özellikle kişide belli şartlar ve semptomlar varsa.

COVID çok benzer. Başlayan sadece tek bir tür değildir. Ve COVID, griple aynı düzeyde bulaşıcıdır -insanlar birçok farklı türde gribi geçirdikleri gibi, COVID'i de öyle kapar ve bulaştırırlar.

COVID yaşayan bir virüstür. Ölü bir RNA dizisi veya virüsün kendisinden kalan parçaları değildir. Yani COVID canlıdır. Grip de yaşayan bir virüstür. Herpetik ailedeki virüsler, EBV, zona, sitomegalovirüs, simpleks, HHV-6, HHV-7 ve diğer bilinen/bilinmeyen HHV çeşitleri dahil yaşayan virüslerdir. Bu virüslerin hepsi canlıdır ve canlı virüslerin hayatta kalabilmesi için beslenmesi gerekir. EBV'nin cıva ve diğer gıdalar gibi toksik ağır metallerle beslenmesi gibi, grip ve COVID de aynı şeyi yapar.

Grip ve COVID üretilmiş virüslerdir. Laboratuarlarda büyütüldüler, deneyler yapıldı, test edildi ve hayatta kalmak için gıdalarla beslendiler. COVID ve grip virüsü vücut içinde birbirleriyle (herpetik virüslerle olmasa da) rekabet eder. COVID'li biri kötü bir grip türüne yakalanırsa, COVID hayatta kalmak için griple savaşma gücünü artıracaktır. İki virüs, biri yavaş yavaş parçalanıp diğerini yok edene kadar birbirine yapışır. Yararlı olabilecek bir önleyici tedbir, muhtemelen grip veya COVID'i besleyebilecek belirli gıdaları ortadan kaldırmaktır. En önemli besin yumurtadır. Yumurtalar laboratuvarda virüsleri büyütmek ve yükseltmek için kullanılır. Bu, harekete geçebileceğiniz yararlı bir önleyici tedbirdir. Vücut sisteminizde günlük veya haftalık olarak yumurta bulundurmak, COVID hatta grip gibi bir virüsün ilk bulaştığında ortaya çıkmasına yardımcı olabilir.

Bugün virüslerin öylece ortaya çıkmadığı bir çağdayız. Manipüle edildiler, değiştirildiler hatta bazen doğal ortamımızda bulunan temel, doğal, uysal virüs türleri kasıtlı olarak mutasyona uğratılarak yaratıldılar. Grip virüsü ve COVID, cıva gibi toksik ağır metaller tüketir, ancak yalnızca cıva tüketir. Bu virüslerin her ikisi de diğer toksik ağır metallerle ziyafet çekmez. Bu nedenle, semptomlarına ve koşullarına neden olan EBV ve zonadan daha yüksek cıva seviyeleri ve daha yüksek viral seviyeleri olan kişiler COVID'e daha duyarlı olma eğilimindedir. Hepsini "önceden var olan koşullar" olarak bir çatı altında toplayabiliriz ancak bundan fazlası vardır; kişinin sahip olduğu önceden var olan virüsler... Hangi virüsler? Ayrıca cıva gibi toksik ağır metaller açısından da zenginler mi? Harekete geçmek ve cıva gibi toksik ağır metalleri vücuttan atmak, grip veya COVID gibi virüslere karşı önleyici tedbirleri desteklemek üzere atabileceğiniz bir diğer adımdır.

Günlük olarak yaşadığınız semptomları yaratan -zaten var olan- virüsü anlamada, proaktif olmak da önemlidir, çünkü EBV gibi virüsleri öldürerek kronik semptomlarınızın üstesinden gelmeye çalışmak sizi güçlendirebilir -bugünün dünyasında karşı karşıya olduğumuz grip ve COVID ile daha iyi baş edebilirsiniz.

Son zamanlarda insanlara bulaşan bu özgün COVID türü, daha önce insanlara hiç girmediği için başlangıçta çok daha agresifti. İnsanlar bulaştıkça daha az agresif hale geliyor (çok agresif bir grip türüyle rekabet etmedikçe) -milyonlarca insandan geçerken, yol boyunca insan bağışıklık sistemiyle savaşması gerektiği için, güç kaybediyor. Her insanın bağışıklık sistemi COVID ile savaşıyor ve zamanla -daha fazla insana geçtikçe- virüsün kendisi değişiyor ve zayıflıyor.

Bu, EBV gibi virüslerin çalışma şeklinin tam tersidir. Bu bölümün başlarındaki "Epstein-Barr Türleri"nde okuduğunuz gibi; EBV yıllar içinde yayıldıkça ve mutasyona uğradıkça, daha agresif hale gelen yeni EBV grupları gelişiyor. Grup 1 hafif ve uysaldı. Sonra EBV, on yıllar boyunca daha fazla insana geçtikçe mutasyona uğradı ve güçlendi. EBV'nin daha yeni mutasyonları, geçmiş çeşitlerinden daha güçlü.

Öte yandan COVID, insan ırkını sert bir şekilde vurdu. Zamanla, insan bağışıklık sistemi onu şekillendirirken, değiştirirken ve zayıflattıkça aptallaştı -bu, eninde sonunda en agresif türle savaşmayacağımız anlamına gelir. Yıllar geçtikçe, COVID'in bu güncel versiyonunun daha hafif bir formuyla mücadele ediyor olacağız. Bu, yeni bir COVID çeşidinin üretim yoluyla nüfusa girmeyeceği ve bizi bu çeşidiyle bulunduğumuz konuma geri getirmeyeceği anlamına gelmez.

35 yıldan fazla bir süredir insanlara virüsleri anlatıyorum. Doktorlar, sağlık uzmanları ve nicelerine; virüslerin vücutta nasıl çalıştığını, kendimizi nasıl koruyabileceğimizi, semptomlarımızı, durumlarımızı iyileştirmek ve üstesinden gelmek için virüslerden nasıl kurtulabileceğimizi öğretiyorum. İnsanlar, bir şeylerin yanlış olduğunu kabul etmek zorunda kalacak kadar hasta olana kadar, virüsleri olduğunu bilmek istemiyorlar. Yıllar boyunca virüsler konusunda getirdiğim farkındalık, virüsten kaynaklandığı gerçeğine hazır olmak için semptomlarıyla zaten yeterince mücadele etmiş olan insanlara arasında, çok yankı uyandırdı.

COVID ile gelen bu yeni küresel deneyim, daha geniş bir sağlık hareketini ,virüslerin sağlığımızda bir sorun olabileceği gerçeğine uyandırıyor. Ancak yeterli değil. Odak her zaman işaretin dışında olacak. "COVID yaşayan bir virüs değildir" gibi konuşmalar, "Virüsler canlı değildir", "Virüsler beslenmez" ve "Endişelenecek tek virüs COVID'dir ve belki grip"gibi teoriler giderek daha fazla yayılacaktır. Ayrıca, kronik hastalığın, insanların zaten sahip olduğu ve tıbbi çevrelerin farkında olmadığı, önceden var olan virüslerden geldiğini anlamadan, "COVID bulaştığında, uzun süreli kronik hastalık oluşturabilir," sözlerini duyacağız. Bunlar, mesajın amacından saptığına dair sadece birkaç örnek. Dışarıda zaten birçok insanın COVID'in bir sorun veya endişe olduğuna inanmadığı bir savaş oldu. Bugün toplum olarak bu kadar antiviraliz ve virüsten koruma konusunda da bir o kadar antiviral değiliz. Hala, eğer göremiyorsan sorun yoktur dünyasında yaşıyoruz.

COVID'nin sert bir şekilde vurduğu bir dünyada, pandemi birçok kişiye virüsler hakkında büyük bir farkındalık getirdi. Bunu bilginizi yaymak için bir fırsat olarak kullanabilirsiniz. Kitabın başında söylediğim gibi, size her zaman virüslerle başa çıkmanın yollarını öğrettim -en başından beri, size kendinizi korumanız ve daha güçlü olmanız için gereken bilgileri verdim ki virüs gibi tehditler sizi yıkamasın.

Çocukluğumdan beri, Merhametin Ruhu bana çinkonun virüslere karşı bir silah olduğunu söylemiştir. Bunun bir nedeni, dünyanın çinko eksikliği olmasıdır. Bizim yemeğimizde yok; yetiştirdiğimiz en iyi organik gıdada bile çinko eksiğimiz var. Çinko bir bağışıklık sistemi dengeleyicidir. Bağışıklık sistemini, aşırı veya yetersiz tepki vermesine yer bırakmayacak şekilde destekler. COVID ile bağışıklık sistemimiz aşırı tepki verme eğilimindedir çünkü bu çok yeni bir virüstür. Vücudumuz onu tamamen bir yabancı olarak görür ve COVID bir savaş açarak tepki verebilir, bağışıklık sisteminiz de aşırı tepki verebilir. Sorun da burada başlıyor. Çinko üç şey yapabilir: (1) bağışıklık sistemini sakinleştirir, (2) bağışıklık sistemini güçlendirir, çünkü bağışıklık hücreleri çinkoyu besler ve (3) COVID ve grip virüsünü zayıflatır. Çinko COVID'i zayıflattığında, bu durum, virüsü uysal ve daha az agresif hale getirir. Bu; COVID, grip ve üretilme sürecinde olup gelecek yıllarda piyasaya çıkacak olan diğer virüslere karşı çok yardımcı olabilecek bir önlemdir.

C vitamini ayrıca grip ve COVID gibi virüsler için de faydalıdır. İki şey yapar: (1) bağışıklık sistemini besler ve (2) virüsleri engeller. C vitamininin bir virüsün zarları üzerinde tahriş edici bir etkisi vardır. Daha yüksek C vitamini dozları, bir virüs zarında (dış koruyucu kılıfı ve kalkanı) küçük çukurlar ve oyuklar oluşturma eğilimindedir ve bu, virüsü zayıflatmaya ve engellemeye yardımcı olur.

Bu bölümü ve takip eden bölümleri okudukça, bağışıklık sisteminizi güçlendirmek, virüsleri besleyen maddelerden kurtulmak ve vücudunuzu yeniden inşa etmek için daha fazla yol bulacaksınız. Bu, tarihte hiç olmadığı kadar kritiktir.

Duygusal sağlığınıza bakmak da öyle. 24. Bölüm, "Ruh İyileştirme Meditasyonları ve Teknikleri"nde, sizi kendinize getirecek; belirsizlik, kargaşa ve hapsedilme ile gelen birçok duyguyla başa çıkmanızı ve içinizdeki, pencerenizin hemen dışındaki şifa kaynaklarına erişmenizi sağlayacak meditasyonlar bulacaksınız. Kitabın son bölümü olan, "İnancınızı Koruyun"da ilerlemeye devam etmek için güçlü bir teknik bulacaksınız.

Zamanın bu noktasında özel bir amacınız var. COVID, önümüzdeki günlerde ve yıllarda çok daha fazla insanda ulaşırken, kronik semptomlar ve durumlar için tetikleyici olmaya da devam edecek. COVID sonrası acı çeken bir insan grubu çoktan oluştu. İnsanlar, ihmal ederlerse yaşamlarında daha sonra büyüyecek kronik sağlık sorunlarıyla mücadele etmeye başlıyorlar - örneğin, kalıcı yorgunluk, vücut ağrısı, gözlerde uçuşmalar, uzuvların zayıflığı, karıncalanma ve uyuşma, tikler ve spazmlar veya migren. Yine, kalıcı semptomların çoğu COVID'in kendisinden kaynaklanmıyor. Bunlar COVID'in, insanların gelecekteki kronik semptomlarını ve koşullarını hızlandıran bir tetikleyici olarak hareket edebilmesi nedeniyle ortaya çıkıyor.

Yine de insanlar bu sağlık sorunlarının onları zaten beklediğini fark etmeyecekler. Sağlık sorunlarının COVID'in kalıcı etkileri olduğunu düşünecekler. Kaybolmuş, güçsüz hissedecekler ve "Artık COVID'im yok, bu yüzden bu konuda hiçbir şey yapamam," diye düşünecekler. Karanlıktalar ve buradaki bilgi onlara ulaşmadıkça karanlıkta kalmaya devam edecekler.

Bu yüzden tarihte kritik bir rol oynuyorsu nuz. Semptomlar (solunumla ilgili olmayan) COVID'den uzun süre sonra ortaya çıktığında ve devam ettiğinde, COVID muhtemelen -EBV veya zona gibi- insanın sisteminde zaten bulunan başka bir virüsü tetikler -ki bu genellikle semptomların gerçek nedenidir. Birinin, grip veya COVID'den sonra Lyme rahatsızlığı nüksettiyse bunun nedeninin, EBV veya halihazırda mevcut başka bir herpetik virüsün tetiklenmesi ve Lyme semptomlarını geri getirmesi olduğunu anlarsınız. Bunu geride bırakıp ilerlemek için sizin ve diğer birçok kişinin yapabileceği bir şey olduğunu anlıyorsunuz. Sadece kendinizi koruyamazsınız; diğer insanların bu bilgileri bulmasına ve neyin yanlış olduğunu anlamasına yardımcı olabilirsiniz, böylece kendilerini ve ailelerini koruyabilirler.

Başkalarının yolunu aydınlatacak bilgiyi elimizde tutuyorsunuz.

EPSTEİN BARR VİRÜSÜ TEDAVİSİ

Yakalanması çok kolay, tespit edilmesi zor olduğu ve bir dizi gizemli semptoma neden olabileceği için Epstein-Barr virüsünü, doğal olarak ezici ve etkilerinin cesaret kırıcı olduğunu görebilirsiniz.

İyi haber şu ki, bu bölümde ve kitabın IV. Kısmında ayrıntılı olarak açıklanan adımları dikkatli, sabırlı bir şekilde izlerseniz iyileşebilirsiniz. Bağışıklık sisteminizi iyileştirebilir, kendinizi EBV'den kurtarabilir, vücudunuzu gençleştirebilir, sağlığınız üzerinde tam kontrol sahibi olabilir ve hayatınıza devam edebilirsiniz.

Herkesin iyileşme süreci farklıdır. 60'tan fazla EBV çeşidi var ve bu, EBV ile aynı anda birinin sisteminde bulunabilen diğer virüs çeşitlerini (zona gibi) içermez. Bazı insanlar bir çeşit EBV'ye sahip olabilir; bazılarında iki tane olabilir. Birilerinde EBV artı zona veya başka bir herpetik aile virüsü olabilir. Kimileri nörolojik semptomlara neden olan toksik ağır metal cıvadan daha fazlasına sahip olabilir; Kimileri de cilt rahatsızlıklarına neden olan daha toksik bakıra sahip olabilir.

Bunun anlamı şudur: Bazı insanlar, başka hiçbir değişiklik olmaksızın yalnızca kereviz sapı suyunun, semptomlarında kayda değer etkilerini görebilir. Bazı insanların da 28 Günlük İyileşme Temizliğine, Temizlemeden

İyileştirmeye ve/veya takviye protokollerine başlayarak bundan çok daha ileri gitmesi gerekebilir. Cevaplar bu kitapta ve Medikal Medyum serisinin geri kalanında.

Herkes farklıdır. Herkesin iyileşme şansı vardır.

Unutmayın, Medikal Medyum sadece bir protokol değildir. Bununla dünya çapında milyonlarca insan hayatlarını geri aldı. "*Medikal Medyum*'u denedim ve bende işe yaramadı," diye bir şey yok. Medikal Medyum kitap serisi ve bilgileri sayesinde, zamanımızda başka herhangi bir yerden daha fazla insan sağlığına kavuştu. Sonuçlar ortada. Bu bilginin hayatları değiştirdiğine dair bir geçmişe dayalı kayıt var. Bu yepyeni alana giriyorsanız, lütfen bu sicilin farkında olun. Kitapları okumak ve çeşitli protokolleri anlamak için taahhüt, zaman ve çaba harcarsanız, gitmeniz gereken yere ulaşmanız için bu bilgiler içinde kendi kişisel protokolünüzü oluşturma olanağına sahip olursunuz.

Belirtileriniz, rahatsızlığınız veya hastalığınız için kendi bireysel protokolünüzü nasıl uygulayacağınızı anlamayı, mümkün olduğunca kolaylaştırmaya çalışıyorum. Gerekirse, rehberlik için Medikal Medyum bilgilerini doktorunuza veya uygulayıcılarınıza götürebilirsiniz.

Biri, "Kereviz sapı suyu içtim," derse önemli bir noktayı gözden kaçırmış olabileceğini unutmayın -sadece 236 ml denemiş olabilir ve uygun şekilde aç karnına veya yeterince uzun süre denememiş olabilir. Veya alkol içeren veya çok düşük kaliteli takviyeler kullanmış olabilir. Ya da hangi protokolü uygulayacaklarını düşünmek için zaman ayırmadılar. Belki de herhangi bir protokolde adım adım ilerlemediler.

Herkesin mümkün olan en kısa sürede iyileşmesini istiyorum. Birçok insan çabuk iyileşir. Bazı insanlar uzun süreli kronik viral enfeksiyona, çok sayıda toksik ağır metale sahiptir ve geçmişte yardımcı olmayan ve hatta zararlı olabilecek birçok farklı yaklaşımı denemenin bir yolundan geçmiş olabilir. Bu durumdaki biri için, EBV'yi öldürdüğünüzde ve toksik ağır metalleri çıkardığınızda bile, sinir sistemi yol boyunca hem virüsten hem de toksik ağır metallerden etkilenmiş olabilir; bu nedenle sinir sisteminin iyileşmesi için zamana ihtiyacı vardır. Medikal Medyum protokollerini uygulayan pek çok kişi, vücudu temizledikçe ani bir rahatlama hissetmeye başlar ve başladıktan çok sonra, nörolojik semptomlar nihayet azalır - çünkü yine, sinir sisteminin protokoller dahilinde onarılması için zamana ihtiyacı vardır. Size inanıyorum. Bilgi ve güçle, iyileşebileceğinizi biliyorum.

Faydalı Besinler

Bazı meyveler, yapraklı yeşillikler, otlar, yabani yiyecekler ve sebzeler vücudunuzun EBV'den kurtulmasına ve etkilerinden iyileşmesine yardımcı olabilir. Aşağıdakiler, beslenme programınıza dahil etmek için en iyileridir (önem sırasına göre listelenmiştir). Günde bu yiyeceklerden en az üçünü yemeye çalışın –ne fazla olursa o kadar iyi- tüketiminizi, bir veya iki hafta içinde bu gıdalardan olabildiğince fazlasını sisteminize alacak şekilde değiştirin.

Ayrıca Bölüm 19, "Ne Yenmemeli" bölümündeki yiyeceklerden de kaçınmaya özen gösterin. EBV'nin neden olduğu bir semptom veya durumla uğraşırken, virüsü besleyen gıdalardan en az bir veya ikisinden uzaklaşma sürecine başlamak çok önemlidir. İyileşmenizi daha da ileri götürmeniz gerekiyorsa, virüsü besleyen tüm gıdaları ortadan kaldırmaya çalışın.

- **Kereviz sapı suyu:** midenin mide bezlerinin yenilenmesine yardımcı olarak bağırsaktaki hidroklorik asidi güçlendirir. Merkezi sinire sistemine (yani, sodyum küme tuzları, sadece sodyumun bir alt grubu kereviz sapı suyu) mineral tuzlar sağlar. Sodyum küme tuzları da antiviral ve antibakteriyeldir. Kereviz sapı suyu, kısmi değil, tam elektrolitler içeren tek gıda veya bitkisel ilaçtır. Nörotoksinleri, dermatoksinleri ve Streptococcus gibi bakterileri temizlemeye yardımcı olur.
- **Yabani yaban mersini:** toksik ağır metal maruziyeti sırasında ve sonrasında merkezi sinir sisteminin yenilenmesine yardımcı olur; EBV nörotoksinlerini karaciğerden temizler. Ayrıca cıva, alüminyum ve bakır gibi toksik ağır metallerin çıkarılması için de yararlıdır. Yabani yaban mersini, gezegendeki en adaptojenik gıdalardan biridir ve güçlü antiviral özelliklere sahiptir.
- **Patates:** böbreküstü bezlerini stabilize etmeye yardımcı olan, sinir sistemini besleyen, beyindeki glikojeni yenileyen; antiviral ve antibakteriyel olan kolay, sürdürülebilir bir glikoz formu oluşturur.
- **Ispanak:** vücutta alkali bir ortam oluşturur ve sinir sistemine yüksek oranda emilebilir mikro besinler sağlar. Beyne kritik olarak ihtiyaç duyulan elektrolitleri sağlayan eser mineral tuzları içerir.
- **Muz:** bağırsak yolundan virüs ve bakterilerin atılmasına yardımcı olur; antiviral ve antibakteriyel bileşikler içerir.
- **Kuşkonmaz:** karaciğeri ve dalağı temizler; pankreası güçlendirir. Karaciğeri bu şekilde detoksifiye etmeye ve güçlendirmeye yardımcı olmak, otomatik olarak lenfatik sistemin temizlenmesine ve sağlıklı kalmasına yol açar.
- **Kişniş:** cıva, alüminyum gibi zehirli ağır metalleri yok eder, EBV'nin favori besinleri olan bakır ve kurşun. Ayrıca hafif antiviral özelliklere sahiptir.
- **Papaya:** merkezi sinir sistemini onarır; bağırsaktaki hidroklorik asidi güçlendirir ve yeniden oluşturur. Bağırsak yolu astarlarını yatıştıran papayalar ayrıca peristaltik eylemi de iyileştirir.
- **Marul:** bağırsak yolunda peristaltik eylemi uyarır ve EBV yan ürününün ve karaciğerdeki diğer viral atık maddelerin temizlenmesine yardımcı olur.
- **Brüksel lahanası:** karaciğeri detoksifiye eder; fitokimyasal kükürt bileşikleri antiviraldir.
- **Maydanoz:** EBV'yi besleyen bakır ve alüminyumun, kolon da dahil olmak üzere bağırsak yolundan (ancak kan dolaşımı, organlar ve bezler gibi derin yerleşim yerlerinden değil) kolayca erişilebilen yüzey seviyelerinin çıkarılmasına yardımcı olabilir.
- **Tatlı patatesler:** karaciğeri EBV yan ürünleri ve toksinlerden arındırmaya ve toksinlerden arındırmaya yardımcı olur.
- **Kıvırcık lahana:** bağışıklık sistemimizi güçlü tutmaya yardımcı olan ve bizi EBV gibi virüslerden koruyan spesifik alkaloidler ve eser mineraller bakımından zengindir.
- **Filizler:** EBV'ye karşı bağışıklık sistemini güçlendirmek için çinko ve selenyum bakımından zengindir.
- **Zencefil:** besin özümsemesine yardımcı olur ve spazmları giderir EBV ile ilişkili antiviral, antibakteriyel bileşikler içerir.

- **Sarımsak:** EBV ve strep'e karşı koruma sağlayan bir antiviral ve antibakteriyeldir.
- **Salatalık:** adrenalleri ve böbrekleri güçlendirir; nörotoksinleri ve dermatoksini kan dolaşımından temizler.
- **Domates:** özellikle EBV'nin neden olduğu hassas sinirler söz konusu olduğunda sindirim sistemine karşı naziktir; çok emilebilir, asimile edilebilir bir C vitamini formu bakımından zengindir. Ayrıca derin hücresel düzeyde nemlendirme; domates yerken elde ettiğiniz o azıcık taze meyve suyu, karaciğeri nemlendirmede önemli rol oynar.
- **Kırmızı pitaya (ejderha meyvesi):** durgun, halsiz karaciğeri temizlemeye yardımcı olur; ayrıca karaciğer bağışıklık fonksiyonunu destekler.
- **Rezene:** EBV ve strep ile savaşmak için güçlü antiviral ve antibakteriyel bileşikler içerir; bağışıklık sistemini de güçlendirir.
- **Ahududu:** Organlardan ve kan dolaşımından serbest radikalleri uzaklaştıran antioksidanlar açısından zengindir.
- **Greyfurt:** Bağışıklık sistemini desteklemek ve toksinleri vücuttan atmak için zengin biyoflavonoidler ve kalsiyum kaynağıdır.
- **Nar:** Karaciğerin yanı sıra kanın da detoksuna ve temizlenmesine yardımcı olur, bu da lenfatik sistemin daha temiz kalmasını sağlar.
- **Kayısı:** kanı da güçlendiren bağışıklık sistemini yeniden yapılandırır.

Şifalı Bitkiler ve Takviyeler

Aşağıdaki şifalı bitkiler ve takviyeler, bağışıklık sisteminizi daha da güçlendirebilir; vücudunuzun virüsün etkilerinden kurtulmasına yardımcı olabilir. Bunları uygulamadan önce Bölüm 21, "Takviyelere İlişkin Kritik Kılavuz"u okuduğunuzdan emin olun.

Bu bölümdeki farklı listelerdeki ekleri karıştırabilirsiniz. Örneğin, protokolünüzü fibromiyalji listesine dayandırmaya karar verebilir ve ardından kronik yorgunluk sendromu listesinden bazı takviyeler getirebilirsiniz. Veya hem otoimmün listesinden hem de egzama, sedef hastalığı ve lupus tarzı döküntüler için takviyeler listesinden seçim yaparak protokolünüzü kişiselleştirebilirsiniz. Gittikçe kişiselleştirme için daha fazla seçenek okuyacaksınız.

Kendiniz için bir takviye hazırlamaktan bahsettiğimde, bu kitapta veya onun arkadaşı *Cleanse to Heal*'de önerdiklerim haricinde takviyeleri getirmekten bahsetmiyorum. 19. Bölümde, "Ne Yenmemeli"de okuyacağınız nedenlerle, önerdiklerimin dışındaki takviyeler, sorunlarınızın öncelikli sebebi olabilir.

Mononükleoz için Takviyeler (Mono, Epstein'ın erken bir aşaması-Barr virüsü, EBV)

Bu EBV takviyeleri listesini, doktora gittiyseniz ve kan testinde EBV tespit ettiyseniz, aynı anda mono tanı almış olsanız da olmasanız da kullanabilirsiniz. Henüz teşhis edilmemiş gizemli semptomlarınız varsa ve bu bölümdeki semptomlarla eşleştiyseniz de bu takviyelere başvurabilirsiniz.

Takviye besinlerinizi bu listedekiler ile sonraki aşama EBV için takip eden liste arasında kişiselleştirebilirsiniz.

- **Taze kereviz sapı suyu:** günde 946 ml'ye kadar
- **Kedi pençesi:** Günde iki kez 3 damlalık
- **Frengi otu:** Günde iki kez 3 damlalık

- **Zencefil:** Günde dört kez. İsteğe göre 1 fincan kadar; taze rendelenmiş veya suyu sıkılmış olarak.
- **Goldenseal (kalın sarı köklü düğünçiçeği):** Günde iki kez 4 damlalık (iki hafta devam, iki hafta ara)
- **Melisa:** Günde iki kez 4 damlalık
- **Meyan kökü:** Günde iki kez 1 damlalık (iki hafta devam, iki hafta ara)
- **L-lisin**: Günde iki kez 6500 miligramlık kapsül
- **Lomatium kökü**: Günde iki kez 3 damlalık
- **Monolaurin**: Günde iki kez 2 kapsül
- **Mullein yaprağı**: Günde iki kez 4 damlalık
- **Oregon üzüm kökü**: Günde iki kez 2 damlalık (iki hafta devam, iki hafta ara)
- **Osha**: Günde iki kez 3 damlalık
- **Kekik**: Günde 2 dal taze kekik sıcak suda çay olarak veya 4 dal oda sıcaklığında su olarak
- **Vitamin C (Micro-C olarak)**: İsteğe bağlı Medikal Medyum C Vitamini Şok Tedavisinden sonra, günde iki kez 10 kapsül
- **Çinko (sıvı çinko sülfat olarak)**: iki günlük isteğe bağlı Medikal Medyum Çinko Şok Tedavisinden sonra, günde iki kez 3 damlalık

Otoimmün için Takviyeler Bozukluklar ve Hastalıklar (son aşama Lupus dahil EBV ve Romatoid Artrit, [RA])

Bu bölümde listelenmeyen bir durumunuz varsa ve buna rağmen belirtileriniz EBV ile örtüşüyorsa bu takviyelere başvurabilirsiniz. Çoğu zaman insan otoimmün tanısı alır, bu daha sonraki evresi EBV olabilir.

Erken aşama EBV için bu liste ile önceki liste arasında takviye besinlerinizi kişiselleştirebilirsiniz. Lupus ile mücadele ediyorsanız ve ciltle ilgili yönleri sizi daha fazla rahatsız ediyorsa, bu bölümün sonunda yer alan, "Egzama, Sedef Hastalığı ve Lupus Tipi Döküntüler" eklerine dönebilirsiniz. Lupusun diğer semptomlarıyla daha fazla mücadele ediyorsanız, bu listeyle başlayabilirsiniz. Veya iki listeyi kullanarak kendiniz için bir protokol yapabilirsiniz.

- **Taze kereviz sapı suyu**: mümkünse günde iki kez 946 ml'ye kadar; değilse, her sabah 946 ml'ye kadar
- **Celeryforce**: günde iki kez 3 kapsül
- **5-MTHF**: günde iki kez 1 kapsül
- **ALA (alfa lipoik asit)**: haftada iki kez 1500 miligram kapsül
- **Aloe vera**: günlük 5 cm veya daha fazla taze jel (derisi alınmış)
- **Arpa otu suyu tozu**: günde iki kez 2 çay kaşığı veya 6 kapsül
- **Kedi pençesi**. günde iki kez 2 damlalık
- **Chaga mantarı**: günde iki kez 2 çay kaşığı veya 6 kapsül
- **Kurkumin**: günde iki kez 2 kapsül
- **Glutatyon**: günde 1 kapsül
- **Hibiskus**: günde 1 fincan
- **Melisa**: günde iki kere 2 damlalık
- **Meyan kökü**: Günde 1 damlalık (iki haftalar devam, iki hafta ara)
- **L-lisin**: günde iki kere 4500 miligram kapsül
- **Lomatium kökü**: Günde 1 damlalık
- **MSM**: Günde iki kez 1 kapsül
- **Mullein yaprağı**: günde iki kere 2 damlalık
- **Yeni oluşan iyot**: günde iki kez 3 küçük damla (damlalık değil)
- **Isırgan yaprağı**: günde iki kez 2 damlalık
- **Oregon üzüm kökü**: günde iki kez 1 damlalık (iki haftalar devam, iki hafta ara)

- **Ham bal**: Günde 1 ila 3 çay kaşığı
- **Selenyum**: Günde 1 kapsül
- **Spirulina**: günde 2 çay kaşığı veya 6 kapsül
- **Kekik**: günlük, çay olarak sıcak suda 2 dal taze kekik veya oda sıcaklığında suda 4 dal taze kekik.
- **Zerdeçal**: Günde iki kez 1 kapsül
- **B12 Vitamini (adenosilkobalamin olarak metilkobalamin ile)**: günde iki kez 2 damlalık
- **Vitamin C (Micro-C olarak)**: günde iki kere 6 kapsül
- **Yabani yaban mersini tozu**: günde 1 yemek kaşığı
- **Çinko (sıvı çinko sülfat olarak)**: günde iki kez 2 damlalığa kadar

KRONİK YORGUNLUK SENDROMU (CFS) İÇİN TAKVİYELER MİYALJİK ENSEFALOMİYELİT/KRONİK YORGUNLUK SENDROMU (ME/ CFS) OLARAK DA BİLİNİR, KRONİK YORGUNLUK İMMÜN DİSFONKSİYON SENDROMU (CFIDS), SİSTEMİK EKSERSİYON INTOLERANSI (SEID)

- **Taze kereviz sapı suyu**: günde 946 ml'ye kadar, daha sonra mümkünse günde 1892 ml'ye kadar çıkarın
- **Celeryforce**: günde üç kez 2 kapsül
- **5-MTHF**: günde iki kez 1 kapsül
- **Ashwagandha**: günde 1 damlalık
- **Arpa otu suyu tozu**: günde 4 çay kaşığı veya 12 kapsül
- **Kedi pençesi**: günde iki kez 2 damlalık
- **Chaga mantarı**: günde 2 çay kaşığı veya 6 kapsül
- **Kurkumin**: günde iki kez 2 kapsül
- **EPA ve DHA (balıksız)**: günde 1 kapsül (akşam yemeği ile birlikte)
- **Frengi otu**: günde 1 damlalık
- **Glutatyon**: günde 1 kapsül
- **Goldenseal**: günde iki kez 2 damlalık (iki hafta devam, iki hafta ara)
- **Melisa**: günde iki kez 3 damlalık
- **Meyan kökü**: günde iki kez 1 damlalık (iki hafta devam, iki hafta ara)
- **L-lisin**: günde iki kez 4500 miligram kapsül
- **Magnezyum glisinat**: günde iki kez 1 kapsül
- **Monolaurin**: günde iki kez 2 kapsül
- **Mullein**: günde iki kez 2 damlalık
- **Oregon üzüm kökü**: günde 1 damlalık (iki hafta devam, iki hafta ara)
- **Spirulina**: günde 1 yemek kaşığı veya 9 kapsül
- **Vitamin B12 (adenosilkobalamin olarak metilkobalamin ile)**: günde iki kez 2 damlalık
- **Vitamin C (Micro-C olarak)**: günde iki kez 3 kapsül
- **Çinko (sıvı çinko sülfat olarak)**: günde iki kez 2 damlalık

Fibromiyalji için Takviyeler

- **Taze kereviz sapı suyu**: günde 946 ml'ye kadar
- **Celeryforce**: günde iki kez 2 kapsül
- **5-MTHF**: günde 1 kapsül
- **Ashwagandha**: günde 1 damlalık
- **Arpa otu suyu tozu**: günde 2 çay kaşığı veya 6 kapsül
- **Kedi pençesi**: günde iki kez 1 damlalık
- **Kurkumin**: günde iki kez 2 kapsül

- **EPA ve DHA (balıksız)**: günde 1 kapsül (akşam yemeğiyle birlikte)
- **Melisa**: günde iki kez 4 damlalık
- **Meyan kökü**: günde 1 damlalık (iki hafta devam, iki hafta ara)
- **L-lisin**: günde iki kez 3500 miligram kapsül
- **Magnezyum glisinat**: Günde iki kez 1 kapsül
- **Monolaurin**: günde 1 kapsül
- **MSM**: günde 1 kapsül
- **Isırgan yaprağı**: günde iki kez 3 damlalık
- **Spirulina**: günde 2 çay kaşığı veya 6 kapsül
- **B12 Vitamini (metilkobalaminli adenosilkobalamin olarak)**: günde iki kez 2 damlalık
- **Vitamin C (Micro-C olarak)**: günde iki kez 3 kapsül
- **D3 Vitamini**: günde 1.000 IU
- **Yabani yaban mersini tozu**: günde 1 yemek kaşığı
- **Çinko (sıvı çinko sülfat olarak)**: günde iki kez 1 damlalık

Tinnitus için Takviyeler (Çınlama, Titreşim, Vızıltı, Uğultu veya Kulak tıkanması)

- **Taze kereviz sapı suyu**: günde 946 ml'ye kadar, daha sonra mümkünse günde 1892 ml'ye kadar çıkarın
- **Celeryforce**: günde iki kez 1 kapsül
- **5-MTHF**: günde 1 kapsül
- **ALA (alfa lipoik asit)**: Haftada iki kez 1 kapsül
- **Arpa otu suyu tozu**: günde 2 çay kaşığı veya 6 kapsül
- **Kedi pençesi**: günde iki kez 2 damlalık
- **Chaga mantarı**: günde 2 çay kaşığı veya 6 kapsül
- **Kurkumin**: günde iki kez 3 kapsül
- **Melisa**: günde iki kez 4 damlalık
- **Meyan kökü**: günde iki kez 1 damlalık (iki hafta devam, iki hafta ara)
- **L-lisin**: günde iki kez 6500 miligram kapsül
- **Lomatium kökü**: günde iki kez 2 damlalık
- **Magnezyum glisinat**: günde iki kez 1 kapsül
- **Monolaurin**: günde 1 kapsül
- **Mullein yaprağı**: günde iki kez 3 damlalık
- **Isırgan yaprağı**: günde iki kez 3 damlalık
- **Zeytin yaprağı**: günde iki kez 1 damlalık
- **Kekik otu yağı**: günde iki kez 1 kapsül
- **Spirulina**: günde 2 çay kaşığı veya 6 kapsül
- **B12 Vitamini (metilkobalaminli adenosilkobalamin olarak)**: günde iki kez 3 damlalık
- **C Vitamini (Micro-C olarak)**: günde iki kez 6 kapsül
- **Yabani yaban mersini tozu**: günde 1 yemek kaşığı
- **Çinko (sıvı çinko sülfat olarak)**: günde iki kez 2 damlalık

Vertigo ve Ménière Hastalığı için Takviyeler

- **Taze kereviz sapı suyu**: günde 946 ml'ye kadar
- **Celeryforce**: Günde iki kez 2 kapsül
- **Arpa otu suyu tozu**: Günde 2 çay kaşığı veya 6 kapsül
- **B kompleksi**: günde 1 kapsül
- **Kedi pençesi**: Günde iki kez 2 damlalık
- **Chaga mantarı**: Günde 2 çay kaşığı veya 6 kapsül

- **Kurkumin**: Günde iki kez 2 kapsül
- **EPA ve DHA (balıksız)**: Günde 1 kapsül (akşam yemeğiyle birlikte)
- **Eyebright**: Günde 1 damlalık
- **Melisa**: Günde üç kez 3 damlalık
- **L-glutamin**: günde 1 kapsül
- **Meyan kökü**: Günde 1 damlalık (iki hafta devam, iki hafta ara)
- **L-lisin**: Günde iki kez 5500 miligram kapsül
- **Lomatium kökü**: Günde iki kez 2 damlalık
- **Magnezyum glisinat**: Günde 1 kapsül
- **Monolaurin**: Günde 1 kapsül
- **Mullein yaprağı**: Günde iki kez 3 damlalık
- **Zeytin yaprağı**: Günde iki kez 1 damlalık
- **Spirulina**: Günde 2 çay kaşığı veya 6 kapsül
- **B12 Vitamini (metilkobalaminli adenosilkobalamin olarak)**: Günde iki kez 2 damlalık
- **Vitamin C (Micro-C olarak)**: Günde iki kez 4 kapsül
- **Yabani yaban mersini tozu**: Günde 2 çay kaşığı
- **Çinko (sıvı çinko sülfat olarak)**: Günde iki kez 2 damlalık

Egzama, Sedef Hastalığı ve Lupus Tarzı Döküntüler için Takviyeler

- **Taze kereviz sapı suyu**: günde 946 ml'ye kadar
- **Celeryforce**: Günde iki kez 2 kapsül
- **5-MTHF**: Günde 1 kapsül
- **Aloe vera**: günlük 5 cm veya daha fazla taze jel (derisi alınmış)
- **Arpa otu suyu tozu**: günde 2 çay kaşığı veya 6 kapsül
- **Kedi pençesi**: günde iki kez 1 damlalık
- **Chaga mantarı**: günde 1 çay kaşığı veya 3 kapsül
- **Kurkumin**: günde iki kez 1 kapsül
- **EPA ve DHA (balıksız)**: günde 2 kapsül (akşam yemeği ile birlikte)
- **Melisa**: günde iki kez 2 damlalık veya günde iki kez 1 fincan
- **Meyan kökü**: günde 1 damlalık (iki haftalar devam, iki hafta ara)
- **L-lisin**: günde iki kez 4 500 miligram kapsül
- **Mullein yaprağı**: günde iki kez 1 damlalık
- **Isırgan yaprağı**: günde iki kez 1 damlalık veya 1 fincan
- **Selenyum**: günde 1 kapsül
- **Spirulina**: günde 2 çay kaşığı veya 6 kapsül
- **Vitamin B12 (adenosilkobalamin olarak metilkobalamin olarak)**: günde iki kez 1 damlalık
- **Vitamin C (Micro-C olarak)**: günde iki kez 6 kapsül
- **Çinko (sıvı çinko sülfat olarak)**: günde iki kez 1 damlalık kadar

HASTA DOSYASI:
NEREDEYSE EPSTEİN-BARR'A KURBAN GİDEN BİR KARİYER
2001

Michelle ve eşi Matthew iyi şirketlerde, yüksek ücretlerle çalışıyorlardı. Michelle şirketin yıldızıydı, hamiliği boyunca işe gitmeyi ihmal etmemişti, sadece doğum yapmak üzere işine ara vermişti.

Doğumdan sonra Michelle oğlu Jordan'a âşık oldu. Bundan daha mutlu olamazdı. *İşte şimdi her şeye sahibim*, diye düşündü, *sevdiğim bir kariyerim ve ondan bile daha çok sevdiğim bir ailem oldu.*

Ancak Michelle'in parlak geleceği, baş edemediği yorgunlukla karşılaşınca sönmeye başladı. Ne kadar vitamin alırsa alsın, ne kadar spor yaparsa yapsın olmuyordu, daima bitkin hissediyordu. Doktoruna gitti. Doktoru, kaygılarını savuşturdu: "Bence iyisin. Yeni bir bebeğin böyle yorması normal. Daha fazla uyumaya çalış ve bunu kafana takma."

Michelle daha fazla uyumaya dikkat etti. Bir hafta sonra daha da beter olmuştu. Hamilelik sonrası bir sorundan şüphelenerek kadın hastalıkları ve doğum uzmanının yolunu tuttu. Bir dizi kan testi yapıldı, bu testlerin çoğu tiroitle ilgiliydi. Test sonuçları geldiğinde doktoru yanlış bir teşhis koyarak Hashimoto hastalığına yakalanmış olduğunu söyledi -diğer bir deyişle tiroidi artık ihtiyacı olan seviyede hormon üretmiyordu.

Michelle hormon seviyesini yeniden normale döndürmek için tiroit ilaçlarını almaya başladı. Bu biraz iyi hissetmesine sebep olmuştu... Ancak yine de hamilelik öncesi kadar değildi. Doğumdan bir ay sonra işe geri dönmeyi planlıyordu fakat planlarını ertelemek zorunda kalmıştı.

Altı ay kadar sonra Michelle'in yorgunluğu geri döndü -hem de daha ciddi seviyede. Michelle için asıl sorun burada başladı: Jordan'la yeterince ilgilenemiyordu artık. Matthew, karısı kendini daha iyi hissedene kadar ona yardımcı olmaya karar verdi.

Ancak Michelle daha da kötüye gitti. Yorgun olmanın yanı sıra bir de ağrıları başlamıştı, özellikle de eklemlerinde. Michelle tekrar kadın hastalıkları ve doğum uzmanına gitti, yine testler yapıldı. Sonuçlar her şeyin yolunda olduğunu gösteriyordu. Almış olduğu tiroit ilaçları sayesinde tiroit seviyesi gayet iyiydi. Bütün vitamin ve mineral seviyeleri de öyle. Kadın hastalıkları ve doğum uzmanı afallamıştı.

Michelle'in şikâyetlerinin tiroit durumundan kaynaklandığından şüphelenen kadın hastalıkları ve doğum uzmanı onu bir endokrinoloji uzmanına yönlendirdi. Uzman ayrıntılı incelemeler ve diğer hormon seviyelerini farklı açılardan değerlendirdikten sonra Michelle'e "hafif böbreküstü bezi yorgunluğu" yaşadığını anlattı.

Az da olsa haklılık payı vardı. Michelle'in böbreküstü bezleri hamilelik yüzünden tetiklenen ve şimdi de tiroitlerini iltihaplandıran EBV tarafından zorlanıyordu.

Endokrinoloji uzmanı, Michelle'e sakin olmasını ve stresten uzak durmasını söyledi. Bu öneriye uyarak Michelle evden yürüttüğü serbest işi de bıraktı.

Aslına bakarsanız, mesleğinin Michelle'in durumuyla bir ilgisi yoktu. Stresinin kaynağı işi değildi, hastalığı ömrünü yiyip bitiriyordu ve bu aciziyeti ya kabul etmeli ya da bir şeyler yapmalıydı.

Michelle kötüye gitmekteydi. Dizleri yanıyordu ve yürümesini zorlaştıracak kadar şişmişlerdi. Diz destekleri satın aldı. Ama daha etkin bir biçimde yardım alması gerektiğini anlamıştı. Michelle'in içgüdüleri ona, vücudunda bir istilacı olduğunu söylüyordu, bu sebeple bir enfeksiyon hastalıkları uzmanına görünmeye karar verdi. Bu, yapılabilecek en doğru hareketti -tabii eğer enfeksiyon hastalıkları uzmanları, geçmiş EBV enfeksiyonunu nasıl belirleyeceklerini ve ona nasıl müdahale edeceklerini biliyor olsalardı.

Maalesef, Michelle'in başına gelenler sırasında farkında değillerdi. Bir dizi test yaptırdıktan ve Michelle'de, geçmişteki bir EBV enfeksiyonundan kalma hücre cesetleri olduğunu saptadıktan sonra doktor, bunun o an için artık bir önemi kalmadığını düşünüp bir sorun olmadığına karar verdi. Fiziksel olarak sağlığının yerinde olduğunu söyledi. Depresyona girmiş olabileceğini ekledi ve bir psikiyatriste görünmesini tavsiye etti.

Fiziksel bir sorunu olduğunu derinden hissettiği için bunu saptamaya çalışmasının bir çılgınlık olarak görülmesine çok kızan Michelle (acı içinde) odayı terk etti. Gittikçe büyüyen çaresizliğiyle Michelle çeşitli doktorlara başvurdu. Ultrasonlara girdi, röntgenler çekildi, MR'a girdi, tomografi çekildi, kan testleri yapıldı. *Candida*, fibromiyalji, MS, lupus (deri veremi), Lyme hastalığı ve romatoid artrit olduğun söylediler. Hiçbiri de doğru değildi. Bağışıklık baskılayıcı ilaçlar, antibiyotikler ve daha farklı birçok takviye aldı. Bunların hiçbirinin faydası olmadı.

Bir insomnia (uykusuzluk hastalığı) hastası oldu, kalp çarpıntılarından şikâyet etmeye başladı, sersemlik, baş dönmesi ve bulantıya sebep olan kronik vertigo geliştirdi. 63 kilodan 52'ye düştü.

Artık Michelle günlerinin çoğunu yatakta geçiriyordu. Eriyip gidiyordu, eşi Matthew dehşete düşmüştü.

Diğer bütün seçenekleri tarayarak geçen dört yılın ardından, Michelle'in görüştüğü bir natüropatın (doğal tedavi uzmanı) tavsiyesine de uyarak Matthew, son çare olarak ofisimi aradı. Asistanım telefona cevap verdiğinde Matthew gözyaşlarına boğulmuş. "Ters giden nedir?" diye sormuş.

"Eşim ölüyor," diye cevaplamış.

İlk randevumuzda Matthew, yatmakta olan Michelle'in yanında oturup konuşmanın büyük kısmını kendisinin yapacağını düşünmüş. Bana Michelle'in hikâyesini anlatmaya başlayalı bir dakika bile olmamıştı ki sözünü kestim. "Tamam," dedim. "Ruh bana bunun saldırgan tür bir Epstein-Barr virüsü olduğunu söylüyor."

Virüsün nörotoksini Michelle'in bütün eklemlerini iltihaplandırıyordu. İnsomnia ve ayak ağrılarının sebebi iltihaplanmış olan frenik sinirlerdi. Vertigo'su, vagus sinirini iltihaplandıran EBV nörotoksinlerinden kaynaklanmaktaydı. Kalp çarpıntılarının sebebi de mitral kapakçığında biriken ölü EBV hücreleri ve yan ürünlerdi.

"Endişelenmeyin," dedim onlara. "Virüsü nasıl yeneceğimizi biliyorum."

Michelle elinden gelen tüm enerjisini kullanarak haykırdı: "Onun bir virüs olduğunu biliyordum."

Bu, tedavisindeki ilk kritik aşamaydı.

Onlara bir kereviz sapı suyu ve papaya karışımı önerdim. Bu, Michelle'in durumunda olan biri için en iyisiydi (düşük kilo, yemek yiyecek durumda değil, çok yüksek sayıda hücre mevcut). Bu bölümde ve Kısım IV: Sonuçta Nasıl İyileşeceğiz?' de yer alan beslenme önerileriyle devam ettim.

Arınma diyeti anında Michelle'in EBV'sini beslenmesini durdurdu. Bir hafta içinde dizlerinin durumunda fark edilir bir gelişme olmuştu. L-lizin Vertigo'sunu durdurdu. Diğer takviyeler ise virüs hücrelerini öldürmeye ve/veya yenilerinin üretimine engel olmaya başladılar.

Üç ay içinde Michelle ayağa kalkmıştı, artık yürüyebiliyordu. Dokuz ay içinde zorlu işinde yarı-zamanlı çalışmaya başladı.

18 ay sonra Michelle'in ağrı ve şikâyetleri artık birer anıydı -EBV üzerinde kontrol sağlamıştı. Bugün Michelle tamamen sağlıklı durumda. İşine ve enerji dolu mutlu hayatına geri döndü.

HASTA DOSYASI:
KYS ESARETİNE SON
2005

Cynthia iki çocuk annesiydi. Küçük çocuğu, Sophie, doğduktan kısa bir süre sonra Cynthia'da yorgunluk baş göstermeye başladı. Tüm gün yapmaya alışkın olduğu her şeye engel oluyordu bu, o da daha fazla kahve içerek sorunu çözebileceğini sandı. Birkaç yıl içerisinde bir giysi dükkânındaki yarı zamanlı işini bırakmak zorunda kaldı, çünkü öğleden sonraları uyuklayarak geçiyordu. Çocukları okul otobüsünden almak, akşam yemeğini hazırlamak, ev işleriyle uğraşmak için dinlenmesi gerekiyordu.

Cynthia aynı zamanda çabuk sinirlenen biri olmuştu. Mark, karısının neden sürekli yorgun olduğuna bir anlam veremiyordu ve aralarında tartışmalar yaşanmaya başladı. Tüm bunların arkasından, Cynthia'nın doktoru yaptığı testler sonucunda yanlış giden hiçbir şeyin olmadığını açıklamıştı. Doktor ona sağlıklı olduğunu belki mutsuz ya da depresyonda olabileceğini belirtti. Cynthia tek kelime etmeden doktorun yanından ayrıldı.

Her zaman keyifsiz olmalarının sebebi onun hep yorgun olması ve işlerini tam olarak yerine getirememesiydi -aksi iddia edilemezdi. Sonunda kocası da doktordan yana oldu ve ona karşı kırıcı olmaya başladı.

Artan stres Cynthia'yı daha da baskı altında tutuyordu; hayat dayanılmaz bir hal almıştı. Saçlarını tarayacak, hatta elektrikli süpürgeyi çalıştıracak ya da bulaşıkları yıkayacak gücü bulamıyordu kendinde. Dışarıdan bakıldığında hayattan vazgeçmiş biri gibiydi. Mark daha da sinirlenmişti -artık ayrılmaktan söz ediyordu. "Tüm gün ofiste deli gibi çalışıyorum ama ev işleri için endişe ediyorum," diyordu. "Bunlar senin görevin."

Cynthia iyileşmek için daha fazla baskı hissetmeye başlamıştı. Evliliği ve çocuklarının geleceği hakkında düşündükleri, yorgunluğunu en üst seviyeye çıkarıyordu. Markete gidip bir şeyler almak ve akşam yemeğini hazırlamak bile bir eziyete dönüşmüştü. Tek yapabildiği yatakta ya da kanepede uzanmak oluyordu.

Bu, teşhis edilmemiş kronik yorgunluk sendromuna benziyordu. Cynthia beni aradığında hayatı paramparça olmuştu. Eşi onu terk etmişti, yedi yaşındaki kızı Sophie ve dokuz yaşındaki oğlu Ryan aile bütünlüğünü kaybetmişlerdi. Doktorun psikiyatrik bir durum olarak yanlış teşhis ettiği şey aslında fiziksel bir sorundu: Epstein- Barr virüs. Birçok kadında hemen hemen aynı ilerleyen hastalık.

Önce Cynthia'yı EBV hakkında bilgilendirdim, doktorun yanlış teşhis koyduğunu anlattım ona. Virüs miktarını kontrol altına almaya önem vererek, eksik beslenmeye dikkat çekerek, bu bölümde anlatmış olduğum kronik yorgunluk sendromunun (KYS) sebebini izah ettim, burada ve Kısım IV'te anlattıklarımı açıkladım. Hayatı ona bağlıymış gibi -çünkü öyleydi- Cynthia Ruh'un dediklerini birebir yerine getirdi.

Yavaş yavaş iyileşmeye başladı. Böbreküstü bezleri normal faaliyetlerine dönmüş, gücü-kuvveti yerine gelmişti. Bir kez daha çocuklarıyla ilgilenmeye, ev işlerini yapmaya ve saçlarıyla ilgilenmeye başladı -bütün bunları o çok güvendiği kahveyi içmeden başarıyordu. Cynthia sonunda işe geri dönecek enerjiyi bile buldu.

Eşindeki bu değişime tanıklık eden Mark, Cynthia'yı aradı ve akşam yemeğine davet etti -annesi çocuklara bakacaktı. Öğrenciyken takıldıkları ama şimdi lüks bir restoran olan mekâna geldiklerinde, Mark öncesinde telefon ederek Cynthia için şifalı yiyecekler hazırlamalarını istediğini söyledi -ve dayanışma için kendisine de aynısını sipariş etti. Güneşte kurutulmuş domates humusu üzerinde sebzeli nori yosunu dürümleri geldikten sonra Mark tam olarak ağlamadı (bazı şeyler hep aynı kalıyordu) ama daha önceki davranışları için Cynthia'dan özür diledi.

Cynthia sakindi, gülümseyerek yanıt verdi. "Bunu telafi edebilirsin."

Birkaç hafta süren bir nabız yoklamasının ardından -Cynthia, Mark'ın kendisini bir can yeleği ve ev işleri sorumlusu olarak görüp görmediğini anlamak istiyordu- tekrar aynı evde bir aile gibi yaşamaya başladılar. Mark şimdi, pazar sabahları erkenden kalkıyor ve ürünler tükenmeden pazara gidip taze yeşillik satın alıyor.

HASTA DOSYASI:

UNUTULMUŞ FİBRO AĞRISI

2000

41 yaşındaki Stacy bir doktorun yanında, yarı zamanlı danışma görevlisi olarak çalışıyordu. Bir oto galerisinde çalışan eşi Rob ile 15 yıldır evliydiler. Stacy, Rob'un kızlarıyla birlikte ayarladığı gezilere katılabilecek enerjiyi hiçbir zaman bulamamıştı. Aslında kendini iyi hissettiği bir zamanı da hatırlayamıyordu. Her zaman arkadaşlarından daha yorgun görünürdü, sürekli hafif ağrıları olurdu. Şimdi 11 yaşında olan ikinci çocuklarının doğumundan sonra yorgunluk ve kas ağrıları daha sık konuşulmaya başlanmıştı.

Bir hafta sonu Rob ve kızlar müze gezisindeyken her zamankinden daha uzun bir yürüyüşe çıktı -son birkaç yılda almış olduğu fazla kilolardan kurtulmak için kendini biraz zorlaması gerektiğini düşünüyordu. Sonradan sol dizinde tuhaf bir ağrı hissetti. Kolej takımındaki basketbol koçunun söylediklerini anımsadı: "Yürüyerek eririler." Böylece ağrıyı yok saydı.

Ağrı geçmedi. İki hafta sonra yanında çalıştığı doktordan bir randevu ayarladı. Randevu MR talebiyle sonuçlandı ama bunun sonunda dizinde bir sorun olmadığı anlaşıldı.

"Sağlam" bacağa yüklendiği için Stacy'nin dengesi biraz şaşıyordu, her an sendeliyor gibiydi -basamaklar, bordür taşları, halıların köşeleri birer engel halini almıştı. Daha sonra, düşüşlerinden herhangi birinde yaralanmadığı halde sağ dizi ağrımaya başladı. Test sonuçlarına göre ters giden bir şey yoktu. İşyerindeki doktorlar romatoid artriti göz ardı ettiler, çünkü 15 kilo fazlası vardı ve ağrıdan onu sorumlu tuttular.

Daha sonra Stacy'nin başka yerlerinde de ağrıları olmaya başladı. Artık kolları ve boynu ağrımadan elini kafasının üstüne kaldıramıyordu. İş yapamaz hale gelmişti, evde kanepede saatler geçirmekten kaynaklı bir depresyon baş göstermeye başlamıştı. Akşamları, Rob yemeği hazırlar ve Stacy'nin tabağını kızlarıyla kanepeye gönderirdi.

Bir uzman Stacy'ye fibromiyalji olduğunu söyledi. Stacy buna neyin sebep olduğunu sorduğunda doktor şöyle dedi: "Bilmiyoruz. Aşırı hassas sinirler olduğunu düşünüyoruz. Yine de bu işe yarayabilir." Depresyon ve fibromiyalji ağrısı tedavisinde kullanılan ünlü bir ilacın yazılı olduğu reçeteyi uzattı. Bir dahaki randevuda Stacy'de hiçbir gelişme olmadığını gördüğünde beni önermiş.

Ona aslında neyi olduğunu açıkladım. Asıl neden EBV'ydi ve çocukluğundan beri bu virüs vücudundaydı, Stacy 14 yaşında mononükleoz geçirdiğini hatırladı. Şimdi anlamıştı ki, kötü beslenme, besin eksikliği ve aşırı stres, uyumakta olan EBV hücrelerini fibromiyalji olarak tetiklemişti. Neyi olduğunu bilememek -güçsüzlük ve çaresizlik- gerçek nedeni bilmekten daha korkunçtu; gizemli hastalığın gizemi işin en zor tarafıydı. Şimdi artık yönünü belirlemişti ve iyileşme yeteneğine olan güveni tazelenmişti.

İlk görüşmemizden altı ay sonra, bu bölüm ve Kısım IV: Sonuçta Nasıl İyileşeceğiz?'de anlattığım önerileri uygulayarak, fibromiyalji hastalığından kurtuldu. İşine geri döndü, hayatına kaldığı yerden devam ediyor. Şimdi kendini daha mutlu ve sağlıklı hissettiğini söylüyor, ayrıca sonraki hafta sonu için aile -organik bir bahçede elma toplama- aktivitesini o ayarlamış.

BİLGİ GÜÇTÜR

İyileşmenin ilk aşaması şikâyetlerinizin sebebinin Epstein- Barr olduğunu bilmek ve bunun sizin hatanız olmadığını fark etmektir.

EBV'ye bağlı rahatsızlıklarınızın hiçbiri sizin yanlış yaptığınız bir şey ya da ahlaki bir kusurunuzun sonucu değildir. Bunu siz yapmadınız, dolayısıyla da suçlanamazsınız. Belirtileri siz yaratmadınız, bu hastalığı kendinize çekmediniz. Siz, canlı, enerjik, harika bir varlıksınız ve Tanrı vergisi tüm şifa yollarını hak ediyorsunuz. Siz iyi olmaya *layıksınız*.

EBV'nin birçok kök hücresi gizlenerek yaşamlarına devam eder, bu yüzden siz ya da bağışıklık sisteminiz onları fark edemezsiniz. Bu ona denetimsiz bir şekilde kargaşa yaratma olanağı sunmanın yanı sıra suçluluk, korku, çaresizlik gibi olumsuz duyguları su yüzüne çıkarma izni verir.

Artık sizin için bir şeyler değişti. Eğer EBV'li iseniz zihinsel-fiziksel anlamda sağlık sorunlarınıza neyin sebep olduğunu biliyorsunuz. Artık bağışıklık sisteminiz güçlenecek ve virüs de bu arada doğal olarak zayıflayacak. Konu EBV ile savaşmaksa, kelimenin tam anlamıyla *bilgi güçtür*.

"EBV'ye bağlı rahatsızlıklarınızın hiçbiri sizin yanlış yaptığınız bir şey ya da ahlaki bir kusurunuzun sonucu değildir. Bunu siz yapmadınız, dolayısıyla da suçlanamazsınız. Belirtileri siz yaratmadınız, bu hastalığı kendinize çekmediniz. Siz, canlı, enerjik, harika bir varlıksınız ve Tanrı vergisi tüm şifa yollarını hak ediyorsunuz. Siz iyi olmaya *layıksınız*."

— Anthony William, Medikal Medyum

4

ÇOKLU SKLEROZ

Tıp bilimi *multipl skleroz* (MS) hastalığını ilk tanımladığından beri, bu duruma büyük bir karışıklık eşlik ediyor. Her yıl çok sayıda insana yanlış MS teşhisi konuyor.

1950'ler, 60'lar ve 70'li yılların başlarında kadınlardaki gizemli sinirsel hastalıklar yaygın bir biçimde artış gösterdi. Doktorlar bunu menopoz, hormonal dengesizlik ya da sadece bir psikoz olarak gördüler. Kadınların bu ağrıları, titremeleri, yorgunluk ve baş dönmesini, gerçek birer belirti olarak görecek tıbbi bir profesyonel bulamadıkları zamanlardı. Yalnızca varlıklı olanlar ve ileri yaştakiler bu konuyu ciddiye alan doktorlara ulaşabildiler.

60 ve 70'li yıllarda erkekler de aynı sorunlarla baş başa kalınca tıp dünyası bu belirtileri ciddiye almaya karar verdi. Tıpkı diğer hastalıklarda olduğu gibi erkek dünyası kadınınkine egemen olmuştu.

Doktorlar tanı koymaya çalışmaktan bunalmışlardı ve MS yaftası yapıştırmaya bel bağladılar.

MS merkezi sinir sisteminin *miyelin kılıfı* olarak adlandırılan koruyucu tabakasını ve iletim merkezini iltihaplandırıp zarar vermesiyle bilinen bir hastalıktır. Sinirleriniz vücudunuzun tüm birimlerini yöneten elektrik sinyalleri taşır; miyelin kılıfınızın bir bölümü zarar gördüğünde altındakl sinirden geçen mesajlar karışır ve (zararın hangi bölgede meydana geldiğine bağlı olarak) çeşitli hasarlara yol açar.

MS kas ağrıları ve spazmlarına, zayıflık, güçsüzlük ve yorgunluğa, zihinsel arazlara, görme ve işitme sorunlarına, baş dönmesi ve sersemliğe, sindirim sorunlarına, idrar torbası ve bağırsak problemlerine yol açabilir. Ayrıca baston, koltuk değnekleri ve hatta tekerlekli sandalye kullanımına yol açacak kadar bacaklarda kısmi ya da genel sorunlara sebep olabilir.

Ayrıca bu semptomlara MS'niz olmasa da sahip olabilirsiniz.

MS semptomlarının başlangıcıyla karşı karşıya kalan insan sayısı, her yıl dünya çapında kolayca belgelenemeyecek bir hızla artmaktadır. Ve MS teşhisi konanların kabaca yarısı için bu bir yanlış teşhistir -yani, doğru bir şekilde MS teşhisi konan herkes için, olmadığı halde bir başkasına onun

MS olduğu söylenir. Bu yanlış tanı vakalarında miyelin sinir kılıfı yaralanması gerçekleşmez. Belirtileri çok gerçek olsa da bir nedeni var. (Bununla ilgili ayrıntılara geleceğiz.)

MS teşhisi konması dünyanızı alt üst edebilir -ve teşhisin doğruluğu veya yanlışlığı da yıkıcı olabilir.

Bu bölüm, MS hakkındaki gerçeği ve onu nasıl aşıp hayatınızı geri alabileceğinizi anlatıyor.

MULTİPL SKLEROZU TANIMLAMAK

MS olduysanız merkezi sinir sisteminizin miyelin kılıfında meydana gelen hasar -ve bunun sonucunda gerçekleşen iltihaplanma ve diğer hasarlar- genelde aşağıdaki belirtilerle sonuçlanır. Yine de şunu unutmayın ki bu belirtilerin çoğuna sahip olsanız bile bu MS olduğunuz anlamına gelmez. Ancak sadece bunların en kötülerine yakalanmışsanız durumunuz MS olabilir.

- Başlarda bulanık görme, çift görme, renk algısını kaybetme, göz ağrısı ve/veya görme kaybı -genelde bir gözde olur
- Kronik güçsüzlük ve yorgunluk
- Kronik ağrılar, özellikle tüm vücutta ve kaslarda
- Titremeler
- Kollarda ve/veya bacaklarda uyuşma -önce bir tarafınızda daha sonra diğer tarafta
- Bacaklarda yürüme sorunlarına yol açacak denli inme ya da güçsüzlük ve ciddi durumlarda tekerlekli sandalyeye bağlı kalmak
- Zihin bulanıklığı, örneğin; konsantrasyon sorunu
- Hafıza sorunları
- Konuşma bozuklukları

Bu belirtiler listesinin ötesinde, henüz MS'i tespit edecek tanımlayıcı bir test yok. Bu, bir bakıma, neden bu hastalıkla ilgili bu kadar çok yanlış teşhis olduğunu açıklıyor.

Yukarıdaki belirtilerden en az altı tanesini ciddi biçimde kendinizde gözlemliyorsanız -ve doktorunuzu bunların sebebi olabilecek diğer şeyleri göz ardı etmişse- bir sinir hastalıkları uzmanına giderek beyin ve omurilik civarında lezyonlar olup olmadığını görmek için MR çektirebilirsiniz. İki ya da daha fazla lezyon çıkarsa, bu muhtemelen MS olduğunuzun işareti sayılabilir.

Bununla birlikte, tıp biliminin şu anki üç boyutlu görüntüleme sistemleri ile bir lezyonu tespit etmek bile oldukça güçtür (2030 yılına kadar da bu böyle sürecek gibi görünüyor). Yani doktorunuz lezyon bulamayabilir ancak bu sizde lezyon olmadığı anlamına gelmez.

Öte yandan, birçok insan beyinlerinde farklı çeşitlerde beneklerle dolaşıyor -insanlar beyin dokularında koyu lezyonlar, daha açık renkli lezyonlar, beyaz noktalar ve gri alanlar ile dolaşıyorlar ve birçoğu hiçbir belirti göstermiyor. Kişi, bir sarsıntıdan sonra bir MRI alabilir ve kimsenin bilmediği bir veya iki lezyonu olduğunu keşfedebilir, çünkü kişide lezyonların hiçbir semptomu görülmemiştir. Başka bir deyişle, beyindeki lezyonları tespit etmek, yaşadığınız semptomlar hakkında her zaman kesin bir cevap değildir. Bir sonraki bölüm, nedenine ilişkin içgörüler sunacaktır.

Dikkat edilmesi gereken başka bir konu ise, daha önce kulak enfeksiyonu, boğaz enfeksiyonu, sinüs enfeksiyonu geçirip geçirmediğiniz ve/veya bir kadınsanız vajinal bir enfeksiyon geçirip geçirmediğinizdir. Bunlar genelde çocuklukta ya da erken yetişkinlik dönemlerinde, MS'in gelişmesinden önce gerçekleşmiş şeyler olur.

Sizi neyin rahatsız ettiğini anlamanın diğer bir yolu ise MS'in aslında ne olduğunu öğrenmektir.

MULTİPL SKLEROZ ASLINDA NEDİR?

Tıp toplulukları, multipl sklerozun, bağışıklık sisteminizden kaynaklanan bir otoimmün hastalık olduğuna inanır, bir şekilde sinir kılıfınızın bölgelerini istilacılarla karıştırır ve onlara saldırır.

Diğer bölümlerde de söylediğim gibi, bu, tıp araştırmalarında gerçeği onlarca yıl geride bırakacak bir felsefedir. İnsan vücudu kendine saldırmaz. Patojenler suçludur.

Tıp çevreleri ayrıca MS için bir çözüm olmadığına inanıyor. Burada da yanılıyorlar. Gerçek şu ki, multipl skleroz iyileştirilebilir ve aslında Epstein-Barr virüsünün bir versiyonudur.

Bölüm 3'te açıklandığı gibi EBV, sinirleri kronik olarak iltihaplandıran bir virüstür. EBV'nin çoğu türü hafiftir ve daha az agresiftir. Daha sonra, virüs için gıda olarak yüksek düzeyde cıva olduğunda, multipl skleroz ile ilişkili farklı semptomlar yaratabilen daha agresif EBV çeşitleri vardır.

Çoğu durumda, MS ile ilişkili semptomlar, miyelin sinir kılıfı yaralanmasından değil, EBV nörotoksinlerinden kaynaklanır. Yani, agresif bir EBV çeşidi cıva ile beslenir ve nörotransmiterleri engelleyebilen, elektriksel uyarıları zayıflatabilen, sinirleri alevlendirebilen ve MS ile ilişkili semptomları yaratabilen -hatta miyelin sinir kılıfına zarar vermeden veya yaralamadan- büyük nörotoksin birikintileri salgılar. (3. Bölümde bahsettiğim gibi, sadece bazı doktorların tetiği çekme şekli nedeniyle MS ile yanlış teşhis edilen, daha hafif EBV çeşitlerinin neden olduğu en hafif semptomlara sahip insanlar da vardır.)

MS tanılarının küçük bir kısmı, miyelin sinir kılıfının gerçek yaralanmasıyla ilgilidir. Bu vakalara, miyelin sinir kılıfının üzerine oturabilen nadir, özellikle agresif EBV formları neden olur. Cıva tarafından çok yakıtlı yakın beyinde, virüs sinir kılıfının zayıf bölgelerine girmeye çalışır ve daha derin bir düzeyde iltihaplanmasına neden olur. Virüsün kendisi sinir kılıfına zarar verebilir ve bu bozulma bir görüntüleme testinde bir tür lezyon olarak ortaya çıkabilir. Bu EBV çeşitleri aynı zamanda sinirleri iltihaplandırıp aynı zamanda başka nörolojik semptomlar yaratan nörotoksinler de üretebilir.

Bir lezyona neyin neden olduğunu ve (varsa) bu lezyonun birinin sağlığı üzerindeki etkisinin ne olduğunu belirlemenin şu anda tıbbi test kapsamı dışında olduğunu unutmayın. Yine, doğrudan sinir hasarına yol açan viral türler nadirdir. Genellikle, bir kişinin beyin görüntülemesinde lezyonlar tanımlandığında, noktalar aslında oksitleyici (aslında paslanan) ve miyelin sinir kılıfında veya diğer beyin ve sinir sistemi dokusunda metal yan ürünlerinden oluşan lekelere neden olan cıva ve alüminyum tortularından gelir.

Bu nedenle lezyonlar burada bir numaralı odak noktası olmamalıdır. Bir önceki bölümde okuduğunuz gibi, birçok insan beyninde farklı çeşitlerde lekelerle dolaşmakta ve hiçbir belirti yaşamamaktadır. Buna karşılık, birçok insanların beyinlerinde leke yoktur ve MS ile ilişkili semptomlar yaşarlar çünkü birinin beyninde leke olsun ya da olmasın, o kişi sistemlerindeki cıva ile beslenen ve sinir sistemini alevlendiren nörotoksinleri serbest bırakan bir EBV türü ile yaşayabilir. Bunun yanı sıra, doktorlar henüz bir taramada gördükleri bir noktanın bir lekeden mi, gerçek miyelin sinir kılıfı hasarından mı yoksa başka bir nedenden mi geldiğini bilecek durumda değiller.

Bu ince ayrıntılar hâlâ tıbbi araştırma ve bilimin ulaşamayacağı bir yerdedir. Çeşitli MS semptomlarının spesifik nedenleri henüz tıp toplulukları tarafından ayırt edilememiştir ve MS'in arkasındaki toksik ağır metaller ve virüs henüz araştırma ve bilim tarafından tanınmamıştır. Hâlâ vücudun bağışıklık sisteminin iltihaba neden olduğuna ve sinir kılıfına zarar verdiğine inanıyorlar. (Bağışıklık sisteminize gelince, yalnızca masum olmakla kalmaz, aynı zamanda MS'e karşı çok savunmanızdır. Bağışıklık sisteminiz ihtiyacı olanı aldığında, iyileşme mümkündür ve iyileşir.) MS'i diğer EBV formlarından ayıran bir başka şey de, bakteri, mantar ve ağır metallerin benzersiz bir kombinasyonunun eşlik etmesidir. Spesifik olarak, MS'niz varsa, genellikle sisteminizde aşağıdaki EBV kofaktörleri mevcuttur:

- Streptococcus bakterisi (50'den fazla gruptan bir veya daha fazla türler)
- H. pylori bakterileri (veya en azından bir önceki H. pylori vakası)
- Candida mantarı (genellikle yanlış anlaşıldı; bu, soruna neden olan değil başka bir sorunun habercisidir)
- Sitomegalovirüs
- Herpes simpleks (HSV-1 ve/veya HSV-2)
- Zehirli ağır metaller cıva, alüminyum ve bakır— bu metaller virüsü besler, bu da bağışıklık sisteminin vücudu viral sinir hasarından koruma yeteneğine daha fazla baskı yapar.

Bu kofaktörler MS'e kendine özgü özelliklerini kazandırmaya yardımcı olurken, özünde multipl skleroz sadece bir EBV şeklidir ve bunun bilinmesi hastalığı çevreleyen karanlık gizemleri aydınlatır. EBV bazı durumlarda ciddi olabilse de Bölüm 3, virüsün neden olduğu hasarı sona erdirmek ve neredeyse tüm virüs ve kofaktörlerini ortadan kaldırmak için atabileceğiniz adımlar dahil olmak üzere, onu anlamak için neye ihtiyacınız olduğunu ayrıntılı olarak ortaya koymaktadır.

MULTİPL SKLEROZ TEDAVİSİ

Doktorlar tipik olarak, sorunun bağışıklık sisteminizde olduğu inancıyla, bağışıklık sistemini baskılayan ilaçlar ve steroidler kullanarak multipl sklerozu tedavi ederler. Ancak, bağışıklık sisteminiz size saldırmıyor -bir virüs saldırıyor. EBV'nizi öldürmek için tek umudunuz güçlü ve canlı bir bağışıklık sistemidir ve bu ilaçlar bağışıklık sisteminizi uysal ve uykulu hale getirmek için tasarlanmıştır. Kriz durumlarında, insanların bu ilaçları kullanma eğiliminde olmaları tamamen anlaşılabilir bir durumdur. Genel amaç, birinin gelecekte bir gün ilaçlardan kurtulabilmesi için altta yatan gerçek sorun üzerinde proaktif olmak.

En iyi yaklaşım, EBV'yi tam olarak anlamak için Bölüm 3'ü okumaktır. Multipl skleroza neden olan EBV türleri miyelin sinir kılıfınıza karşı agresif olduğundan, özellikle MS için aşağıdaki takviyeler önerilir. EBV iyileşirken ağrıyı azaltmaya ve miyelin kılıfınızı korumaya yardımcı olurlar. Bunları uygulamadan önce Bölüm 21, "Takviyelere İlişkin Kritik Kılavuz"u okuduğunuzdan emin olun.

Multipl Skleroz (MS) için Takviyeler

- **Taze kereviz sapı suyu**: günde 946 ml'ye kadar, daha sonra mümkünse günde 1892 ml'ye kadar çıkarın
- **Celeryforce**: günde üç kez 2 kapsül
- **5-MTHF**: Günde iki kez 2 kapsül
- **ALA (alfa lipoik asit)**: günde 1 kapsül
- **Arpa otu suyu tozu**: günde 2 ila 4 çay kaşığı veya 6 ila 12 kapsül
- **B kompleksi**: günde 1 kapsül
- **Kedi pençesi**: Günde iki kez 3 damlalık
- **CoQ10**: günde 1 kapsül
- **Kurkumin**: Günde iki kez 3 kapsül
- **EPA ve DHA (balıksız)**: günde 1 kapsül (akşam yemeği ile birlikte)
- **GABA**: Günde 1250 miligram kapsül
- **Glutatyon**: Günde 1 kapsül
- **Melisa**: günde iki kez 4 damlalık
- **L-glutamin**: Günde iki kez 1 kapsül
- **Meyan kökü**: Günde iki kez 1 damlalık (iki hafta devam, iki hafta ara)
- **L-lisin**: günde iki kez 4 500 miligram kapsül
- **Magnezyum glisinat**: günde iki kez 2 kapsül
- **Monolaurin**: Günde iki kez 1 kapsül
- **MSM**: Günde iki kez 1 kapsül
- **Mullein yaprağı**: günde iki kez 2 damlalık
- **Isırgan yaprağı**: günde iki kez 4 damlalık
- **Spirulina**: günde 1 yemek kaşığı veya 9 kapsül
- **Vitamin B12 (adenosilkobalamin olarak metilkobalamin olarak)**: günde iki kez 2 damlalık
- **Vitamin C (Micro-C olarak)**: günde iki kez 6 kapsül
- **Çinko (sıvı çinko sülfat olarak)**: günde iki kez 2 damlalık

MS'nin müebbet hapis olmadığını anlayın. Bir doktor size doğru bir teşhis koymuşsa, bu, sahip olduğunuz semptomların tam olarak anlaşıldığı anlamına gelmez. Bu hastalık hâlâ araştırma ve bilim için bir gizem, bu yüzden her zaman bir umut olduğunu bilin. İyileşemeyeceğinizi söyleyebilecek hiçbir kural yoktur.

MS teşhisinden korkmak için hiçbir neden yok. (Ve MS hastası olduğunuzu duyduysanız, yanlış teşhis konan birçok kişiden biri olabilirsiniz. Semptomlarınızın arkasındaki asıl suçlu EBV olabilir, sadece miyelin sinir kılıfına zarar veren bir gerginlik değil.)

Bu bölümdeki tavsiyelere bağlı kalırsanız ve en önemlisi, merkezi sinir ve bağışıklık sistemlerinizi eski haline getirmek için Bölüm 3 ve Kısım IV'teki ilgili tavsiyelerin tümüne uyarsanız, sinirlerinizi iltihaplandıran virüsün neredeyse tamamından kurtulma ve normal, semptomsuz bir hayata devam etme şansına sahip olacaksınız. İyileşme sürecinizi etkileyebilecek çeşitli faktörleri anlamak için Bölüm 3'teki "Epstein-Barr Virüsü Tedavisi" konusuna bakın. Unutmayın, EBV'yi yok ettiğinizde ve vücuttan toksik ağır metalleri çıkardığınızda bile, sinir sisteminin onarılması için zamana ihtiyacı vardır, bu nedenle iyileşmenizi adım adım sürdürün.

Size inanıyorum. Cevaplar burada. Dünya çapında milyonlarca insan bu yol ve protokolleri kullanarak hayatlarını geri aldı. Medikal Medyum bilgilerini okumak ve anlamak için güvenir, zaman ve çaba harcarsanız, kendinizi gitmeniz gereken yere kadar götürebilirsiniz.

HASTA DOSYASI:
GERÇEK TARAFINDAN SAĞLIĞINA KAVUŞTURULMAK
2006

41 yaşındaki Rebecca, bir hastanenin acil servisinde hemşirelik yapıyordu. Bir öğleden sonra, uzun bir vardiyanın ardından, kendisinden sonra gelecek olan hemşirenin gelemeyeceğini öğrendi. Dolayısıyla Rebecca bir 12 saat daha çalışmak zorundaydı.

O gün işini bitirip on yaşındaki oğlu Nicholas'a bakmakta olan annesinin yanına arabayla giderken Rebecca'nın yüzünün sağ tarafı uyuşmaya başladı. Uyuşukluk aşağı tarafa, koluna doğru iniyordu. Böyle bir şeyi daha önce hiç yaşamamıştı, oysa yıllar içinde birçok hastada bunu görmüştü. Rebecca bunun çok çalışmaktan kaynaklandığını düşünerek geçiştirmek istedi, eve vardığında ertesi sabaha geçmiş olacağını umarak yatağa uzandı.

Uyandığında uyuşukluk devam ediyordu -yüzünün sağ tarafı, burnu, ağzının bir kısmı, kolu ve eli. Bunun bir felç olabileceğini düşünen annesi onu hastaneye götürdü. Tanıdığı bir doktor hemen onu muayene etti ve MR, EKG gibi testler yaptırdı. Testlerde bir sorun gözükmüyordu, doktor bunun felç olmadığını düşündü. Sorunun gerginlikten kaynaklandığından şüphe ediyordu. "Biraz zaman tanıyıp belirtilerin geçmesini bekleyelim," dedi ve ona benzodiazepin yazdı.

Sonraki haftalarda Rebecca kendinde çok az bir değişiklik gözlemledi. Uyuşukluğa alışmaya çalıştı ama bu onu deli ediyordu. Sağ kolu güçsüzleşiyordu. Sonunda, insanları sedyeden kaldırmak, kimi tıbbi cihazları taşımak gibi normal hemşirelik görevlerini yerine getiremediğini fark etti. İzin kullanarak hastanenin en önde gelen sinir hastalıkları uzmanına görünmeye karar verdi.

Çok sayıda kapsamlı test sonucunda, MS'in başlangıç aşamasında olduğu söylendi kendisine. Oysa Rebecca'nın çektirmiş olduğu MR ve beyin taraması bunu bulamamıştı. Doktor ona düzenli şekilde MR çektirmesi gerektiğini söyledi. Eğer MS ilerliyorsa zaman içerisinde çekilen MR'larda görünmeye başlayacaktı. O zamana kadar, MS'i tedavi etmek için kullanılan bağışıklık sistemini baskılayıcı bir takım ilaçlar ve steroid yazdı. Rebecca, bekleme odasında bulunan annesinin yanına gidene kadar hıçkırıklarını güçlükle bastırdı. Nicolas'a nasıl bakacaktı?

Altı ay içerisinde belirtileri ilerledi. Artık uyuşukluğun yanı sıra ani baş dönmeleri, yorgunluk ve -son çekilen MR'la birlikte- bilinç bulanıklığı da baş göstermeye başlamıştı. Bir gün, hastalarımdan biri ve Rebecca'nın da arkadaşı olan bir hemşire beni arayıp randevu almasını tavsiye etmiş.

İlk görüşmemizde, Ruh bana Rebecca'da bir tür virüs olduğunu söyledi -EBV'nin özel bir türü. "İyi de EBV testi yaptırdım ben," dedi Rebecca. "Kanımda mevcut bir enfeksiyon olmadığı sonucu çıktı, sadece yıllar önce bir enfeksiyon geçirdiğimi biliyorum. Şimdiki sorunlarımın sebebi bu değil."

Kandaki EBV cesetlerinin hastalığın geçtiğini göstermediğini anlattım ona -aksine daha da derinlere yerleştiğini belirttim. Rebecca'da EBV derinlere inmişti ve merkezi sinir sistemine zarar veriyordu. Rebecca'ya MS olmadığına dair garanti verdim.

"Buna inanmak için her şeyimi verirdim," dedi.

"Gerçek bu," dedim ona ve EBV'nin nasıl frenik ve üçlü (trigeminal) sinirlerini etkilediğini, uyuşukluğa sebep olduğunu anlattım. Ayrıca virüs, baş dönmesi, sersemlik, yorgunluk ve bilinç bulanıklığına yol açan bir nörotoksin salgılıyordu.

Sonunda Rebecca ikna oldu. "Üstümden bir yük kalktı," dedi.

Bu bölüm ve Kısım IV'te açıklanan bilgileri uygulayarak, altı ay içinde iyileşti. Kullandığı ilaçlardan kurtulmuş, hastanedeki işine geri dönmüştü. Artık fazla mesaiye kalmıyor çünkü bunun, üzerinde yarattığı stresin kendisini tükettiğine ve EBV için uygun ortam yarattığına inanıyor.

Sadece durumunun ne olduğunu anlamak -ve bunun ömür boyu sürecek bir ceza olmadığını keşfetmek- Rebecca'nın tedavisinde çok şeyi değiştirdi. Eğer gizemli hastalığının arkasında ne olduğunu bilmeseydi, bu yanlış teşhisi ömrünün sonuna kadar taşıyacağından emin olduğunu belirtti bana.

"Bu kitap, kendinizi gerçekten özgürleştirmenin kılavuzudur.
Bir sebeple bu özel anda sizin elinizde."

— Anthony William, Medikal Medyum

5

ROMATOİD ARTRİT

Tıp dünyası, *romatoid artrit'i* (RA) sanki kronik ve ağrılı eklem iltihaplanması durumunda teşhis için bir terim gibi kullanıyor. Hâlbuki *şişkin eklem hastalığı* ya da *eklem ağrıtan ıstırab* veya *açıklanamayan ağrı ve dengesiz sancı* gibi terimler daha iyi olacaktır. Burada dürüst olalım. Eğer tıbbi araştırmalar bir takım belirtilere bir açıklama getirebilmiş değilse -RA için de durum aynı- o zaman onu doktorların bildiği şekliyle adlandırmak daha doğru olacaktır. Süslü isimlerin arkasına saklanmanın kimseye faydası olmaz, özellikle de hastalar için.

En tipik şekliyle, RA el ve ayaklardaki küçük eklemleri etkiler. Ayrıca diz, dirsek ve diğer büyük eklemleri de etkileyebilir. RA, ayrıca sinirler, deri, ağız, gözler, akciğerler ve/veya kalp gibi, vücudun diğer bölgelerinde de etkili olabilir. Eklem ağrısı ve şişlik hastalığın en sık görülen sonuçlarındandır; zamanla eklem ve kemik hasarı ve/veya deformasyonu da gerçekleşebilir. Tıp camiası RA'dan etkilenen Amerikalıların sayısının raporlarda belirtilenden daha fazla olduğunu bilmiyor. 15 ila 60 yaş arasında görülebiliyor. RA kadınları erkeklerden beş kat daha fazla etkiliyor.

Tıp çevreleri RA'nın bir bağışıklık sistemi hastalığı olduğuna inanıyor -kafası karışmış bir bağışıklık sistemi vücudunuzun bazı bölgelerini istilacı olarak algılıyor ve onlara doğru saldırıya geçiyor. Bu da vücudunuzun size karşı döndüğünü anlamına geliyor.

Tıp kurumları, doktorları herkesi kapsayan bu gizemli hastalıkla ilgili bu tür açıklamalar yapmaları konusunda eğitiyor. Hastaların kendilerini güvende hissetmeleri, doktorların ne olup bittiğini anladıklarını, yanlış giden şeyler üzerinde kontrolü elde tuttuklarını hissettirmek bir aldatmaca. Bu bağışıklık sistemi hastalığı açıklamasının sanıldığı gibi bir yardımı olmuyor. Hastanın zihninde, hücrelerin birbirine aniden saldırdığını canlandırması, yanlış mesaj göndermesine neden oluyor -hastanın vücudu, bu hastalıktan kurtulmanın mümkün olmadığı yolundaki bilgi ile kendine ihanet ediyor.

Vücudumuzun kendi kendine saldırmadığı bilgisini taşımak çok kritik. İşte gerçek:

Ekleminizde meydana gelen o iltihaplanma sizi özellikle yaygın bir virüsten *korumak* için meydana gelmekte. Vücudunuz, patojenlerin eklemler ve etrafındaki dokularda daha derinlere ilerlemesini durdurmak için çok sıkı bir çalışma içerisinde. Bu iltihaplanma uzun sürdüğünde ve kronikleştiğinde RA olmuş oluyorsunuz ancak vücudunuz hâlâ viral zararı def etmek için çalışıyor.

Doktorlar ayrıca RA'nın çaresi olmayan bir hastalık olduğuna inanıyorlar. Bu konuda da yanılıyorlar.

Bu bölüm, RA'nın aslında ne olduğunu anlatıyor ve bu hastalığı nasıl yeneceğinizi.

ROMATOİD ARTRİTİ TANIMLAMAK

Romatoid artritiniz varsa, muhtemelen aşağıdaki semptomların çoğunu yaşıyorsunuzdur ve bunun iyi bir nedeni vardır. Bu semptomlar, vücudunuzun ortak viral patojeni savuşturmak için savunmasını kullanmasının sonucudur:

- Eklem ağrısı -özellikle bileklerde ve parmak eklemlerinde, dizler ve/veya ayak parmak uçlarında, ancak herhangi bir eklem etekilenmiş olabilir
- Eklem iltihabı
- Eklemlerde sertlik, özellikle sabah, saatlerce sürebilir
- Karıncalanma ve/veya uyuşma, özellikle ellerde ve/veya ayaklarda
- Özellikle ayak bileklerinde sıvı birikmesi ya da dizlerin arkasında
- Yorgunluk, ateş ve diğer grip benzeri aralıklı olarak semptomlar
- Kalp çarpıntısı
- Ciltte yanma veya kaşıntı
- Dolaşan, yanan bir ağrı
- Nöralji

Doktorlar, RA'yı tanımlamaya çalışmak için belirli yöntemler kullanır ancak bunların hiçbiri kesin sonuç vermez. Aşağıda kullandıkları belirli testlerin bir listesi bulunuyor. Bunların yanılabilir olduğunu unutmayın, çünkü bunlar RA'nın gerçek kök nedenini aramak için tasarlanmamıştır. Bu testler RA'ya neden olan viral patojeni bulamaz. Bunun yerine, vücutta ne kadar iltihaplanma olduğuna dair bir ölçüt verebilir ki bu ölçütler her zaman doğru değildir.

- **Romatoid Faktör kan testi**: bu, doktorların RA ile ilişkili olduğuna inandıkları antikorları kontrol eder. Bununla birlikte, bu test tamamen sağlıklı kişilerde veya lupus gibi alakasız hastalıkları olan kişilerde pozitif sonuç verebilir. Aynı zamanda, gerçekten romatoid artrit semptomları olanlar için olumsuz sonuçlar getirebilir. Bu nedenle, çok kullanışlı değildir.
- **Anti-siklik Sitrülinize Peptitler (anti-CCP) Antikor kan testi**: Bu yeni antikor testi, romatoid artrit iltihabı vakalarını belirlemede Romatoid Faktör testinden daha iyidir ancak yine de kesin olmaktan uzaktır. Peki bu test gerçekten neyi tespit eder? Çünkü unutmayın, RA'nın nedenini bilmiyorlar.
- **Eritrosit sedimantasyon hızı kan testi**: ileri derece iltihaplanma içindir. Enflamasyonun birçok nedeni vardır, bu nedenle bu test romatoid artriti tam olarak belirlemez. Bununla birlikte, ne kadar iltihaplanma olduğuna dair bir fikir edinmek için kullanılabilir; yani RA'nız varsa, bu onun saldırganlığını ölçmenize yardımcı olabilir. Öte

yandan, herhangi bir semptom olmadan da daha ileri derece iltihaplanma sergilenebilir.

- **C-Reaktif Protein kan testi**: aktif iltihaplanmayla ilişkili yüksek protein seviyelerini test eder. Obezite de dahil olmak üzere diğer faktörler de bu proteini oluşturur. Yine iltihaplanma tek başına romatoid artrit nedeni olarak belirlemez.
- **Ultrasonlar ve MRI'lar**: zamanla kemik hasarına neden olan tetikleyici aktiviteyi izlemek için kullanılabilir.
- **MTHFR Gen Mutasyon testi**: iltihabın sebep olarak göründüğü her türlü hastalık için bir takım semptomlara neden olabilecek bir gen mutasyonu sorununu tanımlamak için kullanılır. Kesin sonuç vermekten uzaktır. Gerçekten de, tıpkı bu listedeki diğer testlerde olduğu gibi, sadece iltihaplanma için bir test görevi gördüğünde, gen mutasyonları için yanlış pozitifler verir. Pratik olarak, iltihabı olan herkes, bir MTHFR gen mutasyonu testinde pozitif sonuç alacaktır. Bu, gen terminolojisi eklenmiş kapsamlı bir inflamatuar testtir. (Bu testin iyi tarafı, hâlâ yanıt arayanların olduğunu göstermesidir. MTHFR gen mutasyonları doğru cevap olmasa da -hastalıklarının nedeni bu değil- insanların neyle mücadele ettiğini ortaya çıkarmak üzere devam eden çaba için tıp çevrelerini takdir ediyorum.)

Romatoid artritiniz olup olmadığını belirlemenin bir başka yolu da, durumun aslında ne olduğu hakkındaki gerçeği öğrenmektir.

ROMATOİD ARTRİT *ASLINDA* NEDİR?

Tıp camiası, RA'nın, bağışıklık sisteminizin her nasılsa istilacılarla eklemlerinizi ve vücudunuzun başka bölgelerini birbirine karıştırması ve onlara saldırmasıyla sonuçlanan bir bağışıklık sistemi hastalığı olduğuna inanıyor. Daha önce de dediğim gibi, *vücudumuz kendine saldırmaz*. Vücutlarımız yalnızca *patojenler* tarafından saldırıya uğradıklarında atağa geçerler.

Romatoid artrit, Epstein-Barr virüsün(EBV) bir çeşididir.

EBV kronik bir şekilde vücudun, eklemler, kemikler, sinirler de dahil, çeşitli bölgelerini etkiler. Eklemlerinizdeki iltihaplanma ve ağrılara sebep olan şey bu virüstür. (Bağışıklık sisteminizin yanlış gidişatla hiçbir ilgisi olmadığı gibi, EBV'ye karşı ilk savunmanızdır.)

Daha önce de belirtildiği gibi, EBV'nin 60'tan fazla türü vardır. Tıp dünyasının, RA'ya sebep olan EBV'ye ışık tutması yıllar alacaktır. Sonunda zaman, enerji ve kaynaklar sebebe yöneltildiğinde -umarım bu, 20-30 yıl içerisinde olur- araştırmacılar yüz yıldır insanların eklem ve sinirlerinde zarara yol açan bu EBV türünü rahatlıkla keşfedecekler. Doktorlar biraz daha derine indiklerinde bu virüsün gerçek çözümüne dair ipuçlarını bulacaklar.

RA'nın, EBV'nin bir türevi olduğunu bilmek hastalığın üstündeki karanlığı kaldırıyor. EBV tedavi edilebilir ve bu Bölüm 3'te tüm detaylarıyla anlatıldı; virüsün zararlarını yok etmek için atılacak adımlar da dâhil, sisteminizdeki EBV'yi neredeyse tamamen yok edebilirsiniz.

ROMATOİD ARTRİTTEN TEDAVİSİ

Doktorlar, RA'nın tedavisi için iltihabı dağıtan ve bağışıklık sistemini baskılayan ilaçlardan oluşan bir reçete kullanır çünkü ellerinden sadece bu gelir. Ağrıların, acıların derecesi ve iltihaplanma göz önüne alındığın da, bu anlaşılır bir şey gibi gözüküyor. Ancak yine de burada iki sorunla karşı karşıya kalıyoruz.

Birincisi; ilaçlar RA'nın ana nedenine, EBV'ye karşı etkili değil. Çünkü ilaçlar EBV'yi yenmek için bir şey yapmıyor, hastalığın içinizde ilerlemesine yardımcı oluyorlar. Vücudunuzun virüse karşı tepki vermesine engel oluyorlar, vücudunuz sanki orada o virüs yokmuş gibi algılıyor.

İkincisi; EBV'ye karşı asıl savunmanız bağışıklık sisteminizdir ve aldığınız ilaçlar bağışıklık sisteminizi *zayıflatır.* Dolayısıyla bu ilaçlar sizi EBV'ye karşı korumadıkları gibi virüse de yardımcı olur.

EBV'yi tam olarak anlamak için yapılacak en iyi şey Bölüm 3'ün tamamını okumaktır. Umarım bunu özgürleştirici bulursunuz ve orada yazılanlardan yararlanırsınız.

RA'ya yardımcı olacak takviyeler için, Bölüm 3'ün sonundaki "Otoimmün Bozuklukları ve Hastalıkları İçin Takviyeler" listesine bakın. Romatoid artrite neden olan EBV özellikle rahatsız edici ve yönetilmesi zor olabileceğinden, bu listede önerilen doğal anti-inflamatuarları (yani bağışıklık sisteminizi zayıflatmayacak) bulacaksınız. Ağrıyı hafifletmeye ve EBV tedavisini desteklemeye yardımcı olacaklar. Unutmayın ki EBV, RA iltihabının altında yatan nedendir; virüsü ve onun beslenmesini durdurmaya çalışmak, iltihabı kaynağında temizlemeye çalışmaktır. Önerilen ekleri uygulamadan önce Bölüm 21, "Takviyelere İlişkin Kritik Kılavuz"u okuduğunuzdan emin olun.

Son olarak, soğuk ve sıcak paketleri kullanın. Enflamasyonu azaltmak ve iyileşmeyi hızlandırmak için ağrılı bölgelere, bir seferde yaklaşık 5-10 dakika (etkisine bağlı olarak) günde toplam yarım saat kadar, soğuk paket yerleştirin. Hasarlı eklemlerin çevresinde oluşabilen kas gerilimini gevşetmek için, günde yaklaşık 10 dakika aynı bölgelere sıcak paket koyun.

Bu tavsiyelere uyarsanız -ve en önemlisi, Bölüm 3 ve Kısım IV'te, "Nasıl İyileşirsiniz?" başlıklı bölümdeki tavsiyelere uyarsanız- kendinizi hem EBV'den hem de RA'dan kurtarabilir ve sağlığınızın, hayatınızın kontrolünü geri alabilirsiniz. İyileşme sürecinizi etkileyebilecek çeşitli faktörleri anlamak için Bölüm 3'teki "Epstein-Barr Virüsü Tedavisi" kısmına bakın. Size inanıyorum. Cevaplar burada. Dünya çapında milyonlarca insan, bu yol ve protokolleri kullanarak hayatını geri aldı.

HASTA DOSYASI:
MESELEYİ ŞİŞMİŞ ELLERLE ELE ALMAK
1998

Janet işine âşık bir estetisyendi. İnsanların evlerine giderek onlara kendilerini iyi hissettirecek spa ve makyaj uygulamaları yapıyordu. 48 yaşındaydı ve pek çok sorumluluğu vardı. Henüz yirmili yaşlarına gelmemiş iki çocuğun annesi ve dul bir kadındı; oturdukları evin kirasını ödemek, gezici estetiysen takımının seyahatleri, büyük oğlunun kolej masrafları gibi bir takım yükleri vardı. Tüm bunların yanında bir de yaşlı annesi son bir yıldır kanserle savaşıyordu. Hafta sonları dâhil olmak üzere tüm boş zamanını annesinin yanında geçiriyordu; doktor randevularını ayarlıyor, faturaları ödüyor, market alışverişini yapıyor, ev işlerine yardım ediyor ve annesinin bakımıyla ilgileniyordu.

Yıllardır süre gelen ağrıları vardı ama o bunların doğal olduğunu, herkesin başına geldiğini düşünüyordu. Bir gece annesinin evrak işleri ve tüm günü dolduran müşterilerinin belgeleriyle uğraştığı sırada, dirsekleri, bilekleri ve ellerinde şiddetli bir ağrı oldu. Sabaha geçeceğini sandı ancak kalktığında durum daha beterdi.

Mesleğiyle ilgili ellerini kullanmasını gerektiren işleri yapamayacağını fark edince hemen bir doktordan randevu aldı. Kan testi ve tam bir muayeneden sonra doktor ona, "Romatoid artrit olduğunuzu düşünüyorum," dedi. Janet'ı bir uzmana yönlendirdi. O da yaptırdığı kan testlerinin ardından, kimi protein ve antikorlardan kaynaklı bir iltihaplanmaya eklemlerindeki iltihaplanmanın da eşlik ettiğini belirtti.

Bu dolaylı açıklama Janet'ın aklına yatmadı. "Bu *ne demek* oluyor?" diye sordu.

"RA'lısınız demek," diye yanıt verdi doktor.

"Peki, ilk olarak iltihaplanmaya sebep olan şey nedir?"

Uzman doktor ona, bağışıklık sisteminin eklemlerine saldırdığını ve buralarda iltihaplanmaya sebep olduğunu söyledi. Ona içinde iltihabı dağıtacak ve bağışıklık sistemini baskılayacak ilaçların yazılı olduğu bir reçete uzattı.

Bu olan biten Janet'a bir şey ifade etmiyordu. O zamana kadar kendine güvenmesi gerektiğini öğrenmişti. Diğerlerine, eski kocası ya da yüz masajı için asla ödeme yapmayan Bayan Ferguson gibilerine güvenmemeliydi. Ancak Janet her zaman vücudunun ondan yana olduğunu gözlemlemiş ve ona güvenmişti. Vücudunun neden kendisine saldırmaya başladığını anlayamıyordu. İhanete uğramış gibi hissediyordu.

Zamanla durumun daha da kötüye gideceğinden endişe etti. Bu böyle birdenbire oluverdiyse, o zaman, vücudunun kendisine zarar vermeye devam etmesini engellemek için ne yapmalıydı? 82 yaşında kanserle mücadele eden annesine baktı, o yaşta kendisinin durumu kim bilir ne olacaktı. Annesi onun yaşındayken oldukça sağlıklıydı. Bu RA meselesiyle uğraşmak zorunda kalmamıştı. Janet 70'i görebilecek miydi?

Şişmiş elleriyle kendi durumunu ele almaya karar verdi ve başka bir doktorla randevu ayarladı. O da Janet'ın eski kan testlerinin sonuçlarına baktı, yeni testler yaptırdı ve aynı teşhisi koydu. Janet, Dr. Tanaka'ya RA'ya neyin sebep olduğunu sordu. Doktor bunun bağışıklık sistemiyle ilgili olduğunu, vücudunun kendisine saldırdığını anlattı. Janet daha detaylı bir açıklama için Dr. Tanaka'yı zorladı ancak bu da nafileydi. Bu arada doktor, Janet'a buğday glüteninden ve işlenmiş şekerden uzak durması gerektiğini söyledi; içlerinde balık yağı, D vitamini, B vitaminin de bulunduğu bir yığın destek ürünü önerdi.

Janet bu rejimle birlikte kendini biraz daha iyi hissediyordu. Dirseğindeki ağrı eskisi kadar şiddetli değildi ancak bilekleri ve elleri normale dönmemişti. Sadece kendini "iyi" hissettiği günlerde işini yapabiliyordu, o da ayda birkaç kez oluyordu. Kazancı gittikçe azalırken annesine yardımcı olması için birini de tutmuştu, bu da bankadaki birikiminin hızlı bir şekilde erimesine yol açıyordu.

Bir gün Olivia isminde özel bir müşterisi -kendi işini kurması için zamanında Janet'ı yüreklendiren- kızının düğünü için Janet'ı aradı ve makyaj yapmasını istedi. Janet, Olivia'ya ekibinden birini göndereceğini belirtti ve bunun nedenini anlattığında Olivia şöyle dedi: "Anthony'yi arıyorsun."

Gerçekleştirdiğim içsel tarama sonucunda Janet'ın sinirlerinde ve eklemlerinde iltihaplanma olduğu ortaya çıktı. Ancak bunun sebebi vücuduna saldıran bağışıklık sistemi değildi. Ruh, bu durumun Epstein-Barr virüsten kaynaklandığını anlamıştı. Janet'ın bağışıklık sistemi virüsle savaşıyor ve *elinden geleni* yapıyordu. Virüsün, eklem bağ dokusuna girmesini engellemek için her şeyi yapıyordu. Ancak almış olduğu ilaçlar bağışıklık sistemini baskılıyor ve vücudunun virüse karşı korunmasını zorlaştırıyordu.

Janet'a EBV'nin ilk evrelerinden birinde, mono düzeyinde olduğunu anlattığımda, kolej yıllarında geçirmiş olduğu rahatsızlığı ve şimdiki gibi eklem ağrıları yaşadığını hatırladı. Sonunda, doktorlardan beklediği detaylı açıklama zihninde canlanmıştı; virüs mono halden çıkmış, vücudunun derinliklerine ulaşmış, önceki yıldan beri yaşadığı zorlu sürece gelene kadar uykuda beklemiş, stres ve yanlış beslenmeyle birlikte su yüzüne çıkmıştı. Her şey çok mantıklıydı. Ve bu gerçeği öğrenmek onun vücuduna güvenmesini sağladı. Savaşan ruhunun geri geldiğini, iyileşmesine yardım etmeye hazır olduğunu hissetti.

Janet'ı tekrar sağlığına kavuşturmak için, Bölüm 3: Epstein-Barr Virüsü, Kronik Yorgunluk Sendromu ve Fibromiyalji'de saydığım özel meyve ve sebzelere odaklandık. Bölüm 22'de bahsettiğim 28 Günlük Tedavi Edici Arınma'dan sonra Janet neredeyse tam zamanlı çalışmaya başlamıştı.

Üç ay içinde normal işine ve sorumluluklarına geri döndü.

Annesinin yanına yarı zamanlı gitmeye başlamış, ona da marketten sağlıklı meyve ve sebzeler alıp meyve püresi, mango salsa, ıspanak çorbası gibi annesinin bağışıklık sistemini de güçlendirecek tarifleri uygulamaya koyulmuştu.

İlk görüşmemizin üzerinden bir yıl geçtiğinde Janet EBV protokollerine uyuyor ve tetikleyici gıdalardan uzak duruyordu -ve bir kez bile ağrı ya da acı yaşamamıştı. Yıllardır olduğundan çok daha iyi hissediyordu kendini. Artık RA olmadığını biliyor ve kolej yıllarında kapmış olduğu minik mono virüsünü alt etmenin tadını çıkarıyordu.

Tatil zamanı gelip, her seferinde olduğu gibi işleri ikiye katlanınca, korkup kaçmadı ve onun yerine, "Hodri meydan!" dedi.

"En başından beri, virüs gibi tehditlerin sizi alt edememesi için, kendinizi ve ailenizi korumak, daha güçlü kılmak üzere ihtiyacınız olan bilgileri size verdim. Bu her zaman Medikal Medyum vizyonunun temellerinden biri olmuştur."

— Anthony William, Medikal Medyum

6

HİPOTİROİDİ VE HASHİMOTO TİROİDİTİ

Tiroit hastalıklarını anlamak için geçmişe gitmemiz gerek. Hikâye nesillerce geriye uzanıyor, insanoğlu günlük karmaşa içerisinde olayların nasıl başladığını unutuveriyor. Eğer bunları burada anlatmazsam tiroit sorunlarının kökenleri hakkındaki gerçekler su yüzüne çıkamaz.

Tiroit hastalığı aslında yeni. 19. yüzyılın başlarında, Endüstri Devrimi çalışma koşullarımızı değiştirdiği zaman, insanlar gerçekten tiroitle ilgili sorunlar yaşamaya başladı. Bu zamana kadar guatr yaygın bir hastalık değildi. Rahatsızlıklar iyot ve çinko açısından beslenme eksikliklerinden veya cıva gibi ağır metal zehirlenmelerinden kaynaklanıyordu.

Daha sonra yeni kurulan işletmeler nehirlere, göllere zehirli ağır metalleri bırakmaya başladılar, fabrikalar bacalarından o güne kadar hiç karşılaşmadığımız yeni kimyasal gazları saldı, bütün bunların ceremesini insanların tiroitleri çekti. Daha önce hiç olmadığı kadar zehirli gaza maruz bırakıldılar, böylece giderek artan sayıda guatr rahatsızlığı görülmeye başlandı.

Sonra, 20. yüzyılın başında işletmeler hububatımızdan, meyve ve sebzelerimizden besleyici öğeleri çıkarmaya başladılar -hepsi gelişmişlik adınaydı- ve yiyeceklerimizi kurşundan yapılma konservelere tıktılar. Kurşun bir insanı guatr hastası yapmak için mükemmel bir ağır metaldir. Yiyeceklerinden besleyici öğeler çıkarılan insanlar, iki kat daha fazla korunmasız hale getirildiler.

Aynı tarihte tıp bilimi büyük bir ilerleme gibi görünen bir buluşa imza attı. Ortaçağda popüler bir inanışa dayanıyordu bu: Bir insanın neresinde sorun varsa, bir hayvanın o bölgesini yemeliydi. O günlerde, eğer birinin kalbiyle ilgili bir sorunu varsa kalp yemesi önerilirdi. Böbrek hastalıkları böbrek yiyerek iyileştirilmeye çalışılıyordu, sorun beyinle ilgiliyse beyin yenirdi, gözle ilgiliyse, kurutulmuş hayvan gözü yiyordu insanlar. Bu bir çeşit şarlatanlıktı ve hiçbir etkisi yoktu, ancak zamanın en akla yatan modasıydı ve saygı görüyordu.

Asırlar sonra, 1800'lerin sonunda, tıp araştırmacıları, insanlık tarihinde ilk kez bu teorinin işlediği bir örneğe rastladılar. Domuzların kurutulmuş tiroit bezlerinin, insanlardaki tiroit hastalığının, özellikle de guatrın belirtilerini azaltmada etkili bir ilaç olduğunu keşfettiler.

Aslında bunun işe yaramasının sebeplerinden biri kurutulmuş domuz tiroidinin insanların eksikliğini çektikleri bir şeyi onlara sunmasıydı; iyot. Hastaları rahatlatmasının başka bir nedeni de tıbbın kazara ilk steroid bileşeni bulmasıydı -bu iltihaplanmayı ve bağışıklık sistemini baskılayan, konsantre bir hormon bileşimiydi. Tiroit rahatsızlığında vücut genelde aşırı tepki verir, tiroit bezi çevresinde sıvı birikir; guatra sebep olan şeylerden biri budur. Kurutulmuş tiroit içindeki hormon konsantresi bir bağışıklık baskılayıcı gibi görev yapıyor ve vücudun hastalanan tiroide tepki vermesini yavaşlatıyordu.

Görünüşe göre, ilk kez 'hastalıklı yerle aynı bölgeyi ye' felsefesi tutmuştu. Yoğunlukları değiştirilmiş de olsa büyükbaş hayvan ve domuz tiroidi hâlâ bugün tedavi için kullanılan tiroit ilaçlarının içinde mevcut -bu da onları en iyi ihtimalle antika yapmaya yeter. Hâlâ sağlık sorunlarının altındaki sebepleri çözemiyorlar. Dolayısıyla bu şans eseri tutan buluşu ödüllendirerek başlamayalım isterseniz.

Bunun yüksek tıp anlayışının bir ürünü olmadığını anlamalıyız. Bu şunun gibi bir şey: bir gün, bir doktor uyanır ve şöyle der: *Haydi şu bayat fıkrayı bir teoriye dönüştürelim.* Sonra bir kasaba uğrar, kurutulmuş hayvan parçalarını alır ve laboratuvarında işe koyulur. *Göz için göz, böbrek için böbrek, tiroit bezi için tiroit bezi. Vay, sonuncusu işe yaradı!* Domuzdan tiroit bezini alıp kuruttu ve guatrı olan hastalarına yedirdi; sonuçlarını hep birlikte gördüler. Bu, kuşkusuz sofistike bilimde büyük bir aydınlanma değildi.

20. yüzyılda viral dalgalanma başladı, kadınlarda ve erkeklerde o güne kadar görülmemiş tiroide bağlı guatr vakaları görülmeye başlandı. Günümüzde, yıllar sonra, bu durum *tiroidit* olarak adlandırılıyor, tiroit bezinin iltihaplanması anlamına geliyor. Bugünlerde bir de sıklıkla tiroidin önüne *Hashimoto* ve *hipotiroidi* gibi etiketler konmaya başlandı –ki gizemli hastalıklar.

Şimdi başka bir tiroit hastalığı dalgasıyla daha karşı karşıyayız. On milyonlarca insan, daha çok da kadınlar, tiroit hastası olduklarını bilmeden sınırlarının çok altında hayatlar sürüyorlar. Tiroidine dikkat eden hastalar ise hâlâ içinde sentetik ya da kurutulmuş hayvan tiroidi olan ilaçlar alıyorlar, bu belirtileri yok etmiyor ve üstüne bir de radyoaktif iyot tedavisi alarak tiroit bezlerine zarar veriyorlar.

Bu ilerleme değildir. Tiroidin nasıl oluştuğuna dair cevaplar henüz su yüzüne çıkarılmış değil, dolayısıyla insanlar nasıl iyileşeceklerini bilemiyorlar.

Kitabın devamındaki bölümlerde, neden bu kadar çok insanın tiroitle alakalı belirtiler gösterdiğini ve bunun için ne yapılabileceğini açıklayacağım. Eğer bir şikâyetiniz varsa bunun bir sebebi vardır -elbette bir de çözümü.

HİPOTİROİDİ VE HASHİMOTO HASTALIĞINI ANLAMAK

Hipotiroidizm, tıbbi araştırma ve bilimin farkında olmadığı, sadece hafif, erken evre bir tiroidit vakası olan tiroit hormonlarının yetersiz üretiminin adıdır. Tiroit hormonu eksikliğinin tiroiditin bu erken aşamasına ulaşıp ulaşmadığı; altta yatan viral nedenin ne kadar güçlü olduğuna, virüsün hangi çeşidi olduğuna ve bağışıklık sisteminin ne kadar zayıf olduğuna bağlıdır. Hipotiroidi ve Hashimoto tiroiditi, iyot eksikliği ve tiroidde toksin birikiminin neden olduğu geçmişteki guatr durumları değildir. Ve bu isimler -hipotiroidizm ve Hashimoto- insanların yorgunluğuna, kalp çarpıntısına, ateş basmasına, beyin sislenmesine, kilo alımına, kaygıya, depresyona ve diğer pek çok ilgili soruna gerçekten neyin sebep olduğunu açıklamaz.

Tıp çevreleri, Hashimoto'nun bağışıklık sisteminin bir şekilde kontrolden çıkmasının, tiroit hücrelerini istilacılarla karıştırmanın ve onlara savaş açmanın sonucu olduğuna inanıyor.

Bu doğru değil. Bunu daha önce söyledim ve tekrar söyleyeceğim: Vücut kendine saldırmaz. Bağışıklık sistemlerimiz kafa karıştırmıyor ve kendi organlarımızın peşine düşüyor. Bu, diğer herhangi bir bez veya organ için olduğu gibi tiroit için de geçerli.

Yanlış otoimmün hastalık teorisi sadece bir suçlama oyunudur. Tıbbi araştırmaların, tiroit rahatsızlıklarının nedeninin derinlerine inemedikleri gerçeğine dikkat çekmemek için, hastanın kendi vücudunda bir kusur bulur.

Gerçek şu ki, Hashimoto da dahil olmak üzere günümüz tiroit bozukluklarının yüzde 95'inden fazlası viral bir enfeksiyondan kaynaklanır. (Diğer yüzde 5 radyasyondan gelir.)

Bu virüs Epstein-Barr'dır (EBV). Bölüm 3'ün açıkladığı gibi, uzun bir kuluçka döneminden sonra -tipik olarak karaciğerde- EBV tiroide doğru yolculuğuna başlar ve ardından oradaki dokuya girer. Zamanla, viral yük tiroidi zayıflatacak ve vücudun güvendiği hormonları üretmede daha az etkili hale gelecektir. Bir süre sonra birçok insanda EBV, hipotiroidizm vakasından Hashimoto tiroiditi vakasına yol açarak tiroidi yavaş yavaş iltihaplandıracaktır. Size ihanet eden vücudunuz değil. Aksine bağışıklık sisteminiz, gerçek bir davetsiz misafirin peşinden gider ve sizi korumak için çok çalışır.

Vücudunuz sizi başka şekillerde de korumak için çok çalışır: tiroid, EBV tarafından enfekte olduğu için zayıfladığından, karaciğer; telafi etmeye yardımcı olmak için tiroit hormonlarının depo kutularını serbest bırakır. Böbreküstü bezleri de Tiroidin normalde üreteceği hormonlara benzer hormonlar üretmeye başlar. İyi çalışan bir karaciğer ve güçlü böbreküstü bezleriyle bu, düşük tiroit hormonu üretimi için bir yedek haline gelir; tıbbi araştırmalar ve bilim tarafından keşfedilmez.

Hastaların, tiroit ilaçlarının rahatsızlıklarının temel nedeninin peşinden gittiğini düşünmeleri büyük bir kafa karışıklığıdır. Aslında bu ilaçlar, tiroidin kendisini tedavi etmez. Vücudun onları tiroidin üretmediği hormonları değiştirmek için kullanacağını umarak kan dolaşımına hormon ekler. Tiroit ilaçlarının hafif steroidler olduğu ve bağışıklık sisteminin semptomlarınıza tepki vermesini yavaşlattıkları bir sırdır. Tecrübesiz doktorların çoğu zaman bilmediği bir sırdır; söylenmemektedir. Ve tipik olarak, doktorlar hastalara hipotiroidizmi veya Hashimoto'yu gerçekten anlamadıklarını ya da ilaçların koşulları kendi başlarına hafifletmeyeceğini de açıklamazlar.

Tiroit ilacı kullanıyorsanız ve olumlu bir fark hissediyorsanız, sorun değil. Tiroit rahatsızlığına çoğunlukla zararsız bir yara bandı görevi görebilir. Viral bir yükten kaynaklanan tiroit rahatsızlığına çoğunlukla zararsız bir yara bandı görevi görebilir. Tiroit ilaçlarını denediyseniz ve rahatlama bulamadıysanız, şimdi hayal kırıklığınızın geçerli olduğunu anlıyorsunuz.

Tiroit bozuklukları için ilaca başlayan ve 10 ila 15 yıl sonra, 50'li ya da 60'lı yaşlarındayken tiroit muayenesine giden yüzlerce kadının hikâyesini duydum. Uygulayıcı hemşire veya doktor sonuçlara bakıp "Tiroidinize ne oldu? Korkunç görünüyor," diyor. Bunca zaman, kadınlar sorumlu ve proaktif olduklarını düşündüler. İlaçların tiroidlerine iyi geldiğini düşündüler.

Bu kadere bağlı kalmak zorunda değilsiniz. Bölüm 3'teki programı izleyerek Epstein-Barr virüsünden kurtulabilirsiniz. Ve aşağıdaki bölümlerdeki tavsiyelerle, yaralı tiroidinizin iyileşmesine ve korunmasına yardımcı olabilir, ayrıca destekleyici bezleri güçlendirebilirsiniz. Sonunda, yalnızca semptomları geçici olarak yönetirken onu ele alıp tedavi ettiğinizi söylenmek yerine, tiroit durumunuzu tersine çevirme gücüne sahip olacaksınız. Durumunuza neyin sebep olduğu ve nasıl iyileşeceğinizle ilgili gerçeklerle, sağlığınız üzerindeki kontrolü geri alabilirsiniz.

TİROİT KAN TESTLERİ

Eğer bir tiroit sorununuz veya bozukluğunuz olduğundan şüpheleniyorsanız, tiroit hormonu seviyenizi ölçmesi için doktorunuza bir kan testi yaptırmalısınız.

Özellikle TSH, Serbest T4, Serbest T3 ve tiroit antikor testi yaptırın. Bunlar kusursuz olmaktan uzak ancak günümüzün en geçerli testleridir.

Tıp çevrelerinde gelişen bir moda da rT3 testidir (Reverse/ters T3). Savunucuları, bu testin, sorunların kesin bildiricisi olduğunu iddia ederken karşı çıkanlar bunun kuru gürültüden ibaret olduğunu düşünür.

Bir bakıma, iki taraf da haklı. rT3 seviyeniz gerçekten sorunların habercisidir ancak herhangi bir sonucun ne anlama geldiğini bilmek imkansızdır çünkü birinin yaşadığı semptomlar, bu test sonuçlarını yorumlamaya çalışan doktorlar için, başlangıçta bir gizemdir. Yine de doktorunuza bu testi yaptırmak iyidir.

Tıp çevreleri bu bölümdeki semptomların kaynağı olarak tiroidi gösterse de, tiroit problemini bu semptomlarla ilişkilendiren hiçbir bulgu, çalışma veya kanıt yoktur. Tiroit problemi olmayan kişiler, tiroit problemi olan kişilerle aynı semptomlara sahip olabilir. Doktorları tiroidin iyi çalıştığını iddia ettiği, tiroit ilacı kullanan kişiler de bu semptomlara sahip olabilir. Bu kitabı okuyarak, bunun gerçek nedeninin tiroit değil, EBV'nin olduğunu biliyorsunuz. Hipotiroidizm ve Hashimoto tiroiditi için, tiroidle ilgili olduğunu iddia ettikleri semptomların çoğunu izlemediler.

Sonuçta bilinmelidir ki, bütün tiroit test sonuçlarınız normal düzeyde çıksa bile hâlâ bir tiroit hastası olma ihtimaliniz mevcut. Birçok insan, özellikle de kadınlar, normal çıkan test sonuçlarına rağmen düşük dereceli viral hipotiroidi belirtileri göstermekte. Nedeni, Tiroidin testlerde "yükseldiğinin" görülüp görülmemesi değil, virüsün kendisinden gelen belirtilerdir. Bazen tiroit sonuçlarının, kan testlerince fark edilir seviyeye çıkması ayları, hatta yılları alabiliyor. (Bir de bunun üstüne kimi laboratuarların sonuç aralıkları çok geniş, dolayısıyla gözden kaçabiliyor.)

Şimdi kimi doktorlar, hastanın test sonuçları kabul edilebilir aralıkta çıksa bile tiroit ilaçları yazıyorlar. Bu, problemleri, daha en başından engellemek adına iyi bir farkındalık ve kadınlar adına bir gelişme çünkü sonunda ciddiye alındılar ve biri seslerini duydu. Ancak bu, hastalara düşük dereceli viral enfeksiyon semptomları için kısmen rahatlama sağlayan ve esasen virüsün etkilerini maskeleyen ilaçların hafif steroid etkisidir. Araştırmalar hâlâ tiroit bozukluğunun altında yatan sebebi ve bu hastalara neyin iyi geleceğini bulmaktan çok uzak.

Test sonuçlarınızın ne dediğine bakmaksızın, tiroit sorununuz olduğunu düşünüyorsanız Bölüm 3, Kısım IV ve bir sonraki başlıkta yer alan programı uygulayın. Eğer tahminlerinizde haksızsanız, en kötü ihtimalle tiroidinizi daha da güçlendirmiş olursunuz. Eğer haklıysanız yalnızca tiroit sorununuzu sonlandırmakla kalmaz, gelecekte karşı karşıya kalacağınız tiroit hastalıklarından da kurtulmuş olursunuz.

TİROİT KOŞULLARINI İRDELEMEK

Bu başlık altında; zarar görmüş olan tiroidinizi iyileştirecek, iç salgı bezleri sisteminizde onunla birlikte yar alan bezleri güçlendirecek (böbreküstü bezleri, hipofiz bezi, pankreas ve diğerleri) ve özellikle de tiroidinizin içindeki virüs yoğunluğunu hafifletecek olan besinler, bitkiler ve destekleyiciler önerilecektir.

"Guatrojenik" Gıdalar

Şimdi insanların karnabahar, lahana, brokoli, karalahana gibi yiyeceklerden korkmasına neden olan bir trend çıktı. Söylentiye göre bu besinler guatr sorunlarına yol açan guatrojenler içeriyormuş.

Bu laflara kulak asmayın! Bu "guatrojen" denilen sebzeler tiroit seviyenizi belli bir yerde tutacak kadar guatrojen içermez. Değerlerinizin dikkate değer bir seviyede düşmesi için her gün 50 kilo brokoli yemeniz gerekir.

Dolayısıyla bu sebzeleri gönül rahatlığıyla tüketebilirsiniz. Tiroit sağlığınıza faydaları vardır.

Faydalı Besinler

Tiroit rahatsızlıkları için en iyileştirici besinler arasında yaban mersini, kişniş, ıspanak, enginar, kuşkonmaz, sarımsak, filiz, patates, marul, elma, domates, kızılcık, kenevir tohumu (az miktarda) ve Atlantik dulse bulunur. Çeşitli şekillerde, EBV hücrelerini aç bırakabilir veya öldürebilir, mikro besinler sağlayabilir, tiroit dokusunu onarabilir, nodül büyümesini azaltabilir, toksik ağır metalleri ve viral atıkları temizleyebilir; sonunda tiroit hormonu düşüşünü durdurabilir ve tiroit hormonlarının üretimini artırabilirler. Bu yiyeceklerden mümkün olduğunca çoğunu diyetinize dahil edin.

Ayrıca Bölüm 19, "Ne Yenmemeli" bölümündeki yiyeceklerden de kaçınmaya özen gösterin. EBV'nin neden olduğu bir semptom veya durumla uğraşırken, virüsü besleyen gıdalardan en az bir veya ikisini çıkarma sürecine başlamak çok önemlidir. İyileşmenizi daha da ileri götürmeniz gerekiyorsa, virüsü besleyen tüm gıdaları ortadan kaldırmaya çalışın.

Şifalı Bitkiler ve Takviyeler

Bunları uygulamadan önce Bölüm 21, "Takviyelere İlişkin Kritik Kılavuz"u okuduğunuzdan emin olun.

(Hipertiroidizm ve Graves hastalığına ilişkin şifalı içgörüler arıyorsanız, *Cleanse to Heal - Medical Medium* kitabına gözatın.)

Hipotiroidizm; Hashimoto Tiroiditi; Guatr; Tiroit Nodülleri, Kistler ve Tümörler için Takviyeler;

- **Taze kereviz sapı suyu**: günde 946 ml'ye kadar, daha sonra mümkünse günde 1892 ml'ye kadar çıkarın
- **Celeryforce**: günde iki kez 1 kapsül
- **5-MTHF**: günde 1 kapsül
- **Arpa otu suyu tozu**: günde 2 çay kaşığı veya 6 kapsül
- **B kompleksi**: günde 1 kapsül
- **Kedi pençesi**: günde iki kez 2 damlalık
- **Chaga mantarı**: günde 2 çay kaşığı veya 6 kapsül
- **Kurkumin**: günde iki kez 2 kapsül
- **EPA ve DHA (balıksız)**: günde 1 kapsül (akşam yemeği ile birlikte)
- **Melisa**: günde iki kez 4 damlalık
- **Meyan kökü**: günde iki kez 1 damlalık (iki hafta devam, iki hafta ara)
- **L-lisin**: günde iki kez 5500 miligram kapsül
- **Lomatium kökü**: günde iki kez 1 damlalık
- **Magnezyum glisinat**: günde iki kez 1 kapsül
- **Melatonin**: her gün uyku öncesi 5 miligram
- **Monolaurin**: günde iki kez 1 kapsül
- **Mullein yaprağı**: günde iki kez 2 damlalık
- **Yeni oluşan iyot**: günde 2 küçük damla (damlalık değil) (veya günde 1 kapsül deniz yosunu)
- **Isırgan yaprağı**: günde iki kez 2 damlalık
- **Spirulina**: günde 2 çay kaşığı veya 6 kapsül
- **Kekik**: günde 2 dal taze kekik sıcak suda çay olarak veya 4 dal oda sıcaklığında su
- **Vitamin B12 (adenosilkobalamin olarak metilkobalamin olarak)**: günde iki kez 1 damlalık
- **Vitamin C (Micro-C olarak)**: günde iki kez 6 kapsül
- **D3 Vitamini**: günde 1.000 IU
- **Yabani yaban mersini tozu**: günde 2 yemek kaşığı
- **Çinko (sıvı çinko sülfat olarak)**: günde iki kez 1 damlalık

HASTA DOSYASI:

HER ZAMANKİNDEN DAHA GÜÇLÜ

1999

Sarah'nın arkadaşları, onun asla bitmek tükenmek bilmeyen enerjisiyle yaşamı benimsemesine -biraz kıskançlıkla karışık- hayranlık duyuyorlardı. Hafta sonları erkek arkadaşı Rob'la dağlara tırmanır, akşam eve döndüklerinde dışarı çıkıp arkadaşlarıyla buluşmak isterdi.

Canı ne isterse yerdi ama asla kilo almazdı. Antrenör olarak çalışan Rob, çalıştığı salonda onunla hava atmaya bayılıyordu. Sarah 36 yaşına geldiğinde, Şükran Günü ile yeni yıl arasında 3,5 kilo aldığını fark etti. Önce bunun adet döngüsüyle ilgili olabileceğini düşündü. Ancak adet dönemi bittikten sonra da pantolonun düğmesini iliklemek için güç kullanması gerekiyordu.

Tam gaz spor salonuna gidip fazla kiloları yakma kararı aldı. Ayrıca karbonhidrattan uzak beslenmeye başladı.

Sarah'nın arkadaşı Jessica, kilo almış olduğu için sevindiğini belirtti. "Artık daha da sağlıklı görünüyorsun," diyordu. Sarah yine de eski kilosuyla daha rahattı, ayrıca böyle aniden kilo almanın iyi bir şey olmadığını biliyordu. Ayrıca Jessica'nın, onun kilo almasından bu kadar memnun olmak için başka sebepleri de vardı - kıskançlık.

Spor salonunda aralıksız çalışma ve karbonhidrattan uzak bir beslenme ile geçen iki haftadan sonra Sarah kilo vermemiş olduğunu gözlemledi; ancak enerjisi düşüyordu. Hiçbir zaman kilo verme sorunu yaşamayan Rob, Sarah'ya, kendini yeterince spora vermediğini söyledi. Ayrıca kaslarını güçlendirmesi için ona protein tozları verdi.

Fakat Sarah iki haftada bir yarım kilo almaya devam etti ve enerjisi de düşüyordu. 52 kiloya çıkmıştı. Tartı 59'u gösterdiğinde doktoru aradı.

Tam bir tetkikten sonra Dr. Kiernan Sarah'ya şunları söyledi: Tiroit hormonu seviyesi testlerinin sonucuna göre tiroit değerleri yüksekti, bu da hipotiroidi belirtisiydi.

Sarah, bunu neyin yaptığını sordu. Her zaman sağlıklı olmuştu, iyi ve sağlıklı beslenmişti, egzersizlerini hep yapıyordu. Dr. Kiernan belli bir yaşta bunun olabileceğini söyledi.

Bu Sarah'nın aklına yatmadı. "Yaşlanmak" onun sözlüğünde yoktu. Hâlâ 30'lu yaşlarındaydı, daha evli bile değildi, çocukları olmamıştı ve şimdiden yaşlı insan hastalıklarıyla mı uğraşmaya başlayacaktı?

Yine de Dr. Kiernan'ın vermiş olduğu tiroit ilaçlarını alıyor, sporunu yapıyor, karbonhidrat almıyordu. Ancak her ay bir kilo alıyordu. 70 kiloya geldiğinde, Rob'un onun kilo almasından ne kadar utandığını anlatmak için annesini aradı. Salonda Sarah ile görünmek istemiyordu, çünkü bu bir antrenör olarak onun uyguladıklarının başarısız olduğunu gösterecekti. Akşamları arkadaşlarıyla dışarı çıkarken Sarah'yı davet etmiyordu artık. Önceki haftalardan birinde, arkadaşlarıyla birliktelerken, hemen savunmaya geçmiş ve daha gecenin başında, "Sarah için endişelenmeyin, bu aralar çok fazla karbonhidrat alıyor," demişti.

Annesi, Rob'un bu davranışına çıkıştıktan sonra şunu söyledi: "Sana daha önce Anthony'den söz etmiştim ve onu aramadın. Bence şimdi zamanıdır."

İçsel tarama sonucunda Ruh bana Sarah'ta başlangıç seviyesinde tiroidit olduğunu açıklattı. Henüz tiroidi tamamen iltihaplanmış vaziyette değildi ama durum oraya doğru gitmekteydi. Bu durumun yaşlanmakla bir ilgisi olmadığını anlattım hemen. Sarah'ın sorunu bir virüstü; EBV.

Bir an önce beslenme şeklini düzenledik. Yumurta ve süt ürünleri gibi hormonları bozan yiyecekleri çıkardık, hayvansal proteini günde bire düşürdük. Papaya, taneli küçük meyveler (çilek, dut, böğürtlen...vb), elma, *mâche*, mango, ıspanak, lahana, Brüksel lahanası, Atlantik kırmızı deniz otu, kişniş ve sarımsak gibi antiviral meyve sebzeler tüketmesini sağladık. Destekleyicilerden limon otu, krom, çinko ve (Bladderwrack) bir tür deniz yosununda yoğunlaştık. Bu protokol sayesinde Sarah'ın tiroidindeki virüs miktarını azaltabildik ve o da tekrar normal seviye hormonları üretmeye başladı.

Başlangıçta, Rob'un bu yeni diyetle ilgili şüpheleri vardı. Ona göre kahvaltıda (protein tozu olmadan) sıvı meyve püresi, öğle yemeği için ıspanak salatası, portakal ve avokado, akşam yemeğindeyse sebzenin yanında somon balığı ve atıştırma için de meyve çok fazla şeker ve az protein demekti.

Ancak ilk iki haftada Sarak iki kilo verdi. İlk ay bittiğinde dört kilo hafiflemişti.

İkinci ay kilo vermesi hızlanmıştı, ancak enerjisi de yükseliyordu. Metabolizması kendini toplamıştı. Öte yandan, daha önce hiç farkında olmadığı kaslarının geliştiğini hissedebiliyordu.

Üç buçuk ay sonra yeniden 57 kiloya indi -en son bu kilodayken sahip olduğundan daha fazla kasla.

Bu arada Sarah, Dr. Kiernan'a tiroit ilaçlarından uzak durmak istediğini belirtti. Ona öğretilmiş olana uymasa da tiroidi eski işlevine kavuştuğundan ve gözleri önünde Sarah yeniden hayata dönüyor olduğundan Dr. Kiernan bunu kabul etti. Artık Sarah hiç ilaç kullanmıyordu.

Şimdi, Rob'un kilo vermek isteyen öğrencileri olduğunda, onlara kız arkadaşının nasıl kilo verdiğinin hikâyesini anlatıyor (kendisinin de ona yardımcı olduğunu ima ederek) ve bu insanları yüksek meyve-düşük yağ diyetine sokarak onlara yardımcı olmaya çalışıyor.

Rob, Sarah'dan geçmişteki davranışlarından ötürü özür diledi ve evlenme teklif etmek üzere olduğunun ipucunu verdi. Sarah bana, her ne kadar Rob göze hoş gelen biri olsa da zor zamanlarındaki davranışlarını gördükten sonra, ona bir söz vermek için acele etmediğini söyledi. Hâlâ evli değiller.

KISIM III

DİĞER GİZEMLİ HASTALIKLARIN ARKASINDAKİ SIRLAR

"Gerçek şu ki; milyonlarca insan gizemli hastalıktan mustarip. Gizemli hastalıkların belirtileri, insanların kafasını karıştırır. Bu bir gizem olabilir çünkü bu belirtilerin tümüne birden bir isim verilmiş değildir -ve bu not edilip geçilir. Gizemli hastalık ayrıca (tıp dünyası henüz anlayamadığı için) asıl nedenine karşı hiçbir etkili tedavinin bulunmadığı kronik bir durum için tanımlanabilir ya da sıklıkla yanlış tanı koyulmuş bir durum olabilir.

Tip 2 diyabet, hipoglisemi, TME, menopoz komplikasyonları, DEHB, akne, egzama, sedef hastalığı, Bell felci, nöropati, sızdıran bağırsak sendromu, kalp çarpıntısı, otoimmün hastalık, lupus, fibromiyalji, Lyme hastalığı, multipl skleroz (MS), kronik yorgunluk sendromu , migren, tiroit bozukluğu, romatoid artrit, kolit, irritabl bağırsak sendromu, çölyak hastalığı, uykusuzluk, anksiyete, depresyon ve daha fazlası gibi kafa karışıklığı ve acıdan başka bir anlamı olmayan rahatsızlıklardır. Bunları gizemli hastalık yapan da budur."

— Anthony William, Medikal Medyum

7

TİP 2 DİYABET VE HİPOGLİSEMİ

Vücudunuzun temel yakıtı *glikoz*, tüm hücrelerinize işlevlerini yerine getirmeleri, iyileşmeleri, büyümeleri ve gelişmeleri için gerekli olan enerjiyi sağlayan basit bir şekerdir.

Glikoz yaşamamızı sağlar -bizi hayatta tutar. Merkezi sinir sistemimiz onunla varlığını sürdürür, kalp de dâhil olmak üzere diğer tüm organlar için de durum böyledir. Kaslarımızı oluşturmak ve yapılandırmak için ihtiyacımız olan şey glikozdur ayrıca zarar görmüş doku ve hücrelerin tedavi edilmesinde de hayati önem taşır.

Besin aldığınızda vücudunuz onu glikoza kadar parçalar, ayırır ve tüm hücrelerinize ulaşabilmesi için kan dolaşımınıza salar. Buna rağmen hücreler glikoza doğrudan ulaşamaz, geniş bir iç salgı bezi olan ve midenizin hemen arkasında yer alan pankreasın yardımına ihtiyaç duyarlar. Hücrelerinizin ne kadar yardıma ihtiyacı olduğu, yiyeceğinizin kombinasyonlarına bağlıdır.

Pankreasınız her an kan dolaşımınızı gözlemler. Glikoz seviyesinde bir yükselme tespit ettiğinde *insülin* adı verilen bir hormon üreterek karşılık verir. İnsülin hücrelerinize tutunur ve onlara açılarak kanınızdaki glikozu almaları için sinyal verir. Böylece insülin hem hücrelerin enerji almalarına izin vermiş olur hem de kanınızdaki glikoz seviyesini dengede tutar.

Eğer kanınızda hücrelerinizin tüketebileceğinden fazla miktarda insülin varsa -örneğin; ağır bir yemek yediyseniz (bu belki barbekü sosuna bulanmış domuz kaburgası; başka bir ifadeyle şekerle karışık aşırı miktarda yağ)- insülin fazla glikozu depolanması için karaciğerinize yönlendirir. Başka bir zaman glikoz seviyeniz düştüğünde -örneğin; öğünler arası ya da yoğun fiziksel aktivite sırasında- karaciğeriniz depolamış olduğu glikozu serbest bırakarak hücrelerinizin kullanımına sunar. Bu, tabii ki karaciğeriniz güçlü ve iyi işliyorsa olur.

Bu normalde glikoz kullanımı için etkili bir sistemdir. Ancak eğer pankreasınız, gerekli zamanda yeterli glikozu üretmekte zorlanıyorsa işler kötüleşmeye başlar. Ayrıca bazı hücreleriniz, insülinin, kendilerine tutunmasını reddeder ve glikoz almaları için hücreleri açıyorsa da işler kötüye gidiyor demektir; bunun adı *insülin direncidir.* Yanlış gidebilecek başka bir unsur da, karaciğerin durgun, halsiz ve işlevsiz hale gelmesidir; artık glikozu depolayamaz veya glikozu düzgün bir şekilde serbest bırakamaz.

Bu sorunlardan herhangi biri veya tümü meydana geldiğinde, hücreleriniz tarafından kanınızdan yeterli miktarda glikoz atılmaz. Vücudunuz, idrarınızdaki fazla glikozun bir kısmını dışarı atarak daha sık tuvalet ihtiyacı hissetmenize ve ayrıca çok susamanıza neden olur. Bu şekerin (glikozunuzun) hatası değildir. Bu, kan dolaşımınızdaki yağ miktarının bir sonucudur. Şeker atılıp idrar yoluyla çıksa da teknik olarak susuzluk, kan dolaşımındaki yağların dehidrasyona neden olmasıdır. Ayrıca, yağların şekerle birlikte tüketildiği çoğu durumda, beslenmede fazla tuz onlara eşlik eder ve tuz, dehidrasyon sürecinde de rol oynar.

Vücudunuzun ihtiyaç duyduğu anda pankreasınız yeterli insülin üretmiyorsa ve/veya insülin direnci yaşıyorsanız ve bu sorunlar son derece yüksek kan şekeri seviyelerine yol açıyorsa, tip 2 diyabet riski altındasınız demektir. Tıp araştırmaları ve bilim, tip 2 diyabetin öncüsü olan prediyabetin bilincinde olsa da bunun çok çok daha erken aşamaları olduğunun farkında değiller. Prediyabetin bu daha önceki versiyonları; karaciğer fazla yağlı beslenmeden dolayı durgunlaşmaya, halsizleşmeye başladığından ve glikozu gerektiği gibi depolayamadığından ortaya çıkar. Aynı zamanda, önceden-yağlı karaciğer başlangıcına sahip olabilirsiniz. Hem diyabetin hem de karaciğer yağlanmasının öncül aşamaları tespit edilemeyebilir.

Tıp uzmanları tip 2 diyabetin neden kaynaklandığını bilmiyorlar. Bu, doktorların ve diyetisyenlerin şeker hastalarına önerdiği diyetlerde kendini gösteriyor; bu hastaların vücutlarında gerçekte ne olduğunu bilseler, tamamen farklı beslenme önerileri sunarlardı. Doktorlar bazı tedavi unsurlarını doğru alsalar da hastalığın nasıl veya neden başladığına dair bir bakış açısı sunamıyor.

Bu bölüm size tip 2 diyabetin nedenini tam olarak anlatacaktır. Ayrıca, insülin direncinin nasıl oluştuğunu, hipogliseminin ne olduğunu ve vücudunuzun iyileşme şansına sahip olabilmesi için sisteminizi yeterince dengeye nasıl getireceğinizi gerçekten açıklayacaktır.

TİP 2 DİYABET BELİRTİLERİ

Tip 2 diyabetiniz varsa, aşağıdaki belirtilerden bir veya daha fazlasını yaşayabilirsiniz. (Diyabetin erken evrelerinde olup herhangi bir semptom yaşamamanın mümkün olduğunu unutmayın.)

- **Olağandışı susama, ağız kuruluğu, sık sık idrara çıkma:** bunun nedeni, yağlar tarafından aşırı yüklenen sistemdir. Karaciğer, lenf sistemi ve kan dolaşımı, yağ oranı yüksek uzun süreli bir diyetten çok fazla serbest dolaşan yağ barındırıyor. Kan dolaşımındaki yağ, suyun kan dolaşımına kolayca emilmesine ve yararlı hale gelmesine izin vermez. Diğer bir neden ise, insülin direncinin şekerin hücrelere girmesine izin vermemesi nedeniyle, vücudunuzun idrar yoluyla fazla glikozu atmak için su kullanmasıdır. Yüksek yağlı bir diyetin bu etkileri susuzluk, ağız kuruluğu ve sık idrara çıkma yaratabilir. (Aşırı tuz tüketimi genellikle yüksek yağ tüketimine de eşlik eder, ancak bu belirtiler tuzsuz da ortaya çıkabilir.)
- **Bulanık görme:** merkezi sinir sisteminin en iyi şekilde çalışabilmesi için glikoza ihtiyacı

vardır. Fazla yağlı beslenme nedeniyle insülin direnci devam ederse, aralıklı veya sürekli olarak bulanık görme oluşabilir. Susuz kaldığınızda, fazla glikozun dışarı atılmasına yardımcı olmak için gözlerinizin lenslerinden su çekilmesine yardımcı olmaz.

- **Olağandışı açlık:** bunun nedeni, hücrelerinizin kendilerini beslemek için ihtiyaç duydukları yeterli glikozu alamamasıdır çünkü yağ, glikozun hücrelere girmesine engel olur.
- **Yorgunluk ve sinirlilik:** hücreleriniz tamamen glikozla doluyken normalde yaptığınız enerjiyi alamadığınız için olur. Düşük dereceli viral enfeksiyon gibi insülin direncinizin, prediyabetinizin veya tip 2 diyabetinizin üzerine yorgunluğa neden olan başka bir durum olabileceğini unutmayın.
- **Sindirim sorunları:** pankreasınız sadece insülin yapmaz; vücudunuzun gıdaları parçalamasına yardımcı olmak için enzimler yapar. Pankreasınız düşük performans gösteriyorsa, bu sadece bir insülin eksikliği değil, aynı zamanda bir enzim eksikliği yaratır ve vücudunuzun herhangi bir şeyi sindirmesini zorlaştırır. Enzim eksikliği normalde en kötü şey değildir. Bunu daha da zorlaştıran, karaciğerin zayıf, durgun veya halsiz olması ve yağları parçalamak için yeterli safra üretmemesidir. Bu, midenin mide bezlerine baskı uygulayarak, bezleri zayıflatabilen hidroklorik asidi aşırı üretmelerine neden olur. Karaciğeriniz daha güçlü ve sağlıklı olduğunda, pankreas üzerinde daha az yük olur.
- **Hipoglisemi:** Bu enerji düşüşleri -her iki saatte bir meydana gelen kan şekeri düşüşleri- karaciğerin zayıflığının ve böbreküstü bezlerin yetersiz çalışmasının sonucudur. Karaciğer durgun ve halsiz olduğunda, artık glikoz depolayamayacak noktaya gelebilir, yani kan şekeriniz düştüğünde kan dolaşımına glikoz bırakamaz. Bunun yerine, adrenallerin aşırı kompanse etmesi gerekir -kan şekeri düştüğünde, adrenalin yakıt olarak dolmak üzere yükselir ve bu da zamanla adrenallerin zayıflamasına neden olur. Aralıklı olarak uygunsuz bir şekilde oruç tutan insanlar, glikoz yerine adrenalin üzerinde çalıştıkları için sonunda adrenallerini bozar ve zayıflatır. (*Cleanse to Heal* bölümünde aralıklı oruç hakkında daha fazla bilgi edinin.)

TİP 2 DİYABET VE HİPOGLİSEMİYE ASLINDA NE SEBEP OLUR?

Tıp camiası bunun farkında olmasa da hem tip 2 diyabetin hem de hipogliseminin nedenleri tipik olarak karaciğer ve böbrek üstü bezleri ile başlar.

Sürekli stresle karşı karşıya kaldığınızda, zor ve kaçınılmaz deneyimler yaşadığınızda, böbreküstü bezleriniz vücudunuzu adrenalinle -sizi acil durum enerjisi ile şarj eden bir hormonla- doldurur. Bu, zorlu durumlar için yararlı olsa da, sürekli olarak kriz modunda çalışıyorsanız, organlarınızın ve bezlerinizin dokularını doyuran aşındırıcı adrenalini fiziksel olarak yakamıyorsanız, yüksek yağlı beslenmeyle birleştiğinde adrenalin, karaciğerinizi doyurarak daha durgun ve halsiz hale getirebilir.

Pankreasınız normalde bir bebeğin poposu kadar yumuşaktır. Ancak korku veya diğer olumsuz duygulanmalardan kaynaklanan kronik adrenalin salınımları pankreası aşındırır ve kalınlaşıp, sertleşmesine, hatta nasır tutmasına sebep olur.

Tıpkı şuna benzer: Doğduğunuzda pankreasınız yepyeni bir kredi kartı gibidir. Kimileri dünyaya şanslı gelir, harcama limitleri yüksektir; cömert bir kredi limiti vardır ve sadece imza atmış olduğu için biriken uçuş millerine sahiptir. Diğerleri daha düşük harcama limitleri, yüksek faiz oranları ve düşük bonuslara sahiptir. Her iki durumda da eğer dikkatli değilseniz harcamalarınız çok olur. Eğer insanlar hayatlarını, kendilerini tüketerek, stresle iç içe, kızarmış ve yağ oranı yüksek yiyeceklerle, dondurma ve pastalarla geçiriyorsa pankreasın dengesini bozarlar ve uçuş millerini fazlasıyla kullanmış olurlar. (Bu olduğunda; genellikle karaciğerin harcandığı ve sıklıkla olduğu gibi pankreas için koruyucu bir kardeş gibi davranamayacak kadar durgun ve uyuşuk hale geldiği anlamına gelir.)

Zamanla bunlar pankreasa zarar verir ve kan dolaşımında bulunan glikozu uzaklaştırmak için yeterli insülini üretememesine yol açar. Sadece bu eksiklik bile tip 2 diyabet olmanız için yeterlidir.

Bu kadarla da kalmıyor. Olumsuz-duygulanım temelli kronik adrenalin salınımı tüm vücudunuza zarar verir. Özellikle duygulandığında yiyenlerdenseniz, vücudunuzun insülin ile ona zarar veren korku bazlı adrenalini ilişkilendirmesine yol açmış olursunuz. Zamanla, birçok hücreniz bu yüzden, adrenalin/insülin karışımına karşı "alerjik" konuma geçer ve iki hormonu da dışlar. Tıbbi araştırmalar henüz benim "Franken-sulin" adını verdiğim bu karışımı anlayabilmiş değil; aynı zamanda vücudun neden böyle tepki verdiğini de anlayamıyorlar. Bu, pankreas zayıflığının temel nedenlerinden biridir, düşük insülin üretimine ve hücrelerin glikoz kabul etmemesine sebep olur. (insülin direnci).

Ağır, zengin yemekler de aşırı adrenalin üretimini tetikleyebilir. Böbreküstü bezleri bir itfaiye merkezine benzer ve yağ, alarm zillerinin çalmasına sebep olur. Böbreküstü bezleri, kan dolaşımında aşırı düzeyde yağ olduğu bilgisini aldığında -ve pankreas ile karaciğerin anında tehlikeye girme ihtimaliyle- itfaiye merkezi (böbreküstü bezleri) kamyonları (adrenalin) yola çıkarır; kan inceltici olarak hareket ederken, aynı zamanda yağı atardamarlar ve damarlar boyunca çekmek için kalp atış hızını biraz arttırır, böylece kan yüksek yağ içeriğinden durgunlaşmaz. Bu adrenalin akışı, hızlı peristaltik eylemi harekete geçirme umuduyla, yağın bağırsak yolunuz boyunca hareket etmesine yardımcı olmak için sindirim gücünü artırır, böylece normalden daha erken tuvalete gidersiniz; Yağın çoğunu sindirim sisteminde kalmak ve kan dolaşımına ve karaciğere emilmek yerine bağırsak hareketlerinden çıkarmak için. Adrenalinin bu işlevleri sizi krizlerden korurken aynı zamanda bir bedel de ödersiniz çünkü bu süreç zamanla karaciğeri, pankreası, adrenalleri ve kalbi zayıflatabilir.

Öte yandan, adrenal bezleriniz düşük performans gösteriyor olabilir yani çok az adrenalin üretiyor olabilir. Bu, pankreasınızın Tip 2 Diyabet ve Hipoglisemiyi telafi etmeye çalışmak için fazla mesai yapmasına neden olur. Bu durum kronikse ve herhangi bir düşük dereceli viral enfeksiyonunuz varsa pankreasınız iltihaplanır veya büyür ve sonunda düşük performans göstermeye başlayabilir. Güçlü bir karaciğer ve güçlü bir bağışıklık sistemi, patojenleri uzak tutabilir, böylece nörotoksinler veya patojenler pankreasa ulaşmaz, dolayısıyla iltihaplanmasını önler.

Sonra tekrar, dengesiz adrenallerinizin bazen çok az adrenalin ürettiği ve bazen çok fazla ürettiği adrenal yorgunluğunuz olabilir. Bu, pankreasınızın saldığı insülin miktarında rol oynayabilir. Pankreas salgılayan insülin ile tutarsızlık, adrenaller tutarsız olduğunda ortaya çıkabilir -yani az aktiften aşırı aktife değişen kararsız adrenaller pankreasta benzer değişkenliğe yol açabilir. Savaş ya da kaç, insülin üretimi için bir anahtar gibi olabilir. Kafein kullanıcıları her gün savaş ya da kaç düğmesini manuel olarak çevirerek sonunda pankreasın enerjisini tüketir.

Tip 2 diyabetin habercilerinden biri de kararsız ama düşük seviyeli glikozdur -ki adı *hipoglisemi*dir- yani vücudunuzun glikozu tam olarak yönetebilme yetisiyle ilgili büyük bir sorundur. Bu, karaciğerinizin glikoz depolaması ve kana salmasıyla ilgili bir sorunu varsa gerçekleşir. Bu durum bir de her iki saatte bir hafif, dengeli bir atıştırma yapmıyorsanız da olur, örneğin; bir meyve (şeker ve potasyum için) ve bir sebze (sodyum için). Düzenli bir biçimde öğün atlamak ya da düzensiz yemek vücudunuzu, karaciğerinizin daha evvel biriktirmiş olduğu glikozu tüketmeye zorlar, adrenalin salınımına sebep olur. Tüm bunlar da, daha önce de belirtildiği gibi, zaman içerisinde adrenal yorgunluk ve kilo almaya yol açar.

(Eğer güçlü bir karaciğeriniz varsa ve virüslerden ve/veya bakterilerden kaynaklanan yüksek patojen seviyesiyle uğraşmıyorsanız, birkaç yıldan fazla dengesiz beslenebilir ve yolun sonuna kadar etkilerini göremezsiniz. Herhangi bir sağlık sorunuyla uğraşan biriyseniz; gün boyunca düzenli olarak atıştırmak veya otlatmak veya en azından bir çeşit mineral tuz ve karbonhidrat -örneğin kereviz sapı suyu, hindistancevizi suyu, limon suyu veya dengeli bir atıştırmalık- almak çok önemlidir. Hipoglisemi ile uğraşan birinin aralıklı oruç tutmaması gerekir.)

Bir büyük faktör de yediklerinizin *cinsidir.* Diyabetin, çok şekerli gıda almaktan kaynaklandığına dair yanlış bir inanış vardır. Aslında sorun şeker değildir. Şeker ve yağın karışımıdır -daha çok da sorun yağdır. Örneğin; her gün meyve yiyebilirsiniz ancak hayatınızın geri kalan kısmında asla şeker hastası olmayabilirsiniz. (Aslında bol bol meyve yemek hayatınıza yeni yıllar eklemenin en etkili yoludur, tıpkı Bölüm 20: Meyve Korkusu'nda açıklayacağım gibi.)

Sorun yağdır. Kek, kurabiye, donut, dondurma vb. gibi işlenmiş gıdaları ve abur cuburları tüketen veya tavuk gibi görünüşte sağlıklı bir ana yemeği olan ama ardından tatlıyla devam eden insanlar genellikle çok fazla yağ ve şeker yemiş olur. Besin maddelerine bağlı olmayan şeker (yani meyveler, yapraklı yeşillikler, otlar, yabani yiyecekler, sebzeler, çiğ bal, saf akçaağaç şurubu veya hindistancevizi suyu gibi kaynaklardan gelmeyen) kesinlikle sağlıksız olsa da, yağdır; karaciğerinizi ve pankreasınızı zorlar.

İlk olacak şey şudur: hayvansal protein içeren bir yiyecekten -domuz, biftek, tavuk ya da yağda kızartılmış fast food tarzı yiyecekler- kaynaklanan kandaki yüksek yağ seviyesi ani insülin direncine yol açar ve vücudunuzun, pankreas tarafından, hücrelere şeker taşınması için salgılanan insüline izin verme yetisi durdurulur. Bu da şu de mektir, kan dolaşımınızda hiçbir yere gidemeden dolanıp duran şekerler vardır. Güçlü bir karaciğer zorlu bir günde kullanmak üzere bunları depolayacaktır. Bununla birlikte, zamanla, yağ, protein ve işlenmiş yağlar açısından zengin bir diyet - daha sağlıklı katı ve sıvı yağlar olsun ya da olmasın - karaciğere yük olabilir. Karaciğeriniz, yağ tarafından bombalanırken ve aşırı yüklenirken ve ardından yakıt ikmali için öğünler arasında çok uzun saatler beklemek zorunda kalırken, kan dolaşımındaki fazla glikozu temizleme sorumluluğundan dolayı savunmasız bir duruma gelebilir. Karaciğer bu şekilde aşırı yüklendiğinde, tüm glikoz depolamasını kan dolaşımına geri atar. Bu, hipogliseminin doğum aşamasını prediyabet haline getirebilir.

Karaciğeriniz yediğiniz yağı işleme yükünü üstlenmek zorunda olduğundan, yağ oranı yüksek beslenme (insanların sağlıklı olduğunu düşündüğü yağsız proteinde bile gizlenir) organı ağırlaştırabilir ve bu şekilde glikozu depolayıp salıverme işlemini gerektiği gibi yapamaz. Fazla ve ağır yemekler, aralarında yemek yememenin neden olduğu kuru glikoz nöbetleri, sonunda tip 2 diyabetle sonuçlanabilir.

Aynı zamanda pankreasınız da yemiş olduğunuz yağları sindirebilmeniz için gerekli olan enzimleri salgılar. Fazla yağ, pankreasınızın fazla çalışmasına neden olur; ve eğer şiddetli olumsuz duygulanmalar ve/veya üzerine adrenalin salgılayan böbrek üstü bezleri ya da yağ açısından aşırı yüklü bir diyet gibi pankreasınızı zorlayan başka etkenler de varsa pankreasınız çıldırma noktasına gelir ve tip 2 diyabet gelişir.

İyi haber şu ki, yukarıda anlatılan bütün bu yıkım onarılabilir. Şimdi pankreasınızı, karaciğerinizi ve insülin- travmasına maruz kalan hücrelerinizi nasıl iyileştireceğinizi öğreneceksiniz, böylelikle tip 2 diyabet ve hipoglisemiye bir son vermiş olacaksınız.

TİP 2 DİYABET VE HİPOGLİSEMİYİ BELİRLEMEK

Tıp çevreleri, tip 2 diyabet ve hipoglisemiye neyin neden olduğuna dair gerçek hikayeyi bilmediklerinden, uygun diyet rehberliği sağlamazlar. Tipik olarak, içinde çok az şeker bulunan veya hiç şeker içermeyen bir diyet önererek, hastalara meyveden tamamen kaçınmalarını, protein (bitki bazlı, hayvansal veya her ikisi) ve sebze yemeye odaklanmalarını tavsiye ederler. Tıp; genellikle bu tavsiyeyi -bu koşullara gerçekten neyin sebep olduğu anlayışına dayanmadığı için- göründüğü kadar rasyonel olmayan bir terim olarak, "dengeli beslenme" kavramı altında kabul eder.

Bu tavsiyeye kulak vermek görünüşte size bazı iyileştirmeler sağlayabilir. Sizi sonsuza dek diyabet hastası da yapar -hem de işlevlerini yerine getirebilen bir diyabet hastası değil, rahatsızlıkları sürüp giden bir diyabet hastası- çünkü etteki yağ durumunuzu daha da kötüleştirecektir ve meyve yemek diyabeti iyileştiren bir şeydir. Bir kere şunu anlamak zorundayız, karaciğerimizi ve pankreasımızı zayıflatan şey hayvansal yağlardır.

Şeker sadece bir elçidir. Ve bu durumda sağlık profesyonelleri elçiyi vuruyorlar. Şeker, aşırı yağla yüklenmiş pankreastan beklenmedik biçimde ortaya çıkan insülin direncini göz önüne koyar yalnızca.

Bunun farkına varmadan hayvansal yağ açısından zengin bir beslenme şeklini sürdürmek kolaydır. Yağsız yerinden kesilmiş 100 gramdan az bir et parçası bile bir yemek kaşığı kadar yoğunlaşmış yağ içerir ve bu da pankreas ve karaciğeri yorabilir. Yani bir insanda insülin direnci olduğunda (geleneksel anlamda "sağlıklı" görünen bir yemekten bile kaynaklı olabilir) ve sistemine şeker alıyorsa, bu şeker insülin problemlerini ortaya çıkaracaktır - ve birdenbire tüm dikkatleri şeker çekecektir, oysa asıl elebaşı o değildir.

Tabii ki sofra şekeri ve diğer pek çok tatlandırıcı sizin için iyi değil -bunları yemenizi önermiyorum. Yine de tip 2 diyabet ve hipoglisemiyi ele almak için yağ tüketimini azaltmak ve taze meyve, yapraklı yeşillikler, şifalı otlar, yabani yiyecekler ve sebzelerin tüketimini artırmak çok önemlidir. Karaciğer, pankreas ve böbrek üstü bezlerinin iyileşmesine ve kan şekeri seviyelerinin dengelenmesine yardımcı olması için Bölüm 22'deki temizlemeyi öneriyorum.

Doktorunuz insülin reçete edebilir. İnsülin kan şekeri seviyenizi düşürürken, hasarlı böbreküstü bezleri, hasarlı pankreas, işlevsiz bir karaciğer, kronik zorlayıcı duygular ve/veya insülin direnci gibi temel sorunları ele almak için hiçbir şey yapmaz.

Aşağıda, tip 2 diyabetinizin veya hipogliseminizin her olası nedenini iyileştirmeye odaklanan daha hedefli bir günlük yaklaşım yer almaktadır. Ayrıca Bölüm IV, "Nasıl İyileşirsiniz?" bölümünde de rehberlik bulacaksınız. Bu programa ne kadar süreyle bağlı kalmanız gerektiği, ne kadar hasarın geri alınması gerektiğine bağlıdır. Medikal Medyum bilgilerini öğrenmeyi ve bu araçları sizin için çalışan bir protokol oluşturacak şekilde özelleştirmeyi taahhüt ederseniz, sonuçları göreceksiniz.

Bu kitap ilk yayınlandığından beri pek çok insan hastalıklarını ve semptomlarını iyileştirdi. Bazıları çok kısa sürede iyileşir; bazıları daha uzun sürebilir. Her şey, bilgileri doğru kullanmalarına ve başladıklarında hangi durumda olduklarına bağlıdır.

Adım adım gidin. Şimdilik elinizden geleni yapın. Birazı bile önemlidir; bir yol kat edilmiş olur. Burada yalnızca bir veya iki araç deneyebilirseniz, elbette, en azından bazı iyileştirmeler yapabilmeniz veya durumunuzun daha da kötüye gitmesini önleyebilmeniz için bunlara bağlı kalın. Kendinizi daha ileriye götürmeniz gerektiğini fark ederseniz, bu bilgi burada sizi bekliyor olacak -böylece kendinizi gitmeniz gereken yere kadar götürebilirsiniz.

Böbreküstü Bezlerinin Desteklenmesi

Tip 2 diyabet hastalığına sahip olmanız demek böbrek üstü bezlerinizle ilgili bir sorununuz olduğunu gösterir. Bu yüzden iyileşmek için atılacak adımlardan biri de Bölüm 8: Adrenal Yorgunluk'u okumaktır. Böbrek üstü bezlerinizi dengeli ve güçlü kılmak için oradaki tavsiyelere uymalısınız.

İyileştirici Gıdalar

Yabani yaban mersini, ıspanak, kereviz, papaya, filiz, lahana, ahududu, böğürtlen, patates, kış kabağı, kişniş, muz, kavun, marul, domates, elma, salatalık ve kuşkonmaz; tip 2 diyabetiniz ya da hipogliseminiz varsa, en iyi yiyeceklerdir. Bunlar karaciğeri toksinlerden arındırma, glikoz seviyelerini güçlendirme, pankreası destekleme, adrenal bezleri güçlendirme ve insülini stabilize etme gibi işlevleri yerine getirir. Bu yiyeceklerden mümkün olduğunca fazlasını beslenme programınıza dahil edin.

Özellikle peynir, süt, krema, tereyağı, yumurta ve işlenmiş yağlar olmak üzere belirli yiyeceklerden de uzak durmaya özen gösterin. Genel yağ tüketiminizi düşük tutmaya çalışın. Ayrıca her türlü işlenmiş şekerden kaçının. Meyve, ham bal, hindistancevizi suyu ve saf akçaağaç şurubundakiler, doğal şeker kabul edilebilir.

Şifalı Bitkiler ve Takviyeler

Bunları uygulamadan önce Bölüm 21, "Takviyelere İlişkin Kritik Kılavuz"u okuduğunuzdan emin olun.

(Tip 1 ve tip 1.5 diyabetin gerçek nedenlerine ilişkin bilgiler için, *Cleanse to Heal* Medikal Medyum kitabına bakın.)

Diyabet (Tip 1, Tip 1.5 [LADA] ve Tip 2), Prediyabet, Hipoglisemi ve Kan Şekeri Dengesizliği için Takviyeler

- **Taze kereviz sapı suyu**: günde 946 ml'ye kadar
- **5-MTHF**: günde iki kez 1 kapsül
- **Amla meyvesi**: günde iki kez 2 çay kaşığı
- **Ashwagandha**: günde iki kez 1 damlalık
- **Arpa otu suyu tozu**: günde 2 çay kaşığı veya 6 kapsül
- **Chaga mantarı**: günde 2 çay kaşığı veya 6 kapsül
- **Glutatyon**: günde 1 kapsül
- **Hibiskus**: günde iki kez 1 fincan
- **Limon otu**: günde iki kez 2 damlalık veya 1 fincan çay
- **L-lisin**: günde iki kez 2 500 miligram kapsül
- **Yeni oluşan iyot**: günde 6 küçük damla (damlalık değil)
- **Isırgan yaprağı**: günde iki kez 2 damlalık veya 1 fincan
- **Kuşburnu**: günde iki kez 1 fincan
- **Schisandra meyvesi**: günde iki kez 1 fincan
- **Zerdeçal**: günde iki kez 2 kapsül
- **Spirulina**: günde 2 çay kaşığı veya 6 kapsül
- **B12 Vitamini (metilkobalaminli adenosilkobalamin olarak)**: günde iki kez 1 damlalık
- **Vitamin C (Micro-C olarak)**: günde iki kez 4 kapsül
- **Yabani yaban mersini tozu**: günde 1 yemek kaşığı
- **Çinko (sıvı çinko sülfat olarak)**: günde iki kez 1 damlaya kadar

HASTA DOSYASI:

ŞEKERE YENİ BİR BAKIŞ AÇISI GETİRMEK

2003

Onlu yaşlarının başında Morgan, duygusal iniş ve çıkışlar adını verdiği şeyle savaşıyordu. Annesi Kim, onun uzun zaman bir şey yemediğinde çok fazla gerildiğini ya da sebepsiz yere gözyaşlarına boğulduğunu gördü.

Kim, defalarca Morgan'ı aile hekimine götürdü ve kan şekeri değerlerini ölçtürdü ancak Morgan'ın A1C ve diğer testleri normal değerleri gösteriyordu. Doktor, Morgan'ın tutarsız davranışlarını, duygusal bir kız –hatta belki de bipolar- oluşunun belirtisi olarak gördü ve geçiştirdi.

Morgan yirmili yaşlarının başındayken Kim onu alternatif bir doktora götürdü ve doktor Morgan'ın hipoglisemik olduğunu söyledi. Bu doktor da ona, kesinlikle şeker ve diğer karbonhidratlardan uzak durması gerektiğini söyledi. Tam bir protein ve sebze diyetine girmesi gerekiyordu, kan şekerini dengede tutabilmek için kısa aralıklarla, azar azar yemeliydi.

Morgan başlarda bir düzelme hissetti. Kim'le birlikte, bunun, uyguladığı diyetten aynaklandığına inandılar ve yetişkinlik döneminin ilk yılları boyunca, Morgan birçok karbonhidrattan ve tüm işlenmiş şekerlerden uzak durdu. Doktorun tavsiye ettiği proteinlere yöneldi; yumurta, tavuk, hindi, peynir, balık, birkaç saatte bir fındık, domates ve salatalık içeren salatalar gibi... Tüm bunlar düşük karbonhidrat içerdikleri için seçilmişlerdi. Bu, Morgan'a kan şekerini düzeltme şansı ve enerji verdi.

Yirmili yaşlarının sonuna geldiğinde enerji seviyesi yine tutarsızlık göstermeye başladı. Sürekli gazı oluyordu, şişkinlik, kilo ve yorgunluk da hissediyordu. Egzersiz yaptıktan sonra büyük bir enerji kaybı yaşıyordu ve canı çok fazla şeker çekiyordu.

Morgan alternatif doktorun ofisinde kan verdi ve A1C testi sonuçlarına göre tip 2 diyabet hastasıydı. Bu bilgiyi bir anda kafasında bir yere oturtamadı. Son yedi yıldır neredeyse hiç şeker yemiyordu. Tüm paketleri, etiketleri okuyordu; protein ve kaçınılması gereken karbonhidratların avcısı olmuştu. Bunlar onu daha önce kurtarmıştı.

Kim olanları kuaförüne anlattı, ki o da benim hastalarımdan biriydi. Ona, Morgan'ın hastalığının temeline inebileceğimi söylemiş.

Morgan ve Kim'le yaptığımız telefon görüşmesinin ilk dakikasında Ruh bana Morgan'ın hipoglisemik olduğunu ve şimdi de teknik olarak tip 2 diyabet olduğunu söyledi.

"Bu nasıl olur?" diye sordu Morgan. "Kesinlikle şeker ve karbonhidrattan uzak duruyorum; her üç saatte bir protein alıyorum."

"Şeker sorun değil," dedim. "Mesele yağ. Maalesef, Morgan, yüksek-protein diyeti kisvesi altında yüksek-yağ diyeti sürdürmüşsün."

"Bana yalnızca protein yediğim söylendi," dedi Morgan. "Yağ neredeydi?"

"Hayvansal proteinin *içinde*," dedim ona. "Son yedi yıldır ana kalori kaynağın yağ, şeker ve karbonhidrat kalorilerinden uzak durmaya başladığından beri."

"Peki, doktorlar neden bunu bilmiyorlar?"

"Henüz öğrenmediler," dedim. "Yüksek-protein trendine kapılmış gidiyorlar."

Araya Kim girdi. "Neden bu besinler sadece yüksek- proteinli olarak adlandırılıyor. Yağdan niçin söz edilmiyor?"

"Çünkü 1930'larda bu şekilde pazarlandı. Yüksek-yağlı diye pazarlansalardı bu kadar yoğun ilgi görmezlerdi."

Morgan'ın karaciğeri ve pankreasını yoran hayvansal yağı açıkladım. "İlk başlarda iyi hissettin çünkü öğünlerinin arası açılmıyordu. Ayrıca yüksek-protein/yüksek-yağ karışımı böbrek üstü bezlerinin daha fazla çalışmasına sebep oluyor ve bu da enerji hormonlarını harekete geçiriyordu." Şimdi, yıllar ilerledikçe adrenal yorgunluğun tüm belirtilerini göstermeye başlamıştı, sindirim zorluğu çekiyordu çünkü pankreası ve karaciğeri tembelleşmişti. Bir de kilo almaya başladı tabii.

"Karaciğerin artık enerjiye dönüştürmek üzere glikoz depolayamıyor, böbrek üstü bezlerinde adrenalini azaltmış. Yeme alışkanlığını değiştirmeliyiz - hayvansal proteini akşam öğününe alarak düşürelim, süt ve yumurta yemek yok, meyvelerden de doğal şeker almaya başlamalısın. Ve şu içindeki karbonhidrat korkusunu da sıyırıp at. Muz, elma, hurma, üzüm, kavun, karpuz, mango, armut ve tüm taneli küçük meyveler (çilek, dut, böğürtlen...vb) sağlığında her türlü değişikliği yapacaktır. Dönüşümlü olarak fındık ve bir takım tohumlar yiyebilirsin ama günde bir avuç ve günde bir ya da iki kez olmak şartıyla."

Kim, tereddüt etti. "Bir diyabet hastasına hayatta ihtiyacı olan şeyin şeker olduğunu mu söylüyorsunuz?"

Bunu daha önce de defalarca duymuştum. "Sadece meyvelerde bulunan doğal şeker," dedim. Her ikisine de, eğer Morgan her iki saatte bir yemek yer ve (Bölüm 8: Adrenal Yorgunluk'ta anlattığım gibi) potasyum, sodyum ve şeker dengesini sağlayacak öğünlerle beslenirse harikalar yaratacağının garantisini verdim. Tüm meyve ve sebzelerin her biri de bu öğünlerin arasında harika atıştırmalık olacaklardı. Morgan'a önerdiğim iyileştirici besinler arasında kereviz, salatalık, hurma, elma, ceviz ve tohumlar sayılabilir.

İlk ay itibariyle son on yıldır bulamadığı bir enerji ve duygusal dengeye kavuştu. Kilosu düşüyordu, ilk kez arkasından yığılıp kalmadan egzersiz yapabiliyordu. Hurma, muz ve kerevizle geçen atıştırmalıklar en sevdiği iş sonrası yemeğine dönüşmüştü. Daha önceki tüm diyabet tavsiyelerinin mantığına ter düşse de yeni diyetiyle harika hissettiğini gördü ve canı sadece haftada bir kez hayvansal protein istiyordu.

Dört ay içinde Morgan tip 2 diyabeti def etti. Doktoru A1C testi sonuçlarını gördüğünde afalladı, her şey normale dönmüştü. Takip eden aylarda Morgan pankreasını, karaciğerini, böbrek üstü bezlerini yeniledi ve hayatını rayına oturttu.

8

ADRENAL YORGUNLUK

İç salgı bezleri sisteminin ana öğeleri böbreküstü bezleri dir. Küçük birer beze olan bu parçalar tam olarak böbreklerimizin üstünde yer almaktadır. Böbreküstü bezleriniz adrenalin, kortizol ve östrojen ve testosteron gibi seks hormonlarının üretimini düzenleyen hormonların yanı sıra bir dizi keşfedilmemiş hormon da dahil olmak üzere sağlığınız için kritik olan hormonlar üretir. Tıbbi araştırmalar ve bilim, böbreküstü bezlerin vücudumuzda gerçekte ne gibi bir rol oynadığını ve sağlığımızı nasıl etkilediğini anlamanın yalnızca başlangıç aşamalarındadır.

Böbreküstü bezlerini harekete geçiren şey strestir; bu, onların adrenalin gibi hormonları fazla fazla üretmesine sebep olur. Bu, kısa vadeli acil durumlar için hayat kurtarıcı bir mekanizmadır, çünkü ilave hormonlar kriz ne olursa olsun üstesinden gelmemize yardımcı olurlar.

Bununla birlikte, stres uzun bir süre devam ederse -örneğin, bir iflas, boşanma, ayrılık, ihanet, sevilen birinin ölümü veya başka bir şiddetli duygusal kargaşa nedeni yaşıyorsanız- böbreküstü bezleriniz sonunda sürekli "hiper sürücü"de olmaktan da yorgun düşer. Nispeten kısa bir süre içinde bile çok önemli miktarda strese maruz kalmak da adrenalleri aşırı derecede zorlayabilir; Yaygın bir örnek, muazzam miktarda adrenalin gerektiren doğumdur.

Aslında, tıp çevreleri, aşırı gergin böbreküstü bezlerin doğum sonrası yorgunluk ve depresyonun bir nedeni olduğunun farkında değiller; bu mücadeleler genellikle böbreküstü bezlerinin doğum sürecinden sonra o kadar bitkin hale gelmesinin sonucudur ki doğumdan sonra anneyi güçlü, canlı ve mutlu tutmak için doğru zamanda yeterli miktarda doğru hormonu üretme gücünü kaybederler.

Böbrek üstü bezleriniz aşırı yorulduğu zaman, sinirsel bir çöküşle eşdeğer bir şekilde, kararsız davranmaya başlarlar.

Kimi tıp doktorları, böbrek üstü bezleri kısmen zarar gördüğünde artık hormon üretmeyi bıraktıklarına inanıyor. Bu, böbrek üstü bezlerinin değişen duygu durumları ve çevre koşullarına anında tepki verebilme oyununda üstlendikleri rolü hafife almak olur. Aslında olan şey şudur: Her yeni karşılaşılan durum için doğru miktarda hormon üretmek işini son derece sakin bir şekilde yerine getirmek yerine, bitmiş-tükenmiş böbrek üstü bezleri ya çok az ya da çok fazla hormon üretmeye başlarlar –bu bipolar bozukluğu olan birinin ani duygu durumu değişikliklerine benzetilebilir.

Örneğin, kontrolden çıkmış adrenaller bir duruma çılgınca aşırı tepki verdiğinde ve sizi çok fazla adrenalinle doldurduğunda geçici bir depresyon nöbeti ortaya çıkabilir. Aşırı adrenalin, beyninizin nörotransmitter kimyasallarını yakabilir. Pek çok nörotransmiterden biri dopamindir. Tüm nörotransmitter kimyasal bileşikleri, kendinizi dengeli ve mutlu hissetmeniz için hayati öneme sahiptir, bu nedenle bunların eksikliği sizi depresif hissetmenize neden olabilir. Gerçek adrenal yorgunluğu karakterize eden şey, herhangi bir anda hem düşük hem de yüksek tarafta adrenal uçlar üreten bu değişken davranıştır.

Alternatif tıp doktorları, henüz kimi ayrıntılarını keşfedememiş olmalarına rağmen, adrenal yorgunluk hakkında böyle bir hastalığın *varlığını* kabul bile etmeyen ana akım doktorlara göre çok daha ileridedirler.

Gerçek şu ki, adrenal yorgunluk da ilk insandan beri bizlerle birlikteydi.

Değişen şey, hızlı tempolu ve stres dolu zamanlarımızın yanı sıra 20. yüzyılda başlayan patojen patlaması ve ayrıca yaygın olan toksik ağır metal maruziyeti sayesinde ne kadar yaygın hale gelmesidir. Hızlanma nedeniyle, yüzde 95'ten fazlası hayatımızda birçok kez adrenal yorgunluk yaşayacak.

ADRENAL YORGUNLUK BELİRTİLERİ

Eğer sizde adrenal yorgunluk varsa şu belirtilerden bir ya da birkaçını yaşıyorsunuz demektir: halsizlik, enerji kaybı, yoğunlaşamama, çabuk kafa karışıklığı, bir zamanlar kolaylıkla yerine getirdiğiniz görevleri şimdi tamamlayamama, kısık/çatallı ses, yetersiz sindirim, kabızlık, depresyon, insomnia (uykusuzluk hastalığı), uyku sonrası dinlenmemişlik hissi, gün boyu şekerlemeler (kısa süreli uyku). Bunun EBV gibi düşük dereceli bir viral enfeksiyona eşlik edebileceğini unutmayın; yani hem adrenal yorgunluk hem de viral semptomlar birleştirilebilir.

Adrenalin rüyalarda da önemli rol oynar (örneğin; rüya görürken böbrek üstü bezleriniz de uyarılır ve hormon salgılarlar), öyle ki adrenal yorgunluğun bazı uç örneklerinde hastalar akıl, ruh ve can sağlığı için ihtiyacı olan rüyaları bile göremezler. Çok etkili örneklerde ise hastalar o kadar yorgun hissederler ki yatak dışında en fazla günde iki saat geçirebilirler.

Yorgun böbrek üstü bezleri başka bezler ve organlar üzerinde de etkili olur. Örneğin; pankreasınız yetersiz adrenalin seviyesini telafi edebilmek için durmadan çalışmaktan iltihaplanabilir ve/veya büyüyebilir. Kalbiniz sıradışı kortizol ve kan şekeri seviyelerini dengede tutabilmek için daha sıkı çalışmak zorunda kalabilir. Eğer fazla kortizol beklenmedik bir anda hızla vücudunuza yayılarak karaciğerinizin glikoz, glikojen ve demir depolarına zarar verecek olursa, karaciğeriniz bunları yeniden üretebilmek için fazladan çabalamak zorunda kalacaktır. Ayrıca, ani kortizol baskınları karşısında merkezi sinir sisteminiz ve beyniniz dengesizleşebilir.

Aşırı az kortizol kendi yıkımına sebep olabilir. Kortizol tiroit depolama hormonu olan T4'ü kullanılabilir hormon olan T3'e dönüştürmek ve T3'ün hücrelerinize girip onları canlandırmasında hayati önem taşır. Böbrek üstü bezleriniz yetersiz çalıştığında hücresel bazda tiroit hormonu noksanlığı gerçekleşebilir. Bu durumda, normal olarak test edilen sağlıklı bir tiroidiniz olsa bile doktorların; kilo alma, depresyon, saç dökülmesi, kırılgan tırnaklar, pürüzlü veya inceltici cilt, üşüme hissi, dalgalanan kan şekeri, düşük dereceli viral enfeksiyon ve durgun, halsiz bir karaciğer ile birlikte düşük performans gösteren böbreküstü bezlerinden kaynaklanan sayısız başka sorun deneyimleyebilirsiniz.

Ayrıca kusursuz çalışan böbreküstü bezleri ancak işlevini yerine getiremeyen tiroit kombinasyonunda da aynı belirtiler görülebilir (Bölüm 6: Hipotiroidi ve Hashimoto Hastalığı'na bakınız). Ayrıca yine, Epstein-Barr ve zona gibi virüslerin ürettiği nörotoksinler sonucu merkezi sinir sisteminin şişmesinden kaynaklanan nörolojik yorgunluğa sahip olabilirsiniz. Enerji kaybının sayısız nedeni olduğundan, yalnızca bir semptom listesine dayanarak adrenal yorgunluğunuz olup olmadığını bilmek zordur. Neyse ki, arayabileceğiniz bazı ek ipuçları var.

ADRENAL YORGUNLUĞUN DİĞER İŞARETLERİ

Önceki bölümde açıklanan belirtilerden birkaçına sahipseniz ve durumunuz aşağıdaki senaryolardan iki veya daha fazlasına uyuyorsa, adrenal yorgunluğunuz çok olasıdır.

(Adrenal yorgunluğunuza neden olan rahatsız edici veya zorlayıcı koşullar azalır ve semptomlarınız hâlâ devam eder ve kronikleşirse, Bölüm 3, "Epstein-Barr Virüsü, Kronik Yorgunluk Sendromu ve Fibromiyalji"deki bilgileri göz önünde bulundurun. Toksik ağır metallerle birlikte altta yatan bir viral enfeksiyonla uğraşıyor olabilirsiniz.)

- Günün ilk yarısında ve/veya tüm gün bitkin durumdasınız. Normal bir uyku uyumuş olmanıza rağmen öğle yemeğine kadar uzanıp gözlerinizi kapatmak istiyorsunuz çünkü adrenal hormon yoksunluğu çekiyorsunuz.
- Gündüz işyerinde yorgunsunuz ancak akşam eve geldiğinizde daha enerjik oluyorsunuz. Böbrek üstü bezleriniz bütün gün işyerinde aniden stresli bir ortam oluşuverecek endişesiyle hormon depolarını tutar ve akşam eve, herhangi bir krizin yaşanmayacağı sakin ortama döndüğünüzde ise bu depoların kapakları açılır.
- Alışılmadık şekilde gece boyunca bitkin oluyorsunuz fakat bir türlü uyku tutmuyor. Uyuma eylemi, özellikle de REM evresine geçiş adrenal hormonlar sayesinde gerçekleşir. Eğer bu hormonların yoksunluğunu çekiyorsanız, insomnia (uykusuzluk hastalığı), tatmin etmeyen hafif uyku ve/veya rüyasız uykular yaşıyor olabilirsiniz.
- Tüm gece uyuduktan sonra bile dinlenmemiş hissediyorsunuz. Bir kez daha, REM evresi ve rüya görme için yeteri kadar adrenal hormonunuz yoksa geceniz tatmin

edici geçmez. Bir de bunun üstüne, düşük hormonlar sizi o kadar enerjiden mahrum bırakacak ki uyandığınızda bile kendinizi dinlenmiş hissedemeyeceksiniz.

- Çok sıradan işlerin ardından bile koltuk altlarınız durmadan terliyor. Bu, tüm endokrin sisteminin, yetersiz adrenalini telafi edebilmek adına fazladan çalışmasının sonucunda gerçekleşir.
- Sürekli susuzluk çekiyorsunuz ve susuzluğunuzu bir türlü dindiremiyorsunuz; sürekli ağzınız kuruyor ya da tuza içiniz gidiyor. Bu, kan dolaşımınızda oldukça fazla elektrolit olmasının ve merkezi sinir sisteminizin ani kortizol baskınları karşısında zarar görmüş olmasının bir sonucudur. Su, soda, kahve, alkol ve daha bir sürü içecek bu sorunu çözemez. Ancak doğru dengelenmiş sodyum, potasyum ve glikoz içeren içeceklerle -örneğin; hindistancevizi suyu, taze sıkılmış elma suyu, taze sıkılmış kereviz sapı suyu, kereviz-elma ya da kereviz-salatalık karışımı içeceklerle- elektrolitlerinizi tazelemeniz gerekmektedir.
- Bulanık görüş veya odaklanmada zorlanma. Bu, herhangi bir yeri susuz bırakma eğiliminde olan kortizol fazlalığının, gözlerin yakınında yer alan ve sabit hidrasyon (ıslaklık) ihtiyacı duyan bir ya da birkaç noktayı etkilemesi sonucu oluşur. Diğer belirtiler çökük göz ve/veya göz etrafında koyu renk halkalardır.
- Uyarıcılara karşı sürekli istek. Eğer devam ettiğiniz herhangi bir uyarıcıya sık sık ihtiyaç duyuyorsanız -örneğin; sigara, kahve, kafeinli soda, kek, kurabiye gibi şekerli atıştırmalıklar ya da hatta reçeteli ilaçların uyarıcı içerikleri, amfetamin gibi- içgüdüsel olarak eksik olan adrenal hormonlarınız yerine koyacak bir şey arıyorsunuz demektir. Bu uyarıcılar o an için sizi rahatlatmış gibi görünseler de etkileri geçtikten sonra daha büyük kayıplara yol açacaklardır. Ayrıca böbrek üstü bezlerinizi düzenli bir şekilde fazla çalışmaya ve tükenmeye zorlayarak bu uyarıcılar zaten işlevlerini yeterince yerine getiremeyen bu organları daha da beter bir duruma sokacaklardır.

ADRENAL YORGUNLUKTAN KURTULMAK

Günlük stresten kaçınmak kolay değildir. Hepimizin sorumlulukları ve yükümlülükleri var, bazıları hiçbir şekilde kaçınılamaz. Hepimizin finansal ihtiyaçlar, başkalarına bakma veya diğer sorumluluklar nedeniyle hayatımızı yaşama şeklimizde bir seçeneğimiz yok. Küçük şeyler bir böbreküstü bezlerinizi desteklemeye ve hatta iyileştirmeye yardımcı olurken uzun bir yol. Çok fazla uyumak, programınızı hafifletmek, daha yönetilebilir bir iş yükü oluşturmak veya yemek için en iyi seçeneklere odaklanmak gibi büyük şeyleri yapmak için ulaşılamıyorsa; Adrenallerinize verdiğiniz her desteğin, bu bezlere yardım etmek için çok şey ifade ettiğini bilin. Öyleyse, sağlığınızı daha fazla kontrol altında hissetmenize yardımcı olacak küçük adımlar için seçenekleri keşfedelim.

Atabileceğiniz bir adım, size adrenalin "patlaması" için tasarlanmış kafeinden kaçınmaktır. Kafein sizi geçici olarak iyi hissettirebilirken, uzun vadede adrenal bezlerinizi yakma riski taşır. Kahve içeceklerine, matcha çayına, çikolataya ve Kakao -tıbbi görünseler bile- adrenallerinizin iyileşmesine izin vermemenin kesin bir yoludur. Hayatınızda şu anda bir şeyi aşmanın tek yolunun kafein olması anlaşılabilir bir durumdur. Durum böyle değilse, tükettiğiniz kafein miktarını azaltmayı düşünün. Küçük beslenme değişiklikleri kolaylaştırabilir. Özellikle sabahları diyetinize glikoz getirmek (meyve harika bir glikoz kaynağıdır), size ihtiyacınız olan gücü ve enerjiyi vermek için gerçekten yardımcı olabilir. Ve tükettiğiniz yağ miktarını azalttığınızda (yine, özellikle sabahları), bu glikozdan en fazla enerjiyi alabilirsiniz - ayrıca adrenalleriniz de yenilenmeye başlayabilir. Glikoz, istenmeyen adrenalin üretimine giden bir kesme anahtarı gibidir; vücudunuzun her dakika adrenalinle çalışmasını engeller. Bunun yerine, glikozun kendisi size enerji verir; özellikle kan dolaşımındaki daha düşük yağlar, glikozun hücrelerinize en verimli şekilde iletilebileceği anlamına geldiğinde.

Adrenallerinizdeki bir diğer zorlanma da güçlü duygulardır. Bu, tüm güçlü duygulardan kaçınmanız gerektiği anlamına gelmez. Örneğin, eğer aşırı sevinç hissederek, adrenalleriniz vücudunuz için iyi olan ve bezlere aşırı yüklenmeyen bir hormon üretecektir. Ancak korku hissediyorsanız, böbreküstü bezlerinizin zamanla hem bezleri hem de vücudunuzun diğer hayati kısımlarını yıpratabilecek bir tür adrenalin üretecektir.

"Bazı duyguların beden için diğerlerinden daha iyi olması nasıl mümkün olabilir? Adrenal bezlerim herhangi bir duyguya tepki olarak aynı adrenalini salgılamıyor mu?" Tıp çevreleri buna inanıyor ve yanılıyor. Gerçek şu ki, böbreküstü bezleriniz farklı duygu ve durumlara tepki olarak 56 farklı karışım üretir. Daha spesifik olarak, günlük durumlara hitap eden 36 çeşit adrenalin üretirler (örneğin, korkmak, bir yabancıyla konuşmak, hızlı yürümek, bağırsaklarınızı hareket ettirmek, suda banyo yapmak/yüzmek, rüya görmek) ve daha az yaygın senaryolar için (örneğin, yola çıkmakayrılık, doğum, fiziksel bir saldırıyla savaşma, araba kazası geçirme, ölümün yasını tutma yoluyla) 20 çeşit adrenalin üretirler.

Genel bir kural olarak, eğer bir şey sizi duygusal olarak kötü hissettiriyorsa, muhtemelen vücudunuza zarar veriyordur ve halihazırda yaşadığınız bazı semptomları tetikleyebilir. Örneğin, migrenle uğraşan biriyseniz, yoğun duygusal stres tetikleyici olabilir. Migreninizin nedeni bu olmasa da, erken migreni tetikleyebilir. Duygusal gerginlik devam ederse, adrenal bezlerinize de baskı yapıyor demektir. Bu yüzden ideal olarak korku, endişe, öfke, nefret, suçluluk ve utanç gibi zorlayıcı veya zor duyguların onları bastırmak veya onlarla meşgul olmak yerine ortaya çıkmasına ve geçmesine izin vermek istersiniz.

Acı veren duygulardan uzaklaşıp neşeli olanlara dönmek, söylemekten çok daha kolay. Duygusal destek için Bölüm 24, "Ruh İyileştirme Meditasyonları ve Teknikleri" ve Bölüm 25, "Temel Melekler"de bir dizi öneri bulacaksınız. Bu bölümler aynı zamanda, hayat her şeyi bir anda karşınıza çıkarıyor gibi göründüğünde uygulayabileceğiniz ruhsal denge egzersizlerini de içerir.

ADRENAL YORGUNLUĞU ELE ALMAK

Bu bölümde daha önce açıklanan semptomları ve senaryoları göz önünde bulundurursanız, adrenal yorgunluğunuz olduğuna inanmanıza neden oluyorsa, umutsuzluğa kapılmayın. Yukarıdaki önerilere ek olarak, adrenallerinizi iyileştirmek ve onları en iyi güçlerine döndürmek için aşağıda ve Bölüm IV'te açıklandığı gibi birkaç somut adım atabilirsiniz.

Medikal Medyum bilgilerini öğrenmeyi ve bu araçları sizin için çalışan bir protokol oluşturacak şekilde özelleştirmeyi taahhüt ederseniz, sonuçları göreceksiniz. Sayısız insan bu kitaptaki bilgileri iyileştirmek için kullandı. Bazıları çok kısa sürede iyileşir; bazıları daha uzun sürebilir. Kişisel zaman çizelgeniz, kısmen bu bilgilerin ne kadarını şu anda kullanabildiğinize ve başladığınızda hangi durumda olduğunuza bağlıdır. Bu zaman aralığını etkileyebilecek diğer faktörler arasında genel sağlığınız ve hayatınızda neler olup bittiği yer alır - örneğin, böbreküstü bezlerinizi zorlamaya devam eden bir kriz durumundaysanız, iyileşmek için çok daha fazla zamana ihtiyacınız olacaktır. Ve yine, adrenal yorgunluğunuz devam ederse, Bölüm 3, "Epstein-Barr Virüsü, Kronik Yorgunluk Sendromu ve Fibromiyalji"deki bilgileri göz önünde bulundurun, çünkü yorgunluğa ve diğer semptomlara neden olan düşük dereceli bir viral enfeksiyonla uğraşıyor olabilirsiniz.

Adım adım gidin. Şimdilik elinizden geleni yapın. Birazı bile önemlidir -yol kat eder. Burada yalnızca bir veya iki yol deneyebilirseniz, elbette, en azından bazı iyileştirmeler yapabilmeniz veya durumunuzun daha da kötüye gitmesini önleyebilmeniz için bunlara bağlı kalın. Kendinizi daha ileri götürmeniz gerektiğini fark ederseniz, bu bilgi burada sizi bekliyor olacak -böylece kendinizi gitmeniz gereken yere kadar götürebilirsiniz.

Ne kadar uzun sürerse sürsün, iyileşme yoluna ne kadar erken başlarsanız, o kadar çabuk daha iyi hissetmeye ve böbreküstü bezlerinizi sağlığa kavuşturmaya başlarsınız.

Vücudunuz Sizin Tarafınızda

Böbreküstü bezleriniz birbirini destekler. Birbirlerine yaslanırlar. Bunun nedeni, böbreküstü bezlerinizin asla tam olarak eşit derecede zayıflamamasıdır. Biri her zaman diğerinden biraz daha riskli veya hassastır. Bu, kişinin her zaman biraz daha güçlü olduğu anlamına gelir.

Bir adrenal bez eksik olduğunda, diğeri gevşekliği alır. Örneğin, bir böbreküstü bezi daha hızlı zayıflıyorsa, daha güçlü olan bunu telafi edecek ve böylece daha zayıf olan bezin iyileşme şansı olacaktır -daha güçlü olan bez bir gün zayıflamaya başlarsa, diğer bezin ihtiyaç anında yardım edebilecek bir konumda olmasını umarız. Bu, tıbbi araştırma ve bilim tarafından keşfedilmemiş endokrin sistemimizin yerleşik bir mekanizmasıdır.

Ne zaman, örneğin bir ihanet veya trajedi nedeniyle duygusal olarak zorlansak, ruhun beynin duygusal merkezinde belirli bir yerde bulunan bölgesi, bir adrenal bezine diğerinden daha fazla adrenalin salması için sinyal gönderir.

Zorlu bir durumda sol adrenalinizin mi yoksa sağ adrenalinizin mi daha çok kullanıldığını belirleyen şey budur. Bu, her iki adrenalin aynı anda büyük miktarlarda adrenalini boşaltmak için çağrılmasını engelleyen vücudumuzun doğal bir savunma mekanizmasıdır.

(Kafein bu savunma mekanizması etrafında çalışır. Aynı anda iki böbrek üstü bezini de uyarır.)

İyileşmek için çalışırken, vücudunuzun yanınızda olduğunu hatırlamanız çok yardımcı olabilir. Vücudunuzun doğuştan gelen bir zayıflığına veya başarısızlığına karşı savaşmıyorsunuz. Vücudunuzun her zaman sizi kollayan doğal, onarıcı mekanizmalarıyla çalışıyorsunuz. Duygusal denemelerle karşı karşıya olduğumuzda bile, bizi destekleyen ve koruyan bir sistemimiz var.

Harici Kortizol: Yalnızca Acil Durumlar İçin

Eğer bir bunalım, bir kriz durumundaysanız, kortizol içeren bir ilaç almak çabuk bir iyileşme şansı gibi görünebilir. Bu ilaçlar, yetersiz böbreküstü bezleriniz tarafından üretilemeyen hormonların yerine vücudunuza tazladan hormon takviyesi yapacaktır.

Bu, doktorların tedavi seçeneği olmasına rağmen ideal çözüm değildir, çünkü vücudunuz gün boyunca karşılaştığı onlarca farklı durum için böbreküstü bezlerinizin ürettiği farklı hormonlara ihtiyaç duyacaktır. Sabahları bir ilaç yutmak, böbrek üstü bezlerinizin her an aktif bir şekilde vücudunuzun ihtiyaçlarına karşılık vermesiyle kıyaslanacak bir şey değildir.

Ayrıca kortizol ilacı, bağışıklık sisteminizi uykulu ve uysal hale getiren ve sizi bir dizi başka soruna karşı daha duyarlı hale getiren bir bağışıklık bastırıcıdır.

Bu nedenle ilaç tedavisi, en iyi ihtimalle, sizi tekrar işlevsel hale getirmek için geçici bir çözümdür. . . ve takip eden teknikleri kullanarak adrenal bezlerinizi düzgün bir şekilde iyileştirmek için size zaman kazandırır.

Bir Buçuk ila İki Saatte Bir Atıştırın

Çoğumuz, araları uzun olan, nispeten ağır üç öğün yemek yiyoruz. Bu adrenal bezler için zordur, çünkü yemekten bir buçuk ila iki saat sonra kan dolaşımınızdaki glikoz azalır, bu da tükettiğiniz şekerlerin bittiği anlamına gelir. Kan şekeriniz düştüğünde, adrenal bezleriniz sizi "koşmaya" devam etmek için hormon karışımları üretmeye zorlanır. Bu, uzun süreler boyunca sık sık yemek yemezseniz, adrenallerinizi sabit bir baskı altına soktuğunuz ve onlara iyileşme şansı vermediğiniz anlamına gelir.

[illegible] adrenal bezlerinizi iyileştirmeni [illegible] ika ila iki saatte bir ha[illegible] yemektir. (Bu, özellik [illegible] arr Virüsü, Kronik Y[illegible] ibromiyalji"de bahs[illegible] tsızlıklar veya nörol[illegible] ele ediyorsanız faydalıdır.)

Başka bir deyişle, yiyeceklere otlatma yaklaşımı kullanın. Bunu bilmek çok önemlidir - çünkü şu anda diyet trendleri insanları tersine yönlenriyor. Öğün atlama modasını takip etmek, adrenal yorgunluğunuzu iyileştirme fırsatını elinizden alacaktır.

Örneğin, aralıklı oruç tutma eğilimi, insanları yarım gün veya daha uzun süre yemeklerden kaçınmaya yönlendirir. Aralıklı oruç tutanlar, onlara daha fazla enerji verdiğini iddia eder. Gerçek şu ki, çoğu aralıklı oruçlu, öğünlerdeki enerjiyi değiştirmek için kafeinli içecekler tüketir. Kafeini çıkarırsanız, düşük kan şekerine sahip olmanın gerçek etkilerini hissedersiniz ve bu, enerjiye sahip olmanın tam tersidir. Eğer biri kafeinsiz oruç tutarken enerjiye sahipse, bunun nedeni mineral tuzları ve glikozu çok uzun süre uzak tuttuğunuzda, adrenalinizin devreye girmesi ve gün boyunca size güç vermek için vücudunuzun savunma mekanizması olarak kan şekerini doldurmak için adrenalin salgılamasıdır. Bu anlık enerji hissi, yolun aşağısında sizi etkileyebilecek adrenal bezlerinizdeki baskı pahasına gelir. Aralıklı orucun geçici faydalar sağlayabilmesinin gerçek nedeni, varsayılan olarak, sabahları ve hatta günün çoğunda yağ oranı yüksek gıdalardan (radikal yağlar dediğim) kaçınan insanlara sahip olmasıdır. Sabahları yumurta, domuz pastırması, peynir, tereyağı, süt, et, avokado, fındık ezmesi ve yağ gibi bu yiyeceklerden kaçınmak çok yardımcı olabilir. Bu, düzgün yapıldığı anlamına gelmez. *Cleanse to Heal*'den aralıklı oruç hakkında daha fazla bilgi edinin.

Atıştırma tekniği işe yarar çünkü sık öğünler kan şekerinizi gün boyunca sabit tutar ve glikozunuz olduğu sürece düşmez, adrenal bezleriniz müdahale etmek zorunda değildir. Adrenal bezlerinize çok fazla dinlenme vermek, kendilerini iyileştirmeye ve iyileştirmeye enerji ayırmalarını sağlar.

Öğünlerinizin her biri ideal olarak bir potasyum, sodyum ve şeker dengesi içermelidir. Burada meyvelerden elde edilen doğal şekerlerden bahsettiğimizi anlayın; sofra şekeri veya süt ürünlerinde bulunan şeker olan laktozdan farklı olarak, kritik eser mineraller ve besin maddeleri içeren tür…

Böbreküstü bezlerini iyileştirebilecek bazı örnekler şunlardır:

- Bir hurma (potasyum), iki kereviz sapı (sodyum) ve bir elma (şeker)
- Bir muz (potasyum), ıspanak (sodyum) ve bir portakal (şeker)
- Bir tatlı patates (potasyum), maydanoz (sodyum) ve domates (şeker)

Açık olmak gerekirse, daha büyük öğünler yiyebilirsiniz. Yukarıdaki örneklerin kahvaltı, öğle yemeği ve akşam yemeğinizin yerini alması gerekmez; bunun yerine, daha büyük öğünler arasında kan şekeri seviyenizi sabit tutmaya hizmet edebilirler. Ya da bir şeyler atıştıramıyorsanız, öğünler arasında kendinizi tutmak için hindistancevizi suyuna (pembe veya kırmızı değil) veya çiğ ballı limon suyuna dönebilirsiniz.

Ayrıca bu seçeneklerden herhangi birine odaklanabilir ve özellikle sabahları daha büyük öğünler yemeyebilirsiniz. Güne limonlu su (473ml ila 946ml) ile başlamak ve 15 ila 30 dakika sonra kereviz sapı suyu (473ml ila 946ml) ile başlamak çok yardımcı bir tekniktir çünkü hem limon hem de kereviz, adrenallerinizi hareket halindeyken desteklemek için yüksek dozda mineral tuzlar sağlar. (Kereviz sapı suyuna limon sıkmamayı unutmayınız. Limonlu su ve kereviz sapı suyunu ayrı ayrı içiniz.)

23. Bölümdeki meyveli smoothie seçenekleri de destekleyicidir. Örneğin Ağır Metal Detoks Smoothie, böbreküstü bezlerinizi desteklemek için potasyum, sodyum, doğal şeker ve eser minerallerin yararlı bir kombinasyonunu sağlar.

Sık sık hafif yemekler yemenin ötesinde, böbreküstü bezlerinizi eski haline getirmek için yiyebileceğiniz belirli yiyecekler vardır.

Faydalı Gıdalar

Bazı meyveler, yapraklı yeşillikler, otlar, yabani yiyecekler ve sebzeler, sinir sistemini güçlendirerek, antiviral ve antibakteriyel bileşikleri nedeniyle iltihabı azaltarak, stresi azaltarak ve adrenal fonksiyon için kritik besinler sağlayarak adrenal bezlerinizi korumaya veya iyileşmelerini hızlandırmaya yardımcı olur. Aşağıdakiler, adrenal yorgunluğundan kurtulmak için yenebilecek en iyi yiyecekler arasındadır: Brüksel lahanası, kuşkonmaz, yaban mersini, muz, patates, papaya, domates, mango, kişniş, ıspanak, sarımsak, brokoli, kıvırcık lahana, ahududu, böğürtlen, marul ve kırmızı elma. Bu yiyecekleri mümkün olduğunca beslenmenize dahil edin.

Ne Yenmemeli

Hafif adrenal yorgunluğunuz varsa, bu bölümdeki diğer tavsiyeleri takip edebilirsiniz. Orta ila şiddetli bir vakalarda, bununla birlikte, güçlenene kadar, muhtemelen böbreküstü bezlerinizi zorlayan ve iyileşmelerini yavaşlatan yiyecekleri kesmek gibi geçici bir ekstra adım atmanız gerekecektir. Lütfen birçok diyet uzmanının yağ oranı yüksek yiyecekler yemeyi önerdiğini unutmayın; bitkisel, hayvansal veya her ikisi. Bunun nedeni ya yağsız proteinde bile ne kadar yağın saklanabileceğinin farkında olmamaları ya da yağ içeriğinin iyi bir şey olduğunu düşünmeleridir. Bu protein tavsiyesi çok inandırıcı görünebilir, bu yüzden dikkatli olun; herkes için kötüdür ve özellikle adrenal yorgunluğunuz varsa sağlıksızdır. Yüksek yağ, pankreasınızı ve karaciğerinizi zorlar ve sonunda insülin direnci oluşturarak vücudunuzun sabit bir glikoz seviyesini korumasını zorlaştırır; bu da, adrenal bezleriniz telafi etmek için hormon karışımları üretmeye çalışırken büyük bir baskı yaratır. Bitki bazlı veya vegansanız, bu size bağışıklık kazandırmaz. Diyetiniz çoğunlukla avokado, badem yağı, fıstık ezmesi, kuruyemişler, tohumlar, soya, hindistancevizi yağı ve diğer sağlıklı yağlar gibi yağ oranı yüksek gıdalardan oluşuyorsa, yine de pankreasınız ve karaciğeriniz üzerinde bir baskı oluşturur.

Diyet uzmanları ayrıca insanlara karbonhidratları diyetlerinden çıkarmaları konusunda tavsiyelerde bulunur. Bu da iyi değildir ve strese neden olabilir, çünkü vücudunuzun enerji için karbonhidrata ihtiyacı vardır. Bu diyet trendlerini takip etmek sizi yavaşlatacak ve adrenal yorgunluğunuzu iyileştirmenizi engelleyecektir.

Belirli yiyeceklerin sağlığımız üzerindeki etkileri hakkında daha fazla bilgi için 19. Bölüme bakın, "Ne Yenmemeli". Özellikle yorgunluğunuza ve diğer semptomlarınıza katkıda bulunan düşük dereceli bir viral enfeksiyonla uğraşıyorsanız, virüsleri besleyen yiyecekleri diyetinizden çıkarmaya hazır hissedebilirsiniz.

Şifalı Bitkiler ve Takviyeler

Bunları uygulamadan önce Bölüm 21, "Takviyelere İlişkin Kritik Kılavuz"u okuduğunuzdan emin olun.

Adrenal Sorunlar için Takviyeler

- **Taze kereviz sapı suyu**: günde 946 ml'ye kadar, daha sonra mümkünse günde 1892 ml'ye kadar çıkarın
- **Celeryforce**: günde iki kez 3 kapsül
- **Amla meyvesi**: günde iki kez 1 çay kaşığı
- **Ashwagandha**: günde iki kez 1 damlalık

- **B kompleksi**: günde 1 kapsül
- **Hindiba kökü**: günde 1 fincan
- **Hibiskus**: günde 1 fincan
- **Melisa**: günde iki kez 2 damlalık
- **Meyan kökü**: günde iki kez 10 küçük damla (damlalık değil) (iki hafta devam, iki hafta ara)
- **Magnezyum glisinat**: günde iki kez 2 kapsül
- **Isırgan yaprağı**: günde iki kez 1 damlalık
- **Schisandra meyvesi**: günde 1 fincan
- **Spirulina**: günde 2 çay kaşığı veya 6 kapsül
- **B12 Vitamini (metilkobalaminli adenosilkobalamin olarak)**: günde iki kez 1 damlalık
- **Vitamin C (Micro-C olarak)**: günde iki kez 4 kapsül
- **Çinko (sıvı çinko sülfat olarak)**: günde iki kez 1 damlalık kadar

HASTA DOSYASI:
HAYVANSAL YAĞ YORDU, MEYVE İYİLEŞTİRDİ
2001

35 yaşındaki Mary, sürekli yorgun olduğu gerekçesiyle doktora gitti. Ne kadar dinlenirse dinlensin, yorgunluğunu atamıyordu. Çalıştığı nakliye şirketinde hiçbir zaman kendini dinç ve zinde hissedemiyordu. Doktoru birkaç test yapılmasını istedi ve sonuçlar geldikten sonra Mary'yi aradı. "Her şey yolunda," dedi. "Biraz fazla çalışmışsın. Tatile çıktıktan sonra kendini toparlarsın."

Ancak yorgunluğu geçmedi ve Yeni Yıl'da da artmaya devam etti. Mary bir bütünleyici tıp doktoruna başvurdu, o da adrenal yorgunluk teşhisi koydu. Haklıydı. Ancak yine de birçok takviye gıdanın bulunduğu bir beslenme listesi önerdi ve günde bir yeşil elma ile taneli küçük meyveler (çilek, dut, böğürtlen...vb) dışında tüm karbonhidratlardan uzak durmasını söyledi. Her birinde hayvansal protein ve çeşitli sebzelerin yer aldığı 3 öğünle beslenmekteydi.

İlk başta Mary bir enerji patlaması hissetti ve iyileştiğini sandı. Aslında olansa şuydu: Diyetindeki yetersiz şekerle kan dolaşımındaki düşük glikoz seviyesini telafi etmek için zaten yorgun olan böbrek üstü bezleri şimdi fazladan çalışarak adrenalin üretmek durumundaydı. Ayrıca -doğal olarak yağ içeren- hayvansal proteini günde üç kez yemek Mary'nin karaciğeri ve pankreasına yük bindiriyor ve her şeyi dengede tutmak için böbrek üstü bezlerini hormon salgılamaları konusunda zorluyordu. Bu, vücudun gerçekten neye ihtiyacı olduğunu ve nasıl çalıştığını bilemeyen moda bir diyetin neden olduğu riske bir örnektir.

30 gün böyle beslendikten sonra Mary enerjisinde hissedilir bir azalma olduğunu fark etti. Yorgunluk eskisinden de beterdi, öyle ki çalışmak için adeta her gün sürükleniyor

gibiydi. Bunun yanında dayanılmaz bir şeker açlığı hissediyordu, otomat makinelerinden işlenmiş karbonhidrat ve tatlılar satın almaya başladı. Kan dolaşımında yüksek oranda hayvansal yağ ile birleşen şeker insülin direncini tetikledi. Artık böbrek üstü bezleri daha fazla adrenalin salgılıyor ve neredeyse tamamen tükenme raddesine geliyorlardı.

Bu noktada, Mary'nin çalıştığı şirkette staj yapan biri annesine nasıl yardımcı olduğumu anlatmış ve Mary beni aradı. Derhal hayvansal yağları diyetinden çıkardık ve onu günde üç öğün yemekten iki saatte bir otlatma tekniğine geçirdik. Bu, glikoz seviyelerini aktif ve sabit tuttu ve insülin direncine son verdi. Ayrıca sodyum açısından zengin bitkiler ve sebzeler, potasyum açısından zengin meyveler ve protein açısından zengin yapraklı yeşillikler ile diyetine denge getirdik.

Çok kısa bir sürede Mary ilk doktora gittiği zamanki durumuna döndü. Bir ay içerisinde kendini yeniden işe yarar hissetmeye başlamıştı.

Ve bir yıl içinde tekrar enerji dolmuştu.

Son zamanlar onu gördüğümde, şirkette çalışan başka insanlarda da kan şekeriyle ilgili yorgunluk belirtileri gördüğünü anlattı. Bunun üzerine Mary ve stajyer, iş arkadaşlarına öğleden sonra atıştırmalıkları hazırlamaya başlamışlar ve gittikçe de tutulan bir şey olmuş bu. Hâlâ atıştırmayı çok sevdiğini ve Ruh'un önerdiği biçimde beslenmekten memnun olduğunu ve çok özel durumlar dışında iyileştirici diyetine devam ettiğini söylüyor.

9

CANDİDA

Candida teşhisi, geleneksel tıbbın tamamen inkârda olduğu bir zamanda ortaya çıkmıştır. 1980'lerin ortalarıydı -kronik hastalıkların Karanlık Çağı- ve medikal model, kadınların sağlıkla ilgili kaygılarını, hormon takviyesi tedavisi ve antidepresanlar dışında tasdik etmiyordu. On binlerce kadın seslerinin duyulmadığını hissediyorlardı, bıkkınlardı.

Bu arada alternatif tıp hareketi bir dönüm noktasına gelmişti. Giderek daha fazla alternatif doktor ve şifacı, uygulamaları başlatıyor veya mevcut olanlara katılıyordu. Bu, geleneksel ve alternatif doktorların keskin bir şekilde ayrıldığı bir dönemdi. Geleneksel bir uygulamada çalışan bir natüropat veya holistik bir doktor bulamazsınız. Bu aynı zamanda alternatif tıbbın konvansiyonellere ait olmadığı bir dönemdi. Alternatif kendi başınaydı; geleneksel tıp henüz alternatiflere sızmamıştı. Artık Truva atı yaklaşımlarının geleneksel düşünceyi alternatif tıbba soktuğu bir çağdayız. Alternatif tıbbın çoğu geleneksel tıbbın işini yaparken, geleneksel ve alternatif tıp artık neredeyse bir ve aynıdır. Bu, alternatif tıbbın kutunun dışında düşünme yeteneğinin çoğunu elinden aldı. 1980'lerde, alternatif doktorlar hâlâ bağımsızdı ve geleneksel tıbbı geride bırakmaya hazır hissediyorlardı -bilgilerini kanıtlayabilmek için dişlerini geçirek bir şeye ihtiyaçları vardı.

Düzenli gittikleri doktorlardan hayal kırıklığına uğramış birçok kadın alternatif doktorların bekleme odalarını doldurmaya başladı. Sorun şuydu, doktorlar neyin yanlış gittiğini bilemiyorlardı -aslında kadınların *bir şeylerden* şikâyetçi olduklarına da inanmıyorlardı. Bu, 80'lerin ortasından 90'ların başına uzanan büyük uyanıştı. Kadınların sağlıkla ilgili kaygıları ciddiye alınıyordu. Önemli bir zaman dilimiydi ve takdir edilmesi gerekiyordu, tıpkı kadınların oy hakkı gibi. Ancak kadınların hayatındaki bu önemli değişiklik tarih kitaplarına geçmedi.

Bu açıdan, hormon hareketi büyük bir etki yarattı. Geleneksel tıp camiası için menopoz veya perimenopozla ilgili her şeyi ya da herhangi bir şeyi suçlamak iyi yapılandırılmış bir uygulamaydı. Alternatif doktorlar hastalara gizemli belirtilerle tanı koyarken henüz daha hormon treninde değillerdi. Başka bir şeyin oyun oynadığından şüpheleniyorlardı.

Alternatif tıp çevreleri *Candida* mantarına sarıldı. Onlarca yıldır geleneksel tıbbın çare bulamadığı kadınlar için bu taze bir nefes anlamına gelebilirdi. *Candida* demek, *sonunda neden herkesin kendini iyi hissetmediğini bulduk* demekti. Yanlıştı ancak yine de şaşırtıcı bir atılımdı.

Bir Naturopath, chiropractor, akupunkturist veya bitki uzmanının ofisinde oturup *Candida* olduğunu öğrenen bir kadın onaylanmanın mutluluğunu yaşıyordu. "Bir şeyler yüzünden *hastasınız.*" (Unutmayın, bu uygulayıcıları bulmak hâlâ nadir görülen bir olaydı. Her köşede bir tane yoktu ve genellikle sigorta kapsamında değillerdi.) Doktor, suçlu olarak yaşam tarzını işaret ederken, hâlâ bir yan suçlama alıyordu, ama her şey çok mantıklı görünüyordu. Doktorun kızarmış ve işlenmiş gıdaları ve zengin tatlıları kesme talimatlarını uyguladığı için sağlığında bir miktar iyileşme bile hissedebilirdi. O zamanki endişe gluten değildi. Bunun yerine, odak noktası daha çok "beyaz yiyecekler" -besinlerinden arındırılmış ve genellikle hırpalanmış ve yağda kızartılmış yiyeceklerdi.

1990'ların sonunda, Candida teşhisinin popülaritesi, kısmen geleneksel tıbbın hasta kaybetmesi ve itibarının zayıflamaya başlaması nedeniyle, alternatif tıp dünyasından geleneksel tıp dünyasına yayıldı. Artık teşhis ana akımdı ve birine "İşte bu yüzden hastasın" demenin en kolay yollarından biriydi.

Kadınlar Candida tedavisi gördüklerinde gerçekten iyileşiyorlar mı? Hayır. Ve şekersiz, ancak yüksek yağlı ve sert tavsiye edilen diyet protein sadece geçici bir rahatlama sağlar. . . ve daha sonra geri teper.

Aslında *Candida* çağımızın en olmadık yere iftira atılan mayası oldu. *Hepimizde Candida* var, bağırsak yolunda bulunuyor ve gıdaların sindirilip emilmesine yardımcı oluyor. *Candida* tarafından kurşun yağmuruna tutulup, yine de sağlıklı olabilmek mümkün. Seviyesi yüksek olan ve ne isterse onu yiyip içebilen birçok insan var; ne bir yorgunluk belirtisi gösteriyorlar ne de midelerinden bir şikâyetleri var. Genel anlamda *Candida* kendi başına zararsızdır.

Tıp toplulukları tarafından henüz tam olarak anlaşılmayan şey, Candida'nın gerçek soruna neden olan virüsler ve bakteriler gibi hastalık ve organizmaların sık görülen bir arkadaşı veya zararsız bir kofaktörü olduğudur. Bunlara Lyme hastalığı, zona, EBV, herpes, C. difficile, Streptococcus, H. pylori, diyabet, MS, HHV-6, sitomegalovirüs ve daha birçokları dahildir.

Örneğin, Lyme hastalığı semptomlarınız varsa (bkz. Bölüm 16), bunları tetikleyen koşullar (örneğin, antibiyotikler, baş belası yiyecekler, uykusuzluk, yoğun stres, korku) - artı semptomlardan sorumlu viral enfeksiyon - muhtemelen Candida için daha yüksek bir üreme oranı ile sonuçlanır. Herhangi bir viral ve/veya bakteriyel enfeksiyon türü, Candida testinin pozitif çıkmasını daha olası kılar. Ve bir testte ortaya çıkıp çıkmadığına bakılmaksızın, genellikle Candida'nın problem olduğu öne sürülür. Candida için yapılan testlerin hâlâ yanılabilir ve sonuçsuz olduğunu unutmayın. Tahmin oyun sisteminin bir parçasıdırlar. Test pozitif çıkmasa bile Candida'nız olabilir çünkü hepimizde Candida var. Candida'nın hangi seviyede olduğu bu bölümdeki faktörlere bağlıdır. Yine de, ne kadar Candida'ya sahip olursanız olun, vücudunuzda uzlaşmaya neden olan şey bu faydalı mantar değildir; diğer her şey.

Candida'yı suçlamak elçiyi vurmaya benzer. Yüksek seviyede *Candida* artışı araştırmayı gerektiren bir gösterge olabilir ancak yine de problem *Candida*'nın kendisi değildir.

Yine de doktorların Candida'yı tespit etmek için bir avuç test kullanmaları nispeten kolayken; fibromiyalji, MS, Alzheimer, demans, İYE, belirli adrenal yorgunluk türleri, kronik yorgunluk sendromu, lupus, romatoid artrit, Lyme hastalığı, tiroit hastalığı, ince bağırsakta aşırı bakteri üremesi (SIBO), egzama, sedef hastalığı ve tıp camiasının henüz cevapları olmayan diğer birçok hastalığın arkasındaki gerçek suçluları tespit etmesi şu anda neredeyse imkansız. Candida uygun bir günah keçisi oldu ve bugün de öyle.

CANDİDA HAKKINDA GERÇEKLER

Candida'yla ilgili tıp camiasında on yıllarca süren modanın etkisiyle ve yanlış bilgilendirmeye bağlı olarak bir dizi absürt görüş belirdi. Bundan sonraki başlıkları okurken ufkunuzu geniş tutmalısınız, çünkü bu görece zararsız mantarla ilgili bugüne kadar uyduklarınıza tamamen ters şeyler okuyacaksınız.

Nadir Vakayı Tanımak

Birisi bir virüs veya bakteri türüne bulaştığında; şiddetli veya hafif, yorgunluk ve ateş geliştirdiğinde, yararlı mantar Candida kişinin semptomlarının suçunu üstlenebilir. Candida'nın ciddi bir durumun nedeni olduğuna inanılan durumlarda, gerçekte olan şey, hasta olan kişinin tamamen farklı bir nedenden muzdarip olmasıdır: viral veya bakteriyel enfeksiyon. Candida genellikle doğal olarak o kişinin lehine çalışmak için yükselir; desteklemeye çalışmak, incitmemek veya engellememek. Candida'nın kayda değer bir zarar verdiği görülen bu vakaların yüzde 0,1'den daha azında, doktorlar mantarın kontrolden çıktığına inanma eğilimindedir ve haftalar ila aylar arasında değişen, kronik ve uzun süreli olabilen orta ila yüksek bir ateş oluşturur. . Gerçekte, ateşe, yorgunluğa ve daha fazlasına neden olan viral veya bakteriyel enfeksiyondur. Klinik kan çalışması, kan dolaşımında yüksek düzeyde Candida gösterebilir. Bu gerçek bir Candida vakası olsa da, sadece semptomların gerçek nedeni olan yaygın bir bakteriyel enfeksiyon veya akut viral enfeksiyon olduğu anlamına gelir. Candida'nın "patlayacağı" ve aşırı derecede çoğalacağı tek zaman budur. Bu gerçek Candida vakaları tipik olarak ameliyat sonrası komplikasyonlardan kaynaklanır ve yine aynı anda her zaman yaygın bir bakteriyel veya viral enfeksiyon vardır.

Birisi kronik, düşük dereceli bakteriyel veya viral bir enfeksiyon (şiddetli, akut bakteriyel veya viral enfeksiyona karşı) semptomlarıyla yaşıyorsa, test seviyelerinin orta ila hafif olduğunu gösterse bile Candida yine de suçu üstlenebilir. Bugün, özellikle alternatif tıpta tipik olarak olan şey, kronik, uzun süreli yorgunluk ve sindirim sorunları semptomlarınızın suçlanmasıdır Candida -veya daha sık olarak SIBO. Sonunda SIBO, geleceğin Candida teşhisi olarak başı çekecektir. Başka bir yerde söylediğim gibi, SIBO yeni Candida.

Sonuç olarak: Bir doktor size belirtilerinizin Candida'dan geldiğini söylerse, yanılmış olma ihtimali çok yüksektir.

Candida ve Sızıntılı Bağırsak Sendromu

Candida bağırsak ve bağırsak yolu üzerinde delikler açarak sızıntılı bağırsak sendromuna sebep olmakla suçlanır.

Bu tam olarak doğru değildir.

Yüksek düzeyde Candida'dan kaynaklanabilecek en kötü durum, bağırsak astarının Streptococcus gibi bakteriler tarafından kronik olarak enfekte olmuş tahriş olmuş kısımlarında nasır oluşumudur. Candida, verimsiz bakterilerin olduğu her yerde onlarla birlikte hareket etti. Bağırsak yolundaki nasır ve yara dokusu, gıda emilimini hafifçe engelleyen bakteri ve virüslerden kaynaklanır. Candida, patojenler tarafından oluşturulan bu yamalarda bir yuva yapma eğilimindedir. Bu Candida'nın alabileceği kadar kötü. (Sızıntılı bağırsak sendromunun gerçek nedeni için bkz. Bölüm 17, "Bağırsak Sağlığı".)

Felaket Habercisi

Candida'nın evi bağırsaktır, ancak karaciğerde, dalakta, vajinada ve başka yerlerde de ortaya çıkabilir. Bu, bağışıklık sisteminizde hafif bir ekstra zorlamanın ötesinde kayda değer bir zarara neden olmaz. Bu hafif ekstra zorlama, Candida'nın sizi verimsiz bakteri ve virüslerden korumak için sıkı çalışmasıyla telafi edilir. Yani bu bir al-ver ilişkisidir.

Bir felaket habercisi gibi, mantarın büyümesini teşvik eden Candida, gerçekten endişe verici başka bir şeyin göstergesidir. Örneğin, vajinal bir Streptococcus enfeksiyonu doktorlar tarafından fark edilmeyebilirken, aynı zamanda mevcut maya da hastanın rahatsızlığının suçunu üstlenebilir. Bunun yerine doktorlar, Candida'yı altta yatan strep bakterilerini aramak için bir işaret olarak kabul etseler iyi ederdi. Streptococcus, İYE'lerin, mesane enfeksiyonlarının, birçok vajinal enfeksiyonun (maya enfeksiyonları ve bakteriyel vajinoz veya BV dahil) ve interstisyel sistitin nedenidir. Mantarın yükselmesi, soruna neden olan başka bir gerçek suçlunun (bu durumda bakteriyel olanın) bir işaretidir.

Temel Nedeni Tedavi Edin

Neredeyse hiçbir zaman aşırı miktarda Candida'yı doğrudan tedavi etmeniz gerekmez. Bunun yerine, hastalığa neden olan rahatsızlıkların temel nedenini ele alın. Gerçek hastalığa bir son verdiğinizde, Candida seviyeleri doğal olarak normale dönecektir.

Bugün tıpta parlak bir nokta, daha sağlıklı beslenme alışkanlıkları gibi Candida için popüler tedavilerin yararlı bileşenler olduğudur; Doğru yapılırsa, Candida'nın eşlik ettiği birçok gerçek hastalık için etkili tedavidir. Biri beslenme şeklini pasta, ekmek ve işlenmiş yiyecekler gibi gıdaları ortadan kaldıracak şekilde değiştirdiğinde, bağışıklık sistemi doğal olarak güçlenir çünkü bu yiyeceklerdeki glüten, süt ürünleri, yumurtalar; virüs ve bakterileri besler. Bunları ortadan kaldırarak, vücudunu otoimmün hastalıklara ve diğer koşullara karşı daha az açık hale getirir.

Bununla birlikte, Candida için önerilen diyetin diğer yönleri zararlı olabilir. . .

Meyve Korkusu

Candida hakkındaki en büyük yanlış kanılardan biri de hangi besinlerin onu desteklediğidir. *Candida*'nın şekerle beslendiği bilinse de mesele *ne tür* şekerle beslendiğinde yatmaktadır.

İnsanlar genellikle tüm şekerlerin aynı olduğunu düşünür. Bu tüm suların aynı olduğunu söylemeye benzer, bir bardak temiz içme suyu ile tuvaletin dibinde biriken su aynı değildir.

Aslında meyvelerdeki fruktoz; antioksidanlar, polifenoller, antosiyaninler, mineraller, bitkisel ilaçlar ve kanseri öldüren mikro besinler gibi bazı madde ve bileşiklerle bağlı durumdadır ve bunlar neredeyse tüm hastalıkları yener, hatta *Candida*'nın kökünü kazır. Şeker meyveden ayrılıp fruktoza bağlandığında bile *Candida*'yı besleme yeteneği yoktur.

Dahası, meyve şekeri midenizi üç ya da altı dakika içinde terk eder ve bağırsak yoluna uğramaz bile. Yani, eğer meyve şekerinin *Candida*'yı beslediğinden endişe ediyorsanız, etmeyin. Meyvenin lifi, küspesi, kabuğu ve tohumları, bazı virüslerle birlikte yalnızca Streptococcus, E. coli ve Staphylococcus gibi bakteri çeşitlerini öldürmekle kalmaz; meyve aynı zamanda verimsiz mantarları (yani, faydalı Candida'yı değil), ayrıca parazitleri ve solucanları öldürmeye de yardımcı olur. Bu meyveler doğal olarak Candida'yı düşürür, çünkü Candida'nın ortam temiz olduğunda ve tıbbi araştırmalar ve bilim tarafından bilinmeyen, kelimenin tam anlamıyla Candida'yı besleyen yiyecekler çıkarıldığında gelişmesine gerek yoktur. Sindirim sisteminde glüten, süt ürünleri ve yumurtalar olmadan Candida'nın sizi savunmak ve korumak için bu yiyecekleri yemesine gerek yoktur. Meyve, patojenlere karşı gizli silahınızdır. Ve artık Candida'nın kurtarıcı bir lütuf olduğunu biliyor olsanız da, meyveye Candida karşıtı bir silah veya araç olarak da bakabilirsiniz, çünkü Candida, meyve kullandığınızda doğal olarak azalır. (Daha fazla bilgi için, bkz. Bölüm 20, "Meyve Korkusu.")

Candida'yı besleyen şekerler arasında sofra şekeri, işlenmiş şeker kamışı, işlenmiş pancar şekeri, agave nektarı gibi kaynaklardan gelen şeker, her türlü işlenmiş tahıl şekeri ve mısırdan gelen şeker (yüksek fruktozlu mısır şurubu gibi) bulunur. Bu şekerlerin etkilerini şiddetlendiren ve onları daha problemli hale getiren şey, yağlarla karıştırılmış olmalarıdır. İşte alternatif doktorların insanlara yardım ettiği yer burasıdır; onları çikolatalı keki bırakmaya teşvik etmek.

Yağ ve Protein Efsanesi

Yüksek yağlı, yüksek proteinli bir beslenmenin Candida'yı durdurduğu büyük bir yanılgıdır. Yağ ve protein aslında Candida'yı besler.

Böcekleri besledikleri için enflamatuar olan bazı proteinler yapışkandır ve bağırsak yoluna bağlanır. Sindirim sistemi zayıflamış bir kişide sindirilmemiş proteinlerin birikmesi, her türlü verimsiz bakteri ve faydalı olmayan mantarlar için bir üreme alanı ile sonuçlanabilir. Buna karşılık, faydalı mantar Candida çoğalmaya başlar, çünkü sindirilmemiş proteinler nedeniyle üreyen verimsiz bakteri ve faydasız mantar ile oluşan sorunu yönetmeye çalışır.

Ana kalori kaynağınız olarak yağa (bitkisel yağ, hayvansal yağ veya her ikisi) güvenmek, en yüksek Candida büyümesiyle sonuçlanacaktır. Bir hasta, bir doktorun ana hatlarıyla belirtilen diyetini takip edebilir ve her şey yolunda gibi görünebilir. Yine de Candida zayıf karaciğer nedeniyle zayıflayan sindirimden dolayı hastanın sisteminde sessizce çoğalır; süt, peynir, tereyağı, yumurta, kokuşmuş yağlar, iyi sindirilmeyen ve bağırsakta çürüyen kümes hayvanları ile beslenen verimsiz bakterileri yönetmeye çalışır. Hastanın oğlunun doğum günü partisinde dondurma (yağ, laktoz ve işlenmiş şeker karışımı) için can attığı gün, semptomların birkaç gün veya bir hafta sonra geri dönmesine neden olabilir. Doktor, gerçek şu ki, yüksek yağlar ve sindirilmemiş proteinlerin sindirim sisteminde üretken olmayan bakterileri beslediği gerçeğine rağmen, dondurmadaki şeker nedeniyle Candida'nın geri dönüp kendini açığa vurmasından endişelenebilir. Dondurmadan sonra, daha fazla verimsiz bakteri ve yararlı olmayan mantarla, onu temizlemek için yararlı Candida'nın geri dönmesine neden olarak, başladığından daha kötü olabilir.

Bağırsaklarınızda daha dostça, daha sağlıklı bir ortam yaratmanın en iyi yolu -ki Candida'nın pisliği temizleme ihtiyacını azaltır- beslenirken yağı azaltmaktır. Bu, ister bitkisel ister hayvansal yağ olsun, günde bir veya daha az... Yüksek proteinli bir diyet yapıyorsanız, öyle görünmese bile normalde yüksek yağlı olmakla da ilişkili olduğunu unutmayın.

Bölüm 19, "Ne Yenmemeli"de yer alan glüten, süt ürünleri, yumurtalar, işlenmiş yağlar, işlenmiş gıdalar ve diğerleri gibi sorun çıkaran gıdalardan kaçınmak, bağırsak yolunuz ve karaciğerinizdeki verimsiz bakterileri ve zehirli mantarları beslemeyi durdurmanın harika bir yoludur.

Ayrıca bol miktarda meyve, yeşil yapraklı sebzeler, otlar, yabani yiyecekler ve sebzeler ekleyin. Bunları Medikal Medyum bilgileri içinde nasıl kullanacağınızı öğrenin.

CANDIDA'NIN TEDAVİSİ

Candida alevlenmesinden kurtulmanın en iyi yolu, semptomlarınızın gerçek nedeni olan hastalığı ele almaktır.

17. Bölümdeki "Bağırsak Sağlığı" tavsiyesi, Candida'yı altta yatan bir sağlık sorununun bir yan sorunu olarak ele almak isteyenler de dahil olmak üzere herkese fayda sağlayacaktır. Candida'nızı ele almaktaki amacınız, proteinleri parçalamak ve sindirmek, bağırsak yolunu temizlemek, karaciğeri güçlendirmek ve detoksifiye etmek (böylece safra üretimi artar ve yağlar parçalanıp sindirilebilir) ve verimsiz virüsleri, bakterileri aç bırakıp öldürmektir.

Bu yolla bağırsak problemlerini nasıl çözeceğinizi öğrenmek, sonunda sizi, bağırsaklarınızla ilgili oyunları tahmin etmek için kullanılan antifungallere ve antibiyotiklere güvenmenize gerek kalmayacak noktaya götürebilir.

Şifalı Bitkiler ve Takviyeler

Bu iki ek liste, (yanlışlıkla) Candida'dan olduğu söylenen semptomlarla uğraşıyorsanız,size seçenekler sunar. Belirtileriniz daha çok bağırsakla ilgiliyse, muhtemelen SIBO listesiyle uyumlanırsınız. (SIBO sıklıkla Candida olarak yanlış teşhis edilir.) Semptomlarınız üreme alanınız veya idrar yolunuz etrafında yoğunlaşıyorsa, muhtemelen UTI, maya enfeksiyonları, mesane enfeksiyonları ve BV listesi makul gelecektir. Her iki kategoride de belirtilerle uğraşıyorsanız, her iki listeyi kullanarak takviye beslenmenizi kişiselleştirebilirsiniz.

Bunları uygulamadan önce Bölüm 21, "Takviyelere İlişkin Kritik Kılavuz"u okuduğunuzdan emin olun.

SIBO (Küçük Bağırsak Bakteriyel Aşırı Büyüme) için Takviyeler (Genellikle yanlış bir şekilde Candida'nın aşırı büyümesi

olarak teşhis edilir; ayrıca Akne, Sinüs Enfeksiyonları, Strep Boğaz, Şişkinlik ve Asit Reflü öyküsü olanlar için de geçerli)

- **Taze kereviz sapı suyu**: günde 946 ml'ye kadar
- **Aloe vera**: günde iki kez 5 cm veya daha fazla taze jel (derisi alınmış)
- **Arpa otu suyu tozu**: günde 2 çay kaşığı veya 6 kapsül
- **Dulavrat otu kökü**: 1 fincan veya günlük taze sıkılmış 1 kök
- **Kedi pençesi**: günde iki kez 3 damlalık
- **Chaga mantarı**: günde 2 çay kaşığı veya 6 kapsül
- **Kurkumin**: günde iki kez 1 kapsül
- **Zencefil**: günde iki kez 1 fincan veya tercihe göre taze rendelenmiş ya da suyu sıkılmış olarak
- **Goldenseal**: günde iki kez 4 damlalık (iki hafta devam, iki hafta ara)
- **Melisa**: günde iki kez 4 damlalık
- **Meyan kökü**: günde iki kez 1 damlalık (iki hafta devam, iki hafta ara)
- **Mullein yaprağı**: günde iki kez 4 damlalık
- **Zeytin yaprağı**: günde iki kez 3 damlalık
- **Kekik yağı**: günde iki kez 1 kapsül
- **Oregon üzüm kökü**: günde iki kez 2 damlalık (iki hafta devam, iki hafta ara)
- **Spirulina**: günde 2 çay kaşığı veya 6 kapsül
- **Zerdeçal**: günde 2 kapsül
- **B12 Vitamini (metilkobalaminli adenosilkobalamin olarak)**: günde iki kez 1 damlalık
- **Vitamin C (Micro-C olarak)**: günde iki kez 4 kapsül
- **Çinko (sıvı çinko sülfat olarak)**: günde iki kez 1 damlalık kadar

UTI - İYE (İdrar Yolu Enfeksiyonları), Mesane Enfeksiyonları için Takviyeler, Maya Enfeksiyonları ve Bakteriyel Vajinoz (BV)

- **Taze kereviz sapı suyu**: günde 946 ml'ye kadar
- **Aloe vera**: günde iki kez 5 cm veya daha fazla taze jel (derisi alınmış)
- **Amla meyvesi**: günde iki kez 2 çay kaşığı
- **Arpa otu suyu tozu**: günde 2 çay kaşığı veya 6 kapsül
- **Kedi pençesi**: günde iki kez 3 damlalık
- **Chaga mantarı**: günde 2 çay kaşığı veya 6 kapsül
- **D-mannoz**: günde dört kez suda 1 yemek kaşığı toz halinde
- **Altınmühür bitkisi**: günde iki kez 4 damlalık (iki hafta devam, iki hafta ara)
- **Hibiskus**: günde 2 fincan
- **Melisa**: günde iki kez 4 damlalık
- **Lomatium kökü**: günde iki kez 2 damlalık
- **Mullein yaprağı**: günde iki kez 3 damlalık
- **Zeytin yaprağı**: günde iki kez 2 damlalık
- **Oregon üzüm kökü**: günde iki kez 1 damlalık (iki hafta devam, iki hafta ara)
- **Ham bal**: günde 1 yemek kaşığı
- **Kuşburnu**: günde 2 fincan
- **Kekik**: Çay olarak sıcak suda 2 dal taze kekik veya günde 2 kez oda sıcaklığında 4 dal taze kekik
- **Vitamin C (Micro-C olarak)**: İsteğe bağlı Medikal Medyum C Vitamini Şok Tedavisinden sonra, günde iki kez 6 kapsül
- **Çinko (sıvı çinko sülfat olarak)**: iki günlük boyunca isteğe bağlı Medikal Medyum Çinko Şok Tedavisinden sonra, günde iki kez 2 damlalık kadar

HASTA DOSYASI:
SONUÇTA CANDİDA DEĞİLMİŞ
1992

Margaret aşırı yorgunluk belirtileri başladığında 42 yaşında bir anaokulu öğretmeniydi. Nefis bir uyku çekmiş olsa bile sabah dinlenmemiş uyanıyor ve gün içerisinde yorgun hissediyordu.

Daha sonra dirseklerinde, bileklerinde ve dizlerinde ağrılar başladı, sınıfıyla çömelip çember oyunları oynarken sıkıntı çeker oldu. Ona daha önce sorun çıkarmayan besinler şimdi sindirim sistemi rahatsızlıklarına neden oluyordu, sürekli şişkinlik hissediyordu. Tüm bunların üstüne periyodik olarak bir üşüyor, bir sıcak basıyordu. Ter basmalarında parmak üşümelerine kadar gün içerisinde yaşadığı tüm anlara uyum sağlayabilmek için kat kat giyinmeye başladı.

Margaret hiçbir şey yapmadan geçirdiği bir hafta sonunun ardından, okula esneyerek ve gözlerinin altında koyu renk halkalarla dönünce okuldan bir öğretmen doktora görünmesini önerdi. Margaret'in her zaman gittiği doktor tiroit sorunu için bir kan testi yapılmasını istedi. Test sonuçları geldikten sonra doktor aradı ve, "Hiçbir şeyiniz yok, sapasağlamsınız," dedi.

Tatmin olamayan Margaret, kız kardeşine, öve öve bitiremediği alternatif doktorun ismini sordu. Doktorun klimalı muayenehanesinde Margaret yelpazeyle serinlemeye çalıştığında, doktor olanları anlamış bir havayla gülümsedi. "Yaşadığınız sorunlar hormonal," dedi ve bunun ya bir düzensizlik ya da perimenopozun ilk evresi olduğunu ekledi. Hangisi olursa olsun, doktor hastalığın, ondaki belirtilere sebep olan *Candida*'yla ilişkili olduğunda ısrarcıydı.

Margaret o kadar rahatlamıştı ki kalkıp doktora sarılmamak için kendini zor tuttu. Sonunda bir cevap bulmuştu. Elinde hormon tedavisi (BHRT) ve mantar önleyici bir ilacın adı yazan reçete ile doktorun ofisinden çıktı. Ayrıca bir de işlenmiş şeker, işlenmiş yağ, kızarmış yiyecekler gibi uzak durması gereken besinler ve yemesi gerekenlerin yazılı olduğu bir bilgisayar çıktısı vardı elinde.

On gün boyunca mantar önleyici ilaç aldıktan sonra, kendini pek iyi hissetmedi. Tekrar bir doktora başvurdu ve bağırsağının daha kötü olduğunu öğrendi. O da Margaret'e bir probiyotik ürün sattı ve rahatsızlığına iyi geleceğini garanti etti. Bir hafta sonra bu probiyotik ürün, BHRT ve yeni diyetiyle Margaret okulda oynadıkları oyunlarda mide kramplarını geçirmeye başladı.

Bu kez bir natüropata gitmeye karar verdi. Margaret hikâyesini yeni baştan anlatırken natüropat kafasını sallıyordu, daha sonra hormonal dengesizlik ve *Candida* suçlu bulundu. Natüropat *Candida* için kolon temizleyici destekler verdi ve diyetinden tüm karbonhidratları çıkarmasını söyledi. Margaret hayvansal protein ve sebze yiyecekti.

Okul yaz tatiline girdiğinde Margaret kendini natüropatın verdiği diyete adadı; balzamik salata sosu ve her gece içtiği bir kadeh şarabı bile kesti. Ağrı ve acılar ona göre %15 iyileşmişti. Doğru yoldaymış gibi görünüyordu... Ancak bundan öteye geçmeyi başaramamıştı.

Natüropat onu başka bir temizlenme programına soktu, ancak bu kez Margaret ilerlemenin durduğunu gözlemledi. Hassasiyeti ve ağrılar geri gelmişti, aşırı gaz üretiyordu ve her zamankinden daha yorgundu (sonra kendisine bunun sebebinin onu taşıyacak karbonhidratlardan yoksun kalmış olması olduğunu açıkladım). Taneli küçük meyveleri (çilek, dut, böğürtlen...vb), greyfurt ve muzu özlüyordu -ancak natüropat meyvenin yanından geçmesini bile yasaklamıştı. Kurallar gereği 30 gün daha şekeri diyetinden uzak tuttu ve karbonhidratın hiçbir türlüsünü tüketmedi.

Artık yardım aramaya başladığı zamandan daha kötü bir durumda olduğuna üzülüyordu. Umutsuz ve kendini dünyada tek başına hissediyordu, birkaç hafta sonra başlayacak olan okulda işini nasıl yerine getireceğini bilemiyordu. Teşhis konan *Candida*'nın hayatının kalitesini düşürdüğüne inanıyordu.

Margaret bu aşamada beni buldu. Ruh derhal problemin *Candida* olmadığını anlattı bana. Aslında Margaret'in vücudunda bulunmuyordu bile. Sorunun asıl nedeni teşhis edilemeyen mide bakterisi *H. Pylori* idi ve ona sitomegalovirus de eşlik ediyordu. Karaciğeri tembelleşmişti, onun yaşındaki kadınlarda %65 olması beklenirken, işlevini %40 yerine getiriyordu. Mide sıvısında ise çok düşük oranda hidroklorik asit bulunuyordu, neredeyse hafif bir cıva-bazlı ağır metal zehirlenmesinde olduğu kadar.

Ben bunları söyledikçe Margaret bu durumun başlangıcından hemen önce metal diş dolgularının çıkarıldığını anımsadı. Çıkarılma işlemleri sırasında cıvanın sistemine karışmış olduğunu açıkladım ve bu karaciğerini tüketmişti. Bu da sitomegalovirus ve *H. Pylori*'yi besleyip büyütmüştü ve ihtiyaç duyduğu hidroklorik asidin azalmasına sebep olmuştu.

Durumu belirlemek için diyet programında hemen bir değişiklik yaptım. Hayvansal yağ ve protein alımını azalttık, yaban mersini, kayısı ve hatta hurma gibi bazı meyveleri yeniden beslenme programına aldık. Diyetin geri kalanı yapraklı yeşillikler, patates, avokado, çeşitli meyveler ve -düşük yağa tam bir vurgu yapmak amacıyla- vahşi somon balığı gibi yiyeceklerden oluşuyordu. Bu değişiklikle bağırsak yolu ve karaciğerden geniş miktarda cıvanın atılmasını sağladık. Ayrıca anında *H. Pylori*'nin büyümesi durdu ve sitomegalovirus yüklemesi düşürüldü.

Eylül ayında, Margaret yeni sınıfını karşılayabilecek kadar iyileşmişti. İlk görüşmemizden sonraki üç ay içerisinde tüm belirtiler yok oldu -hiçbirinin *Candida* ya da hormon rahatsızlığıyla bir ilgisi yoktu- ve tamamen sağlığına kavuştu.

"Bugün, özellikle alternatif tıpta tipik olarak yaşanan;
kronik, uzun vadeli yorgunluk ve sindirim sorunları semptomlarınızın
Candida'ya veya daha sık olarak SIBO'ya yüklenmesidir. Sonunda SIBO,
geleceğin Candida teşhisi olarak başı çekecektir. Hep söylediğim gibi,
SIBO yeni Candida'dır."

— Anthony William, Medikal Medyum

10

MİGREN

Küresel nüfusun büyük bir kısmı migren veya çeşitli türlerde tekrarlayan baş ağrılarından mustariptir. Bazıları başın arkasında, bazıları başın üstünde, bazıları şakakta, bazıları gözlerde migren yaşar –bunlar sadece birkaç varyasyondur. Migrenler, bir tarafa odaklanan yoğun nabız veya zonklama olarak da deneyimlenebilir veya migren, kişinin tüm başını ve boynunu kaplıyormuş gibi hissedilebilir. Migren hastalarının çoğu kadındır, ancak herkes her yaşta, hatta çocuklar bile migrene yakalanabilir. Migren, yaşamı gezinmeyi çok zorlaştırabilir.

Migrene aşina olanlar, ağrıya ışığa, sese ve/veya kokuya karşı aşırı duyarlılığın eşlik edebileceğini iyi bilirler; bulanık görüş; ışık parlamalarını görmek; mide bulantısı ve/veya kusma; konuşma zorluğu; ve bayılma nöbetlerine neden olabilen baş dönmesi... Migren birkaç saatten birkaç güne kadar sürebilir ve bitene kadar karanlık, sessiz bir odada uzanmaktan başka bir şey yapma isteğinizi ortadan kaldırabilir.

Bu gizemli hastalık elden ayaktan düşürüyor, bir meslek icra etmeyi ya da arkadaşlarla vakit geçirmeyi zorlaştırabilir. Migreni olan insanlar programlarını sürekli baş ağrısına göre düzenlemek durumunda kalır. Toplantılarının, buluşmalarının veya arkadaşlarla yenecek bir öğle yemeğinin migren tarafından berbat edilebileceğini öngörmeye çalışırlar.

Kimileri için bu gizemli hastalık bir batıl inanç halini almış durumda -bir nöbet geliverir diye *migren* kelimesini anmak dahi istemezler. Kimi hastalarım bana bunun ömür boyu hapis cezasına benzediğini söyler. Hayatlarının kurallarının migren tarafından belirleniyor olması, yaptıkları her harekete migrenin dahil olması -fiziksel acının etkileri gibi- hastaların kendilerini son derece zayıf ve duygusal açıdan duyarlı hissetmelerine sebep olur.

Bu karmaşık bir gizemli hastalıktır. Hastalığı tetikleyen sorunların kombinasyonu kişiden kişiye değişir. Doktorlar, deneme-yanılma yöntemi ile çeşitli ilaç kokteyllerini dener. Eğer bir ilaç grubu iyi gelmezse doktorunuz başka bir ilaç yazar, o olmazsa başka bir tane, sizi rahatlayana kadar bu böyle gider. Ancak ilaçların yan etkileri yeni sorunlar yaratabilir, ayrıca sadece o an için işe yaramış da olabilirler. Bazı vakalarda, vücut zaman içerisinde bir ilaca karşı bağışıklık geliştirmiş olabiliyor -yine de ilaçlardan uzak durmak da migreni tetikliyor olabilir.

Bu bölüm, migren hakkında daha önce masaya yatırılmayan yeni bilgiler sunuyor. Migreni tetikleyen şeylerin ardındaki gizemi açıklıyor ve size iyileşmenin yolunu gösteriyor.

MİGRENİ TETİKLEYENLER

Tıp çevreleri migrene en çok neyin sebep olduğunu bilmiyor. Kısmen, tedavi etmek için gelişigüzel bir yaklaşıma sahip olmalarının nedeni bu. Şimdiye kadar, büyük teori, trigeminal sistemde (kraniyal sinirler) salınan bir nöropeptidin, bileşiğe özellikle duyarlı kişilerde baş ağrısına yol açması. Diğer teoriler, her şeyin bağırsağınızda olduğunu -mikroorganizmalarınızın dengesinin bozuk olduğunu, belki de bağırsaklarınızın sızdırdığını, mikrobiyomunuzun "kapalı" olduğunu- veya kadınlarda migrenlerin hormonal olduğunu- çünkü birçok kadın için migren, adet döngüsünün belirli noktalarında kötüleşiyor. (Bu konuya ayrıntılı olarak gireceğiz.)

Aslında migreni tetikleyen şey yalnız bir tane değil, birçok şeyin birleşiminden kaynaklanır. Aşağıda en sık rastlanan tetikleyicileri sayacağım. Açıklamaları okuyun ve size olan şeyleri tanımlamak için elinizden gelenin en iyisini yapın -ve hepsini iyi irdeleyin ki iyileşme sürecine başlayabilesiniz.

Bir neden bulduktan sonra incelemeyi bırakmamanız gerektiğini unutmayın. Migren genelde sebepler yumağından kaynaklanır -iki, üç, dört ya da daha fazla neden *toplu olarak* bir neden gibi davranırlar. Örneğin; yeteri kadar uyumuyorsanız ve kronik (sürekli) stres altındaysanız ancak bunun dışında sağlıklıysanız muhtemelen migreniniz yoktur. Ancak aynı zamanda toksik ağır metal maruziyetiniz varsa (cıva veya alüminyum gibi) ve bunun üzerine süt ürünleri ve yumurta yiyorsanız (EBV, diğer virüsler ve bakteriler gibi patojenleri besledikleri için mukus oluşturabilen yiyecekler) Streptococcus gibi ve bu patojenler alerjenik zehirler salabilir), o zaman uyku eksikliği, stres, toksik ağır metaller ve patojenler birleşerek sisteminizi aşırıya kaçabilir ve bir migreni tetikleyebilir.

Olağan Şüpheliler

Migren belirtilerini yarattığı bilinen durumlar vardır. Güvenilir bir doktor, bu sorunlardan birine sahip misiniz diye ilk olarak bu listeyi kontrol eder. Eğer migrenden şikâyetçiyseniz, şüphesiz pek çok doktora gitmiş ve çeşitli testler yaptırmışsınızdır. Sadece pekiştirmek adına işte liste:

- **Beyin Sarsıntısı:** Travmatik beyin yaralanması, genellikle kafaya bir darbe almak veya başın ya da üst gövdenin şiddetle sarsılmasından kaynaklanır. Eğer sarsıntı ile sonuçlanan bir olay yaşadıysanız bunu doktorunuza söyleyin. Eğer sarsıntıyı çok önce yaşadıysanız ve migren son zamanlara kadar ortaya çıkmadıysa hassasiyeti tetiklemiş olabilir.
- **Menenjit:** Beyin ve omuriliği çevreleyen koruyucu zarlarda ciddi iltihaplanma ve şişmedir. Bu genellikle viral bir enfeksiyon-

dan dolayı olur. Diğer sebepler bakteriler ve kimi ilaçlardır. Eğer menenjit olduysanız, bu çok önceyse bile, muhtemelen bu migren hassasiyetiniz için tetikleyici olmuştur.

- **Felç/İnme:** Beynin bir kısmına kan akışının kesilmesi veya azalması sonucu oluşan bir hasar, beyin hücreleri besin ve oksijen alamadıkları için ölürler. Zedelenme etkisiyle oluşan felç türlerinin en kolay tanımlananıdır.
- **Geçici İskemik Atak (TIA):** Felçten daha ufak bir hasara yol açar, öyle ki gerçekleştiğinde hissedilemeyebilir ancak sağlık üzerinde önemli bir etkisi mevcuttur.
- **Beyin Anevrizması:** Beyindeki kan damarlarından birinin baloncuk yapması.
- **Beyin Tümörü:** Beyinde anormal bir beze. Bir tümör kanserli ya da iyi huylu olabilir ancak her iki tür de migrene sebep olur.
- **Beyin Kisti ya da Mikrokist:** Hava, sıvı ya da beyinde oluşan zararsız başka bir madde ile dolu olan bir kese.
- **Engellenen Boyun Sinirleri:** Boyun sinirleri omurilikten çıkıp sekiz kola ayrılarak vücudun farklı bölge lerini kontrol eden sinir grubudur. İlk iki boyun siniri (C1 ve C2) kafayı kontrol ederler. Eğer herhangi bir şey onlarla çatışacak olursa, içlerinde migrenin de bulunduğu çeşitli rahatsızlıklara yol açabilirler.

Eğer bir yığın testten geçmiş, daha önce kullanmış olduğunuz ilaçları doktorunuzla incelemiş ve yukarıdaki listede yer alan maddeleri elediyseniz gizemli diyardasınız demektir. Şimdi sırada tıp camiasının tam olarak anlayamadığı migrenin tetikleyicileri var ve aralarında ilk kez burada açıkladıklarım da mevcut.

Epstein-Barr Virüs ve Zona

Doktorlar milyonlarca insanın migren şikâyetinin EBV veya zona virüsünden kaynaklandığını bilmiyor.

Bölüm 3'te de açıklandığı gibi EBV -beyninizi de içeren- merkezi sinir sisteminizi etkiler. Eğer EBV, vagus sinirine girdiyse iltihaplanmış sinir migreni tetikleyebilir.

Alternatif olarak, zona, migreni tetikleme potansiyeline sahip olan trigeminal ve/veya frenik sinirlerinizi alevlendirebilir. Yaygın ateşin arkasındaki virüs olan Herpes simplex 1 (HSV-1), aynı zamanda trigeminal ve/veya frenik sinirlerin içinde yuva yapabilir ve iltihaplanmalarını tetikleyecek kadar hafif bir şekilde yükseltebilir.

EBV'den muzdarip olup olmadığınızı öğrenmek için Bölüm 3'e bakın ve baş ağrısından başka EBV belirtileri gösterip göstermediğinizi tespit edin. Eğer öyleyse, virüsle mücadele etmek için Bölüm 3'teki önerileri uygulayın. Suçlunun zona virüsü olup olmadığını öğrenmek için ise Bölüm 11'i okuyun. EBV veya zonayı iyileştirmek migrenin geçmesine yol açabilir.

Mikro-Geçici İskemik Atak

Mikro-geçici iskemik atak, geçici iskemik atağa çok benzer ancak daha küçük boyutlardadır. Tıp camiası bu mikro- felç-benzeri aktivitenin migren oluşturabileceğinin ya da onu tetikleyebileceğinin henüz farkında değil.

Sinüs Bağlantılı Migrenler

Kimi migrenler sinüs kanallarında bulunan kronik streptokokal iltihaplanmadan kaynaklanabilir. Bu gibi durumlarda kulak, burun ve boğaz uzmanları hasar görmüş bezeyi çıkarmak için sinüs ameliyatı önerirler. Çünkü bir kez sinüs kanalına girdikten sonra strepin çıkarılması oldukça zordur, bu cerrahi müdahale işe yarasa bile hastalara sunulan rahatlama geçicidir.

Sinüsle ilgili migrenleri ele almanın daha iyi bir yolu, vücudun enfeksiyonla doğal olarak savaşabilmesi için bağışıklık sistemini güçlendirmektir. Bu bölümdeki ve Kısım IV'teki "Sonunda Nasıl İyileşirsiniz"deki tavsiyeler size bu konuda rehberlik edecektir. Ayrıca, kronik sinüs enfeksiyonu ve sinüzit öyküsü olanlara yardımcı olacak bir takviye için Bölüm 9, "Candida"nın "İyileştirici Bitkiler ve Takviyeler" bölümüne bakın.

Amonyak Geçirgenliği

Başka bir migren suçlusu ise yetersiz bağırsaklardır. Tıp camiası, bağırsak sisteminizin düzgün çalışmadığında, amonyak gazının bağırsaktan çıkıp vagus, frenik ve/veya trigeminal sinirlere ulaştığını bilmez. Amonyak kan-beyin bariyerini geçer ve merkezi sinir sisteminin her tarafına yönelir. Gaz onları oksijenden mahrum bıraktıkça sinirler iltihaplanır ve bu da migrene neden olarak beyin fonksiyonlarınızın aksamasına sebep olabilir.

Bunun size olup olmadığını anlamak için -ve eğer öyleyse nasıl başa çıkacağınızı öğrenmek için- Bölüm 17: Sindirim Yolu Sağlığı bölümünü okuyun.

Elektrolit Yetersizliği

Sağlıklı kalabilmek için vücudunuzun, tuz ve diğer vücut sıvılarınız tarafından üretilen *elektrolit* ve iyonların belli bir seviyede olmasına ihtiyacı vardır. Bu elektrolitler vücudunuzun -özellikle de elektriksel aktivitenin merkezi konumunda olan beyninizin- çalışması için gerekli olan elektriksel sinir sinyalinin elde edilmesi ve gönderilmesi için gereklidir. Elektrolitleriniz azaldığında, beyninizin aktivitesini ciddi şekilde bozabilir, bu da merkezi sinir sisteminize yük bindirerek migreni tetikler; özellikle beyninizde toksik ağır metaller bulunan biriyseniz veya EBV gibi kronik düşük dereceli viral bir enfeksiyonla yaşıyorsanız.

Elektrolit eksikliğinin en yaygın nedeni, genellikle kafeinli içeceklerin, dehidrasyon yapan yiyeceklerin ve taze meyve suları ve iyi su eksikliğinin neden olduğu kronik dehidrasyondur. Kereviz sapı suyu ve hindistancevizi suyu (pembe veya kırmızı değil), en iyi elektrolit kaynaklarıdır. 473ml veya daha fazla kereviz sapı suyu veya hindistancevizi suyu içemiyorsanız, günde en az 354ml salatalık, salatalık, elma veya kereviz-elma suyu içmeye çalışın (karışımlar yarım-yarım olabilir). Ayrıca, 473 – 946ml limon suyu, elektrolit eksikliğini ve kronik dehidrasyonu yenmenin harika bir yoludur.

Stres

Herkes zaman zaman az ya da çok stres yaşar. Kimimizin buna karşı olan hassasiyeti diğerlerinden fazladır. Kronik stres yaşıyorsanız, adrenalin dalgalanmalarının günlük olarak meydana gelebileceği çok sayıda savaş ya da kaç ile karşı karşıyasınız demektir. Adrenalin son derece uyarıcıdır ve bizi önce şarj edip sonra aşağı indiren inişli çıkışlı bir düzene sahiptir. Özellikle kronik hastalıkları varsa, çok hassas biri için bu adrenalin akışı, trigeminal sinirler gibi belirli alanları sıkıştırabilen ve migren tetikleyicisine neden olan bir hipertansif reaksiyon oluşturmak için yeterli olabilir. Bu, migreni günlük veya haftalık olarak bile tetikleyebilir.

Bu, migreni günlük veya haftalık olarak bile tetikleyebilir. Zihinsel gerginliğinizi azaltmanın yolları için Bölüm 24, "Ruh İyileştirme Meditasyonları ve Teknikleri"ni okuyun.

Menstrüel Döngü (Adet Döngüsü)

Çoğu kadın migren nöbetlerinin adet döneminden önce, adet döneminde ya da hemen sonrasında geldiğini belirtiyor. Bunun nedeni, bir kadın adet gördüğünde, üreme sisteminin vücudunun bağışıklık sistemi işlevselliğinin yüzde 80'ini gerektirmesidir. Vücudunuz stres, ağır metal toksisitesi, dehidrasyon veya çoğunlukla EBV veya strep gibi virüsler veya bakteriler gibi diğer tetikleyicileri savuşturuyorsa, o zaman menstrüasyon olduğunda, patlama, bir migren ile sonuçlanabilir, çünkü bu rezervler ve bağışıklık sistemi gücü üreme sistemine yardım etmeye geçer. Migren hastalarının bu kadar büyük bir bölümünün kadın olmasının nedeni budur. Erkeklerin bağışıklık sistemleri ayda bir kez üreme sistemine geçmez ve vücudun geri kalanını düşük dereceli viral enfeksiyonlara ve toksik ağır metallerin etkilerine karşı savunmasız bırakır.

Bu tetikleyici sizin için geçerliyse, dikkatinizi diğer olası nedenleri en aza indirmeye çevirin, böylece aylık döngünüzün sisteminizi bunaltma şansı daha az olur.

Uyku Bozuklukları

Eğer iyi uyuyamıyorsanız Yeterince derin uyku almıyorsanız, toksik ağır metaller, diğer toksik baş belaları, viral semptomlar veya diğer semptom ve durumlar gibi başka sorunlarla da uğraşıyorsanız, bu uyku eksikliği migreninizin tetikleyicisi olabilir. .

Uykusuzluk gibi bir uyku bozukluğunuz varsa, rahatlayın: Yatakta gözleriniz kapalı olarak uyanık yattığınızda, beyninizin yarısı gerçekten uyuyabilirken diğer yarısı uyanıktır. Bu, vücudunuzun hâlâ iyileştiği ve merkezi sinir sisteminizin hâlâ gençleştiği anlamına gelir; bu nedenle, mümkünse, uyanık bir gece geçirdiğinizde sinirlenmemeye veya sinirlenmemeye çalışın. Bu sırrı tek başına anlamak, sizi uykuyla ilgili migrenlere karşı daha az duyarlı hale getirecektir.

Uykusuzluğa neden olan fiziksel bir hastalıksa ve bu kitabın kapsamına giriyorsa – örneğin, EBV, zona, Lyme hastalığı – ondan kurtulmanıza yardımcı olması için ilgili bölümdeki ve "Sonunda Nasıl İyileşirsiniz" başlıklı IV. Bölümdeki tavsiyeleri kullanın.

Tüm yükümlülüklerinizi yerine getirmek için gün içinde yeterli saat olmadığı için yeterince uyuyamıyorsanız, nerede azaltabileceğinizi düşünmeye çalışın. İmkansız hissettirebilir. Bunun alternatifi migrene saatler veya günler kaybetmek olduğundan, uyku için daha fazla saat ayırmak daha iyi bir ticarettir. Vücudunuzun sınırlarına saygı duymayı hak ediyorsunuz.

Ağır Metaller ve Diğer Çevresel Zehirlenmeler

Cıva, alüminyum, kurşun, bakır, arsenik, kadmiyum, nikel ve baryum gibi zehirli ağır metaller, beyin ve karaciğer gibi diğer organlara yerleşebilir ve düzgün çalışma yeteneklerini etkileyebilir. Potansiyel sonuçlar arasında anksiyete, depresyon, obsesif-kompulsif bozukluk (OKB), dikkat eksikliği/hiperaktivite bozukluğu (DEHB), otizm spektrum bozukluğu (ASD), bipolar bozukluk, duyarsızlaşma, Alzheimer, demans, tikler ve spazmlar yer alır. Bir başka olası sonuç da migrendir.

Ayrıca ofisinizde veya diğer iş yerinizde, evinizde, yemeğinizde, suyunuzda, soluduğunuz havada vb. düzenli olarak maruz kaldığınız binlerce şüpheli veya tamamen toksik kimyasal vardır. Bu kimyasallar sonunda beyninize girebilir ve elektriksel uyarılarını bozabilir. Birçoğumuzun çevremiz üzerinde -ne soluduğumuz, nelere maruz kaldığımız- üzerinde hiçbir kontrolümüz yok ama bu toksinleri vücudumuzdan atma gücümüz var. Bununla ilgili bilgi için bkz. Bölüm 18, "Beyninizi ve Bedeninizi Toksinlerden Arındırma". Bazı durumlarda, yeni toksinlerden herhangi bir olası kaçınma ile birleştiğinde, sürekli detoks, sonunda migreni durdurmak için yeterlidir.

Bilinen Tetikleyicileri Gıdalar

Virüs veya bakteri gibi patojenleriniz yoksa, belirli bir yiyeceği yemekten migren olmanız pek olası değildir.

Şansınız, durumunuza birden fazla sorunun katkıda bulunmasıdır ve aşağıdaki yiyeceklerin tetikleyici olma olasılığı çok yüksektir:

- **Süt ürünleri:** Tüm verimsiz bakterileri beslediği için mukus oluşturur ve bağırsakta ve vücutta EBV ve Streptococcus gibi virüsler. Bu, karaciğeri aşırı yükler ve sonuçta aşırı yüklenmiş bir lenfatik sisteme yol açar. Virüslerden salınan toksinler ve/veya bu virüs ve bakterilerin oluşturduğu ek mukus, merkezi sinir sistemi üzerinde baskı oluşturur.
- **Yumurta**: Tüm virüsleri ve tüm verimsiz bakterileri besleyerek onların merkezi sinir sistemini tahriş edebilecek nörotoksinleri ve diğer patojenik yan ürünleri çoğaltıp atmasına izin verir. Bu da frenik, vagus ve/veya trigeminal sinirleri ve hatta beynin kendi bölgelerini alevlendirerek migrene yol açabilir.
- **Glüten (örneğin buğday, çavdar, arpa, kavuzlu buğday):** glüten, Streptococcus ve virüsler gibi verimsiz bakterileri besler, bu da daha sonra nörotoksinleri ve iltihaplanmaya neden olabilecek diğer yan ürünleri serbest bırakır. Patojenlerin gücü arttıkça bağışıklık sisteminin yükü azalır. Bütün bunlar mevcut migrenleri tetikleyerek onları daha da kötüleştirebilir.
- **Et (örneğin sığır, tavuk, domuz):** Düşük hidroklorik asit dahil olmak üzere zayıf bir sindirim sisteminiz ve aşırı yüklenmiş ve yeterli safra üretemeyen bir karaciğeriniz olduğunda, bu proteinler ve kokuşmuş yağlar çürüdüğünde, amonyak üretimi meydana gelir, beyne giden oksijen seviyelerini en aza indirerek migren tetikleyicisi oluşturur.
- **Fermente gıdalar (ör. turşu, sirke [ACV dahil], lahana turşusu, kimchi, ketçap):** fermente edilmiş veya sirke bazlı gıdalar pH'ı düşürür bağırsak yolunda, bağırsak yolunuzu daha asidik hale getirir, bu da migreni tetikleyebilir. Elma sirkesi (ACV) tek başına migrenli çoğu insan için tetikleyicidir.

- **Tuz:** Mümkünse aşırı tuzdan kaçınmaya çalışın. Diyetinize kereviz sapı suyu veya Medikal Medyum Ispanak Çorbası (Bölüm 23'teki tarif) eklemeyi düşünün. Suyunuza da limon ekleyin. Tuz kullanacaksanız kaliteli deniz tuzu veya kaya tuzu kullanın; sofra tuzu kullanmayın.
- **Yağlar:** kanola, mısır, pamuk tohumu ve hurma yağı, karaciğere yük olan ve kanı kalınlaştıran yağlardır. Kanola ve mısır yağı, özellikle GDO olduğunda patojenleri besleyerek iltihap oluşturabilir.
- **Katkı maddeleri (örn. MSG, aspartam):** bunlar nörotoksiktir ve migren hastaları için agresif tetikleyiciler.
- **Alkol:** aşırı derecede dehidrasyona neden olur ve ayrıca karaciğer için de serttir.
- **Kahve içecekleri, matcha çayı, çikolata, kakao ve diğer kafeinli ürünler:** aşırı uyarıcı ve merkezi sinir sistemine karşı oldukça agresif olan kafein, migreni tetikleyebilen bir nörotoksin görevi görür. Bazı insanlar çikolata ve diğer kafein türlerinin migrene yardımcı olabileceğini iddia ediyor çünkü gerçek şu ki bu insanlar geri çekilip gidiyorlar. Bu etkiyi yaşadılar çünkü kafein, adrenalleri vücudu adrenalin ile doldurarak migrene neden olan iltihaplanma için bir steroid görevi görüyor. Bununla birlikte, bu kafeinin zaman içinde verimsiz yansımaları vardır.

İyileşmenizi kolaylaştırmak için, en azından migreniniz geçene kadar yukarıdakilerin hepsini yemeyi bırakmanız şiddetle tavsiye edilir. Bu çok zorsa, başa çıkabileceğinizi düşündüğünüz seçeneklerle başlayın ve oradan devam edin. Herhangi bir şekilde proaktif olmak çok olumludur.

Alerjik Reaksiyonlar

Alerjik olduğunuz bir şeyle karşılaştığınızda, vücudunuz sizi potansiyel olarak tehlikeli maddeden korumak için histamin üretir. EBV gibi düşük dereceli viral enfeksiyonlar sürekli olarak nörotoksinler, yan ürünler ve diğer viral atık maddeleri salmaktadır. Bu histaminleri tek başına yükseltebilir, bu da sizi farklı zamanlarda farklı şeylere karşı daha hassas ve alerjik hale getirebilir. Bazı durumlarda vücudunuz aşırı tepki verebilir ve çok fazla histamin üretebilir; bu migrenlere katkıda bulunabilir. Alerjik bir gıdayı yedikten günler sonra meydana gelen reaksiyon gecikebilir. Alerjik görünmese de patojenleri besleyerek sizi çeşitli şekillerde daha hassas hale getiren toksinler oluşturabilir.

Yediğiniz, içtiğiniz, nefes aldığınız, dokunduğunuz veya başka şekillerde maruz kaldığınız herhangi bir şeyin migren veya baş ağrısına neden olup olmadığını düşünün. Bu, pasif içicilikten polenlere ve yeni bir komşunun evcil hayvanına kadar değişebilir.

Migreniniz yakın zamanda başladıysa, ilk ataktan kısa bir süre önce hayatınıza giren ve alerjen olma potansiyeli olan her şeye özellikle dikkat edin. Örneğin, takılabilir oda spreyleri, kokulu mumlar, kolonya, parfüm, tıraş losyonu ve tütsü, migren tetikleyicileridir. Bir migren reaksiyonunun olası tüm nedenlerini belirledikten sonra, onları kesmeye çalışın ve bunun migreninizi ortadan kaldırıp kaldırmadığına bakın. Neye karşı hassas olduğunuzla ilgili sezginiz, kusurlu olabilecek doktor muayenehanesinde yapılan testlerden çok daha doğrudur, bu nedenle vücudunuzu dinlemeye ve farkında olmaya dikkat edin.

Migrenden Kurtulmak

Gördüğünüz gibi baş döndürücü sayıda olası migren tetikleyici var. Siz de olası tetikleyicileri baş ağrınızın sebebi olarak tespit ettiyseniz, o zaman yapabileceğiniz en faydalı şey bunları hayatınızdan çıkarmak olacaktır.

Şifalı bitkiler ve ilave gıdalar, iyileştirici gıdalar kadar önemli. Hepsi ağrılarınızın ve iltihaplarınızın azalmasına, alerjik tepkilerinizin hafiflemesine, sinirlerinizin yatışmasına, sakinleşmenize, bağırsak sağlığınızın gelişmesine ve orta düzeyde bir detoks (zehirden arınma) sağlamaya yardımcı olacaktır.

Faydalı Besinler

Spesifik gıdalar, patojenleri öldürerek, toksinleri atarak, beyin dokusunu güçlendirerek, karaciğer ve mide bezleri yoluyla sindirimi iyileştirerek, sinirleri yatıştırarak, kritik besinler sağlayarak ve kasları gevşeterek migrenlerinizi önlemeye ve/veya iyileştirmeye yardımcı olabilir. Taze kereviz sapı suyu, kişniş, kenevir tohumu (az miktarda), patates, muz, kuşkonmaz, portakal, brüksel lahanası, domates, brokoli, ıspanak, papaya, pul biber, sarımsak, zencefil, karalahana, tarçın ve elma migrene karşı yenecek yiyeceklerin başında geliyor. Bu yiyeceklerden mümkün olduğunca çoğunu beslenmenize dahil edin.

Şifalı Bitkiler ve Takviyeler

Bunları uygulamadan önce Bölüm 21, "Takviyelere İlişkin Kritik Kılavuz"u okuduğunuzdan emin olun.

Baş Ağrısı ve Migren için Takviyeler

- **Taze kereviz sapı suyu**: günde 946 ml'ye kadar
- **Celeryforce**: günde üç kez 3 kapsül
- **Ashwagandha**: günde iki kez 1 damlalık
- **Arpa otu suyu tozu**: günde 2 çay kaşığı veya 6 kapsül
- **Kedi pençesi**: günde iki kez 2 damlalık
- **CoQ10**: günde 1 kapsül
- **Kurkumin**: günde iki kez 3 kapsül
- **Mürver çiçeği**: günde 1 fincan
- **Feverfew**: günde 2 damlalık veya 2 kapsül
- **Goldenseal**: günde iki kez 1 damlalık (iki hafta devam, iki hafta ara)
- **Kava kava**: günde 2 damlalık veya 2 kapsül
- **Melisa**: günde iki kez 4 damlalık
- **L-lisin**: günde iki kez 4500 miligram kapsül
- **Magnezyum glisinat**: günde iki kez 2 kapsül
- **Isırgan yaprağı**: günde iki kez 4 damlalık
- **Kekik yağı**: günde 2 kapsül
- **Skullcap**: günde iki kez 2 damlalık veya 2 kapsül
- **Spirulina**: günde 2 çay kaşığı veya 6 kapsül
- **Zerdeçal**: günde iki kez 2 kapsül
- **B12 Vitamini (metilkobalaminli adenosilkobalamin olarak)**: günde iki kez 2 damlalık
- **Vitamin C (Micro-C olarak)**: günde iki kez 4 kapsül
- **Beyaz söğüt kabuğu**: günde 2 damlalık veya 2 kapsül
- **Yabani yaban mersini tozu**: günde 1 yemek kaşığı

HASTA DOSYASI:
ARTIK KARANLIKTA DEĞİL
2007

Erica on iki yaşından beri migrenden şikâyetçiydi. İlk nöbetini net bir şekilde hatırlıyordu: Başının bir tarafına aniden saplanan ağrı geldiğinde, bir okul oyununda, sahnede, parlak ışıklar altındaydı. Bundan sonra Erica migrenden kurtulmanın tek yolunun karanlık odada essizce oturmak olduğunu öğrendi.

Kimi zaman ağrı başının öteki tarafına geçiyordu. Bazen ağrıdan dolayı istifra ettiği oluyordu. Yaşı ilerledikçe migren atakları adet döneminden hemen önce, tam o dönemde ya da hemen o dönemin ardından belirmeye başladı. Ayrıca bir arabada yolcu koltuğunda oturmanın da migrene sebep olduğuna dikkat etti. Herhangi duygusal bir çakışma bile bu zonklamaları tetikleyebiliyordu.

Artık 30 yaşında ve Erica'nın üç yıldır erkek arkadaşıyla sorunları vardı.

Derek, Erica'nın fazladan dinlenmeye ve sessiz kalmaya ihtiyaç duymasını anlayamıyor. "Kendi evimde parmak ucunda yürümeyi hak etmiyorum," diyor. Ayrıca kız arkadaşının neden artık şehirde birkaç içki içmek için ona katılmadığını da anlayamıyordu. Erica ona gece geç saatlerde ve kokteyllerden migren çekeceğini söylerdi ve Derek onsuz dışarı çıkar, barda sevimli kızlarla takılmadığı için ne kadar asil olduğu hakkında mesajlar gönderirdi. Bu, Erica'yı her zaman bir çıkmaza sokardı ve tanıdık acı gelip yatmak zorunda kalana kadar öfkeli mesajlar atarlardı.

Erica doktorunun yazdığı reçetelerin hiçbirinde derman bulamadı. Rastladığı makalelerde yazan diyetleri uyguladı, ancak bu da işe yaramadı. Çare peşinde sinir hastalıkları uzmanlarına, alerjik besinler alanında ihtisas yapmış beslenme uzmanlarına, hatta kendini soyutlanmış ve kayıp hissetmeye başladığı zamanlarda bir psikoterapiste bile gitti. Bir bütünleyici tıp doktoru Erica'ya *Candida* teşhisi koydu ve şekerin her türlüsünden uzak durmasını söyledi... Ancak bu da bir sonuç vermedi.

Erica beni aradığında sessiz konuşuyordu. Derek'in yan odada olduğunu, yine bir iyileşme arayışı içinde olduğunu anlayacak olursa onunla dalga geçeceğini söyledi. Derek, Erica'nın kurban zihniyetinde olduğunu ve bu "migrenler"in de, daha fazla dikkat çekmek için özenle hazırlanmış entrikalar olduğunu düşünüyordu.

Ruh'un, Erica'ye iletmem için bana söylediği ilk şey bunun bir safsata olduğuydu. Acısı gerçekti.

Sonra Erica'ya Ruh'un, kısmen çocukken ağır metal maruziyeti nedeniyle beyninde ve karaciğerinde yüksek düzeyde cıva olduğunu söylediğini söyledim. Hepsi bu kadar değildi: Ayrıca kronik olarak susuz kalmış ve yumurta, süt ürünleri ve buğday glütenine karşı alerjisi vardı. B12 vitamini, çinko, selenyum ve molibden gibi sinir sistemi için kritik olan besinlerde eksiklikler geliştirmişti. Bunlar ayrıca elektrolit korunması için gerekli kofaktörlerdi.

Ruh, Erica'nın iyileşmesine yardımcı olmak için, kaybettiği suyu geri kazanması için potasyum açısından zengin besinleri, ağır metallerin vücuttan atılması için kişnişi ve merkezi sinir sisteminin çok ihtiyaç duyduğu bir mineral tuz kaynağı olan kereviz sapı suyunu önerdi. Bunları uygulayarak Erica çabucak dengesini bulmaya başladı. Bu bölümde anlatılan körükleyici gıdalardan uzak durdu ve su kaybetmemeye odaklandı, bol bol dinlendi ve "Şifalı Bitkiler ve Destekleyiciler" bölümündekilerin birçoğunu yemeye başladı.

20 yıldan beri ilk kez migren ağrısı çekmiyordu.

Ve üç yıldan bu yana da Derek'ten kurtulmuş durumda. Daha temiz bir kafayla ilişkilerini yeniden değerlendirmiş ve beklentilerini yükseltmeye karar vermiş.

"İyileşmeye doğru attığınız adımları asla küçümsemeyin.
Kendinizle ilgilenmeye çalıştığınızda, kendi hakikat ve canlılık arayışınız başkalarını özgürleştirmeye yardımcı olur."

— Anthony William, Medikal Medyum

11

ZONA -KOLİTİN ASIL NEDENİ, TME SENDROMU, DİYABETİK NÖROPATİ VE DAHA FAZLASI

Tıp dünyasında *zona* hastalığı, inceleme ve soruşturma gerektirmeyen, kolayca sonuçlanan bir dava gibidir. Ders kitabında yazdığı gibi kaşıntı ve kızarıkları olan bir hastanız var, yanında ya da sırtında sinir ağrısı... İşte hepsi bu.

Eğer gerçekler böyle olsaydı, bu bölüme ihtiyaç olmazdı.

Doğrusu şu ki, zona virüsü milyonlarca insanın, dermatologların kafasını karıştıran kızarıklıklardan tutun da kas seğirmeleri, karıncalanma, yanma, spazmlar, kronik migren, baş ağrıları ve daha nicelerine kadar giden sinirsel gizemli belirtilerinin sorumlusudur. Zona çeşitleri Bell palsisi (yüz felci), donuk omuz, diyabetik sinir ağrısı, kolit, vajinal yanma, TME, Lyme hastalığı ve hatta yanlış teşhis edilen MS'e kadar pek çok hastalıktan sorumludur.

Zona ateş, baş ağrısı, kızarıklıklar, eklem ağrısı, kas ağrısı, boyun ağrısı, keskin sinir ağrısı, yanan sinir ağrısı, kalp çarpıntısı ve diğer yüksek derecede rahatsızlık verici belirtiyle sonuçlanır. İlk olarak zona belirtileri 20. Yüzyıl sıralarında görülmüştür. Tıp camiası, zonanın, herpes ailesinden bir virüs olan *zoster* virüsünden kaynaklandığına inanıyor. Ve aslında bu doğru.

Doktorların henüz yeterince bilmedikleri şey şu ki yalnızca bir çeşit zona virüsü yok, tam *31* farklı türü bulunmakta. Bu önemli, çünkü farklı zona türleri farklı belirtiler gösterir. Bir açıdan daha önemli çünkü tıp dünyası zona vakalarının büyük bir bölümünün bir virüs sonucu olduğunu fark etmiyor bile. Örneğin; daha saldırgan bir zona virüsü Lyme hastalığına yol açabilmekte ancak doktorlar yine de Lyme hastalığına *bakterinin* sebep olduğuna inanıyorlar. (Lyme hastalığıyla ilgili daha fazla bilgi için Bölüm 16'ya bakınız.)

Bu bölüm, insanların en çok şikâyet ettikleri 15 farklı zona virüsünü inceliyor, bunların çoğu yanlış biçimde tedavi ediliyor, kimi zaman bağışıklık sistemini bastıran ilaçlarla, steroidlerle ve antibiyotiklerle, ki bunlar da hastanın yaşam kalitesine zarar verebiliyor. Zonanın belirtilerini, virüsün nasıl bulaştığını nasıl tetiklendiğini, her zona belirtisinin ortak özelliklerini ve iki büyük zona türü ile nasıl mücadele edileceğini öğreneceksiniz. Böylece hangi zona türüne yakalanmış olursanız olun onu tanımayı ve onunla nasıl baş edileceğini ve nasıl sağlıklı bir yaşam sürebileceğinizi biliyor olacaksınız.

ZONA BELİRTİLERİ

Grip gibi bir terleme bir üşüme, baş ağrısı ya da migren, ağrılar, sızılar, yanmalar, kaşıntı, karıncalanma, kızarıklık ve döküntüler ve/veya çıbanlar (deride, içi iltihap dolu kabarıklar) gibi işaretler zona olduğunuzu gösterebilir.

Tıp çevreleri, bu son iki belirtinin -kızarıklık ve çıbanlar- her zaman zonaya eşlik ettiğine inanıyor. Aslında bu sadece zoster virüsünün bir çeşidinin görünümüdür. Eğer bir hastanın alışılmadık bölgelerinde kızarıklık ya da döküntü varsa bunu zona olarak görmeyeceklerdir. Bu ortak bir teşhis hatasıdır. Bu virüsün yedi çeşidi, vücudun herhangi bir yerinde kızarıklık ve kabarcıklara sebep *olur* ama her zaman beklenen bölgelerde değil.

Diğer sekiz çeşit ise çıbanlara sebep *olmaz.* Yani, eğer zonanın birçok belirtisini gösteriyorsanız ve doktorunuz, vücudunuzda kızarıklık ya da çıban olmadığı için, şikâyetinizi tanımlayamıyorsa, o zaman kızarıklık ve çıban yapmayan bir zona çeşidinden mustarip olabilirsiniz demektir.

ZONA BULAŞMASI VE TETİKLEYİCİLER

Herpes ailesinden birçok virüste olduğu gibi zonaya yakalanmanın da sayısız yolu vardır. Annenizin rahminden, kan nakli sırasında, vücut sıvılarının birbirine karıştığı durumlarda, hatta dışarıda yediğiniz bir yemeği hazırlayan şef garsonun yanlışlıkla kesilmiş parmağından akan kanla bile bulaşabilir zona!

Suçiçeği Efsanesi

Tıbbi araştırma ve bilimin mevcut inançlarının aksine, zona olmamanın bir yolu su çiçeğidir. Doktorunuz size su çiçeği geçirdiyseniz er ya da geç zona olacağını söyleyebilir. Durum bu değil. Su çiçeğinin zona ile ortak olan tek yanı, her ikisinin de herpes ailesinden döküntüye neden olabilen virüsler olmasıdır. Su çiçeği, herpes virüsünün zonadan tamamen farklı bir türüdür. Esasen birbirleriyle alakaları yoktur.

Neden bize zona hastalığının su çiçeği ile ilgili olmadığı söyleniyor? Bu, bir noktada kulağa mantıklı geldiği için kabul edilen, ardından şimdi kökleştiği noktaya kadar devam ettirilen en iyi yanlış bilgilendirme örneğidir. Konu virüsler olduğunda tıbbi araştırma ve bilimin çok fazla sorumluluğa sahip olmadığından bahsetmiyorum bile. Bilgiden yoksunlar ve bu alanda çok az şey biliyorlar. COVID vebası bunun doğru olduğunu göstermiştir.

Uyku Hali ve Tetikleyiciler

Zona bulaştıysanız veya virüsün daha eski türlerinden birini barındırıyorsanız, muhtemelen bunu uzun süre bilmeyeceksiniz. Virüsü en az 10 yıl, hatta muhtemelen 50 yıl veya daha fazla bir süre boyunca etrafta taşıyacaksınız. Daha yeni zona çeşitleri ve mutasyonları ile uyku süresi çok daha kısa olabilir, bu da semptomların enfekte olduktan sadece aylar sonra ortaya çıkabileceği anlamına gelir.

Virüs, bağışıklık sisteminiz tarafından tespit edilemeyen organlarınızdan birinde, tipik olarak karaciğerinizde saklanır. Travmatik bir fiziksel veya duygusal olay sizi zayıflatana ve/veya virüsü daha güçlü hale getiren bir ortam sağlayana kadar (örneğin, virüsü yemeyi sevdiği yiyeceklerle beslemek) zamanını bekler. İhanet, finansal stres veya kırık bir kalp gibi olaylar bazen tetikleyici olarak hareket etmek için yeterli olabilir.

Özellikle güçlü bir bağışıklık sisteminiz varsa ve/veya zona tetikleyicilerinden kurtulmuşsanız, bazı zona virüsü çeşitleri tüm yaşamınız boyunca uykuda kalabilir ve size asla kayda değer bir zarar vermeyebilir.

Sonra tekrar bağışıklık sisteminiz biraz zayıfsa, (örneğin, çinko eksikliğinden, toksik ağır metallere veya diğer sorun yapıcılara veya EBV veya herpes simplex 1 gibi diğer virüslere toksik maruziyetten) zona virüsü saklandığı yeri terk edebilir ve bir tetikleyici büyük bir salgına yol açmadan önce vücudunuza küçük saldırılara başlayabilir. Virüs tipik olarak alt omurganıza girerek siyatik siniri alevlendirir. Bu nedenle, periyodik olarak belirgin bir sebep olmadan gelip giden bel ağrısı hissediyorsanız, karaciğeriniz ve omurganız arasında mekik dokuyan bir zona virüsü olabilir. Çoğu durumda, zona alt omurgaya girdiğinde, zayıflatıcı ve hatta sakatlayıcı sırt ağrısına neden olabilir. Genellikle ağrı devam ederse, bir uzman ameliyat önerecektir. Çoğu durumda, ameliyat yardımcı olmaz ve ağrı devam eder, hatta bazen daha da kötüleşir. Sırt ameliyatı geçirdiyseniz ve sonuç beklediğiniz kadar faydalı olmadıysa, iltihaplanma ve ağrıya neden olan eşzamanlı bir zona virüsü enfeksiyonu olabileceğinizi düşünün.

Hem küçük hem de büyük zona saldırılarına karşı en iyi strateji önleyicidir; yani, virüsü uyku durumundan çıkmaya teşvik edebilecek durumlardan uzak durmaktır. Bunu yapmanın daha kolay bir yolu, zona virüsünü besleyen gıdalardan kaçınmaktır.

KIZARIKLIK YAPAN ZONA

Döküntülere neden olan yedi zona türü vardır. Oluşan püstüller ağrılı olurken, doktorun standart zona çeşidiyle ilişkilendirdiği, görülmesi kolay bir yerdeyse ve bir anlamda doktorların tıp fakültesinden alışık olduğu klasik versiyona benziyorsa; bir lütuf olabilirler çünkü kızarıklık, doktorunuzun en azından zona hastalığınız olduğunu fark etmesini ve durumu idiyopatik veya gizemli bir kızarıklık olarak adlandırmamasını sağlar. Bununla birlikte, çoğu zona döküntüsü, yeri veya şekli nedeniyle doktor tarafından tanımlanamayabilir.

Bu yedi tür çok benzer semptomlara sahiptir. Öncelikle oluşturdukları farklı döküntü türleri ve yerleri ile ayırt edilirler.

Klasik Zona

Şişkin kızarıklıklar göğüsten ayaklara kadar her yerde olabilir. Bunlara kalçanın üst kısmında ve sırtın aşağısında olanlar da dâhildir. Ayrıca vücudun bir tarafında ya da diğer tarafında olabilirler ya da bir bacakta veya diğerinde (ama ikisinde birden değil). Bu, durumla ilgili TV reklamlarında gördüğünüz çeşitliliktir ve su çiçeği ile (yanlış bir şekilde) ilişkilendirilen türdür. Bu, en yaygın zona türlerinden biridir ve doktorların yanlışlıkla tek tür olduğuna inanmaktadır.

Üst Bedende Zona

Kızarıklıklar göğsün üst kısımlarında -örneğin; omuzlar, boyun ya da göğsün üst tarafları- belirir, ancak kollarda değil. Bu tür, görünüşte en yaygın zona türüne en çok benzeyen türdür.

İki Kolda da Zona

Kızarıklıklar sadece *her iki* kolda veya *her iki* elde de belirir. Ayrıca kızarıklıklar farklı türdendir, kimi noktalı/benekli, geniş veya küçük iltihaplarla, ayrı yerlerde.

Tek Kolda Zona

Kızarıklıklar sadece bir kolda belirir. Kollardan birinde olur, her ikisinde birden *değil*. Ayrıca kızarıklıklar farklı türdendir; kimi noktalı/benekli, geniş veya küçük iltihaplarla ve ayrı yerlerde olurlar.

Başta Zona

Şişkin kızarıklıklar sadece kafanın üst veya yan kısımlarında belirir. İltihap keseciklerinin görünümü yukarıdaki türlerden farklıdır, kimi zaman tepelerinde minik "boynuzlar" olur. Tıp dünyası bu tipi, çoğu zaman mantar önleyici veya steroid kremlerle tedavi edilen bir mantar türüyle karıştırır.

Her İki Bacakta Zona

Kızarıklıklar *her iki* bacakta da belirir, başka bir yerde değil. Normal kızarıklıklardan farklı bir görünümleri vardır. Takımyıldızlar gibi görünen iltihaplanmalarla karşılaşılabilir.

Vajinal Bölge Zonası

Yalnızca kadınları etkileyen bu türde şişkin kızarıklıklar vajinanın dışında ancak yakınlarında belirir -örneğin; rektum ile vajina arasında, kalçaların alt kısımlarında veya apış arasında. Bu tür özellikle önemlidir, çünkü doktorlar bunu cinsel yolla bulaşan mantarlarla karıştırırlar... Ve on binlerce kadına yok yere acı çektirirler. Bu hastalığı ayırt etmenin ilk yolu, bu tür zona virüsünün neden olduğu ve azımsanmayacak kadar güçlü ağrı/acılardır, genital mantarlarda -örneğin; herpes simpleks virüs 2, HSV-2 gibiağrı/ acı daha azdır. Ayrıca bu tür zona virüsü çıbanlara neden olur, bunlar vajinal bölge veya kalçaların alt kısımlarında yayılmışlardır ancak HSV-2 virüsünün neden olduğu çıbanlar küçük bir alanda toplanma eğilimindedirler.

Nörotoksin Zona

Zona ile ilgili yanlış kanılardan biri, virüsün doğrudan deri döküntüsü içinde gizlendiğidir. Bu asla böyle değil. Virüs, derinin çok daha derinlerinde ve hatta kan dolaşımı ve karaciğerin içinde aynı anda yer alır ve kendisini sinir sisteminizin mümkün olan en etkili iltihaplanması için konumlandırır.

Ancak virüs, nörotoksin ve dermatoksinin benzersiz bir karışımını serbest bırakır ve bu yedi türde viral zehir, çevresel sinirlerinize ve cildinize doğru hareket eder. Zona ile ünlü kaşıntılı, tahriş edici kırmızı döküntülere ve püstüllere neden olan bu nörotoksin-dermatoksindir.

Zehirli ağır metaller (cıva, alüminyum ve bakır gibi), zona virüsünün en sevdiği yiyeceklerden bazılarıdır. Zonaların nörotoksin ve dermatoksini oluşturmasına izin veren bu metallerdir. (Zona yumurtayı da sever; bu da virüsün en sevdiği yiyeceklerden biridir.)

Bu yedi tür hem ciltte hem de deri altında oldukça acı verici olabilen sinir hasarı yaratırken, aslında zona hastalığının en hafif formlarıdır. Güçlü bir bağışıklık sisteminiz varsa ve virüsü güçlendirmek için hiçbir şey yapmazsanız, vücudunuz zonalarınızı kendi kendine çıkarabilir.

KIZARIKLIK YAPMAYAN ZONA

Bu, tıbbi topluluklar tarafından tamamen bilinmemekle birlikte, tipik olarak döküntülere neden olmayan sekiz zona türü vardır.

Az önce açıklandığı gibi, ilk yedi türden kaynaklanan döküntüler, virüs tarafından üretilen ve periferik sinirlerinize ve cildinize giden bir zehirden veya nörotoksin-dermatoksinden kaynaklanır.

Döküntü oluşturmayan sekiz tür de bir nörotoksin üretir. Bu durumlarda, zehir genellikle küçük periferik sinirlere ve cilde doğru hareket eden bir dermatoksin elementi içermez. Bunun yerine, döküntü oluşturmayan zona tarafından üretilen nörotoksin, içe doğru daha büyük sinirlere doğru hareket eder. Bu sinirler virüs tarafından zaten ağırlaştırılmış durumda, ancak nörotoksin onları daha da alevlendirir. (Bu zona çeşitlerinin, bazı durumlarda çok hafif gizemli döküntüler oluşturabilen bazı dermatoksinler üretebileceğini unutmayın.)

Bu döküntü olmayan çeşitlerden birine sahipseniz, çoğu durumda kızarıklığa neden olan suşlardan daha fazla iç ağrı ve sinir hasarı yaşayabilirsiniz. Ayrıca, doktorunuza bir zona virüsü tarafından iltihaplandığınızı bildirmek için bu semptomları herhangi bir dış işaret olmadan hissedeceksiniz. Sonuç olarak, doktorunuz Medikal Medyum bilgilerine aşina değilse, semptomlarınızın zona ile ilgili olduğu konusunda hiçbir fikri olmayabilir ve bunun yerine bir tahmin oyunları alanına giren bir dizi test önerebilir.

Örneğin, doktorunuz vücudunuzun bir bölümünü istilacı sanıp ona saldırmaya başlayan bir bağışıklık sisteminden muzdarip olduğunuzu tahmin edebilir. Tedavi olarak doktorunuz, atak şiddetini azaltmak için bir veya daha fazla immünosupresan ilaç veya steroid reçete edebilir. Bununla birlikte, daha önce belirtildiği gibi, bağışıklık sisteminiz yalnızca yanlış yapmaktan tamamen masum olmakla kalmaz, aynı zamanda gerçek zarar kaynağına karşı birincil savunmanızdır. Bağışıklık sisteminizi uykulu ve uysal yapan ilaçlar bu nedenle zona virüsüne daha fazla üreme ve önemli ölçüde daha güçlü olma fırsatı verir.

Diğer bir durum ise doktorunuzun Lyme olduğunu tahmin etmesi, bakteriler tarafından saldırıya uğradığınıza karar vermesi ve bağışıklık sisteminizi zayıflattığı ve zona virüsünü güçlendirdiği için sağlığınıza çifte darbe oluşturan antibiyotikler vermesidir. Sinirler zona tarafından iltihaplandığında, bazı antibiyotiklerin aşındırıcı bir etkisi olabilir ve sinirlerin biraz daha fazla incinmesine neden olabilir. Doktorunuz bunun Lyme bakterilerinin bir "öldürmesi" olduğunu söyleyebilir. Bu arada, zonadan hassas sinirlerdit.

Döküntü oluşturmayan sekiz zona çeşidinin özelliklerini öğrenerek kendinizi bu tür durumlara karşı korumaya yardımcı olabilirsiniz.

Nevraljik Zona (Diyabetik Nöropati olarak da bilinir)

Nevraljik zona -ilk başta bacak ve ayaklara saldırır, sinir ağrıları meydana getirir ve/veya bacaklarda ve ayaklarda uyuşmaya sebep olur- genellikle *diyabetik nöropati* adıyla bilinir ve bir diyabet belirtisi zannedilir. Bu büyük, tıp efsanesi çürütülmelidir. Hastanın hissettikleri nöropati *değildir*, doktorlar bir bölgedeki sinirlerin öldüğüne inanırlar. Aslında sinirler iltihaplanmıştır ve nevralji üretiyorlardır.

Ve gerçek şu ki, diyabet ile diyabetik nöropati denilen arasında hiçbir bağlantı yoktur. (Aslında bu zona çeşidi diyabetli hastalardan ziyade diyabeti olmayan hastalarda daha sık görülür.) Doktorlar, iki ayrı sorunla uğraştıklarını bilmiyorlar ve bu yüzden ya hiçbir şey yapmıyorlar ya da sinir sorununu daha fazla ilaçla tedavi etmeye çalışıyorlar; bu da virüsü daha güçlü yapar.

Deli Eden Kaşıntılı Zona

Virüs durmadan hareket eden, bir türlü kaşıyıp rahatlayamadığınız bir kaşıntıya sebep olur. Çünkü virüs, derinin çok çok altında, parmaklarınızla ulaşamayacağınız yerlerde sinirleri rahatsız etmektedir. Yanma yoktur, dolayısıyla ağrı/acı olmaz; ancak durmadan gezinen ve hiçbir şey yapamadığınız kaşıntı sizi deli eder. Eğer virüs, zayıf bir bağışıklık sistemi veya tetikleyiciler sayesinde güçlenmişse bu ciddi kaşıntı gece uyumanızı, bir mesleği icra etmenizi veya normal bir hayat sürmenizi engelleyecektir.

Vajinal Zona

Bu virüs türü yalnızca kadınları etkiler. Vajina duvarının derinliklerine ilerler ve burada sinirlerin iltihaplanmasına neden olur. Ayrıca idrar torbası ve bağırsak içine de geçerek daha başka zararlara yol açar, o kadar rahatsız edici bir yanmaya sebep olur ki tıpkı bir işkence gibidir.

Eğer doktor buna, "Hepsini siz kafanızda yaratıyorsunuz," demiyorsa, o zaman bir yanlış teşhis daha gerçekleştirecek ve hormonal dengesizlik olduğunu düşünerek hormon ilaçları yazacaktır; bu da sizi daha korkunç bir duruma sürükleyecektir. Birçok kadın bu türden şikâyetçidir ve medikal sanayi şimdiye kadar bunu göz ardı etmiş durumda.

Kolit Zonası

Tıp dünyası bu virüsün hemen hemen tüm *kolit* vakalarından sorumlu olduğunu bilmez; bu durum bağırsak içinde birçok yara ve kanamaya sebep olur. Belirtiler arasında bağırsak ağrıları, dışkıda kan, güçsüzlük ve kilo kaybı bulunmaktadır.

Kolit bugüne kadar gizemli bir hastalık olmuştur ve tıp dünyası bunun bir çeşit zona olduğunu ortaya çıkarana kadar da öyle olmaya devam edecektir. Bunu kimse bilmez! Toplum bir kez daha gerçekleri öğrenmekten otuz ya da kırk yıl uzaktadır.

Tıbbi araştırmalar ve bilim, kolitin, bağışıklık sisteminin kolonun astarına saldırdığı ve iltihaplanmaya neden olduğu bir otoimmün durum olduğuna inanmaktadır. Bu inanç, doktorların tipik olarak koliti immünosupresan ilaçlarla veya daha da kötüsü, virüsü daha güçlü yapan antibiyotiklerle tedavi etmeye çalıştıkları anlamına gelir. Steroidler koliti remisyona sokabilir, ancak ilaçlar zona hastalığını çözmediği için remisyon uzun sürmez.

Kol ve Bacaklarda Yanma Yapan Zona

Bu virüs kol ve bacaklarda acı ve yanma oluşmasına sebep olur. Kızarıklıklara yol açan kol ve bacak zonasının aksine bu türde sinir iltihaplanmaları ve yanma hissi derinin çok çok altında duyulur, saptayamaz ve çare bulamazsınız.

Ayrıca zona virüsünü teşhis ettirecek bir kızarıklık olmadığından, doktorlar muhtemelen durumu daha da kötü yapacak ilaçlar yazarlar.

Ağızda Zona, TME ve Bell Palsisi

Bu virüs türü diş etlerini ve/veya çene civarını etkiler. Ayrıca yüz felcinin de (kritik yüz sinirlerinin iltihaplanması/ Bell Palsisi) sorumlusudur. Genelde diş sorunu sanılır ve gereksiz yere kanal tedavisi uygulanabilir. Bu müdahale etkili olmadığı gibi, kullanılan ilaçlar bağışıklık sistemini zayıflatarak virüsün güçlenmesine sebep olur.

Virüsün uyguladığı ağız işkencesi yıllarca sürebilir.

Donuk Omuz Zonası

Bu virüs omuzlardaki sinirleri etkiler, bir aydan bir yıla kadar omzunuzun donmasına, kıpırdamamasına sebep olur.

Bu durum genellikle bulaşıcı bursit ile karıştırılır ve antibiyotik ile tedavi edilmeye başlanır -bu da virüsü daha güçlü hale getirir. Kimi zaman, doktorlar bütün bu olan bitenin ardında yatanın zona olduğunu bilmediklerinden gereksiz cerrahi müdahaleler de yaşanabilir.

Yanan Beden Zonası

Bu virüs, vücudunuzun her bir parçasının aynı anda ve durmaksızın yanıyormuş gibi hissetmesini sağlar. Sinir sisteminin derinliklerinde bulunan gangliyonlar tarafından merkezi bir yer bularak ve tüm vücuda yayılan ve her yerdeki sinirleri alevlendiren nörotoksini salarak çalışır. Söylemeye gerek yok ki, çok fazla endişe ve korku yaratır ve bu zorlu duygular, böbreküstü bezleri virüsü besleyebilecek ve onu daha da güçlendirebilecek bol miktarda yoğun adrenal hormonlar üretmeye yönlendirebilir.

Bu özellikle korkunç bir zona hastalığıdır, ancak neyse ki nispeten nadirdir. Vücudun her zaman iyileşme yeteneğine sahip olduğunu unutmayın - bu nadir çeşitlilikten bile. On yıllar boyunca yüzlerce insanın bu durumu doğru araçlarla iyileştirdiğini gördüm. Bu çeşidin daha çabuk iyileşebilen daha hafif versiyonları da vardır.

Şifalı Zona

Herhangi bir zona ile vurulmak acı verici ve streslidir. Kızarıklık yaratan bir çeşidiniz olsun ya da olmasın, çıldırtıcı olabilir.

Neyse ki, bu durum için basit ama güçlü Medikal Medyum protokolleri var. Amaç, virüsü tekrar uyku durumuna sokmak, mümkün olduğunca çoğunu öldürmek veya tamamen yok etmek - neredeyse zararsız hale getirmek.

Bu sürecin ne kadar süreceği, virüsün sisteminizde ne kadar süre kaldığı, ne kadar toksik ağır metale sahip olduğunuz ve diyetinizde ne yaptığınız gibi çeşitli faktörlere bağlı olacaktır; örneğin, yumurta, süt ürünleri ve glüten mi yiyorsunuz? Ayrıca, yaşam boyunca alınan ilaçlar karaciğerimize girerek onu durgun ve halsiz hale getirir, bu da optimal olarak çalışamadığı için beslenme yetersizliklerine yol açabilir. Zona ile iyileşme zaman çizelgesi, bağışıklık sisteminizin Epstein-Barr virüsü, herpes simplex 1 veya sitomegalovirüs veya Streptococcus veya diğer bakteri türleri gibi diğer virüslerle savaşmak için kullanılıp kullanılmadığına da bağlıdır. Zona virüsü çeşitlerinin semptomlarıyla yaşayan insanlar genellikle EBV'den kaynaklanan ek semptomlarla uğraşırlar. Bu, bağışıklık sisteminizi yeniden inşa etmenin daha uzun sürdüğü anlamına gelebilir.

Herkesin karşı olduğu şey farklıdır. Protokolünüzü buradaki araçlarla özelleştirmeniz biraz zaman alabilir ve sizin için doğru olanı elde etmek için gerekli tüm bilgilere sahipsiniz. Ve unutmayın, sonuçlar geldi. Sayısız insan bu kitabı kullanarak zonalarını iyileştirdi. Bu bilgi zaten kendini kanıtlamıştır. Bu protokollerle çalışırsanız, zona semptomları ile bir hayat yaşamanın ötesine geçip gitmeniz gereken yere kadar gitme yeteneğine sahipsiniz. Ek destek için Kısım IV'ü okuyun; "Sonunda Nasıl İyileşirsiniz".

Alevlenmeler ve Zona Sonrası Belirtiler

İyileşme sürecinizden geçerken, bir süre devam etme potansiyeli olan zona sonrası semptomlar yaşayabileceğinizi unutmayın. Bunun nedeni, sinirlerin zona nörotoksin ve dermatoksinden iyileşmesi zaman alabilir. Bu nedenle, bir zona enfeksiyonu veya alevlenme ile mücadele ettikten sonra, bu artık nörolojik semptomlar beklenmedik bir durum değildir. Sadece solmaları daha fazla zaman alır.

Ayrıca, zona hastalığından iyileştikten sonra bile, antiviral önlemlerinizle proaktif kalmanın çok önemli olduğunu unutmayın. Bir zona vakasından kurtulduktan sonra proaktif kalmıyorsanız, yine de bu zona çeşidinin periyodik alevlenmelerine karşı hassassınız veya tamamen yeni bir zona vakası bile kapabilirsiniz. Farkında olun ve kendinize bakmaya devam edin.

Faydalı Besinler

Bazı meyveler, yapraklı yeşillikler, otlar, yabani yiyecekler ve sebzeler, döküntülü ve döküntüsüz zona tedavisinde vücuda büyük ölçüde yardımcı olabilir. Bunun bir nedeni, belirli yiyeceklerin zona virüsünü beslememesidir -ayrıca virüs hücrelerini önleyebilen, zayıflatabilen ve hatta yok edebilen antiviral, antibakteriyel özelliklere sahip olmalarıdır. Bu gıdalar ayrıca çeşitli şekillerde vücudu nörotoksin ve dermatoksin alevlenmelerinden kurtarmada, bağışıklık sistemini güçlendirmede, sinirleri iyileştirmede ve yeni sinir büyümesini uyarmada, iltihaplı cildi yatıştırmada ve vücudu temizlemede yardımcı olabilir. Konsantre olmak için ideal yiyecekler yaban mersini, sarımsak, zencefil, kereviz, kişniş, filiz, domates, papaya, kırmızı kabuklu elma, patates, enginar, muz, tatlı patates, ıspanak, kuşkonmaz, marul (yapraklı ve derin olan çeşitler) yeşil veya kırmızı), yeşil fasulye, kivi, kırmızı pitaya (ejderha meyvesi) ve biberiye. Bu yiyeceklerden mümkün olduğunca çoğunu beslenmenize dahil edin.

Ayrıca Bölüm 19, "Ne Yenmemeli" bölümündeki yiyeceklerden de kaçınmaya özen gösterin. Zona kaynaklı bir semptom veya durumla uğraşırken, virüsü besleyen gıdalardan en az bir veya ikisini çıkarma sürecine başlamak çok önemlidir. İyileşmenizi daha da ileri götürmeniz gerekiyorsa, virüsü besleyen tüm yiyecekleri çıkarmaya kendinizi alıştırmaya çalışın.

Şifalı Bitkiler ve Takviyeler

Bunları uygulamadan önce mutlaka okuyun Bölüm 21, "Ek için Kritik Kılavuz Protokoller."

Zona Takviyeleri (Trigeminal Nevralji, TME, Donuk Omuz, Ülseratif Kolit, Bell Palsisi; Birçok Boyun Ağrısı Vakası, Çene Ağrısı, Diş Eti ve Diş Ağrısı, Dil Ağrısı, Yanma Hissi Ağız İçi, Deride Yanma, Başın Arkasında Ağrı, Migrene Bağlı Ağrı, Gizemli Siyatik, Gizemli Bel Ağrısı, Nöropati)

- **Taze kereviz sapı suyu**: günde 946 ml'ye kadar
- **Aloe vera**: günde 5 cm veya daha fazla taze jel (derisi alınmış) ayrıca zona döküntülerine taze jel uygulayın
- **California haşhaşı**: günde iki kez 3 kapsül veya 3 damlalık
- **Kedi pençesi**: günde iki kez 2 damlalık
- **Kurkumin**: günde üç kez 3 kapsül
- **Melisa**: günde üç kez 4 damlalık
- **Meyan kökü**: günde iki kez 2 damlalık (iki hafta devam, iki hafta ara)
- **L-lisin**: günde iki kez 6 kapsül
- **Mullein yaprağı**: günde iki kez 4 damlalık
- **Isırgan yaprağı**: günde iki kez 4 damlalık
- **Propolis**: günde üç kez 3 damlalık
- **Spirulina**: günde 1 çay kaşığı veya 3 kapsül
- **B12 Vitamini (metilkobalaminli adenosilkobalamin olarak)**: günde iki kez 3 damlalık
- **Vitamin C (Micro-C olarak)**: günde iki kez 8 kapsül
- **Çinko (sıvı çinko sülfat olarak)**: günde iki kez 2 damlalık

HASTA DOSYASI: ÇENE AĞRISI 2010

Terrence'in sağlığı hep yerinde olmuştu. Tenis oynamayı, arkadaşlarıyla maceralara atılmayı, danışmanlık hizmeti verdiği işinde uzun saatler boyunca çalışmayı severdi. Terence 51 yaşına geldiğinde, her nasılsa, çenesinin sağ altında bir hassasiyet gelişti. Ne zaman o tarafla bir şey çiğnese çenesinden yüzüne bir sancı saplanıyordu.

Diş hekimi azı dişlerinden birinde bulunan dolguyu suçlu ilan etti. "Çenenizde küçük bir iltihaplanma var," dedi. Çözümü şuydu: Dolguyu oyacak ve kanal tedavisi uygulayacaktı.

Terence için işler daha da kötüye gidiyordu. Acı artmıştı, sancı şimdi tüm çenesini kaplamış ve bir şey çiğnemesini imkânsız hale getirmişti. Rahatsızlık hafif ağrı kesicilerle zar zor idare ediliyordu. Bir sabah, Terence çenesinde bir gerginlikle uyandı. Daha sonraki tüm sabahlar o gerginlik hep oradaydı.

Tekrar diş hekimine gittiğinde ona kanal tedavisi uygulanan dişin yanındaki dolguya müdahale edilmesi gerektiği söylendi. Komşu dişin kökü de zarar görmüş durumda olduğundan ona da kanal tedavisi yapılacaktı. Sonrasında Terrence'in ağrısı azalmadı. Hatta boynuna ve omuzlarına da yayılmaya başlamıştı.

Terence bir çene cerrahına görünmeye karar verdi. İlk başta afallayan doktor daha sonra sorunun temporomandibüler (şakak kemiği ve alt çeneye ait) eklemde (TME) olduğunu söyledi. Eklem sorunsuz gözükse de ağrı TME sorununun başlangıcını işaret ediyor olabilirdi. Bakteriyel bir enfeksiyon olması ihtimaline karşın doktor antibiyotik yazdı. İki hafta bunları kullanan Terence şifa bulamamıştı.

Sorun başlayalı sekiz ay olmuştu ve her gece uykuya dalmak saatlerini alıyordu. Birden ona kadar olan bir skalada bu acı on alırdı. Tüm bunların üstüne tenis arkadaşı kendine başka birini bulmuştu, işyerindeki faturalar birikiyordu ve arkadaşları dışarı çıkarken onu davet etmeyi bırakmışlardı.

Bir gün Terence arkadaşı Jim'i aradı, bir kahve içmeyi teklif etti. Jim, Terrence'in bir özür duya ihtiyacını yanlış anladı. "Üzülme adamım," dedi Jim. "Sadece Reggie senin bizi bıraktığını düşünüyor."

Terence buna sinirlenince Jim bunun sadece bir şaka olduğunu söyledi. "Sadece bir şaka! Sakin ol ve bir dahaki tırmanışa bizimle gelmek için hazır ol," dedi.

Terence bozguna uğramış gibiydi, yapayalnız, kayıp ve bir takım cevaplara muhtaçtı.

Beni internet üzerinden bulup bir buluşma ayarladığı zaman hikâyenin bu kısmına denk geliyor. Hemen bir içsel tarama yapıldı ve Ruh, Terrence'te trigeminal ve frenik sinirlerde iltihaplanmaya neden olan, kızarıklık yapmayan bir zona virüsü çeşidi olduğunu; bunun da çenesinde, yüzünde, boynunda ve omuzlarında ağrı ve acıya sebep olduğunu söyledi. Bir TME sorunu yoktu. Ancak sinirdeki iltihaplanma çenesine baskı yapıyor ve geceleri uyku boyunca gerilmelere sebep oluyordu.

Terrence'e, bu virüse, ilk kanal tedavisini yaptırmadan önce de sahip olduğunu -aslında tüm hayatı boyunca bunu taşıdığını açıkladım. İlk diş hekimi metal dolguyu çıkardığı zaman cıva zehri serbest kalmıştı ve tedavi için kullanılan anestetikler de zona virüsünü besleyip güçlendirmişti.

Virüse derhal uygun bitkiler ve iyileştirici besinlerle müdahale ettik. Bağışıklık sisteminin düzelmesi için düşman besinleri diyetinden çıkardık; mısır ürünleri ve kanola gibi virüsü güçlendirenler ve spor salonundaki çalıştırıcısının günde iki kez tüketmesini tavsiye ettiği protein tozlarını.

Acısının gerçek sebebini öğrenmek hastalığın üstündeki gizemi kaldırdı ve Terrence'in tekrar kendine ve iyileşeceğine güvenmesinin önünü açtı.

Yeni diyeti ile geçen ilk ayda Terrence'in acısı kayda değer biçimde azaldı.

Üç ay sonra artık tehlike geçmişti.

Yerel gıda kooperatifinde yeni arkadaşlar edindi, oraya organik üretim yapmak için gitmeye başlamıştı. Bir dahaki sefere, tırmanış arkadaşlarından, davet için bir e-posta geldiğinde yanıtlamak için acele etmedi. Bunun yerine kooperatifte bir görev aldı, şimdi dinlemek isteyen herkese meyvelerin iyileştirici gücünün hakikatini anlatıyor.

"Sağlığınızla mücadele ediyorsanız, oyunun değişmesi gerekiyor. Onarıcı gıdalarla beslenmek ve sorunların kaynağı olan gıdaları ortadan kaldırmak, herhangi bir hastalığı veya sağlık durumunu iyileştirmenin en kritik yönüdür."

— Anthony William, Medikal Medyum

12

DİKKAT EKSİKLİĞİ/HİPERAKTİVİTE BOZUKLUĞU VE OTİZM

Çocuğunuzun dikkat eksikliği/hiperaktivite bozukluğu (DEHB) veya otizmle mücadele edip etmediğini belirlemek için bir düzine veya daha fazla semptom listelemek, tartışmamıza burada başlamak için verimli bir yol değil. DEHB ve otizm göstergeleri hakkında zaten o kadar çok kafa karışıklığı var ki, o kadar çok kitap, web sitesi ve makale var ki, cevapları ararken çözmek zorunda kaldığınız karmaşaya eklemek istemiyorum. İşte akılda tutulması gereken önemli şey: DEHB ve otizm, tıbbi araştırma ve bilim için gizemli koşullardır.

Bir annenin sezgisi, DEHB ve otizmi tanımlamak için en iyi araçtır. İster biyolojik ister evlat edinilmiş olsun, anneler ve çocukları arasındaki bağ, asla kırılmayan manevi bir güçtür. Anneler (ve diğer birincil bakıcılar) çocuklarını herkesin yapabileceğinden veya bilemeyeceğinden daha iyi tanır. Dikkat sorunlarının çocuklarının bencil, inatçı veya duyarsız olmasından kaynaklanmadığını bilirler. Çocuklarının zeki ve duyarlı olduklarını bilirler. Çocuklarının çoğu zaman davranışlarında seçme şansı olmadığını bilirler; daha derin bir şeyin ne zaman olduğunu bilirler.

Birincil bakıcının/ebeveynin içgüdüsü, çocukları ve tüm bilgilendirici broşürleri, tüm öğretmen değerlendirmelerini, oyun arkadaşlarının ebeveynlerinin tüm yargılarını teşhis etmek için kurulmuş tüm klinik sistemleri geçersiz kılar. Çocuğun büyüme sancılarından daha fazlasıyla mücadele edip etmediğini en iyi anlayacak olan, bakıcının/ebeveynin çocuğu hakkındaki duygusudur.

On milyonlarca çocukta DEHB ve otizm var, dahası bu sayı tedirgin edici biçimde artmakta. Bu bölüm öncelikle DEHB ve otizm şikâyeti olan çocukların anne-babaları veya bakıcıları için yazılmıştır -bu insanlar belli davranışlar sergileyen çocuklarını anlamanın ne kadar zor olduğunu, ihtiyaç duydukları desteği ve aradıkları cevapları dışarıdaki dünyadan alamamanın ne kadar zor olduğunu bilir.

Ayrıca bu durumlarda olan bir yetişkinseniz de bu bölüm faydalı olabilir.

Her iki durumda da, araştırma, bilim veya tıp topluluklarının bildiği her şeyin ötesinde bilgi sağlayarak DEHB ve otizmi daha iyi anlamanıza yardımcı olacaktır. Ayrıca size her iki koşulu da ele almanın yolları için seçenekler sunacaktır.

DEHB VE OTİZM'İN GİZLİ POTANSİYELİ

DEHB ve otizm ile ilgili özelliklere muhtemelen aşinasınızdır. Orada burada kıpırdanmanın, ara sıra dikkat etmemenin ve ara sıra iletişim kurmakta zorluk çekmenin ötesine geçtiğini anlıyorsunuz.

Dikkat zorluğu, hiperaktivite ve dürtüsellik özellikleri, bir çocuğun okulda, evde veya diğer ortamlarda işlev görmekte zorlanacağı kadar aşırı olduğunda DEHB olarak kabul edilir. Semptomlar DEHB'nin bir adım ötesine geçtiğinde, otizm kategorisine girerler (otizm spektrum bozukluğu veya ASD olarak da adlandırılırlar).

Daha fazla komplikasyona izin vermek endüstriyi rahatsız eder ve tıp endüstrisi rahat olmayı sever. Teşhisi kafa karıştırıcı ve bir gizem haline getiren bu kadar çok değişken ve varyasyon hissinden hoşlanmaz ve derinlerde yatan sebepler üzerinde bir etkisi olmadığını ortaya koyar. Tıp endüstrisi, semptomların kutudan çıkmasından hoşlanmaz; kutunun içinde kaldıkları zamanları sever. Sonuç olarak, tıp endüstrisi çocukları o kutunun içine dahil ediyor. Bu yıllardır yapmaya çalışıyor.

Gerçekte, devam eden çok daha derin bir sorun var ve DEHB ve otizm etiketleri daha derin nedenleri ve daha derin anlamları örtüyor. Etiketler ve bunların içindeki sınıflandırmalar, genellikle tıp endüstrisinin bu karmaşık deneyim setlerini bilinen ve anlaşılmış görünmeleri için paketlemesine izin veren kutular olarak hizmet eder.

DEHB ve otizmin iyi tarafları var. Bu koşullara sahip çocuklar genellikle yüksek düzeyde sezgiye sahiptir, istisnai olarak yaratıcıdır, yüzeyin altını görme konusunda olağanüstü bir yeteneğe sahiptir ve –bu geleneksel düşünceye aykırı olsa da– aslında insanları kolayca "okuma" yeteneğine sahiptir. DEHB ve otizmli çocuklar, kısmen işleri "standart" şekilde yapma konusundaki sınırlı sabırlarından dolayı genellikle hızlı düşünür, derinden hisseder ve sezgisel ve sanatsaldır. (Bu özelliklerin, dikkat eksikliği/hiperaktivite bozukluğu ve otizm gibi iyi bilinen zorluklarla paralel olarak gelişmesinin fizyolojik nedenleri de vardır; bunu bir sonraki bölümde ele alacağız.)

Gerçek şu ki, DEHB ve otizm büyüyecek, uyum sağlayacak ve sorunları çözmek için daha donanımlı olacak yeni nesil çocuklar üretiyor. gelecekteki sorunları ve insanlık için en iyi rotayı çizin.

Farklı olmak, gizemli bir durumla mücadele eden çocuklar ve aileleri için hayatı zorlaştırırken, nasıl yapılacağını öğrenmek onunla büyümek ve uyum sağlamak, sıradışı hayatlar yaşama şanslarını da artırır.

DEHB VE OTİZM NEDEN OLUR

Popüler bir yanlış anlama, DEHB ve otizmin zayıf bir bağırsak ortamının sonucu olduğudur. Bazı güncel düşünceler, aşırı Candida, maya, küf ve yararlı olmayan bakteri üretiminin çocukların hiperaktif, dikkatsiz, dürtüsel veya antisosyal davranışlarının suçlusu olduğunu ve bağırsak florasının iyileştirilmesinin çocukların beyin sağlığını iyileştireceğini ve semptomlarını hafifleteceğini söylüyor.

Bu teori, gerçekte oyunda olandan bir dikkat dağıtıcıdır. Nasıl ve neden olduğunun farkında olmasalar bile herkes bağırsak sağlığını temizlemekten fayda sağlayabilir. DEHB ve otizm durumunda, bağırsak ortamını probiyotikler ve probiyotik açısından zengin gıdalarla iyileştirmeye çalışmak iyidir; bu periferik. Ancak DEHB ve otizmin altında yatan gerçek nedeni ele almıyor: toksik ağır metaller...

Spesifik olarak, DEHB ve otizm (öncelikle) cıva artı alüminyumdan doğar ve bu da beynin sol beyin yarımküresini sağdan ayıran orta hat beyin kanalına yerleşir. Cıva ve alüminyum, beynin diğer bölgelerinde de olabilir, daha küçük tortularda "serpilmiş", hatta bazıları beynin duygusal merkezinin içinde olabilir.

Genç bir hayatın sadece birkaç yılında toksik ağır metallere önemli ölçüde maruz kalmanın zor olduğu aklınıza gelebilir. Ancak cıva, doktorların gözünden kaçan bir nörotoksindir. Çoğu doktor, cıva içeren hangi tıbbi tedavileri sunduklarından habersizdir ve eğer bunun farkındalarsa; ya inkar ederler, geleneksel protokolü bozmaktan korkarlar ya da tedaviye inanırlar ve bu inanç, zehirli ağır metallerin doğası hakkındaki sağduyularını geçersiz kılar. Tıp çevreleri, belirgin cıva kontaminasyonu hakkında büyük bir uyandırma çağrısı yapmalıdır.

Civa, 21. yüzyılda çocuklarda DEHB ve otizmin büyük bir kışkırtıcısıdır. (Cıva aynı zamanda çoğu nöbet bozukluğundan da sorumludur.) Cıva ve alüminyum ele alınana kadar, koşullar her yıl milyonlarca yeni çocuğu etkilemeye devam edecek.

Bir bebeğin anne karnındayken annesinden zehirli ağır metalleri alması ve hamile kalındığında babadan zehirli ağır metallerin geçmesi çok kolaydır. Bunun nedeni, ebeveynlerin muhtemelen on yıllar boyunca cıva biriktirmiş olmaları ve onlardan önceki anne ve babalarının da biriktirmiş olmalarıdır - ve cıva, onu ortadan kaldırmak için belirli adımlar atılmadıkça, nesilden nesile, bazı durumlarda yüzyıllarca ailenin soyunda kalma eğilimindedir.

DEHB ve otizmin arkasında genetik yoktur. Diğer bölümlerde otoimmün hastalık teorisinin -vücudun kendisine saldırdığı teorisinin- yanlış olduğunu ve sadece hasta olan kişiyi suçlamanın bir yolu olduğunu okuduğunu hatırlıyor musunuz? Genetik teorisi de benzer bir günah keçisidir. DNA'yı suçlamak, DEHB ve/veya otizmle mücadele eden çocuğun özünü suçlar ve bu bir utançtır. DEHB ve otizmin bazen bir ailede ortaya çıkmasının nedeni, nesilden nesile cıva aktarımının yanı sıra ailelerin toksik ağır metallere maruz kalmalarıdır.

DEHB ve otizmde tipik olarak yer alan diğer toksik ağır metal olan alüminyumu nesilden nesile aktarmak ve tıbbi tedavilerden alüminyum elde etmek kolaydır. Ayrıca, diğer dış kaynaklar alüminyuma maruz kalmaya neden olur: çoğu soda kutusu alüminyum, alüminyum folyo mutfakta popüler bir öğedir ve alüminyum kaplama evlerde yaygındır. Alüminyum ve cıva pestisitlerde, mantar ilaçlarında ve herbisitlerde de görülür. Bu liste, alüminyum ve diğer toksik ağır metalleri alabileceğiniz yerlerin sadece bir kısmını temsil etmektedir.

(Bakır, nesilden nesile geçen ve günlük hayatta maruz kalması çok kolay olan bir diğer yaygın toksik ağır metaldir. DEHB veya otizmli birçok çocuğun karaciğerinde toksik bakır birikintilerinde yükselmeler vardır ve bu da çocuklukta veya yetişkinlikte egzama, sedef hastalığı veya diğer cilt rahatsızlıklarına neden olur. Bakır, DEHB veya otizm semptomlarında kendi başına bir rol oynamasa da, yardımcı olmaz çünkü DEHB ve otizm ile mücadele ederken rahatsız edici bir cilt rahatsızlığınız olduğunda, duygusal olarak daha da zorlanır.)

DEHB ve otizmin arkasındaki hikayede ayrıca kritik olan, toksik ağır metaller cıva ve alüminyumun yerleştiği fiziksel konumdur.

Serebral Orta Hat Kanalı

Beynin orta hattı, doğrudan beynin sağ ve sol beyin yarım küreleri arasında bulunur. Bu orta hat açık bir kanala benzer ancak içinden su akmak yerine bir elektrik enerjisi kanalı geçer. Bu kanalın iki beyin yarım küresi arasında enerjisel bir bağlantı kuran ve aralarında bilgi alışverişine izin veren bir elektrik yükü oluşturduğu henüz tıbbi araştırmalarda belgelenmemiştir. Bu bilgi alışverişi, nöronlar tarafından desteklenmektedir ve bu bağlantının gerçek doğası, tıbbi araştırma ve bilim tarafından asla keşfedilmeyebilir.

Çocuklarda serbest akan orta hat kanalları vardır. Diğer insanlarla ve metafizik alemle nasıl iletişim kuracaklarını öğrenmelerini ve melekler gibi yetişkinlerin artık görmedikleri şeyleri görmelerini sağlayan şey budur.

Toksik ağır metaller, açık ve serbest olduğu varsayılan bu orta hat kanalına girdiğinde, beyin yarım küreleri arasındaki elektriksel ve metafiziksel enerji aktarımlarını bloke ederler. Bu, çocuğun beynini, bu alışverişi gerçekleştirmek için alternatif yollar geliştirmeye zorlar. Adaptasyonlar devreye girer ve çocuk bilinçsizce beyninin çoğumuzun asla kullanmadığı alanlarına erişmeye başlar (en azından biz büyüyene kadar).Metafizik ve elektrik enerjisi, keşfedilmemiş bölgeye giden yolunu bulmak için mücadele eder. Elektriksel sinir uyarıları, nöronları ateşlemeye ve nörotransmiterleri, bir kişi erken yetişkinliğe ulaşana kadar keşfedilmemesi gereken beyin yollarına ateşlemeye başlar.

Otizm, esasen DEHB'nin daha gelişmiş ve karmaşık bir şeklidir. Zehirli ağır metaller orta hat serebral kanalında daha yüksek seviyelerde bulunur ve düzensiz katmanlarda toplanır. Bu, çocuğa bağlı olarak farklı yoğunluklarda görülen sendromun neden bir otizm spektrumu olduğunu açıklamaya yardımcı olur. Her şey kanaldaki ağır metallerin miktarı ve bunların hangi pozisyonlarda biriktiği ile ilgilidir. Otizmde (DEHB'ye karşı), ek cıva katmanları, kanalı geçmeye çalışan metafizik ve elektrik enerjisi iletişimini daha da büyük ölçüde etkiler. Beynin her tarafına "serpilmiş" küçük miktarlardaki toksik ağır metallerin de burada etkisi vardır.

DEHB ve otizmi anlamak için Büyük Kanyon'u hayal edin. İçinde ve çevresinde, fiziksel ve metafizik öğeler arasında simbiyotik bir ilişki vardır. Kanyonun içinden akan su, oradan yükselen rüzgar, fırtınalardan ve topraktan gelen elektrik alanları ve güneşin ışığı ve ısısı var. Kanyonu görünür, enerjik ve ruhsal bir güç haline getirmek için hepsi bir araya gelir. Beynin orta hat kanalı bu şekilde Büyük Kanyon'a benzer -pek çok element aynı anda etkileşerek onun tam olarak çalışmasını sağlar.

Peki ya bir şey Büyük Kanyon'un bozulmamış çevresini değiştirirse? Ya biri arabaları ve metal varilleri içine atmaya başlarsa? Her şey değişecekti. Rüzgar desenleri kendilerini yönlendirirdi. Güneş farklı açılardan kırılır, artık belirli bölgelere ulaşmaz, binlerce yıldır güneş ışığı görmeyen köşeleri ve çatlakları aydınlatırdı. Kanyonun içindeki ve etrafındaki ses bile değişirdi. Elemanlar uyarlandıkça mekanın tüm frekansı farklı olur.

Toksik ağır metaller bir çocuğun orta hat beyin kanalına girdiğinde olan budur. Çocuğun beklemediğimiz şekillerde davrandığını görürüz çünkü beyni, iç iletişimi engelleyen ekstra malzemelere uyum sağlar. Kendisinin farklı bölümlerine erişmeyi öğrenir.

Özel olarak Evrimleşmiş Beyin Nöronları

DEHB ve otizmli çocuklar da özellikle ön lobda özel olarak gelişmiş beyin nöronları geliştirirler. Bunlar, başkalarıyla iletişimi ve insanları "okumak" için sezgisel yetenekleri kolaylaştırır (örneğin, birinin ne düşündüğünü ve hissettiğini hissedebilmek). Bu şaşırtıcı görünebilir, çünkü DEHB ve otizmli çocuklar, kendilerini başkalarına kapalı gösteren antisosyal nitelikler sergileyebilirler. Kendilerine ve kişisel çıkarlarına lazerle odaklanmaları, aslında etraflarındaki insanlardan topladıkları bilgi seli altında ezilmekten kaçınmanın bir yoludur. Odak noktası, bu çocukların güçlü sezgisel gelişimini gizler.

Sadece ön lobda yeni, evrimleşmiş nöronlar büyümekle kalmaz, aynı zamanda beynin diğer bölümlerinde de gelişirler. Yeni, evrimleşmiş nöronlar uyarılabilir ve DEHB ile ilgili sorunlar olarak tanık olduğumuz şeylerin çoğuna neden olur. Bu, bu gelişmiş ve uyarlanabilir nöronların bolluğunu büyüten birçok otistik çocuk için daha da doğrudur. Her iki durumda da, daha fazla elektrolit, eser mineral tuzları ve glikoz gerektirirler, bu nedenle bu yeni nöronlar geliştikçe, bir çocuk bu yeni nöronları beslemek, güçlendirmek ve geliştirmek için gerekenleri alamıyorsa, daha zor bir mücadeleye yol açabilir.

Yaş ve Beyin Gelişimi

Bu olaylar dizisi -sol ve sağ serebral hemisferler arasındaki orta hat kanalında biriken toksik ağır metaller (beynin diğer bölümlerinde toksik ağır metal maruziyeti ile birlikte), ardından beynin kullanılmayan kısımlarına erişmek için zorlama beyin (çünkü iletişim enerjisi ve bilgisi kanaldan geçemez), sonra sayısız evrimleşmiş nöronlar- tipik olarak en geç dört yaşında olur.

Bununla birlikte, cıva ve alüminyum gibi toksik ağır metaller, bu kitaptaki araçlar ve temizleme teknikleri ile çocuğun beyninden kabaca erken yetişkinliğe kadar herhangi bir noktada temizlenebilir. Bu yapılırsa, çocuğun sezgisel doğası devam edecek, ağır metallerin uzaklaştırılması ise büyük olasılıkla çocuğun DEHB'sini veya otizmini sona erdirecektir. Bu, çocuğun olağanüstü olmasına ve yine de bu koşullara sahip olmanın getirdiği zorluklardan kurtulmasına izin veren bir kazançtır. Semptom olarak kabul edilebilecek bazı davranışların, DEHB veya otizm ile hayatta kalmak için geliştirilmiş basit kalıplar ve alışkanlıklar olduğu ortaya çıkacaktır. Bu kalıplardan bazıları oyalanırken (örneğin, iletişim ve hassasiyet alanlarında) çocuğunuzun refahının birçok alanında gelişmeler görebilirsiniz. Bunların değişmesi için toksik ağır metaller olmadan yeni deneyimler ve zaman alacaktır.

Erken yetişkinlikte, serebral hemisferler arasındaki orta hat kapanır. Sol ve sağ beyin yarım küreleri birbirine sıkışmaya başlar ve beynin sol ve sağ tarafları arasındaki özgür ve kolay enerji ve çocuksu, özgür ruhlu bilgi akışını sınırlar. Bu normal büyüme sürecidir. Bu, vücudun yetişkinliğin sorumluluklarına odaklanma şeklidir. Ancak aynı zamanda iki yarım küre arasındaki kanalda bulunan cıva gibi toksik ağır metalleri de hapseder.

DEHB veya otizmli bir yetişkinseniz, bu, toksik ağır metalleri sisteminizden özenle çıkarmaya ve yeni maruziyetten kaçınmaya çalışmadığınız sürece, muhtemelen bu durumun bir tür biçimine sahip olmaya devam edeceğiniz anlamına gelir. Çoğu insan için DEHB ve otizm olumsuz olarak değil, ana akımdan farklı yaşamak olarak görülebilir. Bununla birlikte, yaşamınıza ve ilişkilerinize müdahale eden şiddetli DEHB veya otizminiz varsa, etkilerini azaltmak için bir sonraki bölümdeki tavsiyeleri uygulayabilirsiniz.

Benzer şekilde, bir ebeveynseniz, sonraki bölüm çocuğunuzun DEHB ve/veya otizmiyle mücadele etmek için neler yapılabileceğini size anlatacaktır.

DEHB VE OTİZMLE KARŞILAŞMA

Doktorlar genellikle DEHB'yi tedavi etmek için amfetaminler reçete eder. Bu mantıksız, çünkü amfetaminler uyarıcıdır. Aşırı aktif bir çocuğu sakinleştireceğini veya odaklanma sorunu yaşayan birine yardımcı olacağını düşündüğünüz son şeyler bunlardır.

Amfetamin reçete etmek bana 19. yüzyılın sonlarında ve 20. yüzyılın başlarında çocuklara yaramazlık yaptıklarında onları sakinleştirmek için Bayan Winslow'un Yatıştırıcı Şurubu verme uygulamasını hatırlatıyor. Karışım çocukları oldukça çabuk sakinleştirdi çünkü morfin içeriyordu. Sonunda çocuklara bu uyuşturucuyu vermenin tehlikeli olduğu belirlenince ürün piyasadan çekildi.

Doktorlar, çocukların kısa süreliğine odaklanmalarına yardımcı olmak için amfetaminler reçete ettiğinde, çoğu zaman işe yarar -tıp toplulukları nedenini bilmese de.

Bu gizemin anahtarı, çocuğunuzun beyninde meydana gelen olağanüstü gelişmedir. Beynin normalde kullanılmayan kısımlarına erişmek ve çok sayıda evrimleşmiş, uyarlanabilir nöronun büyümesi, beynin birincil gıdaları olan normal glikoz ve eser mineral tuz miktarının iki ila üç katı gerektirir. (Glikoz beyin için en önemli şeydir ve eser mineral tuzlar ikinci en önemli şeydir.) Çocuğunuzun beyne yeterli miktarda glikoz veya eser miktarda mineral tuz almama ihtimali vardır ve bu, onun "DEHB ile ilgili" davranışlarının çoğundan kısmen sorumludur. Amfetaminler, adrenal bezlerini, beynin aktivitelerini beslemek için glikoz ve iz mineral tuzları yerine kabul ettiği adrenalin üretmesi için uyarır. Beyindeki cıva ve alüminyum gibi toksik ağır metalleri geçersiz kılmak için adrenalin, elektriksel sinir uyarılarını endişe verici bir hızda ateş etmeye zorlar. Bu, çocuğunuzun DEHB'sini dengelemeye yardımcı olur ve yalnızca geçici de olsa çocuğunuzun odaklanmasına yardımcı olur. İlaç aynı zamanda isabetli olabilir - yani, oldukça tahmin edilemez.

Ayrıca, bir çocuk Epstein-Barr virüsü veya zona virüsü gibi bir patojenle mücadele ediyorsa, hafif bir yükselmeye neden olabileceğini unutmayın. Diğer viral semptomlar henüz gelişmemiş olsa bile, vücutta iltihaplanma. Bu hafif inflamasyon, DEHB olarak yanlış yorumlanan beyin sisi ve/veya odaklanma ve konsantrasyon sorunları yaratmak için yeterli olabilir. Bu durumlarda, adrenalin amfetamin tetikleyicileri bu iltihabı geçici olarak azaltacak ve reçetenin "işe yaradığı" izlenimini verecektir.

Amfetaminler böbreküstü bezler üzerinde büyük bir yük oluşturur (düzenli olarak adrenalinle dolup taşan tüm organlardan bahsetmiyorum bile). Bu ilaç kullanımı yıllarca devam ederse, sonunda adrenal bezlerin "yanması" ve dengesiz hale gelmesi, bir dizi soruna yol açması muhtemeldir. Reçeteli amfetamin tükenmişliğinin bir sonucu olarak adrenal fonksiyon bozukluğu, şiddetli yorgunluk ve yüksek kaygısı olan genç yetişkinlerden sık sık haber alıyorum. Bu özellikle kadınlarda yaygındır.

Hem DEHB hem de otizm için daha iyi bir uzun vadeli çözüm, çocuğunuzun tüketmesi için bol miktarda taze meyve (tercihen organik) sağladığınızdan emin olmaktır. Bu, çocuğunuza mümkün olan en yüksek kalitede glikozu beyne kolayca erişilebilen bir formda verecektir. (Bölüm 20, "Meyve Korkusu.") Meyveyi bir alışkanlık haline getirerek yaratıcı olun; örneğin, bir aperatifi dondurma kıvamında bir atıştırmalık yapmak için donmuş muzları karıştırarak.

Çocuğunuza en kaliteli eser mineralleri sağlamak bir diğer önemli adımdır. En faydalı seçenek taze kereviz sapı suyudur; küçük dozlarla başlasanız bile... (Çocuklar için kereviz sapı suyu miktarları için 21. Bölümdeki tabloya bakınız.) Kereviz sapı suyu tam bir elektrolittir. Kereviz sapı suyu bir seçenek değilse, eser miktarda mineral tuzları olan ve elektrolitleri yüksek olan hindistan cevizi suyunu (pembe veya kırmızı olmayan) deneyin. Basit bir üçüncü seçenek - aynı olmasa da, yine de faydalı ve kolay - suya limon sıkarak ve ham bal ekleyerek ev yapımı bir limonata yapmaktır.

Şu anda, DEHB ve otizm yönetimi için bir diyet trendi, tahılları ve şekeri kesmektir. Bu akıllıca bir karardır -ancak meyve, elimine edilen diğer şekerlerin yerini alıyorsa. Diğer bir trend ise yüksek yağlı ketojenik diyettir. Bir kez daha şekerden korkan doktorlar bunu tavsiye ediyor. Tavsiye edilen bir yol değil. Çocuğunuzun gösterdiği herhangi bir gelişme geçici olacaktır ve yalnızca yüksek yağ seviyeleri böbreküstü bezlerini diğer diyet tekniklerinden daha fazla adrenalin salmaya zorlayarak çocuğunuzun zaman zaman daha iyi odaklanmasını sağladığı için olacaktır. Sonunda, muhtemelen adrenal yorgunluğa ve hatta nörotransmitter eksikliğine neden olacaktır. Tahmin oyunlarıyla beslenme önerileri sunmak yeterli değildir. Bir çocuğun neden DEHB veya otizm ile mücadele ettiğini ve beynin nasıl çalıştığını anladığınızda, ancak o zaman neyin gerekli olduğunu anlayabilir ve uygun araçları seçebilirsiniz. Çocuğunuz meyve şekeri (doğal haliyle) almazsa, DEHB ve otizm semptomlarıyla mücadele etmeye devam edecek veya yıllar sonra yeni, ek semptomlar geliştirecektir.

Çocuğunuz yüksek şekerli yiyeceklere veya patates kızartması ve hırpalanmış, kızarmış yiyecekler gibi aşırı yüksek kalorili nişastalara ilgi duyuyorsa, bu size bir bakış açısı sağlayabilir; ona glikoz istediğini söyleyen beyindir. Sorun şu ki, abur cubur, beslenmeden yoksun şekerin en kötü türüne ek olarak, tipik olarak, şekerin beyne ulaşmasını engelleyen domuz yağı veya kokmuş GDO yağları içerir. Dolayısıyla, bu tür "muamelelerin" daha sağlıksız versiyonları, DEHB veya otizm için hiçbir şey yapmaz.

Aslında, çocuğunuzu geleneksel tatlılardan uzak tutmanın ötesinde, ideal olarak tüm buğday ürünlerini ve glütenini onun diyetinden kesmek istersiniz.Tıp çevreleri, DEHB ve otizm semptomlarıyla mücadele eden çocuklar için glüteni ortadan kaldırmanın neden önemli olduğunu bilmiyor. Alerji olabileceğine veya glütenin iltihaplanma oluşturduğuna veya bir çocukta glüten sindirimine ve özümsenmesine izin vermeyen genetik bir sorun olabileceğine inanıyorlar. Bir sürü teori var. Gerçek şu ki, DEHB veya otizmi olanlar genellikle viral ve bakteriyel enfeksiyonlarla mücadele ediyor. Streptococcus, DEHB veya otizmli çocuklarda önde gelen bakteridir ve bakterilerin glütenle beslendiği tıbbi araştırma ve bilim tarafından bilinmemektedir. Bu nedenle, strep glüten üzerinde gelişir ve bu, iltihaplanma seviyelerini yükselten ve diğer sindirim sorunları ve semptomları yaratan şeydir. Glutenin kendisi iltihaplanma oluşturmaz veya artırmaz.

Mümkünse, çocuğunuzun mısır, kanola yağı, MSG, aspartam, sitrik asit, besin mayası ve doğal aromalar gibi toksik niteliklere sahip gıdalardan ve katkı maddelerinden de uzak durmasını istersiniz. (Bkz. Bölüm 19, "Ne Yenmemeli.")

Ayrıca çocuğunuzu diğer toksin ve zehir türlerinden, özellikle de toksik ağır metallerden uzak tutmak isteyeceksiniz. (Bkz. Bölüm 18, "Beyninizi ve Vücudunuzu Toksinlerden Arındırmak.") Tıbbi tedaviler de dahil olmak üzere çocuğunuzun maruz kaldığı her şeyi daima sorgulayın.

Son olarak, çocuğunuzu takip eden şifalı otlar, takviyeler ve yiyeceklerden oluşan günlük bir diyet uygulayıp uygulayamayacağınıza bakın.Dürüst olmak gerekirse, vakaların yaklaşık yüzde 85'inde DEHB veya otizmli çocuklar işbirliği yapmak istemeyecektir. Bu nedenle, çocuğunuzun aşağıdaki öğelerden yararlanacağını düşünüyorsanız, onları çekici göstermek (veya kamufle etmek) için yaratıcı yollardan yararlanıp yararlanamayacağınıza bakın.Yaklaşımınızı onun benzersiz arzularına ve kişiliğine göre ayarlayarak çocuğunuzu da sürece dahil edin. Bir anne veya başka bir birincil bakıcı, çocuğunun çıkarları için nasıl konuşulacağı konusunda en fazla içgörüye sahiptir. Her çocuk her yönden harika bir şekilde benzersiz ve harikadır, bu yüzden sadece kulaktan kulağa oynayın ve elinizden gelenin en iyisini yapın.

Faydalı Besinler

Diyet, DEHB ve otizmden kurtulmanın anahtarıdır. Özellikle bazı meyveler, yapraklı yeşillikler, otlar, yabani yiyecekler ve sebzeler özellikle şunlar için faydalıdır; çeşitli, toksik ağır metalleri ve diğer toksinleri atmak, beyin dokusunu iyileştirmek, nörotransmiterleri eski haline getirmek, sağlıklı nöron sinyal iletimini desteklemek, beyne glikoz sağlamak, zihni sakinleştirmek ve merkezi sinir sistemini güçlendirmek ve ayrıca patojenleri azaltmak ve öldürmek; virüsler ve bakteriler gibi. Bu şifalı besinler arasında; yaban mersini, kişniş, patates, elma, kereviz, muz, ıspanak, kavun, kış kabağı, tatlı patates, domates, brokoli, armut, mango, böğürtlen, avokado (az miktarda), çilek, Atlantik dulse ve kenevir tohumları (küçük miktarda). Bu gıdalardan mümkün olduğunca çoğunu diyete dahil edin.

Ayrıca Bölüm 23'teki Ağır Metal Detoks Smoothie tarifine bakın. Mümkün olduğunda bu smoothie'yi eklemeye çalışın.

Bir çocuğun, Ağır Metal Detoks Smoothie tarifinin verdiği miktarın tamamı için genellikle iştahı olmadığını unutmayın. Çocuğunuz için doğru porsiyonu bulmak için bir bardak elma suyu düşünün; çocuğunuz genellikle ne kadar içecek? 236ml, 295ml, 354ml mi? Çocuğunuza vermek için uygun miktarı seçin. Tarifi buna göre azaltabilirsiniz; örneğin, yarım veya üçte iki oranında kesin (mümkünse içindeki beş temel malzemeyi orantılı miktarlarda tuttuğunuzdan emin olun) veya tam tarifi yapın ve çocuğunuzun istemediği kadarını siz için. Ya da çocuğunuza malzemeleri 24 saat içinde ayrı ayrı verebilirsiniz.

Şifalı Bitkiler ve Takviyeler

DEHB veya otizm semptomlarıyla uğraşan herkes için başlangıç olarak en iyisi; aç karnına taze kereviz sapı suyu ve daha sonra sabah veya gün içinde, aşağıdaki takviyelerden ikisini içeren Ağır Metal Detoks Smoothie, arpa otu suyu tozu ve spirulina'dır. (Kereviz sapı suyunu ve smoothie'yi birlikte içmeyin. Kereviz sapı suyunuzla diğer içecekler ve yiyecekler arasına en az 15 ila 30 dakika verin.) Yine, çocuklar için kereviz sapı suyu miktarları konusunda rehberlik için Bölüm 21'deki tabloya bakın.

Ek destek arıyorsanız, bu liste seçenekler sunar. Lütfen bu takviyelerin hepsinin yetişkinlere uygun dozajlar olduğunu unutmayın. Çocuğunuz için hangi dozların doğru olduğunu görmek için bu listeyi çocuk doktorunuza götürebilirsiniz. **Bunları uygulamadan önce Bölüm 21, "Takviyelere İlişkin Kritik Kılavuz"u okuduğunuzdan emin olun.**

DEHB ve Otizm için Takviyeler (Yetişkin dozları)

Çocuğunuz için hangi dozların doğru olduğunu görmek için bu yetişkin dozlarını çocuk doktorunuza götürebileceğinizi unutmayın.

- **Taze kereviz sapı suyu**: günde 473ml'ye kadar
- **Celeryforce**: günde 2 kapsül
- **Arpa otu suyu tozu**: günde 1 çay kaşığı veya 3 kapsül
- **B kompleksi**: günde 1 kapsül
- **Mürver şurubu**: günde 1 çay kaşığı
- **EPA ve DHA (balıksız)**: günde 1 kapsül (akşam yemeğiyle birlikte)
- **GABA**: günde 1 kapsül
- **Goldenseal**: günde 1 damlalık (ayda bir hafta boyunca)
- **Melisa**: günde 3 damlalık
- **Meyan kökü**: günde 1 damlalık (iki hafta devam, iki hafta ara)
- **Magnezyum glisinat**: günde 2 kapsül
- **Melatonin**: günde 1 ila 5 miligram (tercihen geceleri)
- **Mullein yaprağı**: günde 1 damlalık (ayda bir hafta boyunca)
- **Spirulina**: günde 1 çay kaşığı veya 3 kapsül
- **Vitamin B12 (metilkobalaminli adenosilkobalamin olarak)**: günde 1 damlalık
- **Vitamin C (Micro-C olarak)**: günde 2 kapsül
- **Çinko (sıvı çinko sülfat olarak)**: günde 1 damlalık

HASTA DOSYASI:
BİR ANNENİN EMEĞİNİN MEYVELERİ
2005

Bir çocuk olarak Jonathan arkadaşlarıyla, ailesiyle ve öğretmenleriyle iletişim kurmakta zorlanıyordu. Küçük kız kardeşiyle anlaşamıyordu. Hiçbir zaman sakin görünmeyen Jonathan için bir şeye odaklanmak neredeyse imkânsızdı.

Beş yaşında DEHB teşhisi kondu. Jonathan'ın annesi Alberta onun hayattaki en büyük desteğiydi. Sonraki 13 sene boyunca Jonathan'ın sorunlarının sebebini bulabilmek, onun sağlığı ve esenliğini sağlayabilmek için kendini adamıştı. Jonathan'ın gösterdiği bütün belirtileri günü gününe tutuyordu, gittikleri bütün doktorları, yaptıkları bütün diyetleri, kullandığı bütün ilaçları -hayli popüler olan amfetaminler de dâhil olmak üzere- hepsini yazıyordu.

Alberta'nın eşi, Jonathan o gün ne kadar güzel odaklanırsa odaklansın Jonathan'ın o günün oyunlarına katılamamasıyla dalga geçmekten keyif alıyordu. Bunun bir kısmı arkadaşlarının onu yalnız bırakmasıyla ilgiliydi. Bir diğer faktör de Jonathan'ın kendi yaşındaki diğer çocuklara göre çok daha gelişmiş ve yoğun ilgilerinin olmasıydı.

Jonathan'ın davranışları DEHB ve hafif otizm arasında gidip gelirken Alberta onun parlak ve sezgisel bir varlık olduğunu biliyordu. Bir kitapta "indigo çocuk" tanımına denk geldikten sonra onu öyle adlandırmaya başladı.

Jonathan'ın, 7 yaşındayken arabanın arka koltuğunda, kot pantolon, mavi eşofman üstü ve ona tam olduğunu söylediği, çok sevdiği spor ayakkabıları ile otururkenki hatırasına tutunmaya çalışıyordu. Arabanın ön koltuğunda otururken, az evvel okul müdürü ile yapmış oldukları toplantının detaylarını düşünen Alberta, Jonathan'ın kendi kendine konuşmaya başladığını duydu. "Kimse beni anlamıyor," diyordu "Bu dünyaya uyum sağlamak için biraz daha zamana ihtiyacım var."

Jonathan'ın erken yetişkinlik döneminde Alberta ona aynı sonuçları sunan bir doktor buldu. Doktor Duval Jonathan'ın DEHB ve sınırdaki otistik davranışlarının bağırsak florası sorunuyla ilgili olduğunu söyledi -bu çok fazla verimsiz bakteri ve az miktarda iyi bakteri demek oluyordu. Doktor tahılların da bu sorunda payı olduğunu düşündü ve bulgur, çavdar, yulaf, arpa ve bunun gibilerini Jonathan'ın diyetinden çıkardı. Ayrıca işlenmiş şeker ve süt, peynir, tereyağı gibi ürünlerin de Jonathan'a iyi gelmeyeceğini hissetti. Lahana gibi yapraklı bitkileri ve diğer sebzeleri, tohumları tavsiye etti. Et, tavuk ve balık yemekte serbestti. Destek için doktor, sağlıksız bağırsak florası dediği şey için ve bağışıklık sistemini güçlendirmesi adına ileri düzeyde probiyotikler yazdı.

Jonathan, iş yemeğe geldiği zaman istekli olan nadir çocuklardandı. Alberta'nın, diğer çocukların annelerinden, onların beslenme alışkanlıklarını değiştirmenin ne kadar zor olduğunu duymasına rağmen, Jonathan bulguru bırakıp lahana gibi yeşil yapraklar, bir takım tohumlar ve Doktor Duval'in beyin geliştirici olduğunu söylediği kimi yiyecekleri yemek konusunu fazla kafasına takmadı.

Yıllar içerisinde Jonathan'ın odaklanma ve iletişim sorunları ilkokul, ortaokul, hatta koleje gidebilecek kadar gelişme gösterdi. Farklı zaman dilimlerinde Alberta Jonathan'ı evde eğitti, daha sonra öğretmenler tuttu. Her iki hareket de Jonathan'ın okul başarısında çok önemli rol oynadı.

18 yaşına geldiğinde Jonathan hâlâ belirtilerle boğuşuyordu. Alberta'yla ikisi, üniversiteye girmesi için uğraşıyorlardı. Ve ikisinin de -Jonathan bunu belli etmese de- evden uzakta, Alberta'nın devamlı desteği olmadan hayatını nasıl sürdüreceğine dair endişeleri vardı. Reçetelerdeki amfetaminler ve diğer destekleyicilere bel bağlamak zorunda kalmamak onun için bir mucize olacaktı.

Geçen 18 yıl Alberta için zor olmuştu ama yine de bir dakikasını bile hiçbir şey için değişmezdi. Ne zaman hüsrana kapılsa, arabanın arka koltuğunda oturup, dünyanın onu anlamasını uman 7 yaşındaki çocuğu hatırlıyordu. Jonathan'ın okulundaki akşam toplantısında Alberta aynı belirtileri gösteren bir çocuğun annesiyle tanıştı. Kadın Alberta'ya benim numaramı verdi ve bir randevu ayarladık.

İlk konuşmamızda Alberta telefondaydı, Jonathan hatta olmamasına rağmen onu taramayı başarabildim. Ağır metal ve özellikle cıvanın suçlu olduğunu bulmuştuk. Tüm doktorlar, onu, iyileşme kapasitesinin %40'na kadar taşıyabilmişlerdi. Onlar ancak oraya kadar taşıyabilirlerdi, çünkü en önemli bağlantıyı kaçırıyorlardı: zehirli ağır metaller.

Jonathan'ın beyninin iki yarı küresi arasında azımsanmayacak miktarda cıva birikmişti. (Tıp araştırmaları bunu önümüzdeki 20 ya da 30 yıl boyunca bulamayacak.) Jonathan 18 yaşında olmasına rağmen, beyin yarı küreleri birleşmeye ve kanalı kapatmaya başlamışlardı, ancak yine de radikal sonuçlar alabilecek boşluk mevcuttu.

Alberta benimle konuştuğunda rahatlamış gibiydi. Ancak eğer beni bir yıl sonra aramış olsa Jonathan'ın ne durumda kalmış olacağını düşündükçe panik yapıyordu. Onu, Jonathan daha yaşlı olsa bile detoks metotlarından sonuç alabileceğimize ikna ettim.

Kan dolaşımındaki yağlar beynin ihtiyaç duyduğu glikoza ulaşmasını engellediği için Jonathan'ın yalnızca hayvansal protein formunda aldığı yağ tüketimini azalttık. Yıllardır Jonathan'ın beyninde biriken ağır metal, onun aldığı glikozun iki katına ihtiyaç duymasına sebep olmuştu. Alberta Jonathan'ın her zaman tatlılara ve şekerli şeylere yakın olduğunu ve onları yerken daha iyi odaklandığını söyledi. Gerçi işlenmiş şekerin onu tam bir tükenmeye sürüklemesine ramak kalmıştı.

Bu gözlemlerine katıldım ve işlenmiş şekerin doğru bir şey olmadığını onayladım. Doktor Duval bazı konularda haklıydı tahıl ve süt ürünlerinin de hiçbir faydası yoktu. Jonathan'ın esas ihtiyaç duyduğu şey gerçek beyin besinleriydi. Yaban mersini, elma, hurma, üzüm ve Jonathan'ın sevdiği diğer meyveler gibi. Lahana gibi yeşil yapraklı sebzeler de ayrıca önemliydi.

Destek için günde iki kez servis edilen kişniş ile birlikte yüksek dozda spirulina yosununa başvurduk (glikoz ve lezzet için hindistancevizi suyu ile karıştırmıştık).

"Bu tektonik bir değişiklik olacak," dedi Alberta. "Yıllardır Jonathan'ın meyve yemesine izin yoktu."

"Hayatın tüm sorunlarına karşı lahana ve protein çözümü iyi niyetli bir trend," dedim ona. "Lahana harika; şekerin, beynin yararı için yaptığının bir bölümünü yapıyor. Ve hayvansal proteindeki gizli yağa karşı da dikkatli olmalıyız. Antioksidan açıdan zengin meyve şekeri, azaltılmış yağ, spirulina yosunu ve ağır metalleri uzaklaştıracak olan kişniş bileşiminden oluşan bu yeni diyet Jonathan'ın hayatını değiştirecektir."

Öyle de oldu. 3 hafta içinde Alberta asistanıma bir mesaj bıraktı. Hayatında ilk kez oğluyla gerçek, derinlikli bir konuşma yapmıştı. Bir monolog değil bir diyalog! Oğlu ona karşı gelmemiş, lafını kesmemiş ya da odayı terk edip gitmemişti. Bunun yerine dinlemiş ve ona cevap vermişti; iki yetişkin gibi karşılıklı konuşabilmişlerdi. Alberta günden güne Jonathan'ın sistemini terk etmekte olan ağır metali hissedebildiğini söylüyordu.

"Şaşkınlıktan ağzım bir karış açık," diyordu asistanıma gözleri dolarken. "Biliyorsunuz, Jonathan'ın tedavisi ve belirtileri için kullandığım not defterlerinin sonuncusu bitmeye yüz tutmuştu. Belki, yenisini almama gerek kalmayacak."

Jonathan da farkı fark etti. İlk ay içinde, üniversite başvurularını galon kahve olmadan bitirmeyi başardı. En iyi üniversitelerden birine girdi, kaydoldu ve Alberta'nın onu 6,5 kiloluk bir kutu hurmayla göndermesinin ne kadar "annelere özgü" bir şey olduğu konusunda hemen oda arkadaşıyla anlaştı.

Alberta her hafta ona organik bir meyve fabrikasında paket yollamaya başladı. Jonathan ve oda arkadaşı her gün bu meyvelerden yiyorlardı. Glikoz Jonathan'ın sınıfları geçmesine yardımcı oldu ve hatta girdiği birkaç kulüpte de işe yaradı. Vize zamanı geldiğinde hayatının zirvesindeydi.

"Bir çocuğun neden DEHB veya otizmle mücadele ettiğini ve beynin nasıl çalıştığını anladığınız zaman, neye ihtiyaç olduğunu görüp uygun yolları seçebilirsiniz."

— Anthony William, Medikal Medyum

13

TRAVMA SONRASI STRES BOZUKLUĞU

Dünyadaki her yalnız ruh *travma sonrası stres bozukluğu* (TSSB) hastalığının bir türünü yaşıyordur. Bu, yalnızca bir trajediye ya da insanların savaş sonrası travmalarına -TSSB'nin kesinlikle iyi bilinen ve kayda alınan bir türüdür- karşı verdiği 'savaş ya da kaç' tepkisi değildir.

Gizli bir TSSB salgını da vardır. Bu kitap ilk yayınlandığından beri, bu her zamankinden daha gerçek.

Bu bölümün odak noktası olan bu bilinmeyen TSSB formu o kadar yaygın ki neredeyse herkeste var. Hepimizin uğraşmak zorunda olduğu, bilinçaltında değil, bilinçli olarak unutabileceğimiz tatsız durumlardan kaynaklanır. PTSD de binlerce yıllık acılardan kaynaklanır; özü, insanlık tarihinden içimizdedir.

Sizin veya bir başkasının hayatı tehlikedeyken korkmanız normal ve hatta sağlıklıdır. Korkunuz bir savaş ya da kaç olayını tetikler vücudunuzu adrenalinle dolduran tepki, geçici olarak size tehditle başa çıkmak için daha fazla güç ve yüksek refleksler verir. Tehdit geçtikten sonra, duygusal artçı şoklar yaşayabilirsiniz. Bu, terapistlerin ve psikiyatristlerin tanıdığı klasik TSSB şeklidir.

Bir müşteri, Jerry, bir keresinde bana damadı Mike'ın inşaatta birlikte çalışırken yaşadığı ölüme yakın deneyiminden bahsetmişti. Bir gün Jerry, Mike'ın sitenin diğer tarafından yardım için çığlık attığını duydu. Jerry sorunun ne olduğunu anlamak için koştu ve Mike'ı yarım tonluk bir karavanın altında sıkışmış buldu. Mike bir dingili tamir ediyordu ki, treylerin dayandığı bloklar patladığında ve treyler onu yere sabitleyerek neredeyse göğsünü eziyordu.

Yardım çağırmak için durursa, Jerry çok geç geleceğini biliyordu. 911'i arayıp daha sonra kızına kocasını kaybettiğini söylemek yerine, Jerry hayatta kalma moduna geçti. Bir adrenalin patlaması yaşadı. Damadının göğsünden bin kiloluk ağırlığı Mike'ın kayabileceği kadar kaldırmaya başladı. Mike kurtuldu.

Bir mucize gerçekleşmiş ve her şey yolunda olsa da, Mike sürekli olarak ağır bir şeyin altında sıkışıp yardım için çığlık attığına dair kabuslar görüyordu. Ve Jerry midesi bulanmadan herhangi bir karavana bakamıyordu. Yıllar sonra, Jerry nasıl iyileştirileceğine dair içgörüler için bana geldi. Her iki adam da açıkça TSSB olarak kabul edilebilecek şeyleri deneyimlemişti.

Bir de günbegün artan duygusal yaralar vardır. Güvensizlikler, güven sorunları, korkular, suçluluk, utanç ve daha fazlası; aslında geçmişteki zorlu duygusal deneyimlerden kaynaklanır. Hepsi gizli TSSB'nin bir sonucudur. Bu nedenle, örneğin, bir kişi bir ilişkiye bağlanmaktan korktuğunda, yaşamın erken dönemlerinde bir şeyin belirli bir düzeyde travma sonrası stres bozukluğu yarattığını gösterir. Birinin geçmişinde, onun bugünkü tepkisine katkıda bulunan ne olduğunu asla bilemezsiniz.

TSSB çok farklı seviyelerde olabilir. Bir keresinde gittiğim ve patika yoldan çıkmaya karar verdiğim bir yürüyüşü hatırlıyorum. Ben patikadan saparken, Ruh bunu yapmamam için beni uyardı. Yine de, güvenli yöne gitmem gerektiğini bilerek, merakımı bir uçuruma kadar takip etmek için özgür irademi kullandım. Uçurumun kenarına süründüm ve aşağıda dikkatli olursam ulaşabileceğim bir teras gördüm. Korkuluk olmayınca tırmanmaya başladım. Tam altımda okyanus varken, en tehlikeli çıkıntıda seyrederken, yoğun bir sis hızla çöktü.

Ellerimi zor görebiliyordum. Aşağıda dalgalar kayaya çarptı. Sadece 15 cm öne veya yana kayarsam yaratıcımla karşılaşacağımı biliyordum. Sıkışmıştım.

Sis saatlerce kaldı. Akşama kadar, aynı yoğunluktaydı. Sıcaklık düşmüştü ve üzerimdeki hafif giysiler sisten sırılsıklam olmuştu. Bir uçurumun kenarında uykuya dalmak bir seçenek değildi, bu yüzden sis, beni güvenli bir yere götürecek ayak izlerini görmemi sağlayacak kadar yükselinceye dek, donarak şafağı bekledim. Sonunda arabaya döndüm, eve sürdüm ve uyumaya çalıştım.

Gözlerimi kapatır kapatmaz, tek görebildiğim uçurumdu -üzerinde benimle birlikte.

Tekrar tekrar aynı görüntüyü gördüm ve sona ne kadar yaklaştığıma dair panik hissettim. Cesaretli biri, doğayı biraz adrenalinle deneyimlemeyi seven biri için, bu deneyim muhtemelen korkutucu değildi. Bir uçurumda sis altında kalmaktan çekinmeyecek insanlar tanıyorum - örneğin, güvenlik ekipmanı olmadan düzenli olarak hayatlarını serbest tırmanışla riske atan kaya tırmanışçıları. Bu ben değilim ama. Sarsıldım.

Neyse ki, iyileşmenin sırlarını biliyordum. Zaman ve sabırla ve Merhametin Ruhu'nun şifa programının uygulanmasıyla, çok geçmeden travmadan çıktım.

FARK EDİLMEYEN TSSB

Son zamanlarda eskiden gizli saklı tutulan şeyleri daha fazla konuşan bir toplum haline geldik. Daha önceleri ne hissettiğimize dair veya niçin akıl hastanesine gönderildiğimiz konusunda sessiz kalır ya da duygularımızı söylemezdik. Eğer hislerimizi biraz fazla dışarı vurursak lobotomiyi hak etmiş olurduk.

Gaziler için, savaşta yaşamış oldukları travmaları takip eden stresin tedavisi edilmesi ve bu konuda ilgi görmeleri yüz yıllar sürdü. Bir kültür olarak duygularımızı alkol ve uyuşturucuyla, yiyecekle ve adrenalin dolu aktivitelerle bastırma eğilimindeyiz. Son zamanlara kadar kendimizi ifade etmek bir seçenek bile değildi. Son 40 yıl içerisinde bir şeyler değişmeye başladı. Stres dolu bir çağda yaşıyoruz ama terapistler, yaşam koçları ve danışmanlar artık çoğaldılar. Dolayısıyla TSSB'nin kapsamını ve tanımını genişletmek artık mümkün.

Geldiğimiz kadarıyla, hâlâ toplumsal (ve bilimsel) travma anlayışımızdan ve PTSD'nin kısır döngüsünün gerçekte nasıl ortaya çıktığı konusunda eksik kalıyoruz. Ve damga eskisi kadar kötü olmasa da, tamamen ortadan kalkmadı. Herhangi bir travma geçirmiş olan herkesle nasıl ilişki kuracağımız ve onları nasıl destekleyeceğimiz konusunda hâlâ daha çok ilerlememiz var.

Travma sonrası stres bozukluğu zorlu bir deneyimden sonra meydana gelir. TSSB'nin, bir taciz, trajedi, çocuk kaçırma ya da vahşi bir suça tanık olma gibi şeylerden kaynaklanan bildiğimiz çok daha ciddi vakaları var.

Ayrıca bir de fark edilmeyen tetikleyiciler var. Bir çocuğun anne babasının ayrılması onun bir yetişkin olduğunda evlilikten kaçınmasına sebep olabilir. Bir ergenin okul balosu için davet edilmemesi bütün okul danslarından hoşlanmamasına sebep olabilir. Bir uçakta türbülansa girmek bir insanın bundan sonra asla uçmak istememesi ile sonuçlanabilir. Bir fast food restoranının bir şubesinde yediği yemekten zehirlenip daha sonra oraya gitmek konuşulduğunda bile arabadaki koltukta kıvrılıp bükülen insanların hikâyelerini duydum.

Diğer tetikleyiciler ise şunlar olabilir: Bir işten atılmak, erkek ya da kız arkadaştan ayrılmak, yaralanmaların yaşanmadığı küçük trafik kazaları ya da hayatta bir şeyi başaramadığınız hissettiğiniz anlar. TSSB'ye neyin sebep olacağı konusunda herhangi bir sınırlama yoktur.

Bir hastam, yatılı okulda zorla yedirdikleri için yetişkinliğinde taze fasulye ve köfte yemediğini anlatmıştı; bu yemeklerin sadece kokusu ya da görüntüsü bile ona geçmişte yaşadıkların hatırlatıyordu. Zorlu bir hamilelik dönemi yaşayan birçok kadının gebe kalmaktan korktuğuna şahit oldum. Bunlar da TSSB'nin çeşitli türleridir.

Günümüzün modern zamanlarında kendi kendine yardım etmek, terapi, duygusal anlayış gibi şeyler olsa da toplum bu fark edilmeyen tetikçilerin TSSB ile ilintili olduğunu anlayamamakta. Sağlık profesyonelleri genellikle ölüm kalım deneyimleri yaşanan durumlarda travma sonrası stres bozukluğu konusunda çekimser kalıyorlar. Binlerce olmasa da yüzlerce vakayı göz ardı ediyorlar.

İşte TSSB'nin yaptığı budur; derecesi fark etmez yaptığımız seçimleri olumsuz yönde etkiler. Kişiliğimizin yapısını değiştirir.

Çok nadir konuşulan tetikleyicilerden bir tanesi de hastalıklardır. Çoğu insan iki haftalık bir nezlenin ardından bile TSSB'ye yakalanabiliyor; üç ay süren kronik yorgunluk ya da yıllarca süren sinir sorunlarından bahsetmiyorum bile. Bu belirtilerin deneyimlenmesi hikâyenin başka bir tarafı. Duygusal zararın bir başka sebebi ise doktor doktor gezinmek, testler yaptırmak, MR çektirmek, bilgisayarlı tomografi gibi hiçbir şeyi su yüzüne çıkarmayan, bir rahatlama ya da bir geçerlilik kazandırmayan umutsuzluktur.

TSSB kendi üzerine katlanarak büyüme eğilimindedir. Hayatınızın herhangi bir döneminde bir kez hasta olduğunuzda artık vücudunuzun sizi aşağı doğru çektiğine inanmaya başlarsınız. Teşhis edilemeyen, yanlış teşhis edilen ya da iyileşmeye götürmeyen bir teşhisin bulunduğu hastalıkların içerisinde kaybolup gitmişsinizdir. Etrafınız finansal prangalarla sarılmıştır. Kariyerinizin ya da ilişkilerinizin elinizden kayıp gittiğini hissedersiniz. İşte bu sizi travma sonrası stres bozukluğu için harika bir aday haline getirir.

TSSB ayrıca sevilen birinin hastalığına karşı da verilebilen bir tepkidir. Birilerinin canlılığını kaybetmesini ve eskiden hayatınızda oynadığı role artık devam edemediğini görmek sizi zayıf ve güçsüz hissettirebilir. Birisiyle ilgilenmek için kendinizi aşırı derecede zorlamak da külfetli bir hal alabilir. Sevdiğiniz kişi iyileşmiş olsa bile, sesinin daha sonra biraz hırıltılı çıkması ya da hafifçe burnunu çekmesi eski korkularınızı ortaya çıkarıp tekrar karanlık zamanları hatırlamanıza ve kötü hissetmenize sebep olabilir.

Şimdi COVID'den TSSB'miz var. Bunun birkaç çeşidi vardır. Bu TSSB, COVID olma korkusundan gelişebilir. Etkileşimler değiştikçe, uzaklaştıkça ve yaşam değiştikçe topluluğumuzla, arkadaşlarımızla ve ailemizle teması kaybetmekten kaynaklanabilir. TSSB, ister daha hafif bir vaka olsun, ister iyileşene kadar hayatta kalmak için savaşmak zorunda kalmış olun, COVID'e yakalanmaktan ve hasta olmaktan kaynaklanabilir. Ayrıca COVID sonrası TSSB var -çünkü COVID'e yakalanan herkes diğer tarafta kendini iyi hissetmiyor. "Epstein-Barr Virüsü, Kronik Yorgunluk Sendromu ve Fibromiyalji" başlıklı 3. Bölümde okuduğunuz gibi, bu semptomların çoğu COVID kaynaklı olmasa da, COVID sonrası kronik semptomların başlaması veya kötüleşmesi yaygındır; COVID tarafından tetiklenirler. (Yani, vücuttaki mevcut patojenler, COVID'den kaynaklanan bağışıklık sistemi çökmesinden yararlanabilir. COVID sonrası semptomların çoğunun arkasındaki gerçek neden budur.) Birisinin kronik semptomların alevlenmesiyle mücadele edip etmediğini veya COVID sonrası yeni semptomlar, bu tip TSSB'ye yol açabilir. Ardından, halka açık restoranlar ve perakende mağazaları gibi işletmelerde çalışmanın veya çalışmanın PTSD'si var. Kasiyerler ve diğer market çalışanları, ayrıca uçuş görevlileri, toplu taşıma çalışanları, sağlık hizmeti sağlayıcıları ve halka açık diğer birçok meslekte çalışanlar, daha sabırsız ve stresli kalabalıklarla karşılaşmaktan PTSD ile mücadele ediyor. Liste uzayıp gidiyor; kişisel deneyimlerinizden muhtemelen diğer COVID ile ilgili TSSB formlarını adlandırabilirsiniz. Bu yeni ortamda çocuk bakımı ve yaşlı bakımını yönetmekten ve ev, iş ve okul arasındaki bulanık sınırlarla uğraşmaktan PTSD var. COVID nedeniyle iş ve/veya finansal güvenlik kaybından kaynaklanan TSSB var. TSSB var Sevilen birini kaybetmekten COVID veya COVID ile ilgili bir durum nedeniyle TSSB var.

TSSB'ye sahip olup bunun farkında olmamak da mümkündür. Eğer bilinçaltından gelen hatıralardan kay naklanıyorsa açıklayamadığımız duygular ya da kaçınmalar yaşıyor olabilirsiniz ya da kimi zamanlarda kendinizi kapatıyor ve bunun sebebini anlayamıyorsunuzdur. Kimi zaman kendinizi aşırı tatlı yemeye ya da adrenalin dolu aktivitelere kapılmış bulabilirsiniz. İnsanlar size can sıkıcı lakaplar takmış olabilirler; "alıngan", "asabi", "kırılgan", "yaralı" ya da "aşırı duyarlı" gibi. Bunlar uzun ya da yakın geçmişte yaşanan bir şeylerin işaretleri olabilirler ve bugün ortaya çıkıyorlardır.

Tıp, aslında TSSB'nin gerçekten ne olduğunu henüz bilmiyor. Çeşitliliğinden ya da nasıl meydana geldiğinden haberleri yok.

Bu bölümde cevapları bulacaksınız.

Kişisel geçmişinizin üzücü kısımlarına hiçbir şey borçlu değilsiniz. Bir takım travmaları tekrar tekrar yaşamak kaderiniz değil. Sizi üzen insanlar hayatınızın sonuna kadar size dadanacak güçte değiller. Bir dizi küçük talihsizlik ya da kronik stres sizi tarif eden şeyler olamaz. Bunların ötesinde bir yol var.

Doğru beslenme, doğru duygusal ve ruh sağlığı desteğiyle canlılığınızı tekrar kazanabilir, hayatınızı dolu dolu yaşamaya devam edebilirsiniz.

ASLINDA OLAN

Fiziksel ve duygusal düzeyde ne gerçekleşiyor da TSSB'ye sebep oluyor?

Açıkça söylemek gerekirse, biri travma geçirdiğinde ortaya çıkan, beyinde glikoz eksikliğidir. Beyin dokusunda merkezi sinir sistemini beslemek için yeterli miktarda glikoz depolanmadığında, duygusal kargaşa kalıcı etkiler yaratabilir. Popüler bilim inancının aksine, elektrolitler beyin sağlığında kritik bir rol oynasa da, elektrolit kaybından TSSB oluşmaz. Yine, glikoz eksikliği gerçek nedendir.

Kimi şokları ya da üzüntüleri zarar görmeden atlatan kişiler için, "Kaya gibi sağlam," dendiğini duymuşsunuzdur? Bu insanların bu dayanıklılıklarının ardında yatan şey beyinlerinde bulunan sağlam glikoz rezervleridir. Sonuç olarak büyük travmaları bile etkilenmeden atlatabilirler.

Glikoz, hassas beyin ve nörolojik doku üzerine bir koruma perdesi yerleştirdiği için beyin için kritik olan koruyucu bir biyokimyasaldır. Tıbbi araştırmalar, stres zamanlarında beynin çalışması için ne kadar glikoza ihtiyaç duyduğunu ve beynin depolama bankasında bol miktarda glikoz bulunmasının ne kadar kritik olduğunu henüz anlamadı. Glikoz dolara dönüştürülseydi, kaza gibi önemli bir travmatik olay yeni bir araba satın almakla eşdeğer olabilirdi. Tacizci bir ilişki gibi uzun vadeli bir travma, glikoz rezervleriniz üzerinde yeni bir ev satın almanın banka hesabınızda yaratacağı etkiyle aynı etkiye sahip olabilir.

Glikozun koruyucu örtüsü üç nedenden dolayı gereklidir: Birincisi, beyin hücrelerinin, beyin dokusunun ve nöronların, öfke, hüsran, umutsuzluk ve korkudan salınan adrenalin ve kortizolün asidik ve aşındırıcı doğasına doymasını önlemek için glikoz gereklidir. İkincisi, glikoz, beyin dokusunu, nöronları ve glial hücreleri etkileyen, elektriksel uyarıların endişe verici bir hızla ateşlendiği, travma meydana geldiğinde ortaya çıkan beyindeki elektrik fırtınalarını durdurmak için oradadır. Üçüncüsü, glikoz kritik olan beyin atrofisini önler, çünkü aksi takdirde travma bu beyin küçülme sürecini hızlandırabilir.

Beyni bir arabanın motoru gibi düşünün. Şeker gibi tatlı, antifriz motorun içinden geçer. Bu soğutma sıvısı olmadan motor aşırı ısınabilir ve hasar görebilir. Aynı şekilde, beynin ihtiyaç duyduğu soğutma sıvısı -glikoz- yoksa beyindeki binlerce nörondan geçen elektriksel uyarılar aşırı ısınmaya ve tükenmeye neden olabilir.

Acı biberin etkisini geçirmek için şeker yendiğini duydunuz mu hiç? Şeker biberin yakıcı ünitelerine karşı bir antidot gibidir tükürük bezlerini, dili ve damağınızı yanmaktan korur. Aynı şekilde glikoz da (şeker) beyni korur. Eğer birinin glikoz rezervi düşükse yalnızca patlayan bir lastik bile onu TSSB'li yapabilir. Diğer taraftan yüksek glikoz rezervine sahip biri ise silahlı bir soyguna şahit olduktan sonra, akşam hiçbir şey yokmuş gibi arkadaşına bu hikâyeyi anlatabilir. Glikoz deposunun düşük veya yüksek olup olmadığı, bir kişinin hayatta ne kadar travma yaşadığı ile ilgilidir. Birisi bu dünyaya daha fazla glikoz ile gelebilir ve çok fazla zorluk yaşamadığı için bunu sürdürebilir, bu yüzden rezervleri kullanılmamıştır.

Hayvanlarda doğuştan glikozun önemini bilebilme yeteneği vardır. İşte size internette bulamayacağınız bir şey: İki sincap yolda karşıdan karşıya geçmeye çalışırken eğer bir araba bir tanesini ezerse hayatta kalan sincap derhal geri döner ve ölenin kanını içer; bunu glikoz için yapar. Sezgisel, içgüdüsel, doğuştan gelen bir şeydir ve sincabı kaç ya da savaş tepkisinin beyne verdiği zarardan korur.

İnsanlar ayrıca şekeri sakinleştirici bir araç olarak algılarlar. Bu nedenle, birçok insan, bir ilişki ayrılığı gibi duygusal bir sıkıntı yaşarken ilk tercihi olarak şeker oranı yüksek yiyeceklere yönelir. Pek çok insan yaralarını iyileştirmek için tatlılara başvurur. Sadece aşırı yeme sorunları olduğunu düşünebilirler ve özellikle şekerli ikramların cazibesine karşı savunmasızdırlar -oysa gerçekte, bilinçaltında fiziksel bir eksikliği kapatmaya çalışıyorlardır.

Ve PTSD'nin bir başka panzehiri olarak, insanlar şekeri adrenalinle değiştirmeye başladılar. Uçaklardan atlayan, yüksek yoğunluklu sporlarla uğraşan, zip-lining veya bungee jumping yapan veya orada olduğunu bile fark etmedikleri acılarla baş etmenin bir yolu olarak uçurumlardan dalış yapan adrenalin bağımlılarının sayısı giderek artıyor. Bir de toparlanma ilişkileri var -yeni kız arkadaş ya da erkek arkadaş, bir ayrılıktan sonra adrenalin artışı için dönebilir. Bunların hepsi, glikoz yerine geçmek için hızlı bir ilaç olarak adrenalin kullanmanın örnekleridir.

Bu yaklaşımlarla ilgili sorun, yükselenin aşağı inmesi gerektiğidir. Paketlenmiş keklerden (vegan olanlar bile) yüksek şeker daha sonra bir sorun anlamına gelir. Ve adrenalin yükseklikleri, adrenalin düşüşlerine yol açar. Adrenalin yüksekliği o anda iyileşmeyi ve güçlenmeyi hissedebilse de, dalgalanma sonsuza kadar sürmez. Beyninizi, hücrelerinizi ve dokunuzu terk eden adrenalinin etkisi olarak bir depresyon nöbeti yaşayabilirsiniz. Bunlar yaralarımıza gerçek çözümler değil. TSSB'den iyileşmek için risk almak zorunda değiliz. Kumar oynamak zorunda değiliz.

TSSB'NİN TEDAVİSİ

Gerçek tanımıyla travma sonrası stres bozukluğu, bir insanın herhangi olumsuz bir yaşantı sonucunda, olumsuz duygulara takılıp kalmasıdır ve bu durum bu insanı sınırlar. Bu duygular arasında korku, endişe, güvensizlik, üzüntü, ilgi, panik, kaçınma, sinir, sadakat, uyanıklık, alınganlık, telaş, kendinden nefret etme, terk edilmişlik, savunmacılık, ajitasyon, karamsarlık, hayal kırıklığı, kin, alaycılık, utanç, görünmezlik, sessizlik, güçsüzlük, incinebilirlik, güven kaybı, kendine olan saygıyı yitirmek ve güvensizlik sayılabilir.

Travma sonrası stres bozukluğu ile başa çıkmanın en güçlü yollarından bir tanesi de yeni deneyimler edinmektir. Bunlar sizi hayatınızda doğru temas noktalarına taşıyacaklardır. Bu yeni deneyimleri daha çok yarattıkça TSSB'den kurtulma şansınız daha da artacaktır. Her yeni olumlu deneyim bahçenizde yeni bir tohumun filizlenmesine sebep olacaktır.

Bu deneyimlerin büyük olması gerekmez. Tehlikeli veya riskli olmaları gerekmez (olmamalıdırlar). Ve diğerlerine benzemek zorunda değiller. Sadece huzurlu bir ortamda yürüyüş yapmak veya 24. Bölümdeki ruh iyileştirici meditasyonlardan birini denemek beyninizi yenilemenize yardımcı olabilir.

Her şey yeni maceraları nasıl kabul ettiğinizle, nasıl algıladığınızla ilgilidir. Her bir maceranızı not edin, neler hissettiğinizi listeleyin. Örneğin; yürüyüşe çıktığınızda hiç kuş gördünüz mü? Hava nasıldı? Belli bir ışık açısı var mıydı? Tüm bunların ruh halinize nasıl bir etkisi oldu? Bunların hepsi önemlidir. Bunların hepsi o anın içinde olmakla ilgilidir.

Ya da bir yapboz yapmaya çalışın. Sıradan parçaları bir araya getirip bir bütün oluşturduğunuzda kendi kendinize kaostan kurtulmanın yolunun düzen olduğunu öğretmiş olursunuz. Resim yapın, karalamalar yapın, çizim yapın. Bunlar, içinde bulunduğumuz ana yön vermemize yardımcı olan ve çevremizdeki dünyada aksi halde fark edilmeyen güzel ayrıntılara dikkat etmemizi sağlayan güçlü egzersizlerdir. Sanatın güçlü bir temizleyici etkisi vardır.

Ya da yıllardır görüşmediğiniz bir arkadaşınızı arayın ve öğle yemeğine davet edin. Önemli parçalarınızı tekrar birleştirmede size yardımcı olacaktır. Ya da bir hayvan beslemeye başlayın. Her gün yeni ve aşkla dolu olacaktır. Veya bir hobi edinin. Kendinize sürpriz yapın. Daha önce hiç buluşmadığımız bir temel beceri alanıyla ilgilenin ya da her zaman yapmak isteyip de yapamadığınız bir şeyi yapın. Yeni bir dil öğrenin. Tatile çıkın. Yapılabilecek en iyi şeylerden bir tanesi de kendi bahçenizi oluşturmaktır.

Ne seçtiğinizin bir önemi yok, ancak bununla ilgili notlar alın. En sevdiğiniz deneyimlerinizi ardı ardına eklemeye devam edin. Siz aramıyorken bile hayatın size getirdiği güzellikleri farkına varmanızda yardımcı olacaktır. Ayrıca bilincinizden olumsuz deneyimleri silmenize sebep olacaktır. Ruh, her zaman bana bunun bahçenizde yeni bir tohum için yer açmak gibi bir şey olduğunu söylerdi. Bu boş bir tavsiye değildir. Duygusal bir karışıklığı devam ettirdiğinizde ya da şu anda devam ediyorsa veya geçmişse, muhtemelen dünyayı algılama biçiminizi sarsmıştır. Kendinizi sanki bu eski anıları durmadan tekrar ediyormuş gibi yeniden deneyimlerken bulabilirsiniz ya da neden olduğunu bilmeden bu duyguları tetikleyen şeyleri yeniden yeniden deneyimleyebilirsiniz.

Kendiniz için yeni, yapıcı temas noktaları oluşturduğunuzda ve bunların ruh haliniz üzerindeki olumlu etkilerine dikkat ettiğinizde, beyninizi bir radyo gibi, her zaman elinizin altında olan bir şifa frekansına erişmesi için eğitirsiniz. Ve sonra hayat bunaltıcı hale geldiğinde, bu olumlu deneyimlerin sizde bıraktığı izlenimleri, sanki orijinal yayınların kayıtlarıymış gibi etkinleştirmek için o dahili kadranı onarıcı istasyona çevirebilirsiniz.

TSSB'den kurtulurken kendinizi bir yerden başka bir yere taşınan bir ağaç gibi hissedin. Ağaç yerinden çıkarıldığında şoka girer. Tıpkı yaşamınızdaki stres dolu deneyimlerin size yaptıkları gibi. Ağacı yeni taze toprağına yerleştirdiğinizde travma hâlâ devam etmektedir, sanki kendi yerini kaybetmiş gibidir. Ağacın bu değişiklikten kurtulup kendini yeniden kurabilmesi için aylar geçmesi gerekir.

Aynı şekilde, tekrar kendiniz gibi hissetmeniz Medikal Medyum PTSDşifa programında üç ila dört ay sürebilir. Ve fidanlıkların, o ağacı yerdeki yeni yerinde beslemek için besleyici yoğun toprak iyileştirmeleri sunduğu gibi, bu bölümdeki besleyici çözümlerle (yani, faydalı besin ve takviyeler) merkezi sinir sisteminizi ve bilişsel işlevinizi besleyebilir, kalbinizi ve ruhunuzu iyileştirebilirsiniz.

TSSB'den iyileşmek, sevdiklerinizden, zamandan, sabırdan ve temel besin öğelerinden destek gerektirir. Bölüm IV, "Sonunda Nasıl İyileşirsiniz" size daha fazla bilgi verecektir.

Hangi biçimde olursa olsun, sizi rahatlatan dua, başka bir şifa aracıdır. Ayrıca size yardımcı olması için belirli meleklere isimleriyle dua edebilirsiniz. Ruhun ve ruhun nasıl alt edilebileceğini ve nasıl kurtarılabileceğini en iyi anlayan melek, Onarıcı Melektir ve PTSD ile en doğrudan yardım için aramanız gereken kişi budur. (Bkz. Bölüm 25, "Gerçek Melekler.")

Ve travmanın yaratabileceği ruh kırıklarını onarmaya yardımcı olmak için 24. Bölüm'deki ruh iyileştirme meditasyonlarını ve tekniklerini deneyin. Sizi kendinizle barıştırarak, inanç ve güveni yeniden tesis ederek dikkate değer bir etki sağlayabilir.

Artık işkence görmüş bir zihinle yaşamak zorunda değilsiniz. Bir yol var.

Faydalı Besinler

Beyne glikozu geri kazandırmak ve yaşamdaki aksaklıkların PTSD'ye dönüşmesini önlemek için bir glikoz depolama kutusu oluşturmak için aşağıdaki yiyecekleri diyetinize dahil etmeye odaklanın; yaban mersini, kavun, pancar, muz, hurma, papaya, patates, domates, tatlı patates, incir, portakal, mango, mandalina, elma, çiğ bal ve hurma. Yol boyunca yapraklı yeşillikleri dahil etmek de faydalı olacaktır; ıspanak, kişniş, maydanoz, mache ve tereyağlı marul çok faydalıdır. Bu yiyeceklerden mümkün olduğunca çoğunu beslenmenize dahil edin.

Meyve, çiğ bal, kış kabağı, patates ve tatlı patateslerdeki doğal şekerlerin, vücudun beyinde glikoz depolaması için kabul ettiği yegane şekerler arasında olduğunu unutmayın.

Ayrıca radikal yağları (fındık ezmesi, tohum, avokado, hindistancevizi yağı, diğer yağlar, et, tavuk ve balık gibi) minimumda tutmaya çalışın; PTSD'den kurtulurken, mümkünse bunu periyodik olarak deneyin.

Şifalı Bitkiler ve Takviyeler

Bunları uygulamadan önce Bölüm 21, "Takviyelere İlişkin Kritik Kılavuz"u okuduğunuzdan emin olun.

Travma Sonrası Stres Bozukluğu (TSSB) için Takviyeler (Travma Sonrası Stres Belirtileri veya PTSS olarak da bilinir)

- **Taze kereviz sapı suyu**: günde 32 onsa kadar çalışın
- **Celeryforce**: günde üç kez 3 kapsül
- **5-MTHF**: günde 1 kapsül
- **Aloe vera**: günde 5cm veya daha fazla taze jel (derisi alınmış)
- **Ashwagandha**: günde iki kez 2 damlalık
- **Arpa otu suyu tozu**: günde 1 yemek kaşığı veya 9 kapsül
- **B kompleksi**: günde 1 kapsül
- **California haşhaşı**: uykudan önce günde 3 kapsül veya 3 damlalık
- **Kedi pençesi**: günde 1 damlalık
- **CoQ10**: günde 1 kapsül
- **Kurkumin**: günde iki kez 2 kapsül
- **D-mannoz**: su ile -günde 1 yemek kaşığı
- **Mürver çiçeği**: günde 1 fincan
- **EPA ve DHA (balıksız)**: günde 1 kapsül (akşam yemeğiyle birlikte)
- **GABA**: günde 1250 miligram kapsül
- **Melisa**: günde üç kez 5 damlalık
- **Meyan kökü**: günde 1 damlalık (iki hafta devam, iki hafta ara)
- **Magnezyum glisinat**: günde iki kez 2 kapsül
- **Melatonin**: Her gün uykudan önce 5 miligram
- **NAC (N-asetil sistein)**: günde 1 kapsül
- **Yeni oluşan iyot**: günde 4 küçük damla (damlalık değil)
- **Isırgan yaprağı**: günde iki kez 3 damlalık
- **Nane**: günde iki kez 1 fincan
- **Spirulina**: günde 1 yemek kaşığı veya 9 kapsül
- **B12 Vitamini (metilkobalaminli adenosilkobalamin olarak)**: günde iki kez 3 damlalık
- **Vitamin C (Micro-C olarak)**: günde iki kez 2 kapsül
- **Yabani yaban mersini tozu**: günde 1 yemek kaşığı

HASTA DOSYASI:
RUHU GİZLİ TRAVMADAN KURTARMAK
1997

Jacquelyn 10 yılı aşkın süredir iş dünyasındaydı. Bu süre boyunca kendini olağanüstü sadık, disiplinli bir çalışan olarak ispatlamıştı. Arkadaşlarıyla iyi geçiniyor ve onlarla ilgileniyordu. Yıllar süren işine bağlılığından sonra hayalinimkurduğu göreve ulaştı. Proje koordinatörü oldu.

Teknik olarak bir yönetici olmasa da Jacquelyn kendi bölümünde 10 yıl önce terfi ettirilen ilk eleman olmuştu. Herkes bölümlerinde deneyimi sayesinde onun fiilen patron olduğunu biliyordu. Ve bu sakin liderlik stiline saygı duyuyorlardı. İş arkadaşları işlerini bitirdiklerinde onun masasına gelip, "Sana yardım etmek için ne yapabilirim?" diye soruyorlardı. Ne zaman bitmiş bir işi üstlerine sunsalar herkes başarılı olması için onu destekliyordu ve başarılı oluyordu da.

Jacquelyn'in müdürü onun şirketin en iyi çalışanlarından biri olduğunu biliyordu. Son günü yarın olan bir projeyi masasına koysanız bile o işi yapmak için ne kadar istekli olduğunu görebilirdiniz. Üsteli mesai dışında kaç saat çalışmayı gerektirirse gerektirsin. Yeni pozisyonu ise daha da talepkârdı, tabii bu onun trajedisinden önceydi.

Kısa bir süre içinde yeni bir eleman, Bridget, Jacquelyn'in bölümünde işe başladı. Bridget daha önce aynı şirketin insan kaynakları bölümünde çalışmaktaydı. Jacquelyn yoğun sezondan dolayı herkesin yardımına ihtiyacı vardı ve ekibe yeni katılan Bridget'in de o katta bulunan diğer insanlar gibi ona destek olacağını düşünüyordu.

İlk başta Bridget fazla bir şey yapmıyor gibiydi. Kısık sesle telefonla konuşmalar, masasından ayrı uzun vakit geçirmeler. Daha sonra Jacquelyn, Bridget'in üçüncü haftasının cuma gününde öğle yemeğinden döndükten sonra onu kabin kabin gezerken gördü. Bütün çalışanlara, "Bana rapor verin," diyordu. Birisi, "Neden?" diye soracak olursa, "Buradaki en tecrübeli kişiyim," diyordu.

Jacquelyn herkesin önünde onunla yüzleşmektense hiçbir şey olmamış gibi masasına gitti ve çalışmaya devam etti. Çalışanları işlerini bu sahtekâr Bridget'e teslim edecek değillerdi onlar da çalışmaya devam ettiler. Bridget öğleden sonra birkaç kez Jacquelyn'e yaklaşmayı denedi, şu anda yürütüyor oldukları projedeki birkaç detayla ilgili mutsuzluğunu anlatacaktı. Fakat Jacquelyn her seferinde sadece başını salladı ve elindeki işe geri döndü.

Diğer çalışanlar eve gittiklerinde Jacquelyn Bridget'e yaklaştı, aslına onu kendi yerine koymaya hazırdı ama daha Jacquelyn ağzını açmadan Bridget onun eski projelerine baktığını ve hepsinin de eksik olduğunu söyledi. Bölümün revizyona ihtiyacı vardı. Jacquelyn odanın dönmeye başladığını hissetti.

Pazartesi sabahı, cumartesi ve pazarı projelerle geçirdikten sonra Jacquelyn ofise geldi ve odanın yeniden düzenlenmiş olduğunu fark etti. Masasında saat dokuzda müdürün ofisinde beklendiğine dair bir not vardı. Odaya girdiğinde bölüm yöneticisi ve Bridget derin bir konuşmanın içerisindeydiler, gülüşüyorlardı. Jacquelyn geldiğinde yüzlerindeki mutlu ifade yok oldu. "Bridget, neden başlamıyorsun?" dedi Jacquelyn'in müdürü.

Bridget, Jacquelyn'le ilgili tuhaf, saçma sapan şikâyetler anlatmaya başladı. Daha sonra Jacquelyn'in yerine getirmediği sorumluluklarını saydı. Şu an üzerinde çalıştıkları projenin tam bir felaket olduğunu ve bölümde liderlik diye bir şeyin olmadığını söyledi.

Toplantının sonunda müdür Jacquelyn'e yeni bir yönetici pozisyonu açmak için çalıştıklarını söyledi ve bu konuma Bridget getirilecekti.

Gözyaşlarını bastırmaya çalışırken Jacquelyn bölümüne geri döndü ve Bridget'in söylediği projelerle ilgili belgeleri araştırmaya başladı. Herkes projenin bitiş süresinin aksayacağını söylüyordu, çünkü Bridget işlerini bırakmaları konusunda ısrar etmişti. Bir çalışan Jacquelyn adına sinirlendi ve müdürün ofisine gitti. Ona Jacquelyn'in kuyusunu kazmak için Bridget'in yaptığı taktikleri anlattı. Ancak müdür bu hikâyenin saçma olduğuna inanıyordu. Birkaç gün sonra Jacquelyn'in gönüllü avukatı kovulmuştu.

Daha sonraki birkaç ay boyunca Jacquelyn'in yaşadığı zihinsel taciz lise kafeteryasındakinden bile daha kötüydü. Bridget onun hakkında daha fazla yalan ve dedikodu uyduruyor ve sanki amiri gibi davranıyordu. Sık sık Jacquelyn'e yapması gereken işler veriyor ve geri alıyordu. Jacquelyn bunu fark etmese de beyni tekrarlanan travmadan dolayı fiziksel hasar görüyordu.

Jacquelyn bir kez daha müdürüne gidip şikâyetçi olmaya karar verdi. Ancak sekreteri tarafından geri çevrildi, sekreter ona bunun yerine insan kaynaklarına gidip bir form doldurması gerektiğini söyledi.

Jacquelyn'in şikâyetleri insan kaynaklarında bir dosyayı doldurmuş olduğu halde Bridget'in uygunsuz davranışlarına dair hiçbir gelişme yaşanmamıştı.

Bir gün Jacquelyn insan kaynakları ofisine giderek Bridget'in disipline sevk edilmesi için doğru prosedürü yürütüp yürütülmediğini takip etmek istedi. onunla konuşan kadın aslında şikâyetinin branş yöneticisine iletilmediğini söyledi. "Bu tarifler Bridget'e uymuyor," dedi. Birden Jacquelyn'in kafasında, Bridget'in daha önce insan kaynakları bölümünde çalıştığı hatırladı. Ve şu anda konuştuğu kişi onun arkadaşıydı.

Jacquelyn öğle yemeği saatini yürüyerek geçirdi. Müdürüne gidip insan kaynaklarında dönen dolapları anlatmak için kendini cesaretlendirmeye çalışıyordu. Ancak bir restoranın önünden geçerken camın arka tarafında müdür ve Bridget'in gülerek yemek yediklerini gördü.

Jacquelyn sayısız kez eve ağlayarak gitmiş ve eşi Alan'a durumu anlatmıştı. Alan onun kâbuslarına, gerginliğine ve uykusuzluklarına ilk elden şahit oluyordu. Jacquelyn tükeniyordu, yok oluyordu. Ne zaman bir anlığına huzur bulmak istese kafasının içinde Bridget'in onu azarlayan sesini duyuyordu. Şimdi daha kötü hissediyordu. İşyerinde geçirdiği her saat bir işkenceydi. On yıllık çaba ve sadakatten sonra şimdi işten ayrılmak zorunda kalacaktı.

Jacquelyn bana ulaştığında daha bir kelime bile etmeden Ruh ve ben onun travma sonrası stres bozukluğu yaşadığını anlamıştık. Konuştuğu zaman sesinden sinir, üzüntü, terk edilmişlik ve acı duyuluyordu. İşyerinde en sıkı çalışan olarak bilinirdi ve bu ona dünyada kendini konumlandıracağı bir yer sağlamıştı. Annesi ölmeden önce ona, kolejden iyi notlarla mezun olup bu işe girdiği için onunla gurur duyduğunu söylemişti.

Yani Jacquelyn'in travma sonrası stres bozukluğu katlanıyordu. Konu yalnızca Bridget'in çalışma ortamını sevimsiz bir yer haline getirmesi değil, Jacquelyn'in kendi benlik algısını kaybetmesi ile de ilgiliydi. Geleceği ve ruhu hızla küçülüyor, derin bir depresyona doğru sürükleniyordu.

Alan telefonu aldı ve bize Jacquelyn'i rahatlatabilmek için hiçbir şey söyleyemediğini belirtti. "Sanki ona yetenekli biri olduğunu söylediğimde buna karşı alerjik bir reaksiyon gösteriyor gibi."

"Hiç tatile çıktınız mı?" diye sordum Jacquelyn'e. İki haftalık izni olduğunu söyledi. Ona derhal iznini kullanmasını söyledim.

Sonraki 14 gün boyunca ruhu ve canı için çok güçlü bir yenilenme uyguladık.

Başlangıç için önceden severek yaptığı şeyleri araştırdık. Çalışan kimliğini edinmeden önce hayatta zevk aldığı her şeyin listesini yaptık. Alan, birbirlerine kur yaparlarken oynadıkları Scrabble setini buldu. Yalnızca, anılarla dolu bu oyun bile Jacquelyn'in ruhunu yeniden ateşlemek için çok güçlü bir ilk adım olmuştu.

Ayrıca tatildeyken yapmaktan keyif aldığı olumlu ve iyi şeyleri günlük iş haline getirdi, günlüğüne yazmaya başladı. Örneğin; geceleri köpekle yürüyüşe çıkmak onun göreviydi artık. Önceleri o çok meşgul oluyordu ve dolayısıyla köpekle Alan çıkıyordu. Şimdi, mahallenin geceleri ne kadar sakin ve rahat olduğunu görüyordu. Köpeği durup her ağacı kokladığında bu ona nefes almayı hatırlatıyordu. Ne kadar çok insan yanından geçerken sıcak bir biçimde onu selamlıyordu.

Daha fazla olumlu etki için Jacquelyn sevdiği televizyon şovlarının DVD'lerini sipariş etti. Alan yerel bir dans okulunda vals öğrenmeleri teklifinde bulundu. Yıllardır gitme şansı bulamadıkları ve en sevdikleri restorana gittiler. Bir hafta sonu kaçamak yapıp olumlu anıları yaşatmak için oda ve kahvaltı hizmeti veren bir yere gittiler.

Liste uzayıp Jacquelyn'in günlüğü doldukça kendini daha yetenekli hissetmeye başladı. İçsel gücünün geri geldiğini hissediyordu. Benlik algısı ve ruhunu geri kazanıyordu. Alan her sabah, fiziksel düzeyde Jacquelyn'in glikoz rezervlerini tazelemek için ona kavun kesiyor ve her öğleden sonra meyve salatası hazırlıyordu.

Bu aşamada hayatın Bridget için ne kadar tuhaf olduğunu konuşmaya başladık. Nasıl yaralı bir insandı ki böylesine sinirli, nefret dolu, düzenbaz biri olmuştu. Bu onun için çok zor olmalıydı. Bridget'e üzülmenin bir yolunu geliştirmiştik. Dış görünüşünü saymazsak Bridget'in nasıl da güçsüz biri olduğunu keşfetti Jacquelyn. Tam tersi hiç gücü yoktu.

Bu yüzden Jacquelyn'e insafsızca davranma ihtiyacı içerisindeydi. Bu Jacquelyn'in Bridget'i yeni bir ışıkla görmesine müsaade etti.

Jacquelyn'le işyerindeki konumunun nasıl her zaman onun olduğunu ve öyle olacağını konuştuk. Unvanı değişmemişti. Orada en uzun süredir o çalışıyordu ve en çok saygı ona gösteriliyordu. Her gün Bridget'in negatif enerjisini almak yerine kendini ilgi, sevgi ve pozitif enerji sağanağına tutmanın bir yolunu bulmalıydı.

İki hafta sonunda Jacquelyn işyerine gitti. Bridget'i arabasında otururken gördü - şüphesiz kafasının içinde dönüp duran sesini ve olumsuz mesajlarını bastırmaya çalıştı. Bridgit'i kahvesini yudumlarken ve kaşlarını çatarken gördüğünde Jacquelyn biraz üzüldü. Bridget'in davranışlarının ne kadar patetik olduğunu şimdi görebiliyordu.

Arabanın camını tıklattı ve, "İşyerine benimle yürümek ister misin?" dedi. Bridget kafasını dışarı uzattı. "Emin misin?" Binaya girerken Jacquelyn kolunu Bridget'in beline doladı. "Sen harika bir insansın. Bunu biliyorsun değil mi? Burada mücadele ettiğini biliyorum ve senin için buradayım."

Bridget o kadar şaşkın gözüküyordu ki ağzını açıp tek kelime söyleyemedi. Jacquelyn tüm gün boyunca Bridget'in en ufak bir tatsızlık çıkarmadığını dikkat etti.

Birkaç ay sonra, şirket yeniden yapılanmaya başladığında Bridget, Jacquelyn'in yeni yaratıcı departmanın başına geçmesini savundu. Bridget muhtemelen yeni yönetici rolünde daha büyük bir maaş aldı. Ancak muhtemelen Bridget'ten çok daha fazla tatmin olduğundan emin olan Jacquelyn, kendisine verilen hediyeyi kabul etmeyi ve ilerlemeyi öğrendi.

14

DEPRESYON

Çocukluğumdan beri tanıdığım en iyi arkadaşımı, 21 yaşında bir araba kazasında kaybettiğimde tesellisi mümkün olmayan bir haldeydim. Bu çocuk benim ruh kardeşimdi. Ruh'u duyabilme yeteneğimi anlıyor ve büyürken bunun benim üzerinde nasıl bir baskı yarattığını biliyordu. Beni ciddiye alıyordu. Yeryüzünde beni anlayan az sayıda insandan biriydi. Onun öldüğünü duyduğumda sanki araba bana çarpmış gibi hissettim.

Ruh'un beni iyileştirmek için söylediği sözler kâr etmiyordu. Yaralarım iyileşmiyordu. İncinmiştim, dertliydim, sinirliydim, korkmuştum. Aynı zamanda arkadaşımın ailesini de düşünüyordum. Bu inanılmaz kayıp karşısında ben yaşadığım şokun sonuçlarıyla uğraşırken onlar da acı çekiyorlardı. Geçici bir depresyona girmiştim. Hayatta karşılaştığım diğer örneklere hiç benzemiyordu.Hatta büyürken karşılaştıklarıma bile. Artık hiçbir şeyin anlamı kalmamıştı.

Geçmişte, Ruh onların durumunu anlayabildiği için depresyondan şikâyetçi olan insanlara yardım edebiliyordum, ancak kişisel düzeyde kendimi onlarla özdeşleştiremiyordum. Şimdi onların oldukları yerdeydim -bu deneyim bana kendi örnekleri ile karşılaşan insanların neler hissettiklerini görmem için bir pencere açmıştı.

Zamanla iyileştim. Hâlâ arkadaşımın ölümüne çok üzülüyorum ancak tekrar umutsuzluğa kapılmayacağım. Depresyona karşı sabırlı olmamız gerektiğini öğrendim. 5 yıl 10 yıl hatta daha uzun sürse bile bunun her zaman böyle gitmeyeceğine dair umudunuzu canlı tutmalısınız. Depresyondan kurtulmak için inanç çok önemlidir. *Dayanmalısınız.*

Eğer kişisel olarak depresyon yaşamadıysanız mutlaka yaşamış birini tanıyorsunuzdur. Sevdiğimiz biri, arkadaşımız veya iş arkadaşımızdan şu cümleyi mutlaka hepimiz duymuşuzdur: "Depresyondayım." Klinik depresyon yaşamayan birçok insan bunu günlük, gelip geçici üzüntülerle karıştırır ve depresyondaki insanların niçin gülümseyemediklerini bir türlü anlamazlar. Gerçek şudur ki zaman zaman kendini üzgün hissetmek ve klinik depresyon arasında dünyalar kadar fark vardır. Bazı insanlar için bu tam olarak tarif edilemeyen bir duygudur, hayatın genel olarak sönmesidir. Diğerleri depresyonu çok daha ağır biçimde yaşar. Tüm farklı zaman dilimleri için tüm farklı şiddet seviyelerinde ortaya çıkar.

Tıpta depresyon hâlâ gizemini koruyan bir hastalıktır. İnsanlığın başlangıcından beri kafaları karıştırmaktadır. Muhtemelen gezegendeki tüm gizemli hastalıkların en derinidir, çünkü kökeni hem ruhumuzda hem de fiziksel bedenimizdedir.

Bu bölümde depresyonu tetikleyen şeyleri açıklayacağım. Mahkûmiyetinizin arkasındaki sebebi ortaya çıkarmanıza ve bundan nasıl kurtulacağınızı öğrenmenize yardımcı olacağım.

Yaklaşık 20 yıl önce bir hastam depresyonu ıssız bir yerde trenden indirilmek olarak tanımlamıştı. Tren gidiyor ve tek başına kalıyordu. İstasyondan başka tren geçmiyordu. Bana, depresyonun, sanki bir daha onu asla terk etmeyecek bir yalnızlıkmış gibi olduğunu söyledi. O zamandan beri bu tanımlama aklımdan çıkmadı.

Eğer depresyondan şikâyetçiyseniz şunu bilmenizi isterim; tren sizin için geri geliyor. Artık yalnızlığınıza takılıp kalmak zorunda değilsiniz. Bu bölüm trenin ışıkları olsun ve trenin size doğru yaklaştığını belli etsin. Buradaki tavsiyeleri takip ederseniz sağlıklı bir zihne giden yolu bulabilirsiniz.

DEPRESYON BELİRTİLERİ

Depresif bir bozukluğunuz varsa, muhtemelen üzüntü gibi belirtiler yaşıyorsunuz; eskiden zevk veren aktivitelere karşı ilgi kaybı; kalbinizde, göğsünüzde veya midenizde sizi şaşırtan ve üzen açıklanamayan bir his; kim olduğunuzu anlama krizinde kendinizden kopmuş hissetmek; vücuttan atılmış ve kaybolmuş hissetmek; yavaş düşünme, konuşma ve/veya hareket; ve hatta kendine zarar verme düşünceleri.

Bu semptomların gösterdiği gibi, klinik depresyon çok ciddi bir durumdur.

Ne kadar zor olursa olsun depresyon yaşadığınızda, yaşadıklarınızı sizi önemseyenlerle paylaşmak ve onların sevgisini ve desteğini almak önemlidir. Depresyonunuz hakkında hissettiğiniz tüm utançları bırakabilirsiniz. Tıp topluluklarının henüz ortaya çıkarmadığı önemli yönleri var. Takip eden bölümleri okudukça, belirtilerinizin arkasında ne olduğuna ve onlar hakkında neler yapabileceğinize dair yeni bilgiler edineceksiniz.

DEPRESYONUN TEMEL NEDENLERİNİN BELİRLENMESİ VE TEDAVİSİ

Pek çok insan klinik depresyonun ciddi üzüntü ve/veya bastırılmış sinir gibi duygusal acılardan kaynaklandığını zanneder. Bu aslında depresyonun bir türünü tarif ediyordur. Ancak depresyon karmaşık bir durumdur ve çok sayıda farklı ana nedenden kaynaklanıyor olabilir. Bunların kimi duygusal temelliyken (örneğin; travmatik bir kayıp) diğerleri tamamen fizikseldir (örneğin; ağır metaller, Epstein-Barr).

Aşağıda bu durumun arkasında yatan nedenlerin en çok bilinenleri sıralanmıştır. Bu sorunlardan bir tanesi bile depresyonu tetiklemek için yeterli güçtedir. Ancak bunlardan iki ya da daha fazlasından aynı anda şikâyetçi olmanız da mümkündür. Kendinizde gördüğünüz bu tetikleyicileri tanımlamak için elimizden geleni yapınız.

Travmatik Kayıp

Depresyonun en açık sebeplerinden biri ciddi bir duygusal şok ya da şoklar serisidir ve bu genellikle bir kaybı içerir.

Örneğin; bir aile üyesinin ölümü (sevilen birinin kaybı), sizi aldatan bir eş (güven ve iyi bir ilişkinin kaybı), sizi tanımlayan bir işten atılmak (kimlik ve güvenlik kaybı), uzun vadeli planlarınızı yıkan bir olayı yaşamak (yön ve amaç kaybı), dünyanın acımasız bir yer olduğuna karar verdirecek bir adaletsizlik yaşamak (inanç kaybı) ve bir süre sonra öleceğinize inanmak (gelecek kaybı).

Elbette ki farklı insanlar durumlara farklı şekillerde tepki verirler. Birini depresyon döngüsüne bağlayan bir kayıp sizi o derecede etkilemeyebilir ya da tam tersi olabilir. Bunun gibi farklı tepkiler, kişilik, kişisel geçmiş ve beyin kimyası gibi şeylere bağlı olarak değişiklik gösterebilir. Burada en önemli olan şey bunun *sizin* üzerinizdeki etkisidir. Eğer bu sizi yoğun duygusal acılara, acizlik ve/veya umutsuzluğa sürüklüyorsa o zaman ciddi bir depresyonun başlangıcı olabilir.

Tıbbi araştırmalar bu çeşit travmatik duyguların beyinde mikro felçler yarattığını henüz bilmiyor. Konvansiyonel iskemik felçlere veya trans geçici iskemik ataklara oranla daha küçük bir düzeydedir ve bu mikro felçler beyin dokusuna zarar veren bir şeydir. O kadar küçüklerdir ki MR, tomografi ya da bugün sahip olduğumuz diğer görüntüleme teknolojilerinde belli olmazlar. Klinik depresyonun belirtilerini de içeren birçok problemle sonuçlanabilirler. Neyse ki zamanla çözülebilecek şeylerdir.

Büyük duygusal bir şok beyninizde çeşitli elektrik iletimleri yaratabilir. Bu yüzden kötü bir haber vermeden önce birisine, "İstersen şöyle otur," deriz. İçgüdüsel olarak bu şokun fiziksel etkisi olduğunu biliriz. Bir şoktan gelen elektriksel darbe, normalden çok daha yoğun ve hızlı bir şekilde ateşlenir. İlk olarak, şok edici verileri aldığımızda, hızlı bir şekilde bir şarj oluşur. Ardından, çalışan kapıdan dışarı "patlar", beynin duygusal merkezi boyunca nöronlardan geçer ve geride artık ısının izini bırakır. Bu "patlama"nın ve nöronlardaki arta kalan ısının birleşimi o kadar yoğun olabilir ki, beyninizde etkin bir şekilde "sigortayı patlatır" ve bazı bölümlerinin kapanmasına neden olur.

Bu kapatma, (beyninizin içinde bulunan) ruhunuzu çok kötü şekilde yaralanmaktan korumak için tasarlanmış bir güvenlik mekanizmasıdır. İster ihanet, ister işten kovulduğunuzu öğrenmek ya da arabanıza dönüp camın kırıldığını bulmak olsun, endişe verici bir deneyim, beynin duygusal merkezinde neredeyse bir gelgit dalgasının kıyıya çarpması gibi bir elektrik darbesini tetikleyebilir. . Depresyon, zaman içinde bir dizi üzücü olay güvenlik mekanizmasının bozulmasına ve ters gitmesine neden olduğunda ortaya çıkabilir. Bazı insanlar için gecikmiş bir depresyon tepkisi, sorunların kendileri zaten ortadan kalktığında aylar sonra bile ortaya çıkabilir.

Çoğu zaman, ayaklanmalar arttığında güvenlik önlemleri düzgün çalışmayı durdurur.

Sahilde bir kumdan kale hayal edin. Yükselen akıntıya karşı ilk savunma hattı, kalenin etrafına inşa ettiğiniz duvardır; ilk güçlü dalgaya karşı ayakta kalır ve ilk 20 dakika boyunca gelgiti körfezde tutar. Sonra büyük bir dalga çarpar ve duvarı dışarı çıkarır. Sorun değil, çünkü bir hendek kazdınız; kale hâlâ sağlam. Önümüzdeki birkaç dakika için her şey yolunda. Ve sonra üçüncü bir dalga yükselir ve kaleyi alır.

Zihinsel güvenlik önlemlerimiz normal çalışmayı durdurduğunda, beynin bazı bölümleri, inanamıyorum duygusal alanları artık canlanamayabilir. Bu, genellikle depresyona eşlik eden uyuşukluk, tükenmişlik veya karamsarlık duygularıyla sonuçlanabilir.

İyi haberler de var: zihinsel kaynaklarımızı yeniden inşa edebiliriz. Doğru beslenmeyle, güvenlik mekanizmalarımız kendilerini yeniden canlandırabilir, böylece hayatı yeniden uyanmış bir halde deneyimleyebilir ve beklenmedik olaylardan geri dönebiliriz. Zamanla, depresyonumuzu iyileştirebiliriz.

Travmatik Stres

Depresyonun bir diğer ana sebebi ise ciddi ve sürekli strestir. Hepimiz ara sıra üzerimizde baskı hissederiz. Bu canlı olmanın bir parçasıdır. Ancak uzun süreli, yoğun bir stresten şikâyetçiyseniz bu yıkıcı etki yaratabilir.

Mesela aylarca işsiz kalmak ve sürekli faturaları nasıl ödeyeceğinizi düşünmek gibi, finansal açıdan sizi zarara uğratacak bir davanın sonuçlanması gibi veya şiddetli geçimsizlik sonucu boşanma gibi, belki de korkmuş ve çaresiz hissetmenize sebep olan büyük bir hastalık gibi.

Bunlar birçok insan için sürekli ve travmatik stres yaratabilen durumlar olabilirler, oysa ufak stres etkenleri de bir araya geldiklerinde travmatik olabilirler. Herkesin kendine has bir hassasiyet düzeyi vardır. Buna saygı duymalıyız. Örneğin; postada bir mektubun kaybolması birine çok önemli bir şey gibi gözükmese de bu, bir başkası için borçlu olduğu birine zamanında ödeyemediği parayı hatırlatan bir tetikleyici olabilir ya da şu an uğraştıklarının yanında bir de buna zaman ayıramayabilir.

Size yeni bir bakış açısına ihtiyacımız olduğunu söyleyen bir büyüğünüz oldu mu hiç? Belki lise döneminde, okul balosuna gidecekken, bir gece önce terziden aldığınız elbisenin 10 santim kısa olduğunu fark ettiniz ve büyükbabanızdan sempati göremediniz. "Afrika'da açlıktan ölen çocuklar var, sen burada bir elbise için mi ağlıyorsun?" Ya da kolunuz kırıldığında duş alırken ne kadar zorlandığınızı bir arkadaşınıza anlattığımızda, "İyi de yine de en azından bir kolun var," cevabını almadınız mı? Muhtemelen bu durumlar -daha çok birer ceza gibidirler bir işe yaramazlar.

Elbette, çektiğimiz acılara bir bakış açısı kazandırmak, zaman zaman kafamızın dışına çıkmak ve hayatlarımızı olayların büyük şemasında görmeye çalışmak faydalı olabilir. Rasyonel düşünce, bir durumla ilgili duygusal deneyimimize her zaman yardımcı olmaz. Dünyevi yaşamlarımızda şiddetli streslerden geçiyoruz ve daha az şiddetli streslerden geçiyoruz. Hepsi zor. Kendimizdeki ve birbirimizdeki farklı tepki seviyelerine saygı duymalıyız.

Fiziksel düzeyde, bu olaylar, adrenal bezlerinizi sisteminizi adrenalinle dolduracak şekilde ayarlayan bir savaş ya da kaç tepkisini tetikler. Hayatın için bir kaplana karşı savaşmak üzereyseniz ya da bir araba seni kovalarken ara sokaktan kaçmak üzereyseniz bu iyi bir şeydir. Ancak, hayati organlarınızın ve özellikle beyninizin dokularını doyuran adrenalini fiziksel olarak dışarı atamaz veya yakamazsanız, bu, majör depresyona yol açabilecek hasarlar yaratır. Adrenalin, düzinelerce en önemli nörotransmitteri parçalayan ve hatta melatonin üretimini düşüren bir tetikleyici haline gelir, sizi denizde depresif bir sis içinde kaybolmuş hissetmeye hazırlar ve sonunda, ister çok uyumak ister hiç uyuyamamak olsun, uyku bozukluklarına neden olur.

Adrenal Yetmezlik

Depresyon tamamen fiziksel bir sebepten kaynaklanıyor da olabilir. Böyle durumlarda apansız geliverir. Kendinizi neden böyle berbat hissettiğinizde dair hiçbir fikriniz yoktur.

Örneğin, daha önce de anlattığım gibi, yoğun veya ve uzun süren duygular beyninizi tüketici adrenalinle yıkayabilir. Bunu, benzin istasyonunda arabanızı benzinle doldurmaya benzetebilirsiniz. Aracın çalışması için benzine ihtiyacı vardır fakat depo dolduktan sonra benzin koymaya devam ederseniz petrol arabanın boyasına zarar verecektir.

Bu tip duygularla daha önce hiç sarsılmamış olsanız bile, yine de böbreküstü bezlerinizde bir işlev bozukluğu varsa, beyniniz bu zararlı salgıdan dolayı acı çekiyor olabilir. Bu da depresyona yol açacaktır.

Öyle bir sorununuz olup olmadığını -ve böyle ise, zarar görmüş olan böbreküstü bezlerinin nasıl iyileştirileceğini- anlamak için Bölüm 8: Adrenal Yorgunluk bölümünü okuyabilirsiniz.

Viral Enfeksiyon

Tıp, milyonlarca insanın, Epstein-Barr (Bölüm 3'te ayrıntılı anlatılıyor) ya da Lyme hastalığı (Bölüm 16'da ayrıntılı anlatılıyor) gibi virüsler sonucu depresyon yaşadığını bilmiyor. Virüs sinirlerinizi ele geçirir ve onları sürekli iltihaplandırır. Ayrıca zehir ya da nörotoksin gibi, sinirlerinizi ve beyin hücrelerinizi iltihaplandıran salgılar yayar. Bu, beyninize gelen ya da beyninizden gitmekte olan sinyalleri etkiler ve depresyona yol açabilir. Vücudunuzda başka hiçbir belirtiye sebep olmayan, hafif düzeydeki bir virüs bile depresyonun kaynağını oluşturabilir.

Ağır Metaller ve Diğer Zehirler

Diğer bir depresyon çeşidi ise *her şey yolunda*dır. Birinin harika bir ailesi vardır, kusursuz bir işi, çok güzel bir evi ve bütün bunlar için şükran duymaktadır. Ancak karanlık ve beklenmedik bir bulut gelip kâbus gibi üstüne çöker. Çok farklı hissetmesine sebep olur, üzgündür, artık kendisi gibi hissetmiyordur. Sanki bir şeyler eksik gibidir.

İnsan sabah yataktan kalkmak için bir sebep bulamaz olur. Etraflarındakiler onları anlamazlar. "İyi de her şeyin var zaten, sorun ne anlamıyorum ki."

Bu tip depresyon zehirlenme sonucunda oluşur –olumsuz davranışlardan değil.

Modern yaşantının bir sonucu olarak vücudumuz zehirli ağır metalleri biriktirir -özellikle cıva, alüminyum ve bakır. Örneğin; ton balığı ya da diğer deniz ürünleri cıva içermektedir. Kutu içeceklerin kutusu alüminyumdan yapılmıştır. Ayrıca muhtemelen musluk suyu, bakır borulardan geçerek evinize geliyordur ve alüminyumun zehirli bir yan ürünü olan florit ile doludur.

Bu metaller sonunda beynin talamus ve epifiz, hipofiz ve hipotalamus bezlerine yakın bölgesine yerleşebilir. Yıllar içinde vücutta asidik bir ortam artarsa (sirke, belirli tahıllar, işlenmiş gıdalar, süt ürünleri, yumurta ve alkol gibi birinin tükettiği gıdalar nedeniyle) ve yüksek proteinli, yüksek yağlı bir diyetle birleştirilirse, metaller hızla oksitlenmeye başlayacak ve bu da diğer beyin hücrelerini ve nöronları kirleten ve elektriksel dürtü aktivitesini azaltan zehirli bir kimyasal havuz oluşturan oksidatif metal yan ürününün salınmasına neden olur. Beynin bu özel bölgesindeki bu bozulma, en beklenmedik anda bir kişinin üzerine gizlice girebilen bir depresif bozukluk yaratabilir.

Oksidasyon mutlaka sürekli değildir. Toksik ağır metallerden oksidatif akış ara sıra meydana gelirse, depresyonu sadece düzensiz olarak yaşarsınız, her zaman belirgin bir sebep olmaz.

Diğer toksinler de beyninizin çalışma yeteneğini bozan nöron ve nörotransmitter hasarı oluşturabilir. Depresif bozukluklardan en çok sorumlu olan toksinler şunları içerir:

- **Zirai İlaçlar ve Böcek İlaçları:** ilaçlanmış bir bahçenin, çiftliğin ya da golf sahasının içinde ya da etrafında yürüyorsanız, son zamanlarda ilaçlanmış bir parktan geçiyorsanız, organik olmayan bir şeyler yiyorsanız ve bunun gibi şeyler yapıyorsanız bu kimyasallara maruz kalabilirsiniz.
- **Formaldehit:** bu kimyasal binlerce ev ürününde kullanılmaktadır ve ayrıca işlenmiş gıdalarda koruyucu olarak kullanılır.
- **Çözücüler:** halı temizliğinde, ev temizliğinde ve ofis temizliğinde kullanılan kimyasallar her gün soluduğunuz gazları oluşturur. Benzin dumanlarının solunması da buna dahildir.
- **Gıda Katkı Maddeleri:** MSG, aspartam, sülfit (kurutulmuş meyve atıştırmalık patates ve bunun gibi şeyler de koruyucu olarak kullanılır) ve diğer doğal olmayan katkı maddeleri beyninizde birikebilir. Bir kez depresyonu tetiklemeye başladıklarında artık bir kutu diyet kola içmek bile yeni bir atağa sebep olabilir

Elektrolit Eksikliği

Sağlıklı kalmak için vücudunuzun belirli bir elektrolit seviyesini koruması gerekir. Bu elektrolitler, elektriksel uyarıların vücudunuzda, özellikle de vücudunuzun elektriksel aktivitesinin merkezi olan beyninizde dolaşmasına yardımcı olur ve izin verir. Beyninde daha yüksek seviyelerde cıva ve diğer ağır metaller bulunan insanlar, onları dengelemek için normal elektrolitlerden daha fazlasına ihtiyaç duyarlar. Zehirli ağır metaller beyindeki elektrolit aktivitesini azaltma eğilimindedir, çünkü beyninde toksik ağır metaller bulunan biri, beyninde toksik ağır metal bulunmayan birine göre daha fazla elektrolite ihtiyaç duyar ve bunları daha hızlı kullanır.

Beyninizi bir araba aküsü olarak hayal edin. Aküdeki kimyasal elektrolit çözeltisi çok düşük olduğunda, içerideki elektrik akışını keser ve aracın çalışmasını engeller. Aynı şekilde, beyninizde pompalanan kanda (pil) olması gereken elektrolitler azaldığında, elektriksel aktiviteyi ciddi şekilde bozabilir ve depresyon için bir tetikleyici görevi görebilir. Ve tıpkı bir araba aküsü gibi yeterli elektrolit alabilirseniz beyninizi yanmaktan kurtarıp yeniden şarj edebilirsiniz.

DEPRESYON TEDAVİSİ

Gördüğünüz gibi depresyon için çok fazla tanım ve tetikleyici var. Depresyonun için yapabileceğiniz en iyi şey, saptadığınız herhangi bir özel durumu göz önünde bulundurmaktır. Zihinsel durumunuzun arkasında yatan şeyin ne olduğunu bilmek olağanüstü büyük ve geçerli bir iyileştirici etkidir.

Ayrıca bu bölümde açıklanan şifalı otları, takviyeleri ve yiyecekleri almanız önerilir. Bu güçlü Medikal Medyum araçlarını kullanarak beyin dokunuzu, sinir hücrelerinizi ve endokrin sisteminizi güçlendirebilirsiniz; kendinizi arındırın ve ruh halinizi iyileştirin. Akıl sağlığı üzerinde derin bir etkiye sahip olabilecek beslenme hakkında daha fazla bilgi için Kısım IV, "Sonunda Nasıl İyileşirsiniz"e bakın.

Orada ayrıca Bölüm 24, "Ruh İyileştirme Meditasyonları ve Teknikleri" ve Bölüm 25, "Gerçek Melekler"i bulacaksınız. Bu sayfalar, depresyondan kurtulurken ve hayatınızı geri kazanırken huzur ve doğrulama bulmanıza yardımcı olabilecek uygulamaları içerir.

Faydalı Besinler

Spesifik meyveler, yapraklı yeşillikler, otlar, yabani yiyecekler ve sebzeler beyni gençleştirmeye, toksik ağır metalleri uzaklaştırmaya, elektrolitleri yenilemeye, beyin dokusunu iyileştirmeye, virüsleri öldürmeye ve aç bırakmaya ve/veya depresyonla birlikte var olan beslenme eksikliklerini gidermeye yardımcı olabilir. Belirtilerinizi hafifletmek için diyetinize dahil etmeniz gereken ideal maddeler; yaban mersini, ıspanak, kenevir tohumu (az miktarda), kişniş, patates, muz, papaya, zencefil, maydanoz, lahanası, lahana, brüksel lahanası, enginar, yeşil fasulye, marul, kavun, elma, kereviz, domates, kayısı, avokado (az miktarda) ve ceviz (az miktarda). Bu yiyeceklerden mümkün olduğunca çoğunu beslenmenize dahil edin.

23. Bölümdeki Ağır Metal Detoks Smoothie'si bu iyileştirici gıdalardan bazılarını içerir ve depresyondan kurtulmaya çalışırken çok yardımcı bir araç olabilir.

Yumurta, süt, peynir, tereyağı, diğer süt ürünleri ve glütenden uzak durmaya çalışın. Bunlar virüsleri besleyecek yiyecekler. Bunları yukarıda sıralanan şifalı besinler lehine çıkarmaya başlayarak, hak ettiğiniz huzuru yaşayabilmeniz için viral yakıtı da elinizden almış oluyorsunuz.

Şifalı Bitkiler ve Takviyeler

Bunları uygulamadan önce Bölüm 21, "Takviyelere İlişkin Kritik Kılavuz"u okuduğunuzdan emin olun.

Depresyon için Takviyeler

- **Taze kereviz sapı suyu**: günde 946ml'ye kadar
- **Celeryforce**: günde üç kez 2 kapsül
- **5-MTHF**: günde 1 kapsül
- **Ashwagandha**: günde 1 damlalık
- **Arpa otu suyu tozu**: günde 2 çay kaşığı veya 6 kapsül
- **B kompleksi**: günde 1 kapsül
- **Kurkumin**: günde 2 kapsül
- **EPA ve DHA (balıksız)**: günde 1 kapsül (akşam yemeğiyle birlikte)
- **GABA**: günde 1250 miligram kapsül
- **Hibiskus**: günde iki kez 1 fincan
- **Melisa**: günde iki kez 4 damlalık

- **Meyan kökü**: günde 1 damlalık (iki hafta devam, iki hafta ara)
- **L-lisin**: günde 2 500 miligram kapsül
- **Magnezyum glisinat**: günde 2 kapsül
- **Melatonin**: Her gün uykudan önce 5 miligram
- **Yeni oluşan iyot**: günde 3 küçük damla (damlalık değil)
- **Spirulina**: günde 2 çay kaşığı veya 6 kapsül
- **B12 Vitamini (metilkobalaminli adenosilkobalamin olarak)**: günde iki kez 2 damlalık
- **Vitamin C (Micro-C olarak)**: günde iki kez 4 kapsül
- **D3 Vitamini**: günde 1.000 IU
- **Yabani yaban mersini tozu**: günde 2 çay kaşığı
- **Çinko (sıvı çinko sülfat olarak)**: günde 1 damlalık

HASTA DOSYASI:
MUTLULUĞA BEKLENMEDİK BİR CEVAP
2014

Ellen hayatı boyunca çok mutlu bir insan olmuştu. Arkadaşları ve ailesi onu neşe kaynağı olarak görüyorlardı. Üzgün ya da mutsuz olan kişileri nasıl rahatlatacağını iyi biliyordu ve evliliğinin temel taşıydı. Güneşin doğuşunu hasretle bekler, hafta sonları için planlar yapar, geleceğe dair tatiller tasarlar ve üç kızının doğum günü partilerini planlardı. Ellen hayatın değerini biliyordu ve her gün bunun için şükrediyordu. Hayatının kusursuz olduğunu hissediyordu.

Daha sonra 44 yaşındayken Ellen, ailesiyle tatilden döndükten sonra, birden kendini farklı hissetmeye başladı. Bunu açıklayamıyordu ancak bir parçası eksik gibiydi. Aşırı yorgun hissetmenin yanı sıra yaşama dair yürekliliğini ve tutkusunu kaybetmiş gibi hissediyordu. İçinde bir mutsuzluk belirmeye başlamıştı.

Ellen ilk başta bunu tatil sonrası hüznü diye nitelendirdi ve gelip geçeceğini düşündü. Daha sonraki birkaç ay boyunca iyiye doğru gittiğini hissettiği zamanlar oldu ama tekrar daha kötü olmaya başlamıştı. Sanki kendini kaybediyor gibiydi. Eşi Tom çok üzgündü. "O gülüşünü özledim," diyordu. Ellen her zaman parlak bir ışık yayardı, ancak şimdi o ışık sönmüştü.

Tüm bunlara bir yanıt bulma peşinde olan Ellen doktora gitti. Doktor bir dizi hormon testi yaptırdı. Hormon seviyeleri normal çıkınca doktor onun depresyonda olduğunu düşündü ve içinde antidepresanlar olan bir reçete yazdı. "Bakalım bu seni rahatlatacak mı?"

Ellen ofisten çıktığında daha kötü hissediyordu. Bu teşhis, bu reçete ona çok yabancı geliyordu. Haberleri ailesiyle paylaştı, onlar da tıpkı onun gibi şoktaydı. Bu duyguların nereden çıktığını bilmeden antidepresanları almaya başladı ama bunun ne kadar süreceğini bilmeden kendini sanki bu ilaçların esiriymiş gibi hissediyordu.

Profesyonel danışmanlık hizmeti almak istedi. Terapist biriktirilmiş hatıraların Ellen'ı esir aldığında karar kıldı. Ellen bu harika, destekleyici danışmanla birlikte geçmişine doğru inmeye başladı. Süreç iyi ilerliyordu ve onu depresyonu boyunca su üstünde tutacak bir destek verdi. Ancak depresyon hâlâ oradaydı.

Hastalığın başlangıcından 1 yıl sonra Tom, Ellen'ı başka bir tatile çıkarmaya karar verdi. Belki bu geleceğe dair yeni planlar yapmasına yardımcı olurdu. Tüm aile 10 gün boyunca tatile çıktılar. Ellen kendini daha iyi hissediyordu, kızlarıyla okulda oynayacakları oyunlar için kostümler tasarlayarak gevezelik ediyor ve güneşle birlikte uyanıyordu. Eskiden olduğu gibi değildi, ancak yine de yarı yarıya iyileşmiş hissediyordu. Eve dönüş uçağına binmek üzere havaalanında oturmuş beklediği sırada, Ellen Tom'a bu tatilin belki de ihtiyaç duyduğu bir başlangıç noktası olabileceğini söyledi.

Birkaç saat sonra eve gelip valizleri açmaya başladığında Ellen çöktü. Yatakta kıvrılmış yatıyordu ve depresyon her zamankinden daha fazla binmişti üzerine. Günler geçti, aynı his devam ediyordu ve sanki hiç bitmeyecek gibiydi. Her an ağlamaya başlayabiliyordu -dişlerini fırçalarken, ayakkabısını bağlarken ya da sabah uyandığında- Tom ve kızlarla birlikte en sevdikleri pazar akşamı programını izlemek için oturma odasında oturacak enerjisi yoktu artık.

Ellen'ı bu kamburdan kurtaramayan terapist benimle bir randevu ayarlamasını önerdi. Ellen'ı okumaya başlar başlamaz, Ruh organlarında aşırı miktarda tarım ve böcek ilacı olduğunu söyledi bana. Bulguları ona anlattım. Ellen aniden sessizleşmişti.

"İyi misin?" dedim.

Ellen eşinin periyodik bir biçimde evin içini ve dışını ilaçlama şirketine ilaçlattığını anlattı. Hangi sıklıkla yaptırdıklarını sordum. Ellen telefonla Tom'u aradı. Örneğin; hafta sonları kayınvalidesini ziyarete gittiklerinde ya da uzun bir tatile çıktıklarında, komşuya anahtarı bırakıyorlardı, ilaçlama için gelen elemanlar evi ilaçlıyorlardı. Ayda bir kez de bahçeleri ilaçlanıyordu.

Ellen, Tom ve çocukların derhal o evden taşınmaları üzerinde ısrar ettim. Annesinin evinde kalıyorlarken Ellen, depresyona sebep olan ve sisteminde bulunan ağır metaller ve kimyasallardan kurtulmak için, iyileştirici bir yiyecek, destek ve detoks rejimine başladı -bu bölümde ve Kısım IV'te anlatıldığı gibi. Buna Tom da katıldı. Ayrıca farklı bir programı da kızların zehirden arınmaları için uyguladık.

Ellen yaşama geri dönmüştü. gizemli hastalığın çözülmesi, yerinde uygulanan iyileşme programı, yenilenen özgüveni, tarım ve böcek ilaçlarından uzak bir hayat ve terapi sürecinde edinmiş olduğu faydalarla Ellen artık daha iyi hissediyordu. O ve Tom evlerini satılığa çıkarıp yeni bir tane satın almaya karar verdiler.

15

PREMENSTRÜEL SENDROM VE MENOPOZ

Neredeyse tarih boyunca kadınlar menopoza olumlu bir ışık tuttular. Menopoz, yaşlanmanın bir hatırlatıcısı olmasına rağmen, adet öncesi sendromun (PMS) ve adet görmenin zorluklarını ve rahatsızlıklarını nazikçe ve acısız bir şekilde sona erdirdi, sıklıkla libidoyu artırdı ve kazara hamilelik endişesi olmadan cinsel ilişkiye izin verdi.

Geçmişte kadınlar menopozla ilgili yardım için doktorlara başvurmadılar çünkü menopozda kayda değer fiziksel problemler veya semptomlar yaşamadılar. Kadınlar neredeyse her zaman perimenopoz, menopoz ve postmenopozda daha önce olduğundan daha iyi hissettiler. Kabulün ötesinde bir şey gerektirmeyen, hayatın normal bir parçasıydı.

1800'ler boyunca üretilen tıp literatüründe menopozdan çok nadiren bahsedildi. Olduğu zaman, menopozdan neredeyse hiçbir zaman semptomatik ya da bir doktorun bakımını gerektiren bir zorluk olarak bahsetmedi. Ateş basmaları ve kalp çarpıntısı pratikte yoktu.

Modern çağda, 1950 civarında her şey değişti. 1900'den sonra doğan kadınlar, belli bir yaşa geldiklerinde ilk gece terlemesi, ateş basması, yorgunluk, panik atak, kaygı, saç seyrelmesi ve eklem ağrıları yaşıyorlardı. 20. yüzyılın ortalarında, 40 ila 55 yaşları arasındaki bir kadın gelgit dalgası bu semptomlarla doktorlarını ziyaret ediyordu ve doktorlar ne düşüneceklerini bilemediler.

İşte, gizemli hastalık ve otoimmün karışıklık doğdu. Tıp uzmanları hiç bu kadar şaşırmamıştı.

Doktorlar salgını ilaç şirketlerine bildirdiler ve ilk başta her şeyin kadınların kafasında olduğu konusunda fikir birliği vardı - bu sadece çılgın kadın sendromuydu. Semptomlarını uydurmaları gerekiyordu, çünkü aksi takdirde hiçbir anlamı yoktu. Hepsi bir dikkat çığlığıydı, sıkıldıklarının bir işaretiydi. İkinci Dünya Savaşı kısa süre önce sona ermişti. Düşünce, savaşın kadınları endişe, sıkı çalışma ve aileleriyle ilgilenmekle o kadar meşgul ettiğiydi ki, birçok erkek uzaktayken şimdi kadınlar yapacak daha az şeye tepki veriyorlardı. Kadınlara PTA'ya katılmaları söylendi.

Yine de 1950'ler boyunca, hafıza sorunları, konsantrasyon sorunları, huysuzluk, kilo alma, baş dönmesi ve daha fazlasını yaşayan kadın dalgası daha da büyüdü. İlaç firmaları ve doktorlar tekrar danıştı ve bu kadınların tek ortak noktasının yaşları olduğuna karar verdiler. Tıp, erkeklerin aynı anda aynı semptomları yaşamasına rağmen, nedenin hormonlar olması gerektiğine karar verdi. Pek çok erkek ateş basması yaşıyordu; sadece "iş teri" (bir epizod geldiğinde bir adam çalışmıyor olsa bile) veya "sinir teri" olarak etiketlendiler. Erkekler diğer "menopoz" semptomlarıyla da uğraştı - depresyon, büyüyen bel ve unutkanlık, bunlardan sadece birkaçı. Yine de haber yapmadı, çünkü bu, erkeklere stoacı olmanın öğretildiği bir dönemdi. Ailenin geçimini sağlayan kişi olmanın sorumluluğu ağır geliyordu, bu yüzden kariyerlerini kaybetme korkusuyla özel fiziksel sorunlarını gizlediler.

Hemen, kadınları sömürmek ve kadınların hormonal sorunlarının yanlış keşfinden yararlanmak isteyen bir ilaç şirketi doğdu. 1950'lerin sonlarında, kadınların hormon eksikliklerinden muzdarip olması gerektiği haberi yaygındı. Bunun anlayışı olarak "Kadın sorunu" popülerlik kazandı, erkekler paralel semptomları hakkında sessiz kalmaları için daha fazla baskı hissettiler.

Kadınlar bu noktaya gelene kadar pek çok zorlukla karşılaşmışlardı. Onlara baskı uygulanmış ve duygularını bastırmaları söylenmişti ve oy verme -insan sayılma- hakkını ancak yakın tarihte elde etmişlerdi. Yüzyılın ortasında, hâlâ seslerini duyurmak için savaşıyormuş gibi hissediyorlardı. Kadınların sesini duyurmasını sağlayarak onlardan yararlanmak kolaydı.

Doktorlar, kadınların gizemli semptomları karşısında şaşkına döndüler ama en azından sonunda doktorlar onlara inandı. Bu nedenle, tıp cevaplar ararken yanlış yöne gitmiş olsa da, teoriler kadınların sağlık mücadelelerine bir isim verdikleri için kutlandı. Bu doktorların iyi niyetli bir çabasıydı.

Bugüne kadar doktorlar bu hormonal yanlış bilgiyi kullandı. Sayısız kadın, acılarının arkasında hormonal dengesizliğin veya menopozun olduğunu duyuyor.

Öyle değil. Menopoz aslında sizin tarafınızda. İster inanın ister inanmayın, menopozdan sonra yaşlanma süreci yavaşlar. Oradaki mesaj bu değil. Kadınlar, menopozu yaşlanmanın ve yaşa bağlı sağlık sorunlarının başlangıcı olarak düşünürler, aslında tam tersidir.

Bir kadının en hızlı yaşlanması ergenlik ve menopoz arasında gerçekleşir. Bunun nedeni, üreme hormonlarının yaşlanma sürecini hızlandıran steroid bileşikleri olabilmesidir. Ergenlik ve menopoz arasındaki bu zaman, aynı zamanda adet döngüsünün meydana geldiği zamandır ve Bölüm 3'te hem menstrüasyon hem de yumurtlama hakkında daha fazla okuduğunuz gibi, bağışıklık sistemi vücudun diğer bölgelerinden üreme sistemine daha fazla odaklanmak için değişir. Bu hamilelikte ve doğumda da olur. Genel bağışıklık sisteminin düzenli olarak düşürülmesi, daha büyük bir amaca hizmet ederken, kronik hastalıkların arkasındaki patojenlerin tutunması için fırsatlar yaratabilir. Menopoz, bir kadının östrojen ve progesteron düzeylerini (menstrüel döngü ile ilgili bu bağışıklık sistemi değişimlerini işaret eden) azaltarak, kadının kanser, virüs ve bakterilerden korunmasına yardımcı olur.

Ve işte osteoporozla ilgili gerçek: Menopoz sonrası bir kadını kemik gözenekliliğine karşı daha savunmasız hale getirmez. Osteoporozun gelişmesi onlarca yıl alır, bu nedenle bir kadın belirli bir yaşa ulaştığında kendini gösterir. Tıp, bir kadının vücudundaki azalan östrojen seviyelerinin, onun kemik kütlesi kaybına katkıda bulunduğunu söyleyerek bu tesadüfü nedensellik ile karıştırıyor. Gerçek şu ki, osteoporoz menopozdan çok önce gelişmeye başlar. Üreme hormonları aslında osteoporoza katkıda bulunur çünkü bunlar steroiddir ve steroidlerin kemik eritme etkisi vardır. Bununla birlikte, östrojen ve progesteron, kemik yoğunluğu sorunları için minimal bir nedendir.

Bu hormonlar, Epstein-Barr virüsü gibi patojenlerin enfeksiyonları, beslenme eksiklikleri, kafein bağımlılığı, destekleyici olmayan bir diyet ve toksik ağır metaller (bu alanda güçlü bir etkiye sahiptir) dahil olmak üzere birçok faktör arasında katkıda bulunan faktörlerden biridir. Menopozdan yıllar önce, bu faktörlerin bir kombinasyonu kemik kütlesi kaybı için zemin hazırlar; bu kemik yoğunluğu sorunlarının bir kadın hâlâ gençken mi ortaya çıktığı yoksa menopozdan sonra osteoporoz tanısının konup konulmadığı hakkında.

Kafein ve diyet faktörlerinin tarihine daha yakından bakalım. 1940'lardan sonra kafein gerçekten kadınların hayatında bir yer edindi. Bunun nedeni, kadınların viral patlamanın semptomlarını deneyimlemeye başlamasıydı - çağın hormon suçlamasına yol açan semptomlar. Tarihte ilk kez, yorgunluk, beyin bulanıklığı, halsizlik, halsizlik, depresyon, enerji kaybı ve motivasyon kaybı semptomlarından kurtulmak için çok gerçek bir şekilde kafeine güvenmek zorunda kaldılar. Kafein endüstrisi gerçekten bu zamanda doğdu ve bu açılıştan yararlandı. Birçok kadın için bu, yıllarca kafein kullanımına yol açtı. Kafeinin uyarıcı etkisi, kadınların yaşamlarında zaten sahip olduklarından daha fazla olan, savaş ya da uçuşta başladı ve bu da, yüksek düzeyde aşındırıcı adrenalinin rutin salınımına yol açarak, osteoporoz ve diğer semptomların gelişimine katkıda bulundu.

Menopoz olarak etiketlenen gizemli semptomlar 1950'lerde kendini göstermeye başladığında, kadınlara ayrıca artan stres veya kafein bağımlılığı veya kullanımı gibi yaşadıkları herhangi bir tetikleyiciye karşı koymak için diyetlerini iyileştirmeleri öğretilmiyordu. Zamanın doktorları yepyeni semptomlar yaşayan hastalarla karşı karşıya kaldı ve eğitimleri bunu açıklayamıyordu. Kadınlara hiçbir şeye karşı koyabilecekleri gereçler verilmedi; patojenlere karşıydılar ve oyun alanını nasıl düzleştirecekleri öğretilmiyorlardı. Ve kadınlar kendilerini iyi hissetmediğinde -üstelik neden hasta olduklarını bilmeyen doktorlar tarafından duyulmadığında veya yanlış anlaşıldığında- bu genellikle daha rahat yiyecekler için bir özlem uyandırdı. Bu yiyecekler, düşük dereceli viral enfeksiyonlarla uğraşan insanlar için genellikle en iyi seçenekler değildi, ancak gerçekte neler olup bittiğini çok az kişi biliyordu. Cevaplar; kadınların gerçekten ihtiyaç duyduğu ve hâlâ ihtiyaç duyduğu şeylerdi; Medikal Medyum serisindeki faydalı besinler ve diğer protokoller gibi araçlarla, neden böyle hissettiklerine ve bunu değiştirmek için ne yapmaları gerektiğine dair cevaplar... Kadınlar, menopozun kendilerinden yana olduğu gerçeğini bilmeyi hak ediyor.

Adet döngüsü ve üreme ile ilgili üreme hormonları ve bağışıklık sistemi değişiklikleri kötü değildir. Kadınların çocuk sahibi olabilmelerinin nedeni onlar. Bu hormonlar olmadan insan hayatı devam edemezdi.

Yine de vücut sınırlarını bilir. Çocuk doğurmayı ergenlik ve menopoz arasındaki yıllarla sınırladığı sürece, hayat yaratma yeteneğinin bedelini ödemeye hazırdır çünkü sizi güvende tutmak ister.

Kadınlara üreme hormonlarının gençliğin kaynağı olduğu söylenir. İroni şu ki, gençliğiniz 20'li, 30'lu veya 40'lı yaşlarda değildi. Gerçek gençliğiniz ergenlikten önce oldu. Menopoza ulaşmak, o zamanla yeniden bağlantı kurmanın bir yoludur. Menopoz, üreme sisteminin döngüsünü (ve vücudunuzdaki boşalmasını) sona erdirir ve üreme hormonu seviyelerini düşürür. Uzun ve sağlıklı bir yaşam sürebilmeniz için vücudun yaşlanmayı yavaşlatmanın doğal yolu budur.

Menopoz ve menopozdan sonraki yaşam korkulacak bir şey değildir. Menopozun kendisi zor bir fiziksel süreç değildir ve hormonal olarak kategorize edilen semptomlar yaşamaya başlayan genç kadın dalgası erken menopozdan geçmiyor. Diğer faktörler tamamen işin içindedir ve bunları ele almanın güçlü yolları vardır. Sağlıklı bir yaşam sürmeye ve her aşamada yaşamı kucaklamaya devam edebilirsiniz.

MENOPOZ BELİRTİLERİNİN İLK DALGASININ ARDINDA NE VAR?

İşte gerçek hikaye: 1950'lerde kadınlar, doktorların ve ilaç şirketlerinin hayatın değişmesine bağladığı semptomları göstermeye başladıklarında, diğer üç ortak noktayı kaçırıyorlardı.

İlki viraldi. Bu kadınların hepsi 1900'lerin başında, tıpkı Epstein-Barr virüsü (EBV) ve diğer virüslerin popülasyonda kök salmaya başladığı sırada doğmuştu.

EBV tipik olarak bir kadına gençken ggeçer ve daha sonra kendisini iltihaplı bir hastalık şeklinde tanıtmaya hazır olduğu noktaya gelene kadar yıllarca bekler. Öyle ki ilk agresif olmayan EBV türlerinden etkilenen kadınlar, viral kuluçka dönemi sona erdiğinde ve semptomlar başladığında 40'lı veya 50'li yaşlarındaydı. (Aynı zamanda, tiroit iltihabı çok sayıda kadını etkilemeye başladı. Bununla ilgili daha fazla bilgi için Bölüm 6, "Hipotiroidizm ve Hashimoto Tiroiditi"ne bakın.)

Yani 1905'te doğmuş olsaydınız ve bu yeni virüs Epstein-Barr'ı küçük bir çocukken kapsaydınız, 1950'de 45 yaşında olurdunuz ve bu salgın viral enfeksiyonun semptomlarını yeni yeni deneyimlemeye başlayan ilk neslin bir parçası olurdunuz. Bunun perimenopoz veya menopoz ile aynı yaşta olması sadece bir tesadüftü. Yine de muhtemelen sıcak basmalarınızın, gece terlemelerinizin ve yorgunluğunuzun sebebinin hormonal olduğunu duymuşsunuzdur. Viral inflamasyon daha önce veya daha sonra ortaya çıkarsa, perimenopoz veya postmenopoz tanımı yapılır.

1950'lerde semptomlar sergilemek için yaşamın başlangıcında EBV'ye yakalanmanız gerekmiyordu. Örneğin, 1900'de doğmuş, 1920'de Epstein-Barr virüsüne yakalanmış ve 1950 veya 1955'te hâlâ semptomlarla sonuçlanmış olabilirsiniz. Bunun nedeni, 1920'lerde daha güçlü ve daha hızlı hareket eden daha yeni EBV türlerinin gelişmesidir.

1950'lerde menopoza giren kadınlar arasındaki ikinci ortak nokta radyasyona maruz kalmaktı. Ayakkabı uydurma floroskopu adı verilen devasa bir tarihsel gaf nedeniyle – ki bu, halının altına süpürülen bir hatadır – bu zamanın kadınları tarihte görülen en fazla radyasyona maruz kaldılar. 1986'da Çernobil tahliye bölgesinin sınırında yaşasalardı daha güvenli olabilirlerdi!

Floroskopun icadının ardından; 1920'lerden 1950'lere kadar ayakkabı mağazasını ziyaret etmek demek, bacaklarınızı ve ayaklarınızı bu röntgen kutusuna sokmak demekti. Buradaki fikir, X-ray'in satıcılara, müşterilerin mantar topuklu ayakkabıları için en uygun olanı elde etmelerine yardımcı olmak için müşterilerin ayaklarının kemik yapısını anlamalarına yardımcı olmasıydı. Yine de radyasyon dozu incelenmedi ve düzenlenmedi ve mağazada doktor yoktu. Ölümcül bir düğmeye istediği zaman basan bir ayakkabı satıcısıydı.

Ayakkabı mağazasına her ziyaretimde tekrar tekrar oldu. Pek çok kadın terapi olarak ayakkabıları denedi ve iki haftada bir ayakkabı mağazasını ziyaret etti. Bu, yaşamları boyunca 800 radyasyon tedavisine girdikleri anlamına gelebilir. Milyonlarca kadın için ciddi radyasyon zehirlenmesi ile sonuçlandı.

1950 yılı geldiğinde, floroskop sanki hiç orada bulunmamış gibi sessizce ayakkabı mağazalarından kaldırılıyordu. Modern tıp, radyasyonun tehlikeli olduğunu o sıralarda fark etmeye başlamıştı ve eminim perde arkasındaki biri, kadınların eşi benzeri görülmemiş sağlık mücadeleleri ile onlarca yıl boyunca tekrar tekrar radyasyona maruz kalmaları arasında bağlantı kurmuştur - çünkü on binlerce kişinin maruz kaldığı açıktı. Kadınların yüzdesi kanser nedeniyle ayak ve bacak ampütasyonlarına maruz kalıyordu. Radyasyon ayrıca bağışıklık sistemini de düşürerek virüslerin daha fazla zarar vermesine ve ek semptomların hızlanmasına izin verdi.

Yine de düşünce kuruluşları, radyasyona işaret etmek yerine, suçlu olarak menopozu seçti; bu kadınların anneleri, büyükanneleri ve büyük anneanneleri için menopoz yumuşak bir geçiş olmuş olsa da...

Aynı zamanda, kötü sağlık için üçüncü bir tetikleyici meydana geliyordu: DDT maruziyetinin patlaması. 1940'larda DDT her yerde kullanılıyordu. Ekinlere, parklarda püskürtüldü ve DDT kamyonu banliyölerde püskürterek giderken çocuklar eğlence için böcek ilacı köpükleriyle kendilerini sabunladılar. DDT satıcıları her evin ön kapısını çalar ve çiçeklerine ve bahçelerine püskürtmek için DDT satarlardı. Satıcılar, güvenliğini kanıtlamak için bir elmaya DDT püskürterek bunun besleyici bir takviye olduğunu eklediler. 1950'ye gelindiğinde DDT kullanımı doruk noktasındaydı; sayısız kadının merkezi sinir sistemleri ve karaciğerleri toksinle aşırı yüklenmişti.

Riskin bu kadar uzun süre göz ardı edildiğini düşünmek şaşırtıcı. Rachel Carson'ın kimyasal pestisitlerin tehlikelerine dikkat çeken ve sonunda ABD'nin DDT'yi yasaklamasına yol açan 1962 tarihli *Silent Spring* kitabı olmasaydı, dünya böyle devam edebilirdi. Eleştirmenler hemen Carson'a saldırdı ve onu histerik olarak nitelendirdi; o zamanlar kadınların gizemli semptomları için kullanılan terimdi bu. Sonunda, yine de, haklı çıktı. Gerçeği ortaya çıkarmak için yaşadığı her şey, kurtardığı hayatlar için buna değerdi.

(Bu arada, DDT'nin arkasındaki devasa kimya endüstrisi, kamuoyunun olumsuz yanları konusunda bilinçlenmesinden bir darbe aldığında, yeni bir endüstrinin ortaya çıkıp hakim olmaya başlaması tesadüf değil: bu da hormon tedavisi.)

Bu arada, menopoz, gerçekten tamamen farklı nedenlerle ilgili olan düzinelerce semptomun günah keçisi oldu. Menopoza atfedilen belirtiler arasında; gece terlemeleri, sıcak basması, yorgunluk, baş dönmesi, kilo alımı, sindirim sorunları, şişkinlik, inkontinans, baş ağrısı, huysuzluk, sinirlilik, depresyon, anksiyete, panik atak, kalp çarpıntısı, konsantrasyon güçlüğü, hafıza sorunları, uykusuzluk ve diğer uyku bozuklukları, vajinal kuruluk, meme hassasiyeti, eklem ağrısı, karıncalanma, saç dökülmesi veya incelmesi, kuru veya çatlamış cilt ve kuru veya kırılgan tırnaklar da vardı.

Sağlıklı ve doğal bir yaşam sürecinin bu sorunlara yol açacağını, özellikle de daha önce hiç olmadığı gibi, hiç kimseye mantıklı gelmemeliydi. Peki neden 30 yıllık düzensiz, yoğun radyasyona, DDT'ye ve viral patojenlere maruz kalmayı göz önünde bulundurma zahmetine girelim?

Kadınlar gerçekten viral durumları deneyimlemeye başladıklarında -kronik yorgunluk sendromu, fibromiyalji, adrenal yorgunluk, hipotiroidizm, Epstein-Barr virüsünün diğer belirtileri, lupus, ağır metal toksisitesi, karaciğer fonksiyon bozukluğu ve beslenme yetersizliği- (tümü modern viral, radyasyon ve DDT toksin maruziyeti çağında tetiklendi) tıbbi araştırmalar ve bilim gerçek cevapları anlayamadı. (Bugün bile, tıbbi araştırmalar ve bilim, bunların menopoz semptomlarındaki faktörler olduğunu düşünmüyor.)

Bu, "Hepsi sizin aklınızda..." argümanının doğuşuydu ve kadınlar bu noktada, kadın hakları güçlendiği için, bu teşhise karşı çıktıklarında, hormonlar kadınları susturmanın mükemmel yoluydu... Ve tabii doktorların kendilerini rahatlatması için. Doktorlar için, "Bu senin hormonlarından kaynaklanıyor," demek, "Sana neler olduğu hakkında hiçbir fikrim yok," ifadesini kabul etmekten daha kolaydı. 1950'den önce, bir doktorun görüşü her şeyin başı ve sonu olarak kabul edilmezdi. Ancak 1950'den itibaren modern tıp toplumu etkisi altına aldı. Tarihte ilk kez doktor "Tanrı" olarak müjdelendi.

HORMON YENİLEME TEDAVİSİ HAKKINDAKİ GERÇEK

İlaç şirketleri, şeytani menopozdan milyarlar kazanacaklarını fark ettiklerinde hormon trendini aktif biçimde desteklediler ve onu iyileştirecek ilaçlar yarattılar. 1960'ların başında büyük bir promosyon kampanyası başlatıldı. Östrojen eksikliğinin kadınlar tarafından menopoz sırasında, öncesinde ya da sonrasında yaşanan birçok hastalıkla ilgili olduğu söyleniyordu. Hormon replasman tedavisi (HRT) ile östrojen kayıplarını telafi edebilecekleri sözüyle birlikte ürün satışları zirve yaptı.

Aslında HRT bir süredir hazırlık safhasındaydı. Doktorlar hormon sorunu olan kadınları teşhis etmeye başladığında, ilaç şirketleri aniden steroid bazlı laboratuar deneyini kullanmaya başladılar. Hastalara şu mesajı gönderdiler: "Acınızı anlıyoruz ve sizin için devrim niteliğinde bir tedavi geliştirdik." Aslında henüz geliştirdikleri ve bugüne kadar uygulayamadıkları ürünleri piyasaya sürmek için fırsat kolluyorlardı.

Yine de HRT ürünleri neredeyse hiçbir olumlu sonuç yaratmadı. Çok az vakada HRT belirtileri azaltmıştır. Ancak bunu vücuttaki bir dengesizliği gidererek değil bir steroid gibi davranarak gerçekleştiriyordu; yani bağışıklık sisteminin viral enfeksiyona, beslenme yetersizliğine ve DDT gibi zehirlere maruz kalmaya karşı cevap vermesini baskılayarak.

Başka bir deyişle HRT kimseyi iyileştirmedi. Tersine bağışıklık sisteminin tepki göstermesini engelleyerek kimi hastalıkların saklanmasına, belirtilerin azalmasına sebep oldu. Belirtileri azaltırken HRT, kanser, virüs, bakteriler ve onlar farkında olmadan, kadınların vücuduna giren ve onları hızlıca yaşlandıran, çok daha fazla şeye müsaade ettiler -en azından sorun ciddiyet kazanıp artık gizlenemez hale gelene kadar.

Aniden doktorlar HRT alan kadınlarda kanser ve inme teşhis etmeye başladılar. Bu hormon replasman tedavisinin sebep olduğu problemlerin sadece görünen kısmıydı. Ancak yine de dikkate değerdi. Durum ortaya çıktığında satışlar düştü -bir süreliğine. Daha sonra başka bir promosyon kampanyası başladı ve üründeki bir iyileştirme ile sorunun çözüldüğü söylendi. HRT tekrar popüler olmuştu.

Daha sonra 2002'de Kadınların Sağlık Girişimi isimli muazzam bir klinik, yıllar boyunca, yüz altmış binden fazla menopoz sonrası dönemdeki kadınla çalışma yaptı ve HRT'nin sebep olduğu zararların çok daha fazlasının farkına vardı; HRT'nin göğüs kanseri, kalp krizi ve inme riskini artırdığını açıkladı.* Yani hormon replasman tedavisi yaşlanma sürecini hızlandırmaktaydı. HRT satışları bir kez daha düştü.

HRT'nin tehlikeleri ile ilgili bulgular gün yüzüne çıktığında onu yasaklamalıydılar. Kadınların gizemli belirtilerinin ardında yatan şeyin ne olduğunu araştırmacılar görmeliydi ve hormonların hiçbir zaman bir sorun olmadığını keşfetmelilerdi.

Bunun yerine, karışıma başka bir strateji girdi: *biyo-özdeş hormon replasman tedavisi* (BHRT).

BHRT, HRT'de kullanılan önceki ilaçlardan çok daha güvenlidir. Her doktor, bu noktada BHRT'nin deneysel kaldığını bilecek kadar akıllıdır. HRT'nin bir zamanlar olduğu gibi, 30 yıllık bir deneme yanılma yolculuğunun başlangıcında. En azından sıfırdan başlamaz. Doktorların yeni hormon tedavilerini daha dikkatli izlemelerini, olumlu veya olası olumsuz yanlarını görmelerini sağlayacak olan HRT geçmişine zaten sahibiz.

Sağlık konusundaki trendler o kadar güçlü ki bazen kimse onları durduramıyor. Doktorlar için bu trend fareli köyün kavalcısını takip etmek gibi bir şey, çünkü iş arkadaşlarıyla aralarındaki barış ortamını, geçim kaynaklarını korumalı ve sorunlarına bir yanıt arayan hastalarına umut vermeliler. Bu zor bir denge. Gençliğe, bilgelikten daha fazla değer veren bir toplumda kadınlar için herhangi moda, bir ilaç ya da kremin gençlik vaadine karşı gelmek çok güç. Gerçeği su yüzüne çıkarmak bile hormon trenini durduramayacak.

Size seçenek olarak hem HRT hem de BHRT sunuluyorsa ve yine de bir tane denemek istiyorsanız, bileşik eczanelerden BHRT'yi seçmenizi öneririm. Reçetenizi, holistik sağlık konusunda bilgili; dozajları bilgi ve hassasiyetle düzenleyip dengeleyebilen ve ayrıca

* Kadın Sağlığı Girişimi Araştırmacıları için Yazma Grubu, "Sağlıklı Menopoz Sonrası Kadınlarda Östrojen Artı Progestinin Riskleri ve Faydaları: Kadın Sağlığı Girişiminin Randomize Kontrollü Denemesinden Temel Sonuçlar", Journal of the American Medical Association 288, no. 3 (2002): 321-333. doi:10.1001/jama.288.3.321.

BHRT'yi dozaj ayarlamaları olmaksızın süresiz, ömür boyu bir tedaviden ziyade geçici, periyodik bir yara bandı olarak gören yüksek vasıflı bir doktordan aldığınızdan emin olun. Alternatif hormon tedavileri konusunda oldukça yetenekli bazı harika doktorlar da var. Kan çalışmasındaki incelikleri tanırlar ve kan almak için en iyi zamanları tanırlar. Hastaların muzdarip olduğu semptomları daha iyi anlıyorlar ve sadece hormonların yanı sıra başka nedenlere de açıklar. Bu, oyunu daha iyiye doğru değiştirir ve kadınlara hormon tedavilerini benimserken sağlıklarını iyileştirme fırsatı sunar.

HRT kullanan ve hiç rahatlamayan kadınlar var; BHRT kullanan ve rahatlamayan kadınlar da var. 25 yılı aşkın süredir kadınların her ikisini de kullanıp sonuç alamadıklarını gördüm (hızlı yaşlanma dışında, gençliğini geri getireceğine dair tüm iddialara rağmen) ve yüzlerce hüsrana uğramış doktorun hastalarını hormon tedavisiyle iyileştiremediğine tanık oldum. Bunun nedeni, hiçbir formun menopoza atfedilen altta yatan sağlık sorunlarını ele almamasıdır. İnsanlar hormon tedavisi ile iyileşme yaşadıklarını hissettiklerinde, bunun nedeni artık kendi başına asla reçete edilmemesidir; bir sürü takviye ve elden geçirilmiş bir diyetle (minimum işlenmiş gıdalar ve kızarmış, yağlı gıdaların çıkarılması anlamına gelir) birlikte reçete edilir. Kadınları daha iyi hissettiren; takviyeler ve yeni diyettir. Ve bunun nedenleri var: Bu tahmin oyunu sürecinde, gerçek nedenler ele alındıkça bazı faydalar ortaya çıkıyor.

Hormon terapileri, steroid oldukları için bağışıklık sistemini bastıran ilaçlar gibi davranırlar. Doktorların viral kaynaklı olarak tanımladıkları kalp çarpıntıları ve sıcak basmaları gibi belirtileri BHRT azaltabilir - böylece herkes bu yöntemin işe yaradığına inanır. BHRT ile bazen iyileşen vajinal kuruluk belirtisini ele alım. Vajinal kuruluk adrenal yorgunluğun bir belirtisidir, menopozun ya da menopoz öncesi dönemin değil. Bu yüzden bu bela kadınların başına yirmili otuzlu yaşlarında gelebiliyor. BHRT steroidleri potansiyel olarak iç salgı bezlerini adrenalin salgılamaları konusunda teşvik eder; bu da o an için kimi kadınları rahatlatmaktadır ancak bu uzun süreli adrenal sorunlara yol açabilir.

Evet, hormonal dengesizlikler olabilir. Yine de doktorların menopoz dediği semptomlara, üreme hormonlarındaki bir dengesizlik değil, bu bölümde incelediğimiz tüm diğer faktörler neden olur.

Bir kadının hormonlarının dengeli olup olmadığını belirlemede tükürük, kan ve idrar testleri her zaman doğru değildir. Bu test yöntemleri yanılabilir ve çoğu zaman hatalıdır. (Bir kez daha, hormon terapileri konusunda deneyimli, hormonları ne zaman test edeceğini, ne zaman yapmayacağını ve nasıl okuyacağını bilen, gerçekten iyi bir doktor çok önemlidir. Aynı doktor tiroit hormonları konusunda çok bilgiliyse , bu başka bir zafer.) Tiroit hormonları az üretiyorsa (yani, bir hipotiroididir), o zaman adrenal bezler telafi etmek için aşırı hormon üretir. Adrenalinin aşırı üretiminin kesintiye uğrayan doğası, progesteron, östrojen ve testosteron seviyelerine bakan kan testlerinin canlılığını ve doğruluğunu karıştırır. Alternatif hormon tedavilerine veya herhangi bir hormon tedavisine başlarken daha doğru bir okuma elde etmenin bir yolu;

diyette yumurta, süt, peynir, tereyağı, diğer süt ürünleri, glüten ve hatta tavuk ve kafein (kahve içecekleri, matcha çayı, çikolata) gibi yiyeceklerin olmadığından emin olmaktır. Bu, daha temiz bir kan okumasına izin verecektir. Bu gıdaları geçici olarak erteleseniz bile, kan testi yaptırmadan birkaç hafta önce başlayarak, doktorlarınızın sinyalleri daha doğru bir şekilde okuması için daha iyi bir şansınız olur.

Vücut ısısı dalgalanmaları, şişkinlik, baş dönmesi, gece terlemeleri, kalp çarpıntısı, yorgunluk ve önceki Premenstrüel Sendrom ve Menopoz bölümünde sıralanan diğer sorunlar; topluca bakıldığında bu belirtiler son 70 yıldır kadın için yepyenidir. Üreme hormonları suçlanamaz. Gözden kaçan daha büyük bir resim var. Burada kimsenin geçit törenine yağmur yağdırmaya, ayıyı dürtmeye ya da iyi niyetli doktorları, hastalarına zarar vermekle suçlamaya çalışmıyorum. Hepimiz aynı amaç için çalışıyoruz: kadın sağlığı. Hepimiz kadınların gerçekten iyileşmesini istiyoruz. Buradaki tüm bilgiler bununla ilgili.

Zaten oradaki varsayımı ve tavsiyeyi tekrarlamak benim için daha kolay olurdu. Yine de bunu vicdanen yapamam. Geceleri uyumamın tek yolu; Merhametin Ruhu'nu dinlediğimi, insanlara gerçek cevaplar ve ek seçenekler sunduğumu bilmek. Bu bölümdeki bilgileri ifşa etmek, sizi koruyabileceği anlamına geliyorsa, benim için buna değer. Tüm bu yıllar boyunca kadınlar için başarıyla yaptığım gibi kronik hastalıklardan, kanserden ve felçten kaçınmanıza yardımcı olmak için sizi ve doktorunuzu sağlığınızda desteklemek istiyorum. 90 ya da 100 yaşına kadar yaşamanızı istiyorum. Mutlu ve özgür olmanızı istiyorum.

Hayatınız değerli. Ruhunuz değerli. Her kadının menopoz hakkındaki gerçeği bilmesi çok önemli. Seçeneklere sahip olmak, bilinçli kararlar vermekle ilgili. Çünkü gerçek hikayeyi anlamazsanız, doğru kararı nasıl verebilirsiniz?

Doğru seçenekler, bilgiler ve gerçekler bize verilmediğinde seçimlerimiz elimizden alınır. "Her zaman bir seçeneğin vardır," diye bir söz var. Tüm seçenekler sizin için uygun olmadığında değil! Gerçek, erişiminizin olmadığı bir kasada saklıysa veya geçmişte kaybolup unutulmuşsa, doğru seçimi nasıl yapabilirsiniz?

Bu bölümde verdiğim ayrıntılar, o kasanın kilidini açmak içindir.

GÜNÜMÜZDE MENOPOZU ANLAMAK

Günümüzde, menopozla bu bölümde bahsettiğim belirtiler arasındaki bağlantısızlık daha da netleşmeye başlarken bu hastalık kadınlarda daha yaygın bir biçimde görülüyor. Viral durumlar ve zehirli madde birikimi kadınlarda, 40 ya da 50 yaşlarında ortaya çıkmak yerine, 30'lu, 20'li yaşlar, hatta ergenlik dönemlerinde kadınları etkilemeye başladı. Eğer bu durum 40'larda ya da 50'lerin başında olduğu gibi, her yaştan kadının gizemli belirtiler göstermesi olsaydı, belki sağlık profesyonelleri menopozu suçlamak konusunda iki kez düşünürlerdi. Ya da ilaç şirketleri ve araştırmacılar başka bir oyun oynarlardı.

Doktorlar neden hâlâ bağlantıyı kurmuyor? 18 yaşındaki bir kızın neden "perimenopoz semptomları" olduğuna veya 25 yaşındaki bir kızın ya da 30 yaşındaki bir kızın neden olduğuna dair hiçbir açıklamaları yok. Yine de bu genç kadınların başına ürkütücü bir oranda oluyor; Sadece 40'lı ve 50'li yaşlardaki kadınları etkileyen aynı sorunları yaşıyorlar. Bunlar, tiroit bozukluklarına, karaciğer sorunlarına, nörolojik semptomlara ve daha fazlasına neden olan Epstein-Barr virüsünün semptomlarıdır; 1950'lerde başlayan hormon, perimenopoz ve menopoz suçlama oyununun arkasındaki koşulların aynısıdır. Başından beri asla menopoz değildi.

Daha genç ve daha genç kadınlarda aynı ıstırabın yaygınlığı bunu açıkça ortaya koymaktadır. Ayakkabıya uygun floroskoplar ve DDT aşamalı olarak kaldırılmış olsa da bugün kadınlar hâlâ çevresel toksinler, böcek ilaçları, herbisitler, ağır metaller ve diğer teknolojik dönem kirleticileri ile çevrilidir -artı, önceki nesillerden aktarılan eski toksinler hâlâ içimizde bulunmaktadır. Aynı zamanda, modern çağımızın zehirlerinden doğan yeni kanser türlerinin, virüslerin, bakterilerin ve diğer hastalıkların salgınlarına maruz kaldık. Henüz gerçek, egonun, açgözlülüğün, statünün ve aptallığın derinliklerine gömülü.

Bu arada, doktorlar 18 yaşındakilere HRT veya BHRT vermiyorlardı, ancak şimdi başlıyorlar. Genç kadınlar herhangi bir semptom gösterdiğinde hâlâ doğum kontrol haplarını bir numaralı seçenek olarak reçete ediyorlar; doğum kontrol ilacının semptomları nedenlerine değinmeden bastırmak gibi steroid benzeri bir etkisi var. (Büyük olasılıkla, gelecekte 18 yaşındakilere HRT ve BHRT daha sık reçete edilecektir. Zaten, 20'li yaşların sonlarında ve 30'lu yaşların başında, hemen hemen herhangi bir semptomu olan kadınlara, özellikle doğum kontrolü semptomları bastırmadıysa, BHRT öneriliyor.)

Anlaşılması gereken başka bir şey de daha önce tarif ettiğim semptomlardan mustarip olduğunuzda doktorunuzun hormon seviyenizi doğru bir şekilde test edememesidir, çünkü bunlar sisteminizi alt üst eder. Doktorunuzun; kadın sağlığının tüm yönlerine bakma konusunda oldukça deneyimli olması, ne zaman test yapılacağını bilmesi, satır aralarını okuması ve kan sonuçları ile tutarsızlıkları anlama konusunda deneyimli olması zorunludur. Adrenaller az aktif olduğunda, hormonal testi de rayından çıkarır. Östrojen ve progesteron düzeylerinin okumaları doğru olmayacaktır. Böbreküstü bezi az çalışan milyonlarca kadın hatalı hormon testi sonuçları alır.

Bir kadına BHRT reçete edildiğinde ve iyileşmeye başladığında, BHRT iyileştirici rolün bir kısmını alır. Bununla birlikte, BHRT'yi öneren bir doktor başlangıçta genellikle holistik fikirlidir ve bu nedenle daha iyi bir diyet (işlenmiş gıdaları ortadan kaldırmak, glüteni ortadan kaldırmak; daha fazla salata ve daha sağlıklı yağ) ve eksiklikleri gidermek için bol miktarda besin takviyesi önerecektir. Yine, hastanın sağlıklı bir yaşam tarzına geçişi, genellikle iyileşmesinde gerçek faktördür. Bu bölümde daha önce açıklananlara benzer belirtiler yaşıyorsanız, bunlara gerçekten neden olan hastalığı ortaya çıkarmayı hedeflemelisiniz. Bu kitaptaki diğer bölümleri okumak muhtemelen yardımcı olacaktır. Önümüzdeki sayfalardaki tavsiyeler de öyle. Hastalıktan kurtulmayı hak ediyorsunuz. Hayatınızı geri kazanmayı hak ediyorsunuz.

PREMENSTRÜEL SENDROMU ANLAMAK

Depresyon, ishal, şişkinlik, anksiyete, uykusuzluk, migren ve ruh halinde ani değişimler gibi kimi belirtiler genellikle premenstrüel sendroma (PMS) bağlanır.

Bunun için PMS'i suçlamak doğru değildir.

Bu semptomlar, menopozun varsayılan semptomları gibi, aslında hassas bir merkezi sinir sistemi gibi altta yatan sağlık koşullarından kaynaklanmaktadır; EBV, zona ve strep gibi düşük dereceli viral ve bakteriyel enfeksiyonlar; iltihaplanmaya bağlı bağırsak yolu rahatsızlıkları ve bu kronik düşük dereceli viral, bakteriyel enfeksiyonların neden olduğu gıda hassasiyetleri; halsiz veya durgun karaciğer veya ağır metal toksisitesi... Adet dönemi vücudun rezervlerinin yüzde 80'ini kapladığı için, bir kadının döngüsünde bu belirli zamanda kendilerini belli ederler. Kalan yüzde 20, bağışıklık sisteminin normalde uzak tuttuğu sağlık koşullarını yönetemez. (Yine, bununla ilgili daha fazla bilgi için Bölüm 3, "Epstein-Barr Virüsü, Kronik Yorgunluk Sendromu ve Fibromiyalji"ye bakın.)

Bu, tıp topluluklarının kadın sağlığını anlamaktan hâlâ ne kadar uzak olduğunun bir başka önemli örneğidir. Ayın zamanında bir kadının acı çekmesinin nedeni olarak üreme sistemini göstermek yerine, ona bir haberci olarak bakmalıyız.

(Endometriozis, PKOS, PID, miyomlar ve yumurtalık kistleri üreme sisteminin kendisini ilgilendiren durumlardır. Nedenleri araştırma ve bilim tarafından hâlâ bilinmemektedir. Bu durumların gerçekte ne olduğu ve bunlarla ilgili ne yapılması gerektiği hakkında bilgi için Medikal Medyum *Cleanse to Heal* kitabına bakınız.)

Her zaman PMS olarak düşündüğünüz sorunlarla mücadele ediyorsanız, belirtilerinize gerçekten neyin neden olabileceğini keşfetmek ve bu gerçek nedeni ele almak için bu kitabı kullanın. Stressiz bir adet döngüsünün anahtarıdır.

PREMENSTRÜEL SENDROM, PERİMENOPOZ, MENOPOZ VE POSTMENOPOZ DÖNEMLERİ İLGİLENDİREN BELİRTİLERİN TEDAVİSİ

Bu bölümde yer alan -genellikle menopoza atfedilerek hata edilen- semptomlar o kadar geniştir ki hemen hemen her sağlık durumundan kaynaklanabilirler. Bunlar arasında adrenal yorgunluk, gıda hassasiyetleri, viral yük, karaciğer fonksiyon bozukluğu, toksik ağır metaller, düşük hidroklorik asit, karaciğer içinde zayıflamış safra rezervleri, zayıflamış bir bağışıklık sistemi, iltihaplı bir merkezi sinir sistemi, beyinde ve karaciğerde birikmiş bir dizi toksin, kronik Streptococcus enfeksiyonları bulunur. Ve bu altta yatan sağlık koşulları, hormon sorunlarından çok daha büyük bir resim çizer.

Bu bölüm, muhtemelen semptomlarınıza neden olan şeyleri içeren çok çeşitli virüsleri, bakterileri, mantarları ve diğer toksinleri ele alan bir dizi şifalı bitki, takviye ve yiyecek sağlar. Diyetin bu bölümde tartışılan semptomları en aza indirmede önemli bir rol oynayabileceğini unutmayın. Detoksifikasyonla ilgili ayrıntılar da dahil olmak üzere, vücudunuzu nasıl destekleyeceğiniz ve hastalıkların üstesinden nasıl geleceğinizle ilgili daha fazla bilgiyi Kısım IV, "Nasıl İyileşirsiniz?" bölümünde bulabilirsiniz.

Faydalı Besinler

Bağışıklık sistemini güçlendirmek ve üreme sistemini desteklemek istediğinizde, konsantre olmak için en iyi yiyecekler; yaban mersini, brüksel lahanası, brokoli, karnabahar, tereyağlı marul, kırmızı yapraklı marul, muz, kavun, papaya, böğürtlen, kerevizdir. mache, enginar, domates, kırmızı dolmalık biber, kuşkonmaz, elma, ıspanak, siyah üzüm, salatalık, susamlı tahin (az miktarda), avokado (az miktarda), kenevir tohumu (az miktarda) ve mercimektir. Antiviral, antibakteriyel bileşikler ve antioksidanlar sağlayarak, karaciğeri temizlemeye yardımcı olarak, sıcak basmaları önleyerek, hayati organları güçlendirmek için kritik fitokimyasal bileşikler ve besinler sağlayarak, patojenleri aç bırakarak iltihabı azaltarak ve adrenalleri sabit tutmaya yardımcı olarak çeşitli şekillerde yardımcı olurlar; bu, tüm vücutta hormon seviyelerinin dengede tutulmasına yardımcı olacaktır. Bu yiyeceklerden mümkün olduğunca çoğunu diyetinize dahil edin.

Üreme sistemi ile ilgili herhangi bir durumda uzak durulması gereken en önemli besin yumurtadır ve bu durum zamanla üreme sistemi koşullarını kötüleştirebilir. Süt ürünleri kaçınılması gereken en önemli ikinci, glüten ise üçüncü. Bölüm 19, "Ne Yenmemeli" bölümünden daha fazla bilgi edinin.

Şifalı Bitkiler ve Takviyeler

Bu ek listeler, genellikle menopoz ve PMS olarak etiketlenen semptomlar için genel destek sunar. Bunları uygulamadan önce, Bölüm 21, "Takviyelere İlişkin Kritik Kılavuz"u mutlaka okuyun.

Artık bu semptomlara neyin neden olabileceğinin büyük resmini anladığınıza göre, spesifik semptomlarınız için ek yardım almak için diğer bölümlerden bilgi almayı da düşünün.

Endometriozis, PCOS (polikistik over sendromu), PID (pelvik inflamatuar hastalık), fibroidler, kısırlık ve üreme kistleri (rahim kistleri, yumurtalık kistleri, vajinal kistler ve servikal kistler dahil) için takviye listeleri ve dozajları için *Cleanse to Heal*'a bakın. .

Karaciğer ve Sağlık İçin Günlük Takviyeler

Karaciğeriniz bazı hormonları üretmekten ve hormon üretimini düzenlemekten sorumludur. Bu ek listesi, yaşam evreniz ne olursa olsun genel semptomları ele almanıza yardımcı olacaktır. Hâlâ adet görüyorsanız, bu liste aynı zamanda adet döngüsüyle ilgili doğal bağışıklık sistemi değişiklikleri yoluyla kendinizi desteklemenize yardımcı olacaktır.

- **Taze kereviz sapı suyu**: günde en az 473ml'ye kadar
- **Celeryforce**: günde iki kez 1 kapsül
- **5-MTHF**: günde 1 kapsül
- **Aloe vera**: günde 5 veya daha fazla taze jel (derisi alınmış)
- **Arpa otu suyu tozu**: günde 2 çay kaşığı veya 6 kapsül
- **Chaga mantarı**: günde 2 çay kaşığı veya 6 kapsül
- **Kurkumin**: Günde 2 kapsül
- **Melisa**: günde 3 damlalık
- **L-lisin**: günde 3500 miligram kapsül
- **Magnezyum glisinat**: günde 2 kapsül
- **Isırgan yaprağı**: günde 2 fincan veya 3 damlalık
- **Spirulina**: günde 2 çay kaşığı veya 6 kapsül
- **Zerdeçal**: günde 2 kapsül
- **Vitamin B12 (metilkobalaminli adenosilkobalamin olarak)**: günde 1 damlalık
- **Vitamin C (Micro-C olarak)**: günde iki kez 4 kapsül
- **Çinko (sıvı çinko sülfat olarak)**: günde 1 damlalık kadar

Hormonal Sorunlar İçin Takviyeler

- **Taze kereviz sapı suyu**: günde 946 ml'ye kadar
- **Celeryforce**: günde iki kez 2 kapsül
- **Ashwagandha**: günde 1 damlalık
- **Arpa otu suyu tozu**: günde 2 çay kaşığı veya 6 kapsül
- **Hibiskus**: günde 2 poşet ile 1 fincan
- **Melisa**: günde 2 damlalık
- **Süt devedikeni**: günde 1 damlalık
- **Yeni oluşan iyot**: günde 6 küçük damla (damlalık değil)
- **Isırgan yaprağı**: günde 4 damlalık
- **Ahududu yaprağı**: günde iki kez 3 poşet ile 1 fincan
- **Schisandra meyvesi**: günde 1 fincan
- **Spirulina**: günde 2 çay kaşığı veya 6 kapsül
- **B12 Vitamini (metilkobalaminli adenosilkobalamin olarak)**: günde 2 damlalık
- **Vitamin C (Micro-C olarak)**: günde 2 kapsül
- **Yabani yaban mersini tozu**: günde 2 yemek kaşığı

Menopoz Belirtileri için Takviyeler

- **Taze kereviz sapı suyu**: günde 946ml'ye kadar
- **Celeryforce**: günde iki kez 2 kapsül
- **5-MTHF**: günde 1 kapsül
- **Ashwagandha**: günde iki kez 2 damlalık
- **Arpa otu suyu tozu**: günde 1 yemek kaşığı veya 9 kapsül
- **B kompleksi**: günde 1 kapsül
- **Dulavratotu kökü**: günde 1 fincan veya taze suyu sıkılmış 1 kök
- **Kedi pençesi**: günde iki kez 2 damlalık
- **Chaga mantarı**: günde 1 yemek kaşığı veya 9 kapsül
- **Kurkumin**: günde iki kez 2 kapsül
- **Karahindiba kökü**: günde 1 fincan
- **EPA ve DHA (balıksız)**: günde 1 kapsül (akşam yemeğiyle birlikte)
- **Zencefil**: günde 2 fincan çay veya tercihe göre taze rendelenmiş
- **Glutatyon**: günde 1 kapsül
- **Goldenseal**: günde 1 damlalık (iki hafta devam, iki hafta ara)
- **Melisa**: günde iki kez 4 damlalık
- **L-lisin**: günde iki kez 4500 miligram kapsül
- **Magnezyum glisinat**: günde iki kez 2 kapsül
- **Melatonin**: her gün uykudan önce 5 miligram
- **Süt devedikeni**: günde iki kez 1 damlalık
- **MSM**: günde 1 kapsül
- **Yeni oluşan iyot**: günde 3 küçük damla (damlalık değil)
- **Isırgan yaprağı**: günde iki kez 4 damlalık
- **Ahududu yaprağı**: günde 2 poşet ile 1 fincan
- **Spirulina**: günde 2 çay kaşığı veya 6 kapsül
- **B12 Vitamini (metilkobalaminli adenosilkobalamin olarak)**: günde iki kez 2 damlalık
- **Vitamin C (Micro-C olarak)**: günde iki kez 4 kapsül
- **Yabani yaban mersini tozu**: günde 1 yemek kaşığı
- **Çinko (sıvı çinko sülfat olarak)**: günde iki kez 1 damlalık

HASTA DOSYASI:
ELVEDA UYKUSUZ GECELER
1999

Valerie enteresan belirtiler göstermeye başladığında 48 yaşındaydı. Geceleri uyku zorluğu çekmeye başlamıştı. Saat üçte uyanıyor, beş buçuk altıya kadar yatakta dönüp duruyordu. Nadiren tekrar uykuya dalabiliyordu. Ayrıca, zaman zaman kalp çarpıntıları, gündüzleri sıcak basmaları, geceleri terlemeler ve karamsarlık gibi belirtiler de ortaya çıkmıştı. Şirketindeki asistanı ve çalışanlara soğuk davranmaya başlamıştı, bir gün 17 yaşındaki kızı Molly telefonda ablasıyla konuşurken, "Annem çok hassaslaştı, her zaman sinirli gözüküyor ancak yemin ediyorum bunda benim bir hatam yok," demişti.

Valerie her zamanki doktoru, Dr. Fitzgerald ile bir randevu ayarladı. Doktor kan testi de dâhil olmak üzere genel bir muayene yaptı. Tiroit hormon seviyeleri de dâhil her şeyi normaldi. Fitzgerald, Valerie'nin perimenopoz belirtileri gösterdiğinden emindi. Ona kapsamlı bir hormon kimyası paneli verdikten sonra bunun sonuçlarının DHEA ve testosteron seviyelerinde düşüşe yol açabileceğini; progesteron ve östrojen seviyelerini düşürebileceğini anlattı.

Hormon replasman tedavisi fikri Valerie'ye pek uygun gelmemişti. 1980'lerde annesinin HRT tedavisi gördüğünü hatırladı. Çok kısa bir zamanda 15 yıl yaşlanmıştı. Fitzgerald, HRT'nin tarihini biliyordu ve Valerie'ye BHRT'yi sağlam bir eczaneden yazdığını söyledi. Valerie denemeye karar vermişti ve 3 ay boyunca hiçbir işe yaramayan hormonları aldı. Fitzgerald reçetede birtakım düzenlemeler yapıp 3 ay daha devam etmesini önerdi.

BHRT'ye devam etme kararı vermiş olmasına rağmen Valerie ikinci bir görüş için, başka bir doktora görünmeyi kararlaştırdı. Bu doktor ona tiroit tedavisi uyguladı ama tiroit hormon seviyeleri normal sınırlar içerisindeydi. Valerie 6 ay boyunca bu tedaviyi denemeye karar verdi. Ancak başladıktan sonra yorgunluk, depresyon, bilinç bulanıklığı, daha fazla uykusuz gece ve daha sık kalp çarpıntıları gibi belirtiler yaşamaya başladı.

Bu noktada bir arkadaşı Valerie'den beni aramasını istedi. Yaptığım okuma sırasında ilk karşılaştığım şey Valerie'de bir tiroit sorunu olduğuydu. Ancak tiroit tedavisi soruna yönelik değildi, çünkü sorun viraldi.

Ondaki yorgunluk ve bilinç bulanıklığının sebebi virüstü. Karaciğerini zorluyor, uyku sorunları, sıcak basmaları ve gece terlemelerine sebep oluyordu. Sinir sisteminde baskı yaratıyor ve onun duygularını etkiliyordu. Ayrıca kan dolaşımındaki viral yan ürünler biyofilm adında bir madde üretiyorlardı ve bu madde mitral kapakçıkta birikiyordu ve Valerie'nin kalp çarpıntılarına sebep oluyordu. Bir kanda artan virüs miktarının, menopoz öncesi dönem olarak görülmesinin klasik bir örneğiydi bu durum.

Valerie derhal BHRT ve tiroit ilaçlarını bıraktı. Yumurta ve süt ürünleri kesmek de dâhil olmak üzere güçlü bir antiviral diyet uygulamaya başladı. Ayrıca durumunu kötü etkileyen çinko, iyot gibi minerallerinin eksikliğini giderecek olan destekler almaya başladı.

Bu değişikliklerle geçen bir aydan sonra Valerie'nin sağlığı %80 iyileşmişti.

Üç ay sonra tekrar kendini normal hissetmeye başlamıştı.

Belirtilerin altında yatan sorunları tedavi ettiğimiz için Valerie'nin sağlığı kendini yenileyebilmişti. Genellikle doktorlar, insanların temel rahatsızlıklarını bilemiyorlar ve hormon trendine kapılıp gidiyorlar. Valerie hormon tedavisini bırakıp kendi hissettiği şekilde ilerledi. O ve ailesi bundan dolayı daha mutlular.

"Menopoz ve menopozdan sonraki yaşam korkulacak bir şey değildir. Menopozun kendisi zor bir fiziksel süreç değildir ve hormonal olarak kategorize edilen semptomlar yaşamaya başlayan genç kadın dalgası erken menopozdan geçmiyor. İşin içinde diğer faktörler ve bunları ele almanın güçlü yolları var. Sağlıklı bir yaşam sürmeye ve her aşamada yaşamı kucaklamaya devam edebilirsiniz."

— Anthony William, Medikal Medyum

16

LYME HASTALIĞI

Uzun zamandır Lyme hastalığıyla ilgili gerçeği anlatmak istiyordum.

Şu anda bile, onlarca yıldır insanları Lyme hastalığından kurtarmak için yardım ettikten sonra, bu bölümü yazma konusunda oldukça isteksizim. Çünkü bu hastalık bir sürü yükle birlikte geliyor; hatalı teoriler, yanlış klinik kararlar ve yanlış kararların peşinden koşan trendler.

Açıklayacak olduğum şey bir ihtilafa yol açabilir ve böyle bir şeyin peşinde değilim. İnsanların, Lyme hastalığının gerçekten ne olduğunu anlamalarını ve ondan nasıl kurtulabileceklerini bilmelerini istiyorum. Çalışıyor ve sabrederek bekliyorum, doktorlara ve hastalara Lyme hastalığı hakkında birçok şey öğretiyorum ve tüm bu süre boyunca da araştırmacıların, bu hastalığın üzerindeki sır perdesini kaldırmalarını bekliyorum. Yıllar yılları kovalıyor ve tıp camiası daha fazla yanlışın peşinden gitmeye başlıyor.

Kimse neden hasta olduğunun cevabını bulmak için on yıllar boyunca bekleyecek ve hayatını bu uğurda boşa harcayacak değil.

Eğer gerçek hikâye Lyme hastalığı bir sonraki seviyeye geçmeden önce su yüzüne çıkmazsa, doğrular insanlara ulaşma şansı bulamayacaklar. Yaklaşık 20 yıl içinde; romatoid artrit, multipl skleroz, fibromiyalji, miyaljik ensefalomiyelit/kronik yorgunluk sendromu, lupus, tiroit bozukluğu veya gerçekten EpsteinBarr virüsünün neden olduğu başka herhangi bir durumda olan herkese -Lyme hastalığı için yanılabilir testlerle değerlendirilip- Lyme'leri olduğu söylenecek.

Dışarıdaki Lyme karmaşasını anlamak için bir kartopu hayal edin. Yıllar önce, bir dağın yamacından aşağı yuvarlanmaya başladı, büyüdükçe büyüdü. Kısa süre sonra ağaçları, vahşi yaşamı, telefon direklerini, kulübeleri - peşinden gelen her şeyi - yutmaya başladı ve yol boyunca hız kazandı. Cehalet ve kafa karışıklığından elde edilen muazzam, neredeyse durdurulamaz bir ivmeyle, iyi niyetli uygulayıcıları ve semptomlarından muzdarip olanları yuttu ve öyle devam ediyor. Şimdi ise insanlığın üzerine bir çığ olup düşmeye hazırlanıyor.

Benim için en kolay şey onun yolundan çekilmek olacaktır ama ben böyle çalışan biri değilim.

Önümüzdeki 20 ila 50 yıl içinde Lyme çılgınlığı tarafından yutulabilecek milyonlarca insan -Kızlarımız ve oğullarımız ve modası geçmiş hipotezlerle çalışmaya devam ederken aynı zamanda Lyme hastalığı semptomlarıyla kendilerini hasta edecek yeni nesil uygulayıcılar, doktorlar ve şifacılar- adına, çığı önlemek için elimden geleni yapmalıyım.

Bu bölümde Lyme hastalığı hakkındaki gerçeği öğreneceksiniz ve kendinizi 21. yüzyılın Lyme tuzağından nasıl koruyacağınızı öğreneceksiniz.

GEÇMİŞE BAKMAK

Bir an için zamanda geriye gidelim, birden fazla çocuk ve genç yetişkinin semptomlar geliştirdiği ve doktorları Lyme, Connecticut'ın Lyme hastalığına adını veren bölgede bir araştırma başlatması için uyardığı, Kasım 1975'e gidelim.

Önce kendimize o zamanki teknolojiyi hatırlatalım: Mutfak duvarındaki döner telefonlar, sesli mesaj diye bir şey yoktu ve Sony ilk VCR'sini Amerika Birleşik Devletleri'nde satışa sunuyordu. Tıp dünyasında çocuklar, bademcik iltihabının altında yatan nedeni anlamadan, sanki ağaçtaki elmalarmış gibi bademciklerini aldırıyordu. Bugün bile bademcik iltihabının arkasında ne olduğuna dair klinik bir anlayış yok. Teknoloji sıçramalar ve sınırlar yaratırken, kronik ve gizemli hastalıklardaki gelişmeler neredeyse durma noktasına geldi. Lyme bölgesindeki çocukların ve birkaç yetişkinin deneyimlemeye başladığı semptomlar -kronik yorgunluk, baş ağrıları, eklem ağrıları vb.- Connecticut'taki diğer her kasabada, hatta her eyaletinde onlarca yıldır görülen semptomlardı. Yine de bir şekilde Lyme çevresindeki bu bölgede hastalık yeni ve tanınmaz bir şeymiş gibi davranıldı. Büyük olasılıkla, şefkatli doktorların bu semptomları kişisel olarak daha ciddiye alıp rollerinin ötesine geçmeye çalışıyor olmalarındandır. Doktorlar, araştırmacılar ve kasaba halkı bir suçlu aramaya başladı ve geyik kenesinin üzerine düştü, çünkü hastalardan biri hastalanmadan birkaç hafta önce bir kene gördüğünü bildirdi. Bu, bilinmeyen nedenlerle raydan çıkan bir tren ve 80 km geride otlayan bir geyikten bahseden bir yolcu gibi. İpuçları her iki senaryoda da yoktu. Bir kenenin neden Lyme hastalığına neden olduğunu kimse açıklayamasa da, 17. yüzyıl tarzı bir cadı avı başladı. Sadece söylentiye göre geyikler ve üzerlerinde yaşayan keneler hedef haline geldi.

1981'de bir entomoloji uzmanı *Borrelia burgdorferi* adlı bir bakterinin geyiklerden insanlara geçerek, ısırma yoluyla bu hastalığı yaydığını keşfettiğini söyledi. Bu buluşuyla çok alkışlandı ve aynı zamanda bu, Lyme hastalığı için bakteri odaklı testlerle çeşitli tedavi biçimlerinin geliştirilmesine sebep oldu.

Bu, tıp otoriteleri için harika bir *sonuçtu,* zaten kimse keneleri sevmezdi. O günlerde toplumdaki doğa korkusuna bir de kenelerle bulaşan hastalık eklenmişti. Tıp otoriteleri bu konu hakkında daha fazla araştırma yapmalarına gerek olmadığını düşündüler.

Ne yazık ki bütün bu "keşifler" yanlıştı.

Bunu başka bir yerde duyamazsınız: Lyme hastalığı kenelerden kaynaklanmaz.

Lyme hastalığı *Borrelia burgdorferi* bakterisinden de kaynaklanmaz.

1970'ler ve 1980'lerdeki araştırma ilerlerken, araştırmacıların bu sorunun ülke çapında -hatta dünya çapında- yaşandığını fark ettiklerini umacaksınız. Ve bugün, birilerinin uyanıp, hayatları boyunca geyik kenesi ile karşılaşmamış yüz binlerce insana, Lyme hastalığı teşhisi koyulduğunu fark etmesini bekleyeceksiniz.

Borrelia burgdorferi'ye gelince, bu doğal çevremizin bir parçasıdır ve bu dünyadaki insan ve hayvanlar tarafından taşınmaktadır - tamamen sağlıklı olanlar tarafından bile. Gerçek şudur ki bu bakteri hiçbir risk taşımamaktadır ve Lyme hastalığı ile hiçbir bağlantısı yoktur. Eğer bir Lyme hastasının *Borrelia burgdorferi* testleri pozitif çıkıyorsa, bunun hiçbir anlamı yoktur.

Bununla birlikte tıp,yıllarca Lyme hastalığının tedavisi ve teşhisi için geliştirilen tüm metotlar, bu hastalığa kene ve bakterinin sebep olduğu yönündeki yanlış inanç üzerine kurulmuştur.

Şu hayatta yanlış bir teori gelişmeye başladıktan sonra kimse onun hatalı olduğunu söylemeyecektir ya da onun aksini ispat etmeye çalışmayacaktır. Bu, tıpkı doğru düzgün mimari planları çizilmemiş bir evi inşa etmeye benzer. Bir işçi planlardaki hatayı fark edecektir ancak bir probleme sebep olmak istemediğinden ya da işini kaybetmek istemediğimden sesini çıkarmayacaktır. Bu durumda işçileriniz ne kadar yetenekli olursa olsun ve dekorasyonu ne kadar güzel tasarlamış olursanız olun, ilk güçlü rüzgârda eviniz yerle bir olacaktır.

Benzer şekilde, tıp camiasının 1970'ler, 1980'ler ve 1990'larda yanlış varsayımları kabul etmesi, hastalara yalnızca yardım edilmeyen değil, aynı zamanda birçok durumda, trajik bir şekilde yanlış bilgilerle hareket eden iyi niyetli doktorlar tarafından, ciddi şekilde zarar gören hastalar için tarifsiz bir sefaletle sonuçlandı.

Tıp çevrelerinin bilmediği başka bir şey ise Lyme belirtilerinin sebepleridir. İlk ortaya çıkan hali 1901'e rastlıyor ve görece daha hafif belirtiler göstermişti. 1950'ye gelindiğinde hastalık mutasyonla beraber farklı çeşitlere bürünmüştü. Yeni bir mutasyonla birlikte 70'lerdeki Lyme belirtileri halini aldı.

Bu zamana kadar ise hastalık dünya çapında 60 yıldır insanları rahatsız ediyordu ve belirtileri her zaman başka bir hastalığa atfediliyor ya da bir gizem olarak kalıyordu.

Bugün hâlâ bu rahatsızlıklarla uğraşıyoruz; miyaljik ensefalomiyelit/kronik yorgunluk sendromu, fibromiyalji, multipl skleroz, ALS, tiroit bozukluğu, lupus, Crohn hastalığı, Addison hastalığı, otoimmün hastalık ve çok daha fazlası dahil olmak üzere birçoğunun isimlerini biliyoruz. Yine de hâlâ yaygın bir şaşkınlığa neden oluyorlar ve genellikle Lyme belirtisi sayılıyorlar.

LYME HASTALIĞI BELİRTİLERİ

Lyme hastalığı semptomları konusunda kafa karışıklığı çok fazladır. Bu kitapta yer alan ve var olan tüm otoimmün veya gizemli hastalıklar, Lyme hastalığıyla bağlantılı semptomlara sahiptir.

MS, lupus, fibromiyalji, RA, CFS veya ME/CFS semptomları -hafif ila aşırı ve/veya kalıcı yorgunluk; kas ağrısı, halsizlik, seğirme veya spazmlar; huzursuz bacak sendromu; bilinç kararması; yanan cilt; Çene ağrısı; baş dönmesi; migren; endişe; Ağrı ve sızılar; eklem ağrısı veya şişmesi; veya ellerde ve ayaklarda karıncalanma veya uyuşmadan bahsediyoruz- veya teşhisiyle herhangi bir Lyme uzmanını ziyaret ederseniz, testlerin pozitif veya negatif çıkması durumunda Lyme olduğunuz kabul edilebilir. Yine de Lyme'a odaklanmayan bir doktora giderseniz, tamamen farklı bir teşhis konabilir. Her şey doktorun ilgi ve dikkatinin nerede olduğuyla ilgili.

İnsanlara sık sık bir Lyme uzmanını ziyaret etmenin, sattıkları tek şeyin süpürge olduğunu bilmeden bir süpürge dükkânını ziyaret etmek gibi olduğunu söylerim. Görevliye duş karolarınızı ovmak, mutfakta dökülenleri temizlemek ve oturma odası pencerelerindeki çizgilerden kurtulmak için malzemeye ihtiyacınız olduğunu söyleyin. Tüm bu görevlerin mağazanın sattıklarının kapsamı dışında olması önemli değil; bir süpürgeyle dışarı çıkacaksınız.

LYME HASTALIĞI *ASLINDA* NEDİR?

Daha önce de söylediğim gibi tıp, Lyme hastalığına, geyik kenesi ısırması sonucu bulaşan, *Borrelia burgdorferi* adlı bir bakterinin sebep olduğunu inandı.

Son zamanlarda, doktorlar ve araştırmacılar, son otuz yıldır yanlış bakterilere odaklanmış olabileceklerini anlamaya başladılar. Yeni hastalar artık *Bartonella* ve mikroskobik parazit *Babesia* (bakteri ve parazit arasında bir melez olan) gibi farklı yem böcekleri hakkında bir şeyler duyuyorlar. Ve yeni hastalara, diğerlerinin *Borrelia* etiketiyle geçtiği uzun yoldan, yoldaki tuzaklardan bahsedilmiyor. Bu bakış açısının faydalarına sahip değiller.

Bu arada *Bartonella* ve *Babesia*'nın zararsız olduğunu ve birçoğumuzun bunları taşıdığını bilmelisiniz. Bir kez daha, bir cevap vaat eden, ancak yalnızca varsayım sunan "kandır ve değiştir" teorileridir. Merak ediyorsanız, Bartonella ve Babesia klinik olarak doğada insana bağlı olmayan bir kene içinde bulunmamıştır.

Gerçek şu ki Lyme hastalığı kenelerin, parazitlerin ya da bakterilerin sonucunda oluşmaz. Lyme hastalığı aslında viraldir -bakteriyel ya da parazitsel değildir. Tıp dünyası sonunda bu gerçeği anladığı zaman Lyme hastaları için bir umut doğmuş olacak. Lyme hastalığı adı verilen bu şeyin gerçek sebebi kişiden kişiye değişir. Epstein-Barr'ın farklı çeşitlerine sahip insanlar Lyme belirtileri gösterebilirler, HHV-6 ve onun çeşitlerine sahip insanlar gibi. Farklı zona türlerini taşıyan insanlar da beyin iltihaplanması ve diğer merkezi sinir sistemi zayıflıkları gibi, kızarıklığa sebep olmayıp çok daha ciddi belirtilere sebep olan Lyme belirtilerini gösterebilirler. Bu birçok virüs için aynıdır. Pek çok Lyme hastasının kan çalışması da EBV, sitomegalovirüs veya HSV-1 (ateş kabarmasına neden olan virüs) için pozitif çıkıyor ve pek çok hasta, bu herpetik aileden, testlerde bile görünmeyen farklı mutasyonlara ve virüs türlerine sahiptir. Birçok virüs, organlarda oldukları veya düşük dereceli enfeksiyonlar oldukları için kan testlerinde ortaya çıkmaz. Bu virüslerin daha agresif türlerinden herhangi biri, bir hastanın Lyme semptomlarının arkasında olabilir.

Yukarıda listelediğim tüm virüsler yine herpes ailesindendir ve ateş, baş ağrısı, eklem ağrısı, kas ağrısı, yorgunluk, boyun ağrısı, yanma sinir ağrısı, kalp çarpıntısı, hemen hemen her türlü nörolojik semptom ve/veya diğer semptomlara neden olabilir. doktorlar sözde Lyme hastalığı olarak düşünürler. Bir hastanın yaşam kalitesini önemli ölçüde azaltabilir ve uygun şekilde tedavi edilmezlerse ciddi zorluklar oluşturabilirler.

Bu viral enfeksiyonların herhangi biri/birkaçının semptomunu yaşıyor olsanız bile, virüsü pasif veya uykuda tutarak Lyme hastalığı belirtilerini tam anlamıyla gizemli bir hastalık olarak yaşamaktan kaçınabilirsiniz. Zaten Lyme teşhisi konmuş şiddetli semptomlardan mustaripseniz, hastalıkla mücadele etmek ve üstesinden gelmek için yapabileceğiniz çok şey var.

LYME HASTALIĞI NASIL TETİKLENİR?

Eğer viral enfeksiyon yaşıyorsanız veya bağışıklık sisteminiz alışılmadık bir biçimde zayıflamışsa günler içerisinde Lyme hastalığı belirtilerine kapılabilirsiniz; dahası belki de yıllarca, hatta 10 yıllarca bu virüsü sisteminizde olduğunu bilmeden vücudunuzda taşırsınız

Bahsettiğimiz herhangi bir sayıda virüs, karaciğerinizde, dalakta, ince bağırsak yolunuzda, merkezi sinir sistemi gangliyonlarında veya bağışıklık sisteminiz tarafından tespit edilemeyen diğer alanlarda saklanma eğilimindedir. Karaciğer çoğunlukla yuva yaptıkları yerdir, çoğu zaman asla dallanmazlar ve vücuttaki diğer noktalara girmezler. Bir virüs, travmatik bir fiziksel veya duygusal olay, yetersiz beslenme veya başka bir tetikleyici (ki bunları birazdan okuyacağınız) sizi zayıflatana ve/veya virüsü daha güçlü hale getiren bir ortam sağlayana kadar bekleyebilir. Daha sonra, herkesin içinde belirli bir düzeyde bulunan cıva gibi depolanmış toksinler üzerinde bir beslenme çılgınlığı yaşayarak –sayıca artıp- çoğalabilir. Bir virüs, beslenme çılgınlığı sırasında, örneğin merkezi sinir sisteminizi alevlendirerek bağışıklık sisteminizin onunla savaşma yeteneğini zayıflatan semptomları şiddetlendirmeye başlayan bir nörotoksin de salgılayabilir. Bir ilişkinin kopması gibi duygusal bir deneyim tarafından tetiklendiğimizde, vücudumuz duygusal travmayla ilişkili çeşitli adrenalin ile dolup taşar. Bu adrenalinin fazla miktarları bağışıklık sistemini daha fazla zayıflatabilir ve hatta EBV gibi bazı virüs çeşitlerini besleyebilir.

Eğer sisteminizde cıva gibi zehirli bir ağır metal biriktirirseniz, bu sizi zehirler ve bağışıklık sisteminizi bozar. Aynı zamanda Lyme hastalığı semptomlarına neden olabilen bir virüs, ağır metal toksinlerini sever; daha güçlü kılan tercih edilen yiyeceklerdir. Bu çifte darbe, virüsü uyku durumundan çıkmaya ve virüs hücrelerinden oluşan "ordusunu" büyütmeye başlar.

Başka bir örnek olarak, ailede bir ölüm yaşarsanız, stresli ve acı veren duygularınız bağışıklık sisteminizin savunmasını azaltabilir, çünkü bunlar adrenal bezlerinizi sürekli bir süre boyunca sisteme zarar verebilecek güçlü adrenalin karışımları üretmeye yönlendirir. Aynı zamanda, hormonların bu aşırı miktardaki sert versiyonları, virüs için bir başka tercih edilen besindir. Şiddetli stres bu nedenle Lyme hastalığı semptomları için çok yaygın bir tetikleyicidir.

Kene ısırığı, Lyme vakalarının yüzde 0,5'inden daha azını oluşturan, Lyme'nin yaygın tetikleyicileri -nedenleri değil- listesinin en altındadır.

Genel sağlığınızın da önemli bir rol oynayabileceğini belirtmekte fayda var. İki kişi aynı tip viral enfeksiyona sahip olsa ve aynı tetikleyici tarafından vurulsa bile, iyi yemek yiyen, düzenli egzersiz yapan ve yeterince uyuyan kişi, virüsü aktive etmek için yeterince zayıflayamayabilir; kendine bakma fırsatı olmayan kişi ise hızla Lyme semptomlarına yakalanabilir.

Aşağıdaki tetikleyiciler (yaygınlık sırasına göre listelenmiştir) nedeniyle dünya çapında milyonlarca insan Lyme hastalığı semptomlarıyla karşı karşıya kalmaktadır. Tüm bu tetikleyiciler; sizi doktor arayışına sevk edebilir ve sonunda -test sonuçlarınızdan bağımsız olarak- Lyme'ın ne olduğunu gerçekten anlamadan size Lyme hastalığı teşhisi koyan bir Lyme uzmanıyla karşı kaşıya getirebilir.

En Yaygın Lyme Tetikleyicileri

Aşağıdaki maddeler ve koşullar Lyme hastalığına neden olmaz. Bunun yerine, daha önce vücutta uyku halinde olan mevcut viral koşulları tetikleyebilirler –tıp çevrelerinin topluca Lyme hastalığı olarak adlandırdığı semptomlar şeklinde ortaya çıkan viral koşullar. Bu tetikleyiciler, devrilme noktasında olan bir viral enfeksiyonu kenara itebilir. Lütfen gecikmeli yanıtların oluşabileceğini unutmayın. Semptomlar, tetikleyici maruziyetten kısa bir süre sonra ya da aylar sonra herhangi bir yerde ortaya çıkabilir. Tetikleyiciler, en yaygın olanı en üstte ve en az yaygın olanı en altta olacak şekilde listelenmiştir.

1. **COVID**: hem rezervlerini tüketerek hem de aşırı tepki vermesine neden olarak bağışıklık sistemine meydan okuyabilir. Zayıflamış bir bağışıklık sistemi, sırayla, uykuda olan viral enfeksiyonların güç kazanması ve yeni semptomlar yaratması için bir fırsat sağlayabilir veya birinin daha önce deneyimlediği semptomların yeniden ortaya çıkmasına neden olabilir. COVID, merkezi sinir sistemini zorlar ve nörolojik Lyme semptomlarından mustarip kişiler genellikle sinir sistemi sorunlarıyla uğraşmaktadır. Tıpkı grip gibi, COVID de yüksek ateşe neden olabilir, bu da zayıflamış, yakın zamanda iyileşmiş veya nörolojik Lyme'ın arkasındaki nedenlerden iyileşen sinirleri ısıtıp zorlayabilir.
2. **Küf**: Bir evde veya ofiste küf varsa, mantarları solumak için her gün saatlerce harcıyorsunuz. Bu, bir arıza meydana gelene kadar bağışıklık sisteminizi yıpratabilir. Aileden veya iş arkadaşınızdan biri daha aynı duruma maruz kaldıysa ve henüz belirti göstermiyorsa; Viral olmayabileceklerini, semptom geliştiren kişiyle aynı virüslere veya viral çeşitlerine sahip olmayabileceklerini bilmek önemlidir.
3. **Cıva**: bazlı diş amalgam dolguları: Dişlerinizde eski cıva dolgularınız (gümüş dolgular da denir) varsa, iyi niyetli bir diş hekimi güvenliğiniz için hepsini bir kerede çıkarmaya karar verebilir. Bu bir hatadır. Bağışıklık sistemini aşırı zorlar ve cıva olduğu yerde stabil olma eğiliminde olduğundan, her seferinde bir dolum yapılmalıdır, ancak çıkarma

işleminin toksik cıvayı kan dolaşımınıza göndermesi ihtimali vardır.

4. **Fazla kan alımı**: Yüksek miktarda kan alınması bağışıklık sistemi için stresli olabilir - çünkü virüsleri Lyme semptomlarının arkasında tutan bağışıklık savunmaları, sonunda vücuttanalınan kanla dışarı çekilir. Fazla miktarda kan alınması, o gün kişinin bağışıklık sisteminin önemli bir bölümünü ortadan kaldırma eğilimindedir ve bazen bağışıklık sisteminin bu bölümlerini yeniden oluşturmak haftalar alır. Bağışıklık sisteminin tam gücünün bulunmadığı o haftalarda, virüsler güçlenmek ve çoğalmak için bir pencere açabilir. Enfeksiyonlar organdan organa kolaylıkla geçebilir, çünkü bunlar bir araya gelmezler ve bu ister bir hafta ister birkaç hafta veya bir ay sonra olsun, semptomların alevlenmesine neden olabilir. Daha küçük kan alımları yapmanızı öneririm. Lyme semptomları veya otoimmün olarak teşhis edilmiş başka bir durumla mücadele ediyorsanız, bir seferde dört şişeden fazla kan önermiyorum ve hatta çok hassassanız daha azını düşünün. İyi niyetli doktorlar tarafından yapılan bir hata da, hassas kişilerden çok miktarda kan almaktır.
5. **Farklı türde cıva**: Her cıva zehirlidir. Örneğin, sık sık deniz ürünleri yemek, özellikle ton balığı ve kılıç balığı gibi önemli miktarda cıva içerme eğiliminde olan büyük balıklar, sonunda bağışıklık sisteminizi kırılma noktasını aşabilir ve viral bir enfeksiyona yol açabilir. Her zaman cıva maruziyeti konusunda dikkatli olun. Günümüzün modern zamanlarında bile, özellikle tıpta, onunla temasa geçmeye her zaman savunmasızız. Araştırmanızı yapın ve size, çocuklarınıza ve ailenizin geri kalanına ne verildiğini sorgulayın.
6. **Pestisitler, herbisitler ve mantar öldürücüler**: Çimlerinizde veya bahçenizde zehirler varsa veya ilaçlı bir çiftlik, park veya golf sahasının yakınında yaşıyorsanız, her gün istemeden onların dumanını soluyordunuz demektir. Bu hem size zarar verir hem de viral enfeksiyonu onu güçlendiren toksinlerle besler.
7. **Evdeki böcek öldürücüler**: uçan böcek spreyi, karınca spreyi, hamamböceği spreyi ve böcekleri öldürmeye yönelik diğer zehirler, sonunda sizi de zehirler ve ayrıca viral enfeksiyonu körükler.
8. **Grip**: Bağışıklık sistemini, rezervlerini tüketerek veya bağışıklık sistemini, normalden daha hızlı tüketen aşırı tepkisine neden olarak, zorlar. Bağışıklık sistemi düştüğünde, Lyme hastalığı semptomlarından sorumlu olan diğer virüslerin yüzeye çıkmasına izin verebilir. Ayrıca, sinir iltihabı ve diğer nörolojik Lyme semptomları geçmişiniz olduğunda, yüksek grip ateşi, merkezi sinir sistemi üzerinde stres yaratarak yakın zamanda iyileşmiş, hassas veya iltihaplanmış sinirlerin aşırı ısınmasını sağlayabilir ve bu da dönüş semptomlarına yol açabilir. (Daha hafif COVID türlerinin kendilerini normal bir grip gibi gösterebileceğini unutmayın.)

9. **Ailede ölüm**: Sevilen birini kaybetmenin duygusal travması hem bağışıklık sisteminizi zayıflatabilir hem de böbreküstü bezlerinizin ürettiği daha aşındırıcı "zorlayıcı duygu" hormon karışımlarıyla beslenen viral enfeksiyonları güçlendirebilir.
10. **Kalp kırıklığı**: ihanet, beklenmedik bir ayrılık, zor bir boşanma veya benzer duygusal travmaya neden olan herhangi bir şey, aynı nedenlerle virüsler için yaygın bir tetikleyicidir.
11. **Hasta yakınınıza bakmak**: yine, duygusal travma hem bağışıklık sistemini zayıflatır hem de virüsleri güçlendirir.
12. **Örümcek ısırığı**: Örümcek ısırıkları, Lyme hastalığı semptomları için kene ısırıklarından çok daha yaygın tetikleyicilerdir ve bu listedeki vakaların yaklaşık yüzde 5'ini oluşturur. Isırık cildinizde örümceğin zehirinin bir kısmını bırakırsa, bağışıklık sisteminizi zayıflatan bir enfeksiyon ortaya çıkabilir. Kabaca 1/5 ihtimalle boğa gözü benzeri kırmızı döküntü üretecektir.
13. **Arı sokması**: Örümcek ısırıkları gibi arı sokmaları da çok daha yaygındır. Lyme hastalığı semptomlarını kene ısırıklarından daha fazla tetikler ve bu listedeki vakaların yaklaşık yüzde 5'ini oluşturur. Sokma, arının bir kısmını cildinizde bırakırsa, bağışıklık sisteminizi zayıflatan bir enfeksiyon ortaya çıkabilir. 1/5 ihtimalle boğa gözü benzeri kırmızı döküntü üretebilir.
14. **"Virüs dostu" reçeteli ilaçlar**: virüsler, aynı zamanda bağışıklık sistemini zayıflatan antibiyotikler üzerinde gelişir. Benzodiazepinler gibi ilaçlar da benzer bir etkiye sahiptir. Viral bir enfeksiyonunuz olduğundan şüpheleniyorsanız, doktorunuza görünün ve kullandığınız ilaçları yeniden değerlendirin.
15. **Reçeteye fazla ilaç yazılması**: Sizin için belli miktarda gerekli olsa bile, çok fazla ilaç bağışıklık sisteminizi öldürebilir ve viral bir saldırı için kapı açabilir. Veya farklı ilaçlar reçete eden birden fazla doktorunuz varsa, bağışıklık sistemi için ezici bir kokteylde birleşebilirler.
16. **Eğlence amaçlı uyuşturucu kullanımı**: Toksinler içeren yasa dışı ve yasal ilaçlar, aynı anda bağışıklık sisteminizi çökertebilir ve viral bir enfeksiyon için yakıt sağlayabilir.
17. **Finansal stres**: işinizi kaybetme, faturaları ödeyememe ve hatta muhtemelen evsiz kalma endişesi, bir dizi güçlü zorlayıcı duyguya yol açabilir -başarısızlık korkusu, ölüm korkusu, öz imaj kaybı, stres, ve utanç- bu, bağışıklık sisteminizin viral bir enfeksiyonu savuşturma yeteneğini zayıflatabilir.
18. **Fiziksel yaralanmalar**: Bileğinizi burkursanız, bir araba kazası geçirirseniz veya başka bir fiziksel yaralanma yaşarsanız, vücudunuzu, virüsün vurmaya cesaret ettiği bir noktaya kadar yıpratabilir. Hasarı düzeltmek için bir ameliyata ihtiyacınız varsa bu iki kat doğrudur çünkü ameliyata genellikle antibiyotikler eşlik eder.
19. **Yazın yüzmek**: Hava sıcak olduğunda, göllerde veya okyanus kıyısında kırmızı algler birikebilir. Yarattıkları oksijen kaybı, bağışıklık sisteminizi zayıflatabilecek ve bir virüsün uyku modundan çıkması-

nı tetikleyebilecek bakterilerin büyümesini teşvik eder.

20. **Kirli su**: toksik ağır metaller ve diğer toksinler, özellikle sıcak yaz havalarında, eski arazi çöplüklerinden yakındaki göllere akabilir. Bu göllerde yüzmek sizi toksinlere maruz bırakır ve bağışıklık sisteminizin viral enfeksiyonlarla savaşma yeteneğini azaltır.
21. **Profesyonel halı temizliği**: Geleneksel halı temizleyicileri, sizin için oldukça zehirli kimyasallar kullanır. Ayrıca birçok halı zaten toksin içerir, bu nedenle "temizlik" zehirlerin üzerine zehirler ekler. İç mekanlarda çok zaman geçirirseniz, günün büyük bir bölümünde hem bağışıklık sisteminizi zayıflatabilecek hem de virüsleri besleyebilecek bu zehirli dumanları soluyacaksınız. "Yeşil" halılar ve organik temizleyiciler satın alarak ve/veya modern bir "yeşil" halı temizleme hizmeti kullanarak bundan kaçının. Bunlar bile şüpheli. Çok hassassanız, halılarınızı kaldırmayı düşünün.
22. **Taze boya**: çoğu taze boya havayı zehirli dumanlarla doldurur. Çok fazla dolaşımı olmayan bir evde veya ofisteyseniz, bağışıklık sisteminizi zayıflatabilir ve viral bir enfeksiyonu tetikleyebilirsiniz.
23. **Uykusuzluk**: Herhangi bir uyku bozukluğu vücudunuzu bozar ve zamanla viral bir enfeksiyonu tetikleyebilir.
24. **Kene ısırığı**: Tıp, kenelerin Lyme hastalığına neden olduğuna inanarak yanılırken, kene ısırıkları Lyme semptomlarını tetikleyebilir. Örümcek ısırıkları ve arı sokmalarında olduğu gibi, canlının bir kısmını cildinizde bırakan bir saldırı enfeksiyona neden olabilir ve bu da bağışıklık sisteminizi zayıflatır. Altta yatan bir virüsünüz varsa ve zamanlama mükemmelse, viral enfeksiyon patlamasını başlatmak için ihtiyacınız olan tek şey bir ısırık olabilir. Bu enfeksiyonun *Borrelia burgdorferi* ile ilgisi yoktur; *Borrelia* bu enfeksiyonda bulunan bakteri değildir. Yine, yaygın inanışın aksine, kene bu listede en az görülen tetikleyicidir ve Lyme hastalığı vakalarının yüzde 0,5'inden daha azından sorumludur.

Eğer bu tetikleyicilerden bir tanesi, uyumakta olan virüsü uyandırırsa, virüsün asker hücrelerden bir ordu üretmek gibi hazırlıkları tamamlaması ve içsel saldırıya geçmesi biraz zaman alabilir. Bu tetikleyicilerden hiçbiri Lyme hastalığı belirtilerine sebep olan virüsü bulaştırmaz size, ayrıca bunlar yanlış bir biçimde Lyme hastalığıyla ilintilendirilen bakterilerin bulaşmasına da sebep olmazlar.

Eğer doktorların Lyme hastalığı dedikleri şeyden şikâyetçiyseniz büyük ihtimalle yıllar önce vücudunuza girmiş olan bir virüsü barındırıyorsunuz demektir. Yaklaşık %75 olasılıkla, yukarıda sayılan tetikleyicilerden bir veya daha fazlası, üç ay ya da bir yıl sonra belirtilerin ortaya çıkmasına neden olacaktır.

Antibiyotikler

Tıp dünyasının Lyme hastalığının bakterilerden ve son zamanlarda parazitlerden kaynaklandığına dair yanlış inancı modern tıp tarihinin en büyük hatalarından biridir. Viral enfeksiyonlarla mücadele içindeki kuşakları ihtiyaç duydukları yardımdan alı koymuştur. Ben buna Lyme tuzağı diyorum.

Lyme hastalığı ile mücadele etmek için doktorların genellikle başvurdukları yol antibiyotik yazmaktır, çünkü *Borrelia burgdorferi* ve *Bartonella* gibi bakterileri ve *Babesia* gibi parazitleri öldürmeyi amaçlamaktadırlar. Hâlbuki bunların Lyme hastalığıyla bir ilgisi yoktur ve sağlık için tehdit unsuru oluşturmazlar. *Borrelia*, *Bartonella* ve *Babesia* merkezi sinir sistemine saldırmaz ve Lyme hastaları arasında bir numaralı sorun merkezi sinir sisteminin iltihaplanmasıdır. Tıp dünyası bu gerçeği öğrenene kadar hiçbir işe yaramayan ve zarar veren bu antibiyotikleri yazmaya devam edecektir. Bu yalnızca faydasız değil, aynı zamanda tehlikelidir de.

Güçlü antibiyotikler Lyme hastasına çifte darbe vurur. Lyme hastalarının sinir sistemleri, herpes ailesinden viral enfeksiyonlar tarafından iltihaplandığı için bu güçlü antibiyotikler sinirlere zarar verir. Kimi doktorlar yanlış bir kanıya kapılarak bu durumdaki bir hastanın yaşadığı ağrı ve diğer belirtilerin birer iyileşme işareti olduğunu düşünürler. Onlara göre bu, Herxheimer reaksiyonunun bir sonucudur -vücut zehirden arındıkça bakteriler ölmektedir. Borrelia, Bartonella ve Babesia kolaydır. Aslında bu belirtiler çok daha kötü bir şeyin göstergesidir.

Antibiyotikler tüm bakterileri öldürme eğilimi içerisindedirler, sadece sizin için kötü olanları değil. Bağırsağınızda yer alan iyi bakteriler sağlığınız için önemlidir ve onların zarar görmesi sindirim sisteminiz gibi, bağışıklık sisteminizde de aksaklıklara yol açacaktır. Eğer bir doktor size iki hafta veya daha fazla sürecek olan antibiyotik tedavisi planlıyorsa günlük probiyotik alıyor olsanız bile, bağırsağınız karşılaşmış olduğumuz zararın üstesinden gelebilmek için bir ya da daha fazla zamana ihtiyaç duyacaktır. Bazı bağırsaklar, antibiyotik damardan uygulansa bile asla eskisi gibi olmaz. (Bağırsak sağlığı hakkında daha fazla bilgi için bkz. Bölüm 17.) Karaciğer antibiyotikleri emme ve depolama eğilimindedir, bu da kısa süreli karaciğer şoku ve stresine neden olur. Antibiyotiklerin karaciğerde depolanması, Lyme'dan sorumlu viral enfeksiyonu da besleyebilir.

Lyme hastalığı belirtilerine sebep olan virüsler antibiyotiklere bayılırlar. Güçlü antibiyotiklerin virüslere yaptığı şey anne sütünün bebeğe yaptığına benzer: büyütür ve güçlendirir.

Lyme belirtilerine sebep olan viral enfeksiyonların en önemli doğal düşmanı bağışıklık sistemimiz olduğu için ve antibiyotik hem bağışıklık sistemine zarar verip hem de virüsleri beslediği için bu bir yangının üzerine benzin dökerek söndürmeye çalışmaya benzer. Ancak bu, yine de Lyme hastalığını tedavi etmek için doktorların başvurduğu standart yol. Güçlü antibiyotikler almak görece hafif bir Lyme vakasını ciddi sağlık krizi haline dönüştürebilir ve zamanla tehlikeli bir hal alabilir. Trajik ama bu her gün gerçekleşiyor.

Lyme uzmanları, agresif antibiyotik tedavisinin 40 yılı aşkın bir süredir neden olduğu zararların bir kısmını artık kavrarken, antibiyotik dozlarını düşürmeye ve bunları doğal intravenöz vitaminler de dahil olmak üzere doğal beslenme desteği ile birleştirmeye başlıyorlar. Yine de onlara bunu gerçekleştirmeleri için bir madalya vermeden önce, tıbbın hiçbir antibiyotiğe ihtiyaç olmadığını anlamaktan onlarca yıl uzakta olduğunu kabul etmemiz gerekiyor -çünkü Lyme viraldir. Ultraviyole kan ışınlama tedavisi (UBI) gibi popüler alternatif tedaviler de yardımcı olmuyor çünkü sorunun bakteriyel ve kan dolaşımında olduğu yolundaki yanlış teori üzerinde çalışıyorlar. Gerçekte, Lyme hastalığı semptomlarına neden olan virüsler çoğunlukla nörolojiktir ve kanda olduklarında asla Lyme semptomlarına neden olmazlar. Virüsler organlara ve merkezi sinir sistemine girdiğinde sorun çıkarırlar.

Doktorlar Lyme belirtilerinin arkasında yatan problemin bakteriyel olduğuna inandıkları müddetçe, belki de milyonlarca insanın hayatı pahasına, sis içerisinde bir denizde, hayalet bir geminin peşinde kaybolup gidecekler. Dikkat edilmesi gereken bir nokta da Lyme hastalığı belirtilerine sebep olan virüslerin çok fazla sayıda eşetkeni olmasıdır. Bunların arasında *Streptococcus* A ve B, *E. Coli*, *Mycoplasma pneumoniae, H. pylori*, ve/veya *Chlamydophila pneumoniae*; zehirli küfler ve *Candida* mantarı sayılabilir Ayrıca bu eşetkenler arasında yer alan *Bartonella* ve *Babesia* Lyme alanında son zamanlarda popüler olan *Candida*'dan daha fazla zararlı değildirler.

Unutmayın, bu eşetkenler Lyme hastalığı diye bilinen belirtileri *yaratmazlar*. Tıp dünyasının bu eşetkenleri sebep olarak kabul etmesini anlamak için, savaşan iki orduyu düşünün. Birinci ordu (tıp camiası) geri çekilen bir ordunun (bakterilerin) izini sürüyor. İlk grubun piyadeleri takibi sonlandırıp düşmanın etrafını çevirdiklerinde anlıyorlar ki uzaktan süngü diye gördükleri şeyler aslında bayrak direkleri, trampetler ve bagetlermiş; yani ordu yanlış birliğin peşine düşmüş. Düşmanın izini sürdüklerini düşündükleri o süre boyunca aslında izini sürdükleri şey askeri bir bandoymuş. Tıpkı bunun gibi tıp araştırmaları da yanlış habercilerin (bakteriler) peşindeler, bu arada gerçek düşman (virüsler) dikkatlerden kaçıyor.

Hastanın gördüğü zararın en büyük nedeni fark edilemeyen viral enfeksiyonlardır - veya fark edilirseler bile bir sorun değilmiş gibi görmezden gelinir. Eşetkenler tehdit değildir.

Ayrıca, Lyme hastalığı semptomlarının arkasındaki virüsler için kofaktör olan belirli bakteriler (esas olarak Streptococcus) genellikle antibiyotiklere dirençlidir ve zamanla daha da dirençli hale gelerek diğer idrar yolu enfeksiyonlarına, kronik sinüs enfeksiyonlarına, kulak enfeksiyonlarına, boğaz ağrısına, arpacıklara ve akneye yol açar. Lyme semptomlarınız varsa, bu, antibiyotiklerden şiddetle kaçınmak için daha fazla nedendir.

Bu kuralın bir istisnası vardır: Bir enfeksiyonla savaşmak için hafif antibiyotik kullanmakta bir sakınca yoktur. Örneğin, bir örümcek ısırığı, arı sokması veya yaratığın bir kısmını cildinizde bırakan bir kene ısırığı nedeniyle normal bir cilt enfeksiyonu meydana geldiğinde vücudunuz, bölgenin etrafında halkalı bir döküntü veya kırmızı bir "boğa gözü" oluşturarak, enfeksiyona karşı savaşır. (Bu "boğa gözü," Lyme hastalığı hakkındaki nihai yanlış anlamadır.)

Bu durumda hafif bir antibiyotik almanın bir sakıncası yoktur. Antibiyotiklerin uzun vadeli riskleri, enfeksiyonun kısa vadeli riskinin yanında gölgede kalır. Yine de açık olalım, bu enfeksiyonun kendisi Lyme hastalığı değildir ve enfeksiyonun sebebi *Borrelia burgdorferi* değildir. Bu kızarıklıklar yabancı bir maddenin, delinme yoluyla deri altına girmesinden kaynaklanan normal enfeksiyonlardır. Kayıtlara geçsin; ne *Borrelia* ne *Babesia* ne de *Bartonella* bu kızarık şişkinlikte bulunmaz ya da orada üremez.

GÜNÜMÜZDE LYME TESTİ

Tıp dünyasının Lyme hastalığını teşhis etmek için kullandığı iki ana test var. Bir tanesi ELISA (*Enzyme-Linked Immunosorbent Assay*), *Borrelia burgdorferi* bakterisinin antikorlarını tespit eder; diğeri *Western blot* ki o da *Borrelia burgdorferi*'nin birçok proteininin antikorlarını tespit eder. İki test de Lyme hastalığı belirtilerinin *Borrelia burgdorferi*'den kaynaklandığı yönündeki yanlış varsayıma dayalıdır ki öyle değil. Bu yüzden bir hasta, Lyme belirtileri gösteriyorken test sonuçları negatif çıkabiliyor.

Gelişmiş laboratuvarlar, bu testlerin hiçbir zaman işe yaramadığını keşfetmeye başladı. Yine de daha iyi testler geliştirmeye çalışırken, Lyme'ın nedeninin bakteri ve/veya parazitler olduğu şeklindeki aynı eski teori altında çalışıyorlar. Bu hatalı plan analojisine geri dönersek, bu, önceki planların aynısı ile tamamen yeni bir ev inşa etmeye çalışmak gibidir -planların anlayışındaki kritik hataları düzeltmeden.

Eğer son zamanlarda bir doktor sizde Lyme hastalığı teşhis ettiyse, onun da ELISA ya da Western blot testlerine güvenmediğini belirtme ihtimali yüksek. Doktorunuz şöyle söyleyebilir: "Kanınızı gelişmiş laboratuarlara göndermemiz gerekiyor." Sonuçlar geldiğinde doktorunuz muhtemelen kanınızda Lyme ölçüldüğünü ve bazı antikorlar bulunduğunu ya da *Bartonella* gibi bakteriler ve *Babesia* gibi parazitlerin kısmen göründüğünü söyleyecektir. (Eğer nezle, stafilokok enfeksiyonu, EBV ya da *Candida* iseniz muhtemelen Lyme testi sonuçlarınız pozitif çıkacaktır.) Günümüzde Lyme hastalığı testleri teknolojide bile geriye gidiyor. Lyme laboratuvarları, herhangi bir biçimde iltihaplanma belirtileri için kanı tarar ve iltihaplanma olduğuna dair bir belirti varsa, o zaman hastanın Lyme hastalığı olduğu bildirilecektir. Hastanın aldığı laboratuvar raporu, iltihabı belirli bakterilerle ilişkilendirmeye devam edecek ve hastanın ve hatta doktorun bunun kesin olduğunu düşünmesine yol açacaktır -bunun yalnızca bir iltihap testi olduğunu asla anlamayacaktır. Bakteriler fiziksel olarak mikroskop altında bulunmamıştır.

Tıp camiası yanlış suçlunun peşinde olduğundan, bu, on yıllardır kandırılan hastaların ilgisini sinsice başka yöne çekerek oyalamaktır. Bu doktorların anlamadıkları şey bu yeni *Bartonella* ve *Babesia* hikâyesinin gerçekten işe yaramadığıdır, çünkü her zamanki yanlışın peşinden gidiyorlar. Bakteri ve parazitleri zararsız eşetkenler olarak anlamaktan çok uzaktalar; onları hastalığın kendisiymiş gibi gösteriyorlar.

Lyme hastalığı belirtileri gösteren hastalar arasında bir sinek ya da kene tarafından ısırılma vakası her ne kadar çok nadir gözükse de tıp profesyonelleri şimdi Lyme hastalığının, hastayı yıllar önce ısırmış olan sivrisinek, geyik sineği ya da at sineği tarafından gelmiş olabileceğine dair şeyler anlatıyorlar. Lyme hastalığını teşhis eden birçok tıp uzmanı, "böcek" veya "kene" kelimelerini ağzına almıyor.

Bir geyik sineği ya da at sineği tarafından ısırılmanın viral belirtilerin su yüzüne çıkması için birer tetikleyici olma ihtimalleri çok düşük; daha önce belirtilen böcek ısırıkları da buna dâhil. Ancak bu ısırıkları Lyme hastalığının sebebi olarak göstermek bir kez daha eski yanlış teorinin peşinden gitmek demek oluyor ve bu insanlara doğada bulunma korkusu yayıyor. Bu keneleri suçlamaktan çok da farklı bir şey değil.

Bu konunun tek iyi yönü, tıp camiasının Lyme konusunda araştırma alanını genişletmesi oldu. Böylece *Borrelia burgdorferi* hipotezinin yanlış olduğunu gördüler ama araştırmacılar hâlâ yanlış tarafa bakıyorlar. Size söylüyorum, yıllar yıllar sonra başka bakteriler Lyme hastalığı için suçlanacak ve gerçek viral suçlular göz ardı edilecek.

Eğer Lyme hastasıysanız, araştırmaların bunun gerçek sebebini bulması için bekleyecek 20 yılınız var mı?

Gerçek şu ki, tıp toplulukları, 50'den fazla Streptococcus bakterisi grubu gibi Lyme'nin gerçek kofaktörlerinin çoğunu henüz keşfetmedi. *Babesia* ve *Bartonella* konusunda da, bunların Lyme hastalığı belirtilerinde çok küçük bir rolleri olduğunu fark etmemelerinin ötesinde, bunları belirlemek için yapılan testler birçok problem barındırmaktadır.

İlk olarak, Lyme hastalığı belirtilerine sebep olan viral enfeksiyona sahip olabilirsiniz ancak bu eşetkenlere sahip olmayabilirsiniz; o zaman test sonuçlarınız negatif çıkacaktır. İkinci olarak, bu eşetkenleri barındırıyor olabilirsiniz ancak test tarafından saptanmayabilirler ve sonuç negatif çıkacaktır.

Ancak en büyük sorun, popülasyonun yarısından fazlasının Babesia ve Bartonella'yı (tek başına zararlı olmayan) yüzlerce başka zararsız bakteri ile taşımasıdır. Sonuç olarak tamamen sağlıklı olduğunuz halde test sonuçlarınız pozitif çıkabilir. Bu testler Lyme belirtileri gösteren kişilerde negatif sonuç verirken, Lyme belirtileri göstermeyen bir hastada pozitif sonuç verebildikleri için kullanışsızdırlar.

100 sağlıklı insanı en iyi laboratuvarlardan alınan en yeni, en gelişmiş Lyme testleriyle test ettiyseniz - ve bu testler şu anda yalnızca iltihaplanma testleridir - bunların 50'den fazlası Lyme için pozitif test eder. Bu 50'den fazla denek için titreler, Lyme hastalığının arkasında olduğunu söyleyen bakteri tıp toplulukları için mevcut antikorları gösterecektir.

Bu kitap serisi sayesinde, kitap yayınlamadan önce doktorlarla çalıştığım yıllar ile birlikte, tıp çevreleri Epstein-Barr virüsünün her zamankinden daha fazla farkında. Hastalar şimdi bu ve diğer *Medikal Medyum* kitaplarını doktorlarının ofislerine getirerek Lyme değil EBV'leri olup olmadığını soruyorlar. Bu, birçok doktoru düzenli olarak EBV testi yapmaya sevk etti -Lyme hastalığından şüphelendikleri herkes EBV için de test yapacaklar. Ve sıklıkla EBV enfeksiyonları buluyorlar. Cevabın gözlerinin önünde olduğunu anlamak ve Lyme'a atfedilen nörolojik semptomların bakterilerden değil, sadece EBV gibi virüslerden kaynaklandığını anlamaktansa, bu doktorlar genellikle hastaların hem Lyme hem de EBV'ye sahip olduklarına, EBV enfeksiyonu ve Lyme semptomlarının bir ve aynı olduğunu kabul edemeyeceklerine inanacaklardır. Lyme hastalığına bakterilerin neden olduğuna dair eski inanç sisteminin hâlâ hakim olduğunu gösteriyor.

Ve unutmayın, bir testte ortaya çıkmasa bile EBV'ye sahip olabilirsiniz. Doktorunuz EBV için bir kan testi yaparsa ve negatif çıkarsa veya yalnızca doktorunuzun geçmiş enfeksiyonu gösterdiğini söylediği EBV antikorları göstererek geri gelirse, virüs hâlâ karaciğerinizde veya başka bir organda saklanarak belirtilerinize neden olabilir.

Lyme semptomlarına neden olan bir viral enfeksiyonunuz olup olmadığını belirlemenin en etkili yolu, geçmişinize ve semptomlarınıza odaklanmaktır. Viral enfeksiyonun etkinleştirildiği yaygın tetikleyicilerden birini yaşadıysanız; ve seğirme, spazm, yorgunluk, beyin bulanıklığı, hafıza kaybı, sinir ve eklem ağrısı ve diğer nörolojik semptomlar gibi viral semptomlar yaşıyorsanız veya yaşıyorsanız; ve nasıl hissettiğinizin diğer olası nedenlerini ortadan kaldırdınız o zaman Lyme hastalığı semptomları oluşturan bir virüsten muzdarip olmanız için güçlü bir şans var. Daha önce bahsettiğim gibi, büyük olasılıkla herpes ailesindeki zona, HHV-6, Epstein-Barr veya sitomegalovirüs gibi birçok türden biridir.

Bu virüslerin tümü, yeni, ilerleyici Lyme hastalığı laboratuvar testlerinde yanlış pozitifleri tetikleyebilir, çünkü iltihaplanma yaratırlar. Virüsler yan ürünler, kalıntılar ve ünlü spiroketler (bakterilerle karıştırılan viral kılıflardır) oluşturur ve bunların tümü, bir hastanın hastalığının bakteriyel gibi görünmesini sağlayarak Lyme laboratuvarlarının yanılabilir test sistemlerini tetikleyebilen iltihabı yükseltir. Kan laboratuvarları diğer şirketler gibidir; iş için açıktırlar. Ayakta kalmak, geçim kaynaklarını korumak istiyorlar ve bu nedenle belirli bir miktarda kâr odaklı bakış açısı motivasyonlarına rehberlik ediyor. Şaşırtıcı yeni laboratuvar testleri hakkındaki iddialara mutlak gerçek olarak güvenemeyiz. Ve kan laboratuvarları ile onlardan test isteyen doktorlar arasında büyük bir kopukluk var; doktorlara genellikle laboratuvarların sonuçlarını nasıl bulduğu söylenmez. Bunu aklınızda tutun ve hangi "gerçeklere" inandığınız konusunda dikkatli olun. Antibiyotik aldıysanız ve viral tepkiyi yaşadıysanız veya tedavi görmediyseniz ancak bu bölümde anlattığım semptomları yaşıyorsanız, sonraki bölümdeki talimatları sabırla ve titizlikle takip ederek sağlığınızı iyileştirme ihtimaliniz çok yüksek. Zamanla, virüs hücrelerinin yüzde 90'ını veya daha fazlasını yok ederek bağışıklık sisteminizin virüsü koma benzeri, uyku durumuna geri göndermesini ve kendinizi Lyme'den kurtarmasını sağlamalısınız.

LYME HASTALIĞININ TEDAVİSİ

Lyme hastalığının kronik belirtileri insanların hayatlarına girdiğinde bir felakete dönüşebilir. Çoğu hasta birden fazla doktora görünmüş ve MS, fibromiyalji, RA, Sjögren sendromu, migren, lupus, CFS veya ME/CFS gibi bir yanıt veya tanı almamıştır. Bu hastalardan biri nihayet bir Lyme uzmanını ziyaret ettiğinde, Lyme hastalığı teşhisi bir rahatlama gibi gelebilir; sonunda gizemi açığa çıkarmış gibi hissedebilir.

Küresel açıdan, gerçekten viral enfeksiyon belirtileri olan milyonlarca insan, sanki hastalıkları bakteriyelmiş gibi tedavi ediliyor ve Lyme etiketini alıyorlar. Bu, zamanımızın en çok yanlış anlaşılan ızdırabı haline geliyor. Hız kazandıkça geleceğin en popüler teşhisi olacak. Hastalar ve doktorlar, mantıklı olmasa bile, bu tanımlamanın sağladığı doğrulama karşısında şaşkına dönecekler.

Lyme hastalığı ismi kimsenin aslında viral bir enfeksiyon olduğunun farkına varamadığı gizemli bir hastalığın adı olarak kalacak. Bu isim sizi rahatsız eden şeyin ne olduğunun cevabı değildir. İşin içyüzünü isimle anlatmak için ona *kötü hissetme hastalığı* ya da *iyi hissetmiyorum hastalığı* diyebilirsiniz.

Bu bölümde keşfettiklerimiz sonucunda, Lyme hastalığının arkasında yatan gerçek sebeplerin ne olduğunu bilmenin önemli olduğunu ve kendimizi ve sevdiklerimizi bu Lyme tuzağından nasıl kurabileceğimizi öğrenmiş olduk.

Eğer bugün 40 yaşındaysanız, ancak 65 ya da 70 yaşınıza geldiğinizde tıp dünyası Lyme hastalığının değerlendirilmesi ve tedavisinde yaptıkları yanlışın farkına varacaktır -tabii iyimser olursak. Ancak bu bölümde anlatılan uygulamaları günü gününe, kaçırmadan takip ederseniz viral enfeksiyonunuzu tekrar uyku evresine döndürmeye ve zararsız hale getirmeye zorlayabilirsiniz.

Size bulaşan virüsün az ya da aşırı saldırgan olması, son zamanlarda antibiyotik alıp almadığınız, sağlıklı bir ortamda mı yoksa virüsü tetikleyen ve besleyen zehirli bir ortamda mı olduğunuz, hastalığın erken mi yoksa geç döneminde mi olduğunuz gibi farklı değişkenlere bağlı olarak bu sürecin ne kadar süreceği belli olur. Bu kitabın ilk baskısı yayınlandığından beri, sayısız insan Lyme hastalığı semptomlarından kurtulmak için bu bölümü çoktan kullandı. Medikal Medyum protokolleriyle çalışarak ve bunları özelleştirerek, amacınıza ulaşabilirsiniz.

Bu bölümdeki tavsiyeleri uygulamayı bırakmayın. Ayrıca Lyme belirtilerinden kurtulmak için ihtiyacınız olan ağır metalden arınma ve diğer birçok konuda detayları bulabileceğiniz Kısım IV: Sonuçta Nasıl İyileşeceğiz?'e de bakın. Kendinizi Lyme tuzağından nasıl kurtaracağınız ya da nasıl yanından geçip gideceğiniz konusundaki tüm bilgiler bu kitapta.

İyileşebilecek güce sahipsiniz, vücudunuz gerçekten iyileşmek ve iyi olmak istiyor. Eğer vücudunuza istediği şeyleri verir ve verimsiz elementleri uzaklaştırırsanız içinizdeki iyileşme gücüne kavuşabilirsiniz.

Faydalı Besinler

Bazı şifalı meyveler, yapraklı yeşillikler, otlar, yabani yiyecekler ve sebzeler, vücudunuzun Lyme hastalığı semptomlarının arkasındaki virüslerden korunmasına veya iyileşmesine yardımcı olabilir. Kuşkonmaz, yaban mersini, turp, kereviz, tarçın, sarımsak, kayısı, soğan, patates, kış kabağı, brokoli, karnabahar, kişniş, maydanoz, elma, portakal, greyfurt, papaya, muz, domates, ıspanak ve marul en iyileri arasındadır. Viral hücreleri öldürmeye, detoksifikasyona, beyin hücrelerini onarmaya, merkezi sinir sistemini iyileştirmeye ve diğer iyileşme süreçlerine çeşitli şekillerde yardımcı olabilecekleri için odaklanmak. Bu yiyeceklerden mümkün olduğunca çoğunu beslenmenize dahil edin.

Ayrıca Bölüm 19, "Ne Yenmemeli" bölümündeki yiyeceklerden de kaçınmaya özen gösterin. Virüsün neden olduğu bir semptom veya durumla uğraşırken, virüsü besleyen gıdalardan en az bir veya ikisini çıkarma sürecine başlamak çok önemlidir. İyileşmenizi daha da ileri götürmeniz gerekiyorsa, virüsü besleyen tüm gıdaları ortadan kaldırmaya çalışın.

Şifalı Bitkiler ve Takviyeler

Bunları uygulamadan önce Bölüm 21, "Takviyelere İlişkin Kritik Kılavuz"u okuduğunuzdan emin olun.

Lyme Belirtileri için Takviyeler (Nörolojik Lyme dahil)

- **Taze kereviz sapı suyu**: mümkünse günde iki kez 946ml'ye kadar; değilse, her sabah 946ml'ye kadar
- **Celeryforce**: günde iki kez 4 kapsül
- **5-MTHF**: günde iki kez 1 kapsül
- **Arpa otu suyu tozu**: günde iki kez 2 çay kaşığı veya 6 kapsül
- **Kedi pençesi**: günde iki kez 3 damlalık
- **Kurkumin**: günde iki kez 3 kapsül
- **Glutatyon**: günde 1 kapsül
- **Melisa**: günde iki kez 4 damlalık
- **Meyan kökü**: günde iki kez 1 damlalık (iki hafta devam, iki hafta ara)
- **L-lisin**: günde iki kez 5500 miligram kapsül
- **Mullein yaprağı**: günde iki kez 4 damlalık
- **Yeni oluşan iyot**: günde iki kez 3 küçük damla (damlalık değil)
- **Isırgan yaprağı**: günde iki kez 3 damlalık
- **Ham bal**: günde 1 ila 3 çay kaşığı
- **Spirulina**: günde 2 çay kaşığı veya 6 kapsül
- **B12 Vitamini (metilkobalaminli adenosilkobalamin olarak)**: günde iki kez 3 damlalık
- **Vitamin C (Micro-C olarak)**: günde iki kez 8 kapsül
- **Çinko (sıvı çinko sülfat olarak)**: günde iki kez 2 damlalık kadar

HASTA DOSYASI:

LYME TUZAĞI

1997

Stephanie evde kocası Edward ve iki çocuğuyla ilgilenmekten mutluluk duyan bir anneydi. Edward daha genç bir kadın için onu terk ettiğinde Stephanie kozmetik ürünleri satmak zorunda kalmıştı. Ancak ne yazık ki patronu, çalışanlarını günlük kotalarını tutturamazsa işten atmakla tehdit etmekten zevk duyan bir adamdı.

Kocası tarafından terk edilmenin acısı, bir yandan iki çocuğunu kendi başına büyütmeye çalışmanın duygusal ve fiziksel yükü, bir yandan eğer işini kaybetme endişesinin yarattığı baskı Stephanie'nin içinde yıllardır beklemekte olan virüse, bir enfeksiyona dönüşmek için doğru zamanı sunmuş oldu. Bir ay içinde virüs harekete geçti.

Virüs Stephanie'nin içinde saklandığı yer olan karaciğerinden çıkmış merkezi sinir sistemini istila etmişti. Stephanie çok yorgun ve miskin hissediyordu, zihni de bulanmaya başlamıştı.

Durumla ilgilenmek isteyen Stephanie aile doktoruna gitti ve genel bir kontrole girdi. Doktoru birtakım fiziksel testler ve kan testleri yaptırdı ancak ters giden bir şey bulamadı. "Sadece stres," dedi doktor ona. "Endişelenmeyi bırak. İyi olacaksın."

Stephanie'nin aşırı düzeyde yorgunluğu ve zihinsel karışıklığı devam etti. Virüs kollarında, bacaklarında ve omuzlarında sinirler boyunca ilerledikçe Stephanie daha önce hiç yaşamamış olduğu nörolojik belirtiler hissetmeye başladı. Özellikle sol kalçası ile dizinde bir ağrı hissediyordu ve bu her gün yaptığı koşusuna engel oluyordu. Aniden Stephanie sol bacağı artık işini düzgün biçimde yerine getiremediği için sendelemeye başlamıştı.

Stephanie tekrar aile doktoruna döndü. O ise hâlâ yanlış giden bir şey bulamıyordu ve eklem ağrılarını da hesaba katarak bir eklem uzmanına görünmesini önerdi.

Uzman doktor romatoid artrit olabilir endişesiyle yeniden Stephanie'yi muayene etti ve kan testleri istedi. O da ters giden bir şey bulamıyordu. "Sağlığınız son derece yerinde," dedi. "Sakin olun, yeterince dinlenin, bu sorunlar kendiliğinden geçeceklerdir."

Stephanie buna inanmak istese de belirtiler devam etmekle kalmadı, daha da ilerledi. Stephanie ne kadar uyumuş olursa olsun kendini her an yorgun hissediyordu. Sol omzundaki ağrı akut hale gelmişti. Sol kalçası ve dizi daha zayıftı, hafifçe topallamasına sebep oluyordu. Ayrıca hafif bir de anksiyete vakası yaşamıştı.

Sorunlarından arkadaşlarında bahsettiği sırada içlerinden bir tanesi şöyle söyledi: "Bu anlattıkların bana kuzenim Shelly'nin yaşadığı şikâyetleri anımsattı. Ona Lyme hastalığı teşhisi koymuşlardı."

"Lyme hastalığı mı?" dedi Stephanie. "Şehirde yaşıyorum, yıllardır bir ormana ya da geyiklerin yaşadıkları yerlere gitmedim. Beni nasıl kene ısırmış olabilir ki?"

"Bilmiyorum," dedi arkadaşı. "Ancak sana başka kimse yardımcı olamaz. Bir Lyme uzmanına görün, ne kaybedersin ki?"

Bu, Stefanie'ye mantıklı geldi. Bir Lyme uzmanı olan Dr. Nartel'e gitti.

Doktor Nartel iki tip test yapmak için Stefanie'nin kanını aldı - ELISA ve Western blot. Her iki test de *Borrelia burgdorferi* bakterisinin varlığına karşı tepki olarak üretilen antikorlara bakmaktaydı. Stephanie'nin sorunu *Borrelia burgdorferi* değildi gerçi, bir virüstü ve sonuçta her iki test de negatif çıktı.

Doktor Nartel neden olduğunu anlayamasa da bu testlerin güvenilir olmadıklarını tecrübe etmişti ve Stephanie'nin daha önceki doktorlarının tersine bu belirtileri ciddiye aldı. "Söylediklerin Lyme tanımına uyuyor," dedi. "Her gün ilaç şeklinde alacağın 30 günlük bir antibiyotik tedavisi öneriyorum. Eğer gerçekten Lyme hastasıysan bu ilaç hastalığına sebep olan bakteriyi öldürecektir."

Bu Stephanie'ye mantıklı geldi, sonunda bilinen geçerli bir teşhis konmuştu yaşadıklarına. Hemen kabul etti.

Sonraki ay boyunca Stephanie hiçbir değişiklik hissetmedi. Antibiyotikler kötü bakterileri öldürdüğü gibi iyileri de öldürüyordu. Bağırsağındaki bu değişiklik aslında uzun vadede bağışıklık sistemini zayıflatmaktaydı. Antibiyotik ayrıca Stephanie'nin bağırsak yolunun duvarlarını iltihaplandırmış, ağrılı gastrit ve spazmlara sebep oluyordu.

Dr. Nartel ayrıca probiyotikler de yazarak bu sorunların bir kısmını çözmeye çalıştı. Yine de tedavinin yan etkilerini engelleyecek güçte değillerdi. Stephanie besinleri sindirmekte zorluk yaşıyordu, iştahı kaçmıştı ve midesinde düzenli bir biçimde yanma hissediyordu.

Bir ay daha geçtikten sonra Stephanie'nin yorgunluğu ve eklem ağrıları, tedaviye başlamadan önceki halinden daha kötü bir duruma gelmişti; bilinç bulanıklığı da öyle. Ayrıca bir de periyodik hafıza kayıpları başlamıştı.

Durumu ciddiye alan Stephanie kitaplar ve internet aracılığıyla geniş çaplı bir arama yapmaya başladı. Eğer Lyme değilse kronik yorgunluk sendromu, fibromiyalji, lupus (deri veremi) ve hatta MS bile olabilirdi. Doktor Nartel'in yardımcı olamadığını görerek başka bir Lyme uzman olan Doktor Maizon'a başvurdu.

Doktor Maizon daha önceki doktorların yaptığından daha geniş çaplı bir kan testi istedi ve bunları yaptırmak için ona uygun daha gelişmiş bir laboratuvar seçti. Testlerden birinde *Babesia* ve *Bartonella* pozitif çıktı; bunda şaşılacak bir şey yok çünkü Lyme hastalığı belirtileri taşımayan bir insanda bile bu bakteri ve parazitlerin değişik türlerinin olması mümkündür. Stephanie *Babesia* ve *Bartonella*'nın merkezi sinir sistemi sorunuyla bir ilgisi olmayan, zararsız şeyler olduğunu bilmediğinden, deneyimli ellerde olduğu duygusuyla ferahladı.

Doktor Maizon ona bir aydan üç aya kadar damardan antibiyotik tedavisi ve özellikle daha güçlü bir ilaç tedavisi uygulayacaklarını söylediğinde Stephanie hemen kabul etti. Daha güçlü antibiyotik onun yeni bir acı seviyesine ulaştırdı ve viral enfeksiyonu besleyip güçlendirdi. Tıpkı kömürün ateşe yaptığı gibi.

Bu güçlü antibiyotik tedavisiyle geçen iki aydan sonra Stephanie'nin yorgunluğu, eklem ağrıları, bilinç bulanıklığı ve hafıza kaybı o kadar ciddi bir hal aldı ki işini bırakmak zorunda kaldı. Vücudunda sinir ağrıları ve spazmlar oluşmaya başladı. Günün büyük bir bölümünü yatakta geçirme ihtiyacı hissettiğinden çocuklarıyla da yeterince ilgilenemiyordu.

Doktor Maizon bu kötüye gidişin önemli bir şey olmadığı garantisini veriyordu

Stephanie'ye. "Bu, antibiyotiklerin çalıştığını gösterir," diyordu. "Biz buna Herxheimer reaksiyonu diyoruz. Ölmekte olan bakteri, zehrini vücudundan dışarı alabileceğinden daha hızlı salgıladığında olan bir şey." Doktor Maizon'un bilmediği şey şuydu: Eğer problem onun düşündüğü gibi bakteriyel olsaydı antibiyotikler kayda değer bir değişikliğe sebep olmalılardı. Ancak getirdiği açıklama, tıp camiasının, onları iyileştirmesi beklenen ilaçları kullandıkları halde daha da kötüye giden hastalar için uydurduğu güncel bir bahaneydi.

Gerçekte Stephanie'nin yaşadığı şey artan virüs yoğunluğuyla beraber güçlü antibiyotiklerle daha da kötü bir hale gelen iltihaplanmış sinirlerdi. Yine de Stephanie doktoruna inandı ama hastalığı gittikçe şiddetleniyordu.

Antibiyotiklerle geçen 3 ayın ardından, Stephanie eğer bu tedaviye daha fazla devam ederse öleceğine dair bir hisse kapıldı. Doktor Maizon'ı görmeyi bıraktı, ancak zayıflamış bağışıklık sistemi ve güçlenmiş viral enfeksiyonla birlikte kronik hasta durumunda kaldı.

Stephanie başka bir Lyme uzmanına gitti. O da ona doğal ilaçlar önerdi; multivitaminler, D vitamini, koenzim Q10 ve bir sürü balık yağı. Doktor daha önceki tecrübelerinden ağır antibiyotiklerin işe yaramayacağını biliyordu ama Stephanie'nin bu doğal ilaçlarla bir gelişme göstermediğini fark ettiğinde ona az miktarda antibiyotikle tedaviyi destekleyebileceklerini söyledi. Stephanie'nin daha önce yüksek dozda antibiyotiğe maruz kaldığını biliyordu ama üç ay boyunca kullanacağı az miktarda antibiyotiğin sağlığını geri kazanmasına yardımcı olacağında ısrar etti.

Stephanie'nin hastalığı hafif bir şekilde başlamıştı ve eğer antibiyotiklerden uzak durmuş olsaydı öyle devam edecekti. Fakat antibiyotik aldıkça Lyme belirtilerinin tam potansiyellerine ulaşmasının önünü açmış oluyordu. Şimdi antibiyotikleri bir kez daha denemeye karar vermek, tanımlanamayan virüsün önüne silah koymak gibi bir şeydi. 6 hafta sonunda Stephanie krizin de ötesine geçen bir beyin iltihaplanması ve sinir ağrısı yaşadı. Artık konuşmakta bile zorlanıyordu.

O an gitmekte olduğu doktoru de bıraktı ve panikle bir dizi alternatif doktora göründü.

Belirtilerin büyüklüğünü göz önüne alan bir doktor, aslında Lyme hastalığı değil ALS, yani Lou Gehrig hastalığı olduğunu söyledi.

Diğer bir tanesi multipl skleroz olduğunu belirtti.

Bir diğeri ise ona Guillain-Barre olduğunu söyledi. (Aslında Stephanie'de bir çeşit Guillain-Barre vardı. Tıp camiası bunun farklı bir rahatsızlık olduğunu biliyordu fakat bu da beyni etkileyen viral sinir iltihaplanmasının diğer bir adıydı. Bu Lyme konusunda ne kadar çok kafa karışıklığının olduğunu gösteren ciddi bir örnektir.)

Sonunda Stephanie benim de hastalarımdan biri olan alternatif bir doktora gitti. O Stephanie'yi bana acil vaka olarak gönderdi.

Bir okuma ve tarama yaptıktan sonra ilk yaptığım şey durumla ilgili Stephanie'nin zihnini rahatlatmak oldu. "Evet" dedim. "Bu hastalığı biliyorum, bir kere at sineği ya da örümcek ısırığı veya bakteriden kaynaklanmaz. Ruh bunun, beyin iltihaplanmasına sebep olan, merkezi sinir sisteminde bulunan, kızarıklık yapmayan bir zona virüsü olduğunu söylüyor ve almış olduğun antibiyotikler onu daha da güçlü bir hale getirmiş."

Sadece ne olup bittiğini öğrenmiş olmak Stephanie'nin üstünden büyük bir yük kaldırdı ve ona iyileşmeye başlaması için bir fırsat tanıdı. Aynı zamanda onu yanlış tedavi ederek görece tanımlanamayan hafif viral bir enfeksiyonu neredeyse ölümcül bir duruma getiren doktorlarına da oldukça kızgındı. Uygun doğal metotlarla beslenmiş ve tedavi edilmiş olsaydı bir yılını bu acılarla geçirmek zorunda kalmayacaktı.

"Sinirli olman doğal," dedim ona. "Ancak bilmelisin ki, doktorların seni iyileştirmeye çalışıyorlardı. Bu hastalığın doğasıyla ilgili 40 yıl önce başlatılan yanlış varsayımlar üzerinden hareket ederek senin gibi binlerce hasta aynı denemelere maruz kaldı. Şimdi önemli olan sen gerçeği biliyorsun ve tedavi olabilir, iyileşebilirsin."

Stephanie bu bölümde önerilen yiyecekleri, şifalı bitkileri ve destekleyici gıdaları tüketti. Ayrıca bu kitapta yer alan 28 Günlük Tedavi Edici Arınma diyetindeki yönergelere uydu. Üstesinden gelinmesi gereken zarar çok büyüktü ama 6 ay sonra normal ev işlerini yapabilmeye başladı ve enerjisini korumak için öğlenleri sadece iki saat uyuması yeterli oluyordu. 9 ay sonra dışarı çıkabiliyor, topallamadan yürüyor, arabayla çocukları futbol antrenmanına bırakıyor, köpeğiyle oynayabiliyordu. Lyme teşhisinin arkasında yatan viral belirtileri yok edebilmek için 1 yıl doğal programı uyguladıktan sonra Stephanie, aşırı antibiyotik kullandığı dönemden öncekinden daha iyi hissetmeye başladı.

Zaman geçtikçe, ilk başta az miktarda kullandığı antibiyotik döneminden daha da güçlü bir hale geldi. Stephanie sonunda tam olarak sağlığına kavuşmuştu, koşu yapıyor ve normal hayatını sürdürüyordu.

Stephanie'nin yaşadığı şey bir kâbustu. Lyme teşhisi konan on binlerce insan her yıl aynı çileyi çekiyordu ve trajik olan şu ki çoğunun şikâyetleri dinmiyordu.

Neyse ki artık Lyme hastalığının doğası anlaşıldığı için bu ağrı ve şikâyetlerden kurtulmak mümkün... Ve artık bu hastalık, bu bölümde ve kitabın geri kalanında anlatılan hedefe yönelik metotlarla tedavi edilebilir.

"Buradaki bilgilerle harekete geçen okuyucular sayesinde bu kitap, tıbbi araştırmaları ve bilimi Lyme hastalığını yeniden sınıflandırmaya sevk etti. Lyme'ı otoimmün olarak etiketlemek hâlâ Lyme semptomlarının tam olarak anlaşılmasını temsil etmese de, bu yeniden sınıflandırma; tıbbi araştırmaların ve bilimin 'Bunu düşündüğümüz kadar iyi anlamıyoruz' ifadesini kabul etmesinin ve ilerlemeye doğru büyük bir değişimin göstergesidir. Bu; Medikal Medyum'da Lyme hastalığının -bakteriyel değil- viral olduğunu okuyanlar, bu bilgileri doktorlarına getirenler ve buradaki şifa protokollerini uygulayıp iyileşmiş insanlara ithaf edilmiştir. Ayrıca, hastalara yardım etmek için çalışırken kendilerini bu materyalle eğiten doktorlara da teşekkür ederiz. Hatta birçok doktor şifa protokollerini kendi hayatlarında uygulamışlardır."

— Anthony William, Medikal Medyum

KISIM IV

SONUÇTA NASIL İYİLEŞECEĞİZ?

"Unutmayın, Medikal Medyum sadece bir protokol değildir.
Bu sayede dünya çapında milyonlarca insan hayatını geri kazandı.
Bu bilgilerin hayatları değiştirdiğine dair bir sicil var. Kitapları okumak ve
çeşitli protokolleri anlamak için inançlı olup zaman ve
çaba harcarsanız, amacınıza ulaşmanız için bu bilgiler içinde
kendi kişisel protokolünüzü oluşturabilirsiniz."

— Anthony William, Medikal Medyum

17

SİNDİRİM YOLU SAĞLIĞI

Kimse besin mideye girdiğinde aslında ne olduğunu bilmez. Sindirim sistemi bir mucizedir ve birinin anlayabileceğinin çok ötesinde bir fenomendir. Bazı işlevlerini bilen tıp anlayışı için bile sindirim sistemi gizemini korur.

Herkes şunu bilir; bir parça yemeği ağzımıza atar çiğneriz, yutarız, sonra o sindirim yoluna girer, birtakım çözülmeler olur ve dışarı atılır. Bunun besinleri alış şeklimiz olduğunu biliriz ve yine biliriz ki sindirim süreci her zaman iyi gitmez. Kimi zaman midemiz ağrır ya da bağırsaklarımızda rahatsızlık hissederiz veya daha kötüsü olur.

Tıp bilimi sindirim enzimlerini keşfetti diye sindirimin nasıl bir şey olduğunu tam olarak anlayabildiği düşünülemez. Konu ne yediğimiz ve vücudumuzun bunu nasıl işlediğine gelince tıp camiası, Karındeşen Jack ve Noel Baba arasındaki farkı bilemeyecek durumdadır.

Sindirim insan fizyolojisi çalışmalarının en az üzerinde durulmuş kısımlarından biridir. Hiçbir şey yokmuş ve sanki bilim her şeyi açığa çıkarmış gibi ilerlemeye devam ederiz, oysa vücudumuzun nasıl işlediği konusunda en karmaşık element olarak durmaktadır.

Kimi hastalıkların tersine -onlar için yapılması gereken keşiflerin birkaç on yıl içinde yapılacağını söyleyebilirim- bu kitapta yer alan bilgilerin keşfi -bağırsak sağlığı başka bir hikâyedir, onun gizli işleyişi bu dünyada tıp camiası tarafından asla keşfedilmeyebilir- bu yüzden bu bölüm önemlidir.

Sindirim yolunuz sağlığınızın önemli bir parçasıdır. İçten dışa iyileşmeye başlamak için harika bir yer olan sindirim sisteminizle ilgilidir.

Sindirim yolu; mide, ince bağırsak, kalın bağırsak, karaciğer ve safra kesesini kapsar. Sindirim sisteminin görevi yediğimiz yiyeceklerden besin emilimini gerçekleştirmek, atık ve zehirli maddeleri dışarı atmak ve güçlü bir bağışıklık sistemini sürdürmektir.

Tüm bu günlük işlemlerin yanında sindirim yolunuz kendi yaşam gücünü barındırması ile de önemlidir. Yiyecekler yalnızca fiziksel parçalanma ile sindirilmez (tıp dünyası bu sürecin parçalarını da henüz bir araya getirebilmiş değildir); sindirimle ilgili ayrıca ruhsal ve metafizik faktörler de yer almaktadır. Bu yüzden bu gezegendeki aydınlanmış varlıklar yavaş yemek, bol çiğnemek, yemekten önce, yemek sırasında veya yemekten sonra dua etmek, yediği şeyin bilincinde olmak ve onunla bir olmak gibi tekniklerle meşgul olmaktadır.

Kalın bağırsağınızın içinde bir nehir aktığını düşünün. Nehir yatağının derinliklerinde -kalın bağırsağın çeperlerinde- farklı türden birçok bakteri ve mikroorganizma nehir suyunun zehirli hale gelmemesi için homeostatik bir denge kurmaya çalışmaktadır (yani, bağırsak septik ve zehirli hale gelmez).

Tıpkı bir nehrin ruhunun olduğu gibi, sindirim yolu da insan ruhunu besler. Ruhumuz kendi özümüzdür, geleceğimizdir ve sezgilerimizdir.

Günlük dilimizde ne kadar çok sindirim yoluyla ilgili deyim var (midesiz olmak, midesi kaldırmamak, bağırsaklarını deşmek...vb.). Çünkü fiziksel oluşunun ötesinde, hayatımızda ne kadar içsel bir rol oynadığını bir şekilde biliyoruz; içgüdüsel ve duygusal olarak kim olduğumuzun temel taşı olduğunu biliyoruz.

Bağırsaklarınız, gücünüzün bir kısmının olduğu yerdir. Duygusal gözenekleri vardır ve bu nedenle sindirim sisteminizin huzur içinde mi yoksa kargaşa içinde mi çalışacağı üzerinde belirli duyguların etkisi olabilir. Bu nedenle bazı stresli durumlar asit reflüyü kötüleştirebilir veya mide spazmlarını tetikleyebilir. Zayıf bağırsak sağlığı, bir kişiyi mide ve bağırsak sistemi semptomlarıyla meşgul edebilir ve sezgisel yeteneklerini keşfedecek kadar huzurlu olmalarına izin vermez.

İnsanlar bir nevi elma gibidir. Çürük bir çekirdeğe sahip parlak, mükemmel görünümlü bir elmaya sahip olabilirsiniz. Bu, birinin bağırsaklarının çok sayıda zararlı bakteri üretmesine ve belki de ahlaksız bir karaktere sahip olmasına benzer, ancak görünüşten asla tahmin edemezsiniz. Dışında kusurları olan bir elma da olabilir, ancak içinde bulabileceğiniz en sağlam, sağlıklı çekirdek olabilir. Böylesine yeryüzünün tuzu biberi, namuslu bir insan, huzurlu bir yüze sahip olmayabilir, modaya uygun giyinmeyebilir veya yüzeyde çok eğlenceli görünmeyebilir, ancak yine de iyi bakterilerle dolu bir bağırsağa sahip olabilir.

İnsanların bağırsaklarında 75 ila 125 trilyon mikroorganizma barınağı olabilir. Bu, bakterileri (iyi, nötr ve kötü), mikropları, küfü, maya, mantarı (hem yararlı hem de yararsız), farklı mantar ve küf türlerinden mikotoksinleri, solucanları ve virüsleri içerebilir. Düzgün bir şekilde ele alınmazsa, bağırsaktaki patojenler, doğal içgüdülerinizi değiştirebilir, engelleyebilir ve bu kitaptaki araçlarla kontrolü nasıl ele alacağınızı bilmiyorsanız, sınırsız çeşitlilikte hastalık için bir üreme alanı oluşturabilir.

Bu bölüm, sızdıran bağırsak sendromu, zayıf sindirim, asit reflü, şişkinlik, bağırsak enfeksiyonları, irritabl bağırsak sendromu, mide spazmları, gastrit ve midenizin içinde veya yakınında genel ağrı dahil olmak üzere bağırsakta en sık yanlış giden şeyleri kapsar. Bu koşullar hakkında tıbbi topluluklar tarafından bilinenlerin çok ötesinde kritik bilgiler sağlar. Aynı zamanda, bir dizi verimsiz bağırsak sağlığı heveslerini ve trend "tedavileri" çürütür ve bağırsaklarınızı gerçekten iyileştirmek ve sağlığınızı geri kazanmak için atabileceğiniz basit adımlar sunar.

SIZINTILI/GEÇİRGEN BAĞIRSAK SENDROMUNU ANLAMAK

Tıptaki bir kafa karıştırıcı durum da sızıntılı bağırsak sendromudur - geçirgen bağırsak sendromu olarak da bilinir. Sadece bu isimler bile kafa karıştırıcıdır. Farklı tıp camialarının farklı durumlar ve teorileri tanımlamak için kullandıkları isimlerdir bunlar.

Sızıntılı bağırsak sendromu hikâyesi ile ilgili üç taraf vardır. İlk başta birincisine bakalım; geleneksel tıp camiasının anlayışı. Geleneksel tıp doktorları sızıntılı bağırsak terimini, bağırsağın çeperinde ya da midede oluşan yaralar ve deliklerden kaynaklanan önemli bir bağırsak rahatsızlığı için kullanırlar. Bu yaralar kanamalı enfeksiyonlara, aşırı ateşe ve/veya kan zehirlenmesine yol açabilirler.

Gerçek sızdıran bağırsak, mide zarının derinliklerine gömülü ülserlerden kaynaklanabilir. Veya bağırsak yolu astarında cepler geliştiren E. coli bakteri türlerinden veya megakolona neden olan *C. difficile* gibi süper böceklerden veya kanama, apse veya divertikülozdan kaynaklanabilir. Sızdıran bağırsak adı; bu koşullardan biri mide-bağırsak yolunun astarını kırdığında ve patojenlerin ve bağırsak maddesinin kan dolaşımına sızmasına izin verdiğinde kullanılır.

Sızıntılı bağırsak sendromunun oluşabileceği bir başka yol ise kolonoskopinin yanlış gitmesi ve kalın bağırsakta ufak deliklerin açılması ile gerçekleşir. (Bu duruma bağlı olarak, çok uzun süre hastanede yatmış olan hastalarım oldu.)

Sebebi ne olursa olsun fark etmez, gerçek sızıntılı bağırsak sendromu vahim belirtilerle sonuçlanır.

Hikâyenin ikinci tarafı ise alternatif, bütünleştirici ve doğal tedavi anlayıştır. Bu gibi tıp çevreleri, bu terimi bir tür küfün ya da *Candida* mantarlarının veya yararsız bakterilerin bağırsak çeperinde küçük delikler açması ve düşük seviyede zehrin kan dolaşımına karışmasına sebep olarak birçok farklı belirti ile sonuçlanması gibi durumlarda kullanırlar. Bu inancın farklı varyasyonları vardır ve hepsi birbirini taklit eder.

Bu teorinin biraz düzeltilmeye ihtiyacı vardır. Üretken olmayan bakteriler ve yararlı olmayan mantarlar da dahil olmak üzere toksik bir bağırsak ortamının çeşitli semptomlara katkıda bulunabileceği doğru olsa da, buna sızdıran bağırsaktan bahsetmek yanıltıcıdır. Bu patojenler gastrointestinal astarı en ufak bir şekilde gerçekten parçalıyor olsaydı, yüksek ateş, kan enfeksiyonu, aşırı ağrı ve/veya sepsis gibi ciddi semptomlar ortaya çıkar. Sızdıran bağırsak sadece sindirim sistemi duvarlarının gerçek perforasyonunu tanımlamak için kullanılmalıdır.

O halde neden alternatif doktorlar tarafından sızıntılı ya da geçirgen bağırsak teşhisi konan on binlerce hasta yorgunluk, ağrı ve sızı, kabızlık, sindirim güçlüğü ve reflü gibi sorunlar yaşıyorlar?

Çünkü ortada bir gerçek var ve bu yanlış kullanılan yerleşik tanım doktorların size sunabilecekleri tek şey. Geleneksel tıp dünyasında, milyonlarca hasta bu tür semptomları etiketlemek için IBS, çölyak, Crohn's, kolit, gastroparezi veya gastrit etiketlerini alıyor

-ancak koşullar gizemli kalıyor. Veya bağırsak semptomları yaşıyor ve teşhis konmuyor.

Gerçek sızdıran bağırsak olmayan bu gizemli bağırsak sorunlarının bir açıklaması var. Ben buna amonyak geçirgenliği diyorum ve bu hikayenin üçüncü yüzü.

AMONYAK GEÇİRGENLİĞİ

Lütfen amonyak geçirgenliği ile son moda geçirgen bağırsak terimini birbirine karıştırmayın. Geçirgen bağırsak, eski sızıntılı bağırsak teorisinin ilerlediği yanılsamasını vermek için sadece yeni bir isim.

Amonyak geçirgenliği gerçek bir olaydır. Ne olduğunu anlamak için önce vücudunuzun yiyecekleri nasıl işlediğini bilmeniz lazım.

Yemek yediğinizde, yiyecek sindirilmek için hemen midenize gider. (Eğer tükürükle yiyeceklerin birbirine karışacağı kadar yavaş çiğniyorsanız, sindirimin ilk aşaması ağzınızda başlayacaktır.) Yoğun protein içeren gıdalarda -örneğin; et, ceviz/fındık gibi kabuklular ve tohumlar ve baklagiller- midenizdeki sindirim, midenizde bulunan ve enzimlerle güçlenen *hidroklorik asit* içerisinde geniş çapta gerçekleşecektir; proteinler, ileride, bağırsağınızda sindirilmek ve özümsenmek üzere daha basit formlara indirgenmiştir.

Eğer midenizde yeterince hidroklorik asit bulunuyorsa bu görece hafif bir süreçtir.

Eğer hidroklorik asit seviyesi düşükse yedikleriniz midenizde yeterince sindirilemeyecektir. Stres ya da baskı altında yemek yiyorsanız bu alışıldık bir şeydir. Proteinler kalın bağırsağınıza ulaştığında, hücrelerinizin besin almasına yetecek kadar parçalanamazlar, bunun yerine yiyecek orada öylece kalır ve çürür. Buna *bağırsak çürümesi* denir - *amonyak gazı* üreten ve şişkinlik, sindirim güçlüğü, kronik su kaybı gibi sorunlara yola açabilen, hatta çoğu zaman bir belirtiye de yol açmayan bir çürümedir. Tabii başlangıç olarak.

Kimi insanlarda iyi hidroklorik asit düşer ve yerini kötü asitler alır. Bir insan bu koşulda yıllarca yaşayıp bunu fark etmeyebilir. Sonuç olarak bu kötü asitler boğazınıza kadar yükselirler. (Eğer reflünüz varsa ona bu yaramaz asitler sebep oluyordur; mide asidiniz değil ve tıp dünyası tüm mide asitlerini aynıymış gibi görür.)

İlgili bir konu da, bağırsağınızın astarının sizi kötü asitlerden korumak için mukus oluşturmasıdır. Belirgin bir sebep olmaksızın boğazınıza çok fazla mukus geliyorsa, muhtemelen bağırsaklarınız sizi güvende tutmak için mücadele ediyordur çünkü kötü asitler midenizi ve yemek borunuzu yemeye çalışıyordur. . . ve bu, ele alınması gereken bir sorununuz olduğunun bir işaretidir. Mukus ayrıca bağırsak yolundan aşağı inebilir ve besinlerin uygun şekilde emilmesini durdurabilir. Mukus ayrıca glüten, yumurta ve süt ürünleri ile beslenen patojenler gibi başka şekillerde de oluşturulabilir.

Yine de şu amonyak gazına geri dönelim. Bu, önemli bir bilgi parçasıdır: Yiyecekler bağırsak sisteminizde ayrışıp amonyak ürettiğinde, bu zehirli gaz, bağırsaklarınızdan bir hayalet gibi yüzerek doğrudan kan dolaşımınıza girme yeteneğine sahiptir. Ben buna amonyak geçirgenliği diyorum. Bu amonyak gazı, onu karaciğere taşıyan hepatik portal vene de girebilir. Bu amonyak gazı karaciğeri doyurduğunda, karaciğerden ya kan dolaşımına ya da safra kesesine ve sonra tekrar bağırsak yoluna salınma eğilimi gösterir.

Sızdıran bağırsak sendromuyla ilişkili tahribatın çoğunu yaratan amonyak gazıdır. İnce bağırsakların veya kolonun enfeksiyonları veya delinmeleri ile ilgisi yoktur. Ve bağırsak duvarlarından toksinleri dışarı atan Candida mayası veya bakteri de değildir.

Milyonlarca insan sindirim sağlığı sorunlarıyla dolaşıyor ve suçlu amonyak geçirgenliği. Söylediğim gibi, birçok alternatif doktorun sızdıran bağırsak sendromu olarak teşhis ettiği şeyin bağırsaklarınızdaki delikler veya diğer kusurlarla hiçbir ilgisi yoktur; asit veya bakteri sızıntısı ile ilgisi yoktur. İnce bağırsak yolunun astarı veya kolonun zayıflaması veya incelmesi ile ilgisi yoktur.

Aksine, bağırsaklarınızdaki amonyak gazı kan dolaşımına karışıyor; bu da gazı vücudunuzda dolaştırır. Daha önce bahsettiğim bağırsak semptomlarının yanı sıra, amonyak geçirgenliği, eğer gerçekten şiddetliyse, halsizlik, hafif yorgunluk, cilt problemleri (kuru cilt gibi), diş problemleri, huzursuz uyku, anksiyete ve çok daha fazlasına neden olabilir.

Bu noktada makul bir şekilde, "Eğer tüm bunlar midede çok az hidroklorik asit yüzünden oluyorsa, buna ne sebep oluyor?" diye sorabilirsiniz. Birisinin amonyak geçirgenliği olduğunda, genellikle durgun, halsiz bir karaciğer alanında zaten karaciğer fonksiyon bozukluğu olduğunu belirtmek önemlidir. Midedeki düşük hidroklorik asit seviyeleri, karaciğerin kısmen optimal olarak çalışmaması, yağı parçalamak için yeterli safra üretmemesi, böylece sindirim sisteminde çürüyen proteinlerin yanı sıra, bağırsakta yiyeceklerinizden gelen yağların da ekşimesiyle başlar. Yani, düşük safra üretimi, mide bezlerinin gıdaları parçalamaya yardımcı olmak için hidroklorik asit üretmesi için ekstra talep yaratır, bu da sonunda onları tüketir ve düşük hidroklorik asit ve amonyak geçirgenliğine yol açar.

Altta yatan bu karaciğer fonksiyon bozukluğunun ötesinde, hidroklorik asit eksikliğinin bir numaralı nedeni adrenalindir; bu da ilk etapta karaciğerin durgun ve halsiz olmasına da katkıda bulunur.

Ayrıca bilinmeyen bir şey de adrenalinin tek bir formunun olmadığıdır. Adrenal bezleriniz farklı duygu ve durumlara tepki olarak 56 farklı karışım üretir. Ve korku, endişe, öfke, ihanet, nefret, suçluluk, utanç, depresyon ve stres gibi zor duygularla ilişkili olanlar, midenizin hidroklorik asit kaynağı da dahil olmak üzere vücudunuzun çeşitli bölgelerinde ciddi şekilde tehlikeye girebilir. Dolayısıyla, kronik olarak stresli veya üzgünseniz, bu adrenalinin hidroklorik asidinizi üreten mide bezlerini yavaş yavaş engellemesi ve tüketmesi için yeterli olabilir - aynı zamanda yiyecekleri düzgün bir şekilde sindirme yeteneğinizi engeller ve tüketir. Günlük hayatınızda deneyimlediğiniz farklı stres ve duygular, bağışıklık sisteminin belirli kısımlarını zayıflatan bir tetikleyici görevi görebilir. Ayrıca, bağırsak yolunu doyuran adrenalin, iyi bakteri ve mikroorganizmaları engeller. Duygusal bir zorluk yaşayan çoğu insan, rahatlıkları dışında, bağışıklık sistemini desteklemeyen ve hatta potansiyel olarak hem bağırsakların içindeki hem de dışındaki patojenleri besleyebilen yiyecekleri seçme eğilimindedir.

Ayrıca midenizdeki hidroklorik asitle sıklıkla hasara yol açan reçeteli ilaçlardır. Antibiyotikler, immünosupresanlar, antifungaller, amfetaminler ve vücudumuzun adapte olmadığı çeşitli diğer ilaçlar, mide bezlerinin hidroklorik asit üretme yeteneğini bozabilir. Reçeteli ilaçlar da zamanla karaciğeri zayıflatabilir ve mide bezlerine daha fazla yük bindirebilir. Hayvan eti, kabuklu yemişler, tohumlar ve/veya baklagiller gibi herhangi bir protein türünü fazla yerseniz hidroklorik asidiniz etkilenebilir. (Protein yeşilliklerden, filizlerden veya diğer sebzelerden geliyorsa, aynı etkiye sahip değildir.) Yağ ve şekeri birleştiren çok fazla yiyecek (peynir, tam yağlı süt, kek, kurabiye ve dondurma gibi) yemek hidroklorik asit üzerinde aynı zararlı etkiye sahiptir.

Bu yiyecek kategorilerinin her ikisi de sindirilmek için meyveler, yapraklı yeşillikler, otlar, yabani yiyecekler veya sebzelerden çok daha fazla iş gerektirir ve karaciğeriniz ve bağırsağınızın geri kalanı üzerinde büyük bir yük oluşturur. Bu, nihayetinde karaciğeri "yakabilir", aynı anda hidroklorik asit üreten mide bezlerinizi yakabilir ve sindirim enzimlerini zayıflatan pankreas üzerinde stres oluşturabilir. Yüksek proteinli yemekler (örneğin, tavuk, balık, et, fındık ezmesi, kabuklu yemişler veya tohumlar) yiyorsanız ve şişkinlik, mide rahatsızlığı, kabızlık, uyuşukluk gibi düşük hidroklorik asit belirtileri yaşıyorsanız ve/veya enerji kaybı, ardından hayvan veya bitki proteinini idareli olarak yiyin ve günde bir porsiyonla sınırlayın. Bunların, kısmen karaciğeri aşırı safra üretmeye ve rezervlerini tüketmeye zorlamalarından dolayı, daha yüksek yağ içeriğine sahip olan ve sindirimi daha fazla zorlayan yiyecekler olduğunu unutmayın.

İyi haberler var. Her yerde satılan mucizevi bir bitki ile hidroklorik asidinizi geri kazanabilir, safra üretimini destekleyebilir ve enzimlerinizi güçlendirebilirsiniz.

Hidroklorik Asiti Yeniden Yapılandırmak

Amonyak geçirgenliğini tedavi etmenin yolu (yukarıda sık sık sızıntılı/geçirgen bağırsak sendromuyla karıştırıldığını belirtmiştim) -ve gerçekte başka herhangi bir sindirim yolu rahatsızlığını tedavi etmenin ilk adımımidenizin hidroklorik asit tedarikini yenilemekten ve bağışıklık sisteminizi güçlendirmekten geçiyor.

Bunu yapmanın son derece basit ve etkili bir yolu var: Her gün karnınız açken bir su bardağı (yaklaşık 473 ml) *kereviz sapı suyu* için.

Beklediğiniz cevap bu olmayabilir. Kereviz sapı suyunun o kadar faydalı olabileceği düşünülmeyebilir. Ama bunu çok ciddiye alın. Sindirim sağlığını iyileştirmenin en derin yolu olmasa da en derin yollarından biridir. O kadar güçlü. Ve aklınızda olsun; günümüzde sağlığınız için harika olan birçok meyve suyu karışımı varken, amacınız uygun sindirim işlevini geri kazanmaksa kereviz sapı suyunu sade (hiçbir şeyle karıştırmadan) içmeniz gerekir. Bu kitap yayınlandığından beri kereviz sapı suyu içmeye başlayan milyonlarca insana katılacaksınız.

Bunun basitliği sizi yanıltmasın. Belirli bir tarihsel zaman diliminde günlük yaşamın belirli bir yönü hakkında 10 sayfalık bir ödev verilmiş gibi düşünün. Günlük hayatın bu bir parçası hakkında sadece iki satırlık, çağın genel bir özeti olan bir makale verirseniz, öğretmen tüm etkilenmeyecektir. Görevlendirdiği bir konuda neden derinlemesine gitmediğinizi merak edecektir.

Hidroklorik asidi yeniden yapılandırmaya çalışan mideniz de böyledir. İçinde kerevizin de bulunduğu yirmi farklı besinden elde edilen bir karışım dikkat dağıtıcıdır. Bazen basit olan en iyisidir. Mide kereviz sapı suyu ister, sadece kereviz sapı suyu ve bu sayede onarımını derinden gerçekleştirebilir. Bu, bağırsak sorunları yaşamakta olan bir insanın hayatını kurtaracak gizli bir yöntemdir.

İşte tarifi:

- Sabahları mideniz boşken bir demet taze kereviz sapı yıkayın. (Ayrıca kerevizinizi bir gece önceden yıkamak da bir seçenektir.) Midenizdeki herhangi bir şey kereviz sapı suyunun etkisini bozar.
- Kereviz sapı suyunu sıkın. Başka hiçbir şey eklemeyin, su ya da limon sıkmayın, çünkü başka herhangi bir bileşen de etkisini bozacaktır. Tane veya posa parçalarını çıkarmak için süzmenizi öneririm.
- En iyi sonucu almak için suyu hemen -oksitlenmeden önce, bu da gücünü azaltır- için. Kereviz sapı suyunuzdan sonra, başka bir şey tüketmeden önce en az 15 ila 30 dakika bekleyin.
- Kereviz sapı suyunu sıktıktan hemen sonra içmek gibi bir seçeneğiniz yoksa, suyunu sıktığınız sabah içinde içmeye çalışın. (Kereviz sapı suyunu kapalı bir kapta buzdolabında saklarsanız, 24 saat boyunca hâlâ güçlü faydaları olacaktır. Ve daha uzun süre saklamaktan başka seçeneğiniz yoksa, yine de suyunu sıkmaya ve mümkün olduğunda tüketmeye değer.) Kereviz sapı suyunu günün ilerleyen saatlerinde yapmanız veya içmeniz mümkün olacaksa, midenizin tekrar nispeten boş olması için, önceki öğününüz üzerinden en az 60 dakika geçmesini bekleyin. Zamanlama hakkında daha spesifik rehberlik için Bölüm 21, "Takviyelere İlişkin Kritik Kılavuz"daki "Tıbbi Olarak Kereviz Sapı Suyu"na bakın.

(Kereviz sapı suyunuzu bir blender ile de yapabilirsiniz. Bu durumda kereviz sapını yıkayın, kabaca bir 2-3 cm'lik parçalar halinde doğrayın, ardından yüksek hızlı bir karıştırıcıya koyun ve pürüzsüz olana kadar karıştırın. Su eklemeyin; gerekirse blender'ın sıkıştırma aleti kullanın. Sıvılaştırılmış kereviz sapını iyice süzün. Bunun için bir fındık sütü torbası kullanışlıdır.)

Kereviz sapı suyu işe yarıyor çünkü kereviz benzersiz sodyum bileşimleri içeriyor ve benim sodyum küme tuzları dediğim bu mineral tuzlar, birçok biyoaktif eser mineral ve besin maddesi ile bağlı. Kereviz sapı suyu da antipatojendir. Yaşam kalitelerini engelleyen sindirim semptomlarıyla dolaşan çoğu insan, virüs ve bakteri gibi patojenlerin varlığıyla uğraşıyor. Kereviz sapı suyunun sodyum küme tuzları vücuda girdiğinde, temas halinde virüsleri, yararlı olmayan bakterileri, verimsiz mantarları, mayaları ve küfleri parçalayıp yok eder. Virüsler ve bakteriler söz konusu olduğunda, sodyum küme tuzları onları çevreleyen zar duvarını zayıflatır ve parçalar. Bu nedenle kereviz sapı suyu yalnızca karaciğeri ve sindirim sistemini iyileştirmeye yardımcı olmakla kalmaz, aynı zamanda bir kişinin birçok semptomunun nedenlerini ortadan kaldırmaya da yardımcı olur. Sabahları ilk iş olarak kereviz sapı suyunu içerseniz, günün geri kalanında yediğiniz gıdaların sindirimini güçlendirir. Ve zamanla, sodyum küme tuzları, mineraller ve besinler, midenizin mide bezlerini yeniden yapılandırarak midenizin hidroklorik asidini tamamen geri kazanma konusunda eşsiz bir yeteneğe sahiptir.

Kereviz sapı suyunun gücünü kapsamlı bir şekilde anlamak için, *Medikal Medyum Celery Juice* kitabına bakın. Ayrıca, yalnızca bir bağırsak sorununun değil, aynı anda birkaç ilgili bağırsak sorununun da yaygın olduğunu bilmelisiniz. Bu bölümün geri kalanı, diğer bağırsak problemleriyle başa çıkmanız için size güç verecek.

BAĞIRSAĞINIZDAKİ ZEHİRLİ AĞIR METALLERDEN KURTULMAK

Yaşadığımız modern zamanda cıva, alüminyum, bakır, kadmiyum, nikel ve kurşun gibi ağır metallerin belli bir miktarına maruz kalmamak neredeyse imkânsız. Bu ağır metaller genelde karaciğer, safra kesesi ve/veya bağırsaklarda birikir. Ağır metaller sindirim sisteminizdeki sudan ve kanınızdan ağır oldukları için aşağıya doğru iner ve tıpkı altının nehir yatağının dibinde birikmesi gibi bağırsak yolunuzun derinliklerinde toplanır.

Toksik ağır metaller zehirlidir ve oksitlenmeye başlarlarsa, kimyasal akışları mutasyona uğrar ve yakındaki hücrelere zarar verir. Bununla birlikte, ağır metallerle ilgili en büyük sorun, kötü bakteriler, virüsler, mantarlar, parazitler ve solucanlar için ana besin olmalarıdır. Bu, bu metallerin Streptococcus, E. coli ve onun birçok türü, C. difficile, H. pylori ve özellikle virüsler için bir beslenme alanı olarak hizmet etmesi ve çekmesi muhtemel olduğu anlamına gelir. Bu bakteriler zehirli ağır metalleri tükettiğinde zehirli bir gaz açığa çıkarırlar, virüsler ise zehirli ağır metalleri tükettiklerinde nörotoksik bir gaz salgılarlar. Bu gaz formlarının her ikisi de kendilerini amonyak gazına bağlar ve bağırsak astarından geçer. Başka bir deyişle, amonyak geçirgenliği bir arkadaş edinir ve o arkadaş ağır metal kirliliğidir. Amonyak geçirgenliği, zehirli gazın bağırsak astarından geçmesini kolaylaştırır.

Ancak mikotoksinleri (mantar toksinleri) geçirgenlik ile karıştırmayın. Bazı patojenlerin ağır metalleri tükettiklerinde nörotoksinler oluşturduğu ve bu nörotoksinlerin mikotoksinlerden çok farklı olduğu şu anda uygulayıcılar tarafından bilinmiyor. Mikotoksinler, nörotoksinlerin yaptığı nörolojik semptomları yaratamaz; mikotoksinler bağırsak yolunda kalma ve dışkılama yoluyla elimine olma eğilimindedir. Önümüzdeki yıllarda mikotoksinler hakkında daha fazla şey duyacağınız için bunu aklınızda bulundurun. Otoimmün hastalıkta suçlu onlar değil. Yanlış yönlendirilmiş bir eğilime kapılmanızı istemiyorum - bu, sizin daha iyi olmanız ve oradaki abartılı sözler yağmuru tarafından dikkatinizin dağılmamasıyla ilgili.

Yukarıda bahsettiğim patojenler yerleştiğinde, bağırsaklarınızı, doyurarak ve bazı durumlarda bağırsaklarınızın, kolonunuzun veya özellikle karaciğerinizin astarlarına yerleşerek iltihaplanmaya başlayacaklardır. Bakteriler ve virüsler, ürettikleri bakteriyel toksinler ve viral nörotoksinler yoluyla doğrudan ve dolaylı olarak atık yan ürünleri ve toksik cesetleri yoluyla karaciğer ve bağırsak sisteminizdeki zehirleri serbest bırakacaktır. Çoğu insan IBS, Crohn hastalığı (gastrointestinal sistemin gizemli iltihabı) ve kolit gibi hastalıkları ve rahatsızlıkları bu şekilde geliştirir. (kolonun gizemli iltihabı

- ki bu tipik olarak Bölüm 11'de anlatılan zona virüsünün Streptococcus bakterileriyle birleştiği kronik bir enfeksiyondur)

Mikroskop altında, ölü viral maddenin bu yan ürünleri ve dökülen viral kılıflar genellikle paraziter aktivite gibi görünür. Bu, birçok dışkı örneği analizini iptal eder ve çok sayıda yanlış tanıya neden olur; bu, birisine parazit teşhisi konduğunda bunun genellikle bir hata olduğu anlamına gelir. Bu, günümüzde bağırsak sağlığında büyük bir kafa karışıklığıdır.

(Parazitler, virüslerden ve bakterilerden çok farklıdır. Uzun süre birinin içinde yaşayamaz ve üreyemezler; bunun yerine, genellikle akutturlar - ve bazen çok zehirlidirler. Bu, bir parazite maruz kaldığınızda, bağışıklık sisteminizin olduğu anlamına gelir. tıpkı gıda zehirlenmesi gibi onu öldürmesi ve vücudunuzun kısa bir süre içinde onu dışarı atması gerekir.Aslında, birçok gıda zehirlenmesi vakası, ya canlı bir parazitten ya da ölü ve pişmiş bir parazitten gelen akut paraziter enfeksiyonlardır.Bazı parazitler , yemek pişirmekten öldüklerinde, vücudu onları ishal ve/veya kusma ile dışarı atması için tetikleyebilen gıda kaynaklı toksinler haline gelirler.Birinin bağırsakta parazitik bir enfeksiyonla yaşadığı ıstırap, sonunda paraziti öldürerek veya ondan kurtularak azalır. vücut bir parazite alışmaz; yani, hayata geri döndüğünüzde bir parazit içinizde kalmaz; bu, çoğu virüs ve bakterinin çalışma biçiminin tam tersidir. Solucanlara gelince; onları parazit olarak sınıflandırmak bir hatadır. Bazı solucanlar, içeride kalarak barsak kanalında ve hatta organlarda yaşayabilirken, kişi hiçbir semptom göstermeden, kaliteli bir yaşam sürdürebilir. İnsanlar yorgunluk ve diğerleri gibi nörolojik semptomlardan muzdarip olduklarında, genellikle semptomlara neden olan virüsler tarafından üretilen nörotoksinler olduğunda, sıklıkla bir parazite sahip oldukları teşhis edilir. Bunu kafa karıştırıcı buluyorsanız, çünkü bazı insanların parazit tedavilerinden kronik semptomlardan kurtulduğunu duydunuz, bu tedavilerin isabetli tahmin oyunları olduğunu bilin. Beslenme şekliniz değiştiğinde ve denemek için rastgele farklı bitkiler seçtiğinizde, şans eseri düşük dereceli viral enfeksiyonunuzu azaltabilir ve tesadüfi bir rahatlama yaşayabilirsiniz.)

Ağır metaller, ele alınmadıkları takdirde sorunlara yol açabilse de, bağırsaklardan atılması nispeten kolaydır. (Beyin ve karaciğerden uzaklaştırmak için biraz daha uzun süreli çalışmanız gerekir.) Bu nedenle, herhangi bir bağırsak hastalığınız veya kronik sindirim rahatsızlığınız varsa, ağır metallerin en azından sorunun bir parçası olduğunu varsayarak ve bunları ortadan kaldırmak için gerekli adımları atarak, riskten uzak durmak en iyisidir.

Toksik ağır metalleri bağırsak yolundan çıkarmak için bazı güçlü seçenekler:

- **Kişniş:** Bu taze bitkiden günde bir fincan salataya serpilmiş veya bir smoothie içinde tüketin.
- **Maydanoz:** Bu taze bitkiden günde yarım bardak salataya veya smoothie'ye serperek tüketin.
- **Spirulina:** Toz halindeyse, günde 1 çay kaşığı suya veya smoothie; günde 3 kapsül alın.
- **Arpa otu suyu tozu:** 1 çay kaşığı tozu her gün su veya smoothie ile karıştırın veya günde 3 kapsül alın.

- **Yabani yaban mersini:** Günde bir fincan donmuş yaban mersini yiyin; suya veya smoothie'ye 2 çay kaşığı toz ekleyin.
- **Sarımsak:** Günde 1 ila 2 taze diş tüketin.
- **Adaçayı:** Günde 2 ila 3 orta ila büyük taze yaprak (veya 5 ila 6 küçük taze yaprak) yiyin.
- **L-glutamin:** Günde 1 çay kaşığı, suya karıştırın veya günde 3 kapsül alın.
- **Muz yaprağı:** Bu bitkiyi çay yapmak ve günde bir fincan içmek için demleyin.
- **Limon otu:** Bu bitkiyi çay yapmak ve günde iki fincan içmek için demleyin.
- **Elma:** Günde 1-2 tane yiyin (karıştırmanın sakıncası yok). Elmaların pektini, bu listedeki şifalı bitkilerin ve diğer seçeneklerin kökünden söktüğü, ağır metal toksinlerine bağlanır.

BAĞIRSAKLARIN DOĞAL KORUMASI

Tıbbi araştırmalarda , tüm bağırsak yolunu kaplayan minik, tüylerle doğduğumuz keşfedilmedi. Bu kürk benzeri yüzey (villus, mikrovilli veya yuvarlak halkalarla karıştırılmamalıdır) mikroskobiktir, bakterinin kendisinden biraz daha büyüktür. Bu tüylü tüylerin tutucu bir etkisi vardır, bu nedenle peristalsis meydana geldiğinde, bağırsak yolunda hareket eden maddeleri uzaklaştırarak yardımcı olurlar. Aynı zamanda saç, bağırsaklarınızı virüsler, kötü bakteriler, mantarlar ve solucanların istilasından korumaya yardımcı olur. Milyarlarca iyi bakterinin yanı sıra yalnızca meyvelerde, yapraklı yeşilliklerde, şifalı bitkilerde, yabani gıdalarda ve sebzelerde bulunan antiviral, antibakteriyel bileşikleri barındıran güvenli bir sığınak olarak da oradadır.

19. yüzyıla kadar, bu tüyler normalde bir kişinin tüm yaşamı boyunca sürerdi.

Ancak Sanayi Devrimi'nden bu yana, çevresel toksinler, reçeteli ilaçlar ve bağırsakları yakabilen diğer kimyasalların saldırısına uğradık; önceki bölümde açıklanan ağır metaller; ve modern yaşamın stresi ve ona eşlik eden haşlayıcı adrenalin. Sonuç olarak, 20 yaşına geldiğinizde bağırsağınızın tüy astarı büyük ölçüde yanabiliyor. Bu, günümüzde insanların mücadele ettiği hafif bağırsak sağlığı sorunlarının bazılarına katkıda bulunuyor.

Tıbbın bu kılları keşfetmemiş olmasının nedeni, bağırsak ameliyatlarının çoğunun 30 yaş ve üzeri kişilere yapılmasıdır. Bu noktada, tüyle çoktan gitmiş oluyor. Ve bebekler için yapılan bağırsak biyopsilerinde, bu mikroskobik, tüylü astar fark edilmiyor.

Bu koruyucu tüylerden herhangi biri kaldıysa, özellikle bağırsaklarınız için sağlıklı yiyecekler yiyerek onu kurtarmaya ve güçlendirmeye yardımcı olabilirsiniz. Bunlara kaliteli marul (örneğin, marul, kırmızı yaprak ve tereyağı yaprağı) dahildir; keklikotu, kekik ve nane gibi bitkiler ve meyveler, muz, elma, papaya, kavun, incir ve hurma ağırlıklı.

Sağlığınıza zarar verebilecek gıdalardan da uzak durmaya özen gösterin. Ayrıntılı bir liste için Bölüm 19, "Ne Yenmemeli" konusuna bakın.

SİNDİRİM YOLU FLORASINI İYİLEŞTİRMEK VE B12 ÜRETİMİNİ ZİRVEYE TAŞIMAK:

Sindirim yolunuzdaki iyi bakteriler vücudunuzun ihtiyacı olan B12 vitamininin büyük bölümünü üretirler. Ancak bu, sindirim yolunun her yerinde gerçekleşmez. *Ileum*, ince bağırsağınızın son bölümü, B12 emilimi ve üretiminin ana merkezidir. Ayrıca burada *metilasyon* da gerçekleşir.

B12 emilir ve hepatik portal ven yolunu karaciğere gönderir, burada karaciğer B12'yi depolayabilir ve ayrıca vücudun her yerine göndererek onu iyi bir şekilde kullanabilir. Beyin ve vücudun geri kalanı tarafından en çok tanınan, ileumda üretilen B12'dir. Pankreasınız tarafından üretilen spesifik enzimler, diğer toksinlerin veya besinlerin bu ileum kan damarları tarafından emilmesini engeller ve böylece onların kan dolaşımınıza girmesini engeller.

Bilim henüz bu bilgiye ulaşmış değil.

Neredeyse gezegendeki herkes B12 eksikliği ve/veya metilasyon problemi ile uğraşmakta. Bu problemler değişik biçimlerde ortaya çıkmakta. Öncelikle metilasyon yanlış gittiğinde, kimi önemli mikro besinler ve minerallerin gerçek biyo emilimlerini engelleyebilir. İkinci olarak; bir metilasyon sorunu aktif olmayan büyük vitaminlerin ve diğer besinlerin, vücudun emebileceği daha küçük biyoaktif versiyonlara dönüşmesi sürecini engelleyebilir. Üçüncü olarak ise, zehirlenmiş bir karaciğer veya vücutta biriken fazla patojenin yarattığı zehirli yan ürünlerin sebep olduğu aşırı yüksek seviyede aminoasit homosistein metilasyonu engelleyerek besinlerin emilimi ve dönüştürülmesi süreçlerini engelleyebilir.

İleumunuzda belirli bir tür faydalı bakterinin fazla olması halinde ihtiyaç duyduğunuz B12 vitamininin hepsini üretirsiniz. Yeterli faydalı bakteri ayrıca metilasyonu da güçlendirir ancak hemen herkeste bu bakteriler yetersizdir; bunlar doğal olarak kimi besinlerin üzerinde yaşayan mikro-probiyotiklerdir, onları tükettiğimizde sindirim yoluna girerler ve ileumu doldururlar. Bu biyoaktif mikroorganizmaları probiyotik destek gıdası şeklinde satın alamazsınız veya mayalı yiyecek ve içeceklerden elde edemezsiniz.

Düşük hidroklorik asit, ağır metal toksisitesi ve/veya amonyak geçirgenliğinden muzdarip olduğunuzda ve ayrıca bu eşsiz mikroorganizma çeşitliliğini kaçırdığınızda, bağırsağınızın B12 vitamini üretimi düşer veya tamamen durur.

B12 kan testlerine güvenemezsiniz Çünkü tıp laboratuvarları henüz sindirim yolunuzdaki, organlarınızdaki ve özellikle merkezi sinir sisteminizdeki B12 vitamini seviyesini ölçemez. B12 desteği alıyorken bu vitamin kan dolaşımınızı doldurur, böylece kanınızdaki B12 seviyesi test sonuçlarında normal gözükür, ancak bu B12'nin, özellikle ona ihtiyaç duyan merkezi sinir sisteminize girdiğini göstermez. Dolayısıyla kan testlerinin gösterdiklerine aldırış etmeksizin yüksek kaliteli B12 desteklerini her zaman alın. (Siyanokobalamin yerine metilkobalamin olarak -ideal olarak adenosilkobalamin ile harmanlanmış- arayın. Metilkobalamin ve adenosilkobalamin ile karaciğerinizin B12'yi kullanılabilir bir forma dönüştürmek için herhangi bir iş yapması gerekmez.) B12'nizin normalin üzerine çıktığını gösteren bir kan testi yaptırırsanız ve B12 takviyesi almıyorsanız, bu, vücudunuzdaki B12'nin metillenmediği, emilmediği veya organların derinliklerine ya da merkezi sinir sistemine kolayca girmediği anlamına gelir. Veya yüksek kaliteli bir B12 takviyesi almaya başlayabilir, kan testi yaptırabilir ve ardından B12 seviyenizin yüksek olduğunu duyabilirsiniz. Bu, B12 almayı bırakmak anlamına gelmez. Kolayca erişilebilir olmasını istersiniz, böylece merkezi sinir sisteminizin onu emmek için fırsatı olur. B12 eksikliği, çok ciddi sonuçları olan çok gerçek bir eksikliktir. Ve daha önce de belirtildiği gibi, gezegendeki hemen hemen herkes bir şekilde B12 eksikliğine sahiptir.

Ayrıca sindirim yolunuzun iyi bakteri seviyesini normale çıkarmak için de önlemler almalısınız. Market raflarında yer alan üretilmiş probiyotikler ve iyi bakterilere sahip olduğu düşünülen mayalı yiyecekler çözüm değildir. Bu mikroorganizmaların bağırsağınıza girdiğini ve performans gösterdiğini gösterebilecek hiçbir çalışma veya araştırma yoktur. Bu bir tahmin oyunu. Gerçek şu ki, bu mikroorganizmaların tümü olmasa da çoğu, midenize inmeden ve ince bağırsağa ulaşmadan önce ölecektir. Ve fabrikada üretilen probiyotikler, onlara en çok ihtiyaç duyan bölge olan ileum olan ince bağırsağın son kısmına asla ulaşmaz.

Bağırsakta canlı kalan ve ileum da dahil olmak üzere bağırsak florasının yenilenmesinden sorumlu olan probiyotikler vardır. Onları öğretmek için harcadığım otuz yıldan sonra bunlar hâlâ zar zor biliniyor ve biz onları hafife alıyoruz. Orada olduklarını bile bilmiyoruz.Yine de oldukça güçlüdürler ve hayatınızı-sağlığınızı hayal edemeyeceğiniz biçimde değiştirebilirler. İnsanların sindirim yolu sağlıklı ise büyük ihtimalle kazara veya nadiren de olsa bu doğal olarak faydalı ve hayat veren mikroorganizmaları ve probiyotikleri tükettiklerindendir.

Onları nerede bulabilirsiniz?

Taze, canlı yiyeceklerde. Meyve ve sebzelerin üzerinde yaşayan bu özel probiyotiklere ben *yüce mikroorganizmalar* veya bazen *yüce biyotikler* diyorum. Çünkü onlar enerjilerini Tanrı ve güneşten alırlar. Yüksek mikroorganizmalar, toprak kaynaklı organizmalar ve topraktan türetilen probiyotiklerle karıştırılmamalıdır. Yüksek mikroorganizmalar elimizdeki en iyi sindirim yolu yenileyicilerdir. İleumun barındırdığı tek mikroorganizma bunlardır; vücut ve özellikle beynin aldığı B12'yi bunlar üretir.

En önemli yüksek mikroorganizmalar kaynağı lahanagillerdir. Alfalfa, brokoli, yonca, çemen, mercimek, hardal, günebakan, lahana ve bunlar gibi diğer tohumlar filizlendiklerinde yaşayan mikro bahçeler gibilerdir. Bu minik, yeni doğan yaşamda sindirim yolunuza yardımcı olacak faydalı bakteriler doludur.

Tekrar ediyorum, bu faydalı bakteriler toprak kökenli organizmalar ve prebiyotiklerden farklıdırlar. Yüce mikroorganizmalar her zaman toprağın üstünde, meyve ve sebzelerin yapraklarında ve zarlarında bulunurlar.

Organik bir çiftliğe veya çiftçi pazarına ulaşabilmek gibi bir şansınız varsa veya kendi bahçenize sahipseniz, yüce mikroorganizmaları diyetinize katmak için bazı meyve ve sebzeleri yiyebilirsiniz. Burada önemli olan meyve veya sebzeleri taze, ham ve yıkanmamış halde yemektir. (Yine de sabun olmadan hafifçe yıkamak güvenli olabilir.) Bu yiyeceklerin yüzeyleri üzerinde milyonlarca canlandırıcı probiyotik ve mikroorganizma bulunur.

Burada meyve veya sebzelerin yıkanmadan yenip yenmeyeceği konusunda sizin yargınız önemlidir. Yalnızca kaynağını bildiğiniz ve içinde zehir ya da başka türlü kirlerin olmadığından emin olduğunuz, sizi hasta etmeyecek meyve ve sebzelerde bu yöntemi uygulayın. Tarihin, bu kitabın basılacağı döneminde, bizzat yetiştirmediğiniz ürünleri iyice yıkamak çok önemlidir. Kendi bahçenizde (böcek ilacı veya diğer çim kimyasalları ile işlem görmemiş) ürünler yetiştirebiliyorsanız, o zaman bahsettiğim gibi, bu yüksek mikroorganizmalara erişmek için bir seçenektir. Konteyner bahçeciliği (iç veya dış mekan) da bir seçenektir. Pencere kenarındaki saksılarda ot yetiştirmek de öyle. Veya hemen hemen her yerden filiz yetiştirebilirsiniz; kurulumunuz doğru tohumlar, temiz bir kavanoz veya kase ve bir süzgeç kadar basit olabilir. Mümkün olan her yerde bu yüksek mikroorganizmalardan biraz almaya çalışın.

Topraktan bir parça lahanayı kopardığınızda yaprakları üzerindeki minik ceplerde bir zar olduğunu göreceksiniz. Bu toprak, kir ya da toprak kökenli organizmalar değildir. Bu zar yüce mikroorganizmalardan yapılmıştır; henüz yıkanmamış ve doğal olarak orada bulunan bir probiyotik. (Gübreli toprak bulaşmış lahana ile karıştırmamak gerekir, ki o durumda en iyisi hafifçe yıkamaktır.) Lahana yaprağı yediğinizde, iyi mikroorganizmaların cepleri katlanır ve sıkışır, bu nedenle genellikle mideyi atlarlar. Bağırsaklarda serbest bırakıldıklarında, bu milyonlarca mikroorganizmanın sindirim ve bağışıklık sistemi üzerinde olağanüstü etkileri vardır, çünkü ileumunuza doğru inerler ve B12 üretim ve depolama bankanızı yenilerler.

Organik bahçeden koparılmış yıkanmamış ham bir parça lahana -evde yetiştirilmiş bir demet brüksel lahanası veya ilaçlanmamış taze bir ağaçtan koparılan bir elma- her türlü ulaşılabilir toprak kökenli ya da fabrikada üretilmiş olan probiyotik veya mayalı gıdayı gölgede bırakır. Eğer hayatınızda bir kez bile bu yüce mikroorganizmalarla kaplı meyve veya sebzelerden yemişseniz sizi bir dereceye kadar korumuştur ve siz bunun farkında değilsinizdir. Yediğiniz şey ne kadar taze, kimyasaldan arınmış, parafinsiz ve yıkanmamış olursa o kadar fazla fayda elde edersiniz.

Prebiyotiklerin son dönemde popüler olduklarını unutmayın. Bu terimle şunu anlatmak istiyorlar: Kimi meyve ve sebzeleri yerseniz sindirim yolumuzdaki üretken bakterileri besler. Bu asla hiçbir bilimsel ölçekte ölçülemez ve tespit edilemez. Gerçek şu ki, çiğ olarak yiyebileceğiniz her meyve, yeşil yapraklı bitkiler, otlar, yabani yiyecekler ve sebzeler tüm bağırsak ortamını destekler.

Yaygın bir uygulama, kaliteli mağazadan satın alınan probiyotikler veya toprak kaynaklı probiyotikler almaktır, ancak en yüksek kaliteli olanların bile o kadar da yararlı olmadığını unutmayın. Orada ne denediğinize bakılmaksızın, hayatınızın bir noktasında canlı meyvelerden, yapraklı yeşilliklerden, otlardan, yabani yiyeceklerden ve/veya sebzelerden yüksek mikroorganizmaları mümkün olduğunca fazla almaya çalışmak her zaman en iyisidir. Taze bir meyvenin, yapraklı yeşilin, otların, yabani yiyeceklerin veya sebzelerin derisi veya yaprağındaki yüksek mikroorganizmaları yutmakla hiçbir şey karşılaştırılamaz.

Gençleştirici bağırsak florasını (veya mikroflorayı) hedefliyorsanız, bunu yapmanın en iyi yollarından biri budur. Yükseltilmiş mikroorganizmalar, mikroorganizma dengenizi yeniden sağlamak için bir adım görevi görür. Ayrıca MTHFR gen mutasyonu diye adlandırılan hastalık ve diğer metilasyon sorunlarından da bu yolla kurtulabilirsiniz. Şunu bilmelisiniz ki tıp camiasının MTHFR gen mutasyonu diye adlandırdığı hastalık aslında belirsizdir. Bu durumdaki insanların aslında gen bozuklukları yoktur, yalnızca vücutlarında besinlerin mikro besinleri dönüştürülmesini engelleyen aşırı miktarda zehir bulunmaktadır. Bu güçlü mikroorganizmalar homosistein seviyelerini düşürebilir ve sonunda MTHFR gen mutasyonu teşhisini ortadan kaldırabilirler.

Siz midenizin hidroklorik asidini yeniden yapılandırdığınızda, sindirim yolunuzdan ağır metalleri ve diyetinizden rahatsız eden yiyecekleri uzaklaştırdığınızda ve faydalı bakterileri yeniden depolayarak sindirim yolunuzun B12 vitamini üretebilme yeteneğini geliştirdiğinizde, herhangi bir sindirim yolu sorunu da iyileştirilebilir demektir.

SİNDİRİM YOLU İLE İLGİLİ TRENDLERİ MODALARI VE EFSANELER ANLAMLANDIRMAK

Ana akım tıpla aynı yönde ya da ters yönde birçok sindirim yolu sağlığı trendi bulunuyor. Bunlar gerçekten faydasız ve bazen saçma akımlar. Kendimizi iyi hissetmediğimizde genellikle umutsuz oluruz, önümüze çıkan herhangi bir yöntemi denemeye istekli bir haldeyizdir ve bu da dışarıda bizi bekleyen çok sayıda tedavi trendinin bizi ikna etmesini kolaylaştırır. Siz yine de dikkatli olun. Aşağıda en popüler olan akımlara dair açıklamalar ve niçin bunlardan uzak durmanız gerektiği belirtiliyor.

Hidroklorik Asit Destekleyicileri

Midenizin ihtiyaç duyduğu hidroklorik asidi, tablet şeklinde size sunduğunu iddia eden destekleyiciler var. Bunlar iyi niyetli gibi görünseler de temelde iki sorun var.

Birincisi; bunlar midenizin hidroklorik asit üretmesine yardımcı olmuyorlar. İkincisi ve daha önemlisi ise; bu desteklerin üreticileri, midenizin hidroklorik asidinin yalnızca bir bileşenden oluşmadığını bilmiyorlar. Bilim henüz bunu keşfetmemiş olsa da mideniz 7 farklı aside ev sahipliği yapmaktadır. (10 yıldan daha kısa bir süre içerisinde bu kitaptan farklı kaynaklarda da bu bilgi yayınlanmaya başlayacak.)

Bu destekler midenizdeki hidroklorik asidi oluşturan yedi asitten sadece bir tanesini sunmaktadırlar, yani eksik çözeltilerdir.

Daha da kötüsü karışım içerisindeki yedi asitten sadece bir tanesini ezici bir üstünlüğe getirerek kimyasal dengesizlik yaratan bu ürünler, midenizin kendi sindirim sıvısını yeniden inşa etme işini engelleyebilirler. Bu mesele tam anlamıyla araştırılıp anlaşılmadan hidroklorik asit desteği almak iyi bir seçenek değil gibi görünüyor.

Bu takviyelerin size büyük bir zarar vermesi olası değildir. Ancak, her gün bir bardak kereviz sapı suyu içmeniz çok daha iyidir. Midenizdeki hidroklorik asit deposunu tamamen yenileyecek ve bağırsak sağlığınızı geri kazanmanızı sağlayacak tek şey kereviz sapıdır.

Sodyum Bikarbonat ve *Candida*

Birçok insan, bir tedavi biçimi olarak *sodyum bikarbonatı* destekliyor; diğer adıyla kabartma tozu. Uzunca bir süre devam eden *Candida* teşhisi trendi yüzünden, sindirim yolu sorunlarının arkasındaki suçlunun *Candida* olduğuna inanılıyor. Ağır alkalin olan sodyum bikarbonatın bir şekilde *Candida'yı* durduracağını; çünkü asidik ortamda büyüdüğünü düşünüyorlar.

Bu zincirin neredeyse tüm halkaları mantıken yanlış. Bunun tek istisnası, birçok böceğin asidik bir ortamı sevmesidir, çünkü birçok böcek asidik ortamı yaratır. Ancak Candida, bağırsak sağlığı sorunlarının nedeni değil; habercisidir. Bağırsaklarınız toksik ağır metaller ve diğer toksik baş belaları nedeniyle işlevsiz hale geldiğinde, çeşitli kaynaklardan patojenik enfeksiyonlar geliştirebilirsiniz. Candida yalnızca bir yan etkidir ve genellikle ciddi değildir. (Candida hakkında daha fazla bilgi için 9.Bölüme bakın.)

Sodyum bikarbonat her koşulda *Candida*'ya karşı etkisizdir. Daha geniş bakacak olursak sodyum bikarbonatın sindirim yolu sağlığınıza hiçbir faydası yoktur. Tersine aşındırıcıdır ve sadece dengesizlik yaratır. Eğer fazla dozda sodyum bikarbonat alırsanız aşağıdaki kombinasyonlardan bir tanesinin gerçekleşmesi muhtemeldir.

- **Mide spazmları**: Örneğin; ince ve kalın bağırsaklarda burulma ve gerilme.
- **Vücudunuzda dengelenme krizi**: Aniden çok fazla alkalin yüklendiği için yeniden dengeyi kurabilmek adına bu yaşanabilir.
- **Vücudunuzda zehirlenme krizi**: Sodyum bikarbonat küçük miktarlarda tamamen güvenlidir ancak belli bir seviyeyi geçtiği zaman mideniz ve bağırsaklarınız için rahatsız edici olabilir. Kimi durumlarda ishal, kusma, ciddi şişkinlik ve/veya daha farklı rahatsızlıklara mahal verir.
- **Bakteri ve mantara bağlı enfeksiyonların *kötüleşmesi***: Sodyum bikarbonat sindirim yolunuzdaki iyi bakterileri rahatsız eder ve böylece bağışıklık sisteminizi zayıflatır.
- **Sindirim sorunlarınızın *kötüleşmesi***: Sodyum bikarbonat hidroklorik asidinize zarar verir ve sonuçta sızıntılı bağırsak sendromuna yol açar. Ayrıca bağırsaklarımızda yiyeceklerin emilimine de engel olur.

Bir çare olarak sodyum bikarbonatın fazla sayıda olumsuz yönü vardır. Kullandıktan sonra şikâyet eden birçok insan gördüm.

Moskof Toprağı/ Diyatomik Toprak

Sindirim yolunu iyileştirmek için kullanılan bir diğer trend ise *diyatomik toprak* veya diğer adıyla *diyatomit* tüketmektir. Bu, beyaz toz halinde ufalanıp parçalanan tortul bir kayadır. Bazı insanlar diyatomitin sindirim yolundaki parazitleri öldürdüğüne ve zehirleri arındırdığına inanmaktadır.

Aslında sindirim yolunuz için en ufak bir faydası bile yoktur. Eğer bu konuda hassassanız ve bir sağlık probleminiz varsa, aslında sizin için tehlikeli bile olabilir.

Diyatomit ısrarla ince ve kalın bağırsağınızın çeperlerine tutunur ve besinlerin emilimine ciddi şekilde engel olur. Bu yetmezmiş gibi, hidroklorik asidinize zarar verir ve iyi bakterileri öldürür. Bazı durumlarda uzun süreli gastrik spazm ve ağrıları takip eden kusma ve ishale yol açabilir.

Başka bir deyişle sodyum bikarbonatın bütün kötü etkilerine sahiptir; hatta daha da kötüdür. İnce bağırsağınızda kaybettiklerinizi tekrar yerine koymak aylar alabilir. Bu yüzden dyatomit veya besin bazlı diyatomik toprağı kullanmayı aklınızdan bile geçirmeyin.

Safra Kesesini Temizlemek

Safra kesenizi safra taşlarından ve zehirlerden temizlemek için önerilen bir diğer akım ise birçok çeşitli uydurma karışımı içmektir; örneğin bir bardak saf zeytinyağı veya birtakım bitkilerle ve/veya limon suyu, acı biber ve akçaağaç şurubu ile karıştırıp içmek gibi.

İnsanlar bu uyduruk karışımın işe yaradığını düşünüyorlar, çünkü bunu kullandıktan sonra dışkılarında safra taşlarına benzettikleri şeyler görüyorlar. Aslında fark etmedikleri şey ise gördüklerinin içtiklerinin yağ olduğudur. Vücudunuza çok miktarda yağ atıldığında, sindirim sisteminiz onu kolayca dışarı atılabilen küçük toplar (bazen farklı renklerde, hangi yiyeceklerin bulunduğuna bağlı olarak) oluşturmak için mukus kullanır. Bu aşırı yüklenmiş bir karaciğeri korumak içindir. (Unutmayın, bu bilgi, insanlar karaciğer taşı olduğuna inandıklarında da geçerlidir.)

Her yıl birçok kez, safra kesesini temizleyen ve yine de yüzlerce safra taşı barındıran insana rastlıyorum. Eğer bu safra kesesi temizliği işe yaramış olsaydı, bir avuç büyüklüğünde bu minik organın içine binlerce taşın sığması gerekirdi. Bir insanın bu kadar safra taşını üretmesi ve dışarı atması mümkün değildir. Eğer bir safra taşını atabilecek olsaydınız, büyük ihtimalle safra kesesi yolunda takılacaktı. O zaman da acil ameliyata alınmak için hastaneye götürülecektiniz.

Safra taşları protein, öd ve kolesterolden oluşur. Bunları atmak için yarım litre zeytinyağı içmenize -ve muhtemel bir kriz yaratmanıza- gerek yoktur. Safra taşlarından kurtulmanın en iyi yolu yoğun protein tüketimini azaltmak ve sağlıklı biyo asitler içeren, sodyum bakımından zengin meyve ve sebzeleri diyetinize katmaktır. Daha fazla ıspanak, lahana, turp, hardal yaprağı, limon, portakal, greyfurt, misket limonu tüketerek - ve her sabah ve her akşam limon suyu içerek- safra taşı parçalama sürecini başlatabilirsiniz.

Safra kesesi taşlarını eritmek ve karaciğeri eski haline getirmek için güvenli ve şaşırtıcı derecede etkili bir seçenek, aç karnına sade kereviz sapı suyudur. Ya da az miktarda kuşkonmaz suyu çok etkilidir: Bir avuç taze çiğ kuşkonmazın, istediğiniz herhangi bir meyveyle birlikte, suyunu sıkabilirsiniz. (Kereviz sapı suyunu tek başına tutmayı unutmayın - kereviz sapı suyunuza kuşkonmaz suyu eklemiyorsunuz.)

Yeni safra taşlarının oluşmasını önlemenin en iyi yolu, sağlıklı bir bağırsak oluşturmak ve sürdürmek için bu kitaptaki tavsiyelere uymaktır.

Mayalı Yiyecekler

Hadi şimdi zamanda bir yolculuk yapalım ve buzdolabının daha bulunmadığı zamana gidelim. Bin yıldır dünyanın çeşitli bölgelerinde, sezonun son mahsulleri kışı geçirmek adına meyveler ve sebzeler ile birlikte kaplara konurdu. Bu mahsuller gizemli bir süreçten geçerek bozulmadan sağlıklı bir biçimde kalmaktaydılar. Örneğin; Rusya'da insanlar lahanaları fıçılara koyarak pelte olana kadar çözülmelerini beklerlerdi, bugün turşu diye bildiğimiz şeyi yaparlardı yani.

Bu mayalanma önemliydi, çünkü bu olmadan insanlar açlıktan ölebilirlerdi. Kimsenin işten eve giderken uğrayabileceği bir süpermarket yoktu ya da yiyeceklerini saklayabilmek için derin dondurucuları veya buzdolapları bulunmamaktaydı.

Günümüzde mayalanmış yiyeceklerin saygıdeğer bir statüleri var; sanki sağlık için bir lütufmuş gibi algılanıyorlar. Bu tam olarak doğru değil.

Burada bir yanlış anlaşılma var, çünkü mayalı yiyecekler binlerce yıl boyunca insanlara sağlık açısından faydalı oldular. Gerçek şu ki mayalı yiyecekler hayatta kalmakla ilgilidir. Kendini koruyabilen bir yiyecek, açlıktan ölmekle yaşama tutunmak arasındaki farkı oluşturdu. Bu yiyecekleri önemli bir tarihi tedbir olarak algılamak gerekiyor; bir sağlık yardımı olarak değil.

Mayalı yiyeceklerdeki probiyotikler hayat vermezler. Bunlardaki bakteriler çürümeye doğru ilerler, başka bir deyişle yaşama değil ölüme doğru gitmektedirler. Bir hayvan ormanda öldüğünde onun etinde bulunan bakteriler tüm mayalı yiyecekleri korumak için kullanılan bakterilerin aynısıdır.

Bu bölümde daha önce sözü geçen faydalı bakterilerden farklıdırlar. Yaşayan meyve ve sebzelerin üzerindeki yüce mikroorganizmalar yaşama doğru ilerlerler ve bu yüzden sindirim yolunuz için yenileyici özelliğe sahiptirler. Çünkü bizler canlıyızdır. Bu yüce mikroorganizmaların içinde mayalanmış yiyeceklerde olmayan bir yaşam gücü vardır.

Yararlı bakterileri düşündüğümüz zaman genellikle aklımıza yoğurt gelir. Yoğurdun içinde bulunan probiyotiklerin sindirim yolumuz için bir destek olduğunu düşünürüz. Ancak eğer bir sağlık sorunu yaşıyorsanız, yoğurt iyi bir yiyecek değildir -süt ürünlerinin hepsi sizin için kötüdür. Hele bir de aldığınız yoğurt pastörize ise o zaman içindeki probiyotikler zaten ölmüştür. Yaşayan (klasik yöntemle mayalanmış) yoğurdun içindeki faydalı bakteriler hidroklorik aside dayanamazlar ve bu yüzden daha bağırsaklarımıza ulaşamadan midemizde ölürler. Ayrıca, yoğurttan elde edilen faydalı bakterilerin kronik hastalığa neden olan patojenler üzerinde hiçbir etkisi yoktur. İyi bakteri ve kötü bakteri birbiriyle savaşmaz. Ne de iyi bakteri ve virüsler. İstediğiniz tüm iyi bakterilere sahip olabilirsiniz ve sisteminizdeki herhangi bir virüs ve/veya verimsiz bakteri yine de sorunlara neden olacaktır.

Fermente gıdaların büyük çoğunluğu (kimchi, lahana turşusu, salam, pepperoni, soya sosu, kombu çayı vb.) artık canlı olmayan gıdalardan bakteri üretir. Bu tür bakteriler bağırsaklarınız için işe yaramaz.

Birçok insan için bu bakteriler zararlı değildir, basit bir şekilde sindirim yolundan geçer ve gereksiz bir şey olarak, insan vücudu tarafından dışarı atılırlar. Bunları tüketmeye karşı değilim.

Kimi insanların bünyesi daha sert bir biçimde karşılık verir, bu bakterileri yabancı istilacılar gibi görür ve onları sürgün etmek için aşırı çaba sarf eder. Bu da şişkinlik, mide ağrısı, gaz, bulantı ve/veya ishal gibi sonuçlara neden olur. Böyle olsa bile, yine de bu geçici bir durumdur ve bakteriler dışarı atıldıklarında sona erer.

Yani eğer mayalı yiyecekleri seviyorsanız, onları kendilerine has aromalarından dolayı tüketmenizde bir sorun yok; yok eğer bu mayalı yiyecekler midenizi rahatsız ediyorsa veya onları sevmiyorsanız, o zaman yemeyin. Sindirim yolunuz için çok fazla yarar sağlamıyorlar.

Ve eğer bu mayalı yiyeceklerden büyük fayda sağladığınızı düşünüyorsanız yanılıyorsunuz. Sindirim yolunuzdaki hidroklorik asit bu mayalı yiyeceklerdeki bakterilere karşı o kadar duyarlıdır ki zararlı olmasalar bile onları bir düşman olarak görür ve öldürür. Bu anlattığım şey yaşayan besinlerin üzerindeki taze, hayat veren bakterilerle taban tabana zıt bir konudur. Bahçeden koparılmış bir parça lahananın üzerindeki faydalı bakteriler hidroklorik asit tarafından zarar görmeden bağırsaklarınıza geçebilir -yani eğer sindirim yolu sağlığınıza iyi bir katkıda bulunmak istiyorsanız bu tip bakterilere odaklanmalısınız.

Elma Sirkesi

Eğer sindirim yolunuzda sorun yaşıyorsanız ve bir tedavi aramaktaysanız elma sirkesi efsanesinden uzak durun.

Beni yanlış anlamayın. Elma sirkesi (ACV), tüm sirkelerin açık ara en faydalı, en sağlıklı ve en güvenlisidir. Sirke, beyaz ve kırmızı şarap sirkesi, balzamik sirke, pirinç sirkesini temizlemektense sizin için daha iyi... Ve elma sirkesi, cilt döküntülerini, kafa derisi sorunlarını ve hatta yaraları tedavi etmek gibi harici kullanım için idealdir. Ancak dahili olarak alınan herhangi bir sirke, herhangi bir bağırsak sağlığı sorununu tahriş edebilir ve sonuçta zararlı olacaktır. Elma sirkesi (diğer tüm sirkeler gibi) karaciğeri strese sokar, kronik dehidrasyona neden olur, diş minesini aşındırır ve hidroklorik asit üreten mide bezlerini zayıflatır. Herhangi bir sindirim sistemi semptomunuz veya bozukluğunuz varsa, ACV durumu kötüleştirebilir ve ek şişkinliğe neden olabilir

Sirkeye karşı koyamıyorsanız kaliteli, tercihen "tortulu" yani işlenmemiş, canlı sirke kullanın.

HASTA DOSYASI:

YENİDEN YİYEBİLMEK

2011

İlk gençlik yıllarından beri Jennifer'ın midesi hassastı. Sık sık midesi ağrır, ara sıra kabız veya ishal olurdu. Jennifer, yiyeceği şeylere midesinin ne gibi bir tepki vereceğini asla kestiremiyordu. Büyürken bu besin seçememe durumu yemek masasında aile arasında bir sürtüşme sebebi olmaya başlamıştı.

Yıllar boyu doktorlara gitti. Bir tanesi Jennifer'ın ilgiye ihtiyacı olduğunu söyledi. Aslında ilgi istediği en son şeydi, tek arzusu ağrılardan ve rahatsızlıklarından kurtulmak ve yerel hayvan koruma barınağında gönüllü olmak gibi, sevdiği şeylere odaklanabilmekti.

Sonunda, 25 yaşına geldiğinde, bir gastroenteroloji uzmanı ona huzursuz bağırsak sendromu teşhisi koydu. Uzman öyle söylemese de bu etiket Jennifer'ın gizemli bir hastalıkla karşı karşıya olduğunu anlatıyordu.

Belirtilerine bir teşhis konması ona iyi gelmişti ancak hâlâ içi rahat değildi.

Jennifer alternatif tıbba döndü. Onun buğday glüteni, peynir gibi süt ürünlerine karşı alerjisi olduğunu keşfeden harika bir doktor buldu. Doktor ona bu yiyecekleri diyetinden çıkarmasını ve çok fazla probiyotik almasını önerdi. Ayrıca bir de, onda *Candida* olduğunu ve meyve de dâhil olmak üzere, bütün işlenmiş ve doğal şekerlerden uzak durması gerektiğini söyledi.

6 ay boyunca Jennifer doktorun diyetini denedi ve günde iki kez tavuk, çok fazla taze sebze, ton balıklı salata veya iyi haşlanmış yumurta yedi. Jennifer bu talimatlara uymak konusunda oldukça katıydı - ancak yine de ayda bir kez canı şekerli bir şeyler çekiyor ve büyükannesinin evinde bir parça keki mideye indiriyordu. Kimi gelişmeler mevcuttu, artık ishal olmaktan kurtulmuştu ama yine de kabızlık, mide krampları, bulantı ve ağrı gibi şikâyetlerle boğuşmaktaydı.

Kafası karışmış olan Jennifer yeni bir alternatif doktor arayışına girdi. Bu seferki, *Candida* problemiyle birlikte glüten ve süt ürünlerine karşı alerjisi olmasının üstüne bir de sızıntılı bağırsak sendromu olduğunu söyledi. Tamamı protein demek olan et, tavuk, yumurta, balık ve yapraklı yeşil sebzeler diyetine soktu onu. Hiçbir tahıl ve fasulye türünü yiyemiyordu; sadece yeşil elmaya izni vardı. Büyümekte olan *Candida* ve sızıntılı bağırsak sendromunu tedavi etmek için doktor ayrıca bitkisel bir bağırsak temizleyici ürün yazmıştı.

8 ay boyunca Jennifer bu diyete sadık kaldı, ancak hiçbir gelişme yoktu. Aksine kendini yorgun hissediyordu, bilinç bulanıklığından muzdaripti, daha fazla kabız oluyordu ve sanki kendi deyimiyle "hamilemsi" mide bulantısı çekiyordu. Kendini hiç çekici hissetmiyordu ve hem vejeteryan arkadaşlarının hem de kendisinin yemek yiyebileceği bir yer bulmak macera haline gelmişti. Sindirim sistemi problemi ile uğraşarak geçen 10 yılın ardından Jennifer, daha yalnız kaldığına ve şikâyetlerinin arttığına karar verdi.

Bir gün Jennifer'ın annesi bu sorunları bir arkadaşına anlatmış, o da beni tavsiye etmiş. İçsel okumama başlar başlamaz Ruh bana Jennifer'ın hiç hidroklorik asidinin kalmadığını söyledi. Bu da amonyak geçirgenliğine sebep olmaktaydı. Sindirim yolunda çürüyen proteinler amonyak gazı üretiyorlardı. Bu da yanma, ağrı ve Jennifer'ın koyduğu isimle "hamile" bulantılara sebep oluyordu.

Ayrıca ince bağırsağın alt kısımlarındaki ileum da dâhil olmak üzere, Jennifer'ın ince bağırsaklarında ağır metaller bulunmaktaydı ve sağlığı için çok önemli olan mikroorganizmalar yoklardı. Jennifer'ın buğday ve bütün tahıllar, glüten, fasulyegiller, mısır, kanola yağı ve yumurtaya karşı alerjisi olduğu gerçekti. Yani bunların hepsinden uzak durması gerekiyordu. Tüm bunların üstüne karaciğeri yorulmuştu ve aşırı hayvansal yağla başı dertteydi.

Hemen Jennifer'a her gün yarım litre kereviz sapı suyu içmesini önerdim.

"Eski doktorum yeşilliklerden hazırladığım bir karışımı içmemi tavsiye etmişti," dedi. "Aralarındaki fark nedir?" Sebze suyu karışımlarının hidroklorik asit seviyesini yenilemediğini ona anlattım. Sadece aç karnına içilen kereviz sapı suyu bunu yapabilirdi.

Karaciğerindeki aşırı yağdan kaynaklanan baskıyı azaltmak için Jennifer'ın hayvansal protein tüketimini günaşırı ve sadece bir öğüne düşürdük. Bunun yerine diyetine bütün meyve ve sebzeleri ekledik; özellikle avokado, muz, elma, taneli küçük meyveler (çilek, dut, böğürtlen... vb), papaya, mango, kivi, bol miktarda marul, ıspanak ve ağır metallerden kurtulması için tüm salatalarda çeyrek bardak kişniş suyu.

Tüm hayvansal proteinleri barındıran ve hiçbir lifli gıda içermeyen daha önceki diyetinin tam tersine, bu yeni plandaki meyveler iltihaplanan sindirim yolunda yiyeceklerin ilerlemesine yardımcı oldu ve kabızlık sorununa anında bir çözüm getirdi.

Bir hafta sonra Jennifer'ın "hamile" bulantısı önemli ölçüde azaldı.

Bir ay sonra artık kabızlık çekmiyordu.

Ve üç ay sonra ağrı, kramplar, bilinç bulanıklığı ve yorgunluk yok olmuştu.

Midesindeki hidroklorik asit kendini yenilemiş ve amonyak sızıntısı durmuştu. Karaciğeri almış olduğu yağları işlemek ve şekerleri depolamaktan kurtulmuştu. Böylelikle yıllar boyunca almış olduğu kiloları geri verdi.

Ayrıca yaz mevsimini büyükannesinin bahçesinden taze, organik ve yıkanmamış lahana ile domatesler yiyerek geçirdi. Bu sebzelerin yüzeylerinde bulunan yüce mikroorganizmalar Jennifer'ın sindirim yolu florasını -özellikle de ileumu temizledi ve vücudunun yeniden B12 üretmesine imkân verdi.

Sonbaharda Jennifer hayvan barınağında tam zamanlı çalışmaya başladı. O ve en yakın arkadaşı aralarındaki bağı güçlendirdiler. Şimdi, cuma akşamlarını, barınaktan gittikçe artan sayıda arkadaşları için Medikal Medyum yiyecekleri hazırlayarak geçiriyorlar.

Jennifer'ın canlılığı geri geldi. Şimdi ara sıra, bir arkadaşının evinde verilen partide, yasaklı yiyecekleri yiyor ve vücudu bunun için bir bedel ödemeyecek. O asla sızıntılı bağırsak sendromuna ya da büyümekte olan bir *Candida*'ya sahip değildi; yine de bunlar sayısız insanı yanlış yöne saptıran alternatif teşhis trendleri.

"Yıllar içinde size söyleyebileceğim bazı hastalıkların aksine araştırmalar, büyük olasılıkla bağırsak sağlığı için ihtiyaç duyduğu -bu kitaptaki bazı bilgileri de içeren- keşifleri yapacaktır. Bunun gizli çalışmaları bu dünyadaki tıp toplulukları tarafından asla ortaya çıkarılamayabilir -anlaşılır görünmesi için hangi teoriyi veya terminolojiyi kullanırlarsa kullansınlar- bu yüzden bu bölüm çok önemlidir.

Vücudunuz sabırla bu bilgiyi keşfetmenizi bekliyor. Sizinle çalışmaya hazır. İyileştirici güçlerini yeniden canlandırmaya hazır. İyileşmeye hazır."

— Anthony William, Medikal Medyum

18

ZİHNİNİZİ VE VÜCUDUNUZU TOKSİNLERDEN ARINDIRMAK

Tarihimiz boyunca hiç bu kadar fazla zehirli maddeye maruz kalmamıştık. Bunlar arasında cıva, alüminyum, bakır, kurşun, nikel, kadmiyum, hava kirliliği, tıbbi ürünler, neredeyse üretilen her şeyin üzerine sıkılan nanoteknolojik kimyasallar, zirai ilaçlar, böcek ilaçları, mantar ilaçları, plastik, endüstriyel temizleyiciler, petrol, okyanuslarımızdaki zehirli maddeler ve her yıl çevreye yayılan binlerce yeni kimyasal sayılabilir. Bu zehirler su kaynaklarımıza bulaşmakta ve gökyüzünden üzerimize yağmakta.

Bu maddelerin büyük çoğunluğu o kadar yeni ki bilimin, bunların sağlığımız için ne kadar tehlikeli olduğunu fark etmesi on yıllar alacak. Dahası bu riskler, beklenenin aksine eğer fonlamalar ve ortak algı doğru yönde ilerlerse keşfedilebilecek. Birçok endüstri, ürünlerini sonuçlarını gördükten sonra değil, daha önce pazara sürmekte.

Çoğumuz neredeyse tüm hayatımız boyunca bizimle birlikte olan bu zehirleri taşıyoruz ve bunların çoğu içimizde gömülü. İşte en tehlikeli olan zehirler bu eski zehirlerdir. Örneğin; zehirli ağır metaller zamanla oksitlenip etraflarındaki hücreleri öldürebilirler.

Zehirler birçok tehdit unsuru oluşturmaktadır. Doğrudan vücudunuzu zehirleyerek beyninizi, karaciğerinizi, merkezi sinir sisteminizi ve diğer yaşamsal bölgelerinizi etkilerler. Bağışıklık sisteminizi zayıflatıp sizi hastalıklara karşı daha savunmasız bir hale getirirler. Ve hepsinden de kötüsü kanser, virüs, bakteri ve diğer ciddi sağlık sorunlarına yol açan istilacıların ilgisini çeker ve onları beslerler. Aslında, patojenlerle birlikte bu toksinler, mevcut kanser salgınımızın nedenidir. Bu toksinler ayrıca Alzheimer hastalığı gibi diğer birçok hastalığın arkasındadır.

Bu bölüm önemli zehirleri ve onlardan nasıl uzak duracağımızı anlatmaktadır. Böylelikle yenilerini biriktirmemiş olacağız. Günümüz dünyasında, bu zehirlerden uzak durmak neredeyse imkânsızdır. Dolayısıyla bunların boyutunu mümkün olduğu kadar aza indirgemeye çalışacağız. Ayrıca hâlihazırda vücudumuzda bulunan bu zehirlerden nasıl kurtulacağımızı da anlatacağız. Böylelikle bağışıklık sisteminiz kendini yenileyecek ve potansiyel hastalıklara karşı sizi koruyacaktır.

Olayları her zaman tersine çevirmek gibi bir şansımız var. Takip eden sayfalarda sağlığınızı nasıl koruyacağınıza ve yıllar boyu nasıl sağlıklı kalacağınıza dair bilgiler bulacaksınız.

CIVA

Yaklaşık 2500 yıl insanoğlu cıvanın gençlik kaynağı olduğunu sandı. Tüm hastalıklar için harika bir tedavi, sonsuz yaşamın gizi ve bitmeyen bilgeliğin kaynağı olduğunu düşündüler. Eski Çin'de cıva o kadar saygıdeğerdi ki sayısız hükümdar, şifacılarının tüm sorunlarını sonlandırmak için onlara önerdikleri cıva iksirlerini içti.

Cıva yalnızca Doğu Asya'da rağbet gören bir şey değildi. Tüm İngiltere ve Avrupa'nın geri kalan kısmında da cıva iksirleri meşhurdu. Uydurma cıva karışımları Yenidünya gelişirken de çok popülerdi. 1800'lerde Birleşik Devletler ve İngiltere'deki tıp fakülteleri doktor olacak öğrencilerine, kendilerine başvuran hastaların yaşına, cinsiyetine veya belirtilerine bakmaksızın her türlü hastalığın hızlı tedavisi için bir bardak cıva önermelerini salık veriyordu. Bu tedavi ayrıca bir yanlış anlaşılmayı destekleyecek biçimde, "kadın histerisi" olarak adlandırılan hastalığın tedavisinde de kullanıldı -bu tanı çekinmeden kendinden bahseden kadınlara koyuluyordu.

19. yüzyıl tam bir taş devriydi. Cıvanın, onunla oynayan, onu tüketen, hatta ona dokunan insanlar için çok zararlı bir zehir olduğu kanıtlanmıştı. Zaten yüz yıllardır milyonlarca insan cıvaya maruz kalmaktan dolayı hayatlarını kaybetmişti. Peki, öyleyse neden bu kadar rağbet görüyordu?

Bu faktörlerin başında cıvanın arkasında duran endüstriyel büyük şeytan bulunmaktaydı. Bu bile cıva tedavisinin bir trend olmasına yeterdi. Unutmayın, sağlık trendleri asla etkili oldukları için ortaya çıkmazlar.

Cıva hareketi en sonunda 1800'lerin ortasında bir hız tümseğine çarptı. Her türden insan için doktorlar artık daha ulaşılabilir durumdaydı. Bu iyi bir şey gibi gözüküyordu. Daha fazla sayıda insan bu yeni tıp mezunlarını ziyarete gittikçe, araştırmacılar daha fazla sayıda insanın kontrol edilemez titremeler, ateş, çılgınlık, öfke, tik ve saçmalama gibi şikâyetler yaşadığını gözlemlediler. Doktora gitmenin zehirlenmekle sonuçlanacağı açık bir hale gelmişti.

Örneğin; 5 çocuk annesi bir kadın, kocasını gut probleminden dolayı doktora gönderiyordu ve eve dönüşte adam hayaller görüyor, gözleri seğiriyor ve çocuk şiirlerini bağırarak okuyordu. Sadece bu deneyim bile bir aile için yeterliydi.

Bu yaygın farkındalık sonucunda tıp sektörü için 25 yıllık bir hayalet şehir dönemi başladı. İnsanlar rahatsızlıklarını kadere terk etmenin riskini tercih ediyorlardı, bir doktoru ziyaret etmek daha az yaşam şansı demekti. Tıp fakülteleri tüm zamanların en düşük fonlarını alıyorlardı.

Bu tam da doğal doktor ve şifacıların ihtiyaç duyduğu geçerliliği kazanmak için gerçekleşmiş bir kırılma noktası gibiydi. Bu zaman zarfında homeopati ve masajla tedavinin erken formları belirdi ve alternatif tıp popüler hale geldi.

Sonunda geleneksel doktorlar artık sıvı cıva tavsiye etmediklerini reklamlarla duyurdular. Bu yolla geleneksel tıp yeniden geçerlilik kazandı.

Yine de cıvanın arkasında duran şeytan hâlâ fazla sayıda insanın buna maruz kalmasını istemekte, gizli ve yaratıcı yollarla sisteme dâhil olmaya çalışmaktaydı. Sadece sanayi nehirlere, göllere ve suyollarına cıva salmakla kalmıyor başka şekillerde cıva içeren ilaçlar 20. Yüzyılda yeniden hayat buluyorlardı. Bunların üzerine bir de dişçiler dolgu yapmak için cıva kullanmaya başladılar.

Şapka endüstrisin de cıva kullanılmaktaydı -şapkalara şekil vermek için bir tür solüsyon kullanılıyordu. Artık "zırdeli" anlamına gelen İnglizcedeki "mad as a hatter" deyimi buradan gelmekteydi. Ortalama bir şapka işçisi fabrikada çalışmaya başladıktan sonra 3 ya da 5 yıl yaşamaktaydı. Sadece işçiler buna maruz kalmıyorlardı. 1800'lerde ve 1900'lerin başında bu şapkaları takan ve alnı terleyen her erkek aynı durumdaydı. (Bu da bana eskici dükkânlarındaki şapkaları denememek gerektiğini hatırlatıyor.)

Bu dönemin neredeyse tüm zihinsel hastalıkları cıva zehirlenmesinden dolayı gerçekleşiyordu. 19. yüzyıl boyunca ve 20. yüzyılın başlarında akıl hastaneleri delilik ve gülme krizlerine tutulan insanlarla doluydu. Peki, tedavileri neydi? Ya cıva karışımlarını içecekler ya da cıvadan yapılmış ilaçları yutacaklardı. Abraham Lincoln'ün depresyonu cıva ilaçlarını kullandığı için ciddi biçimde kötüleşmişti - ki bu depresyon da muhtemelen birkaç bardak tıbbi cıva iksiri içmekle başlamıştı.

Kirli Sır

Neden cıva hakkında böyle söylüyorum? Neden cıva hakkında böyle konuşuyorum? Çünkü bu, hakkında konuşmamamız gereken kirli bir sır; beynimizde ve vücudumuzda, ona maruz kalan nesillerden kalma cıva var. Şu ana kadar cıvanın tarihi şekillendirmek için neler yaptığını bilmemeniz gerekiyordu. Cıva, göremediğiniz küçük dozlarda bile zehirli olabilir ve hiçbir yerde "DİKKAT CIVA" diyen bir uyarı yok.

Cıva şeytanına kalacak olsa cıvanın zararsız, hatta bizim için iyi bir şey olduğunu düşünmemiz gerekirdi. Daha da ileri gidip cıvanın bugüne kadar varlığından bile haberdar olamayacağımız bir şekilde saklanmış olması gerekirdi. Cıva hiçbir yere gitmez - tabii ki siz onu uzaklaştırmak için önlem almazsanız. Yüz yıllar boyunca kuşaktan kuşağa geçer. Şundan emin olabilirsiniz ki büyük büyükbabanız veya diğer atalarınız cıva iksirinden muhakkak içmiştir. Aynı cıva nesiller boyu geçerek size kadar geldi. Kimilerimiz içimizde 1000 yıllık hatta daha eski cıvalar taşımaktayız.

Cıva birçok insanı yutan bir şeytan ve ruhsuz bir gölge rolündedir. Bir parçamız haline gelir ve sağlık konusunda ortaya çıkar.

Hırs, açgözlülük, aldırmazlık, kötülük ve cehalet cıvanın birçok insanı ağına düşürmesinde önemli rol oynadı. Geçmişte bir cıva madeni sahibi, madende çalışan bir işçinin işe başladıktan 6 ay ya da 3 yıl sonra ölmesini umursamadı çünkü ortada kazanılacak para vardı.

Cıvanın bize hiç faydası var mıdır? Hayır. Bizim için hiç iyi bir şey yapmamıştır. *Hiçbir şey.* O gereksiz bir nörotoksindir. Medikal ve endüstriyel kullanım alanlarını daha güvenli bir şeye bırakabilirdi.

Peki, cıvadan kurtulduk mu? Kâbus sona erdi mi? İnsanlık adına, kendimize geldik ve başımıza açacağı tüm felaketlerden nasıl kurtulacağınızı öğrendik mi? Sağlığımız ve esenliğimiz adına? Çocuklarımız adına?

Hayır. Sadece gözümüzden uzakta ve aklımızdan çıkmış durumda. Daha ev sahipliği yapacağımız o kadar çok cıva var ki. Sürekli ayakucumuzda duruyor - ciddi biçimde tartışılabilir bir halde.

Modern yaşamın bir sonucu olarak, zamanla vücudunuz cıva gibi toksik ağır metaller biriktirecektir. Bu toksine sürekli maruz kalıyoruz çünkü çatlaklardan sızıyor. Mecazen sağlık sistemi ve endüstrinin çatlaklarından, gerçek anlamda ise beynimizin kıvrımları arasından sızmakta. Hepimiz belli bir miktar cıvayı vücudumuzda taşımaktayız. Bu kaçınılmaz.

Peki, bunu neden umursamalıyız?

Çünkü cıva virüsler, kanserler ve bakteriler için en iyi yakıttır. Cıvaya maruz kalma, iltihabın arkasındaki bir faktördür ve depresyon, anksiyete, DEHB, otizm, bipolar bozukluk, nörolojik bozukluklar, epilepsi, duyarsızlaşma, Parkinson, ALS, MS, Lyme hastalığı belirtileri, karıncalanma, uyuşma, tikler, seğirmeler, spazmlar, nöbetler, sıcak basması, kalp çarpıntısı, saç dökülmesi, hafıza kaybı, kafa karışıklığı, uykusuzluk, libido kaybı, yorgunluk, migren ve tiroit bozuklukları dahil çok sayıda semptom ve duruma neden olarak veya katkıda bulunarak insanları rehin alabilir.

İnsanlar ne sıklıkta kendilerinde depresyon gibi bir durum bulunduğunu hissediyorlar? Bu tamamen cıvanın oynadığı kurbanı suçlama oyunu. Bu depresif belirtiler, hastanın rızası olmadan onun adına konuşan cıvadır.

Bazen cıva rehin alma evresini geçer ve daha ileri giderek Alzheimer, Parkinson, erken bunama veya felç sebebiyle ölümlere yol açar. Bu konu bu kadar ciddidir. Cıva 1 milyardan fazla insanın ölmesine veya hastalanmasına sebep olmuştur.

Kimse Alzheimer'ı sevmez. Korkunç bir hastalıktır. Ve hızlı biçimde yaygınlaşıyor. Ve %100 cıvadan kaynaklanır. Bunu ilk kez burada duyuyorsunuz Cıva Alzheimer hastalığının %100 sorumlusudur. Cıva hakkındaki bu gerçeği hayatınız boyunca bir daha asla başka bir yerde duymayacaksınız.

(Herkesin beyninde farklı bir toksik ağır metal kombinasyonu vardır. Alzheimer'da alüminyum genellikle cıva ile birlikte bulunur ve bu durumda beyindeki alüminyum bir rol oynayacak ve hastalığa katkıda bulunacaktır. Bununla birlikte, şunları yapabilirsiniz: ayrıca alüminyumsuz Alzheimer'ınız var, oysa alüminyumlu ve cıvasız Alzheimer'ınız olamaz. Bu hastalığın spesifik semptomları için cıva mevcut olmalıdır.)

Tıp endüstrisi bu durum ya da başka herhangi bir durum için asla cıvayı suçlamayacaktır - çünkü o zaman parmaklar, gerçek adı bilinmeyen "Civa Adam'ı" gösterecektir. O adam, tıp endüstrisinin, çocukları ve yetişkinleri tedavide cıva kullanmaya devam etmesini isteyen, gerçek ve "uslu çocuk endüstrisinden" sorumludur.

Konu cıva hakkındaki kirli sırlara gelince, ben sadece bu konuyu tüm detaylarıyla masaya yatırdım.

Eğer cıva şeytanının bizi ve çocuklarımızı bu zehirli metaliyle ayartmasını durduramıyorsak, o zaman biz de kendi göbeğimizi kendimiz keser ve bize zarar verebilecek olan bu durumun farkına varırız. Kendinizi ve ailenizi korumak için *her şeyi* sorgulamalı araştırmalı ve tıbbi tedavilerde cıva olup olmadığını sormalısınız.

Ayrıca kuşaklar boyunca bugüne kadar biriktirilerek vücudumuza taşınmış olan ve günümüzde de maruz kaldığımız cıvayı vücudumuzdan atarak sağlığımızla ilgili kontrolü ele alabiliriz. Basit Medikal Medyum detoksifikasyon protokollerini günlük rutinimizin bir parçası haline getirebiliriz.

Sağlığınız kıymetli kutsal ve önemlidir onu nasıl koruyacağınızı bilmeyi hak ediyorsunuz.

Deniz Ürünleri

Cıva almamızın birçok yolundan biri deniz ürünleridir. Tüm balıklarda bulunur, ancak tipik olarak ton balığı, kılıç balığı, köpekbalığı ve diğer büyük ve yağlı balıklarda daha yüksek seviyelerdedir. Bunun nedeni, okyanuslarımızın cıva ile kirlenmesi ve sonunda fabrika imalatından kaynaklanan cıva akışının (geçmişten kalan ve bugün hâlâ biriken) birisinin ton balıklı salatasına, ton balıklı güvecine veya suşisine girmesidir.

Riski küçük balıkları yiyerek azaltabilirsiniz. Örneğin; sardalya ve istavrit gibi. Ölçülü yendiğinde vahşi somon da güvenlidir.

Diş Dolguları

Gümüş diş dolguları da bir diğer yaygın cıvaya maruz kalma yoludur. Birçoğumuzun ağzında bu gümüş dolgulardan vardır ya da bir zamanlar olmuştur.

Holistik dişçi ofislerinde tüm cıva bazlı dolguların çıkarılması popüler hale geliyor. Bu mantıklı görünebilir, yapılacak doğru şey gibi, ancak süreç konusunda çok dikkatli olmalısınız. Tüm amalgam dolgularınızın aynı anda çıkarılması, dişçi muayenehanesinde mevcut olan en iyi teknikler ve korumadan bağımsız olarak, son derece yüksek düzeyde cıva maruziyetine yol açabilir. Maruz kalma; bağışıklık sistemine ağır bir yük bindirebilir ve ayrıca virüsleri besleyebilir -ister mevcut olanlar ister uykuda olan bir virüsün aktif hale gelmesinden gelişen yenileri olsun- birçok sağlık sorununu tetikleyebilir.

Aynı anda 10 dolgu yaptıran insanlar tanıyorum ve sonuç olarak kan trombositleri o kadar düştü ki neredeyse ölüyorlardı. Metal dolguları yalnızca tek bir diş gerektirdiğinde çıkarmak en iyisidir; örneğin dolgu kararsız hale gelirse veya diş hasar görürse. Dişleriniz ve dolgularınız iyi durumdaysa ve hâlâ amalgamların çıkarılması konusunda endişeliyseniz, her seferinde yalnızca bir tane alın. Her çıkarma arasında en az bir ay planlayın.

Tüm metal dolgularınızı zaten çıkardıysanız, kendinizi korumak için biraz temizlik yapmanın zamanıdır.

Ve yeni çürükleriniz varsa mevcut en güvenli doldurma seçeneğini tercih ederek cıva içermediğinden emin olun. Unutmayın ki herhangi başka bir şey cıva bazlı dolgudan daha iyi sonuç verecektir.

Ağır Metal Detoksu

Ağır metallerden kurtulmanın en iyi yolu, her gün aşağıdaki beş maddeyi tüketmektir:

- **Arpa otu suyu tozu**: karaciğer, dalak, bağırsak yolu, pankreas ve üreme sisteminden ağır metalleri çeker. Arpa otu suyu tozu, toksik ağır metalleri spirulina tarafından tam emilim için hazırlar.

- **Spirulina**: beyninizden, merkezi sinir sisteminizden ve karaciğerinizden ağır metalleri çeker, ayrıca arpa otu suyu tozunuz tarafından çıkarılan ağır metalleri de emer..
- **Kişniş**: Mide, bağırsak sistemi, karaciğer ve safra kesesindeki toksik ağır metallerin atılmasına yardımcı olur.
- **Yabani yaban mersini**: beyninizden ağır metalleri çeker. Ayrıca beyin dokusu için özellikle önemli olan toksik ağır metallerin oluşturduğu boşlukları iyileştirip onarır. Bu, Alzheimer'ı tersine çevirmek için en güçlü besindir. (Dondurulmuş veya taze yaban mersini alamıyorsanız, yaban mersini tozu bir seçenektir.)
- **Atlantic dulse**: toksik ağır metalleri tutar. Diğer deniz yosunlarından farklı olarak Atlantic dulse, toksik ağır metalleri ince bağırsak ve kolondaki derin, gizli yerlerden çıkarmak için etkilidir; bağırsak yolu astarlarında ve bağırsağın diğer ceplerinde toksik ağır metalleri arar, onları tutar ve vücuttan ayrılana kadar ağır metalleri asla bırakmaz.

Optimum etki için bu gıdaların ve takviyelerin beşini de 24 saat içinde tüketmelisiniz. Hepsini alamıyorsanız, günde üç tane yemeye çalışın. Bu güçlü ağır metal giderici gıdaların beşi de ağır metal hasarını ve vücudu onarmak için kritik besinleri geride bırakır.

Bu beş temel bileşeni kendinize almak için ilk tercihiniz, her gün Bölüm 23'teki Ağır Metal Detoks Smoothie'yi içmek olabilir. Tüm malzemelere sahip değilseniz de vazgeçmeyin; sahip olduklarınızla yapın. Örneğin, kişniş, dulse ve donmuş yaban mersini biterse, smoothie'nize spirulina, arpa otu suyu tozu ve yaban mersini tozu katabilirsiniz ve bu oldukça faydalı olacaktır.

Ağır Metal Detoks Smoothie bir seçenek değilse, beş malzemeyi gününüze nasıl sığdırabileceğinize dair bir örnek: bir kase (çözdürülmüş) yaban mersini yiyin, bir salataya kişniş ekleyin ve sonra üstüne biraz Atlantic dulse atın ve spirulina ve arpa otu suyu tozunu su veya hindistancevizi suyuyla karıştırın (bu pembe veya kırmızı değil). Beş bileşenin her birinin önerilen miktarları için Ağır Metal Detoks Smoothie tarifine bakın. Ve unutmayın, hepsini (veya en az üçünü) 24 saat içinde birleştirmeye çalışın.

(*Cleanse to Heal*'da, daha ayrıntılı bir protokol sunan Medikal Medyum Ağır Metal Arındırıcı Detoks'da, ağır metal detoksifikasyonunun nasıl çalıştığına dair daha fazla bilgi ve eksik bileşenleri nasıl tamamlayacağınıza dair daha fazla yanıt bulacaksınız.)

Toksik ağır metalleri uzaklaştırmak için yeryüzünde bu işlemden daha etkili bir yol yoktur. Bu ağır metal detoksu protokolüne uzun vadede inançlı olarak bağlı kalırsanız, radikal bir gelişme görebilirsiniz. İnsanların sistemlerinden nesiller boyu cıva çıkararak mucizevi iyileşmeler sağladığını gördüm. Sağlığınız için yapabileceğiniz neredeyse hiçbir şey ağır metalleri vücudunuzdan atmaktan daha iyidir.

Beyninizi ve Vücudunuzu Toksinlerden Arındırmak Ağır metalleri uzaklaştırmak için faydalı olduğu söylenen klorella gibi başka yiyecekler ve şifalı bitkiler olduğunu unutmayın. Dikkat. Chlorella, takviye dünyasında moda olmasına rağmen, toksik ağır metalleri düzgün bir şekilde hareket ettirmez ve etkinliği açısından yukarıda listelenen maddelerden çok farklıdır. Konu sizi cıvanın tehlikelerinden korumaya geldiğinde Chlorella işlevsel değildir.

SU KİRLİLİĞİ

Bu modern çağda çevremizi korumakla ilgili birçok şeyi öğrenmiş olmamıza rağmen su kaynaklarımız hâlâ kirlenmekte.

Hava ve toprak kirliliğinden kurtulmak için farklı, temiz bir yere taşınmaktan başka yapabileceğiniz bir şey yok. Ancak su kirliliğiyle ilgili yapabileceğimiz çok şey var.

Şişelenmiş su satın alarak yerel kirliliklerden kurtulabilirsiniz. Ancak kullanılan plastik şişelerin *bisfenol A* (BPA) içermediğinden emin olmalısınız; bu endüstriyel bir kimyasaldır ve zehirlidir. Plastiklerin de kötü yanları olmasına rağmen şişelenmiş su musluk suyundan daha iyidir. (Eklenen mineraller veya diğer katkı maddeleri içeren insan yapımı alkalin şişe suyu önermiyorum.)

Ayrıca musluktan akan sudaki zehirleri uzaklaştırmak için yüksek kaliteli filtreler de satın alabilirsiniz. Eğer böyle bir şey tercih edecekseniz ağır metaller, klor ve florürü ayrıştıran bir filtre satın alın. (Birçok belediye sulara florür karıştırmakta, bunun sizin için iyi bir şey olduğunu sanıyorlar. Bu gerçeklerden çok uzak bir fikir, çünkü florür aslında alüminyumun bir yan ürünüdür ve bir nörotoksindir.)

Bazı arıtıcılar tezgahınıza, bazıları ayrı bir musluğa monte edilir, bazıları da evin genel filtreleme sistemleridir. Ters ozmoz işlemi kullanan başka su arıtma sistemleri ve damıtılmış su üreten başka sistemler de vardır. Damıtılmış su seçeneğini kullanırsanız, sizin için iyi olan minerallerin yanı sıra bazı toksinleri de ortadan kaldırdığını unutmayın. Bunu gidermek için, suyu içerken bir limon sıkın.

Arıtılmış veya filtrelenmiş herhangi bir suya eklemek için en iyi şey; taze kesilmiş limon veyamisket limmonundan sıkılmış meyve suyudur. Su, filtreleme ve işleme nedeniyle yaşam faktörünü kaybeder. Bu, suyu köreltme eğilimi gösterirken, taze limon veya misket limonunun suyunu eklemek, onu yeniden aktive eder ve uyandırır, çünkü limon veya misket limonunda bulunan su canlıdır. Su daha sonra vücudunuzdaki toksinlere daha iyi tutunabilir ve onları dışarı atabilir. Limon veya misket limonu, ayrıca eser mineralleri suya geri ekler.

Alkali iyonize su makinelerini tavsiye etmiyorum. Su arıtıcı değildirler ve suyu denatüre edip kirleterek vücudumuza yabancı hale getirirler.

Anti-klor/Anti-florit Çayı

Klor ve florür maruziyetine güçlü bir detoksu için, eşit miktarda böğürtlen yaprağı, ahududu yaprağı, ebegümeci çiçeği ve kuşburnunu karıştırın. Bu bitki karışımını -sıcak su bardağı başına 1 yemek kaşığı- çay için demleyin. Organlarınızdaki geçmiş maruziyetten kaynaklanan klor ve florürü gidermek için, Medikal Medyum temizleme kürlerine başvurun.

ZİRAİ İLAÇLAR, OT ÖLDÜRÜCÜLER VE MANTAR ÖLDÜRÜCÜLER

Sık sık zirai ilaçlara, ot ve mantar öldürücülere maruz kalmaktayız.

Bunun bir yolu da geleneksel üretim. Örneğin; organik olmayan domateslerin üzerine normal seviyelerden daha fazla ve normal şartlardan daha ağır spreyler sıkılıyor. Geleneksel biçimde yetiştirilmiş bir domatesi yediğimizde yüksek dozda böcek ilacı almış oluyoruz; tıpkı diğer organik olmayan meyve ve sebzeler gibi. En azından bunların yüzeyindeki zehirlerden kurtulmak için iyice yıkamalısınız (meyve ve sebzelere karşı genel bir korku geliştirmeyin, onların içindeki besin değerleri sağlığımız için çok önemlidir.) Mümkün oldukça organik ürün satın almaya dikkat edin.

Eğer hayvan ürünleri tüketiyorsanız bunlar da en azından organik olmalı; serbest gezmiyor ve merada beslenmiyorsa. Ayrıca bu ürünler 2011 yılında Fukuşima'da meydana gelen nükleer sıkıntıdan dolayı radyasyon barındırmaktadırlar. En azından düşük düzeyde böcek ilacı, zirai ilaç ve mantar öldürücü olacaktır üstlerinde, çünkü organik olmayan hayvansal ürünler bu kimyasallar açısından oldukça zengindir. (Radyasyon konusuna da geleceğiz)

Parklar ve bahçeler de zirai ilaç ve ot öldürücülerle sık sık spreylenmektedir. Eğer halka açık yeşil bir alanı ziyaret edip oturacaksınız, yanınızda daha sonra yıkayacağınız bir battaniye götürmek ve yere sermek gibi tedbirler almalısınız. Ayrıca kendi bahçenize zehirli kimyasallar sıkmaktan ve evinizin içinde böcek ilacı kullanmaktan uzak vazgeçmelisiniz. Çim tedavileri almak ve böcek ilacı, herbisit, böcek ilacı kullanmak, geleneksel ürünleri yemekten çok daha fazla maruz kalmanıza sebep olur.

Zirai İlaç/Ot Öldürücü/Mantar Öldürücüden Arınma Çayı

Bir parktan, golf sahasından, komşunun bahçesinden veya kendi evinizdeki ilaçtan yeni bir pestisit, herbisit veya fungisit spreyine maruz kaldığınızı düşünüyorsanız, bu çay bir seçenektir: eşit miktarda dulavratotu kökü, kırmızı yonca, limon mineçiçeği ve zencefili karıştırın. Bir bardak sıcak su başına 1 yemek kaşığı bitki karışımını demleyerek çay yapın. Bu tarifi, maruz kaldıktan sonra iki hafta boyunca günde bir kez uygulayın. Ek olarak, Bölüm 23'teki Ağır Metal Detoks Smoothie'sini yapın. İster yakın zamanda maruz kalınmış olsun, isterse derinlere yerleşmiş böcek ilaçları, herbisitler ve mantar öldürücülere yönelik olsun, herhangi bir Medikal Medyum arındırıcısına başvurabilirsiniz.

PLASTİK

Dünyamızı plastikle kapladık. Plastik üreticilerine kalacak olsa, neredeyse dünyaya gelmeden önce plastik kaplı bir rahimdeydik.

Satın aldığımız yiyecek ve içecekleri eve getirirken plastik torbalar kullanıyoruz, evimizde yiyecek içeceklerimizi ve diğer malzemelerimizi organize etmek için plastik nesneler kullanmaktayız, yiyecek ve içeceklerinizi plastik kapaklarla kapatıyoruz ve çöplerimizi atmak için plastik torbalar kullanıyoruz. Artık ilaçlarda da çok fazla plastik kullanılmakta. Sonuçta, kaçınılmaz olarak, öyle ya da böyle, plastik bir şekilde hayatımıza giriyor.

Kimi plastikler görece daha iyidir. Ancak diğerlerinin iltihaplanmayı teşvik eden, beyninizin nöronlarını ve nörotransmiterlerini bozan, vücudun hormonlarını karıştıran ve karaciğere yük olan özellikleri vardır, çünkü bu plastiklere toksik ağır metaller içerebilecek ek kimyasallar eklenir. Bu daha zararlı plastikler, yiyecek ve içecek için kullandığımız plastikler değildir.

Bu yüzden, örneğin yiyeceklerimizi taşımak için bez çantalar kullanmak iyi bir fikir.

Ya da yiyeceklerimizi saklamak için plastik olanlar yerine cam kapları tercih etmek. Plastikten kaçınamadığımız durumlarda -örneğin; şişelenmiş suların birçoğunda ya da paketlenmiş besinlerde- üreticinin BPA içermeyen, insanla uyumlu plastikkullandığından emin olun. "Su Kirliliği"nde gördüğünüz gibi, bazı durumlarda plastik alternatiften daha iyidir.

Plastikten Arınma Çayı

Kan dolaşımınızda yüzen plastik ve plastik yan ürünlerden kurtulmak için, eşit miktarda çemen otu, sığırkuyruğu yaprağı, zeytin yaprağı ve Melisa karıştırın. Çay için sıcak su bardağı başına 1 yemek kaşığı bitki hazırlayın. Organlarınızdan derinlere yerleşmiş plastikleri çıkarmakla ilgileniyorsanız, Medikal Medyum arındırıcılarını kullanmaya çalışın.

TEMİZLEYİCİLER

Endüstriyel temizleyiciler onları soluyan insanlar üzerinde yarattıkları etki gözardı edilerek kir ve pisliklere zarar vermek üzere tasarlanmıştır. Örneğin; geleneksel halı temizleyicilerde perkloretilen, amonyum hidroksit, hidroklorik asit ve ntrilotriasetat gibi kimyasallar kullanmaktadır. Halıların birçoğu zaten bünyelerinde zehir barındırdıkları için, bu temizleyiciler o zehrin üstüne bir zehir daha eklemiş olurlar. Eğer kapalı alanda fazla vakit geçiriyorsanız bu zehirli gazları her gün soluyacaksınız; bağışıklık sisteminizi zayıflatacak ve muhtemel sağlık sorunlarına tetikleyici olacaklar.

Halılardan kurtulmanın bir yolu parke döşeli zeminde veya kilim kullanmak olabilir. (Ancak parke temizleyicilerinin de potansiyel zehirli gaz salıcılar olduğunu unutmayın.) Bunun yerine "yeşil" halı satın alabilir ve "yeşil" halı temizleme şirketleriyle çalışabilirsiniz. Ayrıca ana akım ev temizliği ürünlerinden de uzak durun. Bunların yerine kullanabileceğiniz çok fazla sayıda organik temizleyici bulunmakta. "Organik" veya "doğal" olarak tanıtılan temizlik ürünlerinin çok güçlü bir kokusu varsa veya "eko" halı temizleme hizmeti size ürününün toksik olmadığı ve kimyasal içermediği konusunda güven vermiyorsa dikkatli olun. İçgüdülerinizi kullanın ve ağır kokulardan ve kokulardan uzak durun.

Bir diğer zehir kaynağı ise giysiler. Ana akım kuru temizlemeciler öyle kimyasallar kullanırlar ki derinizden ve ciğerlerinizden her gün içeri girer bu zehir. Bundan kaçınmak için "yeşil" kuru temizlemecileri tercih edin.

Aynı mantıktan yola çıkarak yeni satın almış olduğunuz giysilerin de genellikle formaldehit veya diğer kansere sebep olacak kimyasallarla kaplı olduğunu unutmayın, çünkü buruşmaktan korunmak zorundalar. Ayrıca bunlarda mantar ve küf bulunabilir; yeni aldığınız giysileri giymeden önce yıkamanız gerekir.

Temizleyici Zehrinden Arınma Çayı

Temizleyicilerde bulunan zehirlerin etkisini en aza indirmek için ya da vücudumuzun biriktirmiş olduğu bu kimyasallardan arınmak için eşit miktarda aynısefa, papatya, bladderwrack (bir tür hava keseli su yosunu) ve hodanı karıştırın. Çay yapmak için bir bardak suya bir yemek kaşığı karışım kullanabilirsiniz. Vücudunuzu bu depolanmış kimyasallardan temizlemek için, Medikal Medyum arındırıcılarını kullanabilirsiniz.

RADYASYON

2011 yılında Japonya'da meydana gelen deprem ve tsunaminin ardından Fukuşima Daiçi nükleer enerji santralinde olduğu gibi; herhangi bir nükleer enerji santrali radyasyon yaymaya başladığında, bu radyasyon dünyadaki yiyeceklerin, suyun ve havanın üzerine serpilir.

Bu tip bir radyasyon dalgasından kaçınmanın hiçbir yolu yoktur. Fukuşima Daiçi nükleer enerji santralinde meydana gelen patlamanın yarattığı radyasyonun etkisini aza indirmenin bir yolu besin zincirine olabildiğince dâhil olmamaktır. Bu noktada bütün et ürünleri, süt ürünleri ve kümes hayvanları yüksek miktarda radyasyon barındırmaktadırlar; bu hayvanlar fazla miktarda ot ve yem yemekte ve yedikleri şeyler nükleer patlamadan meydana gelen radyasyonu barındırmakta. Bu biyolojik birikim adı verilen bir şeyin sonucu ve besin zincirinde yukarıda bulunan varlıkları daha çok etkiliyor.

Bunu söyleyerek kimseyi korkutmaya çalışmıyorum. Eğer burada okuduklarınızı unutmak istiyorsanız bunu anlarım.

Ayrıca vücut sisteminizden radyasyonu kaldırabilir ve diğer tüm radyasyona maruziyetini sınırlayabilirsiniz. Örneğin, diş hekiminize röntgen çektiriyorsanız, ağzınız dışında tüm vücudunuzun, kurşun önlük veya başka bir koruma ile kapatılmasında ısrar edin. Buna radyasyona maruz kalmadan tiroit hastalığı geliştirebilen boğazınız da dahildir. (Çeşitli kaynaklardan gelebilen tiroide radyasyon birikimi, tiroit rahatsızlıklarının yüzde beşinden biraz daha azının arkasındadır.) Diş hekiminiz dijital bir işlem kullanıyor olsa bile mümkünse diş röntgenlerini en aza indirmeye çalışın. Ayrıca, her doktorun her röntgen talebine otomatik olarak evet demeyin. Röntgen gerekli olup olmadığından emin değilseniz, soru sormaktan çekinmeyin. Bazen röntgen gerekli değildir, ancak belirli bir tıbbi endişe için isteğe bağlıdır.

Aynı şekilde, radyasyon içeren herhangi bir tıbbi tedavi söz konusuysa, soru sorun. Örneğin, göğüs röntgeni çektiren bir kadınsanız, üreme sisteminizi ve boğazınızı kapatmak için kurşun bir önlük aldığınızdan emin olun. Bu her zaman sunulmaz, bu yüzden sormanız gerekebilir.

Çoğu zaman daha düşük risk taşıyan daha az agresif tedavi alternatifleri vardır. Kadınlar, sonuçların net olduğu ve her şeyin yolunda olduğu bir mamografi çektirdikten kısa bir süre sonra başka bir mamografi çektirmeye zorlanmak yerine, gerekirse meme sağlığı hakkında daha fazla bilgi toplamak için bir termogramı (kızılötesi görüntüleme kullanan) veya ultrasonu düşünebilir.

İnsan vücudu radyasyona doktorların düşündüğünden daha duyarlıdır. Diğer büyük toksinlerde olduğu gibi, radyasyondan kaçınmaya veya mümkün olduğunda radyasyona maruz kalmayı en aza indirmeye çalışın.

Deniz sebzeleri, organlarınızı ve bezlerinizi radyasyondan korumanın harika bir yoludur. Deniz yosununun kendisinin radyasyon veya ağır metallerle doyurulduğu ve bu nedenle sağlığınıza zarar verebileceği korkusu yanlış bir kanıdır. Deniz sebzeleri sadece toksin alırlar, salmazlar. Örneğin, okyanustan herhangi bir kirletici madde toplamış bir avuç dulse yerseniz, bunlar sisteminize deşarj olmaz. Bunun yerine, dulse radyasyona ve ağır metallere tutunup sindirim sisteminizde hareket ederken bu toksinlerin daha da fazlasını toplayacak ve sonunda dulse'yi attığınızda, onları da vücudunuzdan atacaktır. (Bu arada, ton balığı gibi balıkların içerebileceği radyasyon ve ağır metallerle karşılaştırıldığında, okyanustan alınan herhangi bir kirletici maddeninki mikro düzeydedir. Yosun bunların hiçbirini vücudunuza salmaz. Ton balığı salar.) Pasifik'ten ziyade Atlantik Okyanusu'ndaki yosunları seçmeye çalışın. Sisteminizden toksinleri emmek için daha büyük kapasiteye sahip olacaklar.

Radyasyondan Arınma Çayı

Radyasyona maruz kaldıysanız bunun panzehiri için; eşit miktarda Atlantik yosunu, Atlantik dulse, karahindiba yaprağı ve ısırgan yaprağını karıştırın. Bir bardak sıcak suya 1 yemek kaşığı demleyerek karışımdan bir çay yapın. Daha fazlası için Medikal Medyum arındırıcılarını kullanabilirsiniz. Ağır Metal Arındırıcı Detoks özellikle radyasyon için faydalı olabilir.

DAHA FAZLA ARINMA METODU

Limon Suyu

Vücudu zehirden arındırmanın diğer bir etkili yolu da her sabah uyandığınızda, aç karnına, içine yaklaşık yarım limon sıktığınız bir bardak (yaklaşık 300 ml) suyu içmektir. Limon suyu, suyu aktive eder ve vücudumuzdaki zehirlere tutunarak dışarı atmalarını kolaylaştırır.

Bu özellikle gece boyunca zehirleri toplayıp dışarı atmaya çalışan karaciğerinizi temizlemekte faydalıdır. Uyandığımızda ilk yapmamız gereken şey su içmek ve vücudumuzun aktif suyla temizlenmesidir. Suyu içtikten sonra karaciğerinize yarım saat kendini temizlemesi için izin verin, daha sonra kahvaltı edin. Eğer bunu rutin haline getirirseniz sağlığınızda önemli gelişmeler olacak.

Daha fazla etki için bir çay kaşığı bal ve bir çay kaşığı taze rendelenmiş zencefili de limonlu suya ekleyebilirsiniz. Karaciğeriniz glikoz rezervini yenilemek ve derinlemesine bir zehir temizliği yapmak için balı kullanacaktır.

Aloe Vera Yaprağı Suyu

Karaciğerinizi ve bağırsaklarınızı zehirden arındırmanın bir diğer yolu da her gün bir yaprak aloe vera yemektir. Bunu hazırlamak için 8-10 santimlik bir yaprağı kullanabilirsiniz. (Tabii eğer bu genişlikte ise; satılanlar genelde bu genişlikte olur. Eğer evde yetiştirdiğiniz bir aloe veranın yaprağını kullanıyorsanız o muhtemelen daha ince ve daha küçük yapraklı olduğundan daha fazla yaprak kullanabilirsiniz.) Yaprağı tıpkı bir balık gibi fileto haline getirin, yeşil derisini ve dikenlerini yüzün, içindekileri -alt taraftaki acı kısmı almamaya özen göstererek- çıkarın. Bunu bir smoothie haline getirin, suyla karıştırın veya olduğu gibi yiyin.

Arınma

Temizlemekle ilgileniyorsanız, Bölüm 22, "28 Günlük Arınma Tedavisi" bölümüne bakın. Bölümün tamamını okuduğunuzdan emin olun, çünkü temizleme bilgilerinin yanı sıra değişiklik seçenekleri ve süreç için kritik ipuçları sunar.

Daha fazla arınma seçeneği ve tüm arınma sorularınızın yanıtları için *Cleanse to Heal Medikal Medyum* kitabına bakın.

Ribaund

Detoksa yardımcı olmanın bir başka yolu da, hafifçe yukarı ve aşağı zıpladığınız rebounder adı verilen bir mini trambolin kullanmaktır. Bunu günde 10 dakika yapmak, lenfatik sisteminizdeki dolaşımı güçlü bir şekilde teşvik edecek ve tüm vücudunuzu, özellikle karaciğerinizi detoksifiye etmeye yardımcı olacaktır. Karaciğer, sağlıklı bir lenfatik sistemin temelidir ve rebounder, karaciğerinize kan akışını artırarak yardımcı olur, bu da karaciğere daha az yük binmesi için (en azından yüzey seviyesinde) ulaşılması kolay toksik kalıntıları temizlemeye yardımcı olur ki bu da kalp atış hızının artmasını ve kan akışının daha az zorlanmasını, böylece lenfatik sistemin daha kolay dolaşımını sağlar. Yine de bu kitaptaki bilgilerle karaciğerinizi temizlemeye çalışmanız gerekiyor -böylece karaciğer durgun ve halsiz kalmaz ve rebounder'ın lenfatik sistem için yapabileceklerinden en iyi şekilde yararlanabilirsiniz.

Bedeninizde yapısal bir sorun veya toparlanmanıza izin vermeyen bir tür engeliniz varsa, zihninizi rahatlatın. Medikal Medyum yöntemleriyle karaciğerinizi temizleyebilir ve lenfatik sisteminizi iyileştirebilirsiniz.

Kızılötesi Sauna

Detoks için şaşırtıcı derecede faydalı olan bir diğer cihaz ise, iyileşme amacıyla cildinize kızılötesi ışık ve ısı yayan kızılötesi saunadır. Isısı vücudunuza derinlemesine nüfuz ederek kan akışının artması ve kanın oksijenlenmesi, ciltteki toksinlerin atılması, ağrı ve sızıların giderilmesi, bağışıklık sisteminin güçlenmesi gibi faydalar sağlar.

Bazı insanlar kızılötesi sauna için çok hassastır, bu yüzden onlar için en iyi destek bu değildir. Diğerleri için, denenebilecek bir seçenektir. Haftada iki kez 15-20 dakikalık seanslar için deneyin. Hassassanız, ısının sıcaklığını düşük tutun ve seanslarınızı daha kısa tutun.

Masaj

İnsanlığın başlangıcından beri, sevdikleriniz destek için birbirlerine el koydular. Masaj bizim en eski terapi şeklimizdir ve bugüne kadar en güçlü şifa yöntemlerinden biri olmaya devam etmektedir. 45 dakikalık kaliteli bir tam vücut masajı, vücudunuzdaki dolaşımı hızlandıracak ve özellikle karaciğerinizden toksinlerin atılmasına yardımcı olacaktır. Bunun olmasının bir nedeni, çoğu insan için masaj yaptırmanın zevkli olmasıdır, bu nedenle vücut rahatlar. Bu, karaciğerdeki gerilimi azaltarak organın gergin veya spazm yerine huzurlu bir duruma girmesine izin verebilir. Masaj, karaciğerdeki derin toksinlere yardımcı olmazken, yüzey toksinlerine veya yakın zamanda yaşanmış toksik maruziyete yardımcı olabilir.

Masajın böbreküstü bezlerinizi ve böbreklerinizi güçlendirmesi, kalbinizi rahatlatması ve gerginliği azaltması muhtemeldir.

İdeal olarak, masajınızın hemen ardından 946ml kadar taze limon veya misket limonu suyu için. Bu, seansınızın detoks faydalarını optimize edecektir.

Masaj sizin için bir seçenek gibi görünmüyorsa, gevşemeyi, gerginliği gidermeyi ve karaciğerinize başka yollarla sunulabilecek faydaları yine de sağlayabilirsiniz. Bir dizi sakinleştirici seçenek için Bölüm 24, "Ruh İyileştirme Meditasyonları ve Teknikleri"ni inceleyiniz.

HASTA DOSYASI:
ALZHEİMER'IN YAKALANIŞI
2006

Whitney'in unutkanlığı uzun yıllardır aile arasında şaka konusu oluyordu. Yıllar boyunca cüzdanını, anahtarlarını sayısız kez unutmuştu. Eşi James'in iş telefonunu unutuyordu, hatta birkaç kez çocuklarının doğum günlerini bile unutmuştu. Futbol antrenmanına gitmeden önce, kızı Kendra her seferinde, "Anne evde bir şey unuttun mu?" diye soruyordu. Çocuklar bunun normal, hatta eğlenceli olduğunu düşünüyordu.

Ta ki Whitney'in 53 yaşında olduğu Noel'e kadar. Herkes hediyeleri açmak için oturma odasında erkenden toplanmıştı ancak Whitney yoktu.

Sonunda kızı Miley, "Annem nerede?" diye sordu. Whitney genelde ilk gelen olurdu.

James yukarı çıktığında, Whitney normal bir güne hazırlanır gibi banyoda makyaj yapıyordu. Çocukların aşağıda beklediğini söyledi. Whitney, James'e çatılmış kaşlarla bakıyordu, fakat oturma odasına doğru onu takip etti. Sonunda ışıklı ağacı ve paketlere sarılı hediyeleri görünce şoke oldu. Noel olduğunu unutmuştu

James Whitney ile birlikte aile doktoruna gitti; bunu bir nörolojist ve sayısız uzman takip etti. Sonunda Alzheimer teşhisi konuldu. Tüm aile mahvolmuştu. En iyi ihtimalle kaliteli hayat sürecek üç ya da beş yılı kalmıştı Whitney'in. Önlerinde akıllarına bile gelmeyecek bir tablo bulunmaktaydı. Whitney'in doktoru James'e, hâlâ aklı başındayken aile işlerini ondan devralmasını söyledi.

Timothy 17 yaşında, Miley 14 yaşında, Kendra ise 12 yaşındaydı; durumun ağırlığını anlayabilecek yaştalardı. Miley saatlerini internette Alzheimer konusunda araştırma yaparak ve bu felaketin sebepleri hakkında okuyarak geçiriyordu. Panik ataklar arasında Kendra, Whitney için günlük hatırlatma listeleri hazırlıyordu. Timothy okulu bıraktı ve elinden geldiğince annesine yardımcı olmaya çalıştı.

Whitney'in kız kardeşi Sharon, onu sayısız alternatif doktora götürüyordu. Hepsi böyle bir hastalığın olmadığını öğrenmek içindi. Sharon bir bekleme odasında, yerel bir gazetede, benim insanların gizemli hastalıklardan kurtulmaları konusunda yardımcı olduğumu anlatan bir köşe yazısına rastladı.

Whitney ile ilk buluşmamızda Ruh, onun beyninin sol lobunda bulunan iki büyük cıva birikintisine dikkatimi çekti. Çocukluğundan beri oradaydılar. Cıva birikintileri hızla oksitleniyor, sıkıntıya sebep olarak beyin dokusuna zarar veriyor ve hastalığın ilerlemesine yol açıyordu.

Ruh, derhal ağır metallerden arınmak için, bu bölümde tarif edilen diyeti önerdi. Bir de bununla birlikte yağlardan uzak durması gerekiyordu. Çünkü yağ bakımından zengin bir diyet kandaki yağ oranını arttıracak, bu da oksitlenmeyi hızlandıracaktı. Antioksidan meyveler ve sebzeler açısından güçlü, yağ açısından ise düşük olan bu diyet oksitlenmeyi yavaşlatacak, hatta durduracak ve vücudunun cıvadan arınmasını sağlayacaktı.

Whitney yemeklerinden hayvansal yağı çıkardı; sadece avokado, ceviz-fındık gibi şeyler, tohumlar ve bitkisel kaynaklı sıvı yağlar kullandı. Neredeyse tüm meyveleri, özellikle yaban mersini, tüketti. Ispanak, lahana, kişniş gibi sebzeleri bol bol yedi. Whitney'in patates, tatlı patates gibi nişastalı sebzeleri yemesine izin vardı.

Zamanla Whitney'in uyguladığı sağlıklı, zehirden arındırıcı, glikoz sağlayan diyet oksitlenmeyi durdurdu. Alzheimer belirtileri tersine dönmekteydi.

Timothy okula tekrar kaydını yaptırdı ve hafta sonları organik pazarda çalışarak indirimli ürünlerden eve getirdi. Miley ise hünerini internette bitki temelli reçeteleri araştırarak gösteriyordu. Kendra sonunda nefes alabilmeye başladı ve kız kardeşiyle birlikte, mutfakta meyve püreleri denemelerine başladılar.

Bu şekilde geçen altı aydan sonra Whitney'in hafıza yeteneği yılbaşı gecesi yaşanan kâbustan daha da iyi bir hale gelmişti.

Bir yıl geçtikten sonra Whitney'in hafızası Timothy'nin doğumunda olduğundan daha iyiydi.

Günümüzün moda diyetleri Whitney'in gerçek başarı için ihtiyaç duyduğu meyve ve nişastalı sebze miktarına izin vermez. İçinde yağ bulunan diyetler protein seviyesini arttırır. Bu da, daha yüksek yağ seviyelerine dönüşür ve hastalığın hızla ilerlemesine yol açar – gerilemesine değil.

Whitney'in Alzheimer hastalığının yakalanmasıyla birlikte aile tekrar huzura kavuştu. Her ne kadar az sayıda olsa da Whitney anahtarlarını bir yerde unuttuğunda, artık o, James ve çocuklar buna gülüyorlar.

> "Tarihimizde, hiç bu kadar zehirli maddeye maruz kalmamıştık."
>
> — Anthony William, Medikal Medyum

19

NE YEMEMELİYİZ?

Sağlığımız üzerinde tam kontrol sahibi olmak istiyoruz. Seçme özgürlüğümüzü istiyoruz.

Sabah hangi elbiseleri, hangi ayakkabıyı giyeceğimizi tercih edebilmek istiyoruz. Pasif içici olmamak için, elinde sigara tutan birinden uzaklaşabilme özgürlüğü istiyoruz. Yediklerimizi seçmek istiyoruz.

Vücudumuza ne girdiğini, vücudumuzda ne bulunduğunu bilmek istiyoruz.

Elbette bunların hiçbirini umursamayabilirsiniz. Yanlış bedende kıyafetleri giyebilir, sigara dumanı soluyabilir, neredeyse çöpe dönüşmüş şeyleri yiyebilir ve hiçbirini dert etmezsiniz. Ama ne yaptığınızı biliyorsunuz. Bilinçli bir şekilde tercihinizi yaptınız ve buna saygı duyulmasını bekliyorsunuz.

Ancak ya size zarar veren, sağlığınızı tehlikeye atan şeyler yaptığınızın farkında değilseniz? Bu bütün seçme hakkımızı elinizden alır.

Ve gerçekte olan tam da bu. İnsanlar kendi sağlıkları için zararlı olan yiyecekleri ve destekleyici gıdalarını tüketiyor ancak bu konu hakkında hiçbir fikirleri yok. Bu şuna benziyor; bir parça kek yersiniz ve biraz kilo alacağınızı bilirsiniz ama bu kekin içindeki şey sağlığınıza zarar veriyor ya da ömrümüzden bir yıl alıyorsa, bu bambaşka bir konudur.

İnsanlar her gün sağlıklarını mahvedecek zehirler ve zararlı şeyler tüketmekteler. Bu konu hakkında söyleyecek hiçbir şeyleri yok, çünkü ne olup bittiğini bilmiyorlar. Seçim hakları, özgürlükleri, karar ve kontrolleri ellerinden alınmış.

Tabii ki, "Küçük bir parçadan bir şey olmaz," ya da "Öldürmeyen şey seni güçlendirir," ya da "Herkes böyle yapıyor," veya "O kadar kötü olamaz," gibi şeyler söyleyebilirsiniz. Eğer tam anlamıyla sağlıklıysanız ve sıfır şikâyetiniz varsa, eğer gençseniz ve kendinizi hiçbir şekilde zarar görmez gibi hissediyorsanız, o zaman zehirli içeriklerin bilginiz dışında vücudunuza girmesi sizin için o kadar da kötü olmayabilir.

Ancak sağlığınızla ilgili herhangi bir endişeniz varsa -herhangi bir hassasiyetiniz veya rahatsızlığınız varsa, hastalıkla mücadele ettiyseniz veya yalnızca önlem almakla ilgileniyorsanız - o zaman mümkün olduğu kadar çok tetikleyici ve kışkırtıcıdan kaçınmak çok önemlidir. Vücudunuzun mümkün olan her düzeyde desteğe ihtiyacı vardır, böylece iyileşebilir ve ardından optimal sağlığı sürdürebilir.

Söz konusu sağlık olduğunda "Öldürmeyen şey seni güçlendirir," demek çok saçma. Bu çok popüler bir yanlış anlaşılma ve yıllardır sürmekte. Gerçek şudur; eğer bir zehir içinize girdiyse bu size ona karşı bağışıklık kazandırmaz; tam tersine vücudunuzda ne kadar fazla zehir varsa o kadar zayıfsınızdır ve hastalıklara o denli açık durumdasınızdır.

Şimdiye kadar hep koruyucu maddeler ya da yapay aromalardan bahsettik, bunlardan kaçınmamız gerektiğini zaten biliyoruz. Ancak problem yaratan başka içerikler de var. Ve siz bunlardan da kaçınmalısınız. Bu içerikler iltihaplanmaya sebep olabilecek viral, bakteriyel veya mantar yapabilen durumları oluşturabilirler ve ayrıca sindirim sisteminizi zayıflatır, bağışıklık sisteminizi zayıflatır ve kafasını karıştırır, salgı bezlerinizde ve organlarınızda bir gerginlik yaratır, vücudunuzda herhangi bir yerde hücrelerinize engel olur, beyin nöronlarınız ve nöron transmitterlerinize zarar verir, sizi gergin ve/veya depresif yapar, felç ve kalp krizlerine sebep olabilir.

Sağlık profesyonelleri sizi bu yiyecekler, katkı maddeleri ve destekleyici gıdalara karşı uyarmayabilirler. Çünkü bunların zaten var olan hastalıkları kötüleştirdiği veya yeni sağlık durumlarını tetiklediğine dair yaygın bir kanı bulunmamaktadır.

Ne tükettiğiniz ve bunun vücudumuzda ne gibi bir etkisi olduğu konusunda tamamen bilgilenmeyi hak ediyorsunuz. Bu bölümü okuyarak kendinizi korumaya başlayacaksınız. Korunmayı hak ediyorsunuz. İşte şimdi kontrolü ele almanın ve vücudunuza ne girdiğine karar vermenin zamanı; bu, sağlığınızı yenilemek adına atılmış güçlü bir adımdır.

SORUNLU GIDALAR LİSTESİ

İşte size, iyileşmeyi zorlaştıran ve bazı durumlarda arınma ve iyileşmeye karşı etkili olan yiyeceklere genel bir bakış. Herhangi bir semptom veya durumla mücadele ediyorsanız veya önleme konusunda endişeleriniz varsa, buradaki gıdalardan en az bir veya ikisini çıkarma sürecine başlamak çok önemlidir. Kendinizi daha da ileriye götürmek için, bu yiyeceklerden daha fazlasını günlük hayatınızdan çıkarmaya kendinizi alıştırın.

Seviye 1

- Yumurta
- Süt ürünleri (süt, peynir, tereyağı, yoğurt, krema ve kefir dahil)
- Glüten
- Alkolsüz içecekler
- Tuz tüketimine dikkat edin

Seviye 2

Yukarıdakilerin tümüne ek olarak:

- Domuz eti
- Ton balığı
- Mısır

Seviye 3

Yukarıdakilerin tümüne ek olarak:

- Endüstriyel gıda yağları (bitkisel yağ, palm yağı, kanola yağı, mısır yağı, aspir yağı, soya fasulyesi yağı)

- Soya
- Kuzu
- Balık ve deniz ürünleri (somon, alabalık, sardalye, uskumru, pisi balığı ve mezgit balığı hariç)

Seviye 4

Yukarıdakilerin tümüne ek olarak:

• Sirke (elma sirkesi veya ACV dahil)

• Fermente gıdalar (kombucha, lahana turşusu ve hindistancevizi aminoları dahil)

• Kafein (kahve, matcha ve çikolata dahil)

Seviye 5

Yukarıdakilerin tümüne ek olarak:

• Tahıllar (darı ve yulaf hariç)

• Tüm yağlar (zeytin, ceviz, ayçiçeği, hindistancevizi, susam, avokado, üzüm çekirdeği, badem, macadamia, yer fıstığı ve keten tohumu gibi daha sağlıklı olanlar dahil)

Ayrıca; daha da iyi ve hızlı sonuçlar için:

- Tuz ve baharatları tamamen kesin (saf baharatlar uygundur)
- Bir süre radikal yağlardan tamamen kaçının

Ve ayrıca şunları sınırlayın veya tamamen kesin:

- Alkol
- Doğal/yapay lezzetler
- Beslenme mayası
- Sitrik asit
- Aspartam
- Diğer yapay tatlandırıcılar
- Monosodyum glutamat (MSG)
- Formaldehit
- Koruyucular

Aşağıda, bu gıdaların iyileşmenizin önünde nasıl ve neden durabileceğini anlamanız için, seçili sorunlu gıdalar hakkında bilgiler yer almaktadır. Daha fazla bilgi edinmek isterseniz, *Cleanse to Heal* kitabıma bakın.

MISIR

Mısır dünyadaki temel besin maddelerinden bir tanesiydi.

Ne yazık ki Genetiği Değiştirilmiş Organizma (GDO) teknolojisi bu yaşamsal gıdaya zarar verdi.

Mısır ürünleri ve yan ürünleri, virüsleri, bakterileri, küfleri ve mantarları besleyebilen bir gıda olduğu için önemli derecede iltihap oluşturur. Mısırın GDO'suz olarak tanıtıldığını görseniz bile, birçok sağlık koşulunu tetikleyebilecek bir patojeni besleyebilme ve yine de GDO olma olasılığı yüksektir.

Bütün mısır ve yan ürünlerini içeren yiyeceklerden uzak durmaya çalışın. Bunlara mısır cipsi, patlamış mısır, mısır gevreği ve mısır şurubu ya da mısır yağı içeren her şey dâhildir. Bu yiyecekler ayrıca daha az açık şeyler de içermektedir. Örneğin; soda gam (sakız), yüksek fruktozlu mısır şurubu, diş macunu, buğday yerine mısır kullanılan glütensiz gıdalar, koruyucu olarak alkolü kullanan bitkisel renklendiriciler gibi. (Daha çok mısır hububat alkolü kullanılır, bu yüzden bunun yerine alkolsüz renklendiricileri tercih edin.)

Satın aldığınız ürünlerin içindekiler listesini dikkatlice okuyun ve elinizden geleni yapın.

Mısır ve yan ürünlerinden uzak durmak sağlığınız için iyi olabilir. Yazın organik bir bahçeden koparılmış mısırı koçanından yemek elbette ki sakıncasızdır. Sağlığınız için de mısırı dalından koparmaya harcanan güce değer. Detoks ve iyileşme üzerinde çalışırken mısırı beslenmenizden tamamen uzak tutmak en iyisidir.

SOYA

GDO konusunda mısır kadar ünlüdür.

Soya bir zamanlar sağlıklı bir gıdaydı. Ancak günümüzde rastladığımız herhangi bir soya ürünü GDO kirliliğine maruz kalmış ya da monosodyum glutamat (MSG) içeriyor olabilir. Soya fasulyesi, olgunlaşmamış soya fasulyesi, soya sütü, soya sosu, tekstürize bitki proteini, soya proteini tozu, soyadan yapılmış yapay et içeren gıdalar ve daha fazlasını tüketirken dikkatli olun.

Elinizden geldiğince soyadan uzak durmaya çalışın. Eğer gerçekten soyayı seviyor ve kendinizi ondan mahrum edemiyorsanız, o zaman en güvenli plana sarılmalısınız: sade, organik tofu veya tempeh (mümkünse filizlenmiş soyadan) veya en kaliteli nama shoyu. Bir sağlık sorununuz, semptomunuz veya rahatsızlığınız varsa, soyadan tamamen kaçınmak en iyisidir.

KANOLA YAĞI

Günümüzde kanola da genellikle GDO'ludur. Ve ne olursa olsun, kanola yağı büyük bir iltihaplanma yaratır, çünkü yağ, bağırsaklarımızda yaşayabilen Streptococcus, E. coli ve diğer birçok verimsiz bakteri çevresinde bir bariyer oluşturabilir. Bu bariyer, verimsiz bakterilerin hayatta kalmasına ve hatta potansiyel olarak büyümesine izin vererek, sonunda tahriş olmuş, iltihaplı bir bağırsak zarına neden olabilir. Yüksek miktarlarda kanola yağının uzun süreli kullanımı, özellikle sindirim sisteminizi tehlikeye atabilir ve potansiyel olarak hem ince hem de kalın bağırsaklarınızın iç yüzeylerinde yara izi bırakabilir ve strep veya E. coli gibi bakteriler varsa, Huzursuz Bağırsak Sendromuna önemli bir katkıda bulunur. Kanola yağı bakteri, mantar ve küfü besleyebildiğinden kronik hastalıkları hızlandırabilir.

Kanola yağı birçok restoranda ve binlerce üründe sıklıkla zeytinyağına düşük maliyetli bir alternatif olarak kullanılmaktadır. Saygın sağlıklı gıda zincirleri ve restoranlar bile fiyatları düşük tutmak için kanola yağı kullanıyor ve bazen kanolayı sağlıklı bir gıda olarak tanıtıyorlar. Kanola yağı, organik ve tamamen doğal içerikli, sağlıklı bir yemekte az miktarda bile mevcutsa o yemekten kaçınmalısınız.

Gizemli bir hastalık veya sağlık sorunuyla uğraşıyorsanız, ne pahasına olursa olsun kanola yağından kaçınmaya çalışın.

İŞLENMİŞ PANCAR ŞEKERİ

Şimdiye kadar, GDO pancarları çoğunlukla işlenmiş pancar şekeri yapmak için ayrılmıştır. Bu nedenle işlenmiş pancar şekeri içeren ürünlerden kaçınmalısınız, çünkü bu ürünlerde normalde kanserleri, virüsleri ve bakterileri besleyen glüten, süt ürünleri veya yumurta bulunur.

Bu, salatanın üzerine koyduğunuz veya suyunu sıktığınız organik taze pancardan farklıdır. Eğer organik pancar alabiliyorsanız bunu tüketmek güvenlidir.

YUMURTA

İnsanoğlu binlerce yıldır yumurta yemekte. Bir zamanlar gezegenimiz üzerinde daha başka beslenme olanakları bulunmazken, yumurtalar bizim için harika birer hayat kurtarıcıydı. Ancak Bu, kronik hastalık salgını ile değişti. Yumurtalar 20. yüzyılın başlarında silah haline getirildi. Özel (kamuya açık olmayan) tıbbi araştırma ve bilim, onlarca yıl boyunca çevremize salınan virüsleri ve bakterileri yetiştirmek için yumurtaları kullandı ve bu da bugün kronik hastalık patlamasına yol açtı.

Normal bir insan yılda 350 yumurta yer bu yediği bütün yumurtalar ve içeriğinde gizli yumurta olan besinleri kapsamaktadır.

Lyme hastalığı, lupus (deri veremi), kronik yorgunluk sendromu, migren veya fibromiyalji gibi hastalıklarla boğuşmaktaysanız, vücudunuza ihtiyacı olan desteği sağlayabilmek için yumurtadan uzak durun.

Yumurtalar hakkında en büyük sorun kistler, fibroitler, tümörler ve nodüller için çok iyi bir besin kaynağı olmasıdır. Polikistik over sendromu, meme kanseri veya diğer kist ve tümörlere sahip kadınların tümü yumurtadan kaçınmalıdır. Ayrıca eğer kanseri önlemek, var olan bir kanserle mücadele etmek veya kanserin tekrar etmesinden kaçınmak niyetindeyseniz yumurtadan uzak durmalısınız. Beslenmenizden yumurtayı çıkarmak size hastalıkla mücadele etmek, onu yenmek ve iyileşmek için büyük bir güç verecektir.

Yumurtalar ayrıca lenfatik sistemde ödemi tetikleyebilen virüs, bakteri, maya, küf ve verimsiz mantarları beslediği için iltihaplanma ve alerjiye neden olur.

Candida veya mikotoksinden muzdarip insanlar genellikle yumurtaların güvenilir protein kaynağı olduğunu ve *Candida* ile mikotoksinleri öldüreceğini duyarlar. Hiçbir şey gerçeklikten bu kadar uzak olamazdı. Gerçekte, yumurta, faydalı mantar Candida'nın daha sonra temizlemesi gereken patojenleri besler ve genellikle bu süreçte Candida'nın çoğalmasına neden olur.

Yumurtanın ne kadar popüler olduğunu biliyorum. Onların sağlıklı birer yiyecek olduklarına dair büyümekte olan bir akım var. Üstüne üstlük lezzetliler ve onları yemek de eğlenceli. Eğer bu çağda, günümüzde yumurtalar bizim için iyi olsaydı ben de burada onları yemenizi tavsiye ederdim.

SÜT ÜRÜNLERİ

Süt, peynir, tereyağı, krema, yoğurt ve diğer bu tip ürünler kayda değer miktarda yağ içerirler. Bu, sindirim sisteminiz ve özellikle karaciğerinizin işleyişi üzerinde bir baskı yaratır.

Süt ürünleri laktoz içerir ve özellikle şeker hastasıysanız, yağ ve şeker kombinasyonunun sağlık üzerinde olumsuz etkileri vardır. Ayrıca, kan dolaşımınızdaki süt yağı, virüslerin ve bakterilerin çoğalmasına yardımcı olur, çünkü kandaki yağ, bağışıklık sisteminin patojenleri kolayca aramasına, bulmasına ve yok etmesine izin vermez. Virüsler ve bakteriler ayrıca süt ürünlerindeki laktoz ve proteinlerle beslenir.

Süt ürünlerinin mukus üretmesinin nedeni, laktoz ve proteinlerle beslenen virüs ve bakterilerin iltihaplanma ve alerjiye neden olmasıdır.

Bunlar, organik ve serbest dolaşan ürünler olsa bile, süt ürünleri için her zaman geçerli sorunlardır. Ve şimdi, geleneksel, ana akım uygulama ineklere, keçilere ve koyunlara; hormonlar, antibiyotikler, GDO'lu mısır, soya ve glüten vermek için çiftlik endüstrisi baskısı yaratarak sorunlu gıdayı daha sorunlu hale getirdi.

Pürüzsüz bir iyileşme süreci istiyorsanız, hiç süt ürünü yememek en iyisidir.

DOMUZ

Jambon, domuz pastırması, işlenmiş domuz ürünleri, domuz yağı vb. dahil olmak üzere her türlü domuzdan kaçının. Bu gıdaları tüketirken, karaciğer ve hatta pankreas üzerinde aşırı yük oluşturan yüksek yağ oranlarından dolayı, bir kronik hastalığı iyileştirmek zordur.

ÇİFTLİK BALIĞI

Çiftlik balıkları kapalı çok küçük bir alanda yetişirler. Bu da alglerin, parazitlerin ve diğer hastalıkların oluşmasına yol açar. Bu yüzden üreticiler genellikle balıklara antibiyotik verir ve suyu zehirli kimyasallarla temizlerler. Bu da çiftlik balığını yemeyi riskli bir hale getirir.

Yiyebileceğiniz en güvenli balıklar, sardalya (en iyi ve en güvenli olan), somon, alabalık, uskumru, pisi balığı ve mezgit balığı gibi vahşi balıklardır. Hangi türü seçerseniz seçin, özellikle kılıç balığı ve ton balığı gibi daha büyük balıklarda cıvadan sakının. Sardalya en az cıva içerme eğiliminde olduğu için tüketilmesi en güvenli olanıdır.

GLÜTEN

Glüten birçok tahılda bulunan bir proteindir. İnsanların duyarlı oldukları glüten türleri genellikle bulgur, arpa, çavdar ve kavuzlu buğdayda bulunur. (Söz konusu yulaf olduğunda, yetiştirilirken ve işlenirken glüten içeren tahıllarla karıştırılmadığına dikkat edin. Yulaf glütene daha az duyarlı olan insanlar için iyi olabilir. Ancak glütensiz olanlarını tercih etmelisiniz.) Gluten içeren tahıllar, bu semptomlara ve koşullara neden olan virüsleri ve bakterileri besleyerek birçok durumu tetikleyebilir ve glutenin neden sorunlu olabileceğine dair gerçek, tıbbi araştırmalar ve bilim tarafından bilinmemektedir. Gluteni besleyen patojenler, özellikle bakterilerin ve bazı virüslerin yaşayıp gelişebildiği bağırsak sisteminizde ve bağırsaklarınızda bozulma ve iltihaplanma yaratır. Gluteni besleyen kronik, düşük dereceli viral ve bakteriyel enfeksiyonlar daha sonra bağışıklık sisteminize meydan okur ve sıklıkla çölyak hastalığı, Crohn's, kolit ve IBS'yi tetikler. Açıkça söylemek gerekirse, glüten bu koşullara neden olmaz veya yaratmaz; koşullara neden olan virüsleri ve bakterileri besler.

Bu tahılları yemek vücudunuzun iyileşmesini çok zorlaştırır. Hastalığınızdan mümkün olduğunca çabuk kurtulmak istiyorsanız, her türlü tahılı en aza indirin. Darı, tahıl için en iyi seçeneğinizdir.

MSG

Monosodyum glutamat (MSG) on binlerce üründe ve restoranlarda yediğimiz yiyeceklerde bulunan bir katkı maddesidir. MSG, glutamik asitin içinde (gereksiz bir aminoasit) doğal olarak bulunan bir çeşit tuzdur. Ancak onun yol açabileceği büyük zarara karşı yapabileceğiniz doğal hiçbir şey yoktur.

MSG özellikle beyninizde birikir beyin dokunuzun derinliklerine kadar iner, iltihaplanmalara ve şişmelere sebep olur, binlerce beyin hücresini öldürür, elektrik iletimlerini engeller, nörotransmitterleri zayıflatır, nöronları yakar, kafanız karışık olur ve gergin hissedersiniz, hatta ufak inmelere bile yol açabilir. Merkezi sinir sisteminizi zayıflatır ve yaralar.

MSG özellikle beyniniz veya merkezi sinir sisteminizle ilgili bir hastalığınız varsa sizin için çok zararlıdır. Gerçi hiçbir koşul altında faydalı değildir. Sonuç olarak bu katkı maddesinden *her zaman* uzak durmalısınız.

Sayısız üründe MSG bulunduğu için ürünlerin etiketlerini dikkatlice okumak çok önemlidir. Ayrıca ne aradığınızı da bilmeniz gerekir. MSG hak ettiği kötü şöhretten dolayı genellikle etiketlerde saklanır. Aşağıdaki terimler MSG anlamına gelmektedir: *glutamat, hidrolize, otolize, proteaz, karagenan, maltodekstrin, sodyum kazeinat, balzamik sirke, arpa maltı, malt özü, maya özü, bira mayası, mısır nişastası, buğday nişastası, modifiye gıda nişastası, jelatin, dokulu protein, peynir altı suyu proteini, soya proteini , soya sosu, et suyu, bulyon, et suyu ve baharat.*

BESLENME MAYASI

Yalnızca besin mayasında bulunan spesifik glutamik asit, bağırsak yolu astarını tahriş eder. IBS gibi bağırsak sistemi bozukluklarına ve hatta çölyak gibi daha kötü koşullara katkıda bulunabilir. Bu, besin mayasının en saf formları için bile geçerlidir.

Maya, vücudun yararlı bir besin olarak gördüğü bir bileşen değildir. Besin mayası bir bağışıklık sistemi güçlendirici değildir. İnsan vücudu mayayı verimsiz bir istilacı olarak gördüğü için bağışıklık sistemine baskı yapar.

Bu nedenle, hasta olduğunuzda veya kronik semptomlara veya rahatsızlıklara yatkın olduğunuzda, saf besleyici mayanın bile olası herhangi bir faydasının dezavantajlarından daha ağır basmadığı bir durumdur. Endişelenecek bir sorun yoksa, besin mayasının ölçülü kullanımı bir seçenek olabilir. Herhangi bir semptomunuz veya rahatsızlığınız varsa, uzak durmalısınız.

DOĞAL AROMALAR

Doğal aroma adıyla geçen bütün içerikler gizli MSG'dir.

Doğal vişne aroması, doğal portakal aroması, doğal limon aroması, doğal meyve aroması... Bunlar yalnızca meyve özütü değildir; hiçbiri sizin dostunuz da değildir. Aynı şey *tütsü aroması, hindi aroması, biftek aroması, doğal nane aroması, doğal akçaağaç aroması, doğal çikolata aroması, doğal vanilya aroması* için de geçerlidir. Bütün "doğal" ve "aroma" olanlar birbirlerinin kuzenidir. (Ancak saf vanilya özütünü kullanmak güvenlidir.)

Bütün doğal aroma türleri potansiyel olarak kimyasal bileşenler ve birçok zararlı içermektedir. Doğal aroma radardan kaçtı ve binlerce sağlık ürününün içinde çocuklarınız ve sizin için iyi, güvenli ve sağlıklı bir şeymiş gibi reklamı yapılıyor.

Anneler önleminizi alın. Doğal aromalar MSG gizlemek için yapılan en yeni ve en sinsi 'Bir Varmış Bir Yokmuş' oyunudur. Ürünlerin etiketlerini okuma konusunda dikkatli olun. Böylelikle siz ve aileniz bu gizli içeriklerden korunmuş olursunuz.

YAPAY AROMALAR

Yapay aromalar laboratuvarda üretilen binlerce kimyasal içermektedir. Bunları tüketerek risk almayın. Mümkün olduğu kadar, elimizden geldiğince bu kimyasal katkı maddelerinden uzak durun.

YAPAY TATLANDIRICILAR

Birçok yapay tatlandırıcı aspartam içerdiği için nörotoksin gibi davranmaktadır. Bu, nöronlarınızı ve merkezi sinir sisteminizi rahatsız edebilir. Uzun vadede yapay tatlandırıcılar nörolojik çöküntülere ve beyninizde inmelere yol açabilir.

Eğer tatlı ihtiyacı duyuyorsanız yiyebildiğiniz kadar meyve yiyin. Meyve hastalıklarla savaşır ve güçlü bir iyileştirme özelliğine sahiptir.

SİTRİK ASİT (LİMON TUZU)

Bu bölümde yer alan diğer katkı maddeleri ile karşılaştırıldığında sitrik asit o kadar kötü değildir. Bununla birlikte midenizin ve bağırsağınızın çeperleri için oldukça rahatsız edicidir. Ayrıca, eğer duyarlıysanız birçok iltihaplanma ve rahatsızlığa yol açabilir.

Sitrik asit (limon tuzu) narenciyenin içinde doğal olarak bulunan asitten farklıdır. İkisini birbirine karıştırmayın. Narenciye kendi başına iyileştirici bir yiyecektir ama sitrik asit genellikle mısırdan elde edilir.

Özellikle herhangi bir tür mide ağrısı çekiyorsanız, kullandığınız ürünlerin etiketlerinde sitrik asit olup olmadığına bakın ve eğer varsa bunlardan uzak durun.

KAÇINILMASI GEREKEN TAKVİYELER

Reçetesiz birçok güzel ek gıda vardır. Ancak bu bölüm, durumunuza bağlı olarak sizin için uygun olmayabilecek takviyeleri kapsar.

Temizleme ve iyileştirme üzerinde çalışırken, alabileceğiniz takviyeleri yeniden değerlendirmek önemlidir. İyileşmeye çalışırken Medikal Medyum'dan olmayan bir yol izliyorsanız, özellikle bu listeden, görmek istediğiniz faydaları göremeyebilirsiniz:

- **Peynir altı suyu protein tozu**
- **Balık Yağı**
- **Kollajen**
- **Klorella**
- **Multivitaminler**
- **Saç-tırnak-deri takviyeleri**
- **Glandüler takviyeler**
- **L-karnitin**
- **Bağırsak tozu karışımları**
- **Demir takviyeleri (bitki bazlı olmayan; aşağıdaki demir açısından zengin gıdalara bakın)**
- **Hidroklorik asit takviyeleri**
- **Dahili olarak alınan sodyum bikarbonat (kabartma tozu)**
- **Diyatomlu toprak**

Bu takviyelerin bazılarının neden iyileşmeye karşı çalışabileceğine dair açıklamalar için okumaya devam edin.

(Bu konu hakkında daha fazla bilgi için, *Cleanse to Heal*'daki takviyelere ayrılmış bölümün tamamına bakın.)

L-Karnitin

Karnitin herpes virüslerinin ana besin kaynağıdır. Bu, herpes ailesine ait bütün virüsleri için geçerlidir. Ayrıca L-karnitin kanser için de iyi değildir.

L-karnitin konusunda dikkatli olmalısınız, yoğunlaştırılmış destekleyici gıda şeklinde bulunan bu aminoasitten her zaman uzak durun.

Glandüler Destek Gıdaları

Hayvanlardan yapılan glandüler destek gıdaları konsantre hormonlarla beslenen virüsler, bakteriler ve kanser için ana besin kaynağıdır.

Konsantrasyon içeren gıdaların alırken dikkatli olun. Her ne kadar az miktarda büyükbaş ya da diğer hayvanların organları ve salgı bezlerini içerse de bu düşük dereceli steroid bileşikler genellikle doktorlar tarafından böbreküstü ve diğer endokrin bezleri ile organlar için tavsiye edilir. Glandüler takviyeler, virüsleri ve bakterileri ararken bağışıklık sistemini engelleyebilecek bağışıklık sistemini baskılar.

Peynir Altı Suyu Proteini

Peynir altı suyu proteini sizin için iltihaplanma yaratmaktan başka hiçbir işe yaramayan bir süt yan ürünüdür. Ayrıca genellikle MSG içermektedir.

Ancak yüksek kaliteli organik bitki protein tozu sizin için genellikle güvenlidir. Satın almadan önce ürünlerin etiketlerini kontrol edin ve bu bölümde bahsedilen maddeleri içermediğine dikkat edin. Bağırsak yolu hassasiyetleriniz veya Crohn veya kolit gibi rahatsızlıklarınız varsa, kenevir protein tozunun (diğer protein tozlarıyla birlikte) sindirim astarlarını tahriş edebileceğini unutmayın.

Balık Yağı Takviyeleri

Balık yağı trendi bu noktada durdurulamaz. Yine de insanların vücutlarına ne koyduklarını anlamaları önemlidir. Balığı seven biriyseniz, yabani balıkları dikkatli bir şekilde yemekte sorun yokken, balık yağı takviyeleri almak başka bir konudur. Hepsinin aynı olduğunu düşünürsünüz ama aslında çok farklılar.

Öncelikli sorun, bu takviyeleri yapmak için kullanılan balıkların çoğunda bulunan cıva ve dioksinlerdir. Etinde cıva bulunan balıkları yediğinizde, cıva çoğunlukla bağırsak sisteminizde, karaciğerinizde ve mide bölgenizde kalma eğilimindedir. Balık yağı takviyeleri tükettiğinizde bu daha da tehlikeli bir hikayedir. Üreticiler takviyelerinden fiziksel civanın çıkarıldığını söyleseler de bu imkansız ve gerçek dışı bir iddiadır.

Balıklarda cıva, kendisini çoğunlukla uçucu omega yağlarında yoğunlaştırır. Milyonlarca balık yağı için işlendiğinde, cıva seviyeleri çok yüksektir. Üreticilerin daha sonra cıva içeriğini düşürmeye çalışmak için kullandıkları süreç, aslında toksik ağır metalin dengesini bozar. Kendisinin oldukça emilebilir, homeopatik bir versiyonu haline gelir. (Homeopati ile ilgilenenler için: madde ne kadar seyreltilirse, frekansı o kadar artar ve vücut üzerindeki gücü ve etkisi o kadar artar.)

Balık yağı takviyelerinde bulunan bu konsantre cıva, kan-beyin bariyerini geçme ve vücudun sistemlerini atlayarak ve bozarak hassas organlara kolayca girme yeteneğine sahiptir. Ayrıca virüsleri ve bakterileri güçlendirebilir ve besleyebilir. Balık yağı takviyeleri sizi Alzheimer, bunama ve beynin kronik inflamatuar hastalıkları için hızlı bir yola sokar.

Ne yazık ki, balık yağı trendi, yanlış bilgilerle körüklenerek raydan çıkıyor. Güçlü, popüler ve zararlı. Onun yolundan uzak durmak için elinizden geleni yapın. Balık yağı takviyeleri yerine balık içermeyen, bitki bazlı, yosun türevi omega takviyeleri arayın.

Balık yağı lehindeki tartışmalara kendinizi ikna etmeye başladığınızda, unutmayın: balık yağı bugünün yılan yağıdır! Dikkatli olun. Verdiği sözleri tutmayacak.

Ana akıma aykırı bilgilerle ortalığı karıştırmaya çalışmıyorum. En az dirençli yolu seçmeye ve oradaki yanlış bilgileri, sanki popülerlik onu doğru kılıyormuş gibi tekrarlamaya dayanamıyorum. Bu sizin gerçeleri bilmenizle ilgili...

Demir Takviyeleri

Doğru miktarlarda demir sizin için iyi olsa da, virüsler bu metalle beslenmeyi sever. Hemen hemen tüm anemi vakalarına düşük dereceli viral enfeksiyon neden olur. Bu nedenle bitki bazlı olmayan demir takviyelerinden kaçınmalısınız.

Ispanak, arpa otu, maydanoz, yaban mersini, üzüm (siyah, mor veya kırmızı), böğürtlen, kişniş, dulavratotu kökü (meyve suyu), patates (kabuklu), lahana, filiz, kabak, kabak çekirdeği (az miktarda), kuşkonmaz, kükürt içermeyen kuru kayısı ve diğer meyveler, yapraklı yeşillikler, otlar, yabani yiyecekler ve nispeten yüksek miktarda demir içeren sebzeler yiyerek doğal olarak demirinizi artırın. Meyveler, yapraklı yeşillikler, otlar, yabani yiyecekler ve sebzeler doğal antiviral özellikler içerdiğinden virüslerin bu kaynaklardan demir tüketmesi pek olası değildir.

"Ne tükettiğinizi ve bunların vücudunuza etkilerini bilmeyi hak ediyorsunuz. Korumaya değersiniz. Vücudunuza ne girdiği konusunda kontrol ve bilinçli seçime sahip olmanızın zamanı geldi -bu, iyileşmek için güçlü bir adım."

— Anthony William, Medikal Medyum

20

MEYVE KORKUSU

Her insan kendine hastır -bu şimdiye kadar iyice anlaşılmıştır. Sanırım herkesin ve her ruhun da farklı olduğunda hemfikiriz. Kimse Hitler'in ruhu ile Hz. İsa'nın ruhunun aynı olduğunu söyleyemez.

Mesela kayaları düşünelim; tortul kayalar, metamorfik kayalar ve püskürük kayalar gibi farklı türleri vardır. Farklı görünürler, farklı şekillenirler ve farklıdırlar. Örneğin; parçalanma eğiliminde olan bir yamaçta kayayı tutamazsınız, kayıp düşme tehlikesi vardır.

Su da öyledir. Şişe su markaları kullandıkları suyun aynı olduğunu mu söylüyorlar? Hayır; kendilerine has olan suyun niteliklerini anlatmak için büyük paralar verip reklamlar yapıyorlar. Peki bir bardak içme suyuyla tuvaletteki su aynı mıdır? Veya New Jersey'de asfaltın üzerinde biriken su ve el değmemiş bir dağın tepesinde eriyen bir parça kar? Akvaryumdaki su, yüzme havuzunda veya küvette biriken su? Bunların hepsi H2O. Peki, hepsi aynı mı? İmkânsız.

Şekerde de böyledir. Hepsini aynı kefeye koyup kötü olduklarını söyleyemezsiniz. "Şeker şekerdir," diyemezsiniz.

Oysa bizim kültürümüzde olan bu. Son yıllarda işlenmiş gıdaların obeziteyi nasıl beslediği ve bu işlenmiş gıdaların kaçının bir çeşit mısır şurubu içerdiğine dair önemli bir teori gün ışığına çıktı. Kolektif sağlık bakımı bilincinde aniden her tür şeker hakkında bir yangın başladı. Hem doğal hem de geleneksel doktorlar buna karşı iyi niyetli bir savaş ilan ettiler. Önceki "Ne Yenmemeli" bölümünde okuduğunuz gibi, yüksek fruktozlu mısır şurubunun faydalı olmadığı doğrudur. Bununla birlikte, HFCS'nin obeziteden yalnızca ve doğrudan sorumlu olduğu teorisi kusurludur. Gerçekte olan şey; işlenmiş gıdaların çoğu zaman mısır şurubu içerdiği, ayrıca domuz yağı, işlenmiş yağlar, yumurtalar, süt ürünleri ve/veya glüten içerdiği ve HFCS dikkatleri üzerine çekerken bunların göz ardı edildiğidir. Bunun yanı sıra, HFCS'nin sağlık sorunlarına katkıda bulunabilmesi, tüm şeker türlerinin otomatik olarak kötü olduğu anlamına gelmez.

Şeker savaşının masum zayiatı meyve oldu. Meyve neredeyse kirli bir kelime haline geldi.

Öyle ki bu bölümü yazmak bile benim için biraz riskli. Kulağa aptalca geliyor, ama bu doğru. Çünkü ileriki sayfalarda meyveler hakkında açıklayacaklarım mevcut düşünceye aykırı. Meyve korkusunun koşullandırılmasına aykırıdır.

SORUN MEYVE DEĞİL

Hızla gelişen bir eğilim var: Tüm dünyada sağlıklarıyla mücadele eden milyonlarca insan doktorları, uygulayıcıları, beslenme uzmanlarını veya şifacıları ziyaret ediyor ve onlara, "Meyveleri hemen bırakın," deniyor. ABD'de başladı ve daha sonra dünyanın dört bir yanına yaıldı.

Doğu tıbbı uygulayan doktorlar, meyvenin vücutta nem oluşturduğunu söyleyecektir. Batı tıbbı uygulayan doktorlar, meyvenin Candida'yı, bağırsak problemlerini ve hatta kanseri kötüleştirdiğini söyleyecektir. Diyetisyenler ve beslenme uzmanları, meyvenin şeker hastalığına ve enerji sorunlarına veya enerji kaybına katkıda bulunduğunu söyleyecektir. Ve fiziksel eğitmenler, meyvenin sizi aşırı kilolu, hatta obez yapacağını söyleyecektir.

Bu tesadüfen yapılmadı. Oldukça yakın bir tarihte, meyve tüketimini engellemek ve yavaşlatmak için kasıtlı bir saldırı oldu.ABD'den başlayarak, çok küçük bir avuç sağlık uzmanına meyveleri sabote etmeleri için talimat verildi. Yeni atananlar seçildi ve sağlık endüstrisinde daha yüksek bir konumdan, meyve alınmaması emirleri verildi.

Bu noktada, çoğu sağlık uzmanı ve tıp topluluğu, meyve şekerini neden sağlık sorunlarıyla ilişkilendirdiklerini bilmiyor. Kanıt yok, veri yok, çalışma yok. Sadece yaptılar. Yüksek fruktozlu mısır şurubunun suçu ne kadar üstlendiği ve bunun meyve şekerine nasıl yansıdığı başka bir gizem çünkü HFCS diğer işlenmiş gıdalara dahil edilen işlenmiş bir gıdadır ve meyveler işlenmiş gıda değildir. Sağlık uzmanları ve tıp çevreleri, bunu gerçekten neden yaptıklarını bilmeden, insanlara meyvenin Candida, küf, kilo, kanser, diyabet, kardiyovasküler sistemler, hatta dişler dahil olmak üzere tüm sorunlarına katkıda bulunduğunu söyleme alışkanlığına girdiler.

Gerçekte, kim bu kadar meyve yer? Temel beslenmede bu bir yenilik haline geldi. İnsanlar hâlâ ara sıra muz veya beslenme çantasında elma yiyebilirken, daha sık olarak meyve başka bir şeye eşlik ediyor: örneğin çilekli kurabiye üzerindeki çilekler veya tereyağında yüzen birkaç yaban mersini, şeker kamışı ve yaban mersinli turta.

Peki, dünya çapında çeşitli hastalıklara yakalanan milyonlarca insan, ara sıra yeşil elma yediği için mi rahatsız oluyor? Çürüyen dişleri olan milyonlarca insan, tatil partisinde yedikleri mandalina yüzünden mi kanal tedavisi için dişçi koltuğuna tırmanıyor? Gerçek şu ki, şeker alımı konusunda endişe duyanlar bile yılda ortalama 100 kilodan fazla rafine şeker tüketiyor.

(Bu arada, insanlar rafine şeker yüzünden dişçi koltuğuna bile tırmanmıyorlar. Eser mineral eksiklikleri, toksik ağır metaller, kronik düşük dereceli viral ve bakteriyel enfeksiyonlar, durgun ve halsiz karaciğerler, uygun miktarda safra üretememe, zayıflamış mide bezleri, yiyecekleri uygun şekilde sindirmek ve parçalamak için düşük hidroklorik asit üretimi, ebeveynlerden ve yüksek yağlı diyetlerden geçen beslenme eksikliklerinden dolayı diş sorunları yaşıyorlar.)

Meyvedeki şeker hastalık için suçlanamaz. HFCS veya küp şeker ile aynı değildir.

Meyve insanı hasta etmez.

İşlenmiş ve meyve kaynağından ayrılmış fruktozun ideal bir besin kaynağı olduğunu söylemiyorum. Saf fruktoz hâlâ zararsızdır. Ancak meyve, canlı su, eser mineraller, antiviral ve antibakteriyel bileşikler, enzimler ve lif açısından zengin hamurla dolu, sağlığınız için çok faydalıdır.

Dünya çapında meyve tüketimi son yıllarda önemli ölçüde azaldı ve her geçen yıl daha da kötüleşiyor. Bu yol zaman geçtikçe devam edecek -meyve herhangi bir soruna neden olduğu için değil, sağlık alanındaki bazı liderler, insanların meyveye olan güvenini engellemek üzere seçildiği için.

Yarım kilo şekerle karıştırılmış yarım kilo meyve almayın. Yarım kilo şeker, yarım kilo şekerdir. Yarım kilo meyve, hayat yaratan, hayat kurtaran, hayatı sürdüren bitkisel besinlerin ve hastalıkları durduran ve uzun yaşamı destekleyen diğer fitokimyasalların eşsiz bir karışımıdır.

Meyvelerde o kadar şeker yoktur. Meyveler canlı su, mineraller, vitaminler, protein, yağ, diğer besinler, küspe, lif, antioksidanlar, pektin ve şekerin sadece bir kısmından oluşur. 45 kg rafine şekeri, meyvede tüketeceğiniz eşdeğer miktarda şekerle karşılaştırmak isteseydik, binlerce kilogram meyve gerekirdi.

Meyve korkusu propagandası 2012'de gerçekten yayılmaya başladı. Birkaç yıl öncesinde meyveye karşı bir miktar güvensizlik olsa da, 2012, meyve korkusunun gerçekten etkisini göstermeye başladığı zamandır. O dönem "Meyve kötüdür" ifadesi daha fazla yayıldı. O zamandan beri, meyveden nefret etme eğilimi her yıl artıyor.

Trend bu olmamalı.

Süpermarketlerde yığılmış meyve reyonlarına aldanmayın. Çoğu haftada bir çöpe atılıyor. Süpermarketler meyveleri çoğunlukla gösteri için stoklar. Evet, bazı insanlar meyve alıp tüketiyor, ancak bu nüfusun sadece küçük bir yüzdesi. Ve meyve yiyen insanlar için, beslenmelerinin sadece küçük bir yüzdesini oluşturuyor.

Rafine şeker üretimi ve ticareti, sofra şekeri ve HFCS gibi ürünleri temel gıda maddelerine dönüştüren büyük bir endüstri haline gelmeden önce, kritik bir yaşam kaynağına güveniyorduk. Bu kaynak meyveydi. İnsanoğlu var olduğundan beri, hayatta kalmak için tüm çeşitleriyle meyveye bağımlı. Hayat Ağacı, tam da bu efsanevi ağacın meyvesi nedeniyle, karşılıklı bağlantı, doğurganlık ve sonsuz yaşamın eski bir simgesidir. Meyve özümüzün bir parçasıdır, varlığımızın temel bir unsurudur. Bu gezegende meyve olmadan hayatta kalamayız. Diğer yiyeceklerin beslenmesinden daha ağır basar.

Yine de düşük karbonhidratlı, yüksek yağlı diyetlere (keto gibi) yönelik mevcut "sağlık" hareketi, meyveleri -birkaç taneli meyve hariç- göz ardı edilmesi için, nesli tükenmekte olan türler listesine yerleştirdi.

Bu inkar mı? Cehalet mi? aptallık mı? Trendi yönlendiren eğitimsiz insanlardan bahsetmiyoruz. Tıp ve beslenme alanında ileri derecelere sahip akıllı, son derece zeki profesyonellerden bahsediyoruz. Müşterilere ve hastalara meyveden kaçınmalarını tavsiye ediyorlarsa, bunun nedeni eğitimleri, oradaki yanlış bilgiler veya kendi seçici çıkarları olmalıdır.

Kitap yakma olayını duydunuz mu? Şeker karşıtı savaş ivmesini sürdürürse, meyve ağaçları alevler içinde yanacak. Meyve tüketimi durursa, dünyadaki tüm eski meyve bahçelerimiz ve bahçelerimiz sonunda yakılacak ve böylece arazi başka bir şey için kullanılabilecek. Bu, çevremizde yıkıcı etkiler yapacak. Arılar, göçmen kuşlar ve vahşi yaşam büyük zarar görecek çünkü hayatta kalmak için meyvelere ve meyve çiçeklerine güveniyorlar.

MEYVE VE DOĞURGANLIK

Tıbbi toplulukların meyve şekerleri ve geri kalanı arasında ayrım yapmaya başlaması çok önemlidir. Aksi takdirde, savaş herkesin düşündüğünden daha tehlikeli olabilir; başka masum kayıplara neden olabilir: kadınlar ve insanlığın geleceği.

Çünkü meyve olmadan doğurganlık risk altındadır. Kadınlar zaten yeterince kısırlık sorunuyla karşı karşıyalar ve iyi doktorlar, beslenme uzmanları, diyetisyenler, sağlık koçları, kadın hastalara meyveden uzak durmalarını söylediklerinde kadınların gebe kalma mücadelelerine katkıda bulunduklarını bilmiyorlar. Bir kadının üreme sistemi, meyve vermesi için uygun besinlere ihtiyaç duyan çiçekli bir ağaç gibidir. Ve bu besinler meyvelerden gelir.

Doğurganlık -ve genel sağlık- özellikle meyvelerde doğal olarak bulunan fruktoz ve glikozun yanı sıra bu şekerlere bağlı fitokimyasallara bağlıdır. Bir kadının üreme sistemi aynı zamanda sadece meyvelerde bulunan (ve tıp bilimi tarafından henüz keşfedilmemiş daha birçok bileşen) düzinelerce keşfedilmemiş antitümör, antikanser, antiviral, antibakteriyel bileşiklerin yanı sıra meyvenin temel polifenolleri, biyoflavonoidleri, hastalıkları durduran pektin, vitaminler ve minerallere dayanır. Bu elementler polikistik over sendromunu (PCOS), pelvik inflamatuar hastalığı (PID), fibroidleri ve aşırı genişlemiş üreme sistemini durdurmaya yardımcı olur ki gizemli kısırlığa neden olan koşullara örnektir.

MEYVELERİN DİLİ

Mukaddes Kitabın meyvelerden 300'den fazla kez bahsetmesinin bir nedeni var: çünkü meyve, varlığımızın temeli için hayati öneme sahip. İnsanlık, türümüzün başlangıcından beri ağaçlardan topladığımız meyveler sayesinde var olmuştur. Bu gezegende gelişmemize izin veren şey budur.

Meyve, ilahi bilgelik sözüdür. Binlerce yıldır meyveyi güçlü gerçekleri ifade etmek için kendi dilimizde kullandık. Bugüne kadar "emeklerimizin meyvesi", "ağaç meyvesinden tanınır" gibi ifadeler kullanıyoruz.

Refahtan bahsederken meyveyi kullanıyoruz. İş dünyasında, "verimli" işbirliğinden ve "meyve veren" projelerden bahsediyoruz. Finansal özgürlüğe ulaşmayı öğreten motivasyon guruları "meyve veren" süreçlere atıfta bulunuyor. Çocuklara "rahmin meyvesi" ve "belin meyvesi" diyoruz. "Yasak meyve"-nin tehlikelerine karşı uyarıyoruz ve "alçaktaki meyve"ye razı oluyoruz.

Günlük konuşmalarımızdaki tüm bu ifadeler, meyvenin önemi ile bir şekilde bağlantılı olduğumuzu gösteriyor. Ancak bu sadece meyvenin anlamı ile bağlantı kurmak, şekeri çıkarmak gibi... Bu, işlenmiş fruktozu sadece tatlı olarak almak ve meyvenin faydalarından hiçbirini almamak gibi.

Gerçek zihin-beden-can-ruh-kalp bilgeliği için, beslenme şeklimize gerçek, katkısız meyveleri dahil etmemiz gerekir. Ancak o zaman kullandığımız tüm bu cümlelerin hakkını vermiş oluruz. Meyve, kelimenin tam anlamıyla hayatımızın bir parçası olduğunda, hayatlarımız çok daha verimli hale gelir.

En çok yememiz gereken yiyeceklerden neden kaçınalım? Bütün meyveyi yemek, bizi tekrar bütünleştirebilir.

MEYVENİN KÖKLERİ

İnsanlar binlerce yıldır tüm dünyada meyve üretmektedir. Asya'da şeftali ve narenciye tarihi bir öneme sahiptir. Rusya'da elma ve armut aynı şekilde. İngiltere'de taneli küçük meyveler (çilek, dut, böğürtlen...vb) ve üzüm, Ortadoğu'da incir, hurma ve mango önemli bir yere sahiptir. Hâlâ da öyle. Güney Amerika'da muz ve avokado sağlık ve kültürde yaşamsal bir role sahip her zaman için.

Cennet Bahçesi'ne kadar gidersek, meyvenin insanlık için başlıca dayanak noktası olduğunu görebiliriz. Tarım başladıktan, uygarlık ve ticaret yolları kurulduktan sonra kendilerine meyve taşınan şanslılar -imparatorlar, krallar, kraliçeler, dükler, kontlar, baronlar, şövalyeler ve firavunlar- en uzun yaşayanlar oldular.

Tüm yıl boyunca meyveye erişim sayesinde hastalıklar, kraliyet ailesi için değil, daha düşük statüdeki insanlar için sorun oldu. Köylüler ve diğer sıradan insanlar tahıl, yulaf lapası, kurutulmuş et artıkları ve bazı sebzelerle geçinmek zorundaydı. Yılın çoğunu tek bir meyve parçası olmadan geçirdiler. Sonuç olarak, beslenme yetersizliklerinden rahatsız oldular.

Araştırmaların, C vitamini eksikliği olarak belirlediği ancak aynı zamanda meyvelerde bulunan (henüz bilim tarafından keşfedilmemiş olan) diğer kritik besinlerin eksikliğinden de kaynaklanan bir hastalık olan iskorbüt, bu alt sınıflarda yaygındı. Ayrıca birçok insan kaslarını ve kemiklerini tüketen raşitizmden öldü. Basit enfeksiyonlar da yaşamı tehdit ediyordu ve protein, yağ ve tahıldan yayılan kanserli olmayan tümörler, tarihin bu döneminde pek çok insanın acı çekmesinden sorumluydu, çünkü yeterli meyve yoktu.

Bu arada, gezegenin şanslı kralları, altlarındakilerin dünyanın her yerinden meyve getirmek için yaptıkları fedakârlıklar nedeniyle daha uzun ve daha sağlıklı yaşamlar sürdüler. Pizza teslimatı için arayabileceğimiz gibi portakal sipariş ettiler ve işte portakallar!

(Bu arada, pizzada meyvelerde bulabileceğinden daha fazla şeker var.)

Bu yöneticiler sürekli turfanda yiyor, diğer bölgelerin sunduğu en iyi mahsülün tadını çıkarıyor ve yüzlerce hayati koruyucu besin alıyorlardı.

MEVSİMİNDE VE MEVSİM DIŞI YEMEK

Konuşulacak bir başka konu da mevsiminde yeme trendi.

Olumlu tarafları var. Mevsiminde yemenin popüler oluşu insanları yaşadıkları yerlerdeki pazar ve marketleri gezmelerine sebep oluyor. Bu harika. Her mevsimin getirdiği güzelliklerin tadını çıkarmaktan daha eğlenceli bir şey olamaz.

Olumsuz tarafı ise mevsim dışı yemenin, yani dünyanın başka bir yerinden başka bir ülkeden taşınan meyvelerin kötü şöhrete sahip olması. Kimi insanlar manav tezgâhında kışın yaban mersini veya yazın portakal gördüklerinde geçip gidiyorlar. Çünkü bunlar yaşadıkları yerin mevsimine uygun meyveler değil. Ancak bu sağlıkları açısından bir suçtur. Bu, insanın kendisini hastalıklardan koruyan besleyici öğeleri çalmasıdır, çünkü onun yerine başka şeyler yiyorlar. Gerçek olan şu ki; bu meyveler mevsimindedirler... Tabii ki yetiştikleri yerde.

Bir sonbahar günü Michigan'dan Güney İspanya'ya tatile gidecek olsanız orada taze mango yemeyecek misiniz? Yaşadığınız yerde mevsimi olmasa da. Dünyanın farklı yerlerinde, farklı koşullarda, farklı türlerde meyvelerin yetiştiğini fark etmediniz mi? Bu lezzetin tadını çıkarın.

Sırf tatilde değilsiniz diye dışarıdan getirilen meyveleri gözardı etmeniz gerekmiyor. Bu, üst sınıfın binlerce yıldır nasıl hayatta kaldığı ve nasıl bir yaşam sürdüğünün sırrı ve şimdi bu sır kitlelere açık hale geldi.

Kimi insanlar bölgeler arası taşımacılığın çevreye olan etkileri ile mevsimlerden daha fazla ilgililer. Bu şöyle anlaşılabilir: Eğer Ekvator'dan gelen muz taşınırken kirlendiği için almaktan kaçınıyorsanız, o zaman, araba, bulaşık makinesi, bilgisayar, cep telefonu ya da günümüzde satılan giysileri, eve sipariş ettiklerinizi... Liste uzayıp gider. Bu alanlardan tasarruf ederek Yeni Zelanda'ya gidip incir satın alabilir ya da Meksika'ya gidip şamama yiyebilirsiniz. Meyvelerin sağlığınız için olan faydaları buna değer.

Bununla birlikte, tüm modern uygulamaları hayatınızdan çıkarmayı tercih ediyorsanız, sizi durdurmak için burada değilim. Meyveyi sınırlamanın hastalık şansınızı artıracağını ve beklenen yaşam sürenizi kısaltacağını bilin.

OLGUNLAŞMA GERÇEĞİ

Meyve ile ilgili bir diğer yanlış kanı ise taşıma sırasında dayansın ya da manav ve marketlerde raf ömrü uzun olsun diye erken koparıldıysa onun yenmeyeceğidir.

Gerçek şudur; eğer bir meyve gerçekten besin değerlerine ulaşamadan çok erkenden koparılsaydı zaten yenmeyecek durumda olurdu.

Meyve ağaçları ve bitkiler içlerinde göklere bağlı bir bilgi bankası bulundururlar. Mevsimi geldiğinde, büyüme koşulları gerçekleştiğinde yukarıdan onlara bir sinyal gelir ve meyve olgunlaşma safhasına başlar. Bu noktada herhangi bir zaman koparılabilir ve olgunlaşıp sizi besleyebilirler.

Taneli küçük meyveler (çilek, dut, böğürtlen...vb) gibi kimi meyveleri olgunlaşmadan koparmanın doğru olmadığı kesindir. Ancak mango, domates, muz gibi diğer meyveler bir kez olgunlaşma eşiğini aştıktan sonra artık yenebilirler, ayrıca bu eşiği çiftçiler gayet iyi bilir.

MELEZLEME/HİBRİTLEŞME

Melez ürünlerle ilgili kafanız karışmasın ancak genetik değişiklikler ve GDO ile de bunu birbirine karıştırmayın. Aşılama ve elle tozlaşma insanların binlerce yıldır yeni meyve türleri yaratmak için kullandıkları güvenli bir teknik. Bu, üretme sürecinin sağlıklı bir adaptasyonu ve iyi bir gelişim. Saf, melez olmayan meyvelerin daha besleyici olduğu doğrudur ama bunların melez kuzenlerinden kaçınmanıza gerek yoktur. Bu meyveler hâlâ bünyelerinde kanser ve diğer hastalıklardan koruyan besin öğelerini bulundurmaktadırlar.

MEYVEYİ BİR ALIŞKANLIK HALİNE GETİRMEK

Meyvenin böbreküstü bezlerini rahatlatmak, endokrin sisteminizi güçlendirmek, damarlarınızı onarmak, karaciğeri yenilemek ve beyninizi yeniden canlandırmak gibi özellikleri bulunmaktadır. Vücudunuzun işlevlerini meyve kadar geliştiren başka hiçbir yiyecek ya da ilaç yoktur.

Meyve vücudunuzu bilimin henüz daha keşfedememiş olduğu bir yöne götürür. Bu mutlak bir gerekliliktir.

Yediklerinizin parçalandığı şey olan glikoz olmadan insani işlevlerinizi yerine getiremezsiniz. Glikoz beyninizi, sinir sisteminizi ve tüm hücrelerini besler.

Eğer bir atletseniz -veya hem işyerinde hem evde birçok şeyle uğraşan bir anneyseniz- o zaman hayvansal protein, kabuklu yemişler ve sebze size ihtiyaç duyduklarınızı sunmayacaktır. Siz içinde şeker olan yiyeceklere ayrıca gereksinim duyacaksınız ve en kaliteli şeker kaynağı meyvedir. Eğer tüm şekerleri diyetinizden çıkaracak olursanız önünde sonunda bir hile yaparsınız –çünkü vücudunuzdaki bütün kaslar glikozla çalışır- ve ihtiyaç duyduğunuz şekeri almak için bir şeyler yiyeceksiniz ve büyük bir ihtimalle bu, sizi besleyen bir şey değil, bir pasta ya da bir parça çikolata olacaktır.

Oysa meyveyi günlük bir alışkanlık haline getirirseniz bu sizin için daha iyi olur, şeker krizini sonlandırır ve sağlığınızda büyük bir değişiklik yaratır.

Meyve en iyi kendi başına veya çiğ sebzeler, otlar, yabani yiyecekler ve yeşil yapraklı sebzelerle birlikte yenir. Bunun nedeni, midenizin meyveleri ve diğer bazı çiğ bitki besinlerini hızlı ve kolay bir şekilde sindirmesidir. Hatta bazı meyveler öğütülmüştür. Buna karşılık, protein ve yağın işlenmesi daha zordur, bu nedenle sindirilmeleri nispeten uzun zaman alır. Çoğu insan zaten sindirim sorunları var. Farkında olmasalar bile yedikleri iyi sindirilmiyor. Bu yüzden midenizin üst kısmında sırasını bekleyen bir yemeğin üstüne, sindirimi çok kolay olan meyve gibi bir yiyecek koyduğunuzda, çatışma çıkabilir. Meyve doğru olanı yapmak isteyecektir - yavaşça rotasını çalıştırıp bağırsak yolunu temizleyip çabucak parçalanıp özümsenmek. Protein ve yağ araya girer. Bazı insanlar için sonuç biraz rahatsızlık ve biraz fazla gaz olabilir. Bunun tek nedeni, protein ve yağın iyi sindirilmemesi ve meyvenin bunları mideniz ve bağırsak yolunuzdan -aslında sindirimi hızlandırmak için- itmeye çalıştığını vurgulamasıdır. Bu ciddi bir zarar vermese de, sürecin yaratabileceği biraz gaz ve diğer rahatsızlık, sizi meyve yemekten vazgeçirebilir ki bu korkunç olur. Bu nedenle, meyveleri tek başına, smoothie'lerde veya çiğ, yapraklı yeşillikler veya diğer sebzelerle birlikte tüketmeyi ve meyvenin tadını çıkardıktan bir süre sonra başka tür yiyecekleri tüketmeye gayret edin.

MEYVE HASTALIKLARA KARŞIDIR

Neredeyse bütün doktorlar, obeziteye neden olduğuna inandıkları için hastalarına işlenmiş şekerden uzak durmalarını tavsiye eder. Ve işlenmiş şekerin potansiyel olarak kanseri besleyebileceğine inanan bazı tıp uzmanları da var.

Sorun şu ki bu sağlık profesyonelleri meyveye de şeker içerdiği için aynı şekilde davranıyorlar.

Meyve kanseri beslemez. O kanser karşıtıdır. Meyve, başka hiçbir yiyeceğin yapamadığı kadar etkili bir biçimde kanser ve diğer hastalıklarla savaşır. Diyetinden meyveyi çıkaran bir kanser hastası hastalığa karşı en güçlü silahını bırakıyor demektir.

Sebzeler de kanserle savaşır ancak dörtte bir oranında. Eğer doktor size diyetinizde meyveleri çıkarmanızı konusunda ısrar ediyorsa, o zaman tükettiğiniz sebzeyi dört katına çıkarmalısınız. Yapraklı yeşillikler ve bitkiler eklemek de farkın oluşmasına yardımcı olacaktır.

Doktorlar kanser hastalarına meyve karşıtı tavsiyeler verdiklerinde ironi şu oluyor: Kanser veya diğer hastalıklar meyve ve sebze dışında bütün yiyeceklerle beslenmektedirler.

60'larda kokain bağımlıları ile ilgili şöyle bir trend vardı: Bu yasadışı maddenin vücuda verdiği zararı önlemek için C vitamini almalarını söylüyorlardı. İnsanlar daha fazla C vitamini alırlarsa daha fazla kokain tüketebileceklerini düşünmeye başladı.

Demek istediğim şey ne kadar çok çikolatalı pasta, soda, hayvansal protein, süt, peynir, kızarmış, yağlı, meyvesiz, yapraksız yeşil, otsuz, doğal olmayan ve sebze olmayan yiyecek tüketirseniz; kendinizi korumak için o kadar fazla elma, çilek, mango, papaya, üzüm, kavun, kivi, portakal, sebze, otlar, yapraklı yeşillik ve benzerlerini tüketmelisiniz.

Eğer meyve ve sebzenin dışında yiyecekler yiyorsanız hastalıklara dirençli olacağınızın bir garantisi yoktur. Fakat yeterli miktarda meyveyi diyetinize kattığınızda bu, kanserin etkilerine karşı atılacak olumlu ve aktif bir adım olur.

Kanser meyvedeki şekerden beslenemez. Meyveler polifenol, resveratrol ve diğer antioksidanlar gibi önemli bileşenler içerirler. Bu kanser savaşçıları meyvedeki şekerden ayrılamazlar; bir takım gibi beraber çalışırlar.

Şeker ve kanser arasındaki bağlantı üzerinde denenen çok sınırlı (ve kusurlu) araştırma sakaroz ve yüksek fruktozlu mısır şurubu üzerinedir. Ortada bir sonuç yoktur. Gerçek bir meyve parçasıyla veya kanseri gerçekten besleyen gıdaların çoğuyla ilgili uygun çalışmalar henüz yapılmamıştır. Bu çalışmalar yapıldığında -etik olarak yürütüldüğünde ve doğru bir şekilde rapor edildiğinde- meyvenin suçlanmadığını görecekler. Yine de söylentiler güçleniyor ve meyve korkusu; sayısız insanın kanseri ve diğer sağlık sorunlarını önlemesini engelleme tehlikesiyle karşı karşıya.

Kanser dehşet verici bir oranda artmakta. Meyve tüketiminin aniden düşüşünü de göz önünde bulundurarak bu konunun nereye gideceğini düşünmek istemiyorum. Bunun bedelini çocuklarımızın veya onların çocuklarının ödeyeceğini söylemek ise boş laf. Bu ulusun borçları gibi bu da kontrolden çıkmış durumda. Ancak yine de gelecek kuşakların sağlıklı kalacaklarını ve bu tip sağlık trendi tuzaklarına düşmeyeceklerini garanti edebilmek bizim kontrolümüzde.

Meyve sadece kanserle savaşmaz, bütün virüs ve bakterileri öldürür. Muz, yaban mersini, elma ve papaya gibi meyveler dünyada en güçlü virüs öldürücü değerdir. Meyve ayrıca -sağlıklı bir bağışıklık sistemi için önemli olan- sindirim yolu için de yaşamsal değere sahiptir. Örneğin; elmadaki pektin, hurmanın kabuk ve posası *Candida*, solucanlar ve diğer parazitler gibi bağırsaklarımızda ve sindirim yolunda bulunan mantarlara karşı özel olarak etkilidir.

Eğer meyvedeki şekerin *Candida*'yı besleyeceği konusunda endişeliyseniz Bölüm 9'a geri dönün. Orada şunu bulacaksınız: Meyvedeki şeker mideniz tarafından dakikalar içinde, o kadar çabuk emilir ki doğrudan kan dolaşımınıza karışır. Yani bu şeker asla bağırsaklarınıza ulaşmaz ve *Candida*'yı besleyemez. İkinci olarak ise meyve *Candida* hücrelerini öldürür. *Candida* çok nadiren kendi başına gerçekleşen bir hastalıktır; genellikle vücutta yolunda gitmeyen başka şeylerin göstergesi olarak karşımıza çıkar.

Diğer bir yanlış algı ise şekerin karaciğeri bozduğudur. Bundan daha büyük bir yanlış anlaşılma olamazdı. Bu trend yalnızca tıp sistemimizde bir şeylerin ters gittiğinin göstergesi olabilir.

"Karaciğer yağlanması" terimi meyve şekerinden gelen bir şey gibi mi geliyor? Hayır. Amerikalıların yedikleri bir parça meyve, giderek artmakta olan bir oranda, boğuştukları karaciğer hastalıkları ile ilgili değildir.

İsminden de anlaşılacağı gibi karaciğer yağlanması yağ tüketiminden kaynaklanır. Neredeyse bütün karaciğer hastalıkları protein ve yağ ile ilgilidir. Çünkü virüsler protein ve yağ ile büyürler. Bu yüzden yağlı birçok gıda ayrıca kötü şeker de barındırmaktadır. Ve bunlar sadece kek, dondurma gibi belli yiyecekler değildirler. Örneğin; tam yağlı süt (yağ ve laktozu birleştirdiği için), hamburger (hayvansal yağ ve karbonhidratı birleştirdiği için) ve ketçaplı patates kızartması (yağda kızarıp tamamen eklenmiş şekerle yapıldığı için). Demek ki sağlık profesyonelleri bir yerde meyvenin doğal şeker içerdiği için karaciğere zarar vereceği gibi yanlış bir kanıya kapılmışlar.

Karaciğer hastalığı veya Hepatit C yaşayan bir insanı iyileştirmenin en iyi yolu onu, yalnızca meyve, yapraklı yeşillikler, otlar, yabani yiyecekler ve sebzeyle beslemektir. Bu onlara çare olacaktır.

Karaciğerden bahsetmişken hipoglisemi genellikle karaciğer bozukluğundan kaynaklanır, çünkü karaciğer glikoz deposunu yitirmiştir. Çünkü yağ ve protein ağırlıklı bir diyet yapılmaktadır. Burada suçlanması gereken şeker -özellikle de elma, taneli küçük meyveler (çilek, dut, böğürtlen... vb), portakal, kavun, muz, mango, papaya, kivi ve diğer tatlı ve lezzetli meyvelerden gelen şeker- değildir. Meyve karaciğeri korur. Bu organın glikoz rezervini sağlar ve hastalıklardan uzak tutar; kan şekerini dengeler.

Neden meyveyi destekliyorum? Sağlık profesyonellerinin hastalarına bundan kaçınmaları gerektiğini söylemeleri veya giderek meyve yeme alışkanlığını kaybetmemiz kimin umurunda?

Hepimizin umurumda olmalı ve hepimiz meyveyi desteklemeliyiz, çünkü herkesin sağlığı için çok önemli.

Kadınların yorgunluk, kanser, tümör, virüs, PID, PCOS, endometriozis, miyom ve diğer hastalıklardan korunmaları için yeterince meyve yemeleri zorunludur. Şu anda, "meyve yemeyin" mesajını alan çocuklarımızın geleceği için önemlidir.

Eğer karaciğerinizin, pankreasınızın, böbreklerinizin iflas etmesini istiyorsanız, o zaman, bu doktorların tavsiyelerine uyun ve yüksek protein ve bu yüzden de yüksek yağ içeren diyetlere uyarak meyve yemeyi bırakın. Ben herhangi bir özel yemek programı, diyet veya beslenme inanç sisteminden yana değilim. Hayvansal gıdalara veya bitki bazlı yağlara ve proteinlere karşı değilim. Sadece hayvansal ürünler ve/veya bitki bazlı yağlarla proteinler, beslenmenizde meyvenin yerini tamamen alırsa, sizi uzun süre korumak için yeterli besin alamazsınız.

Meyve, hastalığın üstesinden gelmenin kritik bir parçasıdır. Buna 30 yılı aşkın bir süredir insanlarda şahit oluyorum.

(Şu anda meyve sizin için bir seçenek değilse, kendinizi kötü hissetmeyin. İyileşmenin başka yolları da var; patatesi glikoz üreten bir gıda için alternatif seçeneğiniz olarak düşünün. Aslında meyve olan kış kabağı ve domates de bir seçenektir. Tatlı patates ve çiğ bal da destekleyicidir. Kritik bir durumdaysanız ve meyveye erişilemediği için veya başka bir nedenle meyveye bir alternatife ihtiyacınız varsa, *Cleanse to Heal*'daki Patates Mono Beslenme Protokolü size yardımcı olabilir. O kitaptan da faydalanabilirsiniz.)

Rahat olun. Meyve sizin arkadaşınızdır. Hastalığa sebep olmaz. Aksine hastalıkları önleyen, patojenleri öldüren ve vücudunuzu onaran başka hiçbir yiyecek yoktur.

GENÇLİK ÇEŞMESİ MEYVE

Bunu dikkate alın: Toplum olarak her zamankinden daha az meyve ve daha fazla protein ile yağ tüketiyoruz. Yaşam süresi ve meyve tüketimi aynı anda düşüşte ve bu bir tesadüf değil.

Bugünlerde uzun yaşamak popüler bir terim. Herkes bu işin sırrını bilmek istiyor ancak birçok insan şeker karşıtı zihniyet yüzünden gerçeklere karşı kör olmuş durumda. Elimizde kalan tüm yiyecekler içinde bize daha uzun yaşama garantisi verebilen yalnızca bir grup vardır. Muhtemelen şimdiden ne olduğunu bildiniz: meyve.

Alzheimer hastalığı, erken bunama, hafıza kaybı ve Parkinson ve ALS gibi nörolojik hastalıklar hepsi meyveyle önlenebilir.

Çünkü meyve sadece bu hastalıkları önlemez, oksitlenmeyi de önler. Oksitlenmek bizi yaşlandıran süreçtir. Tıpkı bir parça eti oksijene maruz bıraktığınızda başına gelenler gibi, bizim kaslarımız da yaşlanır ve oksitlenir. Aslında her gün yavaş yavaş oksitlenmekteyiz – buna karşı harekete geçmeliyiz. Bunu yapmanın en iyi yolu antioksidan açısından zengin yiyecekler tüketmektir. Ve meyveler bunun için bulunmaz genişlikte bir yelpaze sunar. Meyvelerdeki antioksidan yaşlanmayı tersine *bile* çevirebilir.

Yeryüzündeki en güçlü meyve yaban mersinidir. Bilim henüz yaban mersininin bize sunmuş olduğu iyileştirici ve adaptojenik özellikleri bir araya getirememiştir. Yaban mersini antioksidan açısından en güçlü yiyecektir, hastalıkları önleyip ilerleyişini tersine çevirebilir, var olan en güçlü beyin besleyicidir.

Yaban mersinini yaşadığınız yerdeki marketlerde ya da pazaryerlerinde bulabilirsiniz. Ancak bunu işlenmiş kuzenleriyle karıştırmamalısınız. Dünyanın her yerinde yenilebilir yabani yaban mersini çeşitlerini arayabilirsiniz (ve bulabildiğiniz diğer yenilebilir yerel meyvelerden de uzak durmayın). Taze veya donmuş yaban mersini bulamazsanız, saf yaban mersini tozu bir seçenek olabilir.

Yabani yaban mersini ile "kültürlü" kuzenlerini karıştırmayın. Ekili (yüksek çalı) yaban mersini besleyici bir gıda olsa da, yabani (alçak) yaban mersini gibi süper bir gıda değildir. Her bir yaban mersini binlerce yılın hayatta kalma bilgisini içerir. Tükettiğiniz her bir tanede bu bilgeliğin vücudunuza girmesine izin verirsiniz ve günümüz koşullarına uyum sağlamanıza yardımcı olursunuz.

Yabani yaban mersini başka bir kritik noktayı gündeme getiriyor. Meyve karşıtı olan insanlar, zamanla meyveyi çok tatlı yaptığımızı ve bu nedenle meyvenin mahvolduğunu iddia etme eğilimindedir. Eski zamanlarda meyvenin tatlı olmadığını iddia ederler. Yabani yaban mersininde, meyvenin tatlılığına dair tarih öncesi bir kaydımız var. Yabani yaban mersini tadı, meyvelerin eskiden tatlı olmadığı teorisinin anında çürütülmesidir çünkü yabani yaban mersini ekili yaban mersininden daha tatlıdır. Binlerce yıllık bu meyveden elimizde canlı kanıtlar var ve şu sonuca varabiliriz: Eski meyveler şimdi yetiştirdiğimiz meyvelerden daha tatlıydı. Ve bu bölümde okuduklarınızdan, tatlılığın bir zenginlik olduğunu biliyorsunuz.

İnsanların bugün meyveden gerçekten kaçınmasının bir nedeni de yeterince tatlı olmamasıdır. Bazı meyvelerin tatlı olmayışı, birçok insan için onu "lezzetsiz" hale getirir; bugün meyvelerin çoğu ekşi, kekremsi, sulu, yumuşak ve pütürlüdür çünkü belirli çeşitler, çok az kişinin satın aldığından, rafta uzun süre oturmak üzere seçilmektedir. Bu tatlı eksikliği, elmalı turtaya veya diğer meyve tatlılarına bir veya iki fincan şeker eklenmesinin nedenidir. Meyvenin tatlı olduğuna dair bir yanılsama olsa da, insanların istediği kadar tatlı değildir. Bu, sağlık endüstrisindeki meyve düşmanlarının söylediklerinin tam tersidir. Toplanıp ağzınıza atılan bir avuç olgun yaban mersini şeker gibi tatlıdır ve yine o bitkiler binlerce yıllıktır.

Etçil bir beslenmeye inanıyorsanız ve size meyve yememeniz söylendiyse o etten, tatlı olmayan meyvelerden daha fazla şeker alacağınızı bilin. Bu doğru çünkü hayvan eti aslında ette bulunan, hayvan kanındaki glikoz nedeniyle bu noktada bazı meyvelerden daha tatlı olma eğilimindedir. Sonra eti pişirdiğinizde şeker yağlarla birlikte karamelize olur. Meyve ile pişirmek zorunda değilsiniz; meyveleri taze ve çiğ yiyebilirsiniz. (Etteki glikozun, meyvelerde bulacağınız antiviral, antibakteriyel glikoz formu olmadığını unutmayın. Etteki glikoz, antioksidanlar ve yaşlanma önleyici bileşiklerle dolu değildir, ayrıca etin yağı, glikozundan yararlanmanızı engeller.)

İnsanlar farklı şekillerde tatlılara o kadar alışmıştır ki, meyveler hemen çekici gelmeyebilir. Alıştığımız meyve çeşitleri, insanların başvurduğu ikramlar kadar tatlı olma eğiliminde değildir. Bazı insanlar için, meyvenin tadına alışmak, bu ikramlardan vazgeçmeyi gerektirir. Kendinizi meyveye çekmenin bir başka anahtarı da ona dikkat etmeye başlamaktır.

Neler bulabileceğinizi öğrendikten sonra, muhtemelen daha lezzetli, daha tatlı çeşitler keşfedeceksiniz.

Ömür boyu yiyebileceğimiz çok yemek var. Ortalama bir ömrü olan (eskisinden daha kısa) ortalama bir insan için bu kabaca 80.000 öğün demektir. Meyve daha az popüler hale geldiğinden, bu öğünlerin yaklaşık 10.000'ini oluşturuyor -şanslıysanız 15.000'i. Farkın çoğunu sebzeler, yapraklı yeşillikler ve şifalı bitkiler oluşturmadığı sürece, bu beslenme için çok fazla kaçırılmış fırsattır.

Peşinde olduğunuz şey refah ve uzun ömürse, her öğünün bir anlamı olmasını istersiniz. Bunu yapmanın en iyi yollarından biri daha fazla meyve yemek ve şeker karşıtı oyuna kapılmamaktır.

Meyve, gençliğin gerçek pınarıdır.

MEYVE İLE ARKADAŞ OLUN

"Günde bir elma, doktoru uzak tutar" atasözünde meyve geçmesinin bir nedeni vardır. "Günde bir yumurta doktoru uzak tutar" veya "Günde bir parça sığır eti doktoru uzak tutar" veya "Günde bir tavuk göğsü doktoru uzak tutar" şeklinde değildir...

Bu, kimsenin tavuk veya sığır eti yememesi gerektiği anlamına gelmez. Sadece meyve sağlığın temelidir ve bu uzun zamandır niliniyordu.

Bazı insanlar için bir elmadan fazlasıdır; bir ay boyunca beslenmelerine dahil ederler ve o bir elma, sağlıklı yaşamın altında yatandır.

Birçoğumuz yıl boyu taze meyveye ulaşabileceğimiz bir dünyada yaşamaktayız. Bu meyvelerin hastalıkları iyileştirme, önleme, günümüze tat katma, bize enerji verme, hayatımızı geri kazandırma gibi özellikleri vardır. Daha önce söylediğim gibi sağlık trendleri popüler oldukları için işe yaramazlar. Tüm şekerlerin aynı olduğu çok güçlü bir trend ve gittikçe büyüyor. Bu birçok sağlık profesyonelini meyveye karşı hale getirdi.

Sağlık dünyasında meyve korkusu yaratıcıları ve meyve düşmanları meyveyi anlamıyor. Olgunlaştığında nasıl yeneceğini, tadının nasıl olması gerektiğini ve neler sunduğunu anlamıyorlar. Meyveyi diğer yiyeceklerle birlikte birinin diyetine nasıl dahil edeceklerini bilmiyorlar. Meyveyi şifa aracı olarak kullanmayı bilmiyorlar. Bu bilgi eksikliği, meyveyi göz ardı etme nedenlerinin bir parçasıdır. Ondan korkuyorlar çünkü anlamıyorlar. Ayrıca, meyveyi anlayamamak, meyveden nefret eden bir profesyonelin egosunu incitebiliyor. Böylece meyvenin etrafında korku yaratılıyor. Meyveyi kullanmayı, hatta kendilerine fayda sağlamak için kullanmayı öğrenmek yerine, onu kötü ve zararlı diye bir kenara atıyorlar. Meyve korkusu propagandası mesajlarını, bazen sektördeki ücretli kampanyalar aracılığıyla diğer sağlık çalışanlarına yayıyorlar, "Meyveyi bir şifa aracı olarak nasıl kullanacağımızı bilmiyoruz," ifadesini asla kullanmıyorlar. Diğer sağlık uzmanları da meyveyi bir şifa aracı olarak kullanmayı öğrenmiyor. Bu döngüden dolayı hasta ile meyve de kurban ediliyor.

Böyle devam ederse bir nevi meyve yasağı olacak. Ahududu çalılarımıza el konulmaması için kamufle etmemiz ve erik atıştırmak için dolaplarda saklanmamız gerekecek.

Meyve bir geri dönüş yapmalı... Bu gerçekleşirse, bu bilgiyi kabul eden sizin gibi okurlar sayesinde.

Bir arkadaşınızdan veya uygulayıcınızdan meyveden kaçınmanız gerektiğini duyduğunuzda, az önce okuduklarınızı hatırlayın. Yanlış bilgi yaymaları onların suçu değil; "meyve yanlış bilgilendirme trenine" yeni bindiler. Trenin sizi alıp götürmesine izin vermeyin. Artık gerçeği biliyorsunuz.

21

TAKVİYELERE İLİŞKİN KRİTİK KILAVUZ

Kısım II ve Kısım III'teki takviye besinlere geçmeden önce, listeleri doğru bir şekilde yorumlayabilmek için öncelikle bu bölümü tamamen okuduğunuzdan emin olun.

Takviyenin sizin için uygun olup olmadığını merak ediyorsanız, bu kitapta önerilen takviyelerin isteğe bağlı bir adım olduğunu bilin. İyileşmek için yiyeceklere odaklanmayı tercih ediyorsanız (hem hayatınıza faydalı besinler ekleyerek hem de sorun çıkaran besinleri ortadan kaldırarak), bunu yapmakta özgürsünüz. Bölüm 22'deki 28 Günlük İyileşme Temizliği de bir seçenektir. Eğer istemiyorsanız takviyelere mecbur değilsiniz. Semptomlar ve koşullarla mücadele ediyorsanız, gelecek için takviyelere açık olun.

Bu kitaptaki takviyelere, daha fazlasını isteyen, durumları kafa karıştırıcı olduğu için seçenekler arayan insanlar içindir. Bu sizseniz, bu kitaptaki bireysel semptomlar ve koşullar için özel ek listeler biçimindeki seçenekler hazinesini keşfedin. Eksikliklerimizin, neden hasta olduğumuzun büyük bir parçası olduğunu bilmek önemlidir. Örneğin çinko, bugün gıdalarda pratik olarak yoktur ve çinko eksikliği bağışıklık sistemini düşürür, bu yüzden ona her zaman ihtiyacımız vardır. Ayrıca içimizde çok fazla toksik ağır metal var ve spirulina bu metalleri çıkarmak için kritik öneme sahiptir.

Bölüm II ve III boyunca her bir listedeki ekler, mutlaka önem sırasına göre değil, alfabetik sıradadır. Tek istisna, her listenin başında göreceğiniz kereviz sapı suyudur. Bu takviyelerin vücudunuz ve beyniniz için yaptıklarının kapsamının, tıbbi araştırma ve bilim tarafından keşfedilmediğini unutmayın. Bazıları biliniyor da, birçoğu sağlık kurtarıcıları olarak tamamen bilinmiyor ve faydaları bilinenin çok ötesine geçiyor.

Merhametin Ruhu, birçok insanın iyileşmesine yardım ettiğim yıllar boyunca bana hep, neden hasta olduğunuzun gerçek nedenini bilmenin, kazanılan savaşın yarısı olduğunu söylemiştir. Ne yapılacağını, ne alınacağını ve bu araçların nasıl uygulanacağını bilmek savaşın kazanılan diğer yarısıdır. Bu kitapla, düzinelerce semptom ve durumun gerçek nedenleri hakkında bilgi edindiniz. Nüfusun bu kronik hastalık salgınına neden karşı olduğunu şimdi anlıyorsunuz. Bununla ilgili ne yapacağınızı da keşfettiniz. Bu kitaptaki ek seçenekler, "neden"i ele almanıza ve savaşı kazanmanıza yardımcı olacak güçlü araçlardır.

Takviyelerle bağlantılı olarak, bu bölümün ele almadığı sorular ile 200'den fazla semptom ve koşul hakkında takviye besinler için bu kitabın tamamlayıcısı olan *Cleanse to Heal*'a da gözatabilirsiniz.

YORUMLAMA İÇİN KRİTİK İPUÇLARI EK LİSTELER

Bu kritik ipuçları, Bölüm II ve III'teki takviye besinleri yorumlamanıza yardımcı olacaktır:

- Damlalıklı terimini gördüğünüzde, kauçuk üst kısmını sıktığınızda şişenin damlalığını doldurduğu kadar sıvı miktarı anlamına gelir. Sadece yarısını doldurabilirsiniz; bu yinede bir damlalık olarak kabul edilir.
- Dozajların damla olarak verildiği bazı takviyeler de vardır. Damla mı yoksa damlacık mı yazdığını dikkatlice kontrol ettiğinizden emin olun.
- Sıvı ve toz takviyelerin çoğu su ile alınır. Ekin etiketindeki talimatları kontrol edin.
- Bitkisel tentürler söz konusu olduğunda, aktif olarak alkolsüz versiyonları araştırın (etanol kelimesinden de kaçının).
- Bir listede birden fazla bitkisel tentür gördüğünüzde, bunları bir 0,02kg veya daha fazla suda birleştirebilir ve bir araya getirebilirsiniz.
- Aynı şey çaylar için de geçerlidir. Semptomunuz veya rahatsızlığınız için birden fazla çay listeleniyorsa, kendinize özel bir çay karışımı yapmak için bitkileri birleştirmekten veya birkaç farklı çay poşetini birlikte kullanmaktan çekinmeyin.
- Bir fincan çay; 1 poşet çay veya 1 ila 2 çay kaşığı yaprak çay anlamına gelir.
- Bazı dozajlar miligram olarak verilmiştir. Tam önerilere uyan kapsülleri bulamıyorsanız, yakın olanları almaya çalışın.
- Bu bölümler yetişkin dozlarını listeler. Bir çocuk için hangisinin doğru olduğu konusunda bir doktorla konuşun.
- Günlük terimini gördüğünüzde bu, verilen dozunu gün boyunca almak anlamına gelir ve bunu nasıl yapacağınız sizin seçiminizdir. Tüm dozu günde bir kez alabilirsiniz. Hassassanız, onu birden fazla porsiyona bölmek isteyebilirsiniz. Örneğin, günde 2 çay kaşığı arpa otu suyu tozu alın deniyorsa; iki çay kaşığını bir smoothie'ye veya sabahları 1 çay kaşığı smoothie'ye ve gece 1 çay kaşığı suya koymayı seçebilirsiniz.
- Günde iki kez gördüğünüzde, en az dört saat arayla günün herhangi bir saatinde iki kez alınır. Birini kaçırırsanız, ertesi gün yeniden başlamayı deneyin.

NEREDEN BAŞLAMALI?

Bölüm II veya III'ten, semptomunuzu veya rahatsızlığınızı bulduktan sonra, bunun için listelenen her takviyeyi almanıza gerek yoktur. Duyarlıysanız, günde bir takviye deneyebilirsiniz. Değilseniz, hepsini günlük rejiminiz olarak bir araya getirebilirsiniz. Veya bir orta yol olarak, başlamak için bir çift seçebilir ve ardından oradan alabilirsiniz. Kereviz sapı suyu her zaman başlamak için idealdir.

Bunun ötesinde, listenizde B12 vitamini, çinko, C vitamini ve/veya melisa varsa, onları da ekleyin. Ardından, ilerlemeye hazırsanız ve listenizde spirulina, kurkumin, kedi pençesi ve/veya L-lizin varsa, bunları bir sonraki adımınız olarak ekleyin. Daha sonra bu takviyelerden istediğinizi alamıyorsanız, listenizden birkaç tane daha ekleyebilirsiniz. Hassas olduğunuzu düşünüyorsanız, her zaman listelenen dozlardan daha küçük miktarlar alabilirsiniz.

Ayrıca bu kitaptaki farklı listelerdeki ekleri karıştırma seçeneğine de sahipsiniz. Vücudunuzun neye ihtiyacı olduğuna dair uzman anlayışınız veya doktorunuzun tavsiyesi bunu yapmanızı söylüyorsa, bu kitaptaki herhangi bir takviye, bir seçenek olarak kullanılabilir. Hepsi Kronik sağlık sorunları için yardımcı takviyelerdir.

(Kendiniz için bir takviye besin hazırlamaktan bahsettiğimde, bu kitapta veya *Cleanse to Heal*'da önerdiklerimin dışında takviyeleri almaktan bahsetmiyorum. Bu konuda ayrıntılı bilgi vereceğim.)

Aynı anda birden fazla semptom veya durumla uğraşıyorsanız ve başlamak için net bir yer istiyorsanız, hayatınızdaki en büyük sağlık mücadelesini seçin. Örneğin, kronik yorgunluk sendromundan rahatsızsanız ve bu sizi en çok baskı altına alıyorsa, Bölüm 3, "Epstein-Barr Virüsü, Kronik Yorgunluk Sendromu ve Fibromiyalji"nin sonundaki CFS takviyelerine odaklanabilirsiniz. Zamanla, bir konu üzerinde çalışmanın diğerini hallettiğini görebilir veya bir süre sonra bu sayfalarda konuyu kapatabilir ve farklı bir takviye listesine odaklanabilirsiniz.

DOZLAR

Bu kitabın protokollerinde listelenen herhangi bir takviyeye çok daha düşük bir dozda başlayabilirsiniz. Bu yüksek kaliteli takviyelerden birinin küçük bir dozuyla bile, düşük kaliteli bir takviyenin yüksek dozundan daha çok fayda elde edersiniz. Hassassanız, kendi deneyiminizi veya şifa sezginizi kullanın ya da vücudunuzun hangi dozu kaldırabileceği konusunda doktorunuzla konuşun.

ÇOCUKLAR

Her bölümün takviye protokollerinde listelenen dozajlar yetişkinler içindir. Bir çocuk için takviye almayı düşünüyorsanız, hangisinin güvenli ve uygun olduğu konusunda doktora danışın.

Çocuklara göre kereviz sapı suyu miktarları için bu bölümün ilerleyen kısımlarındaki tabloya bakın.

KALİTE ÖNEMLİ

Sürekli olarak, belirli bir takviyenin en etkili biçiminin ne olduğu soruluyor ve bu gerçekten önemli mi? Evet, çok önemli. Mevcut farklı takviye türleri arasında viral veya bakteri yükünüzün ne kadar hızlı öldüğünü etkileyebilecek ince ve bazen kritik farklılıklar vardır; merkezi sinir sisteminizin kendini tamir edip etmediği ve bu ne kadar hızlı; iltihabınız ne kadar hızlı azalıyor; belirtilerinizin ve koşullarınızın iyileşmesi ne kadar sürüyor ve toksik ağır metalleri güvenli bir şekilde çıkarabiliyor musunuz... Seçtiğiniz takviye ilerlemenizi sağlayabilir veya bozabilir. İyileşmeyi hızlandırmak için doğru türde takviyelere ihtiyacınız var. Bu önemli nedenlerle, web sitemde (www.medicalmedium.com) bu kitapta listelenen her takviyenin en iyi biçimlerini içeren bir dizin sunuyorum.

Bu kitabın protokollerinde listelenen takviyelerin neredeyse her birinin tek bir bitki veya katkı olduğunu fark edeceksiniz. Bunun bir nedeni hakkında *Cleanse to Heal* kitabından daha fazla bilgi edinebilirsiniz. Bu listelerdeki takviyelerin her birinin, vücudunuzun iyileşmesine yardımcı olmak için Tanrı vergisi güçlere sahip olduğunu bilin. Vücudunuzun bir işlem merkezi olan karaciğeriniz bunları anlayabilir ve nasıl kullanılacağını bilir.

Keşfedilmemiş güçlü bir ipucu ise; takviyelerinizi -muz ya da biraz patates, tatlı patates, kış kabağı, çiğ bal, saf akçaağaç şurubu veya hindistancevizi suyu (pembe veya kırmızı değil) gibi- bir meyve parçası ile almayı düşünmektir. Doğal şeker, vitaminleri, mineralleri ve diğer besinleri, gitmeleri gereken yeri bulmalarına yardımcı olmak için kan dolaşımında taşıyan şeydir; bu nedenle takviyelerinizi doğal şekerlerle almak, işlem merkezi karaciğerinizin ve vücudunuzun diğer bölümlerinin, bunları gerçekten kullanabilmesini sağlar. (Bu ipucunun istisnası, tek başına içmeniz gereken kereviz sapı suyudur.)

İYİLEŞTİRİRKEN KAÇINILMASI GEREKEN TAKVİYELER

Medikal Medyum serisinde tavsiye edilmeyen takviyeler konusunda çok dikkatli olun. Pek çok takviyede size karşı çalışan maddeler bulunur. 19. Bölümde "Ne Yenmemeli" de okuduğunuz gibi, balık yağı ve peynir altı suyu protein tozu gibi bazı takviyeler, bu kitapta okuduğunuz semptom ve koşulları yaratan patojenleri besleyerek iyileşmenizi engelleyebilir. Yani benim önerdiklerimin dışındaki takviyeler ilk etapta sorunlarınıza katkı sağlıyor olabilir. Temizlemek ve iyileştirmek için çalışırken tavsiye edilmeyen bir takviyeye devam ederseniz, görmek istediğiniz faydaları göremeyebilirsiniz.

NE KADAR SÜRE?

Bu takviyeleri alma süresinin uzunluğu: ne kadar ihtiyaç duyduğunuz (kan testinin bile belirleyemediği alanlarda), ne kadar viral olduğunuz (yani ne tür düşük dereceli, tespit edilmemiş, teşhis edilmemiş viral enfeksiyonlarla uğraşıyorsunuz), beyninizde ve karaciğerinizde ne kadar toksik ağır metal olduğu, organlarınızın glikoz ve mineral tuzlarından ne kadar yoksun olduğu, teşhis edilmemiş, düşük dereceli viral ve bakteriyel enfeksiyonlardan ne kadar gizemli inflamasyon yaşadığınız ve genel vücut sistemlerinizin ne kadar zayıflamış olabileceği gibi faktörlere bağlıdır -bunların hepsi doktorun muayenehanesinde tespit edilemeyecek şekilde gerçekleşiyor. "Doktorum beni kontrol etti. Eksikliğim yok. Ağır metaller hakkında hiçbir şey söylemediler. Neden takviye almalıyım?" diyen biri olabilirsiniz. Mesele şu ki bir doktora, kronik hastalığın arkasındaki tüm faktörleri görmek için eğitim verilmemiştir. Doktor muayenehanesinde muayene olmanıza rağmen belirtileriniz ve rahatsızlıklarınız devam ediyor mu? Bu, altta yatan sorunları ele almak için takviyeye bağlı kalmanın bir işaretidir.

Kendinize bakmak için aldığınız diğer önlemler -yani, düzenli olarak Medkal Medyum temizleme seçeneklerine başvurmak ve diğer zamanlarda faydalı besinler ekleyerek, yağları azaltarak, toksik ve baş belası gıdalardan kaçınarak kendinizi desteklemek- iyileşme sürecinizde büyük bir fark yaratacaktır. İyileşme yoluna çıktığınızda vücudunuzun ne kadar mücadele ettiği ve ne kadar süredir acı çektiğiniz de büyük bir fark yaratacaktır. Herkesin farklı bir iyileşme süreci vardır. Uzun süredir hasta olabilirsiniz, bu durumda takviyeler, iyileştikten sonra kritik ilerlemeyi sürdürmek için harikadır. Daha iyi hissederken ve iyileşirken bile, spesifik semptomlarınız kaybolurken, takviyelere devam etmek önemlidir.

GEBELİK VE EMZİRME

Her hamile kadın, düşündüğü herhangi bir takviye türü hakkında doktoruna danışmalıdır.

Emzirirken semptomlar veya rahatsızlıklarla mücadele eden bir anneyseniz, burada listelenen takviyelerden herhangi birine katılabilirsiniz. Özel durumunuzda takviyeleri kullanmakla ilgili herhangi bir sorunuz varsa, doktorunuzla konuşun.

TIBBİ OLARAK KEREVİZ SAPI SUYU

Kısım II ve III'teki her takviye listesinde, önerilen miktarda taze kereviz sapı suyu bulacaksınız. Kısım IV'te daha önce gördüğünüz gibi, kereviz sapı suyu hayatınızda, doğru yaptığınız her şeyi yükselten güçlü bir ilaçtır.

Aynı yönergeler her zaman olduğu gibi kereviz sapı suyu için de geçerlidir:

- Taze, sade, katkısız, sade kereviz sapı suyu. Eklenen buz, su, limon suyu, elma sirkesi, kolajen veya diğer karışımlar yok. Ayrıca, yeşil meyve suyu karışımları ne kadar faydalı olsa da, saf kereviz sapı suyunun yerini tutmazlar.
- Meyve suyu, meyve suyu anlamına gelir. Karıştırılmış kereviz sapının posasını süzmeden içmek aynı faydaları sağlamaz. Nedeni hakkında daha fazla bilgi için, *Cleanse to Heal*'daki "Life Karşı Meyve Suyu Tartışması" konusuna bakın.
- Taze, taze demektir. Yeniden yapılandırılmış kereviz tozundan bir içecek yapmak, ne pastörize edilmiş ne de HPP (yüksek basınçlı pastörizasyon) kereviz sapı suyu içmek doğru faydaları sağlamayacaktır. Kereviz sapı suyu için her türlü meyve sıkacağı uygundur ve ayrıca taze kereviz sapı suyunu kendiniz yapmak yerine bir meyve suyu barından satın almayı da seçebilirsiniz. En iyi sonucu elde etmek için, taze yapılmış olarak tüketin. Meyve suyunu sıktıktan hemen sonra içemezseniz -örneğin, gün içinde ikinci bir porsiyon alıyorsanız- sorun değil. Soğutulmuş olarak hava geçirmez bir kapta saklayın. Bölüm 17, "Sindirim Yolu Sağlığı"nda daha fazlasını okuyun.
- Taze kereviz sapı suyunu aç karnına için. Önceden biraz su veya limon suyu içtiyseniz, kereviz sapı suyunuzu içmeden önce en az 15 ila 20 ve ideal olarak 30 dakika bekleyin. Kereviz sapı suyunuzu bitirdikten sonra, başka bir şey tüketmeden önce en az 15 ila 20 dakika ve ideal olarak 30 dakika bekleyin.
- Günün ilerleyen saatlerinde kereviz sapı suyu içiyorsanız, yediğiniz yiyeceklere önce sindirimi için bolca zaman verin. Son atıştırmalık veya öğününüz yağ/protein açısından yüksekse, kereviz sapı suyunu içmeden önce en az iki saat, ideal olarak üç saat beklemeniz en iyisidir. En son meyve, sebze, patates veya meyveli smoothie gibi daha

hafif bir şey yediyseniz, yemekten 60 dakika sonra kereviz sapı suyunu içebilirsiniz.

- Doktor tarafından verilen bir ilaç kullanıyorsanız -aç karnına mı yoksa yemekle mi alınması gerektiğine bağlı olarak- kereviz sapı suyundan önce veya sonra almanızda bir sakınca yoktur. (Unutmayın ki ilacınız yemekle birlikte alınacaksa kereviz sapı suyu yemek sayılmaz.) Önce ilacı alıyorsanız, kereviz sapı suyunu içmeden önce en az 15 ila 20 dakika, ideal olarak 30 dakika beklemeye çalışın. Önce kereviz sapı suyunu içerseniz, ilacınızı almadan önce en az 15 ila 20 dakika ve ideal olarak 30 dakika beklemeye çalışın. Başka sorularınız veya endişeleriniz için doktorunuza danışın.
- Bu kitaptaki diğer takviyeler söz konusu olduğunda, lütfen bunları kereviz sapı suyunuzla birlikte almayın. Takviyeler kereviz sapı suyuyla iyidir, kereviz sapı suyu çoğu takviye olmadan daha iyidir. Takviyelerinizi almak için, en az 15 ila 20 dakika ve ideal olarak kereviz sapı suyunuzu bitirdikten sonra 30 dakikaya kadar beklemek en iyisidir.
- Kereviz sapı suyunu hayatınıza sokmakla ilgili başka sorularınız varsa, *Medikal Medyum/ Kereviz Sapı Suyu* kitabı bir cevap olacaktır.

Çocuklar için Kereviz Sapı Suyu Miktarları

Çocuklar için kereviz sapı suyu miktarlarını seçerken bu tablodan yararlanabilirsiniz. Bunlar önerilen günlük minimum değerlerdir. Çocuğunuz için doğru geliyorsa daha az veya daha fazla olabilir. Bu minimum miktarları aşmanın zararlı olduğu konusunda endişelenmenize gerek yok.

YAŞ	MİKTAR
6 aylık	0,02kg veya daha fazla
1 yaşında	0,05kg veya daha fazla
18 aylık	0,08kg veya daha fazla
2 yaşında	0,11kg veya daha fazla
3 yaşında	0,14kg veya daha fazla
4 - 6 yaş arası	0,17-0,19kg veya daha fazla
7 - 10 yaş arası	0,22-0,25kg veya daha fazla
11 yaş ve üstü	0,340,45kg

MEDİKAL MEDYUM ŞOK TEDAVİLERİ

Ayrıca Kısım II ve III'teki bazı takviyeleri isteğe bağlı *Medikal Medyum* Çinko Şok Tedavisi ve *Medikal Medyum* C Vitamini Şok Tedavisi gerektirdiğini göreceksiniz. Bunlar, ister ilk kez ortaya çıkan bir durumla uğraşıyor olun, ister bir nüksetme yaşıyor olun, bağışıklık sisteminizi bir enfeksiyonla savaşmak için ihtiyaç duyduğu şeyle besleyerek yeniden inşa etmek için güçlü iyileşme yollarıdır.

Bu ek tedaviler özellikle soğuk algınlığı ve grip, İYE, arpacık, uçuk (herpes simplex 1), herpes simplex 2, zona, döküntü, öksürük, boğaz ağrısı, sinüs enfeksiyonu, akciğer enfeksiyonu, aftlar ve mono için yararlı olabilir.

Medikal Medyum Çinko Şok Tedavisi

Medikal Medyum Çinko Şok Terapisi yararlı bir tekniktir çünkü çoğu insanda çinko eksikliği vardır. Organik tarım alanlarımız da dahil olmak üzere topraklarımıza toksik ağır metaller girdiğinde oluşan ve zamanla toprağın bağışıklık sistemini yok ederek ölü toprak oluşturan bir reaksiyon sonucu, topraklarımızı uzun zaman önce terk eden bir mineraldir.

Bu noktada gıdalardaki eser mineral çinko çok azdır ve kirleticiler (böcek ilaçları, herbisitler, araba egzozu, on yıllar önce araba frenlerinden çıkan eski asbest ve gökten yağan DDT ve toksik ağır metaller gibi) toprağımıza girmeye ve toprağın bağışıklık sistemini tüketmeye devam ettikçe daha da azalır. Çinkonun kendi bağışıklık sistemimizin bir numaralı savunması olması gerekiyor ve bizde eksik olduğu için ona çok ihtiyacımız var.

Vücudumuzda yeterli çinko yoksa, bağışıklık sistemimiz grip türünde bir istilacıya aşırı tepki verebilir veya Epstein-Barr gibi kronik bir viral enfeksiyona yetersiz tepki verebilir. Aşırı tepki, daha yüksek ateş ve diğer daha ileri, şiddetli semptomlar anlamına gelebilir. Yetersiz tepki, zamanla kronikleşen uzun süreli düşük dereceli semptomlar anlamına gelebilir. Bağışıklık sistemimiz bol miktarda çinko ile iyi bir şekilde beslendiğinde, bu aşırı reaksiyon veya yetersiz reaksiyon gerçekleşmez. Çinko ayrıca virüsleri ve verimsiz, agresif bakterileri de kendi yararına yavaşlatır. Virüsler ve verimsiz bakteriler çinkoya alerjiktir; mineral onları iter ve zayıflatır, hatta patojenleri uysal hale getirir; bu da bağışıklık sisteminin patojenleri daha hızlı öldürmesini ve ortadan kaldırmasını sağlar.

Medikal Medyum Çinko Şok Tedavisi Talimatları

- Bir böcekle hasta olduğunuzu düşünüyorsanız, zaten grip olmuşsanız veya yukarıda listelenen enfeksiyonlardan birine sahipseniz -bir yetişkin için- her üç saatte bir, boğazınıza 2 damlalık yüksek kaliteli sıvı çinko sülfat fışkırtın. Yutmadan önce bir dakika bekletin. Grip midenizi bulandırmıyorsa ve çinko damağınızdaysa, bunu iki gün boyunca, günde beş veya altı defaya kadar yapabilirsiniz (yani günde toplam 10 ila 12 damlalık olmak üzere; üç saatte bir, iki damlalık çinko).
- Damağınız daha hassassa, daha hafif bir Medikal Medyum Çinko Şok Tedavisi deneyebilirsiniz: Günde beş defaya kadar, her üç saatte bir, 1 damlalık veya günde üç defa, 2 damlalık olarak.
- Medikal Medyum Çinko Şok Tedavisi 'nin herhangi bir versiyonunda, iki günden sonra çinko dozunu takviye listenizde yazana kadar azaltın. Çocuklar için, bu takviye tedavisi için ayarlanmış sıvı çinko sülfat miktarları şunlardır:
- **1-2 yaş arası**: Meyve suyuna, suya veya doğrudan ağızdan, 2 küçük damla (damlalık değil) uyanıkken, her üç saatte bir
- **3 ila 4 yaş**: Meyve suyuna, suya veya doğrudan ağızdan, 3 küçük damla (damlalık değil) uyanıkken, her üç saatte bir
- **5-8 yaş arası**: Meyve suyuna, suya veya doğrudan ağızdan, 4 küçük damla (damlalık değil) uyanıkken, her üç saatte bir
- **9 ila 12 yaş arası**: Meyve suyuna, suya veya doğrudan ağızdan, 10 küçük damla (damlalık değil) uyanıkken, her üç saatte bir
- **13 yaş ve üzeri**: Ağızdan, 1 damlalık, uyanıkken, her dört saatte bir

Çocukların özel hassas yapıları nedeniyle, -medikalmedium.com'daki çevrimiçi rehberimde de bulabileceğiniz- doğru türde sıvı çinko sülfat almak özellikle önemlidir. Hemen hemen tüm şirketler, çoğu zaman sert katkı maddeleriyle birlikte, tadı agresif ve damak tadına varması zor çinko üretiyor.

Medikal Medyum C Vitamini Şok Tedavisi

Medikal Medyum C Vitamini Şok Terapisi neden iyileşmeyi yeni bir düzeye getiriyor? Çünkü, hücrelere ve organlara götürmek için doğru tip C vitaminine bağlanmak için temelde; çiğ bal, saf akçaağaç şurubu ve taze sıkılmış narenciyede bulacağınız belirli bir glikoz türü gerekir. Ham bal ve sıkılmış portakalın birleşimi, kendilerini doğrudan C vitaminine bağlayarak, bu güçlü antiviral, antibakteriyel iyileştirici besinlerin vücutta oluşmasını sağlar.

Medikal Medyum C Vitamini Şok Tedavisi Talimatları

- Yetişkinler için Medikal Medyum C Vitamini Şok Tedavisi için malzemeler 2500 miligram Micro-C kapsülü, 1 bardak su (tercihen ılık), 2 çay kaşığı çiğ bal ve bir portakalın taze sıkılmış suyu.
- **Hazırlanması**: Micro-C kapsüllerini açın ve ılık suya içindekileri dökün. Çözülene kadar karıştırın. Ham balı ve portakal suyunu ekleyin, iyice karıştırın. Soğuk algınlığı, grip veya listelenen enfeksiyonlardan herhangi birinin ilk belirtisinde başlayarak, bu toniği uyanık olduğunuz saatlerde her iki saatte bir için. Bunu iki gün boyunca yapabilir ve ardından bireysel bir takviye listesindeki doza geçebilir veya bu tekniği soğuk algınlığı veya grip süresince kullanabilirsiniz.
- İçecek başına daha fazla C vitaminine ihtiyacınız olduğunu düşünüyorsanız, her birine 2'den fazla Mikro-C kapsülü ekleyebilirsiniz. Ham bal kullanmak istemiyorsanız yerine yüzde 100 saf akçaağaç şurubu (akçaağaç aromalı şurup değil) kullanabilirsiniz. Portakal sevmiyorsanız, yerine bir limonun suyunu koyabilirsiniz.

Çocuklar için, bu takviye tedavisi için ayarlanmış C vitamini miktarları şunlardır:

- **1 ila 2 yaş arası**: 1500 miligramlık Micro-C kapsülü boşaltılır ve 1/2 su bardağı su, 1 tatlı kaşığı çiğ bal ve yarım portakalın taze sıkılmış suyu ile karıştırılır, uyanıkken her altı saatte bir
- **3-4 yaş arası**: 1500 miligramlık Micro-C kapsülü boşaltılıp 1/2 su bardağı su, 1 tatlı kaşığı çiğ bal ve 1 portakalın taze sıkılmış suyu ile karıştırılır, uyanıkken her beş saatte bir
- **5-8 yaş arası**: 1500 miligramlık Micro-C kapsülü boşaltılıp 1 su bardağı su, 2 çay kaşığı çiğ bal ve 1 portakalın taze sıkılmış suyu ile karıştırılır, uyanıkken her dört saatte bir
- **9-12 yaş arası**: 1500 miligramlık Micro-C kapsülü boşaltılıp 1 su bardağı su, 2 çay kaşığı çiğ bal ve 1 portakalın taze sıkılmış suyu ile karıştırılır, uyanıkken her iki saatte bir
- **13 yaş ve üzeri**: 2500 miligramlık Micro-C kapsülü boşaltılıp 1 su bardağı su, 2 çay kaşığı çiğ bal ve 1 portakalın taze sıkılmış suyu ile karıştırılır, uyanıkken her üç saatte bir

"İyileştiğimizde şüphe yok olur. Gerçek amacımıza adayacak enerjimiz olur. Kendi dönüşümümüzü izleriz ve hayattaki iyiliğe yeniden inanırız. Bu dünyadaki yolumuzla yeniden barışırız. Kalbimizde ve ruhumuzda huzurla eve dönüş yolumuzu buluruz.
Bedenlerimizle bağlantı kurduğumuzda, onları gerçekten dinlediğimizde ve onlara özlem duydukları besini verdiğimizde, her şey değişir. Gerçek mucizeler olur."

— Anthony William, Medikal Medyum

22

28 GÜNLÜK ARINMA TEDAVİSİ

Vücudumuz bizi koşulsuz sever. Bizi yargılamaz, suçlamaz veya bize darılmaz. Vücudumuzdaki bütün sistemler, her gün -lenf sistemi, iç salgı bezi sistemi ve merkezi sinir sistemimiz- şikâyet etmeden bizim için çalışır. Bağışıklık sistemimiz her an savaşa hazırdır vücudun her tarafını istilacı var mı diye kontrol eder.

Bunu kanıksamışızdır. Sistemlerimizin sevmediği şeyler yeriz, vücudumuzu ve ruhumuzu beslemekten ziyade duygularımızı rahatlatmak için tüketiriz. Atıştırmalıklarımız, yediğimiz yemekler, içeceklerimiz ve tükettiğimiz tatlılar hepsi duygularımız içindir ve vücutlarımız bu ruhsal zararın kurbanı olur. Kafamız karışır ve yediğimiz şeyle vücudumuzun ihtiyacı olan şey arasındaki sınırı aşarız.

Sonuçta vücudumuz yıpranmaya başlar. İlk önce ufak tefek, daha sonra büyük yıkımlar baş gösterir. Yağı tükenmekte olan bir araba düşünün. Bir müddet dumanlar çıkararak ilerler ancak bir noktada yağ çok azalacaktır, orada arabayı çalıştırdığınızda motor ısınır, sürtünmeye sebep olur ve *bom!* Bir subap patlar.

İnsan vücudu çok bağışlayıcıdır. Vücudunuz iyileşmekister ve *iyileşebilir.* Yıllarca göz ardı edilip, hatalı davranılıp yanlış anlaşılsa bile vücudunuz, başka hiçbir şeyin ve hiç kimsenin yapamayacağı kadar sizin için savaşır. Onu doğru yola yönlendirdiğinizde vücudunuzun sıradışı durumlar ve hastalıklardan arınma, yenilenme kabiliyeti vardır.

Vücudunuzu, ihtiyaç içerisinde bulunan eski bir arkadaş gibi düşünün. Dar bir geçitten geçerken ona yardım elimizi uzattığınızı düşünün. Bu özgür iradeniz ve vücudunuzun sizden istediği desteği vermek için niyetinizin gücünü gösterir.

Vücudumuzla bağlanıp gerçekten onu dinler ve ona istediğini verirsek her şey değişir. O zaman gerçek mucizeler olur.

Çoğumuz ne istersek yiyebileceğimiz bir dünyada büyüdük. Bu, değiştirilmesi zor bir anlayış. Yemek yeme rutinimiz kişiliğimizin bir parçası gibidir; gizli alışkanlıklarımız ve faydasız tercihlerimiz bunlara dâhildir.

Hepimizin nefsi vardır. Bu istekleri sezgiyle karıştırmamak önemlidir. Bazı yiyecekleri yemek için güçlü bir istek duyabilir ve vücudumuzun bize, o pastırmalı çizburgere ya da o omlete ihtiyacımız olduğunu söylediği konusunda yanılabiliriz.

Yine de insanlar karaciğerlerini, pankreaslarını, safra keselerini ve kalplerini daha yağlı, daha tehlikeli, işlenmiş, kızartılmış, gastronomik karışımlara maruz bırakmakta. Çünkü ruh ve vücut hizadan çıkmış durumda. Dünyada karşılaştığımız zorluklar ruhumuza zarar verebilecekleri için bu gerçekleşiyor. Boşluğu yiyecekle doldurmanın, bizi rahatsız eden duyguları bastırmanın yollarını arıyoruz ama bir işe yaramıyor. Faydasız yemekler yemek bizi daha çok hasta eder. Ruhlarımız şifa bulmaz, daha çok acı çeker.

Bir şekilde sağlık problemi yaşamaktaysanız bu oyun değişmeli. Sağlık veren, güçlendiren yiyecekler yemek ve sorunlara yol açan yiyeceklerden uzak durmak bir hastalığı veya sağlık durumunu iyileştirmenin en önemli yönüdür.

Bu bölümde anlattığım sağlıklı yemek planı sağlık dağlarını yerinden oynatacak. Vücudunuz için bir sıfırlama düğmesi gibi olacak. Burada söylenenleri dört hafta boyunca takip etmek iltihaplanmalarınızın azalmasını sağlayacak -sadece bu kitapta bahsettiğim hastalıkların değil burada yer olmadığı için anlatamadığım diğer hastalıkları da azaltacaktır- ve akıl sağlığınız açısından da büyük değişiklikler gerçekleşecektir. Ayrıca bu program sağlığınız yerinde ve sadece kilo vermek istiyorsanız veya potansiyel gücünüzü yeniden kazanmak ve en üst düzeye çıkarmak istiyorsanız da size yardımcı olacaktır.

İnsanların yanlış yiyecekler tercih etmesinin tek sebebi arzuları değil. Makaleler, çeşitli yazılar, reklamlar, toplum baskısı ve sağlık endüstrisinin tavsiyeleri de buna sebep olmakta. Her zaman haberlerde süper bir yiyecekten bahsederler, yeni bir diyet söz konusudur veya aslında sağlıklı gibi görünen ama gizliden gizliye sizin için zararlı olan bir yiyecekle ilgili bir söylenti vardır.

Şimdi siz bu gürültüyü duymazdan gelmelisiniz. Burada anlatılan 28 günlük programa odaklandığınız zaman enerjinizi, dünyanın geri kalan kısmından gelen bilgilere harcamaktan kurtulursunuz. Bu bir yoksunluk değil, bolluk ve berekettir. Bu lezzetli ve sağlıklı program sayısız hastaya pek çok fayda sağladı. İnsanların hayatlarını değiştirdi. Sizinkini de değiştirebilir.

Buradaki tavsiyeleri harfiyen uygularsanız vücudunuzun daha önce hiç duymadığınız bir biçimde cevap verdiğini göreceksiniz. Bu bilgi keşfetmeniz için sabırla beklemekteydi ve artık sizinle birlikte çalışmaya hazır.

PLAN

Şöyle: Dört hafta boyunca yalnızca çiğ meyveler, yapraklı yeşillikler, bitkiler, sebzeler ve yaban mersini gibi belirli yabani yiyecekleri yiyin.

En iyi sonuçlar için, 28 gün boyunca aşağıdaki planı takip edin. Bu en iyi süre olsa da, sadece bir hafta bile size önemli sonuçlar getirebilir. Diğer bir alternatif ise "haftada bir temizlik günü"dür. Ve eğer bu size uzun süreli arınmayı denemek için doğru bir zaman gibi gelmiyorsa, dikkatinizi kitaptaki diğer şifa tekniklerine çevirin ve kendinizi hazır hissettiğinizde bu bölüme geri dönün. Öte yandan, sağlık sorunlarınız veya fazla kilonuz varsa, temizliği ilk aydan fazla olacak şekilde uzatabilirsiniz.

Bu planın bu kadar etkili olmasının bir nedeni, her öğünde aldığınız besinleri en üst düzeye çıkarmasıdır. Meyveler, yapraklı yeşillikler, otlar, belirli yabani yiyecekler ve sebzeler, ham hallerinde, vücudunuz için en kolay ulaşılabilen formda, herhangi bir gıdanın en yüksek besin seviyesini içerir. Bu besinleri bu kadar yüksek miktarda tükettiğinizde vücudunuzu, can attığı yapı taşları ile dolduracaksınız. Vitaminler, eser mineraller, antiviral bileşikler, antibakteriyel bileşikler, antioksidanlar, mineraller, fitokimyasal bileşikler ve diğer besleyici bileşenler, vücudunuzdaki her sistemi temizlemeye ve güçlendirmeye yardımcı olacaktır.

Karaciğeriniz ve sindirim sisteminiz bu yararlanıcılardan bazıları. Karaciğer sağlığı ve onunla bağlantılı sindirim sistemi sağlığı, bağışıklık ve genel sağlık üzerinde büyük bir etkiye sahiptir. Normalde, sindirimin vücudunuzun enerjisinin çok büyük bir miktarını kullandığından bahsetmiyorum bile.

Vücudunuzun günlük bir yapılacaklar listesi vardır. Kalbinizin atması, ciğerlerinizin şişmesi ve yiyeceklerin bağırsaklarınızda dolaşması gibi her gün ilgilenmesi gereken şeyleri vardır. Yani gerekli zaman ve destek olursa; toksin çöpünü çıkarmak, kritik dokuları onarmak ve çok daha fazlasını yapabilir.

Evinizde titrek bir kapı kolu hayal edin. Bir gün düşecek ve gerçek bir probleminiz olacak. Her gün tamir etmeyi düşünüyorsunuz, ancak faturaları ödemek, aileniz için yemek yapmak ve dışarıda taze kar küreklemek öncelik kazanır; ayrıca tornavidanız kayıp. Vücut da aynıdır. Sindirilmesi zor yiyeceklerle aşırı yüklendiğinde ve kritik besinleri kaçırdığında, bu istek listesi öğeleri ertelenmeye devam eder.

Vücut pişmemiş meyveleri, yapraklı yeşillikleri, bitkileri, bazı yabani yiyecekleri, sebzeleri hızlı ve kolay bir şekilde işler. Bu gıdalar ayrıca sindirimi daha da pürüzsüz hale getiren canlı enzimlere sahiptir. Vücudunuz ağır yağları ve proteinleri veya katkı maddelerini ve tahriş edici maddeleri işlemekle meşgul olmadığında, vücudunuzun hücresel düzeyde kendini yeniden inşa etmesi için her gün saatlerce boş zaman yaratır. Sanki biri ön basamakta kaldırımınızı ücretsiz olarak kar püskürtmeye hazır olarak belirmiş ve aynı anda size tam bir araç takımı vermiş gibi. Aniden, hiçbir şey sizi kapı tokmağını veya yerden fırlayan çivileri veya damlayan musluğu tamir etmekten alıkoyamaz.

Et, balık ve tahıllar, yararlı besinlere sahip olsalar da, hidroklorik asit ve safra rezervleriniz düşük olduğunda, mide bezleriniz ve karaciğeriniz fazla yağlı beslenmenin stresinden yıprandığından, vücut için parçalanması zor olabilir. Vücudumuz hastalık, toksisite veya sadece halsizlik nedeniyle zayıfladığında, bu gıdaları optimal bir şekilde işleme yeteneğini kaybederiz. Aşağıdaki plan, bu gıdalara sindirim gücüyle geri dönmek için ihtiyacımız olan gücü veriyor.

Ayrıca ruhu temizlemeye ve yeniden inşa etmeye yardımcı olur. Vücudunuz yeniden mineralleşir, toksinlerden arınır, onarılır ve gençleşirken; ruhunuz meyve gibi güçlü gıdaların ona rahatlık getirecek gerçek besin olduğunu öğrenir. 28 günün sonunda, sağlığınız için zararlı olduğunu bildiğiniz yiyecekler eskisi kadar etkili olmayacaktır.

Ruhunuz ve bedeniniz de yeni bir frekansta çalışacaktır. Yediğiniz her meyve parçası, her çiğ ıspanak yaprağı canlı bir titreşime sahiptir. Onu tükettiğinizde onu özümsüyor olursunuz. Canlı yiyecekler sizi hayata döndürür.

İyileşme sürecinizi başlatmaya hazır mısınız? Ardından, sonraki dört hafta boyunca gezegendeki en iyileştirici yiyecekleri yiyin ve başka hiçbir şey yemeyin.

Başka bir deyişle, yağ alımını düşük tutmaya vurgu yaparak çiğ (mümkünse organik) meyveler, yapraklı yeşillikler, otlar, sebzeler ve önerilen bazı yabani yiyecekleri tüketin. Tuz alımını da sınırlayın veya kaldırın -bir porsiyona sadece bir tutam yüksek kaliteli deniz tuzu veya kaya tuzu ekleyin, eğer buna ihtiyacınız olduğunu düşünüyorsanız.

Bol su, hindistancevizi suyu (pembe veya kırmızı olmayan), bitki çayı ve/veya takip eden tarifler bölümündeki taze meyve suyu için; susuz kalmayın. (Çayın sıcak suyu, bitkilerdeki besin maddelerini yok etmez; tıbbi özelliklerini serbest bırakır.)

Gün boyunca 1 litre su içmeye çalışın (kabaca 4 bardağa eşdeğer). Buna, uyandıktan sonra içtiğiniz limon/misket limonu suyu veya yatmadan hemen önce içmeyi tercih ettiğiniz herhangi bir limonlu/misket limonlu su ya da çay dahil değil; bu 1 litre su bunlara ek olarak, öğünler ve atıştırmalıklar arasında içtiğiniz sudur. Gün içinde içmeyi seçtiğiniz herhangi bir hindistan cevizi suyu veya taze meyve suyu da o litre suya ektir. İçme suyunuza biraz limon veya misket limonu sıkmaktan çekinmeyin. Bir litre su çok fazla geliyorsa, zorlamayın. Öte yandan, 1 litreden fazla yapabilirsiniz. Temizlemenin herhangi bir noktasında daha fazla sıvıya ihtiyacınız olduğunu düşünüyorsanız, çekinmeyin; su seviyenizi arttırın. (Her zaman olduğu gibi, suyunuzu kereviz sapı suyuna çok yakın içmemeye dikkat edin - aralarında en az 15 ila 30 dakika ara verdiğinizden emin olun.)

Bu kitabın takviye ve iyileştirici gıda protokolünde listelediği bir rahatsızlığınız varsa, bunları karışıma eklemekten çekinmeyin.

Arınmayla ilgili tüm sorularınız için Medikal Medyum'un yardımcı kitabı *Cleanse to Heal*'ı öneririm. Orada açlık ve porsiyonlar, hamilelik veya emzirme döneminde arınma, olası iyileşme reaksiyonlarının nasıl yorumlanacağı ve arınmanın sekteye uğradığı durumların nasıl ele alınacağı hakkında bilgiler içeren "İçeriden Temizlik Rehberi"ni bulacaksınız. *Cleanse to Heal* ayrıca ek tarifler, arınma sırasında takviyelerle ilgili bilgi, semptom ve durum komplikasyonları hakkında cevaplar (örneğin, gastroparezi ile uğraşıyorsanız) -ister daha kapsamlı bir arınma ister daha kısa bir arınmayla başlayın- daha fazla seçenek sunar.

Şimdi 28 Günlük Şifa Temizliği'nde bir günün nasıl olduğuna bakalım. İyileşmenin başlaması için hazırlanın.

Sabahın erken saatleri

Güne 473ml - 946ml limon veya misket limonu suyu ile başlayın. En az 15 - 30 dakika sonra, 473ml - 946ml taze kereviz sapı suyuna geçin. (Kereviz sapı suyunu sevmekte zorlanıyorsanız, salatalık suyu bir seçenektir. Salatalık suyu kereviz sapı suyuyla aynı faydaları sağlamasa da, gerekirse sizin için oradadır.) Bu rutin, vücudunuzun gece boyunca yaptığı detoks çalışmasını en üst düzeye çıkarmak için harikalar yaratacak ve sonraki gün için vücudunuzu nemlendirecektir.

Sabah içecekleri için bu seçeneklerden herhangi birine sahip değilseniz, bunun yerine 473ml - 946ml sade su içmek de iyidir. En azından içine limon sıkmayı deneyin.

Kereviz sapı suyunuzu (veya salatalık suyunuzu) bitirdikten sonra kahvaltıya geçmeden ya da bitki çayı veya hindistancevizi suyu gibi arındırıcı içecek seçeneklerine geçmeden önce, en az 15 - 30 dakika daha bekleyin.

Kahvaltı

Kahvaltı için meyveli smoothie yapın. İyi bir başlangıç tarifi olarak üç muz, iki hurma ve 1 fincan çilek verilebilir. Bu sizi doyurmazsa, daha fazla muz veya çilek eklemekten çekinmeyin. Bu, Medikal Medyum Ağır Metal Detoks Smoothie'si veya sonraki bölümdeki diğer smoothie'lerden biriyle değiştirilebilir. Kendinizi mahrum etmeyin; aç kalmayın.

Bir smoothie bir seçenek değilse, taze meyve deneyin. Papaya, armut, kavun ve mango lezzetli seçenekler sunar.

Sağlıklı smoothie takviyeleri; bir avuç ıspanak veya kişniş gibi yeşillikler; iki kereviz sapı; veya bir çay kaşığı arpa otu suyu tozu. Sadece meyvenin ana bileşen olarak kaldığından emin olun. Protein tozları ve benzerlerini katıp bu tavsiyelerden sapmayın.

Sabah - Öğlen Arası

Acıkırsanız, yukarıda anlatıldığı gibi başka bir meyveli smoothie yapın (veya önce iki porsiyon yapın ve ikinci porsiyonunuzu şimdi alın). Alternatif olarak, taze meyve, salatalık dilimleri ve/veya kereviz çubukları ile atıştırabilirsiniz.

Öğle Yemeği

Öğlen vakti, bir sonraki bölümdeki tariflerden birini veya şu temel tarifi kullanarak bir salata yapın: ıspanak, marul ve salatalıkları taban olarak toplayın, ardından istediğiniz meyveleri ekleyin. Örnek olarak; çilek, dilimlenmiş mango, papaya parçaları, üzüm ve portakal veya greyfurt parçaları sayılabilir. Sos için, bir avuç kişnişi iki portakalın suyuyla karıştırabilirsiniz (artı isterseniz sarımsak ve/veya taze zencefil). Bu kocaman bir salata, bu yüzden doymak için yeterince yediğinizden emin olun. İsteğe bağlı ilaveler doğranmış lahana, kereviz veya karnabahar; roka veya bebek lahana, filiz ve yeşil soğan olabilir.

Bir sonraki bölümdeki salata tariflerinden birini seçecekseniz, arınmanın "buharda pişirilmiş" seçenekler içeren değiştirilmiş versiyonunu yapmıyorsanız, tamamen çiğ olanına bakın. ("Değişiklikler" bölümünde daha fazlasını okuyun)

Çiğneme sorunları yaşıyorsanız veya hızlı bir öğle yemeği seçeneğine ihtiyacınız varsa, salatanızı karıştırmaktan veya mutfak robotunda ince ince doğramaktan çekinmeyin. Ayrıca elmalı karnabahar veya elmalı lahana ile bir mutfak robotu öğütme işlemi yapabilirsiniz. Ya da bir sonraki bölümden Ispanak Çorbası tarifi seçebilirsiniz.

Öğleden sonra

Öğleden sonra acıktıkça, dilediğiniz meyveyi atıştırın. İyi örnekler arasında elma, armut dilimleri, hurma, portakal ve üzüm olabilir. Her porsiyon meyvenin yanında kereviz sapı çubukları iyi bir seçenek. Bir kaşık dolusu çiğ bal da harika olabilir.

Akşam yemeği

Akşam yemeği olarak Ispanak Çorbası için tarifler bölümüne bakın. Jülyen dilimleyici veya spiral dilimleyici gibi bir mutfak aletiyle doğrayabileceğiniz salatalık dilimleri üzerine servis edilen bu yemeği yemek çok da eğlenceli olabilir. Bu araçlar, sebzeleri uzun, ince, gevrek şeritler haline getirmeyi kolaylaştırır. Kabak dilimleri popüler olsa da (ve buğday makarnasından çok daha sağlıklı olsa da), çiğ kabakları sindirmenin biraz rahatsız edici olabileceğini unutmayın. Önceliğiniz maksimum iyileşme ve detoksifikasyonsa, kabak (ve havuç ve balkabağı) dilimlerini bu temizliği tamamladığınız zamana saklayın.

Ayrıca Ispanak Çorbası malzemelerini harmanlamak yerine salata olarak yiyebilir veya akşam yemeği için bir sonraki bölümden farklı bir tarif seçebilirsiniz. Arınma yapmıyorsanız ve pişmiş bir seçeneğe ihtiyacınız yoksa, tercihen ham bir tarif uygulayın.

Akşam

Akşam yemeğinden sonra hâlâ açsanız, bir elma, portakal ve/veya bir hurma atıştırın. Akşam içeceği seçenekleri; bu kitapta önerilen bitki çayları, limonlu veya misket limonlu su, sade su veya hindistancevizi suyudur (pembe veya kırmızı değil).

DEĞİŞİKLİKLER

Her gün bu sırayla anlatılanları yemek zorunda değilsiniz. Eğer isterseniz öğlen ve akşam yemeğinin yerlerini değiştirebilirsiniz; veya iki salata yiyebilirsiniz ya da öğlen veya akşam yemeği için meyve püresi hazırlayabilirsiniz. Eğer hoşunuza gidiyorsa dönüşümlü olarak değişik salata ve yeşillik çorbaları deneyebilirsiniz.

Belli bir yeşilliği ham ve tazeyken çok fazla yemenin ya da ıspanak yapraklarının size zarar vereceği konusundaki trende aldırış etmeyin. Bu yanlış bir bilgidir. Eğer bir ay boyunca her gün taze ıspanak çorbası içerseniz bu kendiniz için yaptığınız, yapacağınız en güzel şey olacaktır. Canınızın istediği kadar yeşillik yemekten çekinmeyin.

Tek bir meyveden oluşan bütün bir öğünü tek başına yemek de sorun değil. Örneğin, kereviz sapı suyunuz da varsa, sabahı sadece muz yiyerek geçirebilirsiniz. Değilse, birkaç kereviz sapıyla dengeleyebilir veya muzlarınızı marulla yiyebilirsiniz. Kendinizi özellikle tek bir gıdadan çok yerken bulursanız, birçok bakkal, kooperatif ve çiftçi size kasalı ürünleri indirimli olarak satar.

Tarifler bölümü, seçenekleriniz olduğunu gösterecektir. Sadece yolunuzu hatırlayın: çiğ meyveler, yapraklı yeşillikler, otlar, yabani yiyecekler ve sebzeler.

Bağırsaklarınızın iyileşmesi gerekiyorsa, güne aç karnına bir bardak taze, sade kereviz sapı suyuyla başlamanızın nedenlerinden birinin bu olduğunu unutmayın. (Daha fazla bilgi için bkz. 17, "Sindirim Yolu Sağlığı.")

Kan şekeri veya enerji seviyeleri için endişeliyseniz Bölüm 8, "Adrenal Yorgunluk"ta anlattığım atıştırma tekniğini kullanın.

Daha hızlı ilerleme için avokado veya diğer radikal yağları, bir hafta veya daha uzun süre kesmeyi deneyin. Ayrıca eklenen tuzu tamamen kesmeyi deneyin.

Öte yandan, daha az hızlı arınma ve iyileştirme isterseniz,akşam yemeğinize haftada iki - üç kez yarım avokado ekleyin.

Ayrıca, Ispanak Çorbası, akşam yemeğini sadece buharda pişirilmiş patates, sebze veya -bir sonraki bölümdeki- pişmiş tariflerden oluşan bir yemekle değiştirerek bu beslenme şeklini kontrol altına alabilirsiniz. Bu, daha az yoğun bir arındırıcı olabilir ve aynı zamanda tamamen ham bir temizliğe geçiş yapmak için mükemmel bir yol sayılır.

Ve unutmayın, *Cleanse to Heal*, size eşlik edecek bir kaynak. Bu kitap; arınma modifikasyonları hakkında daha fazla bilgi (sadece adaptasyonlar ve ikameler hakkında bir bölüm var), daha fazla arınma seçeneği, daha fazla reçete ve semptom veya rahatsızlık komplikasyonlarıyla nasıl başa çıkılacağına ilişkin seçenekler sunuyor.

GEÇİŞ

Bu yeme şekline alıştığınızda, bazı rahat yiyecekleri kaçırabilirsiniz. Onların yokluğunda, bir teselli kaynağı bunun sonsuza kadar sürmemesidir. Temizlik bir aydır. 40 yaşındaysanız, 480 ay yaşadınız. Göz açıp kapayıncaya kadar geçer.

Siz temizliğe adım atarken, karaciğeriniz işini yapmaya başlayacak ve uzun süredir, yıllar hatta on yıllar boyunca depoladığı toksik maddeleri salmaya başlayacaktır. Bu sorunlar arasında pestisitler, herbisitler, mantar öldürücüler, toksik ağır metaller (örn. alüminyum, cıva ve bakır gibi), petrokimyasallar (arabalardan çıkan egzoz dumanları ve benzin dumanları gibi), plastikler, kolonyalar, parfümler, kokulu mumlar, oda spreyleri, toksik yan ürünler ve patojenlerden (Epstein-Barr virüsü, zona, vb.) herpes simpleks, sitomegalovirüs ve HHV-6), -savaş ya da kaç- ya da kafein kullanımından depolanan adrenalin ve temizlemenizden on yıllar önce olmasa da yıllarca yüksek yağlı bir beslenmeden depolanan yağlar var. Arınma sürecinde ekstra dinlenmeye, sevdiklerinizden ekstra hassasiyet ve bakıma ihtiyaç duymanız doğaldır. (Manevi destek için 24. Bölüm, "Ruhu İyileştirme Meditasyonları ve Teknikleri" ve 25. Bölüm, "Temel Melekler"e bakın.)

Günlük yaşamımızda bunlara ve daha fazla toksik maddeye nasıl maruz kaldığımız hakkında bilgi için, *Cleanse to Heal*'a bakın. O kitap aynı zamanda, bu maddeleri atarken vücudunuzun iyileşme süreci, daha fazla duygusal, ruhsal ve ruh iyileştirici içgörülerle ilgili cevaplara yer veriyor. İşte temizliğin duygusal yönüne bir bakış:

Hücreleriniz, duygusal rahatsızlıklardan kaynaklanan eski, depolanmış adrenalini ve geçmişteki o zor zamanlarda aldığınız yanlış besinlerin kalıntılarını salarken, istek ve hatıralar bilincinizin yüzeyine fırlayabilir. Bu zihinsel sancıların her birini bir hediye olarak kabul edin. Bu, bir toksin cebinin ve hatta onlarla ilişkili bazı duyguların sizi terk ettiği anlamına gelir. Aşermeye teslim olursanız, bir an için tatmin olmuş hissetmenizi sağlayabilir, ancak detoks sürecini keser ve temizliğe geri dönene kadar karaciğerde kalan toksinleri kapatırsınız. Bu temizlik sizi de mutlu edebilir. Sadece hücrelerimizde depolanan zorlu duyguları bastırmıyoruz, aynı zamanda mutluluğu da bastırıyoruz. Bazen dünyanın endişeleriyle aşırı yüklenmiş hissederiz, bu yüzden mutlu olmayı hak etmediğimizi düşünürüz. Bu detoks planı, bu düşünceyi sıfırlamaya yardımcı olacaktır. Arınma bilgisi yukarıdan geldiğinde, tıpkı bunun gibi, ruhsal bir deneyimdir. Vücudunuz toksik dağınıklığı dışarı atarken beyniniz de temizlenecektir. Kendinizi gerçekte kim olduğunuz ve hayatınızın gitmesini istediğiniz yön hakkında farkındalıklar yaşarken bulabilirsiniz. Bunu benimseyin. Dinleyin. Mutluluğunuz insanlığın iyiliği için önemlidir.

Diğer taraftan: Temizliği bitirdiğiniz günü kutlamak için pizza, makarna ve peynir ya da çizburger için dışarı çıkmayın. Çikolatalı dondurmalı pasta sipariş etmeyin. Hemen büyük miktarlarda yağı tekrar verirseniz, karaciğeriniz ve sindirim sisteminiz aşırı yüklenir. Süreçte sabırlı olun. Azar azar, burada ve orada, bazı pişmiş sebze ve baklagilleri eklemeye başlama seçeneğiniz var; darı, yulaf ve kinoa gibi bazı sağlıklı tahıllar; biraz daha yağ (sağlıklı yağlara bağlı kalın); veya yağsız protein. Sağlığınızın tadını çıkarmak istiyorsanız, Bölüm 19, "Ne Yenmemeli"de listelenen yiyecekleri sonsuza kadar diyetinizden çıkarın.

Ve temizlik konusunda kendinizi çok iyi hissediyorsanız, sürdürmek veya biraz daha avokado, fındık, tohum, hindistancevizi veya soğuk sıkım zeytinyağı veya burada burada pişmiş bir yemek gibi küçük değişikliklerle devam etmek istiyorsanız, bunu yapmaktan kendinizi alıkoymanız gerektiğini söylemiyorum. Belirli meyveler, yapraklı yeşillikler, şifalı otlar, yabani yiyecekler ve sebzeler anlamına gelen 28 Günlük İyileştirici Temizlik'ten Medikal Medyum yöntemini yaşam tarzınız yapmak istiyorsanız, bırakmayın.

Herkes farklıdır. Herkesin vücudunda virüsler ve bakteriler gibi farklı patojenler vardır. Bazılarında bir çeşit Epstein-Barr virüsü, bazılarında iki EBV çeşidi ve ayrıca çeşitli zona ve/veya Streptococcus gibi başka bir patojen bulunur. Bazı insanların beyinlerinde veya karaciğerlerinde daha fazla toksik ağır metal bulunur. Ve bazı insanlar, belirli bir toksik ağır metalden daha fazlasına sahiptir. Bazı insanlarda daha fazla böcek ilacı ve herbisit vardır, bazı insanların karaciğerlerinde daha fazla oda spreyi ve benzin bulunur. Kadınların ve erkeklerin bağışıklık sistemleri farklı çalışır. Ve herkesin farklı duygusal zorlukları ve koşulları, farklı yaşam ve finansal koşulları ve yaşamlarının farklı zamanlarında ve farklı yaşlarda düşük bağışıklık sistemlerine yol açabilecek farklı sağlık geçmişleri vardır. Manevi düzeyde, hepimizin farklı ruhları var.

Pratik açıdan, her birimizin karşı karşıya olduğu bu farklılıklar, bir arınmadan sonra nasıl ilerleyeceğimiz konusunda farklı seçimler yapacağımız anlamına gelir. Örneğin bazı insanlar, dünyada her şeyin yolunda olduğunu hissetmek için, arınma olmayan yaşamlarında hayvansal proteine ihtiyaç duyarlar. Bazıları, onları ayakta tutan şeyin öğle yemeğinde somonlu bir kase kahverengi pirinç yemek olduğunu düşünür. Diğerleri bunu yapmaz.

Medikal Medyum yöntemlerini ve protokollerini kullanarak bunu kendiniz bulun. Kendiniz için oluşturabileceğiniz binden fazla kombinasyon var. Her seferinde biraz çaba gösterin. Vücudunuzun size baktığını unutmayın. İyileşmek istiyor. Vücudunuzun çalışma şekli, semptomların ve rahatsızlıkların üstesinden gelmek, küllerinden doğmak için neye ihtiyacı olduğuna dair buradaki bilgileri anlamak, her şeyi değiştirir. Vücudunuza ihtiyacı olandan birazını tek seferde vererek başlar ve günden güne alırsanız huzuru yakalarsınız.

"Meyve hayatımıza geri dönüyorsa, bu bilgiyi benimseyen ve değişim yaratan sizin gibi okuyucular sayesindedir."

— Anthony William, Medikal Medyum

MEDİKAL MEDYUM 28 GÜNLÜK ARINMA TEDAVİSİ ÖRNEK MENÜ PLANI

Bu örnek menü planları, 28-Day Arınma Tedavisinde günlerinizi ve haftalarınızı nasıl yapılandıracağınıza dair fikirler sunar. Referans verdiği tarifler için bir sonraki bölüme geçin.

Bu örnek menülerde çok fazla çeşitlilik olduğunu fark edeceksiniz. Bu, size ilham alabileceğiniz seçenekler yelpazesini göstermek içindir. İsterseniz, bunu basit tutabilirsiniz. Temel bilgileri almak için bu bölümdeki öğün bazında yönergeleri gözden geçirin. Bu örneklerden size hitap eden bir yemek seçeneği seçebilir ve yapılabilir görünen bir menü oluşturabilirsiniz.

Bu bölümdeki diğer önerileri kullanarak menülerinizi özelleştirmekten çekinmeyin. Örneğin, sizin için öncelikliyse her sabah kahvaltıda Ağır Metal Detoks Smoothie içmeye karar verebilirsiniz. Kan şekeri desteği için atıştırmaya karar verebilir, her 1,5-2 saatte bir arınma seçeneklerinden atıştırabilirsiniz. Akşamları, belirli bir destek için 18. Bölümdeki "Beyninizi ve Vücudunuzu Toksinlerden Arındırmak" başlıklı çay tariflerinden birini içmeyi düşünebilirsiniz.

Bu menü planlarındaki tariflerin tümü ham seçeneklerdir. Daha yavaş arınmada bir sakınca görmezseniz, bir sonraki bölümün sonunda akşam yemeğinde seçebileceğiniz pişmiş seçenekler bulacaksınız. Öte yandan, daha hızlı bir arınma istiyorsanız, bu menülerdeki çiğ yemek tariflerinden herhangi birinden avokadoyu çıkartabilirsiniz.

Bunlar -arınmanın size en uygun şekilde çalışmasını sağlamak adına- bu kitaptaki Medikal Medyum yöntemlerini ve buradaki bilgileri kullanarak arınmayı kişiselleştirmek içindir.

BİRİNCİ HAFTA ÖRNEK MENÜSÜ

	1. GÜN	2.GÜN	3.GÜN
UYANINCA	473-946ML Limon/Misket Limonu Suyu	473-946ML Limon/Misket Limonu Suyu	473-946ML Limon/Misket Limonu Suyu
(EN 15-30 DK SONRA) **KAHVALTI ÖNCESİ**	473-946ML Kereviz Sapı Suyu	473-946ML Kereviz Sapı Suyu	473-946ML Kereviz Sapı Suyu
(EN AZ 15-30 DK SONRA) **KAHVALTI**	Ağır Metal Detoks Smoothie	Mojito Meyve Salatası	Yarım Maradol Papayası ile Kivi Dilimileri ve Muz
KAHVALTI SONRASI ATIŞTIRMALIK	Elma	Elma, Kereviz Sapı ve Salatalık Suyu	Taze Portakal Suyu
ÖĞLEN YEMEĞİ	Brushetta Soslu Slatalık Dilimleri	Muz, Çilek Salatası	Elma Salatası
(EĞER ACIKIRSANIZ) **ÖĞLEDEN SONRA ATIŞTIRMALIK**	Hurma ve Kereviz Sapı	Buzu Çözülmüş Yaban Mersini ile 1 Çay kaşığı Ham Bal	Portakal ve Slatalık Dilimleri
AKŞAM YEMEĞİ	Mango Salatası	İsrail Salatası	Avokado Soslu Yapraklı Yeşillikler
(TERCİHE GÖRE) **GECE**	Elma Dilimleri ile 1 Hurma ve Zencefil Çayı	Portakal ve Kekik Çayı	Elma Dilimleri ve Hindistancevizi Suyu

	4.GÜN	5.GÜN	6.GÜN	7.GÜN
UYANINCA	473-946ML Limon/Misket Limonu Suyu	473-946ML Limon/Misket Limonu Suyu	473-946ML Limon/Misket Limonu Suyu	473-946ML Limon/Misket Limonu Suyu
(EN 15-30 DK SONRA) **KAHVALTI ÖNCESİ**	473-946ML Kereviz Sapı Suyu	473-946ML Kereviz Sapı Suyu	473-946ML Kereviz Sapı Suyu	473-946ML Kereviz Sapı Suyu
(EN AZ 15-30 DK SONRA) **KAHVALTI**	Ağır Metal Detoks Smoothie	Karpuz, Kavun veya Bal Özü	Bir Kase Tatlı Dut	Ağır Metal Detoks Smoothie
KAHVALTI SONRASI ATIŞTIRMALIK	Dilimlenmiş Şeftali	Elma, Kereviz Sapı ve Salatalık Suyu	Hindistancevizi Suyu ile Spirulina ve Arpa Otu Suyu Tozu	Aloe Vera Suyu ardından 15 dk bekleyip 1 Muz
ÖĞLEN YEMEĞİ	Ispanak Çorbası	Sebze çubukları ve Mango Salsa Sos (örneğin, Turp, Salatalık, Kereviz Sapı, Dolmalık biber, Kuşkonmaz)	Muz ve Marıl	Tereyağı Marul, Yeşil Soğan, Maradol Papaya veya Mango ve Domates ile doldurulmuş Nori Yaprakları. Ham Bal ve Portakal Suyu Sosuna Daldırın (Muz Salatası tarifine bakın)
(ÖĞLEN YEMEİNDEN 1-2 SAAT SONRA) **ÖĞLEDEN SONRA ATIŞTIRMALIK**	Erik ve Kivi	Ahududu	Üzüm ve Kereviz Sapı	Salatalık Suyu
AKŞAM YEMEĞİ	Doğranmış Salata	Portakal Balı Soslu Filiz Salatası	Mango Zencefil Soslu Kırmızı Lahana Tacos	Bir kase Buritto
(TERCİHE GÖRE) **GECE**	Portakal ile 1 hurma ve Limon suyu	Elma dilimleri Melisa Çayı	1 hurma ve Chaga Çayı	Elma dilimleri ve Portakallı Hibiskus Çayı

İKİNCİ HAFTA ÖRNEK MENÜSÜ

	1. GÜN	2.GÜN	3.GÜN
UYANINCA	473-946ML Limon/Misket Limonu Suyu	473-946ML Limon/Misket Limonu Suyu	473-946ML Limon/Misket Limonu Suyu
(EN 15-30 DK SONRA) **KAHVALTI ÖNCESİ**	473-946ML Kereviz Sapı Suyu	473-946ML Kereviz Sapı Suyu	473-946ML Kereviz Sapı Suyu
(EN AZ 15-30 DK SONRA) **KAHVALTI**	Ağır Metal Detoks Smoothie	Vanilya ve Tarçınlı Kavun Smoothie	Yarım/1 Maradol Papayası karıştırılarak Puding
KAHVALTI SONRASI ATIŞTIRMALIK	Portakal	Karpuz	Zerdeçal Zencefil Shot'ı ve Hurma-Karamel soslu çilek (Muzlu Marul Tekneleri)
ÖĞLEN YEMEĞİ	Banana Nori sarma	İsrail Salatası	Elma Salatası
(EĞER ACIKIRSANIZ) **ÖĞLEDEN SONRA ATIŞTIRMALIK**	Karnabahar Çiçekleri ve Elma Dilimleri	1 Kase Bal Dutu	Portakal
AKŞAM YEMEĞİ	Doğranmış Salata	Muzlu Marul tekneleri	Kıvırcık Lahana salatası
(TERCİHE GÖRE) **GECE**	1 Hurma ve Elma Dilimleri Zencefil çayı	Portakla ve Kekik Çayı	Elma dilimleri Hindistan cevizi suyu

	4.GÜN	5.GÜN	6.GÜN	7.GÜN
UYANINCA	473-946ML Limon/Misket Limonu Suyu	473-946ML Limon/Misket Limonu Suyu	473-946ML Limon/Misket Limonu Suyu	473-946ML Limon/Misket Limonu Suyu
(EN 15-30 DK SONRA) **KAHVALTI ÖNCESİ**	473-946ML Kereviz Sapı Suyu	473-946ML Kereviz Sapı Suyu	473-946ML Kereviz Sapı Suyu	473-946ML Kereviz Sapı Suyu
(EN AZ 15-30 DK SONRA) **KAHVALTI**	Ağır Metal Detoks Smoothie	Nektarin, Şeftali ve/veya Kayısı	Katlı Meyve Salatası	Ağır Metal Detoks Smoothie
KAHVALTI SONRASI ATIŞTIRMALIK	Taze Elmalarla yapılan elma püresi	Banana Orman Meyveli Smoothie	Tarçınlı Armut Dilimleri	Böğürtlen
ÖĞLEN YEMEĞİ	Kereviz Çubuklu, Marul veya Tereyağlı Marul Yapraklı ve Salatalık Dilimli Mojito Meyve Salatası	Mango Salsa Soslu Ispanak, Roka, Kereviz ve Salatalık Salatası	Muz Salatası	Yarım-1 Maradol Papayası ve yaban mersini ve 1 çay kaşığı Ham Bal
(ÖĞLEN YEMEİNDEN 1-2 SAAT SONRA) **ÖĞLEDEN SONRA ATIŞTIRMALIK**	Portakal veya Limon Suyu ile Doğranmış Domates, Turp ve Salatalık	Üzüm	Elma ve Yeşil Sebze Suyu	Kiraz
AKŞAM YEMEĞİ	Elma dilimleri ile ıspanak çorbası	Mango Zencefil Soslu Kırmızı Lahana Taco	1 Kase Buritto	Salatalık rendeli Ispanak Çorbası
(TERCİHE GÖRE) **GECE**	Portakal ve 1 Hurmalı Limon Suyu	Elma dilimleri ve Melise Çayı	1 Hurma Chaga Çayı	Elma Dilimleri Portakallı Hibiskus Çayı

ÜÇÜNCÜ HAFTA ÖRNEK MENÜSÜ

	1. GÜN	2.GÜN	3.GÜN
UYANINCA	473-946ML Limon/Misket Limonu Suyu	473-946ML Limon/Misket Limonu Suyu	473-946ML Limon/Misket Limonu Suyu
(EN 15-30 DK SONRA) **KAHVALTI ÖNCESİ**	473-946ML Kereviz Sapı Suyu	473-946ML Kereviz Sapı Suyu	473-946ML Kereviz Sapı Suyu
(EN AZ 15-30 DK SONRA) **KAHVALTI**	Ağır Metal Detoks Smoothie	Muz Orman Meyveli Smootie	Mojito Meyve Salatası
KAHVALTI SONRASI ATIŞTIRMALIK	Madalina	Salatalık Suyu	Zerdeçal Zencefil Karışımı ve Elma Dilimleri
ÖĞLEN YEMEĞİ	Muz Salatası	Ispanak Çorbası	Tereyağlı Marul Yaprakları içinde 1 kase tatlı Orman Meyveli (Daha doyurucu olması için Dilimlenmiş Muz veya Mango ekleyin.)
(EĞER ACIKIRSANIZ) **ÖĞLEDEN SONRA ATIŞTIRMALIK**	Kivi	Ballı Portakal Suyu Sosuna batırılmış Kuşkonmaz ve Dolmalık Biber (Muz Salatası tarifine bakınız)	Turp, Salatalık ve Hurma
AKŞAM YEMEĞİ	Domatesli Mango Soslu Filiz Salatası	Muz Marul Tekneler	Mango Salatası
(TERCİHE GÖRE) **GECE**	1 Hurma ve Elma Dilimleri Zencefil çayı	Portakallı Kekik Çayı	Elma Dilimleri Hindistan Cevizi Suyu

	4.GÜN	5.GÜN	6.GÜN	7.GÜN
UYANINCA	473-946ML Limon/Misket Limonu Suyu	473-946ML Limon/Misket Limonu Suyu	473-946ML Limon/Misket Limonu Suyu	473-946ML Limon/Misket Limonu Suyu
(EN 15-30 DK SONRA) **KAHVALTI ÖNCESİ**	473-946ML Kereviz Sapı Suyu	473-946ML Kereviz Sapı Suyu	473-946ML Kereviz Sapı Suyu	473-946ML Kereviz Sapı Suyu
(EN AZ 15-30 DK SONRA) **KAHVALTI**	Ağır Metal Detoks Smoothie	Üzüm ve Muz	Karpuz ve Aloe Vera Suyu	Ağır Metal Detoks Smoothie
KAHVALTI SONRASI ATIŞTIRMALIK	Muz	Spirulina ve Arpa Çim Suyu Tozu ile Hindistan Cevizi Suyu	Mango ve Kereviz Çubukları	Maradol Papaya
ÖĞLEN YEMEĞİ	İsrail Salatası	Mango Salsa ve Marul	Elma Salatası	Ispanak çorbası ve Sebze çubukları
(EĞER ACIKIRSANIZ) **ÖĞLEDEN SONRA ATIŞTIRMALIK**	Taze İncir ve Kereviz Çubukları	Muz ve Kuzu Marulu	Kayısı	Dolmalık Biber -Yarım- üzerinde Domates Dilimleri ve isteğe bağlı Filizler ile
AKŞAM YEMEĞİ	Bruschetta Soslu Salatalık Rendesi	Dondurulmuş Muzlarla yapılan Kiraz "Dondurma" veyablenderda/ mutfak robotunda öğütülmüş Mango ve Dondurulmuş Kirazlar	Mango Zencefil Soslu Kırmızı Lahana Taco	Avokado Soslu Yapraklı Yeşil Salata
(TERCİHE GÖRE) **GECE**	Portakal 1 hurma ve Limon Suyu	Elma Dilimleri Melisa Çayı	1 Hurma Chaga Çayı	Elma dilimleri Portakallı Hibiskus Çayı

DÖRDÜNCÜ HAFTA ÖRNEK MENÜSÜ

	1. GÜN	2.GÜN	3.GÜN
UYANINCA	473-946ML Limon/Misket Limonu Suyu	473-946ML Limon/Misket Limonu Suyu	473-946ML Limon/Misket Limonu Suyu
(EN 15-30 DK SONRA) **KAHVALTI ÖNCESİ**	473-946ML Kereviz Sapı Suyu	473-946ML Kereviz Sapı Suyu	473-946ML Kereviz Sapı Suyu
(EN AZ 15-30 DK SONRA) **KAHVALTI**	Ağır Metal Detoks Smoothie	Elma ve Yeşil Sebze Suyu	Mango
KAHVALTI SONRASI ATIŞTIRMALIK	Taze orman meyveleri (ör. Dut, Ahududu, Böğürtlen ve/veya Yaban Mersini)	Vanilya ve Tarçınlı Kavun Smoothie	Hurma, Elma ve Kereviz Çubukları
ÖĞLEN YEMEĞİ	Muzlu Nori Sarma	Katlı meyve Salatası	Elma Salatası
(EĞER ACIKIRSANIZ) **ÖĞLEDEN SONRA ATIŞTIRMALIK**	Tarçınlı Elma Dilimleri	Çeri Domates, Kereviz Çubukları ve Hurma	Spirulina ve Arpa Çim Suyu Tozu ile Hindistan Cevizi Suyu
AKŞAM YEMEĞİ	Bruchetta soslu salatalık rendesi	Kıvırcık Lahana Salatası	Doğranmış salata
(TERCİHE GÖRE) **GECE**	hurma ve Elma Dilimleri Zencefil çayı	Portakal ve Kekik Çayı	Elma dilimleri Hindistan cevizi suyu

	4.GÜN	5.GÜN	6.GÜN	7.GÜN
UYANINCA	473-946ML Limon/Misket Limonu Suyu	473-946ML Limon/Misket Limonu Suyu	473-946ML Limon/Misket Limonu Suyu	473-946ML Limon/Misket Limonu Suyu
(EN 15-30 DK SONRA) **KAHVALTI ÖNCESİ**	473-946ML Kereviz Sapı Suyu	473-946ML Kereviz Sapı Suyu	473-946ML Kereviz Sapı Suyu	473-946ML Kereviz Sapı Suyu
(EN AZ 15-30 DK SONRA) **KAHVALTI**	Ağır Metal Detoks Smoothie	Muz Kiraz Smootie	Tatlı sulu kavun	Ağır Metal Detoks Smoothie
KAHVALTI SONRASI ATIŞTIRMALIK	Ahududu ve Salatalık Dilimleri	Greyfurt	Misket Limon Suyu ile Maradol Papaya	Armut ve Elma
ÖĞLEN YEMEĞİ	Muz Çilek Salatası	Domatesli Mango Sosu (bkz. Filiz Salatası tarifi) Sebze parçaları ile (ör. Kereviz sapı, Salatalık, Dolmalık Biber, Karnabahar, Turp, Kuşkonmaz, Lahana, Marul)	Rende Salatalık ve Ispanak Çorbası	İsrail Salatası
(EĞER ACIKIRSANIZ) **ÖĞLEDEN SONRA ATIŞTIRMALIK**	Aloe Suyu, 15 dakika sonra Portakal Dilimleri	Üzüm	Mango	Elma, Kereviz sapı ve Salatalık Suyu
AKŞAM YEMEĞİ	Tarifler bölümündeki sos seçenekleriyle Filiz Salatası. İsteğe bağlı olarak Nori Yaprak, Marul veya Lahana Yapraklarına sarılmış	Elma Salatası	Kase Buritto	Muz Salatası
(TERCİHE GÖRE) **GECE**	Portakal ve 1 hurma Limon suyu	Elma Dilimleri Melisa Çayı	Bir hurma Chaga Çayı	Elma dilimleri Portakallı Hibiskus Çayı

"Vücudunuzu ihtiyaçları olan eski bir arkadaş gibi düşünün. Bir vadiden tırmanırken bu arkadaşınıza yardım eli uzattığınızı hayal edin. Bu, özgür iradenizi kullanma taahhüdünüz ve vücudunuza istediği desteği verme niyetinizin gücüdür.

Bedenlerimizle bağlantı kurduğumuzda, onları gerçekten dinlediğimizde ve onlara özlem duydukları besini verdiğimizde, her şey değişir. Gerçek mucizeler olur."

— Anthony William, Medikal Medyum

23

MEDİKAL MEDYUM 28 GÜNLÜK ARINMA TEDAVİSİ TARİFLERİ

Meyve suyu ve diğer tarifleri hazırlarken; elma, salatalık ve yenilebilir kabukları olan diğer meyve/sebzeleri, -tarifte belirtilmemişse ve ürünler organikse- kabuklu bırakabilir veya kabuklarını soyabilirsiniz. Aksi halde kabuklarını soyup atın veya herhangi bir nedenle meyve/sebzeyi soyamıyorsanız, kullanmadan önce iyice yıkayın.

LİMON VEYA MİSKET LİMONU SUYU

1 kişilik

Kulağa basit gelse de, günlük rutininizin önemli bir parçası olarak limon veya misket limonu suyunu gözden kaçırmayın. Bu kolay hidrasyon kaynağının hazırlanması sadece bir dakikanızı alır, herkes için son derece faydalıdır ve suyunuzu canlandırır!

Taze kesilmiş yarım limon veya 2 misket limonu + 2 su bardağı su

Taze kesilmiş yarım limon veya 2 misket limonunu suya sıkın, gerekirse çekirdekleri süzün. Limon veya misket limonu suyunu içmeyi bitirdikten sonra kereviz sapı suyu veya başka bir şey tüketmeden önce en az 15 - 20 dakika veya ideal olarak 30 dakika bekleyin.

İPUÇLARI

- Uyanınca 4 bardak limon veya misket limonu suyu içmek; ekstra nemlendirme ve arınmanın harika bir yoludur. Sadece tarifi iki katına çıkararak uygulayın ve keyfini çıkarın.
- Gün içinde en az iki veya daha fazla "2 bardak" limon veya misket limonu suyu içmek en iyisidir. Kalkar kalkmaz, öğleden sonra ve yatmadan bir saat önce içmek en güzel rutindir.
- Misket limonu büyüklük ve sululuk bakımından farklıdır. Limonlarınız kuruysa, yeterli meyve suyu elde etmek için tarifin gerektirdiği gibi 2 bardak su başına iki limon kullanın. Limonlarınız büyük ve sulu ise, sadece yarım limon yeterli olabilir.

KEREVİZ SAPI SUYU

1 kişilik

Bu basit bitki özü, doğru şekilde tüketildiğinde her türlü sağlık sorunu için kapsamlı iyileştirmeler yaratma konusunda inanılmaz bir yeteneğe sahiptir. Bu nedenle kereviz sapı suyu, 28 Günlük Arınma Tedavisinin ve Medikal Medyum serisindeki diğer tüm arınmaların önemli bir bileşenidir. Temizlenmediğiniz zamanlarda bile güne başlamak için ideal bir yoldur.

1 demet kereviz sapı

İsteğe göre sapları ayırmak için kereviz demetinin tabanından yaklaşık 0,6cm kesin. Kereviz saplarını durulayın. Kereviz sapını istediğiniz meyve sıkacağından geçirin. Posasını çıkarıp suyu süzün. En iyi sonucu almak için hemen aç karnına için. Başka bir şey tüketmeden önce en az 15 - 30 dakika bekleyin. Meyve sıkacağınız yoksa, kereviz saplarını blenderdan geçirebilirsiniz: Sapları ayırmak için kereviz sapı salkımının tabanından yaklaşık 0,6cm kesin. Kereviz saplarını durulayın. Temiz bir kesme tahtası üzerine koyun ve kabaca 2,5cm'lik parçalar halinde doğrayın. Yüksek hızlı bir karıştırıcıya yerleştirin ve pürüzsüz olana kadar karıştırın. (Su eklemeyin.) Gerekirse blenderinizin sıkıştırma aletini kullanın. Sıvılaştırılmış kereviz iyice süzün; bir fındık sütü torbası bunun için kullanışlıdır. En iyi sonucu almak için hemen aç karnına için. Başka bir şey tüketmeden önce en az 15 - 30 dakika bekleyin.

İPUÇLARI

- Kereviz sapı suyunuza limon, elma, zencefil veya yeşil yapraklı sebzeler gibi ilave maddeler eklemekten kaçının. Bunlar harika yiyecekler olsa da, kereviz sapı suyu tüm faydalarını yalnızca tek başına tüketildiğinde sunar.
- Kereviz sapı suyunun tamamını hemen içemeyecekseniz, buzdolabında saklamanın en iyi yolu ağzı kapalı bir cam kavanozda saklamaktır. Taze sıkılmış kereviz sapı, iyileştirici faydalarını yaklaşık 24 saat korur. Her saat gücünü kaybeder. 24 saatten daha uzun süre saklamaktan başka seçeneğiniz yoksa, meyve suyunu sıkıp elinizden geldiğince tüketmeye değer.

SALATALIK SUYU

1 kişilik

Taze salatalık suyu alternatif bir gençleştirme toniğidir. Yüksek oranda alkalize edici ve nemlendirici olan salatalık suyu, tüm vücudu temizleme ve detoks etme özelliğine sahiptir. Hafif tatlı tadı içimi kolaylaştırır.

2 büyük salatalık

Salatalıkları durulayın ve istediğiniz meyve sıkacağından geçirin. En iyi sonucu almak için hemen aç karnına için. Bir meyve sıkacağı erişiminiz yoksa, şu şekilde yapabilirsiniz: Salatalıkları durulayın, doğrayın ve pürüzsüz olana kadar yüksek hızlı bir karıştırıcıda karıştırın. (Su eklemeyin.) Sıvılaştırılmış salatalığı iyice süzün; bir fındık sütü torbası bunun için kullanışlıdır. En iyi sonucu almak için hemen aç karnına için.

İPUÇLARI

- Taze salatalık suyu, kereviz bulamıyorsanız -veya kereviz sapı suyunun tadını sevmiyorsanız- iyi bir alternatiftir. Salatalık suyu inanılmaz derecede iyileştirici bir içecek olsa da, kereviz sapı suyuyla aynı iyileştirici faydaları sunmaz, bu nedenle kereviz sapı suyunu mümkün olduğunca günlük olarak dahil etmek önemlidir. Çoğu insan için kereviz sapı suyunun tadı, düzenli tüketim ile daha keyifli hale gelir.
- Salatalık suyunuza limon, elma, zencefil veya yeşil yapraklı sebzeler gibi ilave maddeler eklemekten kaçının. Bunlar harika yiyecekler olsa da, salatalık suyu tek başına tüketildiğinde en fazla faydayı sağlar. Bunun yerine, dilerseniz, sayfa 306'daki Elmalar ve Yeşiller Suyu gibi günün başka bir saatinde karışık yeşil meyve suyunun tadını çıkarın.

ELMA VE YEŞİLLİK SUYU

1 kişilik

Serinletici bir yeşil meyve suyu, güne enerji verici bir başlangıç veya mükemmel bir öğleden sonra ya da akşam yemeği öncesi hazırlık olabilir. İyileştirici besinler ve kritik mineral tuzlarla dolu bu meyve suyu, hepimizin ihtiyacı olan büyük miktarda değerli yeşil yeşillikleri tüketmeyi kolaylaştırır.

Yarım salatalık + 4 - 6 bardak ıspanak, marul veya lahana gibi sıkıca paketlenmiş yeşil yapraklı sebzeler + 2 orta boy kırmızı elma + Yarım su bardağı sıkıca paketlenmiş taze kişniş veya maydanoz + Yarım limon + 2,5cm parça taze zencefil (isteğe bağlı)

Salatalık, yeşil yapraklı sebzeler, elmalar, kişniş veya maydanoz, limon ve zencefili (kullanıyorsanız) bir meyve sıkacağında sıkın. Hemen servis yapın.

İPUÇLARI

- Salatalık bulamazsanız veya tercih etmiyorsanız, kereviz saplarını salatalık ile değiştirebilirsiniz.
- Daha hafif bir yeşil meyve suyu için, ıspanak veya marul kullanın. Yeşil meyve suları içmeye alışkınsanız veya daha güçlü bir yeşil aroma seviyorsanız, lahanayı deneyebilirsiniz. Veya üçünün bir karışımını kullanmaktan çekinmeyin ya da sevdiğiniz diğer yapraklı yeşillikleri deneyin.

ALOE SUYU

1 kişilik

Aloe'nin tadına alışmak biraz zaman alsa da bu çabaya değecektir. Aloe suyunuzu içerken karaciğerinizin, adrenallerinizin ve vücudunuzun geri kalanının bu harika şifalı gıdadan elde edeceği tüm inanılmaz faydaları düşünün.

5-10 cm'lik taze aloe yaprağı +
2 su bardağı su

Bu tarif, birçok marketin ürün bölümünde bulabileceğiniz, mağazadan satın alınan büyük bir aloe yaprağını kullanmaya dayanır. Evde yetiştirilen bir aloe bitkisi kullanıyorsanız, muhtemelen daha küçük, daha ince yapraklara sahip olacaktır, bu nedenle daha fazla kesin. Her iki durumda da, yaprağın acı tabanını kullanmaktan kaçının. Aloe yaprağının bir kısmını dikkatlice dilimleyin, bir balıkmış gibi fileto yapın; yeşil deriyi ve sivri uçları budayın. Berrak jeli çıkarın ve karıştırıcıya yerleştirin. Suyu karıştırıcıya ekleyin ve aloe tamamen sıvılaşana kadar 10 - 20 saniye karıştırın. En iyi sonucu almak için hemen aç karnına için.

İPUÇLARI

- Aloe yaprağının kalanını, kesilmiş ucu nemli bir kağıt havlu ya da naylona sararak buzdolabında iki haftaya kadar saklayabilirsiniz.

KEKİK ÇAYI VE KEKİK SUYU

1 kişilik

Kekik Çayı ve Kekik Suyu, iyileştirici faydalarını elde etmek için günlük veya mümkün olduğunca sık kullanabileceğiniz güçlü antiviral içeceklerdir.

Kekik çayı

2 dal taze kekik veya 2 çay kaşığı kuru kekik + 1 su bardağı sıcak filtrelenmiş veya kaynak suyu + Yarım limon suyu ve/veya 1 tatlı kaşığı bal (isteğe bağlı)

Kekiği bir bardağa koyun ve bitkinin üzerine sıcak su dökün ve 15 dakika veya daha fazla demlenmesine izin verin. Özellikle kuru kekik kullanıyorsanız, kekik dallarını çıkarın veya çayı süzün. Limon suyu ve/veya çiğ bal ile tatlandırın. **1 kişilik**

Kekik suyu

4 - 8 bardak filtrelenmiş veya kaynak suyu + 8 dal taze kekik veya 1 yemek kaşığı kuru kekik + İsteğe bağlı ilaveler: taze limon dilimleri veya taze sıkılmış limon suyu, çiğ bal, çilek, salatalık dilimleri, nane)

Bir sürahi veya şişeyi oda sıcaklığında suyla doldurun ve kekik ekleyin. Oda sıcaklığında gece boyunca tezgahta bekletin. Sabah kekiği çıkarın veya süzün ve limon suyu veya çiğ bal veya istediğiniz isteğe bağlı malzemeleri ekleyin. **4 - 8 bardak**

İPUÇLARI

- Taze kekik, yerel marketinizin veya sağlıklı gıda mağazanızın ürünler bölümünde bulunabilir. Kekik yetiştirilmesi de çok kolaydır ve hem kaplarda hem de ev bahçelerinde bol miktarda üretilebilir.
- Aloe yaprağının kalanını, kesilmiş ucu nemli bir kağıt havlu ya da naylona sararak buzdolabında iki haftaya kadar saklayabilirsiniz.

ZENCEFİL SUYU

1 - 2 kişilik

İster akşam yemeğinden sonra sıcak zencefil çayı ister sabah-Öğlen arası; bu içeceği size en uygun hale getirmek çok kolaydır!

2,5-5cm zencefil parçası +
2 su bardağı su + Yarım limon suyu (isteğe bağlı)
2 çay kaşığı çiğ bal (isteğe bağlı)

Zencefili suya rendeleyin. Suyun en az 15 dakika, ideal olarak daha uzun süre demlenmesine izin verin. Hatta bir gece buzdolabında veya tezgahta demlenmeye bırakabilirsiniz. Suyu süzün. Dilerseniz limon ile çiğ bal ekleyin ve gün boyunca ılık veya soğuk olarak tüketin.

İPUÇLARI

- Zencefili rendelemeye alternatif olarak, birkaç küçük parçaya ayırmayı ve sarımsak presinde sıkmayı deneyin; mini bir meyve sıkacağı yerine geçecektir.
- Arzu ettiğiniz gibi yudumlamak için önceden büyük bir miktar zencefil suyu hazırlamak yardımcı olabilir. En iyi sonucu elde etmek için çiğ bal ve limonu tüketmeden hemen önce ekleyin.

ZERDEÇAL ZENCEFİL İÇECEĞİ

2 - 4 adet

Bu ateşli, bağışıklığı güçlendiren mini içecekler, soğuk algınlığının ilk belirtisi için lezzetli bir tercihtir. Vücudunuzun ona karşı gelmeye çalışan her şeye karşı savaşmasına yardımcı olurlar!

10cm taze zerdeçal parçası + 10cm taze zencefil parçası + 2 portakal, soyulmuş ve kabaca doğranmış + 4 diş sarımsak, soyulmuş

Elektrikli bir meyve sıkacağı kullanarak zerdeçal, zencefil, portakal ve sarımsağı sıkın. Hemen servis yapın.

Not: Gerekli bileşenlerin miktarı, kullanılan meyve sıkacağına göre büyük ölçüde değişecektir.

İPUÇLARI

- Sadece taze zerdeçal ve taze zencefili birlikte sıkarak zerdeçallı zencefil karışımının daha basit bir versiyonunu da yapabilirsiniz. Eğer tıkanıklık, öksürük, boğaz ağrısı, soğuk algınlığı, grip ve/veya sinüs problemleriyle uğraşıyorsanız, bu konsantre serumu gün boyunca periyodik olarak küçük yudumlar alarak yudumlayabilirsiniz. Meyve suyu balgam söktürücü görevi görecek ve iyileşme sürecini hızlandırmaya yardımcı olacaktır.

ZERDEÇAL ZENCEFİL İÇECEĞİ

2 - 4 adet

Bu tarifte eşit miktarda kereviz sapı, salatalık ve elmanın birleşimi, glikoz seviyenizi dengelemek ve vücudunuzu arındırmak için doğru mineral tuzları, potasyum ve şeker dengesini sağlar.

1 orta boy salatalık, kabaca doğranmış + 4 kereviz çubuğu, kabaca doğranmış 2 orta boy elma, çekirdekleri çıkarılmış ve doğranmış

Elektrikli bir meyve sıkacağı kullanarak salatalık, kereviz ve elmaların suyunu sıkın. Hemen servis yapın.

İPUÇLARI

- Ürününüzün boyutuna göre her bir malzemeden ne kadar kullanacağınızı ayarlayabilirsiniz. Örneğin, yalnızca küçük kereviz saplarınız veya elmalarınız varsa, eşit miktarda kereviz sapı suyu, elma suyu ve salatalık suyu elde etmek için daha fazla kullanmanız gerekebilir.

AĞIR METAL DETOKS SMOOTHIE

1 kişilik

Bu Medikal Medyum smoothie tarifi, dünyanın her yerindeki insanların iyileşmesine yardımcı oluyor. Zehirli ağır metalleri beyninizden ve vücudunuzdan güvenli bir şekilde detoksifiye etmek için beş temel bileşenin güçlü bir kombinasyonunu içeriyor. Bu kadar çok semptomu tersine çevirmeye yardımcı olmak onurlu, hayat veren bir nimet.

2 muz + 2 su bardağı dondurulmuş veya taze yaban mersini veya 2 yemek kaşığı toz yaban mersini + 1 su bardağı taze kişniş + 1 çay kaşığı arpa otu suyu tozu + 1 çay kaşığı spirulina + 1 yemek kaşığı Atlantik dulse + 1 portakal + Yarım - 1 su bardağı hindistan cevizi suyu, taze sıkılmış portakal suyu veya su (isteğe bağlı)

Muz, yaban mersini, kişniş, arpa otu suyu tozu, spirulina ve Atlantic dulse'yi yüksek hızlı bir karıştırıcıda 1 portakal suyuyla birleştirin ve pürüzsüz olana kadar karıştırın. Daha ince bir kıvam istenirse isteğe bağlı ilave sıvılardan (hindistan cevizi suyu, taze portakal suyu veya su) bir fincana kadar ekleyin.

İPUÇLARI

- Zehirli ağır metalleri beyninizden ve vücudunuzdan atmaya odaklanmak istiyorsanız, bu smoothie'yi her gün içmeniz en iyisidir.
- Arpa otu suyu tozu ve spirulina tadı sizin için çok güçlü yapıyorsa, her birinden küçük bir miktarla başlayın, sonra arttırmaya çalışın.
- Bu smoothiede hindistan cevizi suyu kullanıyorsanız, hindistan cevizi suyunun doğal aromalar içermediğinden ve pembe ya da kırmızı olmadığından emin olun.

KARPUZ - ALOE SLUSHY

Püre 1 kişilik

Bu lezzetli slushy, aloe veranın inanılmaz iyileştirici faydalarından yararlanmanın harika bir yoludur. Canlandırıcı ve tatlıdır ve hazırlanması sadece birkaç dakika sürer.

2 su bardağı doğranmış donmuş karpuz (çekirdekli veya çekirdeksiz)* Dilerseniz taze karpuz ve dondurulmuş çilek kullanabilirsiniz. + 2 yemek kaşığı aloe jeli + Yarım su bardağı taze çilek + 1 yemek kaşığı limon suyu

Tüm malzemeleri bir karıştırıcıya yerleştirin ve pürüzsüz olana kadar karıştırın. Hemen servis yapın.

İPUÇLARI

- Karpuzu dondurmadan önce küp küp doğrayın—dondurduktan sonra kesmeye çalışmayın.
- Taze aloe vera yaprağından aloe jelinin nasıl kesileceğini öğrenmek için 308. sayfadaki Aloe Suyu tarifine bakın.
- Ekstra tıbbi faydalar için iki kat taze aloe kullanın. Slushy'nin aloe aromasını daha güçlü hale getireceğini unutmayın.

VANİLYA VE TARÇINLI KAVUN SMOOTHIE

1-2 kişilik

Olgun kavun tek başına lezzetli olsa da, onu vanilya ve tarçın dokunuşuyla kremsi, soğuk bir smoothie'ye dönüştürün ve tadından memnun kalacaksınız!

1 kavun, soyulmuş, çekirdekleri çıkarılmış ve kabaca doğranmış+ Yarım vanilya çubuğu veya 1/2 çay kaşığı alkolsüz vanilya özünden elde edilen tohumlar + Yarım çay kaşığı tarçın + 1 yemek kaşığı çiğ bal (isteğe bağlı; kavununuz çok tatlı değilse önerilir) + 1 bardak buz

Kavunu, vanilyayı, tarçını, ham balı (kullanılıyorsa) ve buzu bir karıştırıcıya koyun ve pürüzsüz olana kadar karıştırın. Hemen servis yapın.

İPUÇLARI

- Bu tarifin anahtarı olgun kavun kullanmaktır. Tatlı ve hafif çiçek kokusu yaydığında ve kabuğuna hafif bir baskı uyguladığında kavununuzun kesilmeye hazır olduğunu bileceksiniz. Bu tarifi iştahınıza göre ikiye veya üçe katlamaktan çekinmeyin.

BALLI ORMAN MEYVESİ KASESİ

1 kişilik

Bu tarifin sadeliği ve lezzetli tadı, onu düzenli bir kahvaltı favorisi haline getirebilir. Aynı zamanda yiyebileceğiniz en besleyici gıdalardan veya atıştırmalıklardan biridir! Kahvaltıda veya atıştırmalık olarak veya yeşil yapraklı bir salatanın yanında veya üzerinde hafif bir öğle yemeği olarak tadını çıkarın. Veya tüm ailenin bir gün boyunca tadını çıkarması için bu tarifin büyük bir kasesini servis edin.

1 su bardağı çilek, kabuğu soyulmuş
1 su bardağı ahududu
1 su bardağı yaban mersini veya yaban mersini
1 su bardağı böğürtlen
1 yemek kaşığı çiğ bal

Tüm meyveleri bir kaseye koyun, balı ekleyin ve karıştırın. Hemen servis yapın.

İPUÇLARI

- Ballı orman meyvesi kasesine dilediğiniz kadar çilek ekleyebilirsiniz. Sizin için yeterli bir yemek veya atıştırmalık yapmak için böğürtlen miktarını ikiye katlamak isterseniz, sorun değil.
- Ayrıca Ballı orman meyvesi kasesini karışım yerine tek tip bir orman meyvesiyle yapmaktan çekinmeyin. Ve yakınınızdaki yerel meyve çeşitlerini de göz ardı etmeyin - tarifte listelenenlerin yerine diğer meyve türlerini kullanabilirsiniz.
- Dilerseniz taze muz dilimleri, kivi, şeftali, kayısı gibi meyveler de ekleyebilirsiniz.

MUZ KİRAZ SMOOTHIE

1 kişilik

Bu kolay ve lezzetli smoothie'yi birkaç dakikada yapabilirsiniz. Arpa otu suyu tozunu dahil ederseniz, hayati besinler ve mineral tuzlar için ekstra bir destek sağlayacaktır.

2 muz, taze veya dondurulmuş
1 orta boy hurma
1 su bardağı dondurulmuş kiraz
Karıştırmak için 1 su bardağı su veya hindistan cevizi suyu
1 çay kaşığı arpa otu suyu tozu (isteğe bağlı)

Muz, hurma, kiraz, su ve arpa otu suyu tozunu (kullanılıyorsa) yüksek hızlı bir karıştırıcıda birleştirin ve pürüzsüz olana kadar karıştırın. Servis yapın ve tadını çıkarın!

İPUÇLARI

- Bu smoothie'de hindistan cevizi suyu kullanıyorsanız, doğal aromalar içermediğinden ve pembe veya kırmızı olmadığından emin olun.

MUZ VE ORMAN MEYVELİ SMOOTHIE

1 kişilik

Bu klasik muzlu ve meyveli smoothie, farklı versiyonlarını da deneyebileceğiniz bir içecek. Çeşitli meyvelerle deneyin veya her seferinde bir meyve seçin ve farklı lezzet seçeneklerini deneyimleyin.

2 muz, taze veya dondurulmuş
1 Orta boy hurma
1 su bardağı dondurulmuş kiraz
1 su bardağı çilek, taze veya dondurulmuş (yabani yaban mersini, ahududu, çilek veya böğürtlen gibi)
Karıştırmak için 1 su bardağı su veya hindistan cevizi suyu

Muz, hurma, kiraz, çilek ve suyu (veya hindistancevizi suyunu) yüksek hızlı bir karıştırıcıda birleştirin ve pürüzsüz olana kadar karıştırın. Servis yapın ve tadını çıkarın!

İPUÇLARI

- Bu smoothie'de hindistan cevizi suyu kullanıyorsanız, doğal aromalar içermediğinden ve pembe veya kırmızı olmadığından emin olun.

KATLI MEYVE SALATASI

3 kişilik

Bu muhteşem tarif, meyvelerin canlı renklerini ortaya çıkarır. Dilediğiniz taze meyveler kullanılabilir; basitçe onları üst üste koyun ve yiyin!

2 buçuk su bardağı doğranmış Maradol papaya
2 su bardağı doğranmış çilek
2 su bardağı doğranmış mango veya ananas
2 su bardağı yaban mersini
2 su bardağı doğranmış kivi
Yarım limon suyu

Doğranmış meyveleri orta boy bir cam kaseye koyun. Üzerine limon suyunu sıkıp servis yapın.

MOJİTO MEYVE SALATASI

1-2 kişilik

Taze limon suyu ve nane, bu meyve salatasını yeni bir seviyeye taşıyor! Bu ferahlatıcı atıştırmalık veya yemeğin keyfini, her ruh halinize uygun.

2 yemek kaşığı taze sıkılmış limon suyu
1 yemek kaşığı çiğ bal
2 bardak yarıya siyah, mor veya kırmızı üzüm
2 su bardağı çilek, böğürtlen ve/veya ahududu
2 su bardağı doğranmış şeftali, nektarin ve/veya kayısı
Çeyrek su bardağı gevşek paketlenmiş taze nane, ince doğranmış

Orta boy bir kaseye limon suyu ve çiğ bal koyun ve homojen olana kadar çırpın. Üzüm, çilek, şeftali ve nane ekleyin. Eşit şekilde karışana kadar hafifçe karıştırın ve servis yapın

ISPANAK ÇORBASI

1 kişilik

Diyetimize daha fazla meyve ve sebze dahil etmenin harika yanlarından biri de damak zevkimizin değişme şeklidir ve zamanla daha fazla taze malzemeye can atmaya başlarız. Yapraklı yeşillikleri ve sağladıkları faydaları özlediğinizde, bu yapımı kolay, zengin aromalı çorba, onları kolayca sindirmenin ve gününüze dahil etmenin harika bir yoludur. Ispanağın sağladığı tüm mineraller sayesinde, şu anda sağlığınıza hizmet etmediğini bildiğiniz yiyeceklere olan iştahınızı da frenleyeceksiniz.

Bir buçuk su bardağı üzüm domates
1 sap kereviz
1 diş sarımsak
1 portakal, suyu sıkılmış
4 su bardağı bebek ıspanak
2 fesleğen yaprağı veya birkaç dal taze kişniş

Domatesleri, kerevizi, sarımsağı ve taze portakal suyunu yüksek hızlı bir karıştırıcıya koyun ve pürüzsüz olana kadar karıştırın. Bir avuç ıspanağı ekleyin ve tamamen karışana kadar karıştırın. Fesleğen veya kişniş ekleyin ve kremsi ve pürüzsüz olana kadar karıştırın. Harmanlanmış çorbayı servis kasesine dökün ve hemen servis yapın.

İPUÇLARI

- Bu çorba sizi daha ilk haftadan mutlu etmeye başlamazsa, birkaç hafta sonra tekrar deneyin. Damak tadınız değişmeye başladığında, bu çorbayı çok sevdiğinizi ve onu beslenmenizin bir parçası haline getirdiğinizi fark edebilirsiniz!
- Ispanak kullanamıyorsanız yerine tereyağlı marul kullanabilirsiniz.
- Domates kullanamıyorsanız yerine olgun mango koyabilirsiniz. Taze, tatlı mango alamıyorsanız, çözülmüş donmuş mangoyu kullanabilirsiniz.
- Ne domates ne de mango bir seçenek değilse, bunun yerine muzu yeşilliklerle karıştırabilirsiniz. Birlikte iyi sindirilmedikleri için hem muz hem de domatesi tarife dahil etmediğinizden emin olun. Bu ikame için sadece muz kullanın.

MANGO SALSA MARUL TEKNELERİ

1 kişilik

Tatlı ve tuzlunun harika bir karışımı olan bu mango salsa, 28 Günlük Arınma Tedavisi veya herhangi bir zaman için çok yönlü bir tariftir. Tarife göre marul tekneleri yapın ya da salsaları salataların üzerine koyun, tek başına yiyin ya da sebzeli kruvasanlarla dip sos olarak tadını çıkarın.

5 ila 6 marul yaprağı veya tercih edilen diğer marul yaprakları

SALSA İÇİN

3 su bardağı ince doğranmış mango
1/3 su bardağı ince doğranmış kırmızı soğan
Çeyrek su bardağı ince doğranmış taze kişniş
1 su bardağı ince doğranmış kırmızı dolmalık biber veya domates
2 yemek kaşığı limon suyu
Yarım çay kaşığı cayenne (isteğe bağlı)
1 çay kaşığı kimyon (isteğe bağlı)

Büyük bir kapta mango, kırmızı soğan, kişniş, kırmızı dolmalık biber veya domates, limon suyu, kırmızı biber (kullanılıyorsa) ve öğütülmüş kimyon (kullanılıyorsa) birleştirin. Eşit şekilde karışana kadar hafifçe karıştırın. Salsa'yı marul yapraklarına dökün. Hemen servis yapın.

MUZ SALATASI

1-2 kişilik

Yeşil salatadaki muz ilk başta alışılmadık bir kombinasyon gibi görünse de, onu sevmeye başladığınızı görebilirsiniz. Tüm isteğe bağlı malzemeleri dahil edin veya muz, marul ve Atlantic dulse olarak kalsın. Her iki durumda da adrenallerinizi destekleyecek ve vücudunuza ve beyninize kritik glikoz ve mineral tuzları sağlayacaksınız.

1/2 su bardağı ince dilimlenmiş soğan (isteğe bağlı)
2 yemek kaşığı ila çeyrek fincan Atlantik dulse şeritleri, çabucak suya batırılmış, sonra doğranmış
4 ila 6 muz, doğranmış
1 su bardağı doğranmış salatalık (isteğe bağlı)
2 ila 3 çubuk kereviz, doğranmış (isteğe bağlı)
4 ila 6 bardak yapraklı yeşillik (tereyağlı marul, marul ve/veya kırmızı yaprak marul gibi)

SOS İÇİN

2 çay kaşığı çiğ bal
1/2 bardak portakal suyu

Orta boy bir kaseye soğan (kullanılıyorsa), Atlantic dulse, muz, salatalık (kullanılıyorsa), kereviz (kullanılıyorsa) ve yapraklı yeşillikleri yerleştirip karıştırın.

Küçük bir kasede çiğ bal ve portakal suyunu birlikte çırpın. Salataya ekleyin. Hemen servis yapın.

BRUSCHETTA TİPİ SALATALIK ERİŞTE

1 kişilik

Kendinizi, İtalyan lezzetini getiren bu ferahlatıcı ve kolay yemeği, tekrar tekrar yaparken bulabilirsiniz.

1 İngiliz salatalığı, soyulmuş
2 su bardağı doğranmış kiraz veya çeri domates
2 diş sarımsak, ince doğranmış
Çeyrek su bardağı sıkıca paketlenmiş fesleğen yaprağı, ince doğranmış
2 yemek kaşığı ince doğranmış kırmızı soğan
Çeyrek çay kaşığı kırmızı pul biber (isteğe bağlı)
1 yemek kaşığı limon suyu
1 çay kaşığı çiğ bal

Bir rende veya sebze soyucu kullanarak salatalığı erişte haline getirin. Bir kaseye koyun. Domates, sarımsak, fesleğen, kırmızı soğan, kırmızı pul biber (kullanılıyorsa), limon suyu ve çiğ balı bir kapta birleştirin ve iyice karıştırın. Salatalık eriştelerinin üzerine kaşıkla ve hemen servis yapın.

İPUÇLARI

- Her çeşit salatalık ile salatalık eriştesi yapabilirsiniz. Spiralleştirmesi en kolay oldukları için burada İngiliz salatalıkları verilmiştir.
- Salatalığınızın kabuğunu bırakabilir veya çıkarabilirsiniz; bu tercihinize bağlıdır. İngiliz salatalığı yerine normal bir salatalık kullanıyorsanız, önce sert kabuğunu soymak en iyi salatalık eriştesini sağlayacaktır.

MUZ NORİ SARMA

2 kişilik

Bu hızlı ve kolay sarma sandviçler, yoğun günler için veya hazırlamak için fazla zaman veya enerji gerektirmeden sizi besleyecek basit bir yemek istediğinizde, mükemmel bir atıştırmalık veya yemektir. Ayrıca, hareket halindeyken yanınızda götürmek için uygun bir seçenektir.

4 nori yaprağı
2 su bardağı yonca filizi, bölünmüş
4 yeşil soğan
4 muz (veya kabaca doğranmış 4 haşlanmış patates - İpuçlarına bakın) Atlantik dulse gevreği, tadı
Yarım su bardağı taze kişniş (isteğe bağlı)

Bir nori yaprağını parlak tarafı alta gelecek ve uzun kenarı size yakın olacak şekilde bir kesme tahtası üzerine yerleştirin. Yarım su bardağı filizi, 1 yeşil soğan, 1 muz (veya 1 doğranmış patates), dulse pulları ve kişniş (kullanılıyorsa) yaprağın bir ucuna yerleştirin. Yaprağın diğer ucunu ıslatın ardından sıkıca sarın. Yarıya bölün ve kalan malzemelerle tekrarlayın. Hemen servis yapın.

İPUÇLARI

- Dilerseniz bu nori sarmalarını muz yerine buğulanmış patates ile yapabilirsiniz; sadece hem muz hem de buharda patates kullanmayın. Buğulanmış patates nori sargıları, akşamları herhangi bir meyve aperatifinden veya yemekten ayrı olarak tüketilmelidir. Ayrıca arınma tedavisinden sonra herhangi bir zamanda kolay bir yemek için iyi bir seçimdir.

MANGO SALATASI

1 kişilik

Tatlı mango, tuzlu domates ve yapraklı yeşillikler üzerinde turp ve karnabahar gevrekleri, bunu gerçekten lezzetli ve doyurucu bir salata yapar.

2 ila 3 orta boy domates, kabaca doğranmış
2 su bardağı doğranmış mango
1 ila 2 yeşil soğan, doğranmış
3 ila 4 bardak yapraklı yeşillik (ıspanak, tereyağlı marul veya yeşil yapraklı marul gibi)
1 ila 3 turp, ince dilimlenmiş
1/2 su bardağı doğranmış karnabahar

SOS İÇİN

1 yemek kaşığı limon suyu
1 yemek kaşığı saf akçaağaç şurubu (isteğe bağlı)
Yarım çay kaşığı hardal tozu (isteğe bağlı)

Orta boy bir kaseye domatesleri, mangoları, yeşil soğanları, yapraklı yeşillikleri, turpları ve karnabaharı koyun. Karıştırın.
Küçük bir kapta limon suyu, akçaağaç şurubu (kullanılıyorsa) ve hardal tozu (kullanılıyorsa) birlikte çırpın. Salataya ekleyin ve tekrar karıştırın. Hemen servis yapın.

ÇİLEK MUZ SALATASI

2 kişilik

Bu meyve ağırlıklı salata, bitkiler, meyveler ve iki farklı sos seçeneği sayesinde taze, parlak ve lezzetlidir. Her sosun kendine özgü tadı ve çekiciliği vardır, bu yüzden ikisini de deneyin ve en sevdiğinizi seçin ya da bu güzel salatayı her yaptığınızda değiştirin.

SALATA İÇİN

4 su bardağı doğranmış çilek
4 ila 6 muz, kabaca doğranmış (yaklaşık 4 ila 6 bardak)
4 su bardağı yapraklı yeşillik (ıspanak ve/veya tereyağlı marul gibi)
Çeyrek su bardağı ince kıyılmış fesleğen veya adaçayı (isteğe bağlı)

TURUNCU BAL SOS (SEÇENEK 1)

Yarım bardak portakal suyu
2 çay kaşığı çiğ bal

ÇİLEK MUZ SOS (SEÇENEK 2)

1/3 su bardağı doğranmış çilek
1/3 su bardağı doğranmış muz
1 - 3 yemek kaşığı su
1 çay kaşığı limon suyu (isteğe bağlı)
2 fesleğen yaprağı (isteğe bağlı)

Çilekleri, muzları, yeşil yapraklıları ve fesleğen veya adaçayı (kullanılıyorsa) orta boy bir kaseye koyun. Karıştırın.

İlk sos seçeneğini kullanıyorsanız, portakal suyu ve çiğ balı küçük bir kapta çırpın. Salataya ekleyin ve karıştırın.

İkinci sos seçeneğini kullanıyorsanız, çilek, muz, 1 yemek kaşığı su, limon suyu (kullanılıyorsa) ve fesleğeni (kullanılıyorsa) bir karıştırıcıda birleştirin ve çok pürüzsüz olana kadar karıştırın. Daha ince bir kıvam isterseniz, 1-2 yemek kaşığı daha su ekleyin. Salataya ekleyin ve tekrar karıştırın. Hemen servis yapın.

İPUÇLARI

- Bu salatayı diğer insanlara Çilekli Muz Sosu ile servis ediyorsanız ve mümkün olduğunca güzel görünmesini istiyorsanız, sosun parlak rengini korumasına yardımcı olacağı için limon suyunu eklemek en iyisidir

ELMA SALATASI

1 kişilik

Bu Elma Salatası tarifi size üç farklı sos seçeneği sunar, böylece en sevdiğinizi seçebilir veya çeşitlilik için her seferinde farklı bir seçenek seçebilirsiniz. Hangisini seçerseniz seçin, bol miktarda faydalı besin alacaksınız

4 su bardağı karışık yeşillik
2 elma, ince dilimlenmiş
Çeyrek su bardağı kuru üzüm
Çeyrek su bardağı ince dilimlenmiş kırmızı soğan

SOS SEÇENEK 1

1 buçuk yemek kaşığı saf akçaağaç şurubu
2 yemek kaşığı limon suyu
Çeyrek çay kaşığı öğütülmüş tarçın
Çeyrek çay kaşığı cayenne

SOS SEÇENEK 2

1 buçuk yemek kaşığı saf akçaağaç şurubu
2 yemek kaşığı limon suyu
1/8 çay kaşığı öğütülmüş hindistan cevizi
Çeyrek çay kaşığı öğütülmüş tarçın
Çeyrek çay kaşığı öğütülmüş zencefil

SOS SEÇENEK 3

1 buçuk yemek kaşığı saf akçaağaç şurubu
2 yemek kaşığı limon suyu Yapraklı yeşillikleri, elmaları, kuru üzümleri ve kırmızı soğanı servis tabağına veya bir kaseye yerleştirin. Tüm sos malzemelerini küçük bir kasede karıştırıp salatanın üzerine dökün. Karıştırın, hemen servis yapın.

AVOKADO SOSLU YAPRAKLI YEŞİLLER

2 kişilik

Kremimsi bir sos, basit bir salatayı veya yeşil yapraklı sebzelerden oluşan bir tabağı bambaşka bir öğüne dönüştürebilir. Avokadodaki doğal kıvam, bir sosun yağ ihtiyacını ortadan kaldırır. Ayrıca, hazırlanması sadece birkaç dakika sürer.

SALATA İÇİN

8 bardak yapraklı yeşillik (marul, yeşil yaprak veya kırmızı yapraklı marul, ıspanak veya mâche gibi)

SOS İÇİN

1 avokado
Çeyrek - 1/3 su bardağı su
5-6 dal taze kişniş
1 yemek kaşığı limon veya limon suyu
Yarım diş taze sarımsak (veya tadına göre daha fazla)
Çeyrek çay kaşığı cayenne (isteğe bağlı)

Yapraklı yeşillikleri orta boy bir kaseye koyun. Avokado, su, kişniş, limon veya limon suyu, sarımsak ve kırmızı biberi (kullanıyorsanız) bir karıştırıcıda birleştirip çok pürüzsüz olana kadar karıştırın. Salataya ekleyin ve karşıtırın. Hemen servis yapın.

İPUÇLARI

- Bu salatayı tek başına veya üzerine doğranmış salatalık, dolmalık biber, domates, filiz ve/veya soğan ekleyerek afiyetle yiyebilirsiniz.

DOĞRANMIŞ SALATA

1-2 kişilik

Bu doğranmış salata, sergilediği parlak renkli taze meyveler, yapraklı yeşillikler, bitkiler ve sebzeler sayesinde güzel görünüyor ve lezzetli bir tada sahip. Kendi favori taze ürün seçimlerinizle özelleştirmek de kolaydır. Bu salatayı başkalarına servis etmenin eğlenceli bir yolu, herkesin kendi doğranmış salata stilini yaratabilmesi için kendi salata barını yapmaktır.

4 ila 6 bardak doğranmış yeşil yapraklı sebzeler (bahar karışımı, roka, marul veya lahana gibi)
2 su bardağı doğranmış salatalık
Yarım su bardağı doğranmış yeşil soğan
2 su bardağı doğranmış domates
1 çay kaşığı Atlantik dulse gevreği (veya daha fazla)
3 yemek kaşığı taze sıkılmış portakal suyu
2 orta boy hurma, ince doğranmış (isteğe bağlı)
Yarım avokado (isteğe bağlı)
1 su bardağı doğranmış sarı, turuncu ve/veya kırmızı dolmalık biber (isteğe bağlı)
Çeyrek su bardağı ince kıyılmış dereotu, fesleğen, kişniş, kekik ve/veya maydanoz (isteğe bağlı)

Yapraklı yeşillikleri, salatalıkları, yeşil soğanları, domatesleri, Atlantik dulse pullarını, portakal suyunu, medjool tarihlerini (kullanılıyorsa), avokadoyu (kullanılıyorsa), dolmalık biberleri (kullanılıyorsa) ve otları (kullanılıyorsa) büyük bir kaseye koyun. Karıştırın ve hemen servis yapın.

BURRİTO KASESİ

2 kişilik

Bir kase konfora ihtiyacınız olduğunda, bu iyileştirici versiyonunu deneyin. Çıtır çıtır ve lezzetle canlı olan bu tarif, grup yemeğinde herkesin kendine göre hazırlayabileceği bir başka harika seçenek.

3 ila 4 bardak yapraklı yeşillik (marul, ıspanak veya yeşil yapraklı marul gibi)
1 ila 2 yemek kaşığı misket limonu, limon veya portakal suyu, servis yapmak için,
kırmızı pul biber, servis etmek için (isteğe bağlı)

KARNABAHAR PİLAVI

1 orta boy karnabahar, çiçeklerine ayrılmış
Yarım çay kaşığı öğütülmüş kimyon
Yarım çay kaşığı öğütülmüş kırmızı biber
Çeyrek -Yarım çay kaşığı cayenne
2 yemek kaşığı ince doğranmış taze kişniş

SALSA

1 buçuk su bardağı doğranmış domates
1 diş sarımsak, ince kıyılmış
Çeyrek su bardağı gevşek paketlenmiş taze kişniş, kabaca doğranmış
Çeyrek su bardağı ince doğranmış kırmızı soğan
2 yemek kaşığı limon suyu

GUACAMOL (SEÇENEK 1)

1 avokado
1 ila 2 yemek kaşığı limon suyu
Yarım diş sarımsak, ince doğranmış
2 yemek kaşığı ince doğranmış kırmızı soğan
Çeyrek su bardağı doğranmış domates

BASİT AVOKADO Püresi (SEÇENEK 2)

1 avokado
1 ila 2 yemek kaşığı limon suyu

Karnabahar pilavı yapmak için karnabahar çiçeklerini bir mutfak robotuna koyun ve kaba, pirinç benzeri bir doku elde edene kadar nabız atın. Baharatları ve maydanozu ekleyip karıştırın.

Salsa yapmak için domates, sarımsak, kişniş, kırmızı soğan ve limon suyunu küçük bir kapta birleştirin ve eşit şekilde karışana kadar karıştırın.

Guacamole yapmak için avokado, limon suyu, sarımsak, kırmızı soğan ve domatesleri küçük bir kapta birleştirin ve eşit şekilde karışana kadar karıştırın.

Alternatif olarak, guacamole yerine basit bir avokado püresi tercih ederseniz, avokadoyu küçük bir kaseye ekleyin ve üzerine limon suyunu sıkın. Üniforma olana kadar çatalla ezin. Yapraklı yeşillikleri, karnabahar pirincini, salsa'yı ve guacamole veya ezilmiş avokadoyu servis kaseleri arasında bölün. Üzerine limon (veya limon veya portakal) suyunu sıkın ve (kullanılıyorsa) kırmızı pul biber serpin. Hemen servis yapın.

MUZLU MARUL TEKNELERİ

1-2 kişilik

Hem yetişkinler hem de çocuklar için yapması kolay ve yemesi eğlenceli tatlı bir atıştırmalık veya yemek olan bu Muzlu Marul Botları, Hurma Karamel Soslu veya Sossuz lezzetlidir.

6 büyük yaprak tereyağı yaprağı, kırmızı yaprak veya marul
3 muz, uzunlamasına ikiye bölünmüş
Çeyrek su bardağı kuru üzüm (isteğe bağlı)
Yarım çay kaşığı acı veya tarçın (isteğe bağlı)
hurma karamel sosu (isteğe bağlı)
6 medjool hurma, çekirdeksiz
5 yemek kaşığı su
2 çay kaşığı limon suyu

Marul yapraklarını tabaklara veya tepsiye dizin. Her birinin üzerine yarım muz, kuru üzüm (kullanılıyorsa) ve isteğe bağlı olarak kırmızı biber (veya tarçın) serpin. Kenara koyun.
Karameli yapmak için, hurmaları, suyu ve limon suyunu bir karıştırıcıya ekleyin ve çok pürüzsüz olana kadar karıştırın, gerektiği gibi karıştırıcının kenarlarını kazıyın. Muzlu Marul Teknelerine dökün ve hemen servis yapın.

İPUÇLARI

- Hurmalı Karamel Sosu, diğer meyve bazlı atıştırmalıkların ve yemeklerin üzerine gezdirilerek ya da elma, armut, çilek, muz ve daha fazlası gibi meyveler için dip sos olarak kullanıldığında harikadır.

FİLİZ SALATASI

1-2 kişilik

Filizler iyileştirici besinlerle dolu güçlü bir besindir; bunlardan ne kadar çok alırsanız o kadar iyidir. Filizleri sevmediğinizi düşünüyorsanız, diğerlerinden daha çok sevdiğiniz olup olmadığını görmek için farklı çeşitleri denemeye değer. Çoğu insan, sevdiği en az bir çeşit olduğunu fark eder ve genellikle onları ne kadar çok yerseniz, onları o kadar çok seveceksiniz! Lezzetli bir sosla süslenmiş bu salatayı, normal yemek rotasyonunuzun bir parçası haline geldiğini görebilirsiniz.

2 su bardağı yonca filizi veya diğer tercih edilen filizler
Yarım su bardağı yonca filizi veya diğer tercih edilen filizler
1buçuk su bardağı doğranmış domates
1buçuk su bardağı doğranmış salatalık
1/3 su bardağı doğranmış kırmızı soğan
Çeyrek fincan gevşek paketlenmiş fesleğen veya kişniş, kabaca doğranmış
2 ila 3 bardak roka veya yeşil yapraklı marul

TURUNCU BAL SOS (SEÇENEK 1)

Çeyrek su bardağı portakal suyu
2 yemek kaşığı limon suyu
1 yemek kaşığı çiğ bal
Çeyrek ila Yarım çay kaşığı biber tozu
Yarım çay kaşığı hardal tozu

DOMATES MANGO SOS (SEÇENEK 2)

3/4 su bardağı doğranmış domates
1 su bardağı doğranmış mango
1 - 2 yemek kaşığı limon veya limon suyu
1 yemek kaşığı doğranmış yeşil soğan
2 çay kaşığı çiğ bal (isteğe bağlı)
1,25cm parça taze zencefil
2 ila 3 dal taze kişniş
Çeyrek - yarım çay kaşığı arnavut biberi veya kırmızı pul biber

Orta boy bir kaseye filizi, domates, salatalık, kırmızı soğan, bitkiler ve yapraklı yeşillikleri koyun. Eşit bir şekilde birleştirilene kadar atın.

Portakal Ballı Sosu yapmak için tüm malzemeleri küçük bir kasede çırpın ve salatanın üzerine dökün. Karıştırın ve servis yapın.

Domatesli Mango Sosu yapmak için tüm malzemeleri bir karıştırıcıda birleştirin ve pürüzsüz olana kadar karıştırın. Salatayı sosla doldurun. Hemen servis yapın.

İPUÇLARI

- Bu tarifte yonca ve yonca filizi olsa da siz dilediğiniz filizi kullanabilirsiniz. Brokoli, ayçiçeği, turp, soğan, sarımsak, mercimek ve hardal gibi denenecek düzinelerce başka çeşit veya lahana, fesleğen, kişniş ve roka gibi mikro yeşillikler vardır.

KIVIRCIK MARUL SALATA

1-2 kişilik

Bu salatadaki lahana, lezzetli bir salata yapmak için diğer malzemeleri eklemeden önce avokado, limon veya portakal suyu ve çiğ bal ile yumuşatılır. Bu işlem lahanayı yumuşatıp çiğnemeyi kolaylaştırır. Yağsız bir seçenek için de İpuçları'na bakın

Yaklaşık 6 ila 7 bardak lahana, kabaca doğranmış
1 avokado
1 yemek kaşığı limon veya portakal suyu
1 yemek kaşığı çiğ bal
Yarım su bardağı ince dilimlenmiş turp
1 su bardağı doğranmış kırmızı, sarı veya turuncu dolmalık biber
1 su bardağı doğranmış kiraz domates
1 su bardağı doğranmış salatalık
Yarım - 1 çay kaşığı kırmızı pul biber veya arnavut biberi
Yarım çay kaşığı öğütülmüş kimyon
Yarım çay kaşığı pul biber (isteğe bağlı)

Avokadoyu, limon suyu veya portakal suyu ve çiğ bal ile birlikte lahana yapraklarına yumuşak ve yumuşayana kadar yaklaşık 3 ila 5 dakika bekletin.

Büyük bir kaseye koyun ve turp, dolmalık biber, çeri domates, salatalık, kırmızı pul veya kırmızı biber, öğütülmüş kimyon ve kırmızı biber (kullanılıyorsa) ekleyin. Karıştırın. Hemen servis yapın.

İPUÇLARI

- Yağı tamamen atıyorsanız, bu tarifi avokado olmadan deneyebilir ve lahanaya sadece portakal veya limon suyu ve çiğ bal ile karıştırabilirsiniz. Biraz fazladan taze portakal suyu eklemek isteyebilirsiniz.

İSRAİL SALATASI

1-2 kişilik

Bu salata, geleneksel bir İsrail salatasının lezzetli tatlarından esinlenmiştir. Ferahlatıcı, hoş kokulu ve güzeldir. Tek başına veya marul kapları için dolgu olarak tadını çıkarın.

2 buçuk su bardağı ince doğranmış İngiliz salatalık
2 su bardağı doğranmış domates
1 su bardağı doğranmış kırmızı dolmalık biber
1/3 su bardağı ince doğranmış kırmızı soğan
1 su bardağı doğranmış çiğ karnabahar
Çeyrek su bardağı kabaca doğranmış maydanoz
Çeyrek su bardağı kabaca doğranmış nane
2 yemek kaşığı limon suyu
Yarım yemek kaşığı çiğ bal

Orta boy bir kaseye salatalık, domates, kırmızı dolmalık biber, kırmızı soğan, karnabahar ve otları koyun. Eşit bir şekilde birleştirilene kadar atın. Limon suyu ve çiğ balı ekleyin. Karıştırın hemen servis yapın.

MANGO ZENCEFİL SOSLU KIRMIZI LAHANA TACO

2 kişilik

Bu tarifte kırmızı lahana yaprakları, lezzetli dolguları ve sosu tutabilen sağlam bir taco tarzı "kabuk" sağlar. Kollarınızı sıvayın ve bu eğlenceli yemeğin tadını çıkarın!

TACO İÇİN

1 küçük baş kırmızı lahana, yapraklara ayrılmış
1 - 2 orta boy domates, doğranmış
Çeyrek su bardağı doğranmış kırmızı soğan
Yarım avokado, ince dilimlenmiş (isteğe bağlı)
1 kırmızı dolmalık biber, ince dilimlenmiş
Çeyrek fincan gevşek paketlenmiş taze kişniş, servis yapmak için

MANGO ZENCEFİL SOS

1 su bardağı doğranmış mango
2 yemek kaşığı limon suyu
1cm parça taze zencefil
Çeyrek - yarım çay kaşığı arnavut biberi veya kırmızı pul biber
2 hurma
3 yemek kaşığı su

Lahana yapraklarını tabaklara veya bir tabağa yerleştirin ve üzerine doğranmış domates, kırmızı soğan, avokado (kullanılıyorsa), kırmızı dolmalık biber ve kişniş koyun.

Mango, limon suyu, zencefil, kırmızı pul biber, hurma ve suyu bir karıştırıcıda karıştırarak sosu yapın. Pürüzsüz olana kadar karıştırın. Kırmızı Lahana Taco üzerine kaşık sos dökün. Hemen servis yapın.

"Burada sunduğum şifalı yemek planı sağlık
dağlarını yerinden oynatabilir.

Bu lezzetli, arındırıcı tedavi sayısız insanda sonuç verdi.
İnsanların hayatını değiştirdi. Sizinkini de değiştirebilir."

— Anthony William, Medikal Medyum

28 Günlük Arındırıcı Tedavi çiğ, taze gıdalardan oluşur: özellikle meyveler, yapraklı yeşillikler, sebzeler ve otlar. Daha önce okuduğunuz gibi, temizlik sırasında bazı pişmiş sebzeleri dahil etmek bir değişikliktir. Bu modifikasyonu seçerseniz, pişmiş yiyecekleri akşamları, meyve bazlı atıştırmalıklardan veya öğünlerden uzakta tüketmek en iyisidir. Besinleri korumak için en iyi pişirme yöntemleri; buharda pişirmek ve et suyu, çorba veya güveç yapmaktır. Pişirme, arınma sürecinde, bazı akşam yemekleri için güvenli bir seçenek olmasına rağmen (ideal olarak yağsız) daha fazla besin kaybına neden olur. Ayrıca, 28 Günlük Arınma Tedavisi seansları arasında veya sonrasında, yemek tarifleri için fikir ve esinlenme amacıyla, pişmiş sebzeli tarifleri kullanabilirsiniz.

ŞİFA ÇORBASI

3-4 kişilik

Şifa çorbası, hayati derecede besleyici sebzelerin, şifalı bitkilerin ve baharatların özünü vücudun sindirmesi, özümsemesi ve kullanmasını kolaylaştıran güçlü, mineral bakımından zengin bir sıvıdır. Bu tarifi besleyici olduğu kadar rahatlatıcı da bulacaksınız. Bu basit tarifteki malzemeler hem beden hem de ruh için muazzam iyileştirici faydalar sağlar.

4 havuç, doğranmış veya
1 tatlı patates, küp doğranmış
2 sap kereviz, kabaca doğranmış
2 soğan, dilimlenmiş
1 su bardağı ince kıyılmış maydanoz
1 su bardağı shiitake mantarı, taze veya kurutulmuş (isteğe bağlı)
2 domates, doğranmış (isteğe bağlı)
1 diş sarımsak (yaklaşık 8 diş), kıyılmış
2,5cm parça taze zencefil, ince dilimlenmiş, kıyılmış veya rendelenmiş
2,5cm taze zerdeçal, ince dilimlenmiş, kıyılmış veya rendelenmiş
8 bardak su
1 acı biber veya yarım çay kaşığı kırmızı pul biber (veya isteğe göre)

Tüm malzemeleri bir tencereye koyun. Hafif ateşte yaklaşık bir saat kaynamaya bırakın. Mineral açısından zengin, iyileştirici ve onarıcı bir çorba için süzün ve için.

İPUÇLARI

- Alternatif olarak sebzelerle karıştırarak çorba püresi yapabilirsiniz.
- Bu tarif, sebzeler parçalı bırakılarak, koyu kıvamlı bir sebze çorbası olarak da içilebilir.

ROKA, PATATES VE KUŞKONMAZ SALATASI

2 kişilik

Sıcak, rahatlatıcı ve doyurucu bu salata, en şifalı pişmiş sebzelerden bazılarını (kuşkonmaz, brüksel lahanası ve patates) taze yapraklı yeşillikler, otlar, soğan ve basit bir sos ile bir araya getiriyor. Sonuç; basit ve lezzetli bir yemek.

4 - 5 patates (yaklaşık 3 bardak kabaca doğranmış)
1 su bardağı doğranmış brüksel lahanası
1 su bardağı doğranmış kuşkonmaz
Yarım su bardağı ince dilimlenmiş tatlı soğan
Çeyrek su bardağı gevşek paketlenmiş taze maydanoz, kabaca doğranmış
Çeyrek su bardağı kabaca doğranmış taze fesleğen yaprağı
1 çay kaşığı kuru kekik
2 yemek kaşığı limon suyu
1 yemek kaşığı saf akçaağaç şurubu
4 su bardağı roka
2 su bardağı doğranmış tereyağı yaprağı, marul ve/veya yeşil yaprak marul

Patatesleri hazırlamak için orta boy bir tencereye 7,5cm su ekleyin, kaynatın ve buhar sepetini koyun. Patatesleri buhar sepetinde, üzeri örtülü olarak 15 - 20 dakika buharda pişirin.
Brüksel lahanasını hazırlamak için yumuşayana kadar 10 dakika buharda pişirin.
Kuşkonmazı hazırlamak için, yumuşayana kadar 5 dakika buharda pişirin.
Yukarıdaki işlemi kolaylaştırmak için patatesleri, brüksel lahanasını ve kuşkonmazı büyük bir sepet içinde buharda pişirmekten çekinmeyin. Hiçbir şeyin fazla pişmemesi için patatesleri buharda haşlayarak başlayın, 5-10 dakika sonra brüksel lahanasını ekleyin. 5 dakika daha sonra kuşkonmazı ekleyin.
5 dakika daha veya buharlı pişirici sepetinin tüm içeriği yumuşayana kadar devam edin. Patatesleri, brüksel lahanasını ve kuşkonmazı çıkarın ve büyük bir kaseye koyun. 10 dakika soğumaya bırakın ve ardından soğan, maydanoz, fesleğen, kuru kekik, limon suyu, akçaağaç şurubu, roka ve marulu ekleyin. Karıştırıp servis yapın.

BOL PATATES HAŞLAMA

2 kişilik

Bu tek başına bir yemek olarak harikadır veya taze bir salata ile servis edilir. Ancak bundan zevk alırsanız, bir dizi şifalı besin aldığınızdan emin olacaksınız.

Yarım su bardağı doğranmış soğan
2 su bardağı doğranmış patates
1buçuk su bardağı doğranmış tatlı patates
Çeyrek su bardağı su
1 su bardağı doğranmış brokoli
1 su bardağı doğranmış kuşkonmaz
1 su bardağı doğranmış dolmalık biber (kırmızı, turuncu ve/veya sarı)
1 çay kaşığı kuru kekik
1 çay kaşığı sarımsak tozu veya 1 diş sarımsak, ince kıyılmış
Yarım çay kaşığı pul biber (isteğe bağlı)
Yarım çay kaşığı kırmızı pul biber (isteğe bağlı)
Çeyrek su bardağı ince kıyılmış taze maydanoz veya kişniş, servis yapmak için

Soğanı, patatesi ve tatlı patatesi büyük bir yapışmaz seramik tavaya alın. Soğan yarı saydam olana kadar 3 - 5 dakika pişirin, gerekirse yapışmasını önlemek için biraz su ekleyin. Çeyrek su bardağı suyu tavaya dökün ve kapağını kapatın. Patatesler yumuşayana kadar birkaç dakikada bir karıştırarak 10 - 15 dakika pişirin. Tavaya brokoli, kuşkonmaz, dolmalık biber, kekik, sarımsak tozu (veya sarımsak), kırmızı biber (kullanılıyorsa) ve kırmızı pul biber (kullanılıyorsa) ekleyin. Patatesler ve sebzeler yumuşayana kadar 5 - 10 dakika pişirin. İnce kıyılmış taze maydanoz (veya kişniş) ile hemen servis yapın.

PIZZA PATATES SARMA VE SALATA PATATES SARMA

2 kişilik

Bu lezzetli ve doyurucu patates sarmalarının bir veya iki versiyonunu inceleyin. Biri pizzadan ilham alan dolgulu, diğeri ise salatalı sandviç tarzı dolgulu. Aileniz veya arkadaşlarınızla fazladan sarma yapmak ve bu tarifin tadını çıkarmak isteyebilirsiniz.

PATATES SARMALARI İÇİN

4 su bardağı kabaca doğranmış altın patates
1 çay kaşığı sarımsak tozu
1 çay kaşığı soğan tozu
2 çay kaşığı saf akçaağaç şurubu

PİZZA DOLGU (SEÇENEK 1)

PİZZA SOS

Yarım su bardağı domates salçası
1 çay kaşığı kuru kekik
Yarım çay kaşığı kuru kekik
1 çay kaşığı çiğ bal
3 - 4 yemek kaşığı su

SEBZELER

1/3 su bardağı ince dilimlenmiş mantar (isteğe bağlı)
Çeyrek su bardağı doğranmış kırmızı dolmalık biber
Çeyrek su bardağı doğranmış kırmızı soğan
2 ila 3 taze fesleğen yaprağı

SALATA DOLGU (SEÇENEK 2)

2 - 3 marul yaprağı
1/3 su bardağı yonca filizi
3 - 4 dilim domates
3 - 4 salatalık dilimi
2 yemek kaşığı ince doğranmış kırmızı soğan
1 ila 2 yemek kaşığı kıyılmış fesleğen veya maydanoz
Fırını 200°C'ye önceden ısıtın.

Tabanı yapmak için orta boy bir tencereye 7,5cm su ekleyin ve bir buhar sepeti koyun. Patatesleri yumuşayana kadar 25 - 30 dakika buharda pişirin. Patatesleri çıkarın ve sarımsak tozu, soğan tozu ve akçaağaç şurubu ile birlikte bir mutfak robotuna koyun. Pürüzsüz olana kadar karıştırın.

Bir fırın tepsisine parşömen kağıdı serin ve karışımı, ıslak bir spatula kullanarak, 2 büyük tortilla sarımı yapacak şekilde üstüne yayın. Hafifçe kızarana kadar 15 - 20 dakika pişirin. Fırından çıkarın ve bir spatula ile üzerlerine bastırın. Soğutun. Temiz bir yüzeye veya kesme tahtasına ters çevirin ve parşömen kağıdını ayırın.

Pizza Sarma yapmak için domates salçası, kuru kekik otu, kuru kekik, çiğ bal ve suyu karıştırarak Pizza Sosunu yapın. Kenara koyun. Mantar kullanıyorsanız, dilimleri küçük bir tavaya ekleyin ve ara sıra karıştırarak, kızarana kadar 3 - 5 dakika pişirin, yapışmasını önlemek için gerekirse biraz su ekleyin. Ateşten alın ve bir kenara koyun.

Pizza Sosunu sarmaların/dürümlerin üzerine yayın ve mantarları (kullanılıyorsa), kırmızı dolmalık biberi, kırmızı soğanı ve taze fesleğeni ekleyin. Sargıları nazikçe katlayın ve hemen servis yapın.

Salata Sarması için marul yaprakları, yonca filizi, domates dilimleri, salatalık dilimleri, kırmızı soğan ve fesleğen veya maydanozu sarmaların üzerine yerleştirin. Sargıları nazikçe katlayın ve hemen servis yapın.

TATLI VE EKŞİ (AZ YAĞLI) KIZARTMA

2 kişilik

Bu soslarda, sıklıkla kullanılan işlenmiş malzemeler olmadan, Tatlı ve Ekşi Sosun lezzetinin tadını çıkarın. Bu tavada kızartma, kolay ve hızlı bir şekilde yapılır, böylece kısa sürede güzel bir yemek yiyebilirsiniz!

Yarım su bardağı doğranmış yeşil soğan
1 su bardağı dilimlenmiş havuç
2 su bardağı brokoli
2 su bardağı doğranmış kuşkonmaz
1 su bardağı ince dilimlenmiş biber (kırmızı, turuncu ve/veya sarı)

SOSU İÇİN

1 su bardağı şekersiz veya taze ananas suyu
2 yemek kaşığı limon suyu
1 çay kaşığı rendelenmiş zencefil
1 çay kaşığı rendelenmiş sarımsak
Çeyrek - Yarım çay kaşığı arnavut biberi veya kırmızı pul biber
2 yemek kaşığı saf akçaağaç şurubu
2 yemek kaşığı domates salçası
1 yemek kaşığı ararot tozu

Orta boy bir kapta ananas suyu, limon suyu, rendelenmiş zencefil ve sarımsak, acı veya kırmızı biber gevreği, akçaağaç şurubu, domates salçası ve ararot tozunu birlikte çırpın. Kenara koyun. Yapışmaz büyük bir seramik tavaya yeşil soğanları ve havuçları ekleyin. Havuçlar yumuşayana kadar, yapışmayı önlemek için gerekirse biraz su ekleyerek 3 - 5 dakika pişirin. Brokolileri, kuşkonmazı ve dolmalık biberleri ekleyin ve 5 dakika daha pişirin. Tüm sebzeler yumuşayınca sosu dökün ve koyulaşana kadar sık sık karıştırarak kaynatın. Ateşten alın ve hemen servis yapın.

ÜÇ SOSLU KIZARTMA

2 kişilik

Hemen hemen herkes patates kızartmasını sever! Bu tarifte, bir, iki veya üç sos seçiminiz ile fırında patates kızartması veriliyor. Birini seçin veya hepsini yapın –nasıl isterseniz! Tüm soslar lezzet dolu ve sadece faydalı maddeler içerir.

4 ila 5 büyük patates, patates kızartması halinde kesilmiş
KETÇAP için
10 gr domates salçası
3 yemek kaşığı elma suyu
1 yemek kaşığı limon suyu
Çeyrek çay kaşığı soğan tozu
Çeyrek çay kaşığı sarımsak tozu
Çeyrek çay kaşığı kuru kekik
Çeyrek çay kaşığı acı biber
1 çay kaşığı çiğ bal

BALLI HARDAL için

3 yemek kaşığı çiğ bal
3/4 çay kaşığı hardal tozu
2 yemek kaşığı limon suyu
Yarım diş sarımsak, ince rendelenmiş
1/8 çay kaşığı öğütülmüş zerdeçal

PESTO için

1buçuk su bardağı fesleğen yaprağı, sıkıca paketlenmiş
1 su bardağı ıspanak, sıkıca paketlenmiş
1 diş sarımsak, kabaca doğranmış
4 - 5 kiraz domates
1 çay kaşığı çiğ bal
1 yemek kaşığı limon suyu

Fırını 220°C'ye önceden ısıtın. Parşömen kağıdı ile iki büyük fırın tepsisini hizalayın. Kızartmaları fırın tepsilerine tek sıra halinde yayın. 30 - 40 dakika (yarıya kadar çevirerek) veya altın rengi ve çıtır çıtır olana kadar pişirin.
Ketçap yapmak için tüm malzemeleri küçük bir kapta birleştirin ve homojen olana kadar çırpın. Kenara koyun.
Ballı hardal sosu yapmak için tüm malzemeleri küçük bir kapta birleştirin ve homojen olana kadar çırpın. Kenara koyun.
Pestoyu yapmak için, tüm malzemeleri küçük bir karıştırıcıya veya mutfak robotuna koyun ve -biraz doku bırakarak- karıştırın. Kenardaki kalıntıları kazıyın. Patatesler hazır olduğunda fırından çıkarın ve dilediğiniz sos(lar)la servis edin.

TATLI PATATES TORTİL ÇORBASI

2 kişilik

Lezzet dolu, bitkiler ve baharatlardan gelen davetkar, zengin bir aromalı, geleneksel Meksika tortilla çorbasındaki bu lezzetli tat, büyük olasılıkla bir favoriniz olacak. Tatlı patates ilavesi ekstra lezzet, doygunluk ve iyileştirici besinler sağlar.

1 su bardağı doğranmış kırmızı veya sarı soğan, servis için ekstra
4 diş sarımsak, kıyılmış
2 buçuk su bardağı doğranmış taze domates
2 su bardağı Et suyu (tarifi sayfa 368'de) veya su
2 yemek kaşığı domates salçası
Çeyrek - yarım çay kaşığı chipotle tozu
1 çay kaşığı öğütülmüş kimyon
1 çay kaşığı öğütülmüş kişniş
1 çay kaşığı kırmızı biber
1 çay kaşığı saf akçaağaç şurubu
1 su bardağı doğranmış tatlı patates
1 buçuk yemek kaşığı limon suyu
Servis için taze kişniş

Orta-yüksek ısıda büyük bir seramik yapışmaz tencereye 1 su bardağı soğan ve sarımsağı koyun. Gerekirse bir kaşık su ekleyerek soğan yarı saydam olana kadar 3 - 5 dakika pişirin.
Doğranmış domatesleri, Et suyu veya suyu, domates salçası, chipotle tozu, öğütülmüş kimyon, öğütülmüş kişniş, kırmızı biber ve akçaağaç şurubunu ekleyin. Kapağı kapatın ve 20 dakika pişirin.
Tatlı patatesi ve limon suyunu ekleyin ve tatlı patates yumuşayana kadar 10 - 15 dakika daha pişirin. Kaselere paylaştırın ve üzerine ekstra soğan ve taze kişniş serpin. Hemen servis yapın.

İPUÇLARI

- Malzemeler için su ve Şifalı Et suyu arasında seçim yaparken et suyunun daha zengin bir lezzet vereceğini unutmayın. Yağ, tuz, doğal aromalar ve/veya diğer katkı maddeleri içermeyen bir çeşit bulmak çok zor olduğu için mağazadan satın alınan sebze stoku tavsiye edilmez. Kolaylık sağlamak için önceden et suyunu yapıp dondurun (kolay çözdürmek için buz kalıplarına koyulabilir), böylece bunun gibi tarifler için elinizin altında olur.

PATATES KARNABAHAR PÜRESİ

2-3 kişilik

Patates püresi, birçok insan için sevilen bir yiyecektir. Neyse ki, tereyağı veya süt olmadan tadını çıkarabilir ve arınma sürecine katkıda bulunabilirsiniz! Bu tarifte patateslere karnabahar eklenerek kremimsi ve besin açısından zengin bir püre elde edilir.

4 ila 5 orta boy patates, soyulmuş ve kabaca doğranmış
1 küçük baş karnabahar, büyük çiçeklere ayrılmış
2 çay kaşığı sarımsak tozu
2 çay kaşığı soğan tozu
1 yemek kaşığı kıyılmış frenk soğanı, maydanoz veya yeşil soğan, servis yapmak için
Yarım çay kaşığı kırmızı biber, servis yapmak için

Orta boy bir tencereye 7,5cm su ekleyin, kaynatın ve bir buhar sepeti koyun. Patatesleri ve karnabahar çiçeklerini sepete koyup üzerini örtün, yumuşayana kadar 15 - 20 dakika buğulayın. Patatesleri ve karnabaharları çıkarın; büyük bir kaseye veya tencereye koyun. Sarımsak tozu ve soğan tozunu ekleyin. Blenderi veya patates eziciyi kullanarak pürüzsüz olana kadar ezin. Üzerinde frenk soğanı, maydanoz veya yeşil soğan ve kırmızı biber ile servis yapın.

ESTONYA GÜVECİ

2-3 kişilik

Bu rustik sebze güveci lezzetli ve içinizi ısıtacak. Soğuk bir gece için veya bir kase sade, ev yapımı lezzetli bir şeyler istediğinizde mükemmeldir.

1 su bardağı doğranmış soğan
1 su bardağı doğranmış mantar (isteğe bağlı)
1 su bardağı doğranmış havuç
4buçuk su bardağı kabaca doğranmış patates
2 buçuk su bardağı Şifalı Et suyu (tarifi sayfa 368'de) veya su
3 su bardağı kabaca doğranmış lahana
Çeyrek su bardağı taze dereotu, kabaca doğranmış
Çeyrek su bardağı taze maydanoz, kabaca doğranmış

Orta-yüksek ısıda büyük bir seramik yapışmaz tencereye soğanları, mantarları (kullanılıyorsa) ve havuçları koyun.
Soğanlar ve havuçlar yumuşayana kadar 3 - 5 dakika pişirin, gerekirse bir kaşık su ekleyin. Et suyu veya suyu dökün, kapağını kapatıp kaynatın. Patatesler ve havuçlar yumuşayana kadar 10 dakika kapağın altında pişirin, ardından 5 dakika daha açık olarak pişirin. Doğranmış lahanayı ekleyin ve eşit şekilde karışana kadar karıştırın. Lahana yumuşayana kadar 2 - 3 dakika daha pişirin. Ateşten alın, dereotu ve maydanozu karıştırın. Hemen servis yapın.

İPUÇLARI

- Malzemeler için su ve Şifalı Et suyu arasında seçim yaparken et suyunun daha zengin bir lezzet vereceğini unutmayın. Yağ, tuz, doğal aromalar ve/veya diğer katkı maddeleri içermeyen bir çeşit bulmak çok zor olduğu için mağazadan satın alınan sebze stoku tavsiye edilmez. Kolaylık sağlamak için önceden et suyunu yapıp dondurun (kolay çözdürmek için buz kalıplarına koyulabilir), böylece bunun gibi tarifler için elinizin altında olur.

KÖRİLİ KARNABAHAR ÇORBASI

1-2 kişilik

Tekrar tekrar yiyebileceğiniz kremalı bir çorba tarifi gibisi yoktur. Kolay ve lezzetli bir akşam yemeği için düzenli olarak bu Körili Karnabahar Çorbası'na başvurabilirsiniz. Tek başına ya da seçtiğiniz güzel, büyük bir salatanın yanında tadını çıkarın.

1 su bardağı doğranmış soğan
4 diş sarımsak, ince kıyılmış
1 inç parça taze zencefil, ince doğranmış
1 çay kaşığı öğütülmüş kimyon
1 çay kaşığı öğütülmüş kişniş
Yarım - 1 çay kaşığı kırmızı pul biber (isteğe bağlı)
Yarım çay kaşığı öğütülmüş zerdeçal
2 çay kaşığı köri tozu
1 orta boy karnabahar, çiçeklerine ayrılmış
3 su bardağı Şifalı Et suyu (tarifi sayfa 368'de) veya su
2 çay kaşığı ham bal veya saf akçaağaç şurubu
2 çay kaşığı taze sıkılmış limon suyu
Servis için taze kişniş

Orta-yüksek ısıda büyük bir seramik yapışmaz tencereye soğan, sarımsak ve zencefili ekleyin. Soğan yarı saydam olana kadar 3 - 5 dakika pişirin, gerekirse tencereye yapışmasını önlemek için bir kaşık su ekleyin.

Öğütülmüş kimyon, öğütülmüş kişniş, kırmızı pul biber (kullanılıyorsa), zerdeçal, köri tozu ve karnabaharı ekleyin ve baharatların kokusu çıkana kadar 2-3 dakika daha pişirin. Et suyu veya su, çiğ bal veya akçaağaç şurubu ve limon suyunu ekleyin. Kapağı kapatın ve 10 -15 dakika veya karnabahar yumuşayana kadar pişirin.

Bir karıştırıcıya koyun ve pürüzsüz olana kadar karıştırın (bunu gruplar halinde yapmanız gerekebilir). Alternatif olarak, bir daldırma blender kullanabilirsiniz. Çorbayı tekrar tencereye alıp kaynamaya bırakın.

Kaselere paylaştırın, taze kişniş ile süsleyin ve servis yapın.

İPUÇLARI

- Malzemeler için su ve Şifalı Et suyu arasında seçim yaparken et suyunun daha zengin bir lezzet vereceğini unutmayın. Yağ, tuz, doğal aromalar ve/veya diğer katkı maddeleri içermeyen bir çeşit bulmak çok zor olduğu için mağazadan satın alınan sebze stoku tavsiye edilmez. Kolaylık sağlamak için önceden et suyunu yapıp dondurun (kolay çözdürmek için buz kalıplarına koyulabilir), böylece bunun gibi tarifler için elinizin altında olur.

PARMESANLI PATLICAN VE KABAK

2-3 kişilik

Parmesanlı patlıcan ve kabak'ın bu yağsız versiyonu, peynir ve bol miktarda yağ gibi geleneksel malzemelerin sakıncaları olmadan, lezzetli Akdeniz tadını sunar. Harika bir yemek için -doğranmış salata veya İsrail Salatası gibi- seçtiğiniz bir salatanın yanında, bu harika yemeğin tadını çıkarın.

1 küçük patlıcan, 2,5cm kalınlığında doğranmış
1 orta boy kabak, 2,5cm kalınlığında doğranmış
1 çay kaşığı kuru keklik otu
1 çay kaşığı kuru kekik
çeyrek fincan taze fesleğen, servis yapmak için

KARNABAHAR PATATES SOSU

1buçuk su bardağı karnabahar çiçeği
1buçuk su bardağı kabaca doğranmış patates
1 çay kaşığı sarımsak tozu
1 çay kaşığı soğan tozu
1 yemek kaşığı su (isteğe bağlı)

MARİNARA SOSU

1/3 su bardağı ince doğranmış soğan
1 diş sarımsak, ince doğranmış
1buçuk su bardağı kabaca doğranmış kiraz veya erik domates
Çeyrek su bardağı domates salçası
Yarım yemek kaşığı çiğ bal
1 çay kaşığı kuru kekik

Fırını 180°C'ye önceden ısıtın. Büyük bir fırın tepsisine yağlı kağıt serin ve üstüne patlıcan ve kabak dilimlerini yerleştirin. Üzerlerine kuru kekik ve kuru kekik serpin ve yumuşayana kadar 15 - 20 dakika pişirin. Fırından çıkarın ve bir kenara koyun.

Patlıcan ve kabak fırındayken karnabahar patates sosunu yapın: Orta boy bir tencereye 7,5cm su ekleyin, kaynatın ve buhar sepetini ekleyin. Karnabahar çiçeklerini ve patatesleri sepete koyun, örtün ve her ikisi de çok hassas olana kadar 15 ila 20 dakika buğulayın. Çıkarın ve bir karıştırıcıya yerleştirin. Sarımsak tozu ve soğan tozunu ekleyin ve çok pürüzsüz olana kadar karıştırın, gerekirse karıştırmak için biraz su ekleyin.

Marinara sosu yapmak için soğan, sarımsak, domates, salça, çiğ bal ve kuru kekik bir tencerede karıştırılır. Domatesler yumuşayıncaya kadar sık sık karıştırarak 10 - 15 dakika pişirin. Çıkarın ve bir karıştırıcıya yerleştirin. Sos pürüzsüz olana kadar karıştırın, ancak yine de biraz dokusu var.

Her patlıcan veya kabak diliminin üzerine 1 - 2 yemek kaşığı marinara sürün. Karnabahar patates sosuyla doldurun ve 5 dakika fırına geri koyun. Fırından çıkarın ve taze fesleğen yaprakları ile hemen servis yapın.

BUHARDA SOSLU ENGİNAR

2-3 kişilik

Enginar, bu gezegendeki en şifalı sebzelerden biridir. Buğulandığında, besin maddelerinin çoğunu korur, lezzetli ve şifalı bir atıştırmalık veya yemek olur. Bu tarifte enginarlarınızın yanında yiyebileceğiniz iki lezzetli seçenek bulacaksınız: Hardallı Akçaağaç Sosu ve Kabak Otlu Sos.

4 enginar
1 limon, ikiye kesilmiş

HARDAL AKÇAAĞAÇ SOSU

2 yemek kaşığı saf akçaağaç şurubu
2buçuk yemek kaşığı limon suyu
1 yemek kaşığı su
Yarım çay kaşığı hardal tozu
Yarım çay kaşığı cayenne
Yarım çay kaşığı taze kekik yaprağı
1 çay kaşığı ince kıyılmış maydanoz

Hardal Akçaağaç Sosu yapmak için tüm malzemeleri küçük bir kapta çırpın. Hemen servis yapın.

KABAK BİBER SOS

1buçuk su bardağı doğranmış kabak
1 yemek kaşığı limon suyu
2 çay kaşığı çiğ bal
1 çay kaşığı soğan tozu
Yarım diş sarımsak
3 ila 4 yemek kaşığı su
Çeyrek fincan dereotu, maydanoz, kekik, frenk soğanı gibi gevşek paketlenmiş bitki

Kabak Otlu Sosu yapmak için, tüm malzemeleri bir karıştırıcıda birleştirin ve pürüzsüz olana kadar karıştırın. Hemen servis yapın.

Enginarları hazırlamak için, her bir enginarın üst çeyreğini ve her bir sapın ucunu dikkatlice kesmek için bir bıçak kullanın. Dikenleri çıkarmak için enginar yapraklarının uçlarını makasla kesin. Enginarı kestiğiniz limonla hemen ovun.

Suyla dolu büyük bir tencereye buhar sepeti yerleştirin. Hazırlanan enginarları sepete koyup üzerini kapatın. Enginar yaprakları hafifçe çekerek çıkacak duruma gelene kadar buharda pişirin. Bu, enginarların boyutuna bağlı olarak yaklaşık 30 - 40 dakika sürmelidir.

Enginarlar biraz soğuduktan sonra yapraklarını soyun, soslarınıza batırın ve her yaprağın tabanından "eti" kemirin. Ardından, her bir enginardan yaprakları sıyırın ve enginar kalbinin tadını çıkarın.

"Hastalığın sadece bir dikkat çığlığı olduğu yolundaki yanlış teoriyi duymuş olabilirsiniz. Başımıza kötü şeyler geldiğinde, onlara yanlış düşüncelerle neden olduğumuzu ya da kişiliğimizle bir şeylerin yanlış olduğunu duymuşsunuzdur.

Eğer hastaysanız veya bir kayıp gibi bir imtihandan geçiyorsanız, bunu siz tezahür ettirmediniz. Siz çağırmadınız. Bu ceza veya bedel değil. Hasta ya da mutsuz olmayı hak etmiyorsunuz. Sizin hatanız değil.

Kendinizi bulmak için dünyayı dolaşmanıza gerek yok. Ruh şifa, benliğinizi geri kazanmakla ilgilidir. Çünkü zaten yeterince iyisiniz. Varlığınız, sandığınızdan daha fazlasını ifade ediyor.

İyileşmeyi hak ediyorsunuz. Mutlu olmayı hak ediyorsunuz. Tamamlanmış hissetmeyi hak ediyorsunuz."

— Anthony William, Medikal Medyum

24

RUHSAL ŞİFA MEDİTASYONU VE TEKNİKLERİ

Herkes vicdan muhasebesi yapar. Bunu bilmeseler de, adını böyle koymasalar da yaptıkları şey budur.

Vicdan muhasebesi yaparız, çünkü bir parçamızın eksik olduğunu hissederiz ya da tam değilizdir, ruhumuzu tüm potansiyeliyle yaşayamadığımızı hissederiz.

Kimi zaman olumsuz bir deneyim ya da deneyimler dizisi bir insanın kırılmış ya da tükenmiş hissetmesine ve yeniden tamamlanmak ister hale gelmesine sebep olabilir. Bu vicdan muhasebesidir. İnsan içine kapanabilir, içsel konuşmalar duyabilir, sevdiklerinden tavsiyeler almak isteyebilir ya da bir terapi veya bir dizi aktiviteye kendini verebilir. Ruhlarımızı arındırmak ve şifa bulmak istediğimizde ve hayatımızın amacını güçlendirmek istediğimizde yaptığımız şey budur.

Ruhunuz, anılarınızı ve deneyimlerinizi depoladığı beyninizde bulunur. Bu ölümlü alemden geçtiğinde, ruhunuz ilerledikçe o anıları taşır. Bir kişinin belirli şeyleri hatırlamasını engelleyen bir beyin hasarı veya beyin hastalığı olsa bile, o kişi öldüğünde ruh tüm hatıraları beraberinde getirecektir.

Ruhunuz aynı zamanda umudunuzu, inancınızı ve güveninizi de depolar ve bunların hepsi sizi doğru yolda tutmaya yardımcı olur.

En güzeli ruhlarımız hasar görmemesi olurdu. Ancak zor zamanlarımızda kırılabiliyor ve parçalarını kaybedebiliyor. Bu, sevilen birinin ölümü, sevilen birinin ihaneti veya kendine ihanet gibi travmatik olaylardan kaynaklanabileceği gibi, kronik semptomlar ve hastalık yaşamanın getirdiği özgürlük ve güven kaybı gibi devam eden travmalar da olabiliyor.

Zorluklardan geçmiş birini taradığımda, ruhundaki kırıklar bir katedral penceresindeki çatlaklara benziyor. Kırıkların nerede olduğunu söyleyebiliyorum çünkü ışık oradan akıyor.

Eksik parçaları olan bir ruha gelince, o, geceleyin bütün ışıklarını yakmak üzere olan bir ev gibidir... Karanlık odalar hariç.

Ruh yaralanmaları taze olduğunda, kaybolma hissi veya kişinin kendisiyle bağlantı kaybı, sebat etme veya gelişme arzusu veya ilhamının kaybolması ve hatta yaşam gücünün kaybolması ile sonuçlanabilir. Bu yüzden ruhumuzun farkında olmak önemlidir. Zorluklardan, ihanetten, güvenin kırılmasından veya duygusal incinmeden kaynaklanan yaralar genellikle kişinin bağışıklık sistemini, adrenallerini ve diğer vücut savunmalarını tüketerek organlarımızın ve vücudumuzun derinliklerinde yaşayan fiziksel bir sorunu tetikler.

Bazen bir kişinin ruh yaralanması ve bunun sonucunda ortaya çıkan duygusal durum fiziksel bir sorun değildir. Semptomların arka planda sessizce oluşması genellikle zaman alır, bu nedenle yaşamın daha erken bir döneminde bir ruh yaralanması, gelecekteki semptomların tetikleyicisi olabilir veya tam gelişmiş koşulların ortaya çıkması için tetikleyici olabilir; eğer ruhunuza ve fiziksel bedeninize özen gösterecek doğru bilgiye, araçlara ve kaynaklara sahip değilseniz.

Açık konuşalım: duygusal yaralar ve ruh yaraları, fiziksel acıların nedeni değildir. Sebep onlar değil. Aksine, bu dünyada karşı karşıya olduğumuz patojenler ve zehirlerin neden olduğu altta yatan duyarlılıklar için tetikleyiciler olarak hareket edebilirler. Zayıf değilsiniz. Bu kadar uzun süre savaştığınız ve bu noktaya gelebildiğiniz için düşündüğünüzden daha güçlüsünüz. Şimdi daha da ilerleyeceksiniz.

Ruh yaralanması olan bir kişi savunmasızdır. Mutlaka birinin, "Başka bir ilişkiye hazır değilim, hâlâ ayrılığımdan dolayı acı çekiyorum," dediğini duymuşsunuzdur; kendini tekrar ortaya koyma riskini almadan önce ruhunun iyileşmesi için zamana ihtiyacı olduğunu kabul eder.

Aynı şekilde, eğer semptomlardan veya bir rahatsızlıktan dolayı hasta olan ve cevap bulamamış birini gözlemlerseniz; bu kişinin herhangi bir ruhsal öğrenmeye aç olduğunu da görebilirsiniz: din, manevi gurular, yardım kitapları, meditasyonlar, nefes çalışması...

Muhtemelen ruhu, özgüvensizlikten yaralanmıştır ve içgüdüsel olarak, ruhu tekrar sağlıklı ve eksiksiz hale getirmenin yollarını arıyordur. Geçmeyen veya gelip gitmeye devam eden semptomlarla hastalandığımızda, vücudumuza ve bize yardım edecek başka insanlara olan güvenimizi kaybederiz. Yıllardır hasta olan ve cevap bulamayınca ruhunu araştırmaya yönelen insanlar var. Kendilerini dünyanın en iyi inziva yerlerinde kapatırlar yine de acı çekerler veya hastalanırlar.

Bazen ruhuun arayışı insanları kendilerine yaklaştırır. Çoğu zaman, onları her zamankinden daha fazla kaybolmuş da hissettirir. "Yardım" kisvesi altında, hastalığın sadece bir dikkat çığlığı olduğu şeklindeki yanlış teoriyi duymuş olabilirsiniz. Başımıza kötü şeyler geldiğinde, onlara yanlış düşüncelerle neden olduğumuzu ya da kim olduğumuzla ilgili bir şeylerin yanlış olduğunu duymuşsunuzdur.

Daha önce de söyledim, yine söylüyorum: Hastaysanız -boşanma kayıp gibi bir imtihandan geçiyorsanız- bunu siz istemediniz. Çağırmadınız. Bu ceza veya bedel değil. Hasta olmayı ya da mutsuz olmayı hak etmiyorsunuz. Sizin hatanız değil.

Kendinizi bulmak için dünyayı dolaşmanıza gerek yok. Ruh şifa, benliğinizi geri kazanmakla ilgilidir. Çünkü zaten yeterince iyisiniz. Varlığınız, sandığınızdan daha fazlasını ifade ediyor.

İyileşmeyi hak ediyorsunuz. Mutlu olmayı hak ediyorsunuz. Tamamlanmış hissetmeyi hak ediyorsunuz.

Bu kitapta şimdiye kadar, kronik ıstırabın çok gerçek, fizyolojik nedenlerine, kendinizi, sevdiklerinizi ve çevrenizi korumak için ihtiyaç duyduğunuz bilgi ve somut araçlara odaklandık. Bunlar ve onların meydana getirdiği fiziksel şifa, aynı zamanda ruh şifasını da yaratır.

Fiziksel sağlığınız üzerinde çalışmak için önceki bölümleri kullandığınızda, tüm yaşadıklarınızdan adrenallerinizi ve sinir sisteminizi onarmış olursunuz. Bu, elde edilen diğer tüm fiziksel iyileştirmelerle birlikte semptomlarınızın veya rahatsızlığınızın kökenine inmek, hayatınızı geri almaya başlamak anlamına gelebilir. Yaşam kaliteniz ve kaybettiğiniz özgürlüğünüz geri gelmeye başlayınca; ruhunuz derin bir rahatlama, gençleşme ve kurtuluş kazanabilir.

Aynı zamanda, iyileşmyei her alanda sağlamak için bu bölümdeki özel teknikleri kullanabilirsiniz. Burada, zorluklarla karşılaştığımızda ruhlarımıza neler olduğunu ve kendi ruhunuza nasıl şifa getireceğinizi anlayacaksınız. Anlattığım egzersizler ruhsal arayış içinde olanlar için gerçek cevaplar sunuyor.

Bu teknikler aynı zamanda kalbinize ve ruhunuza şifa getirmek için burada. Bu kitabın başında bahsettiğim gibi, canınız, kalbiniz ve ruhunuz sizin üç ayrı parçanızdır. Birbirlerine bağlılar. Hepsi hâlâ birbirleriyle konuşuyorlar. Kalbiniz, eylemleriniz için pusula görevi görüyor ve ruhunuz kaybolduğunda doğru olanı yapmanız için size rehberlik ediyor. Kalbiniz aynı zamanda ruh yaralanmasını telafi edebilecek bir tür güvenlik ağı. Bu, yıpranmış bir ruha ve sıcak, sevgi dolu bir kalbe sahip olabileceğiniz anlamına gelir. Ruhunuz kırıklar ve kayıplar yaşadığında, güçlü bir kalp, ruhunuz iyileşmeyi başarana kadar özveriyle; sevgi, şefkat ve neşe ile sizi atlatacaktır. (Yüzeysel aşk; bir zihin meselesidir. Bencil olmayan aşk; kalpten gelir.)

Aynı zamanda başka bir şekilde de çalışır: sağlıklı bir ruha sahip olmak sizi mutlaka tamamlamayabilir. Yaralanmamış bir ruhunuz olabilir ve kırık kalbiniz hâlâ size engel olabilir.

Kalbiniz iyi niyetlerinizin kaydını tutar. Aslında, ruhun yaşadığı iniş çıkışların bir sonucu olarak kalbin daha sevgi dolu ve kabul edici hale gelmesi olasıdır. Bu, hayatın ne kadar zor olabileceğini gösteren bir zorluk yaşadıktan sonra, "şimdi anladım" tepkisidir. Büyük kayıplar, başkalarını, onların yaşadıklarını ve kendi yaşadıklarınızı daha derinden anlamanıza sağlayabilir... Ve fazla büyük sevgi ve şefkat hissetmenizi.

Bir de "can" var –bununla iradeniz ve fiziksel gücünüz öne çıkıyor. Can, ruh değildir. Onlar iki ayrı parçanızdır. Tırmanmanızı, koşmanızı ve savaşmanızı sağlayan ruhunuzdur.

Yaralı bir ruhunuz olabilir ve canınızdan gelen motivasyon sizi ayakta tutabilir. Birçok insan, bir ayrılık yaşadıklarında, daha fazla egzersiz yapmaya başlar veya seyahat eder. Bu, kalp ağrısını ve sıkıntıyı veya yaralanmayı bastırmak için canınızın iradesini kullanmanın bir yoludur. Başta ilişkinin yasını tutarken yemek yemek, çalışmak veya herhangi bir öz bakım yapmak istemeyip cenin pozisyonunda yatıp kalkıyor olsanız bile, çoğu zaman (doğrudan ruhunuza bağlı olan) özgür iradenizin gücü devreye girer ve sizi, üstesinden gelmenize yardımcı olmak için ruhunuzu kullanmaya sevk eder.

Bölüm 1, "Medikal Medyum'un Kökeni"nde söylediğim gibi -ruhunuz hırpalanmış kalbiniz baygın olsa bile- iyileşmek için fırsatlar ararken canınız, iradeniz sizi fiziksel olarak ayakta tutabilir. Yürüyüşe çıkmanın, kuşları izlemenin veya gün batımını izlemenin bu kadar değerli olmasının bir nedeni de budur: Ruhunuzu yeniden kazanmanıza yardımcı olurlar ve bu, kalbinizi ve ruhunuzu yeniden inşa etmenin başlangıcı olabilir.

Her insan -bireysel deneyimler, duygular ve ruh halleriyle- farklıdır. Bu aşağıdaki teknikler aynı zamanda bireysel deneyimleri, duyguları veya ruh hali ne olursa olsun, herkesin yapabileceği güçlü ruhsal uygulamalardır. Hayatınıza geri dönebilirsiniz. Sizi yeniden yapılandırmak için değil -çünkü herkes kadar kusurlusunuz- ruhunuzun, kalbinizin ve canınızın şifa bulmasına yardımcı olmak için buradalar ki bu sizin fiziksel iyileşmenizi de destekler.

Hatalı değilsiniz. Değerlisiniz.

İyileşme sürecinizde yaptığınız her çalışmadan gurur duyun. Ruhunuzda başarı duygusuna izin verin. Bu gezegenden ayrılmadan önce iyileşmenizin kontrolünü elinize almaya değer. Buradaki zamanınız sona erdiğinde, şifa için harcadığınız her çaba, Tanrı'nın onu alacağı yıldızların ötesindeki yolculuğunda ruhunuza yardımcı olacaktır.

Öyleyse hazırlanın; ruhunuzu, kalbinizi ve iradenizi canlandırmanın, huzuru bulmanın ve yeniden tamamlanmış hissetmenin sırlarını öğrenmek üzeresiniz.

DUYGUSAL ARINMA

Bir yaralanma ya da -özellikle gizemli- bir hastalıktan arınmanın önemli bir duygusal boyutu vardır. Vücudunuz virüs yoğunluğundan ve zehirlerden arındıkça duygusal arınmanın da gerçekleştiğini göreceksiniz.

Örneğin; lise yıllarından beri kronik yorgunluk sendromu yaşıyorsanız bu kitapla birlikte, bu durumun arkasında bir virüsün bulunduğunu öğrenecek ve bu kitabın rehberliği sayesinde vücudunuzun kendini yenilediğini görecek, bir rahatlama hatta bir gurur ve mutluluk hissedeceksiniz.

Hücreleriniz kendilerini fiziksel zehirlerden arındırırken duygusal zehirler aniden ortaya çıkabilir. Hastalığınızın psikosomatik olduğunu söyleyen insanlara karşı sinirli hissedebilir ya da rahatsızlıklarla geçen yıllarınız için üzüntü duyabilirsiniz. Vücudunuzdaki iltihaplanmaya sebep olan ya da patojenleri besleyen yiyeceklere karşı aşırı bir tutku hissedebilirsiniz.

Bu duygusal yön, iyileşmenin tamamen doğal bir parçasıdır. Geçmişteki duygusal zorluklardan kurtulduğunuzda, savaş ya da uçuş tavrına bürünebilirsiniz. Adrenalin tüm vücudunuza salınırken kalbiniz hızlanabilir. Savaş ya da uçuş anı geçtiğinde, yaşanan zorlu deneyimin bilgilerini içeren bu adrenalin, hücrelerinizin ve organlarınızın derinliklerinde depolanır. Temizlemeye başladığınızda ve bu eski adrenalin serbest kaldığında, bir hüzün veya başka duygusal değişimler oluşabilir. Zorluk anında hissettiğiniz duygular yeniden su yüzüne çıkabilir.

Bunun geçici bir aşama olduğunu ve ortaya çıkan her şeyle meşgul olmanıza gerek olmadığını bilerek rahatlayın. Yüzeye çıkan her şeyi bilinçli olarak algılarsanız, sizin bunlatıp geçmişte yaşama riskini de alırsınız. Bununla birlikte, doğrulama da iyileşmeniz için çok önemlidir. Bu kitabın tamamını, acınızın gerçek olduğunun, hastalığınızı veya herhangi bir duygusal mücadeleyi veya zorluğu çağırmadığınızın ve sağlıklı bir yaşam sürmeyi hak ettiğinizin doğrulaması olarak kabul edin. Kendinizi huzurlu hissetmeyi hak ediyorsunuz.

Fiziksel detoks sırasında hedeflerinizden biri, eski adrenalin depolama noktaları ile acı veren hatıralara bağlı eski duyguları (mümkünse bilinçaltı düzeyde) serbest bırakmak ve onları yatıştırıcı, olumlu referans noktaları ile değiştirmek; ister daha yeni deneyimler veya özlemler şeklinde, ister geçmişten geri kazandığınız hoş anlar şeklinde. Ne kadar huzurlu olursanız, sinir sisteminiz, bağışıklık sisteminiz, böbreküstü bezleriniz, endokrin sisteminiz ve sindirim sisteminizin işlerini yapması için o kadar iyi bir ortam yaratırsınız. Bu huzur, bu bölümün geliştirmenize yardımcı olacağı şeydir.

Bunu takip eden meditasyonları ve teknikleri kullanarak geçmişi bırakabilir ve Tanrı'nın -Yüksek Kaynak, Işık, İlah- sizin için istediği yaşamı talep edebilirsiniz.

MEDİTASYON TEKNİKLERİ

Meditasyon;, bilinçaltınızı daha huzurlu olmaya yönlendiren, ruhunuzu özgürleştirmeye ve iyileştirmeye yol açan bir varlık halidir.

Hiç denememiş olsanız bile, muhtemelen sessiz bir odada oturup odaklanacak bir şey seçip (örneğin bir mantra, yanan bir mum) düşüncelerinizle veya duygularınızla savaşmamaya çalışırken; huzurlu olabilmeniz için bilinçli olarak kendinizi onlardan ayırabileceğiniz bir meditasyona girmek gibi geleneksel meditasyon yöntemlerine aşinasınızdır.

Gidilecek tek yol da bu değil. Rahatlatıcı bulduğunuz, benlik duygunuzu geliştiren ve yeniden şarj olmanıza yardımcı olan herhangi bir aktivite, meditatif, canlandırıcı bir nitelikte olabilir. Bu aktiviteler arasında bisiklet sürmek, yüzmek (özellikle okyanus veya göl gibi "canlı" suda), diğer eğlenceli şekillerde (örneğin dans etmek, trambolinde zıplamak) egzersiz yapmak, müzik dinlemek, okumak, dua etmek, fazladan dinlenmek, evcil hayvan bakmak, yeni insanlarla yeni bir beceri öğrenmek, sevdiklerinizle vakit geçirmek, masaj yaptırmak ve Epsom tuzları ve saf uçucu yağlar ile banyo yapmak olabilir...

Bu sadece küçük bir seçim. Çamaşır kurutma makinesindeki tiftik filtresini temizlemek, el ele aritmetik yapmak, buzdolabınızı düzenlemek veya dolabınızı boşaltmak gibi sizi sakinleştiren benzersiz bir eğlenceniz olabilir, çünkü bunlar evreninizde düzen yaratır. Size huzur veren şey ne olursa olsun -bu sizi dünya hakkında olumlu ve umutlu hissettirir- onun farkına varırsanız, bedeniniz ve ruhunuz için şifayı teşvik edeceksiniz. Ve kendinizi temelli ve iyimser hissettiğinizde, etrafınızda olmayı seven diğer harika insanlarla karşılaşmanız muhtemeldir.

Kendi özel hobilerinizi geliştirmenin yanı sıra Merhametin Ruhu'nun bana, son derece güçlü olduğunu gösterdiği aşağıdaki meditasyon biçimlerini deneyebilirsiniz. Bunlar sizinle konuşabilecek egzersizlerdir ve eğer derinliklerini anlarsanız, hücrelerinize, dokularınıza ve organlarınızın yanı sıra ruhunuza, kalbinize girme yeteneğine sahiptirler; duygusal ve ruhsal olarak yeni bir başlangıç yapmanıza yardımcı olurlar.

Ay Meditasyonu gibi tekniklerin bazılarını Medikal Medyum Podcast'inde rehberli meditasyonlar olarak bulacaksınız. Ruh iyileştirme uygulamalarının alternatif bir deneyimi için bu özel bölümleri araştırabilirsiniz.

Sahildeki Dalgalar

Bir sahildeki dalgaları izleyerek veya tasavvur ederek üstün bir meditatif şifa seviyesine ulaşmak mümkündür; tabii eğer dalgaların içindeki gücü nasıl kullanacağınızı biliyorsanız. Bu teknikle sayısız insanın kendilerini TSSB'den, acıdan ve ıstıraptan kurtardığını gördüm.

Duygusal yaralarla yaşıyorsanız veya TSSB, anksiyete, depresyon, duyarsızlaşma, bipolar bozukluk, OKB veya herhangi bir duygusal veya fiziksel ıstırap yaşıyorsanız, bu meditasyon tekniği size yardımcı olabilir ve sizi güçlendirebilir. Ruhunuzdaki ve kalbinizdeki duygusal yaraların üstesinden gelmek ve iyileştirmek için bu fırsat, bedeninize de daha büyük bir iyileşme fırsatı verir.

Nasıl çalışır:

Fiziksel olarak bir kumsaldaysanız, orada kalın ve suya bakarak oturun, ayakta durun veya yürüyün. Dalgaları izlemeyi veya gözlerinizi kapatıp dinlemeyi seçebilirsiniz. Burada okyanusa odaklanacağız ancak bir göl, nehir veya akarsu da iyileştirici etkileri olan bir canlı su kaynağıdır. Bu meditasyonu yapmak için suda olmanıza gerek yok. Bir plaja yakın değilseniz, rahat bir yere yerleşin ve huzurlu bir plajı hayal edin. Okyanusun bir doğa videosunu veya dalgaların ses kaydını koymak yardımcı olabilir.

Başlamak için, önünüzdeki suyu güçlü bir canlı yaşam bedeni olarak tasavvur edin. Yaşamınız, bu güçlü canlı bedeni, ruhu yenileyen ve temizleyen bir güç barındırır. Şimdi okyanustaki deniz yaşamını düşünün. Balinalar, deniz kaplumbağaları, köpekbalıkları, deniz aslanları, deniz atları, denizyıldızı, ahtapot, yengeçler, denizanaları, balık sürüleri, foklar ve yunuslar. Onları sadece okyanusun içinde yaşayan olarak değil; Onları okyanusun bir parçası olarak görün. Deniz yaşamını ve okyanusu bir bütün olarak görün.

Bir dalgayı izlerken (ya da bir dalgayı tasavvur ederken), onun hem tüm deniz yaşamının gücünü hem de canlıların, şifalı suyun gücünü elinde tuttuğunu hayal edin. Dalga içeri girerken, yaşamınız boyunca sürdürmüş olabileceğiniz herhangi bir savaş yarasına ve duygusal yaralanmaya kendini bağlayarak ruhunuza girmeye başlar. Dalga, geçmişteki tüm bu incitici deneyimleri kapsayan her türlü zarar verici duygusal düşünceyi silip süpürmeye başlar. Dalga, düşünceleri içte ve dışta doyurur, incitici duyguların etrafında ve ruh yaralarının etrafında döner. Dalga geri çekilirken bu duygulara ve yaralara tutunur. Ruhunuzun bu kirlilikleri vücudunuzu terk etmeye başlar, dalgalar sahile geri dönerken oradan çıkar. Bu incitici deneyimler ve duygusal zorluklar, uçsuz bucaksız okyanusta emilir ve sürüklenir.

Temiz, saf ve taze yeni bir dalga sahile doğru ilerlemeye başlar. Ruhunuza girdiğini ve kalan tüm duygusal yaralanmaları, mücadeleleri ve zorlukları bir kez daha temizlediğini hayal edin. Dalga girdaplar halinde döner, savurur; kan dolaşımınız ve ruhunuzla iç içe geçer, sizi bedeninizden geri tutan o duygu ve düşünceleri çeker. Bir kez daha dalga, onları okyanusa geri götürür.

Her yeni dalga gelirken, geçmişten gelen zehirli hatıralardan ve yaralardan arınmanıza izin verin. Okyanusun, güçlü, iyileştirici, canlı tuzlu suyunun, temizlenmesini ve arındırılmasını istediğiniz ruhunuzda veya hücrelerinizde bulunan lekeleri yıkamasına izin verin. Kendinizi arınmış hissederken, zehirli düşünceler, duygusal zorluklar ve yaralanmalarla ilgili anılarınızın denize aktığını görün.

Hazır olduğunuzda, her yeni dalganın kalbinize, ruhunuza güç ve yenilenme getirmesine izin vermeye başlayabilirsiniz. Okyanus, en temel enerji kaynaklarından biridir. Doğası gereği toksik olan düşüncelerimiz hiçbir şekilde temellendirilmemiştir; bunlar, kalbinizde ve ruhunuzda dalgalanan toksik, kırık enerjinin radikal parçalarıdır. Dalgaların topraklama gücü, savaş yaralarımızdan gelen gürültü, statik ve zehirli enerjiyi nötralize eder. Bu duygusal yaraları ve yaralanmaları topraklayan dalgaları tasavvur edin.

Melekleri seviyorsanız, Okyanus Meleği'ni çağırın. Meditasyon için en iyi zihinsel duruma girmenize yardımcı olacaktır. (Bir sonraki bölümde meleklerin desteğini almakla ilgili daha fazla bilgi edineceksiniz.) Ayrıca suda yürümek de iyi gelebilir.

Herhangi bir doğal su kaynağının (göl, nehir, akarsu, okyanus) canlı olduğunu bilin. Onun bir nefesi olduğu kadar bir iradesi ve bir ruhu da var. Canlı suya adım attığınızda, hayatınızda gerçekleşmesini istediğiniz şeyleri hayal edin.

Ağaçların Arasında Olmak

Doğadan alabileceğinizin en iyisini elde etmek için basit bir yürüyüş yeterli değildir. Daha etkili bir şifa için işte yapmanız gereken şey: Ağaçlarla sarılı bir alana ilk girdiğinizde -burası şehirde bir park ya da kendi bahçeniz olabilir- Ağaçlar Meleği'ni çağırın. Huzurlu çevreyi tanımak için kendinize süre verin. Özellikle de etrafınızda yükselen ağaçları...

Onların kök sistemlerini düşünün. Toprağın derinliklerinden gelen mineralleri ve suyu çekip gövdelerinden dallarına taşıdıklarını düşünün. Kendinizi bu derin toprak enerjisi ile sarılmış hissedin ve ayaklarınızdan toprak ananın kalbine köklerinizi saldığınızı hayal edin.

Bu güzel hayali sonlandırmanın zamanı geldiğini hissettiğinizde, köklerinizi toprakta korunur bir vaziyette bırakıp yürüyüp uzaklaşın. Bu kökler sizin bir parçanızdır. Nereye giderseniz gidin hangi zaman, hangi mekânda olursanız olun toprakta bıraktığınız bu noktalardan iyileştirici enerjiyi alacaksınız.

Bu mümkün olan en güçlü tedavi biçimidir. Varlığınızın bütün yönlerini güçlendirecektir. Yaşama tutunmanız için, ruhunuzun olumlu yönleri alıp olumsuzları bırakması için ve vücudunuz ve ruhunuz için güçlendirici frekans yaratmak adına sizi zorlayacaktır. Sizi korkularınızdan kurtulmaya hazırlayacak ve hayatınızı en iyi düzeyde yaşamanızı sağlayacaktır.

Doğanın nimetlerinden yararlanmak için dışarıda olmanıza gerek yok. Yukarıdaki tekniği genişleten aşağıdaki meditasyon sizi evin içinde yapsanız bile dış mekanda hissettirir.

Bu meditasyon egzersizini ister içeride ister dışarıda doğada yapabilirsiniz. Oturabilir veya ayakta durabilirsiniz. Gözlerinizi kapatın. Etrafınızda ağaçlar olduğunu hayal edin. Huzurlu bir ortam... Dallarda cıvıldayan kuşlar var. Rüzgarın ağaçların arasından hafifçe geçtiğini, yaprakların hışırtısını duyabilirsiniz.

Şimdi ağaç gövdelerini yere kadar takip ettiğinizi hayal edin. Ardından, zihninizi kök sistemlere çevirin. Toprağın derinlerine inen kökleri düşünmeye başlayın. Her bir kökü çevreleyen toprağı düşünün. Bu toprağın içinde şifalı mineraller var. Bu mineraller yerin altını dinler ve kökleri iyileştirip besler. Bu kökleri besleyen toprakta sahip olduğumuz minerallerle eşleşen vücudumuzda bulunan mineralleri bir düşünün. Mineraller, bizi sağlıklı ve topraklanmış tutan şeyin bir parçasıdır.

Yağmur yağmaya başlar. Ağaçların yapraklarına çarpan yağmur damlalarını hayal edin. Yağmur, yapraklardaki toz ve kiri yıkayıp arındırır. Yağmurun başınızın üstüne, yüzünüze ve kollarınıza çarptığını hayal edin. Ağaç gövdelerinden aşağı yuvarlanan ve toprağa, toprağa giren yağmur damlalarını görün.

Şimdi bu köklerin toprağın derinliklerinden, gövdelerinden ve dallarından yukarı çektiği suyu düşünün. Bacaklarınız bir ağaç gövdesi haline gelirken ayaklarınızdan toprağa salınan kökleri gözünüzde canlandırın. Ayağınıza yapışan ve toprağın derinliklerine inen kökler çevrili; mineraller ve toprak tarafından yağmur suyunu emiyorlar.

Ayaklarınızdan toprağa doğru daha hızlı büyüyen kökleri tasavvur etmeye başlayın. Her bir parmağınızda büyüyen bir kök hayal edin, tüm kökler altınızdaki toprağa farklı yönlere gidiyor. Bu kökler zaten güçlü ve onları ihtiyaç duyduğunuz kadar güçlü kılma şansınız var. Şunu söyleyin: "Köklerim güçlü."

Sizi tamamen topraklamak için gerekli hissettiğiniz kadar çok kök büyüdüğünü hayal edin. Toprağın derinliklerinde büyürken bu köklerin gücünü hissedin. Bunun var olan en güçlü topraklama meditasyonu olduğunu bilin. Yeryüzü muazzam bir güce sahiptir ve bu güç topraktan köklerden yükselerek bedeninize girerek size güç verir. Güç vücudunuza girer, damarlarınızdan geçer ve kalbinize doğru ilerler.

Derin bir nefes alın ve nefesi dışa doğru bırakın. Kalbinizin bu köklerin ve toprağın gücünü vücudunuzdaki her kan damarı ve organa gönderdiğini tasavvur edin. Geçmişten ve günümüzden gelen duygusal zorluklar ve mücadeleler temellendirilmeye ve etkisiz hale gelmeye başlar. Topraklanma enerjisi, içinizdeki toksik olan her şeyi yutar ve derin içsel varlığınızı nötralize eder ve güçlendirir.

Bu muhteşem şifa, topraklama deneyimini sona erdirmenin zamanının geldiğini sezgisel olarak hissettiğinizde, kendinizi bu köklerden koparak zihninizde bir adım öne çıkmaya hazırlanın. Her seferinde bir ayağınızı çıkarın. Ayaklarınızdan ve bacaklarınızdan büyüyen bu kökleri geride bıraktığınızı hayal edin. Yürümeye başladığınızda onları altınızdaki toprakta korunmuş olarak bırakıyorsunuz.

Artık bu köklerden ayrı olsanız da, bu kökler sizin bir parçanız olarak kalır. Nerede olursanız olun, istediğiniz zaman onların gücünü hissedebilirsiniz. Bu size tüm zaman ve uzayı aşma yeteneği verir, çünkü sizi topraklamak için köklerin toprakta kaldığı yerden şifa enerjisi çekebilirsiniz. Zor koşullar, stresli durumlar veya zorlu duygular nedeniyle sürekli olarak topraklanmaya ihtiyacınız olduğunu hisseden biriyseniz, egzersizi haftada veya ayda birkaç kez tekrarlamaktan çekinmeyin.

Kuş Gibi Özgür

Kuşları izlemek iyileştirici bir aktivitedir, çünkü sizi doğaya taşır. Gerçekten kuşlara odaklanıp, onları görüp, onları duyduğunuzda gerçekleştirebileceğiniz en aydınlatıcı meditasyona kavuşursunuz.

Kuşların ötüşü müziğin en kutsal halidir. Kuşlar meleklerin ve cennetin şarkılarını söylerler. Kuş sesi hastalıkların ilerleyişini geri çevirebilir, kırılmış bir ruhu onarabilir, çünkü bu melodiler içinizde, derinlerde bulunan DNA ile titreşir. Eğer kuşları saygıyla dinlerseniz şüphesiz ki hayatınız değişmeye başlayacaktır.

Kuşları gözlemlemek de çok güçlüdür. Dünyada ruhlarımız kafesteymiş gibi, baskı altında hissedebilirler. Kuşlara uçarken tanıklık etmek ruhumuzu hafifletir ve ruhumuzun kafeslerini kırar. Daha da ötesi, bir kuş sadece kendisi için güvenli olduğunu düşündüğü bir alana alçalır - ve bu nokta işe yaramıyorsa tekrar kanat çırpma yeteneğine sahiptir. Bir kuşun toprağa ya da bir ağacın dalına konmasını izlediğimizde bu bizim şifa bulmanıza sebep olur ve ruhlarımızda bir güven duygusu yaratır.

Eğer aradığınız şey aydınlanma, Tanrı'ya yakın olma, maneviyat, bilgelik, merhamet ve daha büyük amaçlarınızı anlamaksa, o zaman baykuşu aramanıza gerek yok. Sinek kuşunu düşünün. Baykuşun kutsanmış ve güzel bir yaratık olduğunu bilin ama yine de tercihinizi gündüzleri uçan, çiçeklerin nektarlarını içen ve onların polenlerini birbirine taşıyan sinek kuşuna yöneltin. Çünkü bu yemek yemenin en ruhsal halidir ve en büyük bilgeliği gösterir.

Sinek kuşları hafif işçilerdir. Birini her gördüğünüzde, onu Işığın gerçek ve kutsal bir sembolü olarak kabul edin. Meleklerin kutsal ışığını yayan bir peri olarak buna tanık olun. Düşüncelerinizi ve niyetlerinizi arındırmasına izin verin, sonra sinekkuşu bir dilek veya dua ile gönderin. Mesajınızı doğru alıcıya taşıyacaktır.

İzlenecek egzersiz, hayatta boğulan, duyulmayan veya yanlış anlaşılan herkes içindir. Aynı zamanda, zamanımız nedeniyle kendini kapana kısılmış hisseden, seyahat edemeyen veya doğada istediğiniz kadar zaman geçiremeyenler için. Hayatımızda sanki bir şey bizi aşağı çekiyormuş ve ilerlememize izin vermiyormuş gibi kendimizi geride kalmış hissedebiliriz. Birçoğumuz kapana kısılmış, boğulmuş, sıkışmış ve durgun hissediyoruz. Hayatın stresi ruhumuzu sarmış gibi hissediyoruz. Meşgul olup her şeyden kaçmaya çalışırken, kendimizle olan bağımızı koparabilir, gürültünün üzerine çıkamayacağımızı hissedebiliriz. Bu meditasyon, özgürleşmek ve duygusal olarak güçlü olmak için bir şans.

Ruhumuz nasıl hissettiğimizi anlayabilir çünkü nasıl hissettiğimiz doğrudan ruhumuza bağlıdır. Duygusal zorluklar yaşadığımızda, ruhumuzda bir kalıntı bıraktığını hissedebilir ve bu kalıntı, ruhumuzun dışında bir kafes haline gelerek bizi kendimizden ya da başkaları hakkında nasıl hissettiğimizi kesebilir. İncindiğimiz için duygularımızdan dolayı yanlış kararlar verebilir ve seçimler yapabiliriz. Kendimizi ifade ettiğimizde, başkalarının bizi nasıl algıladığına bağlı olarak kendimizi geride hissedebiliriz. Birinin bizi nasıl göreceği veya bizi kabul edip etmeyeceği ile ilgili düşüncelerimizde koruyucu, çekingen ve yaptırımlı olabiliriz. Bu bizi olduğumuz kişi olmaktan alıkoyabilir. Bugün bu dünyada yaşamak kolay değil. Anksiyete, sinirlilik, endişe ve depresyon hemen hemen hepsinde bulunur.

Bu zorlukları yaşamasak bile, muhtemelen bunları yaşayan insanları tanıyoruz. Başkalarını önemsediğimizde, kalbimizi açarız. Kapana kısılmış, geride tutulmuş veya boğulmuş hissetmek veya güven kaybı ile mücadelelerini özümseyebilir, hissedebilir ve hatta üstlenebiliriz. Bu durumda, onları bu alıştırmada tasavvur ederek sevgililerimize de yardımcı olabiliriz.

Kuşlar gibi Özgür meditasyonu, her gün kendi içimizde ve çevremizdeki dünyayla karşılaştığımız çok zor duygusal zorluklardan bir kaçış sağlar. Netlik kazanabilmemiz için ruhumuzdaki kalıntıları kaldırır. Hastaysanız, kendinizi iyi hissetmiyorsanız ve semptomlarla yaşıyorsanız, iyileşmemiz üzerinde çalışırken bu, onun üzerine çıkmak için bir şanstır.

Bu egzersiz kapalı ya da açık alanda yapılabilir. Dinlenmek, oturmak veya uzanmak için rahat bir yer seçin. Hazır olduğunuzda, gözlerinizi kapatın.

Şimdi kendinizi uzun çimenler ve kır çiçekleriyle dolu bir alanda hayal edin. Hava temiz ve taze. Gökyüzü mavi. Kendinizi bir kuş gibi kanatlar büyüttüğünüzü hayal edin. Olmak istediğiniz kuşu seçin. Bir kızılgerdan kanatlarını ister misin? Kardinal? Şahin? Karga? Balıkçıl? Ya da bir kartalın kanatları? Yoksa hayal ettiğiniz kanatlar belirli bir kuşa mı ait değil? Siz karar verin. Kollarınızda ve göğsünüzde büyüyen yumuşak ve güçlü tüyleri görün.

Şimdi derin bir nefes alın. Nefesi bırakın. Siz bir kuşsunuz, doğanın bir parçasısınız. Doğasınız. Tüyleriniz güçlü ve herhangi bir rüzgarı veya esintiyi alabiliyor. Kendinizi kır çiçekleri, kelebekler ve yusufçuklar arasında duran bu kuş olarak hayal edin. Ufuktaki mesafeye güvenle bakıyorsunuz. Güneş gökyüzünde alçalıyor. Aşağıya baktığınızda kuş pençelerinin ayaklarınızın yerini aldığını görüyorsunuz.

Ufka tekrar bakın ve kanatlarınızı çırpmaya başlayın. Kendinizi ileri doğru itin ve havaya atlayın. Kanatlarını çırpmaya devam et ve gökyüzüne tırmanmaya başlayın. Zahmetsiz hissetmesine izin verin. Uçuşta yükseldikçe yükselmeye başladığınızda, aşağıdaki kır çiçekleri küçülüyor ve aralarında pembe noktalar bulunan güzel bir açık maviye karışıyor.

Uçarken, uzaktan gördüğünüz bir ağaç sırasına doğru gidiyorsunuz. Hayran olduğunuz uzun bir meşe ağacı gördünüz. En yüksek dalına iniyorsunuz ve tekrar ufka bakıyorsunuz. Dağları, ağaçları, bulutları görebiliyor musunuz? Yerden yüksektesiniz. Güneş batıyor. Gökyüzünde alçalıyor. Ufukta turuncu-kırmızı çizgileri görüyor musunuz? Derin bir nefes alın ve bırakın.

Ruhunuzun, dikenli telden bir kafeste parlayan bir ışık topu olduğunu hayal edin. Hayatınızdaki zorluklar o tel kafes haline geldi. Sizi engelleyen, görülen ya da görülmeyen her şey o tel kafesin içinde. Bunlar, hayatınız boyunca yargılamadan veya yanlış anlamadan söylemenize veya yapmanıza izin verilmeyen şeyler. Eski yaralar, hatta yıllar içinde kopan dostluklar, ruhunuzun etrafındaki o tel kafeste iç içe. Şimdi tel kafesin kırıldığını hayal edin. Ruhunuzdan, bedeninizden, meşe ağacının gövdesinden yere düşüyor. Derin bir nefes alın ve bırakın.

Hava serin ve berrak, yumuşacık tüylerinizin altında içinizi ısıtıyorsunuz. Tekrar uçmaya hazırlanıyorsunuz. Bacaklarınızı büktüğünüzü görün ve kendinizi gökyüzüne doğru fırlattığınızı hayal edin.

Uçuyorsunuz ve özgürsünüz -bizi engellemeye çalışan dünyevi güçlerden özgürsünüz. Uçarken, üstünüzdeki bulutları görün. Tüylerine karşı esen rüzgarı hissedin. Ruhunuz özgür. Acının tel kafesi artık ruhunuzu sarmıyor. Özgürce uçarken, hiçbir şey sizi alıkoyamaz. Hiçbir şey sizi tutmuyor. Solunuza baktığınızda, yanınızda uçan başka bir kuş görüyorsunuz. Sağınızda, yanınızda uçan başka bir kuş görüyorsunuz. Bu yolculukta özgürler ve yanınızdalar. Birbiri ardına yeşil tepeler görüyorsunuz. Aşağıdaki her şey çok küçük görünüyor. Toprak yollar, sığır otlatma, ahırlar ve evler görüyorsunuz. Bir kuş kadar özgürsünüz. Havada süzülüyorsunuz, gökyüzünde yükseklerde süzülüyorsunuz. Ruhunuz şimdi çok parlak, güçlü ve özgür.

Başladığınız alana geri dönmeye başlamanın zamanı geldi. Yaklaştıkça kır çiçekleri kendini belli ediyor, mavi renkleri daha güçlü ve daha parlak hale geliyor. İnmeye hazır olun. Aşağı inmeye başladıkça, kır çiçekleri daha da yakınlaşıyor. Yapraklarını bile sayabiliyorsunuz ve aralarındaki çimlerin bıçaklarını görebiliyorsunuz. Aşağı süzülürken dengede kalın. Hazır olduğunuzda, yere dokunun ve inin.

Kollarınızdan kaybolan tüyleri görün. Derin bir nefes alın ve bırakın. Derin bir nefes daha alın ve bırakın. Gözlerinizi açın.

Artık yıllardır bağlantı kurmadığınız bir parçanızla temas halindesiniz. Bazen ruhumuzla bağlantımızı kaybedebiliriz. Üzerimizde büyük bir ağırlık varmış gibi hissedebiliriz, bizi özgürce uçmaktan ve uğruna çabaladığımız hayatı yaşamaktan alıkoyar. Bu anda, ruhunuzu saran kafes artık orada değildir. Açık ve siz özgürsünüz. Ruhunuz, dünyevi sıkıntıların kalıntılarından -zorluklar, ihanetler, kırılmış güven, kayıplar ve çevremizdeki diğer insanlardan gelen mücadelelerden- arındırıldı.

Bu meditasyonu, ruhunuzun etrafında yeni bir kafes oluştuğunu hissettiğinizde, istediğiniz sıklıkta tekrarlayabilirsiniz. Bu meditasyonu ne kadar çok yaparsanız, kafes o kadar az oluşur ve sizi o kadar az tutabilir. Bu egzersizi ruhsal gelişiminizin ve iyileşmenizin düzenli bir parçası haline getirin. Serbest uçma pratiği yaptığınızda, hiçbir şey ruhunuzu tutamaz veya ruhunuzun önüne geçemez.

Arı İzleme

Arı izlemek, gizli mucizevi bir meditasyondur. Arılar; çiçekten çiçeğe dans ederek güneşi emer ve yol boyunca polen dağıtırken, bedeninizi, kalbinizi ve ruhunuzu iyileştirmenize yardımcı olabilecek bir şifa frekansı yayarlar. Bu, rasyonel düzeyde tam olarak anlayamadığımız ama hücrelerimiz ve ruhumuz tarafından anlaşılan bir şey. Arıları izlerken ve vücudunuzdan kanallarını frekanslarına göre ayarlamasını istediğinizde, vücudunuzdaki tüm hücreler bu iyileştirici titreşimle rezonansa girmeye başlayacaktır.

Arıların bir ruhu yoktur. Arılar topluca ortak bir ruha sahiptir. O ruh ancak birden fazla arı varsa var olur. Yeryüzünde tek bir arı kalsaydı, ideal bir ortam verilse bile hayatta kalamazdı. Arılar, frekansı canlı tutan ortak ruhun devam etmesi için, başka bir arıya ihtiyaç duyacaktır.

Taş Toplama

Kendinizi zorlu duygulardan arındırmak istediğinizde doğada yürüyüşe çıkın ve sizi çağıran küçük taşlara dikkat edin. Yürüyüşünüz boyunca, elinize alınca iyi hissettiren üç tane seçin. Her taşı, içinizde barındırdığınız ve size bırakmak istediğiniz her şeyle adlandırın. Örneğin; suçluluk, korku ve öfke... Veya nefret, utanç ve hayal kırıklığı, kızgınlık, üzüntü ve umutsuzluk.

Bu taşları gittiğiniz her yere yanınızda taşıyın. Dilerseniz cebinizde, hatta elinizde tutun. Üç taşınızın her birini tanıyın. Fırsat bulduğunda onlara bakın. Yüzeylerini, dokularını inceleyin. Taşları komodininizde tutun. Uyuduğunuzda bu taşlara iyi geceler deyin. Uyandıktan sonra taşlara günaydın deyin. Kahvaltı yaparken taşları mutfak masasına getirin. Yürürken taşları üzerinizde tutun. Hatta onları duşta yanınıza alın. (Taşlar ıslanırsa endişelenmeyin.) Onlarla bir ilişki geliştirin; arkadaş gibi. Taşlarınızı diğer arkadaşlarınıza ve ailenize tanıtmaktan çekinmeyin. Bu taşları tuttuğunuzda, ellerinizden gelen ısının onları ısıtmasına izin verin. Bazı günler daha zor olduğunda taşlarınıza yaslanabilirsiniz. Sizi anladıklarına ve görevlerinin, onlara adını verdiğiniz duyguları ruhunuzdan ve vücudunuzdan özümsemek olduğuna inanmaya çalışın. Minerallerin iyileştirici frekansı, sizi rahatsız eden ne olursa olsun, ister duygusal, ister ruhsal, ister fiziksel, panzehir görevi görecektir.

Zaman geldiğinde, taşların işe yaradığını hissettiğiniz ve onları bırakmaya hazır olduğunuzda, onları doğaya geri götürün ve bir gölet, okyanus, göl, nehir veya su birikintisi gibi bir yere bırakın. aktarım. Canlı su onları, sizden aldıkları zehirden arındıracak ve siz de arınmış olarak ayrılacaksınız.

Bir taşı, hatta üçünü birden kaybederseniz, bu sizin hatanız değil, hata da değil. Bu, ruhsal deneyiminizin bir parçası. Bu egzersiz asla tam kontrolünüz altında değil. Taşlar kendi seçimlerini yapabilir. Duygularınızla simbiyotik olarak çalışırken, bir taşın kaybolması bir işarettir. Taşın şimdilik alabildiğine emdiği ve biraz zamana ihtiyacı olduğu anlamına gelebilir veya duygunun zaten sizi terk etme sürecinde olduğu anlamına gelebilir; bu nedenle taş, ruhunuzdan ve kalbinizden gelen o duygudan kurtulmanıza yardımcı olmak için tamamen ortadan kaybolmuştur. Bir, iki ya da üç taşı da kaybetseniz de, egzersizi yine de tamamlamak istiyorsanız, onları değiştirebilirsiniz. Bu taşları kaybederseniz, tekrar değiştirebilirsiniz. Başka bir taş bulmanın zor olduğu bir ortamdaysanız, zamanlamanın doğru olmasına, sonunda bir taşın kaşınıza çıkmasına izin verin.

Güneşlenmek

Bilimin güneşin sağladığı tüm faydaları keşfetmesi yüzyıllar alacak. Sadece sakinleştirici ve ısıtma amaçlı değil, aynı zamanda güneş ışınları gizemli unsurlar içerir ve vücudumuzdaki, D vitamininden daha fazlasını üreten, biyokimyasal reaksiyonları teşvik eder. Sadece evcil hayvanlarımızın yerde sıcak, güneşli bir alan bulmayı ve güneşlenmeyi nasıl sevdiğine bakın. Hayvanlar güneşlenmeyi severler, bunun güçlü bir şifa aracı olduğunu bilirler.

Güneşten yararlanmak için her gün cildinizin onu emmesine izin verin. Kendinizi bir seferde 15 dakikaya alıştırmaya çalışın (güneşte yanmamaya dikkat ederek). Yılın soğuk bir zamanıysa, içeride güneşin pencereden girdiği huzurlu bir yer bulun. Melekleri seviyorsanız, ruhunuzu yatıştırması ve bedeninizi iyileştirmesi için ışınların varlığınıza girmesine yardım etmesi için Güneş Meleğini çağırın.

Bu güneşlenme meditasyon egzersizini de deneyebilirsiniz. Güneşte kalabiliyorsanız, içeride veya dışarıda rahat bir yer bulun. Dilerseniz güneş gözlüğü takabilirsiniz. Doğrudan güneşe bakmayın. Güneşe çıkamıyorsanız, yine de güneş ışınlarını üzerinizde hayal ederek bu egzersizi yapabilirsiniz. Başlamak için gözlerinizi kapatın. Güneş sizi ısıtırken, güneşin tüm vücudunuzu kapladığını bilerek rahatlayın. Güneşi tanıyın; hissine aşina olun.

Bu bağlantıyı kurduğunuzda, derin bir nefes alın ve bırakın. Güneş ışığını burnunuzdan, ağzınızdan; ciğerlerinize çektiğinizi hayal edin. Zihninizde, güneş ışığını görün. Bu his güvenli hale geldiğinde, ayağınıza vuran güneşe odaklanın. Ayaklarınıza odaklanın. Yapabiliyorsanız, daha fazla hissetmek için ayaklarınızı biraz oynatın. Güneş ve ayaklarınız arasındaki bağlantıyı kurduktan sonra derin bir nefes alın ve bırakın. Yine, güneş ışığını burnunuzdan, ağzınızdan ve ciğerlerinize çektiğinizi hayal edin. Güneş ışığını düşüncelerinizde, zihninizde görün. Şimdi dizlerinizi ısıtan güneşe odaklanın. Bunu hissettikten sonra, derin bir nefes alıp ciğerlerinize güneş ışığını alın ve bırakın.

Bu işleme karnınız, ardından göğsünüz, sonra kollarınız, ardından başınızla devam edin - vücudunuzun o bölgelerinde güneşin sıcaklığını hissedin, güneş ışığında nefes alın ve bırakın. Güneşi tam anlamıyla kullandığımızda neleri başarabileceğimizin bilincine varmadan güneşleniriz. Bu meditasyon düşüncelerinizi güneşin gücüyle hizalayacaktır. Güneşin vücudumuzdaki hücreleri ne kadar etkilediğinin farkında olduğumuzda, güneşe tam olarak bağlanmamızı sağlar, böylece hücrelerimiz onun iyileştirici yeteneklerine erişebilir. Güneşte dinlenirken, hücrelerinize güneş ışınlarıyla beslendiklerini bildiğinizi söyleyin. Hücreleriniz için bu sürece tanık oluyorsunuz; vücudunuzdaki tüm hücreler onaylanıyor, görülüyor ve anlaşılıyor. Hücrelerinizden, güneşin sunduğu çok sayıda gizemli bilgiyi ve hayat veren özellikleri emmek için açık olmalarını isteyin. Bağışıklık sisteminizden güneşi, bir bağışıklık sistemi yenileme mekanizması olarak kabul etmeye istekli olmasını isteyin. Güneşin gücünü bağışıklık sisteminizin gücü yapmak için bağışıklık sisteminizden, güneşin gücünü almaya hazır olmasını isteyin.

Ardından, güneşe baktığınızı hayal edin. (Unutmayın, gözlerinizi açmayın ve doğrudan güneşe bakmayın.) Bilincinizde, güneşin alevini "görün". Güneşe yaklaştığınızı hayal edin ve (aklınızdan veya yüksek sesle) "Bağışıklık sistemim ve vücudumdaki her hücre güneş ışınlarını ve güneşin gücünü alıyor; şifa enerjisi tüm vücudumu canlandırıp yeniliyor." deyin.

İşte daha sonra deneyebileceğiniz bir bonus: Güneş ışınlarının ruhunuzun bariyerini geçtiğini ve içine girdiğini hayal edin. Güneşin sıcaklığı artık çatışmalardan ve geçmiş mücadelelerden kaynaklanan duygusal yaralanmaları tersine çeviriyor. Onların ne olduğunun farkında olmak zorunda değilsiniz. Bırakın güneş ışınları ruhunuzdaki yolu aydınlatsın. Deyin ki, "Ruhum iyileşecek. Ruhum güçlü. Ruhum güvende. Ruhum iyileşti ve ruhum zarar görmeyecek." Bu Güneş Meleği'ni çağırmak için bir seçenek.

Derin bir nefes alın ve bırakın. Şimdi gözlerini açın.

Meyve Toplama

Meyve toplamak, en güçlü meditasyonlardan biridir. Yiyecek mucizesi için Tabiat Ana'ya duyulan saygı ve şükranın kutsal bir eylemidir. Hayatınızda sadece bir kez yapsanız bile, ruhta şifayı aktive etmek için sadece düşünerek tekrar tekrar canlandırabileceğiniz bir deneyim olacaktır. Ağaçtaki her meyve, bitkinin kökleri aracılığıyla toprağın derinliklerinden gelen canlı suya bağlı, canlı besindir. Örneğin, kendi topladığınız elmaların bahçesini ziyaret ederseniz, ağaçtaki bir elmaya dokunduğunda, hücreleriniz elmanın topraklanmış doğasıyla rezonansa girer ve vücuduna huzur yayılır.

Bunun da ötesinde, elmalara uzanırken ve onları toplamak için eğilirken ya da çömelirken doğal olarak iyileştirici vücud hareketleri yapacaksınız. Bu doğal esneme hareketleri, insan icadı tüm egzersizlerin yerini alır. Kalbinizdeki ve ruhunuzdaki neşe, her fiziksel meyve toplama pozisyonunda birleşir ve bu size benzersiz bir şifa sağlar.

Böğürtlen, hatta kır çiçekleri toplamak da aynı etkiye sahiptir. İnsanlar bu gezegende var olduğundan beri, meyve toplamak bir bereket kutlaması olmuştur. Bu bin yıllık geleneği takip ettiğimizde, ruhumuzdaki o eski yaşam kutlamasını ateşler ve iyileşmeyi destekler.

Çilek, böğürtlen, ahududu, elma ya da şeftali toplarken, bu âna yol açan tüm aylar boyunca meditasyon yapın. İlk önce bitki bir tohum veya kök olarak başladı ve meyve verecak boyuta geldi. Olgunlaştığında yılın her ayında meyve vermeye başlamamış, mevsimlerle birlikte gelişmiştir. Ağacı, çalıyı veya asmayı, hiçbir şey olmuyormuş gibi görünmesi gereken uyku halindeyken hayal edin. Daha sonra yaprakların geri döndüğünü, tomurcukları, her şeye bakan çiftçileri, çiçek açan çiçekleri ve ziyaret eden tozlayıcıları hayal edin. Hayatımız benzer döngülerden geçer. Doğanın ritimlerine odaklanmak için zaman ayırdığımızda, nöronlarımızı yeniden düzenler, kaygı ve TSSB'yi tersine çevirmeye yardımcı olur ve ruhlarımızda iyi bir yaşam sürme çabalarımızın verimli olacağına dair güven ve inancı harekete geçiririz.

Aşağıdaki meditasyon egzersizi -ister yılın o zamanı, ister başka bir durum nedeniyle- meyve toplamaya erişimi olmayan herkes içindir. Daha önce meyve topladıysanız, bu meditasyon onu bir kez daha deneyimlemenizi sağlayacaktır. Hayatınızda hiç meyve toplamamış olsanız bile, bu meditasyon aynı derecede güçlüdür. Meyve toplamak, ruhumuzun ve yüreğimizin bir parçasıdır. Meyve toplama ile yeniden bağlantı kurmak, ruhumuza yeniden bağlanmak gibidir.

Bu meditasyon için en iyisi uzanmaktır, ancak daha rahatsa oturarak da yapabilirsiniz. Açık ya da kapalı alanda olabilirsiniz. Hazır olduğunuzda, gözlerinizi kapatın. Derin bir nefes alın ve bırakın, ardından tekrarlayın. Şimdi kendinizi eski bir köy yolunda yürürken hayal edin. Gökyüzü mavi, güneş parlıyor ve yol toprak ve çakıllardan yapılmış. Mesafeye baktığınızda yolun sonunda bir açıklık görüyorsunuz. Yaklaştıkça meyve bahçesine benzediğini fark ediyorsunuz ama hangi meyve olduğunu tam olarak anlayamamışsınız. Meyve bahçesine ulaşıyorsunuz ve ağaçların her tarafında parlak kırmızı meyveler görüyorsunuz. Bahçeye girip ağaçlardan birine yaklaştığınızda kirazlarla dolu olduğunu fark ediyorsunuz.

Ağacın altında bir sepet var. Eğiliyorsunuz, sepeti yukarı kaldırıyorsunuz ve sonra uzanıp kirazlardan birini nazikçe koparıyorsunuz ve sepete yerleştiriyorsunuz. Başka bir kiraz için uzanıp, koparıp sepete koyuyorsunuz. Bir tane daha, büyük bir tane daha görüyorsunuz, üstte olanlar için parmak uçlarınızda yükseliyorsunuz, olabildiğince uzanıyorsunuz, zar zor ulaşıyorsunuz. Koparıp sepete koyuyorsunuz.

Dışarısı sıcak. Aynı zamanda yüzünüzde hissettiğiniz rahat bir esinti var. Sağa bakıyorsunuz ve başka bir meyve ağacı görüyorsunuz. Bu ağaçtaki meyve çok daha büyük ve yine kırmızı. Yürüyorsunuz ve bunların elma olduğunu görüyorsunuz. Daha yukarıdalar, bu yüzden bir elinizi bir dalın üzerine koyup kendinizi nazikçe parmak uçlarınızda kaldırıyorsunuz. Olabildiğince uzanıp bir elma alıyorsunuz. Aşağı inerken elmayı ağaçtan çekiyorsunuz. Bu, iki elmanın daha ağaçtan düşmesine neden oluyor. Az önce kopardığınız elmayı sepetinize yerleştiriyorsunuz ve eğilip yere düşen bir elmayı alıp sepetinize atıyorsunuz. Birkaç adım atıp eğilip düşen ikinci elmayı da alıp sepetinize koyuyorsunuz. Yerde düşmüş bir başka elma daha fark ediyorsunuz. Onu alıp üzerindeki solucanı fark ediyorsunuz. Bu solucan TSSB'yi, kaygıyı, zorluğu, kırılan güveni ve kayıpları temsil ediyor. Elmayı tutarken, bir kuş elinize konup solucanı elmanın içinden alıyor. Gökyüzüne uçuyor. İçinizde bir şey özgürleşiyor ve hava kadar hafif hissediyorsunuz.

Güneş parlıyor ve yüzünüzde hafif bir esinti hissediyorsunuz. Hava temiz ve taze. Rahatlamış hissediyorsunuz, böylece kendinize oturup dinlenmek için rahat bir yer buluyorsunuz. Çilek tarlasında oturduğunuzu hemen fark ediyorsunuz. Bir eliniz yerdeyken, eğilip sulu bir çileğe uzanıp koparıyorsunuz. Sepete koyuyorsunuz. Diğer tarafta daha büyük bir çilek görüyorsunuz. Eğilip uzanıp o çileği koparıyorsunuz. Sepete atıyorsunuz.

Güneşin batmaya başladığını fark ediyorsunuz. Ayağa kalkıp eğilip meyve sepetinizi alıp meyve bahçesinden çıkıp toprak yoldan aşağı iniyorsunuz. Yolun kenarlarında büyüyen yaban mersini görüyorsunuz. Yoldan çıkıyorsunuz ve bir yaban mersini tarlasına giriyorsunuz. Çömelip yaban mersinlerini ikişer üçer toplayıp sepetinize koymaya başlıyorsunuz. Kendinizi tutamayıp tekrar uzanıp iki üç tane daha alıp onları ağzına atıyorsunuz. Bir avuç daha alıp sepetinize koyuyorsunuz. Yaban mersini çalılarından çıkıp toprak yola geri dönüyor ve eve gidiyorsunuz. Yürürken acıkıyorsunuz, bu yüzden sepetinizden çileklerden birini ağzınıza atıyorsunuz. Onu ısırıp çiğneyip yutuyorsunuz. Birkaç adım daha atıyorsunuz ve ardından bir kiraz alıp hafifçe ısırıyorsunuz. Üzerindeki çürüğü hissedip yere tükürüyorsunuz. Sulu, tatlı kiraz, şimdiye kadar yediğiniz hiçbir kiraza benzemiyor. Sonra bir elma alıyorsunuz; güzel, kırmızı bir elma. Onu ısırıyorsunuz. Tatlı ve sulu, şimdiye kadar yediğiniz en lezzetli elma.

Güneş batarken, kendinizi doymuş hissediyorsunuz. Kendini güvende hissediyorsunuz. Ruhunuzun yenilendiğini hissediyorsunuz. Ruhunuz güçlü. Kalbiniz canlı.

Alacakaranlık çöküyor. Toprak yolun sonuna geliyorsunuz ve eski bir tahta tabela görüyorsunuz. Güneş batarken kalan ışıkta okursunuz. 'Nezaman itersen gel' yazıyor.

Derin bir nefes alın ve bırakın. Kiraz, elma, çilek ve yaban mersinini görün. Derin bir nefes daha alın, yolun ve uzaktaki meyve bahçesinin üzerinden güneşin batışını görün. Bir kez daha derin nefes alın ve bırakın. Hazır olduğunuzda, gözlerinizi açın.

Bu deneyim, PTSD'yi, kaygıyı, kırılmış güveni ve verimli, güçlendirilmiş, daha güçlü, aydınlanmış bir varlık olmanızın önünde duran her şeyi tersine çevirmeye başlayabilir. Tanıdığımız yaralar, tıpkı bir meyve ağacının büyümesi gibi bizi yukarı iter. Zamanla, içinde bulunduğumuz atmosfer, güzelliğimizin ortaya çıkmasına izin verir. Bu meditasyonla, yolunuzu bulabilmeniz ve özgürce yaşayabilmeniz için özünüz geri getirirken, ruhunuz da kıvılcım çıkarmaya başlar.

Bahçenizin Büyümesini İzlemek

Benzer bir harika meditasyon da kendi bahçenize bakmaktır. Yeni bir hayat için ellerinizi toprağa bulaştırmak bedeninizi topraklar, ruhunuzu güçlendirir, gençleştirir. Ayrıca, toprak, Tabiat Ana'nın ruhunu taşır. Bununla (tam anlamıyla) temasa geçmek, sizi ilahi doğal ritimlerle senkronize eder. Sebze veya meyve yetiştirirseniz, emeğinizin toksinsiz ve taze sonuçlarını yemenin ek avantajını da elde edersiniz.

Eğer çiçek yetiştirirseniz, sonunda onları bir vazoya veya sepete yerleştirirsiniz -bu da meditasyon yapmak için harika bir yoldur. Bahçe yaparken, çok iyileştirici olan doğanın seslerini özümseyeceksiniz. Çim biçme makinelerini ve arabaları aynı anda duyabilseniz bile doğa seslerinin etkisi azalmayacaktır. Kuşların cıvıltıları, arıların vızıltısı, ağaçların arasında hışırdayan rüzgar; tüm bunlar -zihninizi ayarlarsanız- bedeninize ve ruhunuza huzur getirecek kutsal bir film müziğidir.

Ayıklamanın da hayatınız üzerinde derin bir etkisi olabilir. Topraktan çektiğiniz her otu kötü bir düşünce, zor bir duygu, dünyevi bir savaş yarası, bir ihanet örneği veya aynı anda hem ruhunuzdan hem de zihninizden uzaklaştırdığınız acı bir hatıra olarak tasavvur ederseniz, bolluğa yer açarsınız. Yabani otların özel bitkilerinizi (topraktaki suyu ve besinleri toplayıp aşağıdaki fideleri gölgede bırakması) örtmesi gibi, bilincin bu "yabani otları" da hayatınızdaki pozitiflerin gelişme şansı bulmasını engeller. Bu alıştırma, görünüşte birdenbire hayatınıza girmek için yeni fırsatlara yer açar.

Arazisi olmayan bir apartman dairesinde yaşıyorsanız, pencere veya balkonunuzda bitki yetiştirin. Parka sık sık geziler yapın ve kendinizi doğanın döngülerine, güzelliğine ve bolluğuna odaklayın. Yabani otları temizlemenin şehirdeki karşılığı daireni temizlemektir. Bunu bir meditasyona dönüştürürseniz, kıyafetleri düzeltirken, tozları süpürürken ve kullanılmayan eşyaları bağışlarken, zihninizdeki ve ruhunuzdaki döküntüleri temizliyor olacaksınız.

Yine de açık olalım; fiziksel dünyanızın, iyi ve mutlu bir yaşam sürmeniz veya iyileşebilmeniz, eski halinize dönebilmeniz veya iyileşebilmeniz için düzenlenmiş olması gerekmez. Bitkilere veya bahçeye bakmak veya yaşam alanınızı düzenli tutmak için çok meşgul, yorgun veya acı içinde olabilirsiniz. Sabahları kereviz sapı suyu yapmak ve ailenize destek olmak için günün kazancı olabilir. Çocuklarınıza şifalı bir gıda almak ve kendi şifa tarifleriniz üzerinde çalışmak sizin kazancınız olabilir. Her galibiyet bir zaferdir. Fiziksel yaşamlarımıza büyüme ve düzen ne kadar iyileştirici olursa olsun, her durumda zaman, mekan, kaynak veya enerji ayrıcalığına sahip değiliz. Şu anda hayat size ot toplama veya organize olma fırsatı vermiyorsa moralinizi bozmayın; bunun iyileşmenizi engelleyeceğinden endişelenmeyin.

Bahçe meditasyonu egzersizi ile birlikte, herkes bir toprak parçasına bakmanın iyileştiriciliğinden yararlanabilir. Bir bahçeye erişiminiz yoksa, bahçede çalışamıyorsanız veya sezon dışıysanız, bu meditasyona dönebilirsiniz.

Ya oturarak ya da uzanarak yerinizi alın. Gözlerinizi kapatın ve bir çimenlikte oturduğunuzu hayal edin. Güneş parlıyor. Şimdi, sizi çevreleyen hiçbir şeyin olmadığı bir bahçe hayal edin.

Solunuzda, topraktan filizlenen salatalık bitkilerini hayal edin. Hızla salatalık asmalarına dönüşüyorlar. Sarı tomurcuklar belirip ve çiçek açıyor. Bir yaban arısı uçup sarı bir çiçeğe konuyor ve onu tozlaştırmaya başlıyor. Bir kelebek başka bir çiçeğe konup onu tozlaştırmaya başlıyor. Bir sinek kuşu başka bir salatalık çiçeğine uçup nektarını içiyor ve onu tozlaştırıyor. Çiçeklerin solduğu yerde bebek salatalıkların büyümeye başladığını görüyorsunuz. Salatalıklar ilk başta açık yeşil ve küçük. Yeşil, büyüdükçe derinleşiyor, birkaç dakika içinde tam boyutlarına ulaşıyor. Sol elinizle uzanıp birini seçiyorsunuz. Bu salatalıklar vücudunuzun enerjisine ve hücrelerine uyum sağlıyor ve sizi beslemek istiyor. Mücadelelerinizi anlıyorlar.

Sağınızda, topraktan domates bitkileri filizlenmeye başlıyor, asmaları hızla büyüyor ve sarı çiçekler açmaya başlıyor. Bir kez daha, çiçeklerden birinin üzerine bir yaban arısının konduğunu ve onu tozlaştırdığını görüyorsunuz. Bir kelebeğin başka bir çiçeğe konduğunu ve onu tozlaştırmaya başladığını görüyorsunuz. Bir sinek kuşunun bir çiçeğe uçtuğunu ve domatesi tozlaştırırken nektarını içtiğini görüyorsunuz. Küçük domatesler büyümeye başlıyor. Bazıları turuncuya bazıları kırmızı bazıları sarı... Sağ elinizle uzanıyorsunuz ve olgun bir domatese dokunuyorsunuz. Vücudunuzdaki hücreler o domatese bağlanıyor. Domatesin besinleri ve mineralleri tam size göre. Hücreleriniz onları almak istiyor.

Şimdi bahçede ayaklarınızın yanında biraz lahana büyümeye başlıyor. Yapraklar büyüyor. Lahana saplarının gövdeleri kalınlaşıyor. Koyu yeşil yaprakları büyüyüp güzelleşip güneş ışığında parlıyor. Eğilip lahana yapraklarından birine dokunuyorsun. Gücünü ve kırılganlığını hissediyorsunuz. Organlarınıza, hücrelerinize ve ruhunuza hitap ediyor.

Bahçede arkanızda topraktan görünen marullar var. Bu marullar hızla büyümeye başlıyor. Güzel ve yeşil, gevrek ve gevrekler. Arkanızı dönüp marul yapraklarına dokunuyorsunuz. Elinizde hissediyorsunuz. Hücrelerinize ve organlarınıza bağlanırken onların temizleme gücünü, minerallerini ve besinlerini hissediyorsunuz.

Bu mükemmel bahçede yabani otlar topraktan yükselmeye başlıyor. Farklı yerlerde filizlendiklerini görüyorsunuz. İlk ot, solunuzda, salatalıkların yanında. Uzanıp tutup köklerinden çekiyorsunuz. O ot, içinizdeki eski bir yara. Eski ilişkilerden gelen duygulara, yeni ilişkilerden gelen incinmelerden kalma. Otu uzaklara, bir kompost kutusuna atıyorsunuz.

Sağınızda, başka bir ot hızla büyüyor. Otu tutup köklerinden çekiyorsunuz. Bu ot, bozulan dostluklar, kayıplar, ihanetleri temsil ediyor. O otu da uzaklara, kompost kutusuna atıyorsunuz. Önünüzde, dışarı fırlayan başka bir ot görüyorsunuz. Hızlı büyüyen büyük bir ot. Bu, güvenin kırılması, duygusal yaralanmalar, ruh yaraları ve diğer zorluklarla ilgili... Otu tabanından tutup köklerinden çekip çıkarıyorsunuz ve o otu uzaklara, kompost kutusuna atıyorsunuz.

Arkanızda en büyük yabani ot var, üzerinizde yükselmeye başlıyor. Dikenleri var. Korku, güvensizlik, suçluluk, öz-değer kaybı ve yargının otu bu. İki elinizle tutup tüm gücünüzle yukarı çekiyorsunuz ve kompost kutusuna atıyorsunuz.

Bunlar bahçe zihninizin içindeki, bahçe ruhunuzun içindeki yabani otlardır. Bunlar içimizde filizlenen ve bahçeyi dolduran, yaşam gücümüzü çalan otlardır. Bu meditasyon boyunca her tür bitkiyi hayal edebilirsiniz. Salatalık, domates, lahana ve marul çeşitleriniz nasıl görünmelerini istiyorsanız öyle görünebilir. Ancak eşit davranın. Aynısı bu yabani otlar için de geçerli.

Şunu söyleyin: "Bahçem artık güçlü ve kırılmaz. Bahçem hasarsız, hayat dolu, enerji dolu. Bahçem bombus arıları, sinek kuşları, kelebekler ve yusufçuklarla çevrili." Bu sağlıklı bahçe ruhunuzun içinde, her zaman orada. Bu, şimdi güçlendirdiğiniz sağlıklı bir bahçe.

Şunu söyleyin: "Bahçemi yabani otların ele geçirmesine izin vermeyeceğim. Geçmişin yabani otları bu bahçede kalmayacak." Bu bahçe sizin bedeninizdeki sığınağınızdır.

Şimdi gözlerinizi açın.

Yaratıcılık Çalışmaları

Sanat; temsil bakımından ve yarattığı temizleyici etki sayesinde meditatif durum için fazlasıyla yararlı olabilir. Tüm bu yaratıcılık özelliğinin en üst sınırda iyileşme etkisi vardır, bununla birlikte sanat yaptığınızda etrafınızda melekler düzeyinde bir izleyici-dinleyici topluluğu birikir.

Resim yaptığınızda her fırça darbesini melekler takip eder, yazdığınızda her kelimeyi okurlar, şarkı söylediğinizde ya da bir enstrüman çaldığınızda melekler tüm notaları dinlerler. Melekler ne yolla olursa olsun yaratıcı olduğunuz zamanlarda size şahitlik ederler. Sizi hiçbir insan görmesi ya da duymasa bile yaptıklarınız kaybolup gitmez. Yaratıcılık ölemez, evrende yazılacak ve bizim dışımızda kendi başına var olacak bir gücü vardır. Yaratıcılık Meleği'nin ya da dans ederken, heykel yaparken, dikiş dikerken sizi izleyen diğer Cennet varlıklarının farkına vardığınız zaman bu başka bir anlam kazanır.

Bir dahaki sefere iyi bir çizim yaptığınızda ya da çocuğunuzun öğle yemeği çantasını kendinize has, yaratıcı bir şekilde tasarladığınızda veya iş arkadaşlarınızın saatler harcadığı bir işi, yaratıcı bir yolla, çok daha kısa sürede yaptığınızda meleklerin size gülümsediğini bilin. Bir şeyi güzel, yararlı ya da iyileştirici (veya her üçü birden) kılmak cennette iz bırakan kutsal bir eylemdir.

AY MEDİTASYONU

Unutmayın, Medikal Medyum Podcast'inde bu bölümdeki bu ve diğer meditasyonların rehberli bir versiyonunu sunuyorum.

Bu dünyada zorluklar yaşayan bizler için -çünkü Dünya yaşamak için kolay bir yer değil- ayı dünyevi dertleri olmayan bir sığınak olarak düşünebiliriz. Bu Ay Meditasyonu, bizi ayın ruhumuzu iyileştirme konusundaki güçlü yeteneğine bağlar.

Güvendiğimiz başkaları tarafından hayal kırıklığına, ihanete uğramak veya kasıtlı olsun, olmasın biri tarafından incitilmek hiçbirimiz için kolay değildir. Yok sayıldığımızı, duyulmadığımızı, güvensiz, alçalmış veya bütünleşmemiş hissetmek kolay değildir. Anlaşılmadığımızı, birinin bize bilerek haksızlık ettiğini, kaybolduğunuzu hissettiğimizde - düşüncelerimiz duygusal tecrübelerin tekrarı olduğu için- doğru dürüst göremediğimizde ve kendimizle temasımızı kaybetmeye başladığımızda zorlanırız.

Kaygının bizi ele geçirdiğini ya da depresyonun hayatımızı yönettiğini hissettiğimizde - yaşamımız boyunca acıdan çok dikkatimiz dağıldığı için kendimizle bağlantımızın koptuğunu hissettiğimizde- dünyanın ötesinden yardım isteyebiliriz. Ay Meditasyonunu, geçmiş yıllardan ve hatta günümüzden gelen acı ve sıkıntının zehrini çıkarmaya yardımcı olması için kullanabiliriz. Bu zehir biz farkına varmadan bizi engelliyor. Bu meditasyon sırasında, bu zehri ruhunuzun merkezinden çıkarmak için ayın manyetik gücünü kullanacaksınız, bu da sizin özünüzle tekrar temasa geçmenizi sağlayacaktır. İncinme, acı ve ıstırabı onarırken, ruhunuz güçlenir. Yeni bir başlangıç yapar.

Başlamak için, mümkünse ayın altında rahat bir pozisyon bulun. Yerleşmek için birkaç ipucu:

- Açık ya da kapalı alanda olabilirsiniz.
- Yatıyor, oturuyor veya ayakta olabilirsiniz. Ayakta duruyorsanız ve bu meditasyon çok güçleniyorsa, oturabilir veya uzanabilirsiniz. (Bu meditasyonu veya bu bölümdeki diğer meditasyonları araba sürerken veya iş makinesi kullanırken yapmayın.)
- Bir an için bile olsa, en azından aya bir göz atmaya çalışın. Bir bulutun, binanın veya başka bir yapının arkasında olduğu için ayın kendisini göremiyorsanız endişelenmeyin. Ayın ışığını yeterince güçlüdür.
- Bu meditasyon sırasında aya bakmanız gerekmez. Ay çok parlak görünüyorsa, ona bakmayın ve gözlerinizi incitmeyin. Nasıl rahatsanız öyle yapın. Bu meditasyonu bir tutulma sırasında yaparsanız, aya (veya güneşe) bakmayın.

- Dolunay olması gerekmez. Yarım veya kısmi ay olabilir. Ay Meditasyonu hayatınızın bir parçası olduğunda, ay döngülerini takip etmek çok yardımcı olabilir. Ay evrelerinin farkındalığı sizi aya daha çok bağlayacaktır.
- Bu meditasyonu aynı zamanda gündüz Ay'ı gördüğünüzde de yapabilirsiniz. Çoğu zaman, Ay'ı sabahın ilerleyen saatlerinde ve akşamın erken saatlerinde yakalayabilirsiniz.
- Görme duyunuz bozuksa, sorun değil. Ayın çıktığının farkında olmanız yeterli.

Hazır olduğunuzda, görüş alanınızdaysa aya veya ışınlarına bakın. Ay'ı veya ay ışığını göremiyorsanız, sorun değil. Ay'ı gördüğünüzü hayal edin.

Gözlerini kapatın. Derin bir nefes alın ve bırakın. Ay'ı sizden ayrı görmeyin. Onu bir parçanız olarak görün. Ay ve ruhunuz arasında zaten bir bağlantı var. Binlerce yıldır insanoğlu ay döngülerine göre yaşadı. Ruhunuz bunun farkında. O zaten varlığınıza, bir parçanıza kazınmış. Gözleriniz kapalıyken, zihninizde ayı görün. Ay'a kollarınızı açarak hoş geldin deyin. Hatta bir arkadaşınıza sarılacakmış gibi kollarınızı kaldırabilirsiniz. Kollarınızı uzatarak, ayın ışık ışınlarının tüm vücudunuzda parlamasına izin vererek, uzun süredir kayıp olan bu bağlantıyı güçlendirip yeniden canlandırabilirsiniz.

Derin bir al nefes alın ve bırakın. Ayın güçlü bir manyetik çekimi vardır. Bu, Ay'ın yerçekimi ile karıştırılmamalıdır. Ay'ın manyetik frekansı, bu meditasyonda karanlığı ortaya çıkarmak ve size yeni bir başlangıç sağlamak için eriştiğiniz şeydir. Ay'ın manyetik çekimi hayatımızı birçok yönden etkiler. İyileştirici gücünü nasıl harekete geçireceğimizin farkında olduğumuzda, derin duygusal yaraları iyileştirmemize yardımcı olacaktır.

Zihninizde aya bakarken, ayın manyetik çekiminin içinizde hareket ettiğini tasavvur edin ve hissetmeye başlayın. Bu, vücudunuz çok ağırlaşmış veya hatta çok hafiflemiş gibi bir his verebilir. Bu duyguya bağlanın. İçinizdeki hareketi fark edin. İçinizde dönen renkleri, birçok rengi görün ve içlerinde saklanan anlaşılması zor donuk sarıyı arayın. Bu donuk sarı renk, ruhunuzun gölgelerinde saklanan zehirli bir acı. Ay'ın manyetik çekiminin ele geçirmeye başladığını hissedin. Işınlarının vücudunuzdan geçtiğini, ruhunuza girdiğini ve sarı zehre yapıştığını hayal edin. Duygusal yaraların içimizde bıraktığı bu zehir, eğer iyileştirmezsek bir ömür ruhumuza, ruhumuza ve kalbimize yerleşebilir.

Bu donuk sarı zehrin ruhunuzda hareket etmeye başladığını hissedin. Kökünden sökülürken organlarınıza ve kanınıza girdiğini hissedin. Sarı zehrin vücudunuzda hareket ettiğini görün. Bu sarı zehrin içinde, hafiften ağıra, tüm seviyelerde zorluklar, kayıplar, kopmuş ilişkiler, kopmuş dostluklar, yanlış anlamalar, yargılar, adaletsizlikler, yüzleşmeler, üzüntü, suçluluk, utanç, güvensizlikler ve üzüntü var. Her insan deneyimlerinde farklıdır. Örneğin, daha hafif bir ihaneti büyük bir kayıp olarak yaşayabilirsiniz. Deneyimleriniz size özeldir.

Bu dönen sarı zehrin içinde, bulunma özgürlüğü var çünkü Ay'ın onu ruhunuzdan çıkarmasına izin veriyorsunuz. Ayın manyetik gücü, bu zehri tanımlayan ve ona sarı rengi veren şeydir. Zehir, Ay'ın "çıkarma" gücünden saklanamaz. Zehir yüzeye çıkmaya başladığında, onu hissedeceksiniz. Belki de size serin bir his, omurganızda biraz karıncalanma veya titreme verecek. Ya da belki yüzünüz veya mideniz ısınırken size sıcak bir his... Elleriniz ve ayaklarınız üşüyebilir. Bir tür üzüntü ya da yalnızlık ortaya çıkmaya başlayabilir ve hepsinin altında, içinizde yükselen bir sevinç duygusu olabilir. Bu hislerle bağlantı kurmaya çalışın. Zihniniz topraklanmış, dengeli, sağlam ve güçlü hale gelecek. Zehirler ruhunuzu ve bedeninizi terk ederken, o üzüntü ya da yalnızlık artık sizin bir parçanız olmayacak.

Zehirler çıkarken, "Ben sağlam ve güçlüyüm. Artık bu zehri tutmama gerek yok. Artık kimse ruhuma zarar veremez." deyin. Derin bir nefes alın ve bırakın.

Sarı zehir ve duygusal yaralarınız ruhunuzu ve bedeninizi terk ediyor, eski yaralar donuk sarı zehre bağlı. Bu duygusal yaralar, rahatsızlık yaratırken bile, içinizde rahatlardı. Şimdi ayın manyetik çekimi bu zehri ruhunuzdan çekiyor. Hücreleriniz ve organlarınız bu zehrin kökünden sökülüp gitmesine seviniyor. Hayatınızın kontrolünü elinize alıyorsunuz. Bu duygusal yaraların sizi veya kişiliğinizi kontrol etmesine izin vermiyorsunuz.

Size ulaşırken ve zehri ruhunuzdan çekerken aydan parlayan ışınlarını görün. Ruhumuzu bu şekilde etkilemek söz konusu olduğunda aydan gelen ışınlar, güneşin direkt ışınlarından daha güçlüdür.

Ruhunuz rahatladı, bu sarı zehir zehir artık geride kaldı. Sarı zehir vücudunuzun üzerinde yükseliyor ve aya doğru sürükleniyor. Derin bir nefes alın ve bırakın. Şimdi gözlerinizi açın. Ay ile şu anda sahip olduğunuz ilişki, daha önce sahip olduğunuz hiçbir şeye benzemiyor. Ay'ı birkaç dakika öncesine göre farklı görebilirsiniz. Ve Ay'ı göremiyorsanız, onun ne kadar farklı olduğunu hissedebilirsiniz. Ay ruhunuzdan yıllarca zehir çekti. Bu yepyeni bir başlangıç. Artık ruhunuzun derinliklerinde gömülü olan duygusal yaraların bir kısmını kaldırdınız.

Ay Meditasyonunu düzenli olarak tekrarlamak, faydalarını ve yaşamınız üzerindeki etkilerini daha derin hale getirecektir. Mümkünse, bu egzersizi her gün veya her gece, özellikle dolunay haftasında tekrarlayın. Her seferinde, eski acıların parçalarını çıkarmayı başaracaksınız. Meditasyonların arasında, nasıl yapıldığı konusunda, istediğiniz zaman geri gelip bu bölümü okuyabilirsiniz.

Ay sizin eski dostunuz. Onu anladığınızda ve ona nasıl güveneceğinizi bildiğinizde, ay sizi hayal kırıklığına uğratmayacak. Toksik hiçbir şeyin bizi kontrol etmesine izin veremeyiz; kontrolü ele alıyoruz. Kendi özgür irademizle, bu uygulamayı acının, sisin ve dumanın üstesinden gelmek için kullanabiliriz. Doğru yola çıktığınızda özgürlük elinizde. Küllerinizden yeniden doğabilirsiniz.

GÜNBATIMI SAYESİNDE GÜVEN TAZELEMEK

Hepimiz kendimize olan güvenimizi sınırlayan deneyimlerden geçiyoruz. Bir noktaya kadar bu, hayatta kalmak için faydalı. Masumiyet büyük bir ihanetin temelini atabiliyor.

Ve bu kitabın açıkladığı gibi, tıbbi araştırma ve bilimin neden hasta olduğumuza dair tüm cevaplara sahip olmadığını fark ederek, doktordan doktora gittiğimizde inancımızı kaybedebiliyoruz.

Kişisel bir mücadeleye veya zorluğa katlanırsanız, hayal kırıklığına uğrarsanız veya ihanete uğrarsanız bu, insanlara olan güveninizi azaltabilir. Ve belki de daha kötüsü, kendinize olan inancınızı ve güveninizi tehlikeye atabilir.

Benzer şekilde, bağışıklık sisteminiz bozulduğu ve size otoimmün tarafından saldırdığı için hasta olduğunuz söylendiyse, kendi bedeninize olan gvenini bile kaybedebilirsiniz. Ayrıca, bu kitapta anlatılan birçok durumda olduğu gibi, gerçek suçlu bir virüs veya bakteri olduğu için size yanlış bilgi verildiyse, iç duyularınıza da inancınızı kaybedebilirsiniz. Bu tür duygusal darbeler ruhu incitir. Ayrıca, hastalığın üstesinden gelebileceğinize ve sağlığınızı iyileştirebileceğinize inanma yeteneğinizi de engellerler.

Bu tür yaraları iyileştirmenin basit ama son derece etkili bir yolu da gün batımını izlemektir. Güneşin batışını izlemek için birkaç dakika ayırın (asla doğrudan güneşe bakmayın, bu da gözlere zarar verir). Veya gökyüzünü görmenizi engelleyen bir binadaysanız, batan güneşi düşünün. Genellikle günün bu saatini kaçırıyorsanız, zihinsel odağınızı değiştirmek için bir hatırlatıcı ayarlayın.

Güneş batarken, sevdiğiniz bir arkadaşınız yarın dönüş vaadiyle gitmiş gibi bir kayıp hissi yaşayabilirsiniz... Bu tekniğin bu kadar derin olmasını sağlayan budur -ışığın geri döneceğine dair mutlak, reddedilemez bilgiyle- çöken karanlıkla yüzleşirsiniz. Bu egzersizi haftada en az üç kez yapmak, yaşamı deneyimleme şeklinizi değiştirecektir. Meleklere sevginiz varsa, Güven Meleği'ni çağırın.

Ertesi sabah güneş ufkun üzerinde göründüğünde, bu gerçekleştiğinde uykuda olsanız bile vücudunuz dünyanın ritmine uyum sağlayacaktır. Arkadaşınızın söz verdiği gibi geri döndüğü gerçeğiyle yüzleşeceksiniz. Güneş hayatınızın her günü doğdu. Dünyadaki zamanınızın geri kalanında bunu yapmaya devam edecek. Güneşin sizi asla hayal kırıklığına uğratmayacağı gerçeğiyle bağlantı kuran ruh, en derin seviyede şifa enerjisini harekete geçirecek olan kritik güveni yeniden öğrenecektir.

YILDIZLARIN ÖTESİNİ SEYRETMEK

Bu egzersizi Medikal Medyum Podcast'inde genişletilmiş ve rehberli bir meditasyon olarak deneyimleyebilirsiniz.

Bir stres ya da terslik sonucunda bir insanın ruhunun zarar görmesi alışılmadık bir şey değildir. Hele bir de bu insan yıllardır gizemli bir hastalıkla uğraşmaktaysa. Bu yüzden Tanrı, ruhlarımıza bir güvenlik mekanizması dâhil etmiştir.

Ruhunuzun büyük bir kısmı sizinle dünyadadır; ancak yıldızların ötesinde, gökyüzünün çok yukarılarında, Tanrı ruhunuzun özünü saklamıştır. Melekler onu orada, Cennet'te saklarlar ki aşağıda her ne olursa olsun ruhumuz güvende kalsın. Bu, evinizin anahtarlarını kaybettiğinizde içeri girebilmek için yedek anahtarları evin garajında kilitli bir kasada saklamaya benzer. Veya dizüstü bilgisayarınıza güvenlik açısından bir şifre koymuşsunuzdur ve giriş bilgilerinizi unutma ihtimaline karşı bu şifreyi yedeklemişsinizdir. Tıpkı bunun gibi, bizim kendimizi kaybetme ihtimalimize karşı Tanrı yıldızların ötesinde ruhumuzun özünü saklamaktadır.

Ve burada, dünyada insanların kendini kaybedebilecekleri çok fazla şey var. İnsanlar ömürleri boyunca birçok kırgınlık hatta kayıp yaşıyorlar, geçmiş hayatlarından işyerlerinden veya çocukluklarından kalma fiziksel ya da duygusal yaralanmalar insanları vicdan muhasebesi yapmaya itiyor. Ayrıca bağımlılık her şekilde ve boyutta insanların ruhlarını onlardan çalabilir. Alkol ve madde bağımlılığı var. Yemek bağımlılığı var. Kumar bağımlılığı var ve hatta bir insanın sürekli olumsuz yanlarını görme bağımlılığı var. Ve daha fazlası... Bağımlılık insanları kendilerinden uzaklaştırıp neredeyse ruhlarını kaybetmelerine sebep olan bir zindandır.

Ancak yine de kendinizi tamamen kaybedemezsiniz. Ruh'un, benden, burada açıklamamı istediği şekilde, Tanrı'nın himayesindeki metot sayesinde her zaman ruhunuza geri dönebilme yeteneğine sahipsiniz. Artık bir bütünlük duygusu aramanıza gerek yok.

Ruhunuzu geri kazanmak için her gece gökyüzüne bakın. İlk başta yıldızlarla tanışın, ruhumuzun onlarla telepatik bir bağlantısı vardır; onların ışıklarının ve harika varlıklarının bir müddet tınlamasına izin verin.

Daha sonra yıldızların ötesine odaklanın. Gerçek yuvanızın orada, şikâyetlerden uzak bir yerde olduğunu gözünüzde canlandırın. Burası Cennet, Tanrı, Işık ya da Sonsuzluk diye adlandırılan yerdir. Bu gibi terimleri kullanırken kendinizi rahat hissetmiyor olabilirsiniz ve burayı isimlendirmek istemiyor da olabilirsiniz. Ne olursa olsun bir parçanızın orada, zarar görmeden saklandığını bilin. Sonunda bu dünyadan göçüp gittiğinizde varacağınız yer orasıdır. Kendinize şöyle söyleyin: "İşte orada bana ait bir yuva var ve bir gün sevgiyle oraya döneceğim."

Bu egzersize istediğiniz kadar vakit ayırabilirsiniz. Amaç tekrar etmek ve pekiştirmektedir. Sadece üç dakika yıldızların ötesine seyrederek ruhunuzun baş döndürücü bir biçimde yenilendiğini göreceksiniz.

KİM İÇİN ÇALIŞIYORSUNUZ?

Nasıl bir iş yaparsanız yapın -hemşire, terapist, banka memuru, kamyon şoförü, avukat, öğretmen, sanatçı, gönüllü, ev hanımı, yönetici, postacı, işçi, garson, editör veya peyzaj ekibi üyesi- bunu yapmanızın belirli nedenleri olabilir. Maaş, sosyal haklar, ailenize destek olmak, müşterilerinize hizmet etmek, patronunuzu memnun etmek için çalışıyorsunuz. Bu herkesin bildiği kısım.

Yine de işiniz size bir yük gibi geliyorsa -zor bir amiriniz veya yorucu bir programınız varsa, işinizin bir anlamı olmadığını, kimsenin sizi takdir etmediğini düşünüyorsanız, yaptığınız şeye karşı ilham veya tutkunuz kayboluyorsa ve kendinizi kaybolmuş hissediyorsanız- o zaman zihniyetinizi değiştirme zamanı: ne yaparsanız yapın, nerede yaparsanız yapın, Tanrı için çalışırsınız. Bunu yüksek sesle tekrarlayın -sizin için en doğru şekilde- her gün ona bağlanırsanız her şey değişecektir.

Sabah kalktığınızda gözlerinizi açtığınızda ya da yatakta doğrulduğunuzda güne başlarken; "Ben Tanrı için çalışıyorum," deyin. (Ya da "Yüksek Kaynak için çalışıyorum", "Işık için çalışıyorum" veya "İlahi için çalışıyorum.") İlk uyandığınızda unutuyorsanız daha sonra söylemenizde bir sakınca yoktur.

Belki bir markette kasiyersiniz. Genelde, vardiyanız için sinirli bir yöneticiye ve sinirli müşterilere denk gelirsiniz; öğlen paydosuna kadar ağlamamak için yapabileceğiniz tek şey budur, çünkü hayatınız için hayal ettiğiniz şey bu değildi. Dünyayı değiştirmeyi planlamıştınız.

Güne Tanrı için çalıştığınızı teyit ederek başlarsanız, mağazaya geldiğinizde farklı bir bakış açısına sahip olacaksınız. Belki müdürünüz hâlâ mutsuz ancak bu o kadar da önemli bir şey değil -onun gerçek patronunuz olmadığını biliyorsunuz. Sonra müşteriler alışverişlerini taşıma bandına koymaya başladıklarında, gıda pullarını ve kredi kartlarını işlerken, teşekkür etmeseler bile insanların kendilerini ve ailelerini beslemelerini mümkün kıldığınızı biliyorsunuz. Ön saflarda bir kahramansınız. Dünyayı değiştiriyorsunuz. Belki ödeme sırasındaki biri parıltınızı fark edecek ve tavsiye isteyecek; farkında olmadan bir hayatı veya birçok hayatı değiştireceksiniz. Çok geçmeden yöneticiniz size farklı bir gözle bakabilir ve mağazanın topluluk sosyal yardım ekibine katılmanızı veya mağazayı faydalı yiyeceklerle doldurma konusunda strateji oluşturmanıza yardımcı olabilir.

Çok farklı sorumluluklara sahip çok farklı bir işiniz olsa bile, bu hikayede kendinizi görebilirsiniz. Belki de ailenize bakarken evden çalışmanın zorluğuyla karşı karşıyasınız, sürekli ikisi arasındaki sınırda geziniyor, sürekli iki farklı yöne de çekiliyorsunuz. Belki de işten işe koşturuyorsunuz ve bu belirsizlik sizi yoruyor. Belki de umduğunuzu bulamıyorsunuz. Belki işinizle ilgili hayal kırıklığına uğramış veya başkalarını etkileme şeklinden bunalmış hissediyorsunuz. Belki iş bulmakta veya devam etmekte sorun yaşıyorsunuz; yönsüz veya endişelisiniz. Belki iyileşmeye veya bir aile olmaya odaklanmak için işten veya okuldan zaman ayırıyorsunuz ve gelecek hakkında tereddütleriniz var.

Neyle karşı karşıya olursanız olun, yalnız değilsiniz ve bunun bir anlamı var. Tanrı için çalışıyorsunuz. Her zaman, önünüzde bir hayat ve uzun yıllarınız olduğunu hatırlayın. Zamanla her şey değişebilir.

Dünyada ilahi bir rolünüz olduğunu anladığınızda, amacınızın ışığıyla parlayacaksınız. Eşsiz güçlü yönlerinizi ortaya çıkaran daha fazla fırsat yolunuza çıkmaya başlayacak. Ve dünya size ağır geldiğinde her gün Tanrı için çalıştığınızı hatırlamak, işe yaklaşmanın yeni yollarını bulmanıza veya yükü paylaşmanıza yardımcı olmak için başkalarıyla bağlantı kurmanıza yardımcı olacaktır. Karşılaştığınız zorluk ne olursa olsun, gerçekten kimin işini yaptığınızı kendinize hatırlatırsanız, hayatınız tahmin edemeyeceğiniz şekilde değişecektir.

25

GERÇEK YARDIM MELEKLERİ

Tanrı size doğuştan vermiş olduğu bir hakla, istediğiniz zaman meleklere ulaşabilirsiniz. Eğer fiziksel ya da duygusal bir sağlık sorunu yaşıyorsanız melekler buna şahit olurlar; melekler zihninizi huzura kavuşturmak, ruhunuzu yeniden inşa etmek ve vücudunuzu iyileştirmek için yardım etmek istiyorlar.

En anlamlı yolumuzda bizlere rehberlik etmek istiyorlar. İnsanlığın başlangıcından beri melekler dünyada hayatta kalmamız, yaşama uyum sağlamamız gibi konularda bize yardımcı olmak için var.

Bir eş aradığınızda, iş bulamadığınızda ya da yeni seçenekleriniz olmadığını düşündüğünüzde, bu *kuraklıktır.* Melekler bu duruma uyum sağlamamız ve onlar bize doğru bir eş, maddi destek ya da heyecan verici bir değişiklik gibi serin yağmurları getirene kadar hayatta kalmamız için yardım etmek üzere varlıklarını sürdürürler.

Kabımız dolup taşmaya başladığında, çok fazla işiniz, çok fazla seçeneğiniz ve yetişemeyeceğiniz kadar ilişkiniz olduğunda bir *sel* içindesinizdir. Melekler sizi yüzdürmek, suyun üstünde kalmanızı sağlamak ve ilişkilerinizi, verdiğiniz taahhütler anlamında dengelemenizde size yardımcı olup tekrar projelere odaklanmanız için oradadırlar.

Çok fazla baskı altında kaldığınızda ya da bir anda fazla sayıda taleple karşılaştığınızda veya birtakım karışıklıklar yaşadığınızda, sorumluluklarınız olduğunda veya sevdiklerinizle sorunlar yaşadığınızda bir *sıcaklık dalgası* yayılır. Bu durumda melekler bu sorunları çözmeniz, bu baskıdan kurtulmanız, taleplerinizi azaltmanız ve elinizdeki olanaklar dâhilinde güçlü adımlar atmanız için size yardımcı olmak adına oradadırlar.

Son olarak beklenmedik bir problem ya da aksaklıklar yaşadığınızda -kaza, hastalık, işten atılma, sevdiğiniz birini kaybetme gibi- bir *deprem* meydana gelir. Melekler sevdiklerinizin doğru tarafa geçmesi, kayıplarının önlenmesi, kazalardan -duygusal ve fiziksel olarak- iyileşmeniz, bir iş bulmanız ve hastalıklardan kurtulmanız için oradadırlar.

Tıpkı hava durumu haritasının, ülkenin farklı yerlerindeki farklı hava durumlarını göstermesi gibi siz de yukarıdaki kategorilerin belli bileşenlerini yaşıyor olabilirsiniz. Ya da dördünü birden aynı anda deneyimleyebilirsiniz. Örneğin; destek anlamında kuraklık, iş anlamında bir sel, herhangi bir sorumluluğun getirdiği sıcaklık dalgası veya bir kaybın yarattığı deprem gibi.

Ancak yalnız değilsiniz.

Hayatınız ve yolunuz bir taşa kazınmış durumda değil, yeni bir yön seçebilirsiniz.

Başka bir deyişle, ruhlarımız buraya dünyaya geldi ğinde belli bir rolü oynamaya karar verip bundan asla ayrılmamayı tercih edebiliriz... Ya da kendi rolümüzü, özgür irademizle kendimiz yazarız. Her şey henüz yazılmamıştır. Henüz her şey olmamıştır.

Hepimizin ezberi bozma seçeneği var. Kaderimizde söz sahibiyiz.

Melekler karar verirken bize rehberlik etmek ve özgür irademizi en iyi biçimde kullanmamıza yardımcı olmak için bizimleler. Aksaklıkları önlemek ve seçenekleri sunmak için buradalar. Büyümemizde, değişmemizde ve hayatın bize getirdikleriyle başa çıkabilmede bize yardım etmek için buradalar. Işığı görmemiz için buradalar. Bize rehberlik edip karanlıktan çıkarmak için. Yine de melekleri bir ışık hüzmesi, bir hayvan ya da iç dünyamıza özgü herhangi bir tür yaratık olarak görme ihtiyacı içindeyizdir. Onlar size yardımcı olabilmek için bu formu alırlar. Melekler bütün istek ve arzularımızı yerine getirmek için var olmamışlardır. Bize Tanrı'nın yolunda yardımcı olmak için buradalar. Bu bir hastalıktan iyileşmek, ruhumuzu yeniden kazanmak ya da ihtiyaç içerisinde olan başkalarına yardım etmek olabilir.

Bunu bin yıllardır yapmaktalar.

İşte size işin sırrı: Doğru meleği bilmelisiniz, *ondan bir şey istemenin yolunu bilmelisiniz,* inanmalısınız, açık olmalısınız. Onlarla çalışmalısınız. İşte bu bölümde anlatacaklarım bunlar.

MELEKLER HAKKINDAKİ GERÇEK

Melekler kimi zaman en iyi kişisel isimleriyle tanınırlar. Örneğin; başmelek Mikail veya başmelek Cebrail gibi. Onlar, Tanrı adına karanlıkla bin yıllardır savaşan güçlü meleklerdir.

Bu meleklerle ilgili anlamamız gereken şey şu: Çok popülerler ve işlerini niteliklerine göre seçiyorlar. Çok meşgul ve saygıdeğer olduklarından kendilerine en uygun işi seçmek istiyorlar.

Meleklerin üç temel özelliği vardır. Tanrı için çalışırlar, güçleri büyüktür ancak sonsuz değildir ve özgür iradeleri vardır.

Bu son özellikten dolayı ego konusunda hassastırlar. (Özgür iradesi olan herhangi bir varlık - bu insan ya da melek olabilir- bu konuda hassastır. Düşen Melekler'i bilirsiniz, egoları o kadar büyüktür ki kendilerini Tanrı'dan daha büyük sanırlar ve onu yenmeye çalışırlar – ki bu yüzden düşmüşlerdir.)

Başmelekler Mikail ve Cebrail, herkes bildiği için tüm dünyadan kendilerine doğru akan bir istek seliyle karşı karşıyalar ve herkesin talebini karşılayamayabilirler. Burada sizi onları çağırmaktan caydırmaya çalışmıyorum. Tanrı tarafından adlandırılmış ve sevilen, olağanüstü güçleri olan meleklerdir onlar. Sadece günümüzde Tanrı'nın meleklerine olan çağrı gittikçe artıyor, her zamankinden daha fazla. Mikail ve Cebrail isimli meleklerin telefonları durmadan çalıyor.

Çağırabileceğimiz daha güçlü melekler de var. Bizim dualarımızı duyabilir ve hayatımız için daha kolaylaştırıcı olabilirler. Bu melekler dişidirler ve nadiren başvurulurlar. Her biri, özünü sundukları gücün adıyla çağırırlar.

27 MELEK

Bu kitap ilk olarak ihtiyaç zamanlarınız için kritik öneme sahip 21 temel meleğin bir listesiyle birlikte yayınlandı. Bilinen başka birçok melek olmasına rağmen, bunlar zor zamanlarında en güçlü ve faydalı olanlardı. Değişen süreç, pandemi tehdidi ve çevresel güvensizlik nedeniyle, Merhametin Ruhu bana bunun daha fazla melek getirme zamanı olduğunu söyledi. 21 sayısı yeniden doğuş, yeni başlangıçlar, ıslah, küllerinden doğma ve yeni başlangıç anlamına gelir. Bu hâlâ geçerli. Bu listedeki ilk 21 melek tüm bunları temsil etmeye devam ediyor ve bugün hâlâ onlara ihtiyaç var. Bu sefer, her birinin size ve sevdiklerinize nasıl yardımcı olabileceğine dair daha fazla bilgi bulacaksınız.

Ayrıca listenin devam ettiğini göreceksiniz. Toplamda, 27 melek bulacaksınız. Bu meleklerden herhangi birini tek başına veya iki ya da daha fazlasını çağırabilirsiniz. (Listenin devamı için, Medikal Medyum serisinin ikinci kitabı olan *Life-Changing Foods*'a bakın. Bu hayat değiştiren melekler bize hem bireysel hem de küresel düzeyde gıda ve gıda tedarikimiz konusunda kritik destek sunuyor.)

Şimdi 27 melek için... 27 sayısı güçlü bir temel anlamına gelir. Yuva, yuva bulmak, yerleşmek demektir. Şeyleri gerçekte oldukları gibi görmek anlamına gelir. Özellikle kişisel taahhütlerle ilgili olduğu için, sonuçlandırmakla ilgilidir. 27 sayısı, zorluklar, çatışmalar ve manevi savaşlardan sonra uzun vadeli barışı sürdürmekle ilgilidir. Hayatında bir iddiada bulunmakla ilgili. Işıkla ilgili - ışığın yükselmesi, ışığın parlaması. Işığın karanlığı yok edeceğine dair kehaneti yerine getirmekle ilgili.

- **Merhamet Meleği:** En karanlık zamanlarda çağırabileceğiniz açık ara en güçlü melektir - başmeleklerden bile daha güçlüdür. O, Tanrı'nın Melek Alemindeki en güçlü meleklerden biridir. Tanrı onu birçok kez karanlıkla savaşmaya çağırdı. Karanlığın insanlığa merhameti yoktur. Merhamet Meleği, kutsal güçlerini hiçbir şekilde kötülüğe ve onun karanlığına terk etmez. Güçleri sadece insan ve hayvan ıstırabı içindir, ancak bu ıstırap ortaya çıkmıştır. Çoğu zaman, karşı tarafın daha açık ve anlayışlı olmasını, eylemlerinde daha merhametli olmasını istediğimiz çatışmalarla karşılaşırız. Bununla karşılaştığınızda, merhamet edecek kadar şefkate erişemeyen birine gönderilmesi için Merhamet Meleği'ni çağırabilirsiniz.
- **İnanç Meleği:** Hangi söz size uygunsa onu çağırın. Bunu günlük bir uygulama haline getirirseniz, ritim alışkanlığı tam bir inanca dönüştürmenize yardımcı olacaktır. İnanç Meleğine sonunda hazır olduğunuzu söyleyin. Hepimizin içinde derin bir inanç kıvılcımı var. İnanç Meleğinden bu kıvılcımı büyütmesini isteyebilir, inancın sunduğu şifalı kurtuluşu hissedebilirsiniz.
- **Güven Meleği:** Bir ihanet, kayıp, hayal kırıklığından kurtulmaya çalışırken veya hiç-

bir şeyi doğru yapamayacağınızı düşündüğünüzde yardım eder. Kendi kararlarınıza bile güvenemeyeceğiniz noktada, güvensizlik hissettiğinizde Güven Meleği'ni çağırın. Kendinizi korumak için herkese ve her şeye güvenmemek daha sağlıklı. Güven Meleği, kendi güvenli dünyanızın dışına çıkarken neyin daha güvenli olabileceğini anlamanıza yardımcı olacaktır. Ayrıca yeni insanlarla tanıştığınızda veya yeni bir işe başladığınızda arayabileceğiniz meleklerden biridir.

- **Şifa Meleği:** geçici bir rahatlama sağlamak ve/veya sevilen birini iyileştirmek içindir. (Uzun süreli şifa için, kendinizi iyileştirebileceğiniz bir noktaya gelmenize yardımcı olmaları için diğer melekleri çağırmalısınız.) Şifa Meleği çok yönlüdür. Gerekirse onu Ruh Şifa Meleği olarak da arayabilirsiniz. Duygusal olarak yaralanmış birçok insan için ruhun iyileşmesi önemlidir. Bu melek ruhunuzu güçlendirmeye yardımcı olabilir, daha az engellenmiş ve dağınık hissetmenizi sağlarken ruhunuzu da topraklamaya, düşüncelerinizi düzenlemeye, endişe ve korkuyu yatıştırmaya yardımcı olabilir.
- **Onarıcı Melek:** kalbin ve ruhun nasıl alt edilebileceğini anlayıp duygusal travmadan kurtulmanıza yardımcı olabilir. Bu melek, derinlerde yatan sorunları çözmenize yardımcı olacaktır. Ayrıca, başınıza gelenler hakkında ne hissettiğinizi çözmenize yardımcı olacaktır. Duygusal istismar, travma veya herhangi bir zorluk yaşadığımızda çoğu zaman kafamız karışır. Neden ve nasıl olduğunu anlamayız. Bu, huzursuz hissetmemize neden olabilir. Onarıcı Melek, biraz huzur bulabilmemiz adına, sebepleri anlamamıza yardımcı olabilir. Ayrıca, kafanız karışmış olsun ya da olmasın, bir şeyin onarılması hissi iyidir. Başkaları bize yanlış yaptığında ya da acı verici sözlerle, eylemlerle zarar verdiğinde, bunun bizi tükettiğini ve enerji kaybettiğimizi hissedebiliriz. Onarıcı Melek, bizden tüketilen veya bizden alınanları geri kazanmaya yardımcı olabilir.
- **Kurtuluş Meleği:** Bu melek, dünyevi bir yargıdan geçmekte olanlara -örneğin, birinin eşinin boşanma davası açması veya bir okul yönetim kurulunun haksız yere bir öğretmeni kovması- yardımcı olur. Ayrıca ruhunuzu korku ve öfkenin tutsaklığından, aldatmanın verdiği zarardan kurtarmaya yardım edebilir. Bir yanlış anlamanın veya tartışmanın tarafları pes etmezse, Kurtuluş Meleği'nden anlaşmaya varması ve ilişkinin düzelmesi için yardım isteyebilirsiniz. Örneğin bir çift kavga ederken birbirini incitebilir. Önemsediğiniz veya sevdiğiniz biriyle yeni bir başlangıç yapmak için bir anlayışın oluşmasına yardımcı olması için Kurtuluş Meleği'ni çağırın. Ayrıca, konuşmadaki bir engel nedeniyle mesajınızı, düşünceleriniz aracılığıyla diğer meleklere ulaştırmak için yardıma ihtiyacınız olduğunu düşünüyorsanız, Kurtuluş Meleği'ni de çağırın.
- **Güneş Meleği:** Güneşin altındayken vücudunuzun hücrelerini açması, böylece ışınların iyileştirici gücünü tam olarak almaları ve bu ışınların güneşin sunduğu gizemli faydaların çoğunu temin etmesi için

onu çağırın. Birçok insan güneşi hafife alır ve onlar için ne yaptığını bile bilmez. Güneş Meleği, bilincinizi vücudunuza çarpan güneşe bağlamak için oradadır. Güneşin bağışıklık sistemi oluşturma özellikleri vardır. Güneş Meleği'ni isterseniz, bu özelliklerin daha güçlü olmasına yardımcı olacaktır; Güneş ışınları vücudunuzu ısıtırken, onun bağışıklık sisteminizi güçlendirmesine yardımcı olmaya odaklanın. Güneş ayrıca organlarınızdaki zehir ve toksin detoksunu uyarır. Güneşte ısınırken, Güneş Meleği'nden organlarınızın derinliklerine girmesini ve bu zehirleri, toksinleri kökünden sökmeye yardımcı olmasını isteyin. Güneş çıkmadığında, Güneş Meleği'nden güneşli bir günün sevincini hatırlamanıza ve size sunduklarıyla bağlantı kurmanıza yardım etmesini isteyebilirsiniz. Bu, özellikle bulutlu bir günde bir önceki bölümdeki güneşlenme meditasyonunu yapıyorsanız faydalıdır.

- **Işık Meleği:** Tanrı tarafından kendisine verilen onarıcı meleksi ışıkta yıkanması için ona bu isim verilmiştir. Işık Meleği, dünyadaki herhangi bir ışıktan daha güçlüdür; güneş ışığından bile daha güçlüdür. Tehlikede olduğunuzdan veya birinin sizi aldatmaya çalıştığından korkuyorsanız, Işık Meleği'ni kullanın. Işık Meleği, sizin lehinize olmayanı aydınlatıp açığa çıkartır. Kötü bir rüyadan uyanırsanız, Işık Meleği'ni arayabilirsiniz. Verimsiz düşünceler içindeyseniz, Işık Meleği'ni çağırın ve ışığının, zihninizi, ruhunuzu, düşüncelerinizi doyurduğunu tasavvur edin. (Bunu yaptığınızda gözlerinizi kapatmak faydalı olabilir.) Ayrıca Işık Meleği'ni çağırabilir ve onun soluduğunuz havayı aydınlattığını hayal edebilirsiniz.
- **Su Meleği:** Ondan; daha temiz, besleyici ve topraklayıcı hale getirmek için, banyo yaptığınız suyu değiştirmesini isteyebilirsiniz. Bir yarayı ıslatıyorsanız, iyileşmesini hızlandırması için onu çağırabilirsiniz. Ayrıca tükettiğiniz su için Su Meleği'ni çağırın: su içmeden önce, ondan hücrelerinizin o suyu -mineralleri ve eser mineralleri- emmesine ve toksinleri dışarı atmanıza yardımcı olmasını isteyebilirsiniz. Bir yağmur fırtınasında araba sürerken, daha güvende olmanız için sağanak yağışları ve yoldaki su birikintilerini aza indirmeye yardımcı olması için Su Meleği'ni çağırın.
- **Hava Meleği:** Tartışma gibi sinir bozucu durumlardan sonra, Hava Meleğinden o kişinin size aktardığı olumsuz titreşimi temizlemesini isteyin. Onun özel, arındırıcı enerjisi, uyumu desteklemek için etrafınızdaki havanın frekansını değiştirecektir. Bu, zihin çerçevenizi değiştirmek için güçlü bir tekniktir. Ayrıca hissedilen, kokulu, zehirli havayı solumakta zorlanıyorsanız Hava Meleği'ni kullanabilirsiniz. Havanızda kirlenme olduğundan endişe ediyorsanız, Hava Meleğini, havayı zarar görmemeniz adına değiştirmesi için çağırın. Herhangi bir nefes çalışması yapıyorsanız -en fazla oksijeni almanıza ve ondan detoksifikasyon almanıza yardımcı olması için- ciğerlerinize hava girerken Hava Meleğini çağırın.
- **Saflık Meleği:** Kendinizi bir bağımlılıktan kurtarmak istediğinizde, bu melek, zehirli alışkanlık zincirlerinden kurtulmanıza yardımcı olabilir. Ayrıca bağımlılık yapan

düşünceleri kırmanıza yardımcı olabilir. Yanlış olduğunu hissettiğiniz bir nokataya sürükleniyorsanız yardımcı olması için Saflık Meleği'ni kullanın. Belki de bu; yatma saatinizden önce uyanık kalmanın, birisine ne kadar haklı olduğunuzu kanıtlamanın, yatışabilecek bir tartışmaya devam etmenin veya vücudunuzun doğal yeteneklerini, vücudunuzla çok fazla zorlayarak devirmenin cazibesidir. Fiziksel hedeflere ulaşma arzusu da olabilir.

- **Doğurganlık Meleği:** Gebe kalmaya yardım içindir. Ondan üreme sistemini uyarmasını ve uyandırmasını, gebe kalma için en uygun kapasiteye getirmesini isteyebilirsiniz. Doğurganlığı etkilememeleri için ondan toksinleri etkisiz hale getirip kritik üreme organlarından uzaklaştırmasını isteyebilirsiniz. Sizi ve bebeğinizi korumaya yardımcı olması için Bereket Meleği'ni de çağırın: Yaptığınız bazı yiyecekleri yemek gibi bebeği etkileyebilecek herhangi bir şey için ondan yardım isteyebilirsiniz. Ondan bebek için daha da güvenli bir ortam yaratmasını isteyebilirsiniz. Maruz kalmayı en aza indirmeye yardım etmesini isteyebilirsiniz. Ayrıca Bereket Meleği'nden doğurganlık sorunları olan başka bir kişiye yardım etmesini isteyebilirsiniz -ona bir arkadaşınızın veya sevdiğiniz birinin doğurganlığına yardımcı olması için her gece dua edebilirsiniz. Doğurganlık Meleği doğumdan sonra da hızlı iyileşmeye yardımcı olabilir. Unutmayın: Doğurganlık her zaman anne karnında olmak zorunda değildir. Bir projeye veya başka bir girişime bakmakla ilgili olabilir veya ruhun içinde bile yeniden doğuş anlamına gelebilir. Hayatında doğurgan olmasını istediğiniz her şey için Doğruganlık Meleğine dönün.
- **Doğum Meleği:** Doğum sırasında anne ve çocuğun sağlığı için. Bu her canlı için geçerlidir. Örneğin bir hayvan yavru verirken veya yavru kuşlar yumurtadan çıkarken Doğum Meleği'ni çağırabilirsiniz. Doğum Meleği, bir projeyi bitirdiğinizde ve onu teslim ettiğinizde veya başkalarıyla paylaştığınızda da yardımcı olabilir. Kendi doğum deneyiminizin kilidinizi açmaya, doğduğunuz o ana geri gitmeye, bebekken gözlerinizi ilk açtığınız zamanı hatırlamaya çalışıyorsanız ya da ruhunuzun baştan aşağı yolculuğuna eşlik etmek için, Doğum Meleği'ni çağırın.
- **Huzur Meleği:** zihinsel sıkıntınızı iyileştirmeye ve yeni umut ve pozitiflik tohumları getirmeye yardımcı olmak içindir. Huzur Meleği'ni hayatın dış yönleri için de kullanabilirsiniz - kim olduğunuz ve ruhunuza çok şey ifade eden sebepler için onu çağırın. Ya da uykuya dalmadan önce zihninizi susturmaya çalışırken, hâlâ önceki günün veya gelecek günün olaylarını düşünürken, Huzur Meleği'ni çağırabilirsiniz. Elinizi, sizin için rahat olan bir yere, vücudunuzun üzerine koymasını isteyin ve onun bunu yaptığını hayal edin.
- **Güzellik Meleği:** Sizi çevreleyen doğanın güzelliğine (güneş, ağaçlar, dağlar veya nehirler) kapalı hissediyorsanız, Güzellik Meleği'ni çağırın. Mümkün olduğunu düşünmediğiniz güçlü şekillerde çevrenizi takdir etmeniz ve özümsemeniz için sizi yenileyecek. Bu melek, bir partner, başka

insanların fiziksel görünümü hakkında konuşmaya takıntılı olduğunda, bir tanıdığınızın fiziksel güzelliği tüm dikkati üzerine çektiğinde, sizin müttefikinizdir. Güzellik Meleğinden gerçek güzelliği, parlayan bir ruhun güzelliğini tanımak için insanların zihin yapılarını değiştirmesini isteyin. Ayrıca, Güzellik Meleğinden başkalarının bir şeyde ne gördüğünü görmenize yardım etmesini isteyebilirsiniz. Diyelim ki bir arkadaşınız size, "Bak şu ufuk ne kadar güzel," diyor. Güzellik Meleği gözlerinizi açabilir ve sizi o kişinin deneyimlediği şeye bağlayabilir.

- **Amaç Meleği:** Bu dünyadaki amacınızla mücadele ediyorsanız onu çağırın; hissizseniz, kafanız karıştıysa veya başkalarına hatta kendinize faydalı olmadığınızdan endişeleniyorsanız. Bir şeye veya her şeye olan güveninizi kaybettiyseniz, Amaç Meleği yanınızda olacaktır. Ayrıca, aşırı stres, herhangi bir anda amacınızla çalışmanızı engelliyorsa, ona dönebilirsiniz. Bazı insanlar, peşinden giderken yarı yolda amaçlarından saparlar. Amaç Meleği, amacınız ne olursa olsun değerini yeniden canlandırıyor.
- **Bilinç Meleği:** Sevdiğiniz birinin tavsiyeye ihtiyacı olduğunda ve yolunuz düştüğünde veya sırtınızı sıvazlamaktan fazlasını yapmak istediğinizde, ağzınızdan çıkan iyileştirici, yatıştırıcı sözlere şaşırırsınız. Bu melekten, kendiniz için bilgi veya tavsiyeye ihtiyacınız olduğunda ve onu nerede, nasıl bulacağınızı bilemediğinizde yardım isteyebilirsiniz. Bir arkadaşınızın, sevdiğiniz birinin veya başka bir kaynağın tavsiyelerini anlamakta güçlük çekiyorsanız, eldeki bilginin değerli veya verimli olabileceğini biliyorsanız ancak buna hazır değilsiniz Bilgi Meleği'ni çağırın. Birinin bilgisi iştah açıcı veya o an için geçerli görünmediği için o doğruluk duvarını aştığınızda veya şüphe duyduğunuzda, Bilgi Meleği'nden size içgörü vermesini isteyebilirsiniz, böylece kapalı kalmaz ve kritik bir bilgiyi kaçırmazsınız. Aldığınız veya okuduğunuz öğretilere daha açık olmanıza, yardımcı olup olamayacaklarını ayırt etmenizi sağlayacaktır.
- **Bilgelik Meleği:** önemli bir karar vermek üzereyken size rehberlik etmesi içindir. Bilgelik Meleği büyük resimi görmenze yardımcı olur. Her kararda, verilmesi gereken başka kararlar vardır. Öyle görünmese veya diğer kararlar çok daha sonra geldiğinde bile bu doğrudur. Tek bir doğru karar vermek, bir dahaki sefere iyi veya sağlıklı bir karar vereceğimizi garanti etmez. Gelecekteki kararlarda zorluk yaşamamak için Bilgelik Meleği'ni kalbinize yakın tutun. Bilgelik Meleği, verdiğiniz kararlar sadece kendinizin değil, başka birinin hayatını da kapsadığında çok yardımcı olabilir. Bir kararın sizi önemseyenler üzerinde nasıl bir etkisi olabileceğini görmenize yardımcı olabilir.
- **Farkındalık Meleği:** insanlar her zaman daha fazla şimdide kalmak ve farkında olmak istiyor. Bu niyeti tamamlamak için Farkındalık Meleği'ni çağırmak çok önemlidir - ancak o zaman tam olarak anda kalırsınız. Ayrıca, çevrenizdeki insanların daha az yargılayıcı ve daha iyi iletişimciler olmasını

istiyorsanız, zihinlerini açmaya yardım etmesi için bu meleği çağırabilirsiniz. Siz de kim olduğunuzun anlamak için Farkındalık Meleği'ni kullanabilirsiniz. Sıklıkla farkındalığın önüne geçen şey, kendimiz hakkında düşündüklerimizdir. Kendimizi yargılama eğilimindeyiz, niyetlerimize veya başarılarımıza değer vermiyoruz. Çoğu zaman kendimize karşı şefkatli değiliz, kendi değerimizi görmüyoruz veya değerli olduğumuza inanmıyoruz. Farkındalık Meleği gerçekten kim olduğumuzu görmemize yardımcı olur. Bu, zor bir dünya. Birçoğumuz sürekli olarak başkalarını memnun etmeye ve onun içinde kaybolmaya çalışıyoruz. Başkalarını kendi gerçeklerini yaşıyormuş gibi görme eğilimindeyiz ama yine de yaşamıyormuşuz gibi hissediyoruz. İzini kaybedip kim olduğumuza dair farkındalığımızı yitiririz. İçimizdeki iyiliğin farkına varamayız. Size içsel değerinizi göstermesi için Farkındalık Meleğini çağırın. Aynı zamanda, hayatta başka birinin neler yaşadığını görmek için çağrılması gereken harika bir varlıktır. Gerçek farkındalık olmadan, kendimize çekilme eğilimindeyiz. Farkındalık Meleği, birinin neyi feda edip vazgeçtiğini, hayatta nasıl acı çektiğini veya mücadele ettiğini anlamamızı sağlar.

- **İlişki Meleği:** Eşinizle veya çıktığınız biriyle bir sorununuz varsa veya bekarsanız ve iyi bir eş arıyorsanız; işle ilgili olsun, arkadaşlık olsun, başka türden ortaklıklarda da yardım için İlişki Meleğini çağırın. O ortaklıkta sesinizin duyulmadığını hissediyorsanız ya da başka bir zorlukla karşılaşıyorsanız bu meleğin yardımını isteyebilirsiniz. Ayrıca, bir ilişkide diğer kişiyi dinlemiyorsanız, iletişimin güçleneceği umuduyla daha dengeli bir alana ihtiyacınız varsa, ona dönebilirsiniz.
- **Rüya Meleği:** Rüyalarınıza girmesi ve duygusal kargaşayı çözmenize yardımcı olması için ona dua edebilirsiniz. Pek çoğu gençken Rüya Meleği'ni deneyimler -onlar uyurken onları uçurabilen odur. Günlük hayatınız sorunlu olsa bile, rüyalarınızda o ruh özgürlüğünü yeniden deneyimlemenize yardım etmesi için onu arayabilirsiniz. Çoğu zaman, rüyalarımızda sabaha kadar unuttuğumuz anlamlı bir mesaj vardır. Rüyalarınızı hatırlamak istiyorsanız, Rüya Meleği'ni çağırın. Ayrıca rüya görmeyen biriyseniz ve rüyaları deneyimlemek, öğrenmek ve onlardan ilham almak istiyorsanız Rüya Meleği'ni çağırın. Zor yaşam deneyimleri nedeniyle sert rüyalarla mücadele ediyorsanız, Rüya Meleği'nden rüyaları daha huzurlu hale getirmesini ve bu rüyaları işlemenize ve iyileştirmenize izin vermesini isteyin. Rüya Meleği uyku halimizin ötesine geçer. Ayrıca, günlük hayatımızda özlemlerimiz için Rüya Meleği'ni kullanmayı deneyebiliriz.
- **Zaman Meleği:** hayatınızdaki olayları hatırlamanıza yardımcı olmak içindir. Bir âna geri dönmek için Zaman Meleği'ni kullanabilirsiniz, böylece unuttuğunuz kısımlarını veya kritik yönlerini hatırlayabilirsiniz. Bunlar, yeniden ziyaret etmek, öğrenmek ve çözülmemiş durumları çözmek istediğiniz mutlu olaylar olabilir. Bu meleği, üzücü bir zamanda sizi suçluluk duygusundan kurtarmaya yardımcı olması için kullanın; oyundaki -gerçekten sizin hatanız olmayan-

unsurları görmek veya bir durumun göründüğü gibi olmadığını keşfetmek için. Zaman Meleği oraya geri gitmenize yardımcı olabilir, böylece, "Hey, bir dakika bekleyin!" diye farkına varabilir ve çözüm bulabilirsin. Unutmayın, bu kendinizi yeniden travmatize etmekle ilgili değil. Hayattaki her zor zamanların hatırlanması gerekmez. Acı verici bir âna tekrar dönmeden ilerlemek üzere yardım için Onarıcı Meleği çağırın.

- **Hür İrade Meleği:** Pek çok kişi, bir düzen içinde sıkışıp kaldığını, kendi yolunu seçemediğini veya kendi kararlarını veremeyeceğini düşünür. Hür İrade Meleği, sizi yöneten herkes yerine kendi kararlarınızı almanıza yardımcı olur. Üzerinizde kontrolü olan herkesten kurtulmanıza yardımcı olur -bu altta yatan, bilinçaltı veya bilinçaltı kontrolü olsa bile- ve kendi yolunuza dönmenize yardımcı olur. Başka bir yöne ikna edilmeden, kendi geleceğinizi belirleyip tasarlamak için özgür iradenizi kullanmanıza yardımcı olur. Daha etkili sonuçlar için özgür iradenizi kullanma konusunda yardım için, Hür İrade Meleği ile birlikte Bilgelik Meleğini çağırın.
- **Söz Meleği:** Onu, sözlerin tutulmasını umarak veya tutulmayan sözlerin sonuçlarını ele alması için çağırın. Sözler tutulmadığında, Söz Meleğine dua etmek size yardımcı olacaktır; gönül yarasında ve hayal kırıklığında sana yardım edecektir. Ailede sözünü bozan biri varsa, o kişiye, "Bu sözü bozmamanı umarak Söz Meleğine sesleniyorum. Söz Meleğine bunu bozmayacağını söylemeni istiyorum," diyebilirsiniz. Bu, birisi gerçekten sözünden dönmeyi planlıyorsa anlamanıza yardımcı olacak ve onları sorumlu tutacak ve size dönemeleri için onları teşvik edecektir. Örneğin, geç kalma öyküsü olan biri, "Saat ikide orada olacağım," dediğinde, "Bak, Söz Meleği'nden bunu yapmasını istiyorum. Söz Meleğine sorabilir misin?" deyin. Sözünü tutmak için yardım isteyen kişiyseniz veya bir sözünüzü bozduğunuzda Söz Meleği de yardımcı olabilir. Pek çok insan bilerek verdiği sözleri tutmaz. Çoğu zaman kontrolünüz dışında olan belirli durumlar, bunun olmasına neden olur -istasyondan asla ayrılmayan bir tren, trafik sıkışıklığı, irili ufaklı herhangi bir sayıda başka engel- ve sonunda, içinden çıkamadığınız kadar kalbiniz kırılabilir. Söz Meleğinden, telafi etmenin ve ilerlemenin bir yolunu bulmanıza yardım etmesini isteyin. Söz Meleği aynı zamanda bir kişide veya olasılıkta vaat gördüğünüz durumlar ya da yardıma ihtiyacınız olduğunda geleceğini hissetmek ve hayatın kendisinden beklentileriniz içindir.
- **İç Görü Meleği:** insanların kendilerini incelemeleri ve anlamaları içindir. Duygusal mücadeleler, üzüntü veya endişe ile uğraşırken veya kaybolmuş, doğru zamanda doğru yerde değilmişsiniz gibi veya bir şeyi kaçırıyormuşsunuz gibi hissettiğinizde, İç Görü Meleği, içeriye bakmanıza yardımcı olacaktır. Kendi kendini analiz edebilmek paha biçilemezdir. İç Görü Meleği, kişinin kendisiyle bir diyalog başlatmasıyla ilgilidir. Kendinizi yargılamıyorsunuz; analiz ediyorsunuz, böylece kendiniz ve eylemleriniz hakkında bu anlayışa sahip olabilirsiniz. Ve bu gerçek anlayış önemlidir; aslında kendi kendine takıntıya karşı bir

panzehirdir. İç Görü Meleğinden davranışlarınızı, onları neyin harekete geçirdiğini ve çevrenizdeki başkaları üzerinde ne gibi etkileri olduğunu görmenize ve anlamanıza yardımcı olmasını isteyebilirsiniz.

- **Güç Meleği:** güç aradığınızda bu meleği çağırın. yolunuza çıkana dayanma gücü veya başkaları için güçlü olmanız gerektiğinde... İster başka birinin hayatında sizi etkileyen bir şey olsun, ister hayatınızda başka birini etkileyen bir şey olsun, her iki taraf için, her iki insan için de Güç Meleği'ni çağırın. Güç Meleği, bir kişinin dayanması -ve başka biri için o sağlam kaya olması- gerektiğinde gerçekten yardımcı olabilir.
- **Boyut Meleği:** Çevremizde görebildiğimizden daha fazlasının olduğunun farkındalığı için bu meleğe dua edin. Boyut Meleği bize dış görüşü getirir. Gerçekte, çevremizde farkında olmadan rol aldığımız çok şey olduğunda, içinde yaşadığımız balonun içinde kapanmaya veya kaybolmaya meyilliyiz. Hayatımızda beklenmedik bir şey olduğunda veya beklenmedik bir şeye tanık olduğumuzda şok yaşayabiliyoruz. Anlayamadığımız nedenler etrafında dönüyoruz. Boyut Meleği, etrafımızda ve üstümüzde kontrolümüzde olmayan daha fazla şey olduğunu anlayarak, bu konuda huzur bulmamıza yardımcı olur. Anlaşmaya varmanıza yardımcı olur –işin içinde daha çok şey olduğunu ve resmin şu anda göründüğünden çok daha büyük olduğunu fark etmenize yardımcı olur. Açıklanamayan bir şey olduğunda, onu anlamlandıramadığınızda, Boyut Meleği yolu aydınlatmaya yardımcı olur.

BİLİNMEYEN MELEKLER

Hızlanma denilen bu ihtiyaç zamanında ulaşılması gereken başka bir melek kategorisi daha var -bir melekler ordusu. Bunların isimleri yok; Onlar Bilinmeyen Melekler olarak anılırlar. Kendi içinizde veya dış güçlerle herhangi bir ruhsal savaşta kendinizi zor durumda hissettiğinizde, sizin için buradalar. Bilinmeyen Melekler sizden yardım istemenizi bekliyor.

Bu Bilinmeyen Meleklerden tam olarak 144.000 tane var. Bu, Tanrı'nın saygı duyduğu kutsal bir sayıdır.

Adsız olduklarından, hiçbir kötü şöhretleri yoktur ve bu nedenle bir ego geliştirmek için çok az cezbedicidirler, ayrıca melek güçlerinin hepsi eşittir. Bilinmeyen Melekler, aralarında en güçlü olanlardan bazılarıdır. Onlara inanırsanız, mucizeler yaratabilirler. Siz uyurken hem bedeninizi hem de ruhunuzu yenilerler.

Bu melek grubu çok güçlü olabilir çünkü hayat içimize bilinmeyene dair bir korku aşılar. Yeryüzünde hemen hemen herkes ve her şeyin adı vardır. Bilinmeyen herhangi bir şeyin değerini görmemiz ve bu meleklere inanmak için gereken derin inanç rezervlerinden yararlanmamız için biraz daha inanç gerekiyor. Bu en üst düzeyde güven biçimiyle temasa geçtiğimizde, yaşamlarımız üzerinde radikal bir etki olabilir.

Uyanıkken ruhunuzu yenilemek için örneğin Işık Meleği, Onarıcı Melek veya Ruh Şifa Meleği'ni ancak yatağa gittiğinizde Bilinmeyen Melekleri -şifanıza yardım etmeleri için- çağırabilirsiniz. Ve kronik hastalıklarla uğraşırken Bilinmeyen Melekleri çağırmak yaşamı değiştirebilir. Hatta uyurken iyileşmenize ve güvende olmanıza yardımcı olmaları için yanınızda kalmalarını bile isteyebilirsiniz. Sadece bir Bilinmeyen Melek isteyebilirsiniz veya birkaçını -üç ya da dört- isteyebilirsiniz.

Bilinmeyen Melekler bizim üzerimizde çalışmak için can atıyorlar. Bilinmeyen Melekleri çağırırsanız kendinizi; bedeninizi, zihninizi, kalbinizi ve ruhunuzu iyileştirmek için bir güç kaynağına erişirken bulacaksınız.

MELEKLERİN YARDIMINA NASIL ULAŞILIR?

İşte size meleklerle ilgili söyleyeceğim en önemli şey: *Onları yüksek sesle yardıma çağırmalısınız.* Sadece düşünemezsiniz. (Tabii eğer konuşma engeliniz yoksa bu gibi bir durumda aşağıya bakınız.)

Bu büyük bir şeydir. Melekler yeryüzünde şiddet, salgın, hastalıklar, yozlaşma gibi bir sürü olumsuzlukla uğraşıyorlar ve biz onların dikkatini çekerek bu konuda aktif (veya mümkünse proaktif) olmak istiyoruz. Zihnimiz düşüncelerin ve duyguların örümcek ağı gibidir; takıntılar, korku, sinir, güvensizlik, suçluluk, endişe, ağrı, televizyon cıngılları ya da diğer müzikler, sinir olduğumuz insanlarla yaptığımız zihinsel konuşmalar ve hatta mutlu düşünceler... Melekler tüm bunlara saplanıp kalmak istemiyorlar. Gerçek ihtiyaç sahiplerini ayırmak çok zor. Üstüne üstlük, insanlar düşüncelerinin, neyi ve nasıl istediklerini düşünme özgürlüğüne sahip oldukları bir sığınak olduğuna inanırlar. Sınırlar ve engeller koyarlar. Melekler buna saygı duyar. Yardım istediğinizi duymak istemelerinin bir nedeni de bu.

Meleklerin de özgür iradesi olduğunu unutmayın. Samimi, dürüst ve bağlı olduğumuzu belirtmeliyiz. Melekler onlara bir oyuncak gibi davranılmasından veya sınanmaktan hoşlanmazlar. Onları ciddiye almamızı isterler.

Bir melekten yanıt alabilmek için zihninizi tamamen ona vermeli ve onun adını sesli bir biçimde söylemelisiniz. Çığlık atmanıza ya da bağırmanıza gerek yok. Bir fısıltı bile işe yarar ve onun adı ağzınızdan çıktıktan sonra, o isim bilincinizde diğer her şeyden ayrılacak, net bir mesaj taşıyacak ve başka hiçbir şeye takılmayacaktır.

Ve sağırsanız, konuşma bozukluğunuz varsa veya konuşamayacak kadar zayıfsanız, yine melekler buna uyum sağlar. Kurtuluş Meleği'ni çağırmak için işaret dili ya da düşüncelerinizi kullanabilirsiniz. Ruhunuzun dileklerini diğer meleklere iletecektir. Melekler yardımcı olmak için düşüncelerinizi okumayı kendilerine görev edinmiştir.

Meleklerle olan ilişkinizi değiştirecek olan gizli gerçek budur. Meleklere olan inancını kaybetmiş, dualarının sonucunu görmemiş, melek kavramının saçmalık olduğunu düşünen insanların- henüz öğrenmedikleri şey budur. Meleklerle nasıl iletişim kurulacağının gerçeği, nasıl telefon görüşmesi yaptığınıza benzer. Sadece telefona bakıp, ihtiyaç duyduğunda sevgili bir arkadaşını aramasını istemezsiniz. Telefonu açarsınız, numarayı çevirir ya da onu aramak için sesle etkinleştirmeyi veya bir tercüman aktarma hizmetini kullanırsınız. Nasıl olursa olsun o çağrıyı yapmak için çaba harcarsınız. Cevap verene kadar beklersiniz. Ona ulaştığınızda ve durumunuz hakkında kendinizi ifade ettiğinizde, şefkatle dinler. İhtiyacınız olan tek şey bu olabilir. Veya bir iyilik için arkadaşınızı aramış olabilirsiniz ve onun nasıl yardım edileceğine dair daha iyi bir fikri vardır. Belki de hemen gelmesini umarsınız ve bunun yerine sabırlı olmanız gerekir çünkü planını harekete geçirmesi biraz zaman alır. Aradığınız tek şey rahatlatıcı bir sohbet olsa bile, bunu sağlarsınız. Dışarıdan bakıldığında, -sizin için- sizin kendiniz için gördüğünüzden daha fazla olasılık görebilir ve bu, sizin işe koyulmanızı veya düşüncenizi genişletmenizi gerektirebilir. Süreç irade ve niyet gerektirir. Bu normal. Arkadaşınızın size verdiği şefkat ve sevdiğiniz biriyle aynı yolda olma duygusu, hayatınızda değişiklik görmeye başlayana kadar, bu süreci atlatmanıza yetecektir.

Şifa Meleği ile iletişime geçmek isteseydiniz, dikkatinizi ona çevirir ve alçakgönüllülükle "Lütfen, Şifa Meleği, yardımınıza ihtiyacım var," dersiniz. Bunu odaklanmış bir niyetle yaparsanız ve istekliyseniz, bu yeterli olacaktır. Başkalarına yardım etmekle çok meşgul değilse -bir meleğin güçleri etkileyicidir, ancak sınırlıdır- Şifa Meleği size yardım etmek ve rahatlatmak için birkaç saniye ile birkaç dakika arasında gelir. Bir mucize bir gecede gerçekleşmeyebilir. Yine de onu aramaya devam ederseniz, olmanız gereken yere gelene kadar size destek olacaktır.

Aradığınız şeye yeterince odaklandığınız, gerçekten yardım almaya açık olduğunuz ve bunun işe yarayacağına inancınız olduğu sürece, Melek Alemine her yerde ve her zaman erişebilirsiniz. (Ve inancınız yetersizse, İnanç Meleği'ni ilk çağrınız yapmak veya bu kitabın son bölümündeki inanç meditasyonunu denemek isteyebilirsiniz.)

Meleklerle hayatınızda en çok yardımcı olacağını düşündüğünüz belirli sonuçlar hakkında konuşabilirsiniz, ancak açık olun. Bir meleğin tepkisinin beklediğiniz gibi olmayabileceğini unutmamak önemlidir. İlişki Meleğine, eşinizin size zaman vermesi için dua ediyorsanız, melek bunun yerine eşinizin titreşimini değiştirerek ve sizden, zaman istemenize neden olan yanlış davranış için, özür dilemesini sağlayarak sizi şaşırtabilir.

Başka bir senaryo, kızınıza küçük bir kardeş vermesi için Bereket Meleğine dua etmeniz ve yine de hamile kalmamanızdır. Bu, meleğin çağrınızı duymadığı anlamına gelmez. Bu sadece, bu kesin sonuç için kaderiniz olmayabileceğiniz anlamına gelir. Belki melek, sizin veya bebek için doğru zaman olmadığını ya da altta yatan bir sağlık sorununu biliyordur. Belki kız kardeşiniz ya da bir arkadaşınız, kızının kardeşi gibi olan bir çocuk doğurur.

Sorunlarınız için melek güçlerinden yardım istemekten korkmayın. Yardıma ihtiyaç duymanız zayıf olduğunuz anlamına gelmez. İsteklerinizi yalnızca olumlu terimlerle çerçevelemek veya yalnızca olumlamalar kullanmak zorunda değilsiniz. "Bedenim zayıf. Perdeleri açıp günü görmek için yataktan bile çıkamıyorum. Lütfen, Işık Meleği, yardım ve umuda muhtacım." Sadece gerçekleri dile getiriyorsunuz. Ve hayatınızdaki gerçeği kabul ederek ve ilerlemek isteyerek büyük bir güç ve dürüstlük gösteriyorsunuz.

Hayatınızda ilerlemeye başlayacaksınız. İyileşeceksiniz ve güzel şeyler olacak. Yukarıda ana hatlarıyla belirttiğim şekilde meleklerin gücünden yararlanmaya başlarsanız, hayatınız değişecektir.

HASTA DOSYASI:
MERHAMET MELEĞİ'NDEN BİR MUCİZE

Bir gece, kocası şehir dışındayken, Edith dört yaşındaki kızı Emma ile ilgileniyordu. Ancak Emma'nın ateşi çok yüksekti. Edith hemen acil servise gitti. Ancak uygun bir doktor bulunamadan önce Emma bilincini kaybetti. Hastane Emma'yı yoğun bakım ünitesine aldı. Komaya girmişti.

Doktorlar yaptıkları kan testi sonucunda Emma'nın çok kötü ve nadir görülen bir tür menenjiti olduğunu söylediler. Uzun zamandır gördükleri en kötü hastaydı. MR sonuçlarına göre beyninde hasar oluşmuştu ve doktorlar Emma'nın ölmese bile en azından felç kalabileceğini söylediler. Ve Edith'i uyardılar: Eğer Emma komadan çıkar ve hayata tutunursa, özel bakım gerekecekti.

Edith, benim hastam olan, kız kardeşi Valerie'yi aradı. Valerie beni araması için ona yalvardı. Asistanım acil durumlar için kullandığımız hattan bana ulaştı ve telefonda Edith ile konuştum. Ruh, bana, bunun Merhamet Meleği ile ilgili olduğunu söyledi. Ben de Edith'e ne yapılması gerektiğini anlattım.

Daha sonraki bir saat boyunca Edith hastanede Emma'nın yatağının yanında oturdu ve Merhamet Meleği'ne gelmesi ve kızının hayatını kurtarması için sesli bir biçimde yalvardı. Hemşireler onu sakinleştirmeye çalıştılar ama Edith devam etti. "Merhamet Meleği, Merhamet Meleği. Lütfen yardım et, lütfen yardım et." Edith'in kocası tam bu durumun ortasında içeri girdi. Ancak o yine durmadı.

Saat bir olduğunda Edith kızının yatağına kapanmış durumdaydı ve hâlâ meleği çağırıyordu. Birdenbire ne olduğu belli olmayan bir ışık parladı. Edith'in elleri gözlerini kapatmaktaydı ve Emma'nın battaniyesi üzerinde örtülüydü. Ancak ışık onu bile neredeyse kör edecek kadar parlaktı - burada böyle bir ışıktan söz ediyoruz. Edith hemen pencereye koştu ve aşağıdaki loş otoparka baktı. Bu arada camdaki yansımadan odada birinin daha bulunduğunu gördü. Hemen geriye döndü, beklediği gibi odada bir hemşire yoktu. Ancak daha küçük, daha farklı bir ışık fark etti. Figür parlamaktaydı. O an Emma öksürdü. Edith bir hemşire çağırdı ve kocasını birilerini bulup getirmesi için aşağıya gönderdi. Onunla birlikte bir hemşire geldiğinde ikisi de Emma'nın gözlerini kırparak kendilerine bakması karşısında şaşkına döndüler. Komadan çıkmıştı.

İki gün sonra Emma hastaneden taburcu edildi. Tamamen iyileşmişti ve doktorlar bunu açıklayamıyorlardı.

İşte bu Merhamet Meleği'nin gücüdür.

HASTA DOSYASI:
İNANÇ MELEĞİ'NDEN YENİ BİR DÜŞÜNCE YAPISI

Jill uzun zaman önce Tanrı'ya olan inancını yitirmiş, yalnız başına yaşayan bir anneydi. Çocukken inanırdı fakat kolejdeki erkek arkadaşı onun Tanrı'ya olan inancını sorguladı ve bunun Santa Claus'a olan inanç kadar naif olduğunu söyledi. Onu böylesine iyi niyetli ulu bir güce inanmaya iten şey neydi? Haberleri izlemiyor muydu?

Jill bir gün yurttaki odasında oturup amcasının ona vermiş olduğu dua kitaplarını parçaladığında henüz 12 yaşındaydı.

Jill yıllar sonra bana geldiğinde hayatının en inançsız dönemindeydi. Tazminat almadan işinden atılmıştı ve yeni bir iş aramaktaydı. Bir aşevinde pazarlama müdürü pozisyonu açıktı ama başvuran 100 kişi vardı. İşsizlik canına tak etmek üzereydi. Eğer bir iş bulamazsa evindeki ipoteği kaldıramayacak, çocuklarının okuldaki kaydını silecek ve büyük oğlunu maddi anlamda desteklemekte olan amcasının yanına taşınacaktı.

İşlerin tersine döneceğine inanması gerektiğini söyledim. Jill karşı çıktı. Bu tıpkı eski erkek arkadaşının ona söylemiş olduğu gibi dar kafalı bir bakış açısıydı. Eğer hayattaki her şey bu kadar berbat olabiliyorsa onu bu kadar özel yapan şey neydi? İşi ne kadar istese ve o işe ne kadar ihtiyaç duysa da onu hak ettiğini düşünmüyordu. Belki de beklentilerini düşürmeliydi.

Ruh ilk başta Jill'in bu iş için en iyi aday olduğunu söyledi bana. Daha sonra da onun bunu görebilmesi için yalnızca İnanç Meleği'nin ona yardımcı olabileceğini. Meleği yüksek sesle çağırırken Jill'e yardımcı oldum. İnanç Meleği'ne onu görmesi için sesleniyordu, o Tanrı için çalışmaktaydı, Tanrı vardı, fakat biz kendimizi ona kapatmıştık. Bu tıpkı güneşe karşı bir gölge çizmeye benziyordu. Güneşin var olmadığını göstermezdi – bizim onun ışığından faydalanmadığımızı gösterirdi.

Daha sonra, o günkü telefon konuşmamızdan sonra tüm görüşmeyi silip atmayı düşündüğünü söyledi. Ancak aşevindeki işle ilgili iyi şeyler düşünmeye başlamıştı. Pazarlama konusunda iyi bir derecesi vardı ve şehrin her yanında bağlantıları mevcuttu. Muhtemelen hayırseverlerin mesajlarını en iyi yayabilecek olan aday kendisiydi ve bu da daha fazla aç insanın doyurulması demekti. Tüm bunların üstüne Jill artık kendi oğlu ve kızına bakabilecek ve onların sorumluluğunun yükünü amcasının üzerinden alabilecekti.

O akşam küçük bir kızken yaptığı gibi yatağının yanına diz çöktü ve dua etti. "İnanç Meleği eğer bu işi alabilirsem elimden gelenin en iyisini yapacağım. Tanrı için çalışacağım. Lütfen beni buna inandır. Bu işi hak ettiğime beni inandır."

Jill ertesi gün ikinci bir görüşme için çağırıldı. Toplantı odasına girmeden önce İnanç Meleği'ne bir kez daha dua etti ve odaya girdiğinde herkes altüst oldu. Daha o odadan çıkmadan işi aldığını söylediler.

Öğleden sonra telefonda konuştuğumuzda memnun geliyordu sesi. Ancak kafası biraz karışmıştı. Sanki diğerlerinin önüne geçmiş ya da evrenin düzenini bozmuş gibi hissediyordu kendini. Durumun böyle olmadığını anlattım ona. Eğer en iyi aday kendisi olmasaydı duaları onu diğerlerinin önüne geçiremezdi. İnanç Meleği gerçekten ihtiyacı olan insanlara yemek ulaştıracak en iyi kişinin o olduğunu biliyordu. Eğer bu iş onun için uygun olmasaydı duaları başka bir planın işe yarayacağına dair inancını güçlendirecekti.

Jill bunu bir dakika kadar düşündü. "Sanırım şimdi mızmızlanmayı-bırakıp-teşekkür-etme meleğine dua etmenin zamanı geldi," dedi.

Kimsenin, en azından hiçbir meleğin, onun mızmızlandığını düşünmediğini anlattım. İnanç bütünsel bir şeydi ve biz kafamızı bu tip sorularla meşgul ettikçe bu Tanrı'nın hoşuna gidiyordu. Şükran Meleği'nin onun çağrısını duymaya bayılacağını söyledim kendisine.

HASTA DOSYASI:
İLİŞKİ MELEĞİ'NDEN YENİLENMİŞ BİR BAĞ

Nicole ikinci sınıftayken anne ve babasının boşanması üzerine arkadaş edinmekte güçlük çekmeye başladı. Ne zaman biriyle bir ilişki kuracak olsa tıpkı bir zamanlar babasını kaybetmiş olduğu gibi onu da kaybedeceğini düşünüyordu. Dolayısıyla arkadaşlarının ona vereceği zarardansa Nicole havalı biriymiş gibi davranmayı tercih etti. Eğer birileri okuldan sonra takılmayı teklif edecek olursa ona bir "belki" cevabını veriyor ve bu insanların yarısını ekiyordu. Davetlerin arkasının kesilmesi uzun sürmedi.

Nicole büyüyüp erkeklerle çıkmaya başladığında da aynı sorunun farkına vardı. Bir oğlanı gerçekten sevse bile saç tıraşının çok aptalca olduğunu söyleyip iş çıkışı onu aramayı *unutuyordu.*

30 yaşına geldiğinde bir dizi ilişki yaşamıştı. Fakat her biri de birkaç kez buluşmaktan ibaretti. Çekimser tavrı sayesinde bütün ilişkilerinde mesafesini korumayı başarmıştı.

Sonunda Ethan ile tanıştığında, bunun için gerçek bir ilişki olmasını istediğini fark etti;

bu ilk olacaktı. Kendisine, birilerine güvenmeyi denemesi gerektiğini söylüyordu. Ve iki yıl boyunca işler yolunda gitti. Daha sonra bozuldu. Bir pazar günü kahvaltıdan sonra Ethan Nicole'ün ona çok fazla bağlandığını ve kendisinin bağlanılacak bir insan olmadığını söyledi. "Sanırım kendi hayatını kurmanın zamanı geldi," diye de ekledi.

Nicole artık birisi onu çekici bulsa bile hiçbir ilişkide kendini güvende hissedemeyeceğine inanmıştı. Kendini kırgın ve sevimsiz hissediyordu. Bir süre sonra yine birileriyle çıkmaya başladı fakat kendini rahat hissetmiyordu. Ne zaman bir erkek ona ikinci kez dışarı çıkmayı teklif etse, bu onun hoşuna gitse bile, reddetti. Yeniden bağlanıp sonunda kırık bir kalple yalnız kalmaktan korkuyordu.

Nicole bu noktada anne ve babasının boşanmasından beri çekiyor olduğu ve geçen sene de iyice kötüleşen kronik mide ağrısı sebebiyle bana gelmişti. Konu sonunda dönüp dolaşıp ilişkilere geldi. Nicole bağlılığın onun için sorun yarattığını ve bir adamla birlikteyken kendini nasıl güvende hissedeceğini bilmediğini anlattı.

Ruh, Nicole'ün İlişki Meleği'ni öğrenme vaktinin geldiğini söyledi. Ona bu meleği çağırmasında yardımcı oldum. Birkaç ay içerisinde Nicole, İlişki Meleği ile araba sürerken ya da ev işleri yaparken sanki yan koltukta oturan bir ahbabaymış gibi sohbet etmeye başladı. "İyi de bana uyan birini nasıl bulacağım?" diye soruyordu her zaman.

Bir gün Nicole ruhun mide ağrıları için Ruh'un tavsiye ettiği aloe vera yaprağını ve papayayı satın almak için doğal yiyecekler dükkânında durdu. Arabasını park ederken İlişki Meleği'ne seslendi. "Ya gerçekten dışarıda bir yerde benim için uygun bir erkek varsa? Lütfen, lütfen onu bulmama yardım et."

Nicole alacaklarını almış, ödeme yapmak için sırada bekliyordu. Bir dergide çiftlerin birbirlerini yoga salonunda bulduğuna dair bir yazı dikkatini çekti. Belki İlişki Meleği benimle iletişim kurmaya çalışıyordur diye düşündü. Hemen dergiyi eline aldı ve okumaya başladı. Bir dakika sonra birisi omzuna dokundu. Arkasına döndüğünde ona bakan adamı tanımıyordu.

"Nicole!" dedi adam.

Kendini tanıttı, ismi Tyler'dı. Eskiden lisedeyken aynı sınıftalardı. Ve bir gün bir yerlerde kahve içmek için buluşmayı teklif etti. Nicole tereddütteydi. Karşısındaki kişi ona tanıdık gelmiyordu ve bunun bir oyun olup olmadığını anlamaya çalışıyordu. Ancak adam onu gördüğü için çok mutlu olmuş gibiydi. Sonunda halka açık bir yerde bir sürü çıkışı olan bir kafede buluşmayı kabul etti. Hem ayrıca burada midesine zarar veren kahve yerine güzel bitkisel çaylar bulunmaktaydı.

Eve geldiğinde Nicole yıllıkları karıştırdı ve kuş gözlem topluluğunda Tyler'ın bir fotoğrafını buldu. Sonunda onu hatırladı. Mezun olmadan bir yıl önce elinde dürbünle geziyordu, ergenliğe ise daha yeni girmişti. Dükkânda karşılaştığı Tyler ise oldukça büyümüştü. Bir mesaj atarak bunu kendisine söyledi.

İki gün sonra sözleştikleri kafeye giderken Nicole İlişki Meleği'ni çağırıyordu. Belki de bu sefer işler iyi gidecekti.

Daha çaylarını ısmarlamak için tezgâha yanaşmadan Tyler lisedeyken ona vurulmuş olduğunu anlattı Nicole'e. Bu, ona, kendisi olabilmesi için gerekli güveni sağlamıştı.

Tyler evlenmelerine bir hafta kala onu terk eden nişanlısını anlattı. Nicole de daha önceki ilişki deneyimlerini paylaştı. Konuştukça rahatlıyordu. Diğer ilişkilerinde olduğu gibi kendini güvensiz hissetmiyordu. O gün birbirlerinden ayrıldıklarında, daha sonraki üç buluşmanın planı yapılmıştı bile.

Tyler ve Nicole evlenmeden bir gece önce, Nicole, son yalnız gecesini geçirdiği otel odasında, İlişki Meleği'ne sesli biçimde dua etti. Son birkaç yıldır Tyler ile birliktelerken, birkaç küçük yanlış anlaşılmadan dolayı Nicole İlişki Meleği ile iletişime geçmişti. Ancak bu kez onu çağırmasının sebebi teşekkür etmekti. "Şunu bilmeni istiyorum ki; bu sefer bağlanmaktan korkmuyorum. Benim için her şeyi değiştirdin."

26

İNANCINIZI KORUYUN

İnanç dünyada gittikçe azalmakta. İnsanlar Tanrı'ya, yüce bir güce inansalar bile, birçoğu hastalıklardan kurtulabileceklerine ve hayata devam edebileceklerine dair inançlarını yitirmiş durumda.

Bu anlaşılabilir bir şey. Dünyada kötü şeyler gerçekleşiyor. İnsanların birbirini aldatmasından, hastalıklara, savaşlara kadar. Bu kolay kabul edilecek bir şey değil. Yeryüzündeki üç buçuk milyar insan inanç sahibi değil.

Yine de işlerin böyle kötü gitmesinin sebebi inanç eksikliği. İnsan dünyanın iyi bir yer olduğuna inanmadığında, düşüncesizce ve herkes için kötü sonuçlara yol açabilecek şekilde davranabilir. Böyle bir eylem, sayısız insanda, insanlığın iyiliğini sorgulamaya ve inançlarından şüphe etmelerine sebep olacaktır.

Kimi zaman bu aldırmazlık bir şiddet halinde gerçekleşiyor. Kimi zaman ise gizleniyor. Tıpkı 19. yüzyılda, zehirli kimyasal ve ağır metalleri çevreye salarak insan ların hasta olmalarına, guatr, kanser ve birtakım beyin rahatsızlıklarına sahip olmalarına sebep olanlar gibi. Bu, dünyanın doğal olarak kötü bir yer olduğundan kaynaklanmadı. Sadece gücü elinde bulunduran insanlar inançlarını yitirmişlerdi ve bir kumar oynadılar ve fabrika çalışanlarını ve kasabadakileri hiçbir teste tabi tutmadıkları kimyasallara maruz bıraktılar; sırf para uğruna.

Bugün birçok insan sağlık sorunlarıyla uğraşıyor. Hasta olduğunuzda veya sevdiğiniz biri hastalandığında daha fazla yürek burkucu hikâyeye rastlıyorsunuz. Elbette ki delirmemek işten bile değil. Kendini güvensiz, korunmasız ve hayal kırıklığına saplanmış, korku içinde hissetmek çok kolay.

Ancak yine de her zaman şu gerçeğe geri dönmelisiniz: İyi bir hayat yaşamanıza izin verildi. İyi bir hayatı hak ediyorsunuz. *Sizin için iyi bir hayat var.* Ve iyi bir hayatın temeli iyi bir sağlık ile atılır. İyileşmeyi, vücudunuzun kendini yenileyici mekanizmalarından faydalanmayı hak ediyorsunuz. Mutlu ve esenlik dolu olmayı hak ediyorsunuz.

İşleri karıştıran bozan şey hayat değildir. Kendi özleriyle ve inançları ile olan bağlarını koparmış insanlardır; ki onlar aldırış etmeden tercihte bulunurlar.

Buna karşı yapabileceğiniz en iyi şey inanmaktır.

İnanmayan insanların gözleri teknik olarak açıktır. Ancak Tanrı'nın onlara yardım eden eline karşı kördürler ve evrenin onlara ulaşmak isteyen elini geri çevirirler. Birçok sebep ileri sürerek, ne için inanmadıklarını anlatırlar, başkalarını da bu doğrultuda ikna edebilirler – aslında körlük körlüğe kılavuzluk eder.

Biz de hayatın içinden geçerken ve zorluklar, sıkıntılar, zorluklar, yargılar, adaletsizlikler, kayıplar, duygusal yaralanmalar, duygusal istismar ve mücadeleler yaşarken; cevapları yukarıda arıyoruz. İnancımızı sorguluyoruz. Kim olduğumuzu sorguluyoruz. Ruhumuzun göklerle bir bağlantısı olup olmadığını sorguluyoruz. Evrene bağlı olup olmadığımızı sorguluyoruz. Birilerinin bizi duyup duymadığını ya da acımızı bilip bilmediğini, yaşadıklarımıza tanık olup olmadığını sorguluyoruz. Zor zamanlarda varlığımızı sorguluyoruz. Başlamak için bir sebebimiz olsa bile, inancımızı kaybedebiliyoruz.

Haber manşetlerinin veya fiziksel denemelerimizin inancımızı sarsmasına izin veremeyiz. İnancımızı beslemeliyiz ki ruhumuzun bir parçası olsun, varlığımızı doyuran bir inanç haline gelsin. Pratik gerektirir. Sabır gerektirir. İnanç Meleği'nden biraz yardım alabilir.

İnanç, yol gösteren bir ışıktır. İnanç, şu anda hissettiğimiz veya yaşadığımız şeyin çok ilerisini görmemizi sağlayan bir meşaledir. İzin verirsek, inanç olumlu sonuçların umuduna giden yolu açabilir. Bizi verimli deneyimlere, verimli ilişkilere ve yeni dostluklara götürebilir. İnanca tutunursak, ona erişir, meşalesini taşırsak, onu yeni sağlık bulmak, yeni ilhamlar kazanmak ve yeni rüyalar görmek ve tasavvur etmek için kullanabiliriz.

Yine de pek çoğumuz inancını kaybeder, kaybolur ve nereye döneceğimizi bilemez. İnanca ulaşmanın imkansız olduğunu düşünüyorsanız, bu güçlü uygulama size yardım eder ve inancın ruhunuzu yeniden doyurmasına izin verirsiniz: Yatağınıza, bir kanepeye veya yere, rahat bir pozisyonda uzanmayı deneyin. Gözlerinizi kapatın. İçerideyseniz, tavandan, çatıdan, doğrudan gökyüzüne baktığınızı hayal edin. Dışarıda yatıyorsanız, yine de gözlerinizi kapalı tutun ve o gökyüzünü üzerinizde hayal edin.

Kendinizi yukarı doğru yükselirken görün. Etrafınızdaki binaların üzerinden bulutlara doğru yükselin ve yükselirken, bir dakikanızı ayırın ve ne kadar yüksekte olduğunuzu fark edin. (Yükseklik korkunuz varsa, güvenle uzandığınızı kendinize hatırlatın.) Bulut çizgisine ulaşıyorsunuz ve orada, bulutların altından dışarı bakmaya başlıyorsunuz, altın bir ip görüyorsunuz. Uzanıp elinizle altın ipi yakalıyorsunuz. İsterseniz, sanki gerçekten o ipe uzanıyormuş gibi kolunuzu uzandığınız pozisyondan bile kaldırabilirsiniz. İsterseniz ipi iki elinizle tutun. İpin sizi aşağı indirmeye başlamasına izin verirken ona tutunun ve bu ışıltılı ipin imanın altın ipi olduğunu bilin.

Şimdi yine ipi tutarak dünyaya geri dönün. O ipi çekin ve bunu yaparken diğer uçta göklerde çalmaya başlayan bir çanın ağırlığını hissedin. Zil sallanmaya başladığında, ipi yavaşça gevşetin. Sonra tekrar çekin. O zili her çaldığınızda, sesi ruhunuzda ve bedeninizde titreşerek korkuyu, kaosu, suçluluğu, üzüntüyü ve utancı arındırır -bu duygu ve hisleri ruhunuzdan ve bedeninizden titreştirerek...

Zilin sesi cennetten geliyor gibi. Huzuru, gücü ve kutsallığı barındırıyor. Başkalarının sizi nasıl utandırdığını veya yargıladığını unutturuyor. Başkalarının sizin hakkınızda ne düşündüğünü unutturuyor. Zilin sesi, ruhunuzun gerçek varlığını ortaya çıkarıyor. Ruhunuzu ve kalbinizi yenilemeye başlayan inancı geri getiriyor.

Bu meditasyon sırasında ihtiyacınız olduğunu hissettiğiniz süre boyunca zili çalın. Kolunuzu yukarıda tutmak zorunda değilsiniz -sadece isterseniz tutun. Zili çalmayı bitirdikten sonra, ipin üstünüzden gökyüzüne doğru gittiğini hayal edin. İp gözden kaybolduğunda, derin bir nefes alın ve bırakın. Bu nefesi iki kez daha tekrarlayın. Sonra gözlerinizi açın ve sakince oturun.

Şimdi inancınızı yeniden inşa etme sürecindesiniz. Zamanla, inancınızı gerektiği gibi güçlendirmek için periyodik olarak bu çalışmaya geri dönün.

Bazen inanca en çok ihtiyaç duyduğumuz anlarda, yaptığımız şeyi bırakıp meditasyon yapmak için uzanacak zamanımız olmaz. İnanç meditasyonları arasında, şu basit görselleştirmeyi de deneyebilirsiniz: İnancı, gökten inen o altın ip -bir yaşam çizgisi- olarak hayal edin. Kendinizi onu tutarken hayal edin, sonra sanki yukarıdaki göklerde bir zili çalıyormuşsunuz gibi onu çekiştirin. Altın ip ne zaman ihtiyacınız olursa gözünüzün önüne gelsin; o çanın halkası size güç getirsin. Zamanla, inancın size geleceğine inancınız varsa, kalbinize, ruhunuza ve bedeninize girecektir. Sonunda imanın ateşlenmesini deneyimlediğinizde ve onun ihtişamını ve erdemini yaşamaya başladığınızda, çok daha fazlası görünür hale gelecektir. Mahkumiyetiniz yolu aydınlatıyor ve sonunda umutsuzluk yolundan nasıl ayrılacağınızı göreceksiniz. Kendinizi iyileştirebilirsiniz.

Bu kitaptaki dersleri ciddiye alırsanız, hayatınızın dönüşümünü izleyecek ve Tanrı'nın, Ruh'un ve Melekler Aleminin gerçekten gelişmemizi istediğini anlayacaksınız. O zaman, nasıl bir mum alevini binlerce kişiye daha ulaştırabiliyorsa, siz de dünyada sayısız kişinin inancını ateşleyebilecek bir ışık olacaksınız.

Yolunuz açık olsun...

"Her zaman şu gerçeğe geri hatırlayın: İyi bir yaşam sürmeye hakkınız var. İyi bir hayat yaşamayı hak ediyorsunuz. Sizin için iyi bir yaşantı var. Ve iyi yaşamın temeli iyi sağlıktır. İyileşmeyi, vücudunuzun onarıcı mekanizmalarından yararlanmayı hak ediyorsunuz. Mutlu ve iyi olmayı hak ediyorsunuz."

— Anthony William, Medikal Medyum

TEŞEKKÜR

Patty Gift, Anne Barthel, Reid Tracy, Margarete Nielsen, Diane Hill, Hay House Radio'daki herkese ve Hay House ekibinin geri kalanına Merhametin Ruhu'nun bilgeliğini hayatları değiştirmesi için dünyaya yayma konusundaki inancınız ve bağlılığınız için teşekkürler.

Hilary Swank ve Philip Schneider, iyileştirici gerçeğe ve bilgeliğe olan bağlılığınız dikkat çekici ve derinden onur duyuyorum. Desteğiniz son derece güçlü.

Helen Lasichanh ve Pharrell Williams, siz olağanüstü iyi kalplisiniz.

Sylvester Stallone, Jennifer Flavin Stallone ve ailesi, desteğiniz efsane bir şekilde oyunun kurallarını değiştirdi.

Kate Hudson, Danny Fujikawa, Erinn ve Oliver Hudson ve Elisabeth Stassen, sizlerin sevginiz ve desteğinizle yanımda olmanız bir lütuf.

Miranda Kerr ve Evan Spiegel, şifa hareketinin arkasında ışık ve şefkatle dolu ellerinizin olması çok inanılmaz.

Laura Dern, ışığını yaydığın ve dünyayı daha iyi hale getirdiğin için teşekkür ederim.

Novak ve Jelena Djokovic, sizler sağlığı geliştirmede ve dünyaya nasıl gelişeceğini öğretmede öncüsünüz.

Gwyneth Paltrow, Elise Loehnen ve sadık GOOP ekibiniz, ilginiz ve cömertliğiniz büyük bir ilham kaynağı.

Uma Thurman, arkadaşlığımıza derinden değer veriyorum ve değer veriyorum.

Robert Downey, Jr., gerçekten can dostusun.

Sage ve Tony Robbins, bu kadar çok kişiye yardım eden dünyanızın bir parçası olmak bir onurdur.

Martin, Jean, Elizabeth ve Jacqueline Shafiroff, her zaman orada olduğunuz, bana inandığınız ve başkalarının iyileştirebilmesi için mesajı yaymaya yardımcı olduğunuz için teşekkür ederim.

Dr. Alejandro Junger, hayat sensiz aynı olmazdı kardeşim.

Dr. Ilana Zablozki-Amir, *Medikal Medyum* amacını destekleme isteğiniz çok kıymetli.

Dr. Christiane Northrup, kadın sağlığına olan bağlılığınız kendi evrende adeta parlayan bir yıldızı.

Dr. Prudence Hall, cevaplara ihtiyacı olan hastaları aydınlatmak için özverili çalışmanız, doktor kelimesinin gerçek, kahramanca anlamını yeniliyor.

Craig Kallman, bu yolculuktaki desteğiniz, savunuculuğunuz ve dostluğunuz için teşekkür ederim.

Caroline Fleming, gerçekten bir nimetsin çünkü ışığını paylaşırken etrafındaki herkesi her zaman önemseme yeteneğin var.

Chelsea Field ve Scott, Wil ve Owen Bakula, hayatımda olduğunuz için ne kadar şanslıyım. Siz, *Medikal Medyum'un* gerçek savunucularsınız.

Kimberly ve James Van Der Beek, kalbimde siz ve aileniz için özel bir yer var. Bu hayatta seninle yollarım kesiştiği için gerçekten minnettarım.

Kerri Walsh Jennings, umut dolu doğanız ve bitmeyen pozitif enerjinizle beni gerçekten şaşırtıyorsunuz.

John Donovan, böyle barış arayan bir ruhla gezegende olmak bir onur.

Nanci Chambers ve David James, Stephanie ve Wyatt Elliott, dostluğunuz ve sonsuz teşvikiniz için size ne kadar teşekkür etsem azdır.

Suze Orman ve KT, kararlılığınız ve bağlılığınız olağanüstü.

Lisa Gregorisch-Dempsey, nezaketiniz çok anlamlıydı.

Grace Hightower De Niro, Robert De Niro ve ailesi, çok değerli ve zarifsiniz.

Liv Tyler, dünyanızın bir parçası olmak büyük bir onur.

Jenna Dewan, senin savaşçı ruhun görülmeye değer bir ilham kaynağı.

Debra Messing, sağlıklı bir dünya vizyonunuzla insanların hayatlarını iyileştiriyorsunuz.

Alexis Bledel, bu dünyadaki gücün olağanüstü yüreklendirici.

Lisa Rinna, mesajı yaymak için etkinizi yorulmadan kullandığınız için teşekkürler.

Jennifer Aniston, nezaketiniz, ilginiz ve desteğiniz bambaşka.

Taylor Schilling, seni tanımak ve desteğini görmek ne büyük mutluluk.

Marcela Valladolid, seni tanımak hayatımda bir hediye.

Kelly Noonan ve Alec Gores, beni her zaman desteklediğiniz için teşekkür ederim. Çok şey ifade ediyor.

Jennifer Meyer, arkadaşlığın ve bunu her zaman yaydığın için minnettarım.

Calvin Harris, dünyayı güçlü bir ritimle değiştirdin.

Courteney Cox, böyle saf, sevgi dolu bir kalbe sahip olduğun için teşekkür ederim.

Hunter Mahan ve Kandi Harris, her zaman mücadeleye hazır olduğunuz için sizinle gurur duyuyorum.

Kidada Jones ve Rashida Jones, hayata getirdiğiniz özen ve şefkat, sandığınızdan daha anlamlı. Anneniz, içinizde yaşayan bir hazine.

Andrew Kusatsu: seni seviyorum kardeşim, çünkü acıyı gereide bıraktın ve sağlığın için savaştın...

Sadakatine değer verdiğim bu özel ruhlara teşekkürlerimi sunarım: Naomi Campbell; Eva longoria; Lewis Howes; Carla Gugino; Mario Lopez; Renee Bargh; Tanika Ray; Maria

Menunos; Michael Bernard Beckwith; Jay Shetty; Alex Kushneir; LeAnn Rimes Cibrian; Hana Hollinger; Sharon Levin; Nena, Robert ve Uma Thurman; Jenny Mollen; Jessica Seinfeld; Kelly Osbourne; Demi Moore; Kyle Richards; India Arie; Kristen Bower; Rozonda Thomas; Peggy Rometo; Debbie Gibson; Carol, Scott ve Christiana Ritchie; Jamie Lynn Sigler; Amanda de Cadenet; Marianne Williamson; Erin Johnson; Gabrielle Bernstein; Sofya Bush; Maha Dakhil; Bhavani Lev ve Bharat Mitra; Woody Fraser, Milena Monrroy, Midge Hussey ve Hallmark's Home & Family'deki herkes; Morgan Fairchild; Patti Stanger; Catherine, Sophia ve Laura Bach; Annabeth Gish; Robert Wisdom; Danielle LaPorte; Nick ve Brenna Ortner; Jessica Ortner; Mike Dooley; Kris Carr; Kate Northrup; Ann Louise Gittleman; Jan ve Panache Desai; Ami Plajı ve Mark Shadle; Brian Wilson; John Holland; Jill Black Zalben; Alexandra Cohen; Christine Tepesi; Carol Donahue; Caroline Leavitt; Michael Sandler ve Jessica Lee; Koya Webb; Jenny Hutt; Adam Cushman; Sonia Choquette; Colette Baron-Reid; Denise Linn; ve Carmel Joy Baird... Hepiniz çok değerlisiniz.

Pek çok kişinin hayatını değiştiren dünyanın şefkatli doktorlara ve diğer şifacılara: Size büyük saygı duyuyorum. Dr. Masha Kogan, Dr. Virginia Romano, Dr. Habib Sadeghi, Dr. Carol Lee, Dr. Richard Sollazzo, Dr. Jeff Feinman, Dr. Deanna Minich, Dr. Ron Steriti, Dr. Nicole Galante, Dr. Diana Lopusny, Dr. Dick ve Noel Shepard, Dr. Aleksandra Phillips, Dr. Chris Maloney, Dr. Tosca ve Gregory Haag, Dr. Dave Klein, Dr. Deborah Kern, Dr. Darren ve Suzanne Boles ve Dr. Robin Karlin -size arkadaşım demekten onur duyuyorum. Şifa alanına sonsuz bağlılığınız için teşekkürler.

David Schmerler, Kimberly S. Grimsley ve Susan G. Etheridge'e yanımda oldukları için teşekkürler.

Muneeza Ahmed; Kimberly Spair; Amber taşı; Lauren Henry; Kayla Botelho; Tara Tom; bella; Victoria ve Michael Arnstein; Nina Leatherer; Michelle Sutton; Haily Cataldo; Kerry; Amy Bacheller; Michael McMenamin; Alexandra Laws; Ester Horn; Linda and Robert Coykendall; Setareh Khatibi; Heather Coleman; Glenn Klausner; Michael Monteleone; Bobbi ve Leslie Hall; Katherine Belzowski; Matt ve Vanessa Houston; David, Holly ve Ginnie Whitney; Melodi Lee Pence; Terra Appelman; Eileen Crispell; Kristin Cassidy; Calvin Stebbins; Catherine Lawton; Alana DiNardo; Min Lee; ve Eden Epstein Hill çok yürekten teşekkürler.

Çiçeklenme, iyileşme, dönüşüm ayrıcalığına ve onuruna sahip olduğum *Medikal Medyum* topluluklarındakiler de dahil olmak üzere; sayısız insana teşekkür ederim.

Sally Arnold, ışığını bu kadar parlattığın ve hareketin sesi olduğun için teşekkür ederim.

Ruby Scattergood, ustaca sabrınız ve sayısız saatler süren özveriniz bu kitabın gerçek omurgasını oluşturdu. Bu *Medikal Medyum* serisi sizin yazılarınız ve editörlüğünüz olmadan mümkün olmazdı. Editoryal desteğiniz için teşekkür ederim.

Vibodha ve Tila Clark, yaratıcı dehanız, başkalarına yardım etme konusunda şaşırtıcı derecede etkili oldu. Yıllarca bizimle birlikte olduğunuz için teşekkür ederiz.

Friar ve Clare: *İşte, bulutlarla geliyor ve her göz onu görecek ve onu delenler de ve dünyanın bütün akrabaları onun yüzünden feryat edecek. Yine de, Amin* (Vahiy 1:7).

Quincy: Paha biçilmez desteğiniz ve sıkı çalışmanız için teşekkür ederiz.

Sepideh Kashanian ve Ben, sıcak, sevgi dolu ilginiz için teşekkür ederiz.

Oliver Nino ve Mandy Morris, birçokları için yaptığınız her şey için sizinle gurur duyuyorum.

Jeff Skeirik, en iyi fotoğraflar için teşekkürler dostum.

Alyssa Degati, sesinle hayatları değiştiriyorsun.

Jon Morelli ve Noah, canlarımsınız.

Robby Barbaro, sarsılmaz pozitifliğin etrafındaki herkesi ayağa kaldırıyor.

Sevgi ve destek için her zaman olduğu gibi ailem; harika eşim; babam ve Annem; kardeşlerim, yeğenlerim, halalarım ve amcalarım; şampiyonlarım Indigo, Ruby ve Great Blue; Hope; Marjorie ve Robert; Laura; Rhia ve Byron; Alayne Serle ve Scott, Perri, Lissy ve Ari Cohn; David Somoroff; Joel, Liz, Kody, Jesse, Lauren, Joseph ve Thomas; Brian, Joyce ve Josh; Jarod; Brent; Kelly ve Evy; Danielle, Johnny ve Declan; ve diğer tarafta olan tüm sevdiklerime teşekkür ederim.

Son olarak, Yüce Ruh'a (Merhametin Ruhu), göklerden hepimize başımızı dik tutmamız ve bize cömertçe sunduğun kutsal armağanları taşımamız için ilham veren şefkatli bilgeliği sağladığın için teşekkürler. Yıllarca bana katlandığın, gerçeği aramak için sorularıma cevap verme konusundaki bitmeyen sabrın ve istekliliğinle huzur verdiğin için teşekkür ederim.

YAZAR HAKKINDA

Anthony William, küresel kereviz sapı suyu hareketinin yaratıcısı olarak, Medical Medium Podcast'inin sunucusu ve *New York Times*'ın en çoksatan *Medikal Medyum* kitap serisinin yazarıdır.

• *Medikal Medyum Hayat Değiştiren Yiyecekler*: Meyve ve Sebzelerin Gizli Bilinmeyen Faydalarıyla Kendinizi ve Sevdiklerinizi Koruyun

• *Medikal Medyum Yenilenen Beden Vücudun Mucizesi Karaciğer*: Egzama, Sedef Hastalığı, Diyabet, Strep, Akne, Gut, Şişkinlik, Safra Taşları, Adrenal Stres, Yorgunluk, Karaciğer Yağlanması, Kilo Sorunları, SIBO ve Otoimmün Hastalıklara Cevaplar

• *Medikal Medyum Tiroit Tedavisi*: Hashimoto'nun Arkasındaki Gerçek, Graves', Uykusuzluk, Hipotiroidizm, Tiroit Nodülleri ve Epstein-Barr

• *Medical Medium Cleanse to Heal*: Anksiyete, Depresyon, Akne, Egzama, Lyme, Bağırsak Problemleri, Beyin Sisi, Kilo Sorunları, Migren, Şişkinlik, Vertigo, Sedef Hastalığı, Kistler, Yorgunluk, PCOS, Fibroidler, UTI, Endometriozis Hastaları için İyileştirme Planları & Otoimmün

• *Medical Medium Celery Juice*: Dünya Çapında Milyonları İyileştiren Zamanımızın En Güçlü İlacı

• *Medical Medium*: *Secrets Behind Chronic and Mystery Illness and How to Finally Heal*

Anthony, kendisine zamanının çok ötesinde olağanüstü gelişmiş şifalı tıbbi bilgiler sağlayan Merhametin Ruhu ile eşsiz bir konuşma yeteneği ile doğdu. Anthony dört yaşından beri bu yeteneğini, insanların durumunu anlamak, onlara ve doktorlarına sağlıklarını nasıl iyileştireceklerini anlatmak için kullanıyor. *Medikal Medyum* olarak eşi benzeri görülmemiş başarısı ona -dünyaca ünlü film yıldızları, sanatçılar, milyarderler, profesyonel sporcular dahil- hayatın her kesiminden, kendilerine tarama yapana kadar şifa bulamayan sayısız insanın, güvenini ve sevgisini kazandırdı. Yıllar içinde Anthony, en zor vakalarını çözmek üzere yardıma ihtiyacı olan doktorlar için de paha biçilmez bir kaynak oldu.

www.medicalmedium.com adresinde daha fazla bilgi edinebilirsiniz.

Serinin Diğer Kitapları

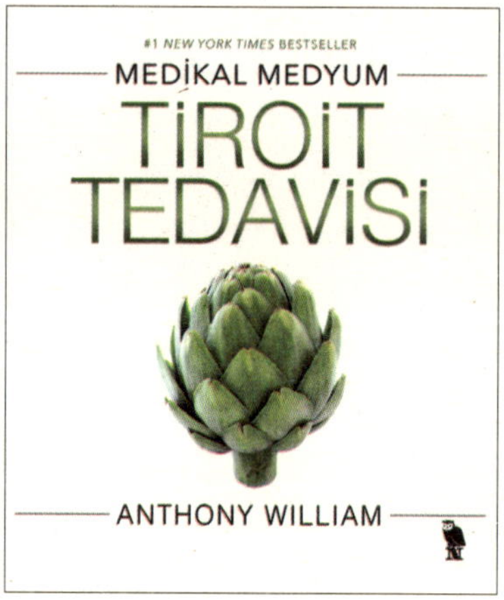